Hansjakob Stehle
Geheimdiplomatie im Vatikan

Hansjakob Stehle

Geheimdiplomatie im Vatikan

Die Päpste und die Kommunisten

BENZIGER

Die Deutsche Bibliothek – CIP-Einheitsaufnahme

Stehle, Hansjakob:
Geheimdiplomatie im Vatikan : die Päpste und die Kommunisten /
Hansjakob Stehle. – Zürich : Benziger, 1993
ISBN 3-545-25091-1

© 1993 Benziger Verlag AG Zürich

ISBN 3-545-25091-1

Inhalt

Vorwort und Nachruf

«Die Wahrheit erlaubt es nicht,
am Gegner zu verzweifeln.»
Johannes Paul II.
am 1. Januar 1980

«Alles, was in Osteuropa in den
letzten Jahren geschah, wäre ohne
die Gegenwart dieses Papstes nicht
möglich gewesen.»
Michail Gorbatschow
am 3. März 1992

I.

Manchmal überholt die historische Realität die Phantasie. Als ich Mitte der siebziger Jahre zum erstenmal die Vorgeschichte, die Hintergründe und Beweggründe der damals – auch innerkirchlich – umstrittenen päpstlichen Ostdiplomatie darstellte, war das Ende des kommunistischen Staatsatheismus in Osteuropa nicht abzusehen. Seit 1917, seit der russischen Oktoberrevolution, hatten die Päpste versucht, durch vielerlei Kontakte, geheime und offene, mit den Regimen das Los der Gläubigen zu mildern. Da vatikanische Politik wie jede andere nur als Kunst des Möglichen sinnvoll wird und wie jede andere «mit Wasser kocht» (nicht mit Weihwasser), war sie auch in Osteuropa nie so weitsichtig und prinzipienfest, wie ihr Bewunderer zuschrieben, aber auch nicht so kurzsichtig und opportunistisch, wie ihr Kritiker unterstellten. «Die Kirche hat starke Nerven, sie hat keine Angst vor der Sünde» – dieses Wort von Georges Bernanos war das Motto meines ersten Buches, und es bleibt gültig…

Nie, außer in den Zeiten des radikalen Stalin-Terrors, hatte die Papstkirche ihre Versuche aufgegeben, durch Verhandlungen Überlebenschancen für das religiöse Leben und seine kirchlichen Strukturen zu schaffen. Das hatte sie stets dem Verdacht der Anpassung oder dem Risiko des Widerstandes ausgesetzt. Aber auch dem Vorwurf, sich auf die Endgültigkeit der politischen Zustände in Osteuropa einzurichten – als ob eine Institution, die in zwei Jahrtausenden alle Epochen überlebte, sich je auf Endgültiges in dieser Welt einrichten könnte! Agostino Casaroli, der unter drei Päpsten, zuletzt als Kardinalstaatssekretär, «Architekt» vatikanischer Ostpolitik war, sagte im Sommer 1990 – als er in den Ruhestand ging – in einer bilanzierenden Rede, daß er die Wende in Osteuropa nicht als «Wunder» betrachte, sie vielmehr für «natürlich» halte:

«Schon bei meinen ersten direkten Begegnungen mit dem sogenannten realen Sozialismus hatte ich (1963) den Eindruck, daß dieses Experiment keine Zukunftsaussichten, keinerlei Erfolgsperspektiven haben konnte, es war eine reine Utopie... Die Systeme, die gegen Religion und Gewissensfreiheit ankämpfen, waren zum sicheren Scheitern verurteilt. Die Frage war nur: wann und wie... Die Lage in den einzelnen Ländern war ganz unterschiedlich... Der Heilige Stuhl wußte, daß die Zukunft der Kirche gehört, und wirkte ‹in spem› auch ‹contra spem›, hoffte auch gegen alle Hoffnung und war sicher, daß jedes Bemühen um mehr Freiheit für die Kirche und für das religiöse Bewußtsein zugleich ein Dienst an der Freiheit der Völker war.» (Rede vor der Krakauer Theologischen Akademie am 2. Juni 1990)

Dies war keine nachträgliche Rechtfertigung. Schon zwanzig Jahre vorher konnte man von Casaroli und seinen Mitarbeitern solche Worte hören, wenn auch nur «privat». Während nämlich westliche Politik bis in die achtziger Jahre «den» Kommunismus – trotz seiner Krisen – als eine auch ideologisch bedrohliche Großmacht überschätzte, orientierte sich vatikanische Ostpolitik an der inneren Schwäche der Regime. Es galt, statt fruchtloser Konfrontation durch praktische kleine Schritte des Übereinkommens «Keime von Freiheit in den Monolithen einzupflanzen, die mit der Zeit wachsen werden» (so Casaroli im Mai 1963 zum US-Botschafter in Budapest; zit. am 9. Februar 1990).

Die Wahl des Papstes aus Polen erwies sich als ein Signal zum Durchbruch. Als er bei seinem Amtsantritt am 22. Oktober 1978 der Welt zurief: «Habt keine Angst! Öffnet die Grenzen der Staaten, die wirtschaftlichen und politischen Systeme», klang dies noch romantisch – utopisch.

Schon diese Reise Johannes Pauls II. in seine Heimat (1979), die erste eines Papstes in ein kommunistisch regiertes Land, setzte jedoch mit der «Solidarność»-Bewegung ein politisches Beben in Gang, das sich im folgenden Jahrzehnt fortpflanzte. Daß es nicht gewaltsamen Umsturz auslöste, sondern, bei all seinen revolutionären Folgen, einen relativ evolutionären Weg zur Wende öffnete, war – zumal in Polen – auch päpstlicher Diplomatie zuzuschreiben. Denn Papst Wojtyla hatte *nicht* – wie manche befürchtet, andere gewünscht hatten – die traditionelle, kontinuierliche Linie vatikanischer Ostpolitik verlassen. Sie ist nun seit 1989/90 mit der «postkommunistischen» Krise konfrontiert, deren historische Wurzeln – die religiös verbrämten osteuropäischen Nationalismen – in diesem Buch immer wieder zum Vorschein kommen.

II.

Diplomatie war für die Papstkirche immer auch ein Mittel, um ihre pastoralen Aufgaben erfüllen zu können. Spätestens seit dem Ende des Kirchenstaates (1870) kann ein Papst dieses Mittel nur für seelsorgerliche Ziele einsetzen; für andere fehlen ihm Divisionen (wie schon Stalin verächtlich feststellte). Lenin hatte geglaubt, Religion sei nur lebensfähig in Verbindung und Symbiose mit einem bestimmten gesellschaftlichen System, dem feudalen oder kapitalistischen; stürze dieses, werde die Religion

– wenn man nur ein wenig nachstoße – von selbst mit fallen. Diese Rechnung ist jedoch nicht einmal dort aufgegangen, wo sich – wie in der Sowjetunion – die orthodoxe Kirche als «Kultkirche» scheinbar wenig widerstandsfähig zeigte; selbst in ihrem Umkreis erwies sich, «daß Religion sehr lebensfähig ist und zäh im Bewußtsein von Millionen Menschen haftet», wie der sowjetische Religionssoziologe Okulow im Juni 1965 auf einer wissenschaftlichen Konferenz in Jena zugab. Das lag daran, daß «individuelle Konflikte und persönliche Probleme, die unbewältigt bleiben (Leid, Unglück, Krankheit, Einsamkeit) als mögliche Quellen der Religion fortbestehen», wie der DDR-Soziologe Klohr bei der gleichen Konferenz feststellte. Es lag aber auch daran, daß die Trennung von Staat und Kirche, wie sie die russische Revolution 130 Jahre nach der Französischen zu verwirklichen vorgab, auf das Gegenteil hinauslief: die Revolutionäre erhoben ihren Atheismus zur Staatsideologie.

Da Lenin, Stalin und ihre Nachfolger Religion nur als soziales Übel begreifen konnten, das man – wie die Prostitution – allenfalls pragmatisch oder taktisch dulden wollte, blieben sie unfähig, sich mit ihr geistig auseinanderzusetzen. Dort, wo man die westliche «permissive Konsumgesellschaft», die fast alle materiellen Ansprüche befriedigt und fast alles erlaubt, moralisch verdammte – aber zugleich zum Ziel eigener Wirtschaftspläne machte (ohne daß man in Wahrheit die Grundbedürfnisse an Waren und Freiheiten befriedigen konnte) –, dort blieb Religion der «Seufzer der bedrängten Kreatur» (Marx).

Gerade dies hat aber vatikanische Ostpolitik immer wieder zum Versuch ermutigt, ihre pastoralen Interessen nach den gleichen Grundmustern zu verfechten, die allem zwischenstaatlichen Verkehr zugrunde liegen: durch *Kompromisse*, wo sie tragbar erscheinen, durch *Konfrontation*, wo Koexistenz unmöglich wird, durch *Kooperation*, wo es dafür Partner gibt. Sie schwankte dabei – wie jede Politik – zwischen Prinzipientreue und Opportunität. Auch weil sie – oft fast ausweglos – in nationale und ideologische Gegensätze verstrickt wird. Eine oft seltsame Mischung aus Welterfahrenheit und Weltfremdheit kennzeichnete ihre relative Weite und Enge. «Ihre Haltung hat sich stets nur in dem Maße versteift, in dem die Hoffnungen auf mögliche Begegnungen zunichte wurden», sagte Federico Alessandrini, ein enger Vertrauter Papst Pauls VI. und langjähriger antikommunistischer Leitartikler der Vatikanzeitung *Osservatore Romano* (*in einem Gespräch mit dem Verfasser am 17. Oktober 1972*). Auf die Frage, ob der Vatikan, der schon zu Lenins Zeiten mit Moskau verhandelte, dann mit Mussolini und Hitler Konkordate schloß, auch mit Stalin einig geworden wäre (falls dieser gewollt hätte), antwortete Alessandrini: «Ich glaube, ja – vergessen Sie nicht, daß der Heilige Stuhl auch mit der Französischen Revolution schließlich konkordatseinig wurde!»

In diesem Sinne haben sich die Päpste dieses Jahrhunderts stets an der zeitgeschichtlichen Lage orientiert, sich ihr anzupassen, aber auch sie zu nutzen versucht: die russische Hungersnot nach der Revolution und die deutsche Rapallo-Politik, Hitlers Antikommunismus und Stalins Bündnis mit den USA, beider Diktatoren Siege und Niederlagen, die wechselnden Phasen des Kalten Krieges und des Kalten Friedens, der Verhärtung und der Aufweichung des Sowjetimperiums. Sie erwiesen sich dabei als klarsichtige und auch als irrende Pastoralpolitiker: «Stellvertreter» einer Instanz, deren Reich zwar nicht *von*, doch *in* dieser Welt ist, in der sich Ideen und Mächte hart im Raum und an den Moralisten stoßen...

Die wunden Punkte, auch die moralischen Dilemma-Situationen, die daraus entstanden, werden in diesem Buch immer wieder berührt. Sein Thema ist jedoch weder ein moralphilosophisches noch ein theologisches. Ein «Historismus», der dem Verfasser durch Benedetto Croces «Schüler» Otto Vossler vermittelt wurde, sorgt für Distanz, aber auch für Offenheit. Denn es wäre das Ende jeder Geschichtsschreibung, wenn «Nachsicht» vor «Wahrheit» rangierte, wie es ein Kardinal einem Kirchenhistoriker einmal empfehlen wollte («Prima la carità e poi la verità» – vgl. Pastor, «Tagebücher», S. 695). Auch politische und menschliche Tragödien dürfen nicht ausgeklammert werden – wie etwa jene des Jesuiten d'Herbigny, der die unglücklichen Versuche mit Geheimbischöfen in Gang setzte, oder die Schicksale der Bischöfe Profittlich und Schubert, der Kardinäle Mindszenty und Slipyj. Gerade die mißglückten Abschnitte der «alten» Ostpolitik zeigen, warum der «neuen» – die mancherorts auf Trümmerstätten beginnen mußte – gar nichts anderes übrigblieb, als durch immer neue Verhandlungsansätze, auch durch Zugeständnisse, institutionelle Sicherungen auf- und einzubauen.

Sind aber «Strukturen», Bischöfe zum Beispiel, wirklich so unentbehrlich? Für eine Kirche, die sich wie die katholische nicht als eine unsichtbare verstehen kann (und die es deshalb z. B. in der Sowjetunion viel schwerer hatte als manche protestantischen Freikirchen), sind Bischöfe entscheidend. Denn sie kann ihren Seelsorgedienst nur durch priesterliche Amtshandlungen versehen, die sakramental-kirchenrechtlich legitimiert sind: ohne Papst keine Bischöfe, ohne Bischöfe keine Priester, ohne Priester keine Sakramente, ohne Sakramente (die selbst von «Unwürdigen» gültig gespendet werden können) kein Seelenheil. An dieser Grundstruktur hat keine Konzilsreform etwas geändert. Sie zu diskutieren ist Sache der Theologen, nicht der Historiker.

Manche Kritiker meinen, daß gleichwohl «der Geist weht, wo er will». Wird er aber auch dort wehen können, wo er nicht darf und wo ihm die Atemluft abgeschnitten wird? Katakomben waren nie geistliche Massenquartiere, jedenfalls keine katholischen.

Nicht von ungefähr hatte es der militante politische Atheismus immer schon darauf abgesehen, die sichtbaren Strukturen der katholischen Kirche zu beschneiden oder zu zerstören. Zumal die Stalinisten in Osteuropa begriffen in dieser Beziehung das Wesen der Papstkirche besser als manche (rechts oder links angesiedelten) Schöngeister der Gegenwart. Diese vergaßen allerdings stets dann ihren «überirdischen» Kirchenbegriff, wenn es ihnen opportun (oder ideal) erschien, die Kirche als politische Hilfstruppe einzusetzen: sei es zum Zwecke der Kollaboration oder auch der

Opposition. Im ersten Fall durfte die Kirche beim Regieren mitreden, Verdienstorden und Steuern kassieren, im zweiten konnte man sich am Leiden und Martyrium jener erbauen, die man zuerst zum «Durchhalten» ermunterte und dann im Stich ließ – auch diplomatisch. Eine Fatalität, die – jetzt mehr aus Verlegenheit als mit Absicht – auch im postkommunistischen Osteuropa nachzuwirken scheint... Nun freilich im Zeichen eines vielfältig schillernden Nationalismus, der das Erbe des Kommunismus anzutreten scheint und zugleich – nun ohne ideologischen und staatlichen Druck – Säkularisierung begünstigt oder aber fundamentalistisch-klerikale Isolation. Eine übernationale Weltkirche wie die katholische bleibt so in jene nationalreligiöse Problematik verstrickt, deren Spuren sich wie ein roter Faden durch 70 Jahre vatikanischer Geheimdiplomatie ziehen.

III.

Dieses Buch behandelt die Geschichte der katholischen Kirche in den kommunistisch regierten Ländern nur, soweit dies für das eigentliche Thema, die vatikanische Ostdiplomatie, bedeutsam ist. Es ist die erweiterte, überarbeitete und aktualisierte Fassung der erstmals 1975, dann 1981 unter dem Titel «*Eastern Politics of the Vatican 1917–1979*» bei «*Ohio University Press*» (Athens/USA) erschienenen Arbeit. Wie jedes zeitgeschichtliche Buch muß auch dieses fragmentarisch bleiben, solange nicht alle Archive zugänglich und benutzbar sind. Dennoch gelang es, bisher unbekannte und geheime Quellen zu erschließen und – vor allem für die Zeit von 1917 bis 1945 – mit wissenschaftlich exakten Belegen zu arbeiten (siehe Anmerkungen und Hinweise am Schluß des Buches). Dies verdankt der Verfasser dem Entgegenkommen und den Vorarbeiten vieler Institute und Personen; manche Informanten und Zeitzeugen für die letzten vier Jahrzehnte können jetzt erst, nach der Wende im Osten, im Text und in den Anmerkungen mit Namen genannt werden.

Erwähnt sei die Unterstützung durch das Politische Archiv des Auswärtigen Amtes (Bonn), das Bayerische und das Österreichische Staatsarchiv, die Archive des Steyler Ordens (SVD), des Päpstlichen Ostinstituts (*Instituto Orientale*) und des Augustiner-Assumptionistenordens in Rom; aus dem letzteren hat P. Antoine Wenger Dokumente aus den zwanziger und dreißiger Jahren, die unter Verschluß waren, dem Verfasser zugänglich gemacht und durch deren Erstveröffentlichung (1975) sich selbst die kirchliche Erlaubnis für ein Buch erwirkt, das inzwischen eine Fülle weiteren Materials ausgebreitet hat («*Rome et Moscou 1900–1950*», Paris, 1987). Es wird bestätigt durch Dokumente aus dem Archiv des russischen Außenministeriums in Moskau, die erst 1992 für die historische Forschung freigegeben wurden. Für frühere Informationen aus diesen Beständen sowie aus dem «Deutschen Zentralarchiv» in Potsdam (wo auch Akten des Reichskirchenministeriums lagen) kann der Verfasser jetzt Hans Joachim Seidowsky danken.

Aus dem Archiv des vatikanischen Staatssekretariats, das auch jetzt nur bis zum Jahre 1922 Einblick gewährt, hat der inzwischen verstorbene Archivar P. Angelo Martini dem Verfasser wertvolle Auskünfte erteilt. Ohne seine und die mühsame Arbeit von Robert A. Graham, Pierre Blet und Burkhardt Schneider (†), der Herausgeber der elfbändigen «Akten und Dokumente des Heiligen Stuhls zum Zweiten Weltkrieg» (*ADSS*), wäre dieser Zeitabschnitt nicht darzustellen gewesen. Diese Aktenpublikation ist hier für das Thema «Ostpolitik» zum erstenmal vollständig ausgewertet worden.

Als Historiker hat der Verfasser auch die Möglichkeiten seiner journalistischen Arbeit genutzt – vierzehn Jahre in Osteuropa und zwei Jahrzehnte in Rom als Korrespondent (des WDR und für «DIE ZEIT»). Manches Dokument und manche Information ist nur dank dieser «Kombination» ans Licht gekommen. Auch scheinbar belanglose Details, die «zu journalistisch» erscheinen mögen, doch zur Lesbarkeit des Buches beitragen sollen, sind recherchiert und belegbar. Denn nicht aus Papieren nur, sondern aus dem Leben selbst wird Geschichte lebendig und kann – im Sinne Jacob Burckhardts – «was Jubel und Jammer war, Erkenntnis werden».

Rom/Wien, 4. Januar 1993   *Hansjakob Stehle*

1. Mißverständnisse: Rußlandmission mit Revolution 1917–1922

Bekehrungschance – zum «Opium»?

Die Revolution der Bolschewiki schien den Atem anzuhalten: Durch den Newskij Prospekt, die Prachtstraße von Petrograd – das bald schon den Namen Lenins tragen sollte –, bewegte sich an diesem 30. Mai 1918 ein seltsamer Umzug von einigen tausend Menschen; sie sangen keine politischen, sondern fromme Lieder, und ihre Fahnen, die in der Frühlingssonne leuchteten, waren nicht rot, sondern goldbestickt mit Kreuzen und Madonnen. Kaum sieben Monate *nach* jener Oktoberrevolution, die der orthodoxe Patriarch *Tychon* am 19. Januar 1918 als «Werk des Satans» verflucht hatte, erlebte die Hauptstadt des siegreichen Proletariats die erste öffentliche Fronleichnamsprozession der römisch-katholischen Kirche in der Geschichte Rußlands.[1]

Die Blicke von Zehntausenden respektvoll staunenden Zuschauern richteten sich auf den Erzbischof, den baltischen Freiherrn *Eduard von der Ropp*, der die Monstranz mit der geweihten Hostie vorbei an kommunistischen Spruchbändern trug; neben ihm schritten unter dem Baldachin sein polnischer Weihbischof *Jan Cieplak* und – zum erstenmal gemeinsam mit den Katholiken des lateinischen Ritus – auch das Oberhaupt der kleinen, mit Rom verbundenen Gemeinde des östlichen Ritus, der russische Exarch *Leonid Feodorow*. Alle waren sie während der Zarenzeit Opfer von Diskriminierung und Verbannung gewesen; war für sie nun die Stunde einer neuen Freiheit gekommen – jetzt, da der Mann, der sich als «entschiedener Feind jeder Religion» bekannte (*Lenin*), mit seinem Dekret über die Trennung von Kirche und Staat auch das Band zwischen Thron und Altar zerschnitten und die unduldsame Staatsreligion entmachtet hatte? Als die Prozession die Litejny-Brücke über die Newa erreichte, begannen sogar die Glocken orthodoxer Kirchen zu läuten…

Was sich in dieser Szene an Hoffnungen und Mißverständnissen spiegelt und den Anfang einer Selbsttäuschung zu bilden scheint, war in Wahrheit das Ende einer Illusion, die in der Zentrale der römischen Weltkirche, im Vatikan, eine lange Geschichte hatte.

«Die Revolution wird der Kirche die Tore Rußlands öffnen… Der russische Koloß gerät in einen Krampf. Man muß bereit sein. Auf dem von revolutionären Stürmen leergefegten Felde werden wir das wahre Kreuz errichten», so schwärmte ein französischer Rußlandmissionar schon 1879.[2]

Aus der Sicht vatikanischer Diplomatie konnte sich das freilich niemals so simpel darstellen. Päpstliche Rußlandpolitik war zwar einerseits immer auf «Bekehrung Rußlands», also auf Überwindung der Glaubensspaltung (des Schismas) im Sinne Roms, gerichtet – und dies bedeutete Konflikt mit dem Cäsaropapismus von St. Petersburg. Andererseits jedoch war diese Rußlandpolitik nicht loszulösen von der schweren Sorge, die dem Papsttum die liberal- und sozialrevolutionären Bewegungen des 19. Jahrhunderts bereiteten, jene «monströsen Irrtümer», unter die Pius IX. 1846 ausdrücklich den Kommunismus rechnete (*Enzyklika «Qui Pluribus»*), also schon zwei Jahre bevor Marx und Engels ihr «Kommunistisches Manifest» mit den Worten begannen:

> «Ein Gespenst geht um in Europa – das Gespenst des Kommunismus. Alle Mächte des alten Europa haben sich zu einer heiligen Hetzjagd gegen dieses Gespenst verbündet, der *Papst* und der Zar…»

Im Dezember 1845 war es zur ersten Begegnung zwischen einem Herrscher Rußlands und einem Papst (zwischen *Nikolaus I.* und *Gregor XVI.*) gekommen; zwei Jahre später kam sogar mühsam ein Konkordat zwischen St. Petersburg und Rom zustande. Aber zwanzig Jahre später war es schon wieder verblaßt. Die Polen, die seit der Teilung ihres Landes die Mehrzahl der katholischen Untertanen des Zaren bildeten, empörten sich 1863 gegen seine Herrschaft. Obwohl der Papst die polnischen Aufständischen – allerdings vergebens – belehrte, die «gottgesetzte Obrigkeit» zu achten, diskriminierte der Zar von neuem die Katholiken; Klöster wurden aufgehoben, Kirchengüter eingezogen, Grunderwerb durch Katholiken verboten, der Übertritt vom orthodoxen zu einem anderen Glaubensbekenntnis sogar mit Strafe bedroht. 1866 zog Rußland seine Gesandtschaft aus Rom zurück, 1867 wurde die katholische Kirchenverwaltung Rußlands einem «Geistlichen Kollegium» unterstellt, das von einer «Abteilung für ausländische Konfessionen» im Petersburger Innenministerium, praktisch von der Geheimpolizei des Zaren, kontrolliert wurde. In diesem Jahre 1867 – genau fünfzig Jahre *vor* der Oktoberrevolution – rief der Papst zu Gebeten für «die verfolgte Kirche in Rußland» auf (*Enzyklika «Levate»*).

War die gemeinsame «heilige Hetzjagd» gegen den Kommunismus, die Marx und Engels angeprangert hatten, schon vorüber? Im päpstlichen «Syllabus» von 1864 figurierte der Kommunismus gemeinsam mit Liberalismus, Sozialismus, Freimaurerei und Bibelforscherei unter den «Pestilenzen» der Zeit. Solcher gleichsam «medizinischen» Betrachtungsweise entsprach umgekehrt auch die kommunistische Ansicht von Religion: sie sei, schrieb Karl Marx 1843 in der Einleitung zu seiner Kritik der Hegelschen Rechtsphilosophie, «Seufzer der bedrängten Kreatur, Gemüt einer herzlosen Welt» und «Geist geistloser Zustände», ein «Opium des Volkes» – also durchaus Mittel gegen menschliches Leiden. Freilich Betäubungs-, nicht Heilmittel.

Für den russischen Marxisten Lenin, der nicht nur philosophieren, sondern Politik machen wollte, spielte die Religion zwar auch die Rolle eines theoretischen Irrtums, aber mehr noch eines hinderlichen sozialen Narkotikums. Er sah sie vor allem in

Gestalt der orthodoxen Staatskirche, die das autokratische Regime stützte. Die Rom-feindlichkeit der russischen Orthodoxie kümmerte Lenin und seine Freunde so we-nig wie das antirussische Mißtrauen der Päpste; man brauchte in der Tat gar kein Marxist zu sein, um damit zu rechnen, daß über die Gegensätze hinweg das gemein-same konservative Interesse immer wieder Brücken schlagen würde.

Das erwies sich wiederum beim ersten russischen Revolutionsversuch von 1905, der in St. Petersburg mit einer blutig niedergeschlagenen Arbeiterdemonstration be-gann, an deren Spitze sich der orthodoxe Priester Gapon gestellt hatte (ein Provoka-tionsspitzel der Polizei, wie sich später herausstellte!). Mit sicherem Gespür für die Verstimmung, die sich da zwischen Zarentum und Orthodoxie ankündigte, empfahl sich Papst Pius X. sogleich mit einem Hirtenbrief an die (polnischen) Katholiken im russischen Reich: Sie sollten «auf der Seite der Ordnung stehen», sich nicht der «schädlichen Sekte» der Sozialisten anschließen, überhaupt nicht mit «Parteien toll-gewordener Menschen» einlassen (*Enzyklika «Poloniae Populorum»*). Der Zar be-lohnte die römische Geste mit einem Toleranzerlaß, der zum erstenmal die Privilegien der Staatskirche beschnitt, den Katholiken mehr Rechte einräumte und sogar den Konfessionswechsel ermöglichte.

Kaum aber waren solche Erleichterungen gewährt worden – die man auch als Schwäche des Zarismus deuten konnte –, da regten sich in Rom auch schon wieder «Bekehrungs»-Hoffnungen und in Rußland selbst die vielfältigen nationalen Gegen-sätze, die unter den religiösen verborgen waren.

Der polnisch gesinnte Erzbischof von Wilna, Freiherr von der Ropp[3], gegen den sich die litauischen Katholiken auflehnten, wurde 1907 von der russischen Regierung seines Amtes enthoben, ohne daß der Papst protestierte. Doch zur gleichen Zeit reiste Erzbischof *Andreas Graf Scheptyckyj* von Lemberg[4] (Metropolit der mit Rom ver-bundenen ukrainischen Katholiken des östlichen Ritus) zweimal unter falschem Na-men nach Rußland, um das politische Klima und die Missionsaussichten zu erkun-den. 1908 berichtete er in Rom; obwohl sich der Papst gerade mit dem Zaren wieder einmal arrangierte, erteilte er gleichzeitig Scheptyckyj geheime Vollmachten für einen «Tag X» in Rußland – eine Zweigleisigkeit, die in den folgenden Jahrzehnten noch oft die Ostpolitik der Päpste belasten sollte.

Die Geheiminstruktionen für Scheptyckyj konnten überhaupt erst aktuell werden, als am Ende des Ersten Weltkriegs nicht nur das «schismatische» Zarenreich, sondern auch Österreich-Ungarn (dessen Staatsbürger Scheptyckyj war) zusammenbrach und der Erzbischof selbst aus sibirischer Internierung befreit war. Taktisch lavierend, hat-te er sich sowohl dem Wiener Kaiser wie dem Petersburger Zaren empfohlen, stets sein Doppelziel vor Augen: Katholisierung Rußlands *und* Herstellung eines unab-hängigen katholischen Nationalstaates Ukraine. Aus historischem Mißgeschick, aber auch durch Übereifer, geriet der Metropolit immer wieder zwischen alle Stühle. 1918 fand er sich mit seinem ukrainisch-katholischen Erzbistum in der neuen polnischen Republik, die den Ukrainern sowenig wie den Russen gewogen war.

Erzbischof Andrej Scheptyckyj,
Katholisch-unierter Metropolit von Lemberg

In der Gestalt des Metropoliten Scheptyckyj (1865–1944), von dessen fast abenteu-
erlichem Leben in diesem Buch noch oft die Rede sein wird, verdichtet sich geradezu
symbolisch jener Knoten aus nationalen und religiösen Verklemmungen, der die
päpstliche Ostpolitik immer wieder in Verlegenheit versetzt; nach dem Ersten Weltkrieg besonders auch deshalb, weil sich die europäische Landkarte völlig verändert
hatte, ohne daß irgendeiner der Betroffenen sich damit abfinden wollte. Die alte Idee
der Kirchenunion, der Wiedervereinigung der «westlichen» und der «östlichen» Kirche, komplizierte sich dadurch im gleichen Maße, in dem sie plötzlich wieder einmal
auf die Tagesordnung zu kommen schien. Die Frage des gottesdienstlichen Ritus –
lateinisch oder slawisch –, die eigentlich für Rom nur missionstechnische Bedeutung
haben konnte, spielte dabei eine immer wichtigere und verwirrende Rolle, weil sich
in ihr die nationalistischen Ressentiments religiös verbrämten:

«Revolution in Rußland» – das bedeutete aus der Sicht Roms gewiß vielerlei Chancen, doch war keineswegs klar, wie sie genutzt werden konnten. Sollte sich der Vatikan für das neue katholische Polen engagieren – und dadurch sofort in Gegensatz
zum neuen katholischen Litauen bringen, aber auch zum neuen Rußland, wo nach
der Februarrevolution von 1917 zunächst die sozial-liberale Regierung Kerenskis
größere Freiheiten für Katholiken in Aussicht stellte? Anderseits: mußte ein Ausgleich mit Rußland nicht das Verhältnis zum neuen Polen *und* zur Ukraine stören?
Rücksicht auf die ukrainischen Wünsche Scheptyckyjs hätte dagegen Polen *und* Russen verstimmen müssen.

Das besondere Dilemma, in dem sich der Vatikan befand, wurde nur dadurch ge-
mildert, daß es allgemein schwierig war, sich ein klares Bild der Lage in Osteuropa
zu verschaffen; sie war noch lange nicht geklärt, als die Regierung *Kerenski* Mitte
1917 Beziehungen zum Heiligen Stuhl anknüpfen wollte. Noch war auch der Weltkrieg nicht zu Ende.

In Petrograd – wie das alte St. Petersburg jetzt hieß – war im April 1917 nicht nur
Lenin eingetroffen (den die deutsche Regierung aus seinem Schweizer Exil nach Rußland geschleust hatte, um es durch weitere Revolutionierung kriegsmüde zu machen…), auch der Lemberger Metropolit Scheptyckyj erschien zu dieser Zeit in der
Hauptstadt und setzte (unter Berufung auf seine päpstlichen Vollmachten von 1907)
seinen «Schüler» Leonid Feodorow[5] als Exarchen der kleinen Konvertitengemeinde
des *östlichen* Ritus ein; sie zählte kaum hundert Personen, bestand jedoch aus meist
prominenten Intellektuellen und galt für Scheptyckyj als Kern künftiger katholischer
Ausbreitung in Rußland, die er im Zeichen des lateinischen Ritus für aussichtslos
hielt. Zugleich aber erschien in Petrograd auch der Freiherr von der Ropp, der vom
Zaren kaltgestellt gewesen war und jetzt den römischen Auftrag hatte, als Erzbischof
von Mogilew die 1,6 Millionen Katholiken des *lateinischen* Ritus zu betreuen (überwiegend Polen, die in Rußland lebten). Während die Kerenski-Regierung dem russisch-katholischen Feodorow, der vor dem Kriege unter falschem Namen in Italien
studiert hatte, eher mit Mißtrauen begegnete, begünstigte sie die «lateinischen» Ka-

tholiken und schloß im Sommer 1917 mit Erzbischof Ropp eine Übereinkunft, in der die Bildung von fünf Diözesen (Mogilew, Minsk, Kamieniec, Schitomir und Tiraspol) mit 600 Priestern für etwa 600 Kirchen gesichert schien; sogar die aus Rußland verbannten Jesuiten sollten sich wieder blicken lassen dürfen. Die «Trennung von Kirche und Staat», die auf dem Programm der Kerenski-Regierung stand – ohne daß in diesem Sinne viel geschah –, beunruhigte die orthodoxe Kirche, den Katholiken jedoch machte sie Hoffnung.

Daran änderte sich zunächst auch nichts, als die Oktoberrevolution Lenins einen radikal antireligiösen Kurs ankündigte. «…In dem Verhalten der Bolschewiki zur katholischen Kirche zeigte sich nicht nur Toleranz, sondern – wenn man so sagen darf – eine gewisse Bevorzugung im Gegensatz zur Haltung gegenüber der orthodoxen Geistlichkeit, die sie verfolgten.» So berichtete noch vier Jahre später ein Theologe, der an der Petrograder Geistlichen Akademie lehrte.[6] Er erklärte sich diese Merkwürdigkeit damit, daß «die Bolschewiki in der katholischen Geistlichkeit Opfer der früheren Zarenregierung sahen»; gleichwohl hätten «bei verschiedenen Aufruhrbewegungen auch sechs katholische Priester den Märtyrertod erlitten».

Immerhin hatte Lenin schon 1905 eine behutsame Taktik besonders gegenüber «katholischen Arbeitern» empfohlen; ein Bündnis «zwischen Jesuiten und Proletariern» sei zwar zu bekämpfen – «freilich nicht mit Polizeimethoden». In seinem Aufsatz «Sozialismus und Religion» (1905) forderte Lenin, daß Religion «Privatsache gegenüber dem *Staat* sei, jedoch können wir die Religion keineswegs als Privatsache gegenüber unserer eigenen *Partei* betrachten». Wenn aber – wie es der Tradition russischen Staatskirchentums entsprach – die Staatspartei ihr ideologisches Monopol zur neuen «Staatskonfession» erheben würde? Konnte dann die «Trennung von Kirche und Staat», wie sie Lenin 1905 in Aussicht nahm, wirklich bedeuten, «den religiösen Nebel mit rein geistigen und nur mit geistigen Waffen, mit unserer Presse, mit unserem Wort zu bekämpfen…»?[7] Als ein «Nebenprodukt» der Revolution habe er die Trennung von Staat und Kirche vollzogen, über die vorher die «kleinbürgerliche Demokratie» nur geredet habe, so rühmte sich Lenin später. Das entsprechende «Dekret des Rates der Volkskommissare» vom 23. Januar 1918 gab aber zu erkennen, wie wichtig Lenin die Kirchen als ideologische Gegner nahm und wie fest er entschlossen war, sich keineswegs «nur geistig», sondern durch staatliche Verwaltungsakte mit ihnen auseinanderzusetzen:

Die «Freiheit, sich zu jeder beliebigen Religion oder auch zu keiner Religion zu bekennen», wurde zwar garantiert (§ 3), auch die Kultfreiheit, «soweit sie nicht die öffentliche Ordnung stört» (§ 5), doch Religionsunterricht wird nicht nur aus den Schulen, sondern praktisch auch aus den Kirchen verbannt: «Die Bürger können ihre Religion privat lehren bzw. studieren» (§ 9). Den Kirchen wird nicht nur jede staatliche Unterstützung entzogen, sie dürfen auch ihre Gläubigen nicht zu Abgaben verpflichten (§ 11), ja, die materielle Basis wird ihnen entzogen:

«Keine kirchliche oder religiöse Gemeinschaft hat das Recht auf Besitz und Eigentum. Sie besitzen nicht die Rechte von juristischen Personen.» Und dies gilt nicht etwa nur für Grundbesitz, auch «Gebäude und Gegenstände, die speziell dem religiösen Kult dienen», werden den Religionsgemeinschaften nur noch durch besondere Regierungsverfügung «zur kostenlosen Nutzung überlassen» (§§ 12 u. 13).[8]

«Kommt zu euch, ihr Wahnsinnigen! Hört auf mit euren Blutbädern! Was ihr tut, ist ein Werk des Satans, für das ihr das ewige Feuer nach dem Tode und den schrecklichen Fluch kommender Generationen verdient!» Mit solchen Worten hatte der orthodoxe Patriarch Tychon schon vier Tage vor dem Religionsdekret Lenins den Bannstrahl gegen die neuen Herren Rußlands geschleudert.[9] Ganz anders jedoch gab sich der katholische Erzbischof von der Ropp: Er vermied jedes heftige öffentliche Wort gegen das Dekret und schwieg auch noch, als Ende April 1918 jede religiöse Unterweisung – auch die private – «an Personen, die das 18. Lebensjahr noch nicht vollendet haben», verboten wurde.[10] Noch schien das katholische Kirchenleben wenig betroffen, der Hauptschlag richtete sich gegen die alte Staatskirche. Aufgeschreckt wurden die Katholiken erst wirklich, als das Volkskommissariat für Justiz am 24. August 1918 eine Ausführungsbestimmung erließ, wonach die Nutzungsrechte an den (verstaatlichten) Kirchengebäuden und Kultgeräten nur durch einen Vertrag zwischen «mindestens zwanzig Gläubigen» (*dwatschatka*) und dem örtlichen Sowjet zu erlangen sind, sobald diese Gläubigengruppe ein entsprechendes Inventarverzeichnis vorgelegt hat. Ein solches Verlangen widersprach nun allen Vorschriften des katholischen Kirchenrechtes; es wurde von Ropp mit einem scharfen, aber nicht veröffentlichten Protestschreiben nach Moskau beantwortet. Doch aus der Tatsache, daß die Religionsabteilung des Justizkommissariats den Erzbischof gleichwohl zu «Beratungen» über die Dekrete nach Moskau lud, zog Ropp den Schluß, daß die Diktatur noch keineswegs fest im Sattel saß: Vielleicht war die Herrschaft der Bolschewiki überhaupt nur eine revolutionäre Episode. Deshalb vermied Ropp jede heftige Konfrontation und versuchte seine Kirche mit Vorsicht und Klugheit durch die wirren Zeitläufte zu retten.[11] Schließlich schien alles noch im Fluß zu sein: Lenin hatte gegen heftige Widerstände im eigenen Lager und auch gegen die Opposition der orthodoxen Kirche in Brest-Litowsk den Friedensschluß mit Deutschland durchgesetzt; doch, dem Weltkrieg entronnen, geriet Rußland nun in den Strudel des Bürgerkriegs, dem die anderen Mächte nicht tatenlos zusahen. Alles war noch offen – so schien es –, keine Tür durfte zugeschlagen werden.

Vor diesem Hintergrund ist die unbekümmert und unbehelligt zelebrierte Fronleichnamsprozession zu sehen, mit der Erzbischof Ropp und seine Katholiken Ende Mai 1918 in Petrograd ihren Willen zum religiösen Überleben, aber auch ihre relative Freiheit demonstrierten. Diese elastische Haltung entsprach auch der Linie des Vatikans und seiner Vertreter, die er nun an die Brennpunkte des Geschehens schickte.

Auf Vorposten: Ratti und Pacelli

Beide diplomatischen Schlüsselfiguren, die Papst Benedikt XV. im revolutionierten Mittel- und Osteuropa einsetzte, sind seine Nachfolger geworden; beide haben fast vierzig Jahre vatikanischer Ostpolitik bestimmt: *Achille Ratti*, der spätere Pius XI., und *Eugenio Pacelli*, später Pius XII. Von beiden gibt es die gängige Meinung, sie seien damals mit den «Umstürzlern» so drastisch konfrontiert worden, daß dadurch ein für allemal ihre unversöhnliche Haltung gegen Kommunisten geprägt worden sei. Die historischen Dokumente zeigen ein anderes Bild.

Blaß, schmal, mit der hoheitsvollen Haltung eines Renaissancefürsten, hinter der sich freilich auch einige Unsicherheit verbarg – so erschien der damals 41jährige Eugenio Pacelli im Mai 1917 als Päpstlicher Nuntius in München und bald auch in Berlin. Seine Bemühungen, im Auftrag des Papstes einen schnellen Friedensschluß zu vermitteln, blieben erfolglos. Daß die «rote Internationale in die Bresche springen» würde, wenn der Weltkrieg nicht schnell zu Ende ginge (so hatte ihm Kaiser Wilhelm ahnungsvoll erklärt),[12] war für Pacelli bald nicht nur theoretische Gewißheit. Manches davon konnte er aus dem Fenster seiner Nuntiatur in der Münchner Brienner Straße Nr. 15 beobachten.

Artig hatte Kurt Eisner, der Chef der revolutionären sozialistischen Mehrheitsregierung Bayerns, seine Machtübernahme dem Vatikan notifiziert. Bald jedoch hatte sich der Nuntius auf Anweisung Roms ins schweizerische Rorschach zurückziehen müssen, weil ihm Maschinengewehrsalven um die Ohren gepfiffen hatten. Nach der Ermordung Eisners wurde in München die «Räterepublik» ausgerufen; stolz quittierte sie ein Glückwunschtelegramm Lenins, der den ganz unleninistischen «Schwabinger» Anteil an diesem anarchisch-schwärmerischen Abenteuer verkannte: Die nach Bamberg geflohene sozialistische Regierung ließ – sogar in italienischer Sprache – eine Erklärung publizieren (*Bayerische Staatszeitung* vom 10. April 1919): Sie betrachte es als «heilige Pflicht» (*sacro dovere*), die Unverletzlichkeit des Nuntius zu garantieren.

Pacelli kehrte nach München zurück. Schon war er aber auch mit einem Schriftstück versehen, in dem der Volksbeauftragte des Auswärtigen, Dietrich, dem Nuntius den «Schutz der Räteregierung» zusicherte. Doch das nützte nicht viel.

Am Nachmittag des 21. April drang die «Rote Garde» in die Nuntiatur ein: Soldaten und Matrosen, halbuniformiert, schwerbewaffnet. Ein Offizier namens Pongratz setzte dem Nuntius, der seinen «Schutzbrief» vorwies, gleichwohl die Pistole auf die Brust. Aber die Rotgardisten wollten nichts anderes als das große Daimler-Benz-Automobil des Nuntius. Man werde «die Nuntiatur und die ganze Bande zusammenschießen», tönte es wirr aus dem Telefon, als Pacelli beim Kriegsministerium protestieren wollte. Schließlich ließ der Nuntius durch seinen Diener die Garagentür öffnen. Doch die Farce bedurfte einer Pointe: das Luxus-Cabriolet ließ sich nicht in

Gang setzen; erst am nächsten Tag schleppten es die «Revolutionäre» ab, um es einige Tage später wieder kleinlaut zurückzugeben...[13]

Konnte dieses bajuwarische Volksstück das «Kommunismus-Bild» Pacellis prägen? Die katholische Presse Deutschlands dramatisierte damals den Vorfall zu einer Konfrontation mit dem «gottlosen Bolschewismus» – sehr zum Mißvergnügen der Nuntiatur, wie die Dokumente zeigen, die im Bayerischen Geheimen Staatsarchiv liegen. Pacellis Stellvertreter, Monsignore Scioppa, versicherte dem bayerischen Gesandten beim Heiligen Stuhl, daß der Übergriff «keinen antireligiösen Charakter» gehabt habe. Und Pacelli selbst bagatellisierte die Sache, wie der Gesandte berichtet:[14]

> «Nichtsdestoweniger ist Mons. Pacelli keineswegs verschnupft, weil er zu gescheit ist, um nicht einzusehen, warum unter den jetzigen Verhältnissen den diplomatischen Gepflogenheiten die gebührende Bedeutung nicht beigemessen wird.»

Solche Unverdrossenheit hatte Pacelli – wie wir noch sehen werden – in den folgenden Jahren besonders nötig, als er zum wichtigsten Unterhändler des Vatikans mit den sowjetischen Kommunisten wurde.

Aus ganz anderem Holz geschnitzt, wenn auch ebenso gelassen in dramatischen Momenten, war die zweite Schlüsselfigur, die Benedikt XV. im «revolutionären» Teil Europas postierte: *Achille Ratti*. Auch seine Anfangserfahrungen seien hier skizziert; es sind zugleich die ersten vatikanischen mit dem Rußland Lenins.

Ohne viel Welterfahrung, mehr Gelehrter als Politiker, trat Ratti am 29. Mai 1918 seinen Posten als Apostolischer Visitator in Warschau an. Vorher hatte der dreifache Doktor als Präfekt der Vatikanischen Bibliothek mehr durch wissenschaftlichen Eifer als durch diplomatische Begabung geglänzt; jetzt wurde er – immerhin schon 61jährig – in eine völlig andere, vom Fieber radikalen Wandels geschüttelte Welt versetzt. Er war nicht nur für das neue Polen zuständig, sondern für alle zum ehemaligen Zarenreich gehörenden Gebiete – von Litauen bis Sibirien. Sein Blick war von Anfang an besonders auf Rußland gerichtet.

«Es wäre meine größte Freude, wenn ich mein Blut für Rußland vergießen könnte», schrieb er etwas schwärmerisch an Benedikt XV.[15] Zwar ist er wohl kaum – wie er selbst einmal geäußert haben soll[16] – mit Lenin «zusammengetroffen», doch mindestens kam es telegrafisch zu direkten Kontakten. Der Papst, der Ratti als diplomatischen Vertreter und nicht als Märtyrer brauchte, versagte ihm die Rußlandreise, da die sowjetischen Bedingungen (begrenzte Reiseroute) unzumutbar erschienen. Dennoch wurde Ratti in dieser Richtung sogleich tätig: Im Sommer 1918 wandte er sich an die Sowjets und bat vergebens um die Freilassung der Zarin und ihrer Töchter; bald darauf ersuchte er telegrafisch, das Leben des Großfürsten Georg zu schonen.

Diese und andere humanitär gemeinten Schritte, überhaupt Rattis «Ostkontakte» (wie man heute sagen würde), erleichterten seine Stellung in Warschau keineswegs. Der Haß gegen alles Russische war hier fast noch stärker als die Abneigung gegen den Kommunismus. Man hatte in Warschau auch nicht vergessen, daß der Vatikan noch zwei Jahre vorher die Idee eines unabhängigen Polen für «unreal» gehalten hatte,[17] und man wußte, daß der Päpstliche Kardinalstaatssekretär nicht nur den Versailler Friedensvertrag, dem Polen so viel verdankte, als unmoralisch bedauerte, daß er sogar die ganze polnische Politik, die nun mit Russen *und* Deutschen (in Oberschlesien) in Konflikt kam, als töricht betrachtete.[18] So ehrlich deshalb Ratti bemüht war, sich als Freund Polens auszuweisen, das politische Warschau, besonders das antiklerikale und nationaldemokratische, zeigte ihm immer mehr die kalte Schulter und erzwang Ende 1920 seinen ruhmlosen Abgang. Davon blieb lange nachwirkende Bitterkeit in ihm zurück.

Nicht das echte Warschau, sondern «die tanzende, ausschweifende, von nackten Frauenleibern leuchtende, in Champagner badende, mit jedem hergelaufenen Preußen oder Moskowiter (wenn er nur einen Titel hat) flirtende ‹Warszawka›» habe den Nuntius verschmäht, so klagte später ein polnischer Geistlicher, der ihm nahestand.[19] Außer linken Agitatoren, Freimaurern und Juden (!) habe sich gegen Ratti auch jene feine Gesellschaft verschworen, deren «von schamlos gekleideten Frauen bevölkerte Salons» der Nuntius gemieden habe: «Im Grunde wollten diese lieben Töchter Evas nur etwas Wüstes und Verleumderisches einem Menschen nachsagen, der es wagte, sie zu ignorieren», empörte sich mit blumigen Andeutungen der zeitgenössische Biograph. Das war eine Anspielung auf Gerüchte, die dem Nuntius unterstellten, er habe sich nur durch Bitten einer Dame aus dem Hochadel von der Flucht abhalten lassen, als im Juli 1920 die Rote Armee Warschau bedrohte. Der Schrecken, den damals die Kosaken verbreiteten, die sich der Weichsel näherten, ist von Isaak Babel beschrieben worden, der sogar noch in den Biskuits, die er in einer geplünderten polnischen Pfarrersküche aufstöberte, «den wohlriechenden Zorn des Vatikans» witterte... In Wahrheit hielt den Päpstlichen Nuntius keinerlei Gefühlsaufwallung in der polnischen Hauptstadt, sondern die nüchterne Anweisung aus Rom: Ratti möge auf seinem Posten bleiben, um selbst im Falle einer Besetzung Warschaus durch die Bolschewiki sofort mit diesen Verbindung aufnehmen zu können.[20]

Wir sind den Ereignissen etwas vorausgeeilt, weil es wichtig war, eine Vorstellung von den beiden Diplomaten zu gewinnen, die der Papst auf «Vorposten» geschickt hatte. Sowohl Ratti wie Pacelli waren – trotz ihrer verschiedenen Temperamente – durchaus geeignet, diese Phase vatikanischer Diplomatie, eine der schwierigsten ihrer Geschichte, einzuleiten. Praktische Rezepte besaßen beide sowenig wie der Vatikan, der ihnen keine eindeutige Konzeption mitgeben konnte – außer der einen: in einer aus dem Lot geratenen Welt den Katholiken ein möglichst großes Maß religiöser Freiheit zu sichern; vielleicht sogar auf scheinbar verlorenem Posten neues Terrain zu gewinnen. Freilich, Sorge und Hoffnung konnten sich nicht die Waage halten; jede Zukunftserwartung stieß auf eine geschichtliche Neuheit: den militanten Atheismus als Staatsdoktrin.

Papsttelegramme an Lenin und der «Fall Ropp»

«Im Kampf gegen religiöse Vorurteile muß man außerordentlich vorsichtig vorgehen; großen Schaden richtet an, wer in diesem Kampf das religiöse Gefühl verletzt», ermahnte Lenin im Herbst 1918 seine Genossen.[21] Er hatte Grund dazu, denn Eiferer hatten zu wüten begonnen. Doch eben dies lieferte der vatikanischen Diplomatie, die sich tastend voranbewegte, pragmatische Ansatzpunkte. Humanitär gemeinte Schritte hatten im Grunde nur eine Chance, wenn sie sich nicht dem Verdacht «konterrevolutionärer» Sympathien aussetzten, wie etwa die Telegramme zugunsten der Zarenfamilie. Ein verfolgter katholischer Bischof hingegen ging den Vatikan selbst etwas an – das mußten die Sowjetfunktionäre eher begreifen können.

So erreichte Lenin am 3. Februar 1919 – durch Vermittlung Rattis – zum erstenmal ein direktes Telegramm aus der Zentrale der römischen Kirche:

> Papst Benedikt XV. hat mit großem Schmerz vernommen, daß Monsignore Ropp, Erzbischof von Mogilew, von den Bolschewiki in Petrograd als Geisel festgenommen wurde. Er bittet Herrn Lenin inständig, anzuordnen, daß er sofort freigelassen wird.
> Kardinal Gasparri.»

Tatsächlich erkundigt sich Lenin am 6. Februar bei der Petrograder Polizei: «Ist es wahr, daß Sie den Mogilewer Erzbischof Ropp verhaftet haben? Teilen Sie mir bitte mit, unter welchen Bedingungen man ihn freilassen könnte; darum ersucht der Papst.»[22] Und unverzüglich drahtet Lenin zurück:

> «Nachdem ich Ihr Telegramm erhielt, habe ich Informationen aus Petrograd angefordert, von wo man mir antwortet, daß Erzbischof Ropp niemals verhaftet war, es handelt sich vielmehr um seinen Neffen Egon Resilewitsch Ropp, einen jungen Mann von 22 Jahren, der wegen Spekulation verhaftet war, jedoch Jamnsen Gobaret[?] anvertraut wurde.
> Lenin.»

Ein Mißgeschick war es, daß der Vatikan beim ersten «Gipfelkontakt» einem Gerücht aufgesessen war. Es erwies sich jedoch nur kurzfristig als Irrtum: Schon zweieinhalb Monate später, am 19. April, wurde Ropp tatsächlich verhaftet – am gleichen Tag, an dem Józef Piłsudski, der Staatschef Polens, einen militärischen Handstreich auf Wilna unternahm. Ropp wurde der Zusammenarbeit mit Polen beschuldigt.

In Wirklichkeit aber war es Ropps hinhaltender, taktisch ausweichender Widerstand gegen Lenins Kirchendekrete, der den Bolschewiki immer mehr ein Dorn im Auge war. Seit Dezember 1918 hatte Ropp seinen Klerus zu regelmäßigen Konferenzen zusammengerufen, um die jeweiligen defensiven Schachzüge zu beraten. Trotz kirchenrechtlicher Bedenken mancher Geistlicher hatte er – mit Rückendeckung aus Rom – erlaubt, «Pfarrkomitees» zu bilden, die – wenn der politische Druck zu stark würde – mit den Behörden Nutzungsverträge über das Kirchengut schließen durften; nur so waren Kirchenräume vor Schließung, Altargeräte vor Beschlagnahme zu schützen. Aus Vertretern dieser Pfarrkomitees bildete Ropp ein katholisches «Zentralkomitee» in Petrograd, das als Partner für Verhandlungen mit den Zentralbehörden auftreten sollte.

Dieses kirchliche «Räte»-System, das der politischen Mode scheinbar angepaßt und mit dem kanonischen Recht nur schwer in Einklang zu bringen war, gefiel dennoch den Sowjets nicht. Sie witterten natürlich in dieser Einrichtung den schlauen Versuch, eines der Hauptziele ihrer Religionsdekrete zunichte zu machen: die Vereinzelung der Kirchengemeinden (in Zwanzigergruppen) und das Verschwinden von Kirche als einheitlicher juristischer Person. Dieser Argwohn wurde gewiß noch dadurch verstärkt, daß die Gläubigen der römischen Kirche in Rußland überwiegend Polen waren und daß der Papst seinen Beauftragten für Rußland gerade in Warschau postiert hatte. Erschwerend aber wirkte außerdem, daß der beginnende Bürgerkrieg und die offene Intervention des antikommunistischen Auslands auch den Papst nicht unberührt ließen. Er konnte einer Stellungnahme gar nicht mehr ausweichen, als ihn aus dem Hauptquartier des «weißen» Admirals Koltschak (dessen Truppen allerdings kaum weniger grausam kämpften als die «roten») am 7. Februar 1919 ein Telegramm der orthodoxen Erzbischöfe Sylvester und Benjamin erreichte:

> «Dort, wo die Bolschewisten herrschen, wird die christliche Kirche schlimmer verfolgt als in den ersten drei christlichen Jahrhunderten. Man vergewaltigt Nonnen, man proklamiert die Sozialisierung der Frau und erlaubt die ordnungswidrigsten Leidenschaften. Man sieht überall Tod, Kälte und Hunger… Mit tiefem Schmerz informieren wir Sie, ehrwürdiger Vater, von den Übeln, die Millionen Russen des Wahren Rußland erdulden. Kraft menschlicher Solidarität und christlicher Brüderlichkeit hoffen wir auf Ihr Mitgefühl rechnen zu können…»

Benedikt XV. telegrafierte zurück, daß er «von Herzen an den Ängsten und Besorgnissen Anteil» nehme und den Himmel bitte, damit «baldigst Ruhe und Frieden in Rußland einkehren». Und am 12. März ließ er seinen Kardinalstaatssekretär – in französischer Sprache – auf die «rote» Seite drahten:

> «Lenin, Moskau
> Aus seriöser Quelle berichtet man, daß Ihre Parteigänger Diener Gottes verfolgen, vor allem jene, die der orthodox genannten [!] russischen Religion angehören. Der Heilige Vater Benedikt XV. beschwört Sie, strenge Befehle zu erlassen, damit die Geistlichen jeglicher Religion geachtet werden. Die Humanität und die Religion werden Ihnen dankbar sein.   Kardinal Gasparri.»

Lenins Antwort, von seinem Volkskommissar des Auswärtigen, *Georgij Wassiljewitsch Tschitscherin*, in einem ebenfalls französisch verfaßten Telegramm nach Rom geschickt, verdient trotz ihrer Weitschweifigkeit ausführlich wiedergegeben zu werden. Sie zeigt sehr plastisch jene Verquickung antireligiöser, konfessioneller, politischer und nationaler Ressentiments, mit der es vatikanische Ostpolitik von Anfang an – und im Grunde bis heute – zu tun hat:[23]

> «Kardinal Gasparri, Rom
> Im Besitz Ihres Radiotelegramms vom 3. März bin ich in der Lage, Ihnen zu versichern, daß Ihre seriösen Quellen, die Sie erwähnen, Sie irreführen. Nachdem die Trennung von

Kirche und Staat in Rußland durchgeführt wurde, ist Religion hier als Privatsache betrachtet. Es ist absolut falsch, von Verfolgung der Religionsdiener zu sprechen. In unserem Lande ereignet sich nichts, was gegenüber den Orthodoxen dort die Regel war, wo die römisch-katholische Kirche herrschte. [!] Da Sie besonderes Interesse an jener Religion zeigen, die von der römisch-katholischen Kirche bislang als häretisch und schismatisch bezeichnet wurde und die Sie jetzt als orthodox qualifizieren, kann ich Ihnen versichern, daß kein Geistlicher dieser Religion wegen seiner religiösen Überzeugungen zu leiden hatte. Gegen jene, die an Verschwörungen gegen die Sowjetregierung und gegen die Arbeiter- und Bauernmacht teilgenommen haben, wenden wir die gleiche Behandlung an wie gegen andere Bürger... Sie informieren uns, daß das Oberhaupt der römisch-katholischen Kirche uns beschwört, unsere Haltung gegenüber dem orthodoxen Klerus zu ändern; ein solches Zeichen von Solidarität erreicht uns gerade jetzt, da die offene und entschiedene Aktion der Volksmacht die Betrügereien bloßstellt, mit denen der Klerus die Volksmassen täuschte, indem er seinen Einfluß auf Lügen gründete. Die vergoldeten und von Edelsteinen strotzenden Gräber, die das enthalten, was der Klerus unzerstörbare heilige Reliquien nennt, wurden geöffnet, und man fand dort, wo die Reliquien des Tychon von Sadonsk, des heiligen Mitrofan von Woronesch... und anderer vermutet wurden, staubbedeckte und verweste Knochen, Watte, Stoff und sogar Damenstrümpfe. Es scheint mir notwendig, festzustellen, daß unsere Aktionen gegenüber dem Klerus gerade jetzt das Unglück haben, Ihnen zu mißfallen. Es ist hingegen zu bedauern, daß die unzähligen Grausamkeiten, die von den Feinden des russischen Volkes begangen wurden – von den Tschechoslowaken, von den Regierungen Koltschaks, Denikins und Petljuras[24] von den gegenwärtig in Polen regierenden Parteien, die unter ihren Führern katholische Erzbischöfe haben und die jene Kämpfer für die Sache des Volkes, die ihnen in die Hände fallen, grausam quälen, ja sogar unsere Rot-Kreuz-Mission in Polen ermorden ließen[25] –, daß diese alle von Ihrer Seite keinen Protest erfahren haben. Die Stimme der Humanität, für die unsere Volksrevolution kämpft, wird von jenen, die sich als Ihre Anhänger betrachten, nicht respektiert; zu Gunsten jener Stimme ist aus Ihrem Munde kein Wort gekommen.

Der Volkskommissar für Auswärtige Angelegenheiten Tschitscherin.»

Ließ sich der Vatikan nun zu gleicher Heftigkeit hinreißen? Der Papst ordnete an, diese hämisch-heftige Depesche, die eher die Handschrift Lenins als die seines Außenministers trug, dem wir bald schon bei gepflegterem Dialog begegnen werden, zusammen mit allen anderen Telegrammen in vollem Wortlaut zu veröffentlichen (*Osservatore Romano vom 2. April 1919* – siehe Faksimile auf der folgenden Seite).

Als einziger Kommentar wurde die Bemerkung angefügt:

«Die Antwort des Herrn Tschitscherin würde es verdienen, in verschiedenen Punkten mit größter Reserve behandelt zu werden – wie zum Beispiel dort, wo er behauptet, die Orthodoxen seien von den Katholiken verfolgt worden, während bekanntlich die Wahrheit genau umgekehrt ist. Aber es ist nicht unsere Absicht, eine Polemik mit Herr Tschitscherin zu eröffnen...»

Benedikt XV. und seinem Staatssekretär lag nichts an einer Verschärfung des Klimas. Nach der Verhaftung des Erzbischofs Ropp wollten sie die Fäden zu den Bolschewiki erst recht nicht abreißen lassen. Andererseits schien man auch in Moskau den Bogen nicht überspannen zu wollen, zumal am 25. Mai etwas geschah, was unter den Verhältnissen einer Diktatur fast unglaublich klingt: Über zehntausend Katholiken zo-

ANNO CINQUANTANOVESIMO   MERCOLEDI' 2 APRILE 1919

La Santa Sede
e il Governo Massimalista russo

Avendo alcuni giornali accennato ad uno scambio di telegrammi fra la Segreteria di Stato di Sua Santità ed il Governo Massimalista di Russia, ed anche riprodottili in parte, crediamo opportuno di pubblicare il testo dei detti documenti.

In seguito a comunicazione del Rev.mo Visitatore Apostolico della Polonia, Monsignor Ratti, il quale partecipava l'avvenuto arresto, come ostaggio, dell'Arcivescovo di Mohilew, Monsignor Ropp, la Santa Sede si occupò subito del modo onde venire in aiuto del povero Arcivescovo vecchio e malato. Dopo avere pertanto preso a tale scopo consiglio col Ministro di Russia presso la Santa Sede, Signor Lyssakowsky, l'Emo Cardinale Gasparri, d'ordine di Sua Santità, in data 3 febbraio p. p. faceva pervenire, per mezzo di radiotelegramma, al Governo russo il seguente dispaccio:

Lenin
Moscou.

« Le Pape Benoît XV a appris avec une
« immense douleur que Monseigneur
« Ropp, Archevêque de Mohilew, à été
« pris comme otage à Petrograd par les
« bolcheviks. Il prie instamment Mr. Lé-
« nin de vouloir bien donner des ordres,
« a fin qu'il soit mis aussitôt en liberté ».

Cardinale Gasparri.

A questo telegramma il Signor Lenin rispondeva col dispaccio seguente:

Cardinale Gasparri
Rome.

« Après avoir reçu votre telegramme
« j'ai demandé explication de Petrograd
« on vient de me répondre que Archevê-
« que Ropp n'a jamais été arrêté; c'est
« son neveu Aigon Resilevissch Ropp
« jeune homme 23 ans qui à été arrêté
« pour speculation mais il est affidé
« Jamnsen Gobaret ».

Lenin.

da 12 marzo p. p., faceva, a mezzo dello stesso E.mo Cardinale Segretario di Stato, pervenire al Signor Lenin il seguente telegramma:

Lenin
Moscou.

« De source sérieuse on rapporte que
« vos partisans persécutent ministres de
« Dieu surtout ceux qui appartiennent a
« la religion russe appelée ortodoxe. Le
« Saint Père Benoît XV vous conjure don-
« ner des ordres sévères afin que mini-
« stres de n'emporte quelle religion soient
« respectés. L'humanité et la religion Vous
« en seront reconnaissantes ».

Cardinal Gasparri.

A questo telegramma veniva risposto dal Ministro degli esteri del governo massimalista, signor Cicerin, nei termini seguenti:

Cardinal Gasparri
Rome.

« Ayant reçu votre radiotélégramme, 12
« Mars, je suis en mesure de vous assurer
« que de source sérieuse mentionnée dans
« ce radiotélégramme vous a induit en er-
« reur. La séparation de l'Eglise de l'Etat
« ayant été accomplie en Russie, la reli-
« gion y est traitée comme une affaire
« privée. Il est donc absolument faux
« de parler de persécution des ministres
« de la religion. Il ne se produit dans no-
« tre pays aucun fait analogue à ceux
« qui étaient la règle à l'égard des ortho-
« doxes là où dominait l'Eglise Catholi-
« que Romaine. Vu l'intérêt spécial dont
« vous faites preuve à l'égard de la reli-
« gion que l'Eglise Romaine Catholique
« considérait jusqu'à présent comme schi-
« smatique et hérétique et que vous qua-
« lifiez comme orthodoxe, je puis vous ga-
« rantir qu'aucun ministre de cette reli-
« gion n'a souffert pour ses convictions
« religieuses et quant à ceux d'entre eux
« qui ont participé à des conspirations con-
« tre le Gouvernement soviétiste et contre
« le pouvoir des ouvriers et des paysans,
« nous avons procédé dans le traitement
« que nous leur avons infligé du point de
« vue qu'ils doivent être soumis aux mê-
« mes lois que les autres citoyens et
« qu'aucune situation privilégiée par rap-
« port aux laïques ne doit leur apparte-
« nir. Vu l'esprit de solidarité témoigné

Riunione

PARIGI, ...on, Lloyd Balfour, Sa sono riuniti Ministero di Foch e i ge ...ussilsito a quale è term

La que

LONDRA, ...de riferen ...co delle div tiene che v ...le quali le ...cedore di tre ...zione dell'u ...zика; ma che ... rifiuto de ...evidente ten

La sedicen ...stato il prin ...questo gener ... della Ger. ...catto viene ...lezza da pa ...di male in p

La dolce ...le, continua ...nelle quali ...maestri inc... ...za evidente ...presso un po ... del mem ...insistere nel ...rò in ragn o ...nel abbando ...il potere al b ...la necessità, ...di ricorrere ...malgrado cui ...stananno og ...   Queste ta ...modo do ...dere contro ...da principio ...ra, la partito ...vinti si trov...

gen in Petrograd von der St.-Katherinen-Kirche zum Hauptquartier der «Tscheka», der Geheimpolizei, und demonstrierten für die Freilassung ihres Erzbischofs. Ropp wurde darauf vorsorglich nach Moskau befördert, dort jedoch nicht im Gefängnis, sondern unter Hausarrest in einer Pfarrwohnung festgehalten. Man ließ ihn mit seinem Vertreter Cieplak, ja sogar mit dem Nuntius Ratti in Warschau korrespondieren. Ratti schaltete sich in Verhandlungen ein, die das polnische Rote Kreuz mit dem sowjetischen über einen großen Gefangenenaustausch führte. Der Fall Ropp ließ sich jedoch mit dieser «Transaktion» nicht verbinden, da er selbst – aus gutem Grund – darauf Wert legte, als russischer, nicht als polnischer Staatsangehöriger betrachtet zu werden. Außenkommissar Tschitscherin, mit dem Ratti mehrere Telegramme wechselte, brachte den Nuntius schließlich auf den rettenden Einfall, der auch den Moskauern erlaubte, ihr Gesicht zu wahren: An der polnisch-sowjetischen Demarkationslinie, die Ratti nur zu Fuß erreichen konnte, übergab er den Sowjets eine Note, in der er den katholischen Oberhirten Rußlands als – «Untertan des Papstes (*suddito del Sommo Pontefice*), mit dem sich die Sowjetregierung nicht im Kriegszustand befindet», bezeichnete. Dies und «die guten Dispositionen des Herrn Tschitscherin» (so lobte der *Osservatore Romano*) genügten, um Ropp am 17. November 1919 freizulassen.[26] Doch wohin fuhr er? Nach Warschau…

«Wahrhaft triumphal» sei Ropp in die polnische Hauptstadt eingezogen, berichtete die Vatikanzeitung. Nicht nur der Päpstliche Nuntius und der Warschauer Erzbischof, auch der Militärbischof und der Stadtkommandant (!) waren zur Begrüßung am Bahnhof erschienen, sie begleiteten Ropp durch ein dichtes, tränengerührtes Menschenspalier. «Er schien gealtert, auch durch seinen weißen Bart, den er sich nach bolschewistischem Brauch – sie lieben Bart und lange, ungeschnittene Haare – wachsen lassen mußte», meinte ungewollt humoristisch der *Osservatore Romano*.[27]

Wenn auch wenig Grund zu Triumph bestand, Erzbischof Ropp begann alsbald ungebrochen von Warschau aus weiterzuwirken. Vor allem versuchte er den Nuntius Ratti – und durch ihn den Vatikan – davon zu überzeugen, daß die Bolschewikenherrschaft in Rußland nicht mehr lange dauern könne; eben deshalb könne man – ohne Gefahr für Grundsätze – hinhaltende Kompromisse schließen. In diesem Sinne schalteten sich Ropp und die Nuntiatur 1920/21 auch in die polnisch-russischen Friedensverhandlungen ein. Lenins Räteland hatte das Ende des Bürgerkriegs zwar überlebt, aber ausgeblutet und ausgehungert schien es dem wirtschaftlichen und politischen Chaos entgegenzusteuern.

Ropp hoffte sogar auf Rückkehr nach Petrograd und verbreitete nun auch öffentlich seine illusionäre Meinung, die Masse der Russen neige mehr denn je zum Katholizismus, zur Anerkennung des römischen Papstes.[28] Zwar gelang es dem Vatikan trotz Rattis und Ropps Bemühungen nicht, mit Hilfe der polnischen Friedensunterhändler weitgehende Forderungen durchzusetzen; man betrachtete es jedoch schon als gewissen Erfolg, daß im polnisch-russischen Friedensvertrag, der am 18. März 1921 in Riga unterzeichnet wurde, der Artikel 7 die Zusage enthielt:

«Keine Vertragspartei wird sich in die kirchlichen Angelegenheiten der anderen Partei einmischen. Innerhalb der einzelnen Länder werden die religiösen Gemeinschaften der nationalen Minderheiten volle Freiheit genießen.»

Wie diese «Freiheit» im täglichen Leben der Gläubigen aussehen sollte, war freilich nicht definiert. Ropps Stellvertreter in Rußland, Erzbischof *Jan Cieplak* und dessen

Generalvikar *Konstanty Budkiewicz*, kannten die wenig versprechende Wirklichkeit. Sie rechneten mit der Möglichkeit, daß das Sowjetregime dauerhaft sein könnte, und richteten sich weniger auf Kompromisse als auf zähen Widerstand ein. Schon im Herbst 1919 erließ Budkiewicz, der in diesem Punkt noch unerbittlicher war als Cieplak, strenge Anordnungen an die katholischen Geistlichen: Sie sollten sich – unter Berufung auf fehlende Erlaubnis des Vatikans – in jedem Falle weigern, irgendwelche Abmachungen über das Kircheneigentum mit den örtlichen Behörden zu unterzeichnen; im geheimen organisierte Cieplak den verbotenen Religionsunterricht für Kinder, sogar geheime Theologenausbildung.[29]

Zweifellos blieb dies alles der Polizei schon deshalb nicht verborgen, weil die beiden katholischen Würdenträger, die stets ihre staatsbürgerliche Loyalität versicherten, zugleich aus ihren Verbindungen zum sowjetfeindlichen Polen kein Hehl machten. Die Geheimpolizei wußte gewiß auch, daß es unter den Katholiken schwere Differenzen gab: Cieplak und Budkiewicz hielten (mit Unterstützung Ropps aus Warschau) zäh am lateinischen Ritus fest und wollten allenfalls mit Hilfe des sogenannten «Biritualismus» missionieren, d. h. der ostkirchliche Ritus sollte nur als zweiter neben dem lateinischen als Anhängsel gepflegt werden. Dagegen sah der russisch-katholische Exarch Feodorow – im Sinne seines Lehrmeisters, des Lemberger Metropoliten Scheptyckyj –, Zukunftschancen umgekehrt nur in einer russifizierten, also «entpolonisierten» katholischen Kirche.[30] Obwohl sie gemeinsam dem Druck des Regimes ausgesetzt waren und schließlich auch gemeinsam auf die Anklagebank kamen, bekämpften sich die beiden katholischen Richtungen mit einem makabren nationalen Eifer:

Feodorow, dessen Russengemeinde nur etwa 100 Mitglieder zählte, hatte schon Anfang 1919 in einem Brief an Lenin vergeblich versucht, dessen politisches Interesse an einer Katholisierung der Orthodoxen zu gewinnen. Feodorow beschrieb, wie nützlich die Sympathie einer universalen Kirche für das Prestige Sowjetrußlands in aller Welt werden könnte. Den Papst flehte Feodorow brieflich an, «den polnischen Einmischungen in unsere Angelegenheiten ein Ende zu bereiten». Budkiewicz jedoch beklagte sich beim Päpstlichen Nuntius in Warschau, daß Feodorow in seiner Neigung zum Russischen «so weit geht, daß er in seiner Kapelle an Schismatiker, die noch nicht bekehrt sind, die Sakramente austeilt»...[31]

Die Bolschewiki wenigstens hatten jetzt andere Sorgen. Gewiß waren für sie «alle Religionen, gleich in welcher Sprache sie ihre Riten zelebrieren, konterrevolutionär»,[32] doch Lenin erkannte jetzt, daß sich die Revolution überanstrengt hatte. Auf dem X. Parteitag, im März 1921, änderte er mit einem staatsmännischen Geniestreich den ganzen Kurs: Die «Neue Ökonomische Politik» – genannt NEP –, die jetzt proklamiert wurde, bedeutete sowohl eine innen- wie eine außenpolitische Schwenkung. Die Wiederaufnahme von Wirtschafts-, aber auch politischen Beziehungen zur kapitalistischen Welt sollte jetzt forciert werden; sie sollte Rußland aus seiner Isolierung befreien und den totalen Ruin des Landes, vor allem die drohende Hungerkatastrophe, verhindern. Zugleich wurde die Sozialisierung und Kollektivierung im Inneren scharf abgebremst, die Diktatur gelockert. Wirkte sich das auch auf religiösem Gebiet aus?

Lenin kritisierte den Mai-Aufruf des Zentralkomitees, der noch immer «die Lüge der Religion zu entlarven» forderte: «Das ist taktisch falsch. Besonders zu Ostern muß man etwas empfehlen: nicht die Lüge zu entlarven, sondern unbedingt jede Verletzung der Religion zu vermeiden.» Ein neues Rundschreiben an die Partei mahnte daraufhin, «in keinem Fall Vorkommnisse zuzulassen, die das religiöse Gefühl der Masse der Bevölkerung verletzen».[33] War das nur Taktik – oder doch auch weiterblickende Strategie? Um dies zu erkunden und im günstigsten Falle auch die kleinste Möglichkeit zu nutzen, die sich bieten würde, eröffnete der Vatikan eine neue Phase seiner Rußlandpolitik.

Geheimabkommen mit Hintergedanken

«Ich hungere, daß mir Hände und Knie zittern…», schrieb der Exarch Feodorow aus Moskau.[34] Rußland hungerte, zwei Millionen Menschen verhungerten 1921/22. Dürre, Kriegs- und Bürgerkriegsfolgen, Mißwirtschaft und Mißernte stellten alles Politische und Ideologische in den Schatten: Es ging jetzt um das bloße Überleben. Hunderttausende ernährten sich von Gras; nach verbürgten Berichten wurde mancherorts das Fleisch von Toten verzehrt. Die Dichter Maxim Gorki und Gerhart Hauptmann und der Polarforscher Fridtjof Nansen riefen die Welt um Hilfe. Der orthodoxe Patriarch Tychon durfte sich aus Moskau an die Kirchenführer wenden, auch an den Papst. Benedikt XV. ließ 50 000 Dollar nach Petrograd überweisen, zu Händen des Erzbischofs Cieplak. Und am 5. August 1921 wandte sich der Papst (in der kurialen Form eines Briefes, den er an seinen Kardinalstaatssekretär richtete) an die ganze Welt:[35]

> «…Aus dem Wolgagebiet rufen Millionen Menschen, die vor einem schrecklichen Tode stehen, die Hilfe der Menschheit an. Dieser Schmerzensschrei hat Uns tief verwundet. Es geht um ein von der Kriegsgeißel schon schwer genug getroffenes Volk, über dem das Zeichen Christi leuchtet und das stets mit großer Entschiedenheit zur großen christlichen Familie gehören wollte. Sosehr es auch von Uns durch Schranken getrennt ist, die lange Jahrhunderte aufgerichtet haben, so ist es Unserem Vaterherzen doch um so näher, je größer sein Unglück ist… Darum laden Wir Sie, Herr Kardinal, dazu ein, alles in Ihrer Macht Stehende zu tun, um den Regierungen der Nationen die Notwendigkeit vor Augen zu stellen, daß sie eine rasche und wirksame gemeinsame Aktion einleiten…»

Das Signal, das Benedikt XV. mit diesem Schreiben gab, wirkte ganz besonders elektrisierend auf Lenins Mann in Rom: Es war Wacław Worowski, ein damals 51jähriger Literat und Schöngeist polnischer Herkunft, der sich schon 1904 in der Schweizer und Pariser Emigration mit Lenin angefreundet hatte, jedoch – obschon Bolschewist

– die Oktoberrevolution anfangs nur für ein «komisches Abenteuer» gehalten hatte. Dennoch machte ihn Lenin zu seinem Vertreter in Stockholm, dann 1920 zum Chef der ersten sowjetrussischen «Handelskommission» in Rom.[36] Als ehemaliger Katholik erkannte Worowski von Anfang an, wie wertvoll es für die Rückkehr Rußlands in die Weltpolitik sein würde, wenn es gelänge, den Papst zu irgendeinem Akt der «Anerkennung» des neuen Regimes zu bewegen. Worowski war auch nicht entgangen, mit welchem Interesse der Vatikan und die katholischen Ordenszentralen «Missionsaussichten» in Rußland erwogen. Lenins neue Politik (NEP), die Hungersnot und der Papstappell boten Worowski nun unerwartete Ansatzpunkte.

Über den Anfängen seiner Kontakte liegt der Schleier des Geheimnisses, doch Aktenfunde[37] erlauben, ihn etwas zu lüften. Worowski bediente sich, um an den Vatikan heranzukommen, eines merkwürdigen deutschen Mittelsmannes, des damals 38jährigen *Dr. jur. Wilhelm von Braun*. Als Sohn eines evangelischen Großgrundbesitzers bei Frankfurt an der Oder war Braun 1912 katholisch geworden, hatte im Weltkrieg als Hauptmann in türkischen Diensten gestanden, war in russische Kriegsgefangenschaft geraten und nach dem Krieg in Rom aufgetaucht. Kirchlichen Gesprächspartnern, die er mit Vorliebe aufsuchte, pflegte er zu versichern, er wolle Geistlicher werden; dabei wies er beiläufig auf sein väterliches Vermögen von einer Million Mark hin, als dessen Alleinerben er sich – fälschlich! – bezeichnete. Daß Braun – aus welchen Gründen auch immer – ein Vertrauensmann der römischen Sowjetvertretung war, blieb kein Geheimnis. Warum er zugleich auch Vertrauen im Päpstlichen Staatssekretariat fand, wo Vorsicht als Kardinaltugend gilt, hing mit einer privaten Männerfreundschaft zusammen.[38] Wahrscheinlich bürgte für ihn auch der geistliche Konsultor an der deutschen Vatikanbotschaft, Prälat *Johannes Steinmann*, der aus Breslau stammte. Er war jedenfalls die zweite, weniger geheimnisvolle Schlüsselfigur, die dem Sowjetvertreter Worowski die Anknüpfung mit dem Vatikan ermöglichte.[39]

Mit der Hilfe für das hungernde Rußland hatte man von Amerika aus schon begonnen; Ende August 1921 hatte Herbert Hoover ein Abkommen mit den Sowjets geschlossen, das die Aktion in Gang setzte (ohne daß die USA damit die Lenin-Regierung anerkannten). War es nun nicht angebracht, daß der Papst dem Beispiel der ARA (*American Relief Administration*) folgte und ebenfalls eine vertraglich abgesicherte Hilfsmission nach Rußland entsandte? Diese Anregung wurde durch Braun und Steinmann dem Vatikan nahegebracht. Am 16. Dezember kam es zur ersten Begegnung zwischen Worowski und dem Unterstaatssekretär für Außerordentliche Angelegenheiten im Päpstlichen Staatssekretariat, *Giuseppe Pizzardo*.[40] Höflich, liebenswürdig und elegant – gar nicht so, wie man sich in Rom einen Bolschewiken vorstellte – malte Worowski dem vatikanischen Prälaten geradezu phantastische Möglichkeiten aus:

> «Ehemalige Fehler der Sowjetregierung bestehen nicht mehr; es wird nicht nur volle Freiheit der Religion, auch Freiheit für ausländische Missionare geben. Katholische Missiona-

re wären willkommen, wenn sie finanziell entsprechend ausgerüstet sind… Man traut überhaupt den Katholiken viel mehr als den Orthodoxen, da Katholiken gewiß kein Heimweh nach der Zarenherrschaft hätten… Katholische Ordensleute könnten nicht nur Lebensmittel verteilen, auch Musterwirtschaften, Handwerksbetriebe, Berufsschulen einrichten… Nur ein politischer Neutralitätseid muß von den Missionaren verlangt werden…»[41]

Solche verlockenden Perspektiven verfehlten ihre Wirkung auf Benedikt XV. nicht. Pizzardo wurde angewiesen, das heiße Eisen so schnell wie möglich zu schmieden. Nach kaum einer Verhandlungswoche, kurz vor Weihnachten (und zwei Tage vor dem Abschluß eines ersten italienisch-sowjetischen Handelsprotokolls), verfertigten Worowski und Pizzardo in französischer Sprache den Entwurf einer Abmachung, der das Unglaubliche zu bestätigen schien:

Da ist tatsächlich von «Missionaren» die Rede, die nach Rußland einreisen können, falls sie nicht einer «sowjetfeindlichen Nationalität oder politischen Gruppe» angehören (also keine Polen – sollte das heißen). Politische Propaganda sollte ihnen untersagt sein, jedoch sollten sie sich der Unterstützung der Bevölkerung widmen können «durch Verteilung von Lebensmitteln an Hungernde, durch Landwirtschafts- und Berufsschulen usw. und durch *moralische und religiöse Erziehung*». Den Missionaren werden Bewegungsfreiheit, Zollfreiheit und andere Privilegien zugesichert, wenn sie sich eidlich verpflichten, auf jede sowjetfeindliche Aktivität zu verzichten.[42]

Sollte der Hunger die Sowjets tatsächlich – wenn nicht Beten, so doch Nachgiebigkeit gelehrt haben? Galten etwa die Dekrete über den Religionsunterricht nicht mehr? Oder hatte Worowski – zum Schein oder wirklich – seine Kompetenzen überschritten?

Solche skeptischen Fragen gingen im Überschwang des Augenblicks unter. Pater *Carl Friedrich*, der römische Vertreter der «Gesellschaft des Göttlichen Wortes» (SVD), schrieb am 21. Dezember 1921 an seinen Ordensgeneral nach Steyl, man möge dringend Ordensleute als Missionare bereitstellen:

«Allgemein glaubt man in unterrichteten Kreisen, daß die Stunde der Gnade für Rußland bald schlagen werde. Manche wollen sogar glauben machen, daß vielleicht sogar eine Art Massenkonversion zur katholischen Kirche stattfände…»[43]

Das alte fromme Phantom der «Bekehrung» Rußlands, das schon 1917/18 viele Gemüter bewegt hatte, war wiederbelebt. Zwar hatte sich der Papst noch im Oktober gegen den Verdacht verwahrt, daß er mit einer Hungerhilfe religiöse «Geschäfte» machen wolle, doch wie sehr die damalige Kurie gleichwohl im eng-konfessionellen Denken befangen war, läßt sich mit manchen Aussprüchen Benedikts XV. belegen.[44] Der Gedanke, die katholische Kirche könne nun doch noch das Erbe der Orthodoxen in Rußland antreten, bewegte diesen Papst bis zuletzt. Noch in der Nacht, in der er an einer plötzlichen Lungenentzündung starb (22. Januar 1922), ließ Benedikt XV. dreimal Monsignore Pizzardo zu sich rufen und fragte ihn: «Sind die Visa der Bolschewiken endlich gekommen?»[45]

Worowski ließ nämlich auf sich warten. Er war nach Moskau gereist, um sich Vollmachten zur Unterzeichnung des Vertragsentwurfs zu holen. Als er zurückkehrte, brachte er neue Instruktionen mit. Inzwischen aber gab es auch einen neuen Papst: Achille Ratti hatte als Pius XI. den Stuhl Petri bestiegen. Dieser ehemalige Nuntius in Warschau besaß nicht nur «Osterfahrung», er stand auch dem Einfluß des Erzbischofs Ropp offen, der nun sogleich aus seinem Warschauer Exil nach Rom eilte und – vor einem schnellen Vertragsabschluß warnte. Auch Ropp träumte zwar vom «Plan einer systematischen Missionierung Rußlands», doch er wollte aus den hungernden Bolschewiki bei dieser Gelegenheit gleich noch einige andere Zugeständnisse herausholen; außerdem wehrte er sich gegen das sowjetische Verlangen, keine polnischen Geistlichen zu entsenden.

Hier stieß nun – wie es oft noch geschehen sollte – nicht nur russisches gegen polnisches, sondern auch polnisches gegen deutsches Interesse. Prälat Steinmann von der deutschen Vatikanbotschaft, der als Schlesier ohnehin die Polen nicht mochte, sah seine – wie wir noch sehen werden, von Berlin gewünschten – Bemühungen um eine vatikanisch-sowjetische Annäherung schwer gefährdet. Steinmann tat deshalb alles, um den Vatikan vom «Utopischen» der Forderungen Ropps zu überzeugen. Was er von Worowski hörte, gab er nicht nur vertraulich an das Auswärtige Amt in Berlin weiter, sondern auch an den Vatikan:

> «Ropp ist ein schlauer Kerl, dem man schwer beikommen kann, da er sich keineswegs als Pole, sondern als Russe gebärdet und peinlich darauf bedacht gewesen ist, seine russische Staatsangehörigkeit nicht zu verlieren. Sein ganzer Plan heuchelt zwar, rein katholisch zu sein, ist aber in den Augen der Bolschewiken rein polnisch. Er will Herausgabe der katholischen Schulen, Bibliotheken, Kirchengüter – die aber gar nicht als katholische, sondern als polnische Institute konfisziert sind und bleiben.»

So ließ sich Steinmann von Worowski belehren. Der deutsche Monsignore empfand den Moskauer Vertreter als «gemäßigten Bolschewisten», der extreme Maßnahmen gegen die Kirche verhindern wolle und «mit Recht gegen das unverschämte Auftreten Polens ist, das sich als Schutzherr der katholischen Kirche Rußlands aufspielt».[46] Monsignore Steinmanns Gegenaktion war erfolgreich: Erzbischof Ropp sei schließlich «voller Wut aus dem Vatikan gelaufen», berichtet er stolz.

Was aber hatte Worowski aus Moskau mitgebracht? Er goß zunächst einmal viel Wasser in den Wein der Begeisterung, den er selbst kredenzt hatte. Worowski war im Kreml angewiesen worden, beim Vertragsabschluß mindestens *de facto*, wenn nicht *de jure* eine Anerkennung der Sowjetregierung durch den Vatikan zu erreichen; außerdem sollte er sich Klarheit verschaffen, wieviel Geld der – so sagenhaft reiche – Vatikan in das Hilfsunternehmen zu stecken gedenke. (Schließlich hatte die amerikanische Hilfe gleich mit 20 Millionen Dollar begonnen!)

Monsignore Pizzardo mußte nun in diesem ganz wesentlichen Punkt sehr vorsichtig sein. Nach dem Tode Papst Benedikts hatte sich herausgestellt, daß der Vatikan «nahezu bankrott» war.[47] Sammlungen unter den Katholiken aller Welt versprachen nur dann Erfolg, wenn auch für die religiösen Belange Hoffnungen sichtbar gemacht würden. Gerade in diesem Punkt brachte jedoch Worowski ziemlich Enttäuschendes mit: Moskau hatte aus dem Vertragsentwurf das Wort *missionaires* überall getilgt und durch *envoyés* (Abgesandte) ersetzt; verschwunden war aus dem Artikel 3 der Hinweis auf Agrar- und Berufsschulen, vor allem aber die Möglichkeit «moralischer und religiöser Erziehung». Zu all dem kam die Nachricht, daß die Sowjetregierung die Beschlagnahme aller kirchlichen Wertgegenstände aus Gold, Silber und Edelsteinen verfügt hatte, und zwar einschließlich der Kelche und Monstranzen, die dem Gottesdienst und der Spendung von Sakramenten dienen. Worowski beteuerte, daß dies nur eine Folge der Hungersnot sei; die Sowjetregierung brauche angesichts ihrer leeren Staatskassen Gold, um Getreide im Ausland zu kaufen. In Wahrheit wollten ideologische Eiferer diese Gelegenheit natürlich auch dazu nutzen, um das kirchliche Leben zu stören.[48]

War unter all diesen Umständen überhaupt ein Vertrag möglich? Kardinal Gasparri setzte dennoch am 12. März 1922 in aller Stille seine Unterschrift neben die Worowskis und schloß damit das erste und bis 1990 einzige *Abkommen zwischen dem Heiligen Stuhl und der Regierung der Sowjets* (siehe Wortlaut im Anhang).[49] Das war möglich, weil sich die römische Kurie ebenso wie der Kreml einen Vorteil errechnete – und an gewisse Nebenabsprachen ihre Hoffnungen (und Hintergedanken) knüpfte.

Eine *De-jure*-Anerkennung hatte der Vatikan den Sowjets verweigert, *de facto* hatte er das Abkommen freilich mit dem *gouvernement des Soviets*, nicht mit *la Russie* (wie es Gasparri wollte) geschlossen. Und im voraus hatte der Heilige Stuhl eine separate streng vertrauliche Erklärung abgegeben, wonach «die frühere beim Heiligen Stuhl akkreditierte kaiserlich-russische Botschaft die gegenwärtige Regierung Rußlands nicht vertritt». Das war nicht viel, aber angesichts wütender Attacken und Verdächtigungen, die zu dieser Zeit von der russischen Emigration gegen den Vatikan vorgebracht wurden, bedeutete das auch nicht wenig.

Andererseits war es Worowski und seinem emsigen Zwischenträger Wilhelm von Braun gelungen, die Missions- und Seelsorgeerwartungen des Vatikans trotz aller Hiobsbotschaften wachzuhalten. Am 11. März, einen Tag vor der Unterzeichnung des Abkommens, übergab Worowski im Vatikan eine schriftliche Zusicherung, daß die Sowjetregierung dem Heiligen Stuhl *Bodenkonzessionen* zur Errichtung von landwirtschaftlichen und handwerklichen Produktions- und Lehrstätten einräumen werde. Wir kennen bis heute den genauen Wortlaut dieses Schriftstücks nicht, wohl aber seinen Begleittext, ein «Memorandum», das Braun auch dem Generalprokurator der Steyler Missionsgesellschaft am gleichen Tag überreichte. Es eröffnet scheinbar phantastische Aussichten:

Um die Bodenkonzessionen zu realisieren, die Worowski auf Grund «einer geheimen Ermächtigung» zugesichert habe, sollten «möglichst ertragfähige Agrar- und Fabrikobjekte» ausgesucht werden, heißt es in dem Memorandum Brauns. Zu diesem Zweck sollte ein Finanzkonsortium unter Leitung des Direktors Alexander von der

Deutschen Orientbank AG in Berlin gebildet werden. Sachverständige des Konsortiums sollten gleichzeitig mit der vatikanischen Hungerhilfsmission in Rußland einreisen. Die Kirche und der Orden sollten sich nur mit 50 Prozent beteiligen, aber sie könnten ihre Einlagen auch ratenweise zahlen; für die beteiligten Banken sei es dagegen wichtig, daß ihnen «opferwillige und tätige Teilhaber sowie eine ausnahmsweise lenksame Arbeiterschaft zur Verfügung steht» (gemeint sind die Patres!). In Aussicht genommen werde aber auch, «daß in der ganzen katholischen Welt dafür gesammelt wird». Mit dem Projekt werde «der Kirche, Rußland und Deutschland gedient», sein Vorteil liege darin, daß «eine Vergeudung des katholischen Geldes in unrentablen Unternehmen vermieden wird»; die Voraussetzung sei jedoch, daß man «möglichst laut von der Hungerhilfe und möglichst nicht von dem Finanzkonsortium spricht» (*Punkt A, b*).[50]

Auf den ersten Blick möchte man meinen, dieses Dokument stamme aus dem Arsenal marxistischer Propaganda, die allzu gerne Kirchenpolitik und «kapitalistische Ausbeutung» Hand in Hand gehen sieht. Oder sollte es sich um ein bloßes Phantasieprodukt jenes Herrn von Braun handeln, der einerseits im Auftrag Worowskis die römischen Kirchenkreise anlocken wollte, andererseits seine eigenen privaten und vielleicht sogar (man kann es nicht völlig ausschließen) religiösen Schäfchen ins trockene bringen wollte? Dieser geschäftige Rußlandfreund, dessen seltsames Doppelspiel uns noch beschäftigen wird, baute seine Luftschlösser jedoch keineswegs auf Sand:

Schon Ende 1920 hatte Lenin auf dem VIII. Parteikongreß eine wirtschaftliche Konzessionspolitik entwickelt, die nutzbaren Boden, ja ganze Landstriche (wie etwa die Halbinsel Kamtschatka) an kapitalistische Unternehmen des Auslands abzutreten erwog.[51] Im Zeichen der «Neuen Ökonomischen Politik» erweiterte Lenin die Möglichkeiten ausländischer Kapitalbeteiligungen auf Produktionsbetriebe, die Musterbetriebe werden sollten. Dies sei der «Tribut», den Rußland für seine Rückständigkeit zahlen müsse, meinte Lenin. Im Januar 1922 hatte der Oberste Rat der westlichen Kriegsallianz (der «Entente») auf einer Konferenz in Cannes diese Idee aufgegriffen und beschlossen, aus der russischen Hungersnot umgekehrt Kapital zu schlagen. Die Parole hieß: Hilfe für die Sowjets, auch Investitionskredite und Beteiligungen, nur dann, wenn Moskau die Vorkriegsschulden Rußlands übernimmt und enteigneten ausländischen Privatbesitz zurückerstattet.

Ganz so unseriös konnte also das Worowski-Braunsche Anerbieten dem Vatikan gar nicht erscheinen. Auch der deutsche Botschafter beim Heiligen Stuhl, *Diego von Bergen*,[52] nahm es ernst; in einem vertraulichen Brief, dem er einen Bericht des Prälaten Steinmann beilegte (voller Wortlaut des Briefs siehe Anhang), empfahl Bergen eine «Beteiligung kapitalkräftiger deutscher Finanzkreise an dem katholischen Missionsunternehmen»; allerdings wollte der Vatikan, wie Steinmann mitteilt, von dem russischen Konzessionsangebot *vorläufig keinen Gebrauch machen*». Die Russen sollten sich davon überzeugen, daß «die Kirche nicht aus egoistischen Gründen, sondern aus christlicher Liebe handelt und weit davon entfernt ist, Wohltätigkeit in Ausbeutung ausarten zu lassen».

Diese weise Enthaltsamkeit fiel der römischen Kurie um so leichter, als ihr ohnehin die Mittel fehlten: Ende März lagen im Vatikan für die Rußlandhilfe erst 1,5 Millionen Lire bereit (nach damaliger Rechnung 75 000 Dollar), während die amerikanische ARA schon eine Million Dollar ausgegeben hatte. Pius XI. suchte also Anschluß an die «reichen» Amerikaner, deren Mission unter der Leitung des Obersten Haskell bereits in Moskau saß. Eine Woche nach Abschluß des sowjetisch-vatikanischen Abkommens entsandte der Papst den amerikanischen Jesuiten *Edmund Walsh* – einen Freund Haskells – nach Moskau, um die Lage zu erkunden.[53]

Walsh sah sich vier Wochen lang um, sprach natürlich auch mit dem Erzbischof Cieplak und bemerkte, daß von religiöser «Liberalisierung» oder von Missionsmöglichkeiten kaum die Rede sein konnte: Rußland hungerte, die herrschende Partei suchte einen Ausweg aus der wirtschaftlichen und politischen Isolierung, und nur dies schien einer religiösen Minderheit wie der katholischen eine gewisse Atempause zu sichern. Am 20. März, kurz vor der Ankunft von Walsh, hatte Cieplak in einem Hirtenbrief die katholischen Eltern offen aufgefordert, ihren Kindern Religionsunterricht zu erteilen. Eine Woche früher hatte er die Pfarrer telegrafisch angewiesen, sich dem Dekret über die Ablieferung der Kultgeräte zu widersetzen: «Forderung unberechtigt. Inventar nicht herausgeben.» Geschehen war darauf nichts oder nur wenig.

Das päpstliche «Hilfswerk» – mehr durfte es nun ja nicht sein – ließ immer noch auf sich warten. Als Walsh von seiner Erkundung nach Rom zurückkehrte, stand zwar die Zahl der «Missionare» fest – fünf Jesuiten, drei Steyler, drei Salesianer und zwei Claretiner. Doch die Finanzierung sah immer noch kümmerlich aus, von einer Abreise nach Rußland war noch keine Rede. Der Papst schickte Walsh auf eine andere Reise: mit einem Schreiben an den US-Präsidenten Harding nach Washington. Gelder der amerikanischen Katholiken sollten flüssig gemacht und die Anlehnung an die ARA, vor allem der Ankauf von Lebensmitteln bei dieser Hilfs-Organisation, vertraglich gesichert werden; allein aus eigener Kraft würde ja die winzige vatikanische Gruppe kaum dahin gelangen, auch nur ein Stück Brot zu verteilen. Inzwischen, so hoffte der Papst, würden sich vielleicht doch noch bessere politische Bedingungen für das ganze Unternehmen, auch für seinen missionarisch-religiösen Aspekt, ergeben. Zum 10. April 1922 war nämlich jene Weltwirtschaftskonferenz nach Genua einberufen, bei der zum erstenmal das kommunistische Rußland gleichberechtigt auf dem internationalen Parkett erscheinen würde. Lenins Außenpolitiker – Tschitscherin, Litwinow, Worowski, Krassin – packten Gehrock und Frack in die Koffer. Was würden sie zugestehen, um auch politisch «salonfähig» zu werden? Und was würde man ihnen einräumen? Ebenso wie sie war ja auch das besiegte Deutschland, geführt von dem katholischen Zentrums-Reichskanzler Josef Wirth, zum erstenmal gleichberechtigt zum Konferenztisch geladen. Der Name für das, was in der Luft lag und neue

Überlegungen auch im Vatikan auslöste, wurde erst später zum politischen Stichwort: er geisterte – obschon er nur einen schönen Ort der italienischen Riviera benennt – jahrzehntelang durch die Regierungskanzleien Europas: *Rapallo*...

2. Auf Rapallokurs: Koexistenzversuche 1922–1924

Kulissengespräche – vermittelt von Kanzler Wirth

Einige der befrackten Herren an der langen, kerzenschimmernden Tafel beugten sich vor, damit ihnen die Szene nicht entging: Gerade hatten der sowjetische Außenkommissar *Tschitscherin* und Monsignore *Giosuè Sígnorí*, der Erzbischof von Genua, freundlich lächelnd ihre Champagnergläser erhoben und einander zugeprostet; jetzt schrieben sie – wie es feiner Etikette entsprach – ihr Autogramm auf die goldgeränderten Speisekarten und tauschten sie aus. Selbst der stets arglose Gastgeber, Italiens König *Viktor Emmanuel*, der die Delegierten der Weltwirtschaftskonferenz an diesem 22. April 1922 auf sein Flaggschiff *Dante Alighieri* geladen hatte, verbarg nur mit Mühe seine Verwunderung: «Die Extreme berühren sich», sagte er. Niemand hatte allerdings im allgemeinen Stimmengewirr angeregter Unterhaltung während des Essens vernommen, was sich der Mann der Kirche und der Abgesandte Moskaus (die der Zufall alphabetischer Sitzordnung einander gegenüber sitzen ließ) zu sagen hatten.[1]

Auch in den USA herrsche die Trennung von Kirche und Staat vor, dort jedoch sei das religiöse Leben ganz unbehindert – im Unterschied zu Rußland. So hatte Erzbischof Sígnorí seinem sowjetischen Nachbarn delikat zu bedenken gegeben.

«Bei uns ist Religion Privatsache und so frei wie in Amerika», hatte Tschitscherin ohne Zögern behauptet. Freilich, so hatte er hinzugefügt, ein katholischer Bischof in Moskau (er meinte wohl Cieplak – oder war es Ropp gewesen?) habe bei der Sowjetregierung einmal angeregt, «ein Konkordat mit dem Heiligen Stuhl zu schließen».

Erzbischof Sígnorí horchte auf, doch schon wischte Tschitscherin den Gedanken, den er selbst zur Sprache gebracht hatte, wieder unverbindlich-diplomatisch vom Tisch: Wozu ein Konkordat, wenn die Freiheit für alle Konfessionen ohnehin gesichert ist…!?

Als die königlichen Gäste spät in der Nacht den buntbeleuchteten Kreuzer im Hafen von Genua wieder verließen, behielt nur einer den katholisch-sowjetischen Trinkspruch ohne Verwunderung im Gedächtnis: der deutsche Reichskanzler Wirth. Denn er hatte nicht nur eine Woche vorher in Rapallo jenen deutsch-sowjetischen Vertrag eingefädelt, der zur unliebsamen Überraschung der Westmächte die Position der beiden Verlierer des Weltkriegs stärkte, er hatte durch seinen römischen Vertrauensmann (Monsignore Steinmann an der deutschen Vatikanbotschaft) auch dafür gesorgt, den Vatikan sehr stark für die Genueser Konferenz zu interessieren.

Wirth, als «linker» Katholik in seiner Zentrumspartei nicht unumstritten, national und demokratisch orientiert, war überzeugt, daß ein wirtschaftlich anschlußbedürftiges Sowjetrußland sich vielleicht «zähmen» und zugleich als Helfer benutzen lassen würde, um den «Ring von Versailles» zu sprengen: den Würgegriff der astronomisch hohen Reparationszahlungen, die der Friedensvertrag den Deutschen aufgebürdet hatte und die nun durch Inflation, vielleicht gar Revolution, die junge Weimarer Republik erdrosseln konnten. Der Hauptpunkt des später viel umrätselten Rapallovertrages besagte denn auch nichts anderes als den gegenseitigen deutsch-sowjetischen Verzicht auf finanzielle Kriegsfolgenentschädigungen.[2]

Im Vatikan hatte man – wohl durch Steinmann – schon Anfang April, als Tschitscherin nach Genua reiste und beim Zwischenaufenthalt in Berlin erste Fäden mit Wirth knüpfte, eine Ahnung von den kommenden Möglichkeiten. Eine Entlastung Deutschlands lag ganz im Sinne der römischen Kurie, die den Versailler Frieden nie für ein Meisterstück der Weisheit gehalten hatte. Die «beste Bürgschaft der Ruhe ist nicht ein Wald von Bajonetten, sondern gegenseitiges Vertrauen und Freundschaft», schrieb der Papst am 7. April 1922 in einem öffentlichen Schreiben an Erzbischof Sígnorí; Pius XI. begrüßte die Konferenz von Genua als eine Gelegenheit, «den Besiegten die beschleunigte Erfüllung ihrer Verpflichtungen zu erleichtern, was am Ende auch den Siegern zum Vorteil gereichen würde»; es gelte jetzt, «auf dem Altar des gemeinsamen Wohles Opfer zu bringen».

Von Rußland war da direkt nicht die Rede; da jedoch Rußland zu den Besiegten gehörte und sein erster Auftritt auf der internationalen Bühne als Hauptereignis in aller Munde war, mußte der Papst dabei auch an Rußland gedacht haben. Von Kardinal Gasparri wird aus jenen Tagen eine Äußerung überliefert, die zwar erst viel später aufgezeichnet wurde, die sich jedoch mit der Grundposition deckt, die vom Vatikan in den folgenden Jahrzehnten gegenüber *allen* autoritären Regimen – auch dem faschistischen und dem nationalsozialistischen – tatsächlich bezogen wurde:

> «Die Kirche hat – theoretisch betrachtet – kein Vorurteil gegen eine kommunistische Staatsform (*nulla da opporre pregiudizialmente ad una organizzazione statale comunistica*), sie ist in Fragen der Wirtschaft völlig agnostisch und indifferent; ihre geistlichen Interessen liegen jenseits und über ökonomischen Systemen und können in jedem politischen und gesellschaftlichen Klima gewahrt sein. Die Kirche verlangt nur, daß Staatsformen gleich welchen Typs die freie Entfaltung des religiösen und sakramentalen Lebens, das Aufgabe und Dienst der Kirche ist, nicht behindern und nicht zu bekämpfen versuchen.»[3]

Von einem ähnlich pragmatischen Ausgangspunkt gelangte auch der Katholik Josef Wirth in diesem Frühjahr 1922 nach Rapallo. Am 16. April schloß er zur unangenehmen Überraschung der Franzosen und Engländer, aber auch des sozialdemokrati-

schen Reichspräsidenten Ebert, den deutsch-russischen Vertrag. Am 22. April kam es
zu jenem katholisch-sowjetischen Champagnergespräch auf dem Kreuzer *Dante
Alighieri*, am 29. April kommentierte der Papst in einem öffentlichen Schreiben an
Gasparri «mit Bangen den Verlauf der Konferenz», die doch den Siegern *und* den
Besiegten zum Vorteil gereichen müsse,

> «besonders aber jenen unglücklichen Völkern am Rande Europas, die, schon heimgesucht
> von inneren Kämpfen und religiöser Verfolgung, nun auch noch von Hunger und Epide-
> mien dezimiert werden, während sie auf ihrem Gebiete so viele Quellen des Reichtums
> besitzen und starke Elemente des gesellschaftlichen Wiederaufbaus sein könnten…»

Was Pius XI. befürchtete, war nicht nur ein Scheitern der Konferenz, das – wie er
andeutete – das hungernde Rußland zu Verzweiflungstaten und so Europa in eine
Katastrophe treiben könnte; der Papst glaubte auch, daß nun der richtige Augenblick
gekommen war, um selbst die «russische Karte» zu spielen. Wenige Tage nach seinem
Schreiben an Gasparri schickte er den Substituten seines Staatssekretariats, Monsignore Pizzardo, nach Genua und ließ den europäischen Regierungschefs ein Memorandum überreichen; es sollte deutlich machen, daß zwar das sowjetische Rußland
nicht mehr länger verfemt bleiben durfte, daß man daher auch den deutschen «Sün-
denfall» von Rapallo nicht zum Anlaß eines Bruchs nehmen sollte; zugleich jedoch
wollte der Papst die Gelegenheit genutzt sehen, die Bolschewiki an die Spielregeln
des Völkerrechts zu binden. Die Karte für einen Eintritt in die Völkerrechtsgemein-
schaft sollte ihnen um einen religionspolitischen Preis verkauft werden.[4]

Ehe Pizzardo am 5. Mai nach Genua abreiste, beteuerte Kardinalstaatssekretär
Gasparri zwar dem österreichischen Botschafter: «Wir werden die letzten sein, die
sich mit dem neuen Rußland einlassen.»[5] Auch der *Osservatore Romano* dementierte
am gleichen Tage jede Art «neuer Beziehungen» mit Moskau; aber das alles diente nur
der Beschwichtigung der Gemüter, die durch wilde Pressegerüchte über ein «vatika-
nisch-sowjetisches Komplott» aufgescheucht waren. Besonders die russischen Emigranten empörten sich allenthalben darüber, daß «der Stellvertreter Christi sich an-
schickt, das Reich des Antichrist zu segnen».[6] Umgekehrt mußte sich Palmiro
Togliatti im Parteiblatt der (gerade erst gegründeten) Kommunistischen Partei Italiens damit auseinandersetzen, daß nach den vatikanisch-sowjetischen Trinksprüchen
auf dem königlichen Schiff «viele Genossen die Nase rümpfen»; Kommunisten seien
keine Antiklerikale nach Art der freimaurerischen Sozialisten Italiens und Frankreichs, belehrte Togliatti diese Kritiker. «Es geht jetzt um die Konsolidierung des
Arbeiterstaates. Wenn es dazu notwendig ist, auch mit dem Vatikan zu verhandeln,
ihm Bedingungen zu stellen und von ihm zu erhalten, dann ist daran nichts Schlechtes… Der Vatikan ist eine Macht wie jede andere… Der Arbeiterstaat rechnet mit ihr,
erträgt sie oder bedient sich ihrer für seine Interessen…»[7] Richtig war nur, daß Pizzardo mit dem festen Auftrag nach Genua fuhr, mit den Sowjetrussen direkten Kontakt aufzunehmen. Auf sie bezog sich ja der Text des päpstlichen Memorandums:

«In der historischen Stunde, in der man über die Wiederaufnahme Rußlands in die Gemeinschaft der zivilisierten Nationen verhandelt, wünscht der Heilige Stuhl, daß die religiösen Interessen, die aller wahren Kultur zugrunde liegen, in Rußland geschützt werden
sollen. Daher fordert der Heilige Stuhl, daß in das Abkommen, das zwischen den in
Genua vertretenen Mächten geschlossen wird, in irgendeiner Form, jedoch sehr deutlich
folgende drei Klauseln aufgenommen werden:
1. Die volle Gewissensfreiheit der russischen Bürger und der Ausländer ist in Rußland
garantiert.
2. Es ist auch die private und öffentliche Ausübung der Religion und des Kultus garantiert. (Diese zweite Klausel steht in Übereinstimmung mit Erklärungen, die der russische
Delegierte, Herr Tschitscherin, in Genf gemacht hat.)
3. Die Immobilien, die einer religiösen Gemeinschaft gehören oder gehört haben, werden
zurückgegeben und respektiert.»[8]

Über die geheimnisvolle Begegnung Pizzardos mit der sowjetischen Delegation gab
es bislang nur eine lückenhafte, auf Abschwächung bedachte Darstellung, die der
Osservatore Romano eine Woche später (15./16. Mai 1922) veröffentlichte, um vielerlei Pressegerüchte abzuwehren. Aus den heute vorliegenden Dokumenten läßt sich
der Vorgang jedoch weitgehend rekonstruieren:

Reichskanzler Wirth, der sich dafür noch zwanzig Jahre später als «phantasie-
voller badischer Alemanne» selbst belobigte, hatte einen seiner privaten Spazier-
gänge mit Tschitscherin am italienischen Rivierastrand benützt, um dem sowjetischen Außenkommissar, der gerne über Musik und Literatur plauderte, auch die
Bedeutung des Vatikans nahezubringen; Wirth selbst lag daran, für seinen umstrittenen Rapallovertrag kirchlichen Segen zu erhalten. Monsignore Steinmann von der
deutschen Vatikanbotschaft in Rom hatte (unter Ausschaltung der Botschaft) schon
vorher den Vermittler zwischen Wirth, Vatikan und Russen gespielt. Am frühen
Abend des 9. Mai besuchte nun Pizzardo den Reichskanzler in dessen Genueser
Hotel und überreichte das päpstliche Memorandum; Wirth machte sogleich klar.
daß Punkt 3 des Schriftstücks – die Forderung nach Rückgabe des kirchlichen
Grundbesitzes – die Realisierung der beiden anderen Punkte (religiöse Freiheit) nur
belasten würde, zumal die Eigentumsfragen ohnehin Hauptthema der Konferenz
von Genua waren.

Warum aber ließ sich Pizzardo so schnell dazu bewegen, auf den Punkt 3 bei den
Russen überhaupt zu verzichten (siehe Faksimile des Berichtes Seite 43) oder wenigstens nur auf die beiden ersten Punkte Gewicht zu legen, wie der *Osservatore Romano* abschwächend später berichtete? Die Antwort kann hier zum erstenmal gegeben
werden: Weil Pizzardo vom deutschen Kanzler auf den scheinbar schlauen Gedanken
gebracht worden war, man solle den Russen die Rückgabe des kirchlichen Eigentums
dadurch schmackhaft machen, daß man es «Zug um Zug gegen die vom Heiligen
Stuhl gewährten Unterstützungen» eintausche; das hieß also, die geplante Hungerhilfe des Vatikans mit der Rückgabe des Kircheneigentums zu koppeln – ein ziemlich
merkwürdiges «Geschäft»[9]

Abschrift. 12. MAI 1922

Auswärtiges Amt
IVa Ru 4260
eing. 13. MAI 1922

1 an

Aufzeichnung.

Herr Unterstaatssekretär Bizzardo hat gestern abend um 9. Mai abschriftlich beigefügtes Menorandun den Herrn Reichskanzler ebenso wie den Chefs der übrigen Delegationen übergeben. Herr Bizzardo hat daran anschliessend den Wunsch geäussert, mit Herrn Steinmann zusammen Herrn Tschitscherin aufzusuchen um mit ihm die weitere Entwicklung der Wünsche des Heiligen Stuhles in Russland zu besprechen. Die beiden geistlichen Herren sind darauf aufmerksam gemacht worden, dass Nr. 3 des Menorandums ihre Wünsche sehr belasten würde. Sie sind darauf hingewiesen worden, dass ein Fallenlassen von Nr.3 die Stellung Englands und Italiens zu Russland nur erleichtern würde. Herr Bizzardo hat sich daraufhin bereit erklärt, Nr. 3 des Menorandums als „non avenu" zu bezeichnen .

Die Herren sind darauf gestern abend in Rapallo gewesen und haben mit Herrn Tschitscherin eine mehrstündige Unterredung gehabt, die, wie sie mir heute mitteilten, vollkommen befriedigend verlaufen ist. Insbesondere hat Russland eine weitgehende Zusicherung hinsichtlich Nr. 1 und 2 des Menorandums gemacht und hat sich hinsichtlich der Aufgabe des Art. 3 sehr befriedigt erklärt .

Hiermit
dem Auswärtigen Amt

zur gefälligen Kenntnisnahme.

Genua, den 10. Mai 1922.

K480058

Diesen Bericht über die vatikanisch-sowjetische Rapallobegegnung sandte Ago Freiherr von Maltzan (1877–1927), Vortragender Rat des Auswärtigen Amtes, nach Berlin. – Monsignore Steinmann schrieb am 19. Juli 1922 an Maltzan: «Monsignore Pizzardo spricht noch oft von Genua und erinnert sich Ihrer mit besonderer Liebe…» (PAAA, Geheimakten, B 20/3/IV. Ru/Pol. 16/K 105156)

Auf solche Weise «präpariert», fuhr Pizzardo, begleitet von Steinmann, nach Santa Margherita, das damals Vorort von Rapallo war. Im feudalen Hotel «Imperial Palace», in dem die Sowjetrussen Quartier bezogen hatten, sprachen die beiden zunächst mit ihrem wohlbekannten römischen Verhandlungspartner Worowski, der jetzt als Generalsekretär der Sowjetdelegation fungierte. Dann begrüßte Tschitscherin die beiden geistlichen Herren und plauderte mit ihnen auf liebenswürdigste Art bis in die späte Nacht buchstäblich «über Gott und die Welt».

Das Erstaunlichste dabei war, daß Tschitscherin die «Zug-um-Zug-Lösung» der kirchlichen Eigentumsfrage keineswegs ablehnte (hatte er sie etwa selber dem deutschen Kanzler suggeriert?) und seine Besucher mit dem Eindruck entließ, das Gespräch sei «vollkommen befriedigend» verlaufen. Nicht etwa, weil Tschitscherin ein bloßes Täuschungsmanöver gelungen war, sondern weil dieser gebildete Revolutionsdiplomat, der dem russischen Uradel entstammte, der persönlichen Meinung war, daß ein *modus vivendi* mit der katholischen Kirche und dem Vatikan für die junge, um Anerkennung ringende Sowjetmacht überaus nützlich und auch einen gewissen Preis wert sein müßte. Zu dieser Meinung, die Tschitscherin – wie wir noch sehen werden – jahrelang verfocht, scheint auch Lenin geneigt zu haben. Jedoch die Mehrheit der damaligen Moskauer Parteiführung und Tschitscherins Stellvertreter *Maxim Litwinow* hielten den Katholizismus nicht solcher Beachtung wert.[10]

So kam es, daß Tschitscherin drei Tage nach der Begegnung mit Pizzardo auf einer Pressekonferenz in Genua das «hohe sittliche Ansehen des Papstes» rühmte, ja nicht ausschloß, sogar selbst im Vatikan vorzusprechen, daß jedoch am gleichen 12. Mai ein Kommuniqué der Sowjetdelegation das päpstliche Memorandum ziemlich kühl beantwortete: mit einem Hinweis auf die sowjetische Gesetzgebung, vor allem auf das Trennungsdekret von 1918, in dem «volle Religionsfreiheit wie auch der Gebrauch der für den Kult notwendigen Gebäude und Geräte» garantiert sei[11] – dem Buchstaben nach, wie wir wissen. Gerade erst war – am 10. Mai – in Moskau der orthodoxe Patriarch Tychon unter Hausarrest gestellt worden; man beschuldigte ihn, für blutige Zusammenstöße verantwortlich zu sein, bei denen Rotarmisten auf Gläubige geschossen hatten, die sich der Beschlagnahme liturgischer Geräte widersetzten.[12] Auch von den russischen Katholiken kamen Notrufe nach Rom, als Pizzardo eben aus Genua zurückgekehrt war. Sofort nutzte der Substitut seine neue Bekanntschaft und schrieb am 14. Mai an Tschitscherin nach Rapallo:[13]

«Es hat den Heiligen Vater geschmerzt, zu vernehmen, daß der Patriarch Tychon und andere Geistliche in Moskau verhaftet wurden. Seine Heiligkeit wäre Euer Wohlgeboren besonders erkenntlich, wenn durch Ihre hohe Intervention diese Geistlichen freigelassen würden, was unter den gegenwärtigen Umständen den günstigsten Eindruck in den verschiedensten Kreisen erzeugen würde. – Bei dieser Gelegenheit habe ich die Ehre, Ihnen mitzuteilen, daß – nach einem Telegramm des Monsignore Cieplak an den Heiligen Vater – die Regierungsbehörden von Petrograd darauf bestehen, daß die wertvollen heiligen Geräte ausgeliefert werden, damit der Erlös aus ihrem Verkauf die Leiden der Hungernden lindere. Dazu beeile ich mich, Sie wissen zu lassen, daß der Heilige Vater bereit ist, diese heiligen Geräte anzukaufen, um sie bei Mons. Cieplak zu deponieren. Der vereinbarte Preis wird sofort an Euer Wohlgeboren oder an jede andere Person, die die Regierung nennt, überwiesen werden. Ich bitte Euer Wohlgeboren, mich so bald wie möglich zu verständigen, um die notwendigen Anordnungen nach Petrograd zu übermitteln.»

Höflich schrieb Tschitscherin drei Tage später aus Rapallo zurück:

«In Beantwortung Ihres Briefes vom 14. Mai 1922, Nr. 3605, bitte ich Sie, Seiner Heiligkeit zu versichern, daß der Patriarch Tychon, obschon ein Gerichtsverfahren gegen ihn schwebt, nicht im Gefängnis ist. Was die sehr interessanten Vorschläge im zweiten Teil Ihres Briefes betrifft, so sind sie von mir sofort nach Moskau übermittelt worden, und sie werden gewiß von der Regierung mit allem Wohlwollen, das sie verdienen, geprüft werden.»

Das war ein Hoffnungsschimmer für die römische Kurie; sie wollte nun «das Eisen schmieden, solange es heiß ist». So schrieb Monsignore Pizzardo noch am gleichen Tage an Reichskanzler Wirth nach Genua und schickte ihm zum Dank für die Vermittlungsaktion ein Foto Pius' XI. mit persönlicher Widmung des Papstes – allerdings mit der Auflage, über diese Gabe und ihren Anlaß strengstes Stillschweigen zu bewahren (*Segretariato di Stato, Nr. 3971 vom 17. Mai 1922*). Pizzardos Brief wurde auch nicht auf diplomatischem Wege befördert, sondern in einen Privatbrief eingelegt, den Monsignore Steinmann einer verschwiegenen Nonne bei den «Grauen Schwestern» (bei denen er in Rom wohnte) diktierte. Steinmann teilte Wirth «vertraulich» mit, daß der Vatikan «auf weitere gütige Hilfe» des Kanzlers hoffe, während er, Steinmann, um mehr Verständnis des Vatikans für das Zusammengehen des katholischen Zentrums mit den Sozialdemokraten in Deutschland werbe…[14]

Die Vorbehalte, die man in Rom gegen den innenpolitischen «Linkskurs» der Zentrumspartei Wirths hegte, hinderten den Vatikan keineswegs daran, die nach Rapallo spürbar verbesserten deutsch-sowjetischen Beziehungen diskret für sich zu nutzen. So wurde Wirths «gütige Vermittlung»[15] schon bald wieder in Anspruch genommen, als das an Tschitscherin übermittelte Angebot, die liturgischen Geräte aufzukaufen, ohne Antwort aus Moskau blieb. Erzbischof Cieplak und sein Generalvikar Budkiewicz hatten den Vorschlag den Behörden noch einmal schriftlich unterbreitet, aber schließlich die Antwort erhalten, ein Verkauf sei unmöglich, «da man nicht mehr wisse, wo sich die Gegenstände befinden». Tatsächlich war vieles den fanatischen Bilderstürmern oder einfach den Schwarzhändlern zum Opfer gefallen.[16]

Fraglich ist jedoch, ob der Papst überhaupt das Geld aufgebracht hätte, um die Kultgeräte (zum Weltmarktgoldpreis) zurückzukaufen. Noch war ja nicht einmal die – seit drei Monaten vertraglich vereinbarte – Hungerhilfe für Rußland in Gang gekommen; Pater Walsh bereiste noch immer die USA, um die amerikanischen Katholiken zum Klingelbeutel zu bitten. Als er Ende Juni 1922 nach Rom zurückkehrte, hatte er nicht allzu viel aufzuweisen. Die Sowjets jedoch erkannten immer klarer, daß die materielle Hilfe des Vatikans, verglichen mit der amerikanischen, eher dürftig ausfallen würde und überdies «ideologisch» belastet war. Um so mehr war für sie nach den Gesprächen von Genua und Rapallo die Frage einer *völkerrechtlichen Anerkennung* durch den Vatikan interessant geworden. Und nur diese Aussicht bewog Tschitscherin, sich auf irgendwelche Erwägungen über das Kircheneigentum einzulassen.

Im Frühjahr 1922, als Worowski und Pizzardo über das Hilfsabkommen verhandelt hatten, war es noch darum gegangen, ob die päpstlichen Rußlandfahrer *Missionare* oder nur *Spendenverteiler* sein durften. Jetzt im Frühsommer, nach ihrem internationalen Debüt in Genua und Rapallo, drängten die Sowjets immer mehr darauf, daß die Hungerhelfer zum *Vortrupp einer diplomatischen Vertretung* werden sollten.[17] Das Kircheneigentumsproblem, das scheinbar noch in der Schwebe gelassen wurde (noch war Erzbischof Cieplak nicht zum gesetzlich geforderten Kontrakt gezwungen worden), eignete sich als Druckmittel.

Der Papst wurde dadurch vor eine schwierige Alternative gestellt: Entweder kam er den sowjetischen Wünschen entgegen, um eine sehr ungewisse Chance kirchlichen Überlebens in Rußland einzuhandeln; oder er verweigerte jedes politische Entgegenkommen, riskierte damit die beschleunigte Zerstörung der katholischen Kirche in Rußland und obendrein das Scheitern jeglicher religiösen Nebenabsichten seiner Hungerhilfsmission, bewahrte so aber sein politisch-moralisches Ansehen bei der antikommunistischen Weltöffentlichkeit.

Die Entscheidung hing sehr stark von der «Lebenserwartung» ab, die man damals dem Sowjetregime gab; ob man aus der Hungersnot sein baldiges Ende oder aus der «Neuen Ökonomischen Politik» seine wahrscheinliche Konsolidierung ablas. Für beide Möglichkeiten gab es manche Anzeichen.[18]

Der Vatikan wollte – wie er es noch oft tun würde – dem Dilemma entkommen, indem er sich weder für die eine noch für die andere Möglichkeit entschied, sondern – mit beiden jonglierend – Zeit zu gewinnen versuchte. Am wichtigsten schien der römischen Kurie in diesem Augenblick, daß die russische Tür nicht zugeschlagen wurde. Wenn man sie schon nicht benutzen, aber auch Hintertüren vorerst meiden wollte, mußte man wenigstens einen Fuß zwischen Tür und Angel setzen.

Hungerhilfe mit Hindernissen

Ein Klumpen, schwarz wie Kohle, ein paar Getreidekörner verbacken mit Stroh und Kleie – das war ein Stück «russisches Brot», das Pater Walsh aus Moskau mitgebracht hatte. Kardinal Gasparri hielt es wie etwas Schreckerregendes in seinen Händen; er zeigte es den Ordensleuten, die demnächst nicht als «Patres», sondern als schlichte «Signori» in Zivilkleidung, versehen freilich mit vatikanischen Diplomatenpässen, ins russische Hungergebiet reisen sollten. Sie sollten wissen, was sie erwartete. Kurz vorher waren an diesem 24. Juli 1922 die dreizehn Missionare – oder «Agenten», wie sie laut Vertrag etwas mißverständlich hießen – vom Papst selbst empfangen worden. Er hatte ihnen das Gelöbnis abgenommen, sich jeder politischen oder religiösen Tätigkeit zu enthalten, «da sonst alles verloren ist».

Schon zwei Wochen früher hatte Monsignore Pizzardo die Reisegruppe in das Staatssekretariat beordert und Instruktionen erteilt, die auf die missionsbegeisterten jungen Priester wie eine kalte Dusche wirkten:

> «Selbst wenn katholische Kirchen geplündert und katholische einheimische Priester verhaftet werden, so dürfen Sie nichts sagen noch tun, sondern müssen mit verschränkten Armen zusehen... Wenn einer zu Ihnen kommt mit religiösen Anliegen, dann sagen Sie: Ich kann nicht hören, ich kann nichts verstehen; aber wenn du einen neuen Rock haben willst – den kann ich dir geben...»[19]

Freilich, diese Enthaltsamkeit, die den Rußlandfahrern eingeschärft wurde, war kein Selbstzweck, sie hatte einen taktischen Hintergrund: Man hoffe, daß diese rein karitative Tätigkeit «mit der Zeit einen Boden [für mehr] bereite; das könne allerdings länger dauern», sagte Pizzardo und erwähnte auch, daß die Ernennung «eines Päpstlichen Delegaten in Moskau» in Aussicht genommen sei. Auf diese Möglichkeit hatte Pizzardo den sowjetischen Vertreter Worowski vertröstet, als dieser im Frühsommer nicht mehr so sehr auf die Abreise der päpstlichen Hilfsmission als vielmehr auf eine Anerkennung der Sowjetregierung durch den Vatikan drängte.

Endlich, am 10. Juli, hatte der Papst einen Aufruf an die katholischen Bischöfe der Welt erlassen,[20] sie sollten alle Gläubigen zu Spenden für Rußland ermuntern. Pius XI. selbst spendete aus der Vatikankasse 2,5 Millionen Lire – das waren damals 125000 Dollar; «soviel Uns die gegenwärtigen Umstände erlauben», schrieb er. Als die Patres der «Mission» sich schließlich am 24. Juli in Bari einschifften, um drei Wochen später die Halbinsel Krim zu erreichen, war ihre finanzielle Ausstattung äußerst begrenzt. «Wir schlagen uns kümmerlich durch...», schrieb einer von ihnen bald schon nach Hause. Und dabei blieb es auch in den folgenden zwei Jahren ihrer Tätigkeit; 292 Millionen Katholiken in aller Welt opferten kaum mehr als 2 Millionen Dollar für die hungernden Russen, während die amerikanische Hilfsorganisation ARA im gleichen Zeitraum Lebensmittel und Waren im Wert von 66 Millionen Dollar verteilte.[21]

Schon bei Sewastopol kam den Rußlandmissionaren, die unter päpstlicher Flagge reisten, auf einem Torpedoboot ein Moskauer Regierungsvertreter entgegen, um sie respektvoll zu begrüßen. Doch schnell zeigte sich, daß im Hintergrund sowjetisches Mißtrauen wach war. Gerne hätten die Sowjets die katholischen «Herren» alle auf der Krim konzentriert, um sie besser unter Kontrolle zu halten. Doch Rom beharrte

Kinderspeisung durch die Päpstliche Hilfs-Mission in Moskau (1922)

Papst Pius XI., Achille Ratti, (1857–1939)

Georgij Wassiljewitsch Tschitscherin, (*1872+1936) Volkskommissar des Äußeren (1918–1930)

darauf, daß sie sich verteilten: drei auf der Krim, zwei in Rostow, drei in Krasnodar, einer in Orenburg am Ural, fünf jedoch in Moskau, wo auch der «Generaldirektor» der Gruppe, der Jesuitenpater Walsh, sein Quartier aufschlug.

Briefkopf der Katholischen Hilfsmission in Rußland

Allein in Moskau wurde täglich an 40 000 Menschen, vor allem an Kinder, Invalide und Studenten, ein warmes Essen ausgegeben.[22] Überall, wo sie tätig wurden, versuchten die römischen Abgesandten nach Kräften, die Not zu lindern; da ihnen «religiöse Askese» auferlegt war, warben sie auf andere Weise für den Spender: «Die katholische Mission des römischen Papstes hilft dem russischen Volk» stand girlandenumkränzt auf großen Schildern über den Ausgabestellen, darunter meist auch ein Foto Pius' XI. mit segnender Geste. Der Papst werde unter den Russen «immer populärer», wußten einige Missionsmitglieder zu berichten; eben deshalb aber betrachteten die Behörden das Unternehmen mit gemischten Empfindungen, zumal sich ab Herbst 1922 eine leichte Besserung der Ernährungslage abzeichnete und immer klarer wurde, daß die päpstlichen Helfer ziemlich spät gekommen waren.

Für den Vatikan jedoch war es nun vor allem wichtig, einen – wenn auch nur halboffiziellen – Vertreter in Moskau zu haben. Zwar wurde nach außen hin bis zum Ende versichert, das Hilfswerk habe «nichts mit dem politischen System Rußlands zu schaffen»,[23] doch Pater Walsh besaß eine formelle Vollmacht als quasi-diplomatischer Vertreter für Kontakte mit den politischen Instanzen, um die religiöse Lage der Katholiken in Rußland zu erleichtern. «Er ist autorisiert, im Namen des Heiligen Vaters mit allen zuständigen Behörden (*autoritées compétentes*) über Angelegenheiten zu verhandeln, die ihm der Heilige Stuhl anvertraut hat», hieß es in dem von Kardinal Gasparri am 5. Juli 1922 ausgestellten Dokument.[24] Über die deutsche Botschaft in Moskau und das Berliner Auswärtige Amt war Walsh in ständigem Funkverkehr mit Rom; er berichtete und erhielt – über deutsche Geheimchiffre – seine Instruktionen.

Erzbischof Cieplak in Petrograd war am 22. Juli 1922 – zwei Tage vor der Abreise der Vatikanmission aus Rom – ultimativ aufgefordert worden, innerhalb eines Monats den vorgeschriebenen Vertrag über die Benutzung von «Kultgebäuden und -gegenständen» zu unterzeichnen; andernfalls würden die katholischen Kirchen geschlossen werden. Walsh übermittelte nun den Vertragstext nach Rom; Kardinal Gasparri telegrafierte zurück, der Heilige Stuhl könne unmöglich einen solchen Vertrag erlauben, da dies eine indirekte Zustimmung zur Verstaatlichung des Kircheneigentums wäre. Gasparri bat auch den deutschen Reichskanzler Wirth, die Russen zu warnen, daß sie einen öffentlichen Protest des Vatikans zu gewärtigen hätten, wenn sie – «undankbar und unklug» – auf ihrem Verhalten beharrten.[25] Hatte doch Tschitscherin in Rapallo eine «Zug-um-Zug»-Regelung von Eigentumsfrage und Hungerhilfe in Aussicht gestellt!

Die Sowjets zögerten. Während sie das Ultimatum an Cieplak immer wieder, zuletzt bis zum 2. Januar 1923, verlängerten, brachten sie die alte, von ihrem Mittelsmann Wilhelm von Braun schon lange lancierte Idee wirtschaftlicher Unternehmungen auf Konzessionsbasis wieder ins Spiel. Das päpstliche Hilfswerk sollte nun doch Handwerkerschulen errichten, hieß es. Dann war an die Übernahme eines Kindersanatoriums auf der Krim gedacht, zu dessen Unterhalt die römischen «Missionare» zwei große Gutshöfe, davon einen mit 2500 Hektar Ackerland, erwerben sollten.[26] In Rom war man nicht abgeneigt. Der Papst meinte in vertraulichem Gespräch, daß eine Hilfe seiner Abgesandten «bei der intensiveren Bewirtschaftung der Felder» nützlich wäre, denn die Missionare könnten so «in Rußland Boden fassen, damit sie nicht wieder ausgewiesen werden, wenn einmal die päpstlichen Spenden zu Ende gehen».[27] Aber die «Missionare», die an Ort und Stelle ohnehin schon mehr Funktionärsmißtrauen als Entgegenkommen erfahren hatten, äußerten sich skeptisch.[28]

Es war auch offenkundig, daß die Außenpolitik und die Religionspolitik der Sowjets keineswegs voll «synchronisiert» waren. Noch während ihr römischer Vertreter Worowski mit dem Heiligen Stuhl über alle anstehenden Probleme verhandelte, wurden in Petrograd drei Wochen vor Weihnachten 1922 alle katholischen Kirchen – außer der französischen Gemeinde – polizeilich geschlossen. Der Papst beklagte gleichwohl im Konsistorium vom 11. Dezember nur in sehr vorsichtigen Worten den Mangel an religiöser Freiheit in Rußland. Und als Erzbischof Cieplak schließlich Ende Februar 1923 die Genehmigung Roms erhielt, den Kirchenbenutzungsvertrag in einer abgemilderten Fassung zu unterschreiben, da zeigte sich der Genosse Krassikow von der 5. Abteilung des Justizkommissariats, die für Religionsfragen zuständig war, plötzlich uninteressiert oder schwerhörig.[29] Denn die Scharfmacher in der Partei wollten sich ihre Schau nicht mehr «stehlen» lassen: dem Erzbischof der Katholiken in Rußland sollte der Prozeß gemacht werden.

Cieplakprozeß, ein Genickschuß – und kein Bruch

«Sub tuum praesidium – unter Deinen Schutz und Schirm, Heilige Jungfrau», sangen auf lateinisch Tausende katholischer Polen auf dem Hauptbahnhof von Petrograd, als sich der Zug nach Moskau mit den reservierten 1.-Klasse-Abteilen der Geistlichen langsam in Bewegung setzte. Es war Anfang März 1923; Erzbischof Cieplak, sein Generalvikar Prälat Budkiewicz, der Exarch Feodorow und zwölf andere Geistliche waren nicht etwa verhaftet, sondern aufgefordert worden, sich – auf eigene Kosten – zu ihrer Aburteilung nach Moskau zu begeben. Unter der Anklage des Widerstandes gegen das Dekret über die Trennung von Kirche und Staat sowie gegen das Dekret über die Beschlagnahme der Kirchenschätze sollten sie sich vor dem Obersten Gerichtshof verantworten.

Erst drei Wochen nach ihrer Ankunft in Moskau wurden die Geistlichen festgenommen und auf einem offenen Lastwagen in den ehemaligen Adels-Club gefahren, wo die Prozeßbühne aufgebaut war. Vom 21. bis 26. März inszenierte man ein Verfahren, zwar noch weit von der Perfektion späterer stalinistischer Schauprozesse entfernt, doch kaum weniger unfair und fanatisch. Es ist von protokollierenden Augenzeugen, unter denen sich auch Pater Walsh als Beobachter befand, ausführlich beschrieben worden.[30]

«Die Regierung hat uns nicht verstanden… Für uns ist das kanonische Recht der Kirche eine absolut heilige Sache, denn die höchste seelsorgliche Autorität des römischen Pontifex ist ein Dogma unseres katholischen Glaubens», so verteidigte sich der Exarch Feodorow. «Nach der Verfassung kann ich meine religiösen Überzeugungen predigen – warum nicht auch Kindern? Und Sie – lehren Sie nicht selbst jungen Leuten unter achtzehn?» wandte sich der Exarch an die Kommunisten im Saal.

Was Feodorow, dem einzigen Nicht-Polen unter den Angeklagten, noch nicht aufgegangen war, kam jedoch schnell zum Vorschein: Dem Gericht und den Parteiinstanzen, denen es gehorchte, ging es in erster Linie darum, in den Katholiken Rußlands – die Polen zu treffen. Während Feodorow in mystisch-religiöser Inbrunst den Märtyrertod geradezu herbeisehnte,[31] ließ das Urteil ihn mit zehn Jahren Arbeitslager «davonkommen», verurteilte jedoch Cieplak und Budkiewicz wegen «konterrevolutionärer Handlungen» am Palmsonntag 1923 zum Tode durch Erschießen.

Ein Entrüstungsschrei, der sich nicht nur in der Presse, sondern in den Regierungskanzleien in aller Welt erhob, verzögerte die Vollstreckung und rettete wenigstens Cieplak das Leben; auch Kardinal Gasparri hatte telegrafisch beim Präsidenten des «Allrussischen Zentralen Exekutivkomitees», Kalinin, interveniert. Ein Beschluß dieses Komitees vom 28. März berücksichtigte, «daß der Bürger Cieplak ein Vertreter jener Kultgemeinschaft ist, die während des Zarismus und der bürgerlichen Republik unterdrückt wurde…», und wandelte das Urteil in zehn Jahre Haft um. Die Begnadigung Budkiewicz' jedoch wurde wegen seiner «konterrevolutionären Tätigkeit in

Erzbischof Jan Cieplak, geb. 1857 in Polen, 1919 Weihbischof in Petrograd/Sowjetruß-land, gestorben 1926 in den USA

Kardinal Josef Slipyj (1892–1984)

direkter Verbindung mit einer der Sowjetmacht feindlichen ausländischen bürgerlichen Regierung» abgelehnt. Gemeint war Polen.

Prälat Budkiewicz, der sich als polnischer Patriot fühlte, war in der Tat so unvorsichtig gewesen, die Warschauer Regierung brieflich zu bitten, sie möge unter Berufung auf den Frieden von Riga bei der Sowjetregierung gegen die Religionsdekrete intervenieren.[32] Wie stark das antipolnische Ressentiment beim Cieplakprozeß wirkte, das hatte Außenkommissar Tschitscherin, dem die ganze Affäre sehr unangenehm war, offen zugegeben, als Pater Walsh am 21. März bei ihm vorsprach und um Rettung der beiden Geistlichen bat. Am gleichen Tag polemisierte in der *Iswestija* der polnische Kommunist Julian Marchlewski (aus Unkenntnis oder auch um Tschitscherins Konzept zu stören) gegen den «ausländischen Papst», der es – indem er Cieplak zum Ungehorsam verleite – nur darauf abgesehen habe, «die Sowjets zu direkten Verhandlungen mit Rom über religiöse Fragen in Rußland zu veranlassen und sich so in die inneren Angelegenheiten der Sowjetrepublik einmischen zu können».[33] Eben solche Verhandlungen führte ja Tschitscherins römischer Vertreter Worowski längst mit dem Vatikan; Worowski hatte in Rom auch versichert, die Urteile würden nicht vollstreckt, wenn nur die Kurie, vor allem aber die Polen «ruhig bleiben».

Vergeblich mahnte Kardinal Gasparri über den Warschauer Nuntius zur Mäßigung; der polnische Ministerpräsident Sikorski hielt dennoch eine fast drohende Parlamentsrede und zitierte öffentlich den sowjetischen Gesandten in Warschau, der ihm – auf Anweisung Tschitscherins – ganz vertraulich versichert hatte, kein Verurteilter werde hingerichtet. «Warum eröffnet man keinen Prozeß gegen den Papst?» ereiferte sich die *Prawda* am 31. März. Wäre Lenin, der kühle Taktiker, zu diesem Zeitpunkt nicht durch seine Krankheit ausgeschaltet gewesen, wäre es kaum zum Sieg der politischen Dummheit über die Vernunft gekommen.[34] So aber trieb alles zum Justizmord: In der Osternacht, am 31. März 1923, wurde Prälat Budkiewicz im Moskauer Lubianka-Gefängnis durch Genickschuß hingerichtet.

Würde der Vatikan nun empört alle Verhandlungen abbrechen? Würde er seine Hilfsmission zurückrufen und seinen Protest in die Welt schreien? Nichts dergleichen geschah. In einer «streng geheimen» Instruktion, die der Papst selbst am 9. April verfaßte und über die deutsche Vatikanbotschaft chiffriert an Walsh nach Moskau funken ließ, zog er – übrigens auch auf deutschen Rat – seinen ursprünglichen schroffen Protest zurück:

> «1. Man informiert Uns über die Stimmung in Moskau. Wenn dies richtig ist, scheint es opportun, die im Telegramm vom 31. März angeordnete Demarche für einige Zeit zu verschieben.
> 2. Es wird dringend gebeten, den Gefangenen möglichst weitgehende Hilfe zuteil werden zu lassen.
> 3. Informieren Sie so schnell wie möglich, ob die den Verurteilten zur Last gelegten politischen Anklagen als bewiesen gelten können.
> 4. Setzen Sie die Verteilung der Lebensmittel fort.»[35]

Zwar ist man im Vatikan überzeugt, daß Budkiewicz nichts Todeswürdiges begangen hat, aber – so berichtet der deutsche Botschafter Bergen am 10. April – man hat von «erdrückendem Beweismaterial» gehört und weiß, daß Polen politisch die Hand im Spiel hatte. Deshalb zögert die Kurie sogar mit einem feierlichen Requiem für Budkiewicz; es wird dann zwar (in Anwesenheit Gasparris) zelebriert, doch in der polnischen Nationalkirche in Rom, nicht im Petersdom, wie es die Polen wünschten.

«Es ist für andere gar leicht, ein Verdammungsurteil zu verlangen, wenn man für die Folgen eines solchen Schrittes auf kirchlichem und religiösem Gebiet keine Verantwortung zu tragen hat», so wehrt sich Kardinal Gasparri gegen einen Vorwurf, der nun – wie noch oft in den nächsten Jahrzehnten – gegen die römische Kurie erhoben wird. Die Kirche sei in ihrem Urteil mehr beengt als weltliche Regierungen, «die überdies Kanonen zur Verfügung haben», gibt der Kardinal dem bayerischen Gesandten zu bedenken. Doch dessen österreichischer Kollege, der fromme Kirchenhistoriker Pastor, hört von Gasparri zugleich eine «mehr optimistische Auffassung der russischen Verhältnisse». Und worauf stützt der Kardinal solchen «Optimismus»? Auf «den Grundsatz, daß das Blut der Märtyrer stets der beste Same des Christentums gewesen sei».[36]

Seltsam widersprüchliche Äußerungen. Aber der Zwiespalt, der sich in ihnen auftut, ist fast so alt wie die katholische Kirche selbst; er liegt in ihrer Doppelnatur als spiritueller und historischer Gemeinschaft begründet: Blutzeugen, gleich ob diese Opfer Neros, Stalins, Hitlers waren (oder der kirchlichen Justizirrtümer, wie im Falle der Jungfrau von Orleans), sind für diese Kirche nach ihrem theologischen Selbstverständnis geradezu notwendig. Zugleich aber läßt sich in Zeiten äußerer Bedrängnis das Martyrium nicht zur moralischen Forderung an jeden Gläubigen erheben, noch weniger zur Richtschnur kirchlicher Politik: Diese wird gerade diktiert vom geschichtlichen Willen zur Selbsterhaltung, der versucht, «zu retten, was zu retten ist».

So war und blieb, wie Erzbischof Cieplak schrieb, eine sachliche Verständigung zwischen Kirche und Kommunisten nicht zuletzt deshalb anzustreben, «weil die Gläubigen sonst widerstandsmüde würden – besonders wenn sie ohne jene geistliche Stärkung blieben, die aus der gottesdienstlichen Gemeinschaft erwächst».[37]

Dies bedeutet: Geschlossene oder priesterlose Kirchen sind durch keine Märtyrerromantik zu ersetzen; diese sprießt nicht von ungefähr am fruchtbarsten dort, wo hinter barocken Fassaden das Credo unangefochten verkündet werden kann…

Pater Walsh – ein Amerikaner in Moskau

Was tun? Das war die Frage, als sich am 14. Mai 1923 im Vatikan der Kardinalstaatssekretär Gasparri, der Substitut Pizzardo und der Jesuitengeneral Ledóchowski zusammensetzten, um über die Lage der päpstlichen Rußlandmission zu beraten. Walsh, der Leiter der Mission, hatte zur Berichterstattung aus Moskau einen Salesianerpater geschickt, der den Verlauf des Cieplakprozesses schilderte, all die bürokratischen, aber auch finanziellen Schwierigkeiten bei der Hungerhilfe und dann auch Walsh' persönliche Meinung wiedergab: Nun wäre der rechte Augenblick gekommen, um unter Protest das undankbare Rußland zu verlassen.

Lag diese Lösung nicht auch aus einem anderen Grunde nahe? «Die Moskauer Gewalttaten haben die Wirkung gehabt, daß die Gaben für das päpstliche Hilfswerk viel spärlicher fließen...», so heißt es in einem vertraulichen Bericht Monsignore Steinmanns von der deutschen Vatikanbotschaft.[38] Die Hungerhilfe konnte im bisherigen Umfang also ohnehin nicht fortgesetzt werden. Aber: «Wenn man jetzt alles aufgeben würde, sei kaum zu erwarten, daß sich in absehbarer Zeit wieder eine Gelegenheit böte, nach Rußland zu kommen.» Das war das Hauptargument Gasparris, das sich schließlich mit Billigung des Papstes durchsetzte.

Das Geld zur Hungerhilfe reichte allerdings höchstens noch bis Mitte Juli; schon Mitte Juni aber würde die amerikanische Hilfsorganisation ARA, auf die sich die vatikanische stützte, abreisen, und die Sowjetbehörden hatten schon jetzt die Kündigung des vatikanisch-sowjetischen Abkommens für diesen Augenblick angekündigt. War es aber möglich, in Rußland zu bleiben, ohne dem sowjetischen Drängen nach diplomatischer Anerkennung nachzugeben? Der Jesuitengeneral Ledóchowski, der als Pole eine solche Möglichkeit besonders ungern ins Auge faßte, warnte vor Illusionen; er verteidigte auch seinen Ordensbruder Walsh, über dessen etwas rüdes (die Russen sagten: «amerikanisches») Auftreten allerlei Klagen nach Rom gelangt waren. In der deutschen Vatikanbotschaft hatte man den Eindruck gewonnen, daß Walsh auch nach vatikanischer Meinung «nicht der richtige Mann» sei. Aber war gerade jetzt an einen Wechsel zu denken? Die geistlichen Herren am Konferenztisch im Vatikan waren sich darüber klar, daß sie im Augenblick in Rom keinen russischen Verhandlungspartner hatten: Worowski, der «gemäßigte Bolschewist», war vier Tage vorher durch einen Emigranten in Lausanne ermordet worden; geblieben waren in der römischen Handelsvertretung der Russen nur «Bolschewisten reinsten Wassers», so klagte Steinmann. Es blieb also zunächst nur eine Übergangslösung anzustreben:

> «Es soll versucht werden, nach dem 15. Juli eine andere Basis der Tätigkeit zu finden; es ist gleich, ob dies durch Einrichtung von Handwerkerschulen oder anderen Anstalten geschieht.»

So hieß es schließlich in einer vatikanischen Instruktion an die Hungerhilfsmission in Moskau; und Pater Walsh wurde zugleich nach Rom beordert. Zwei Wochen lang, von Mitte Juni bis Anfang Juli, versuchte Walsh sich und dem ziemlich ratlosen Päpstlichen Staatssekretariat Klarheit zu verschaffen. Nicht nur die Lage der Hilfsmission hatte sich weiter verschlechtert (die Kündigung lag jetzt auf dem Tisch), auch international sah es bedrohlich aus. Die Besetzung des Ruhrgebietes durch Frankreich und der Höhepunkt der Markinflation schienen in diesem Sommer 1923 Deutschland in den Augen der Kommunisten «revolutionsreif» zu machen. Als der Ex-Reichskanzler Josef Wirth, der dem Vatikan in Rapallo Wege geebnet hatte, am 17. Juli bei Gasparri in Rom vorsprach und die Gefahr ausmalte, daß sich aus dem Ruhrkampf «sehr wohl bald bolschewistische Keime entwickeln könnten», erhielt er zu seiner großen Verwunderung vom Kardinalstaatssekretär ausführliche Informationen über die «Lage und Entwicklung des russischen Heeres», das eine direkte Gefahr für Polen sei:

> «Er [Gasparri] fuhr wörtlich fort: *Supposons nous que dans cette année ou dans l'année prochaine l'armeé de la Russie marche contre la Pologne, et á la fin* – [nehmen wir an, daß in diesem oder nächsten Jahr die russische Armee gegen Polen marschiert und schließlich…] – dann machte er eine große Pause und malte den Zusammenprall zwischen Rußland und Polen etwas aus und fragte mich, was ich wohl zu ergänzen hätte, worauf ich ihm ganz trocken bemerkte: ‹Dann ist eben Deutschland Rußlands Nachbar geworden.› Über diese Eventualität unterhielten wir uns nun geraume Zeit…»[39]

Woher hatte Gasparri seine politischen und sogar militärischen Rußlandkenntnisse? Er verhehlte es Wirth gar nicht: durch die päpstliche Rußlandmission, durch Walsh. Gerade weil Gasparri das kommunistische Rußland sehr ernst nahm und die Zukunft für ungewiß hielt, wollte er keine Möglichkeit ungenutzt lassen. Zwar hatten sich die Erwartungen der Rapallopolitik für den Vatikan bisher nicht erfüllt, und Gasparri sah sehr wohl, daß sie auch für Deutschland Risiken barg; doch ahnte er (oder wußte sogar), daß es eine geheime militärische Zusammenarbeit zwischen deutscher Reichswehr und Roter Armee gab, die den Bestrebungen der Kommunistischen Internationale – zumindest taktisch – Grenzen setzte.

Seit November 1922 gab es in Moskau einen deutschen Botschafter, den Grafen *Brockdorff-Rantzau*, einen leidenschaftlichen Konservativen. Er war in den Geruch eines «Roten Grafen» gekommen, unterstützte jedoch in Wahrheit die Rapallopolitik aus rein nationalistischen Motiven – als eine antifranzösische und antipolnische.[40] Rantzau hatte schon vor seiner Übersiedlung nach Moskau dem Berliner Nuntius Pacelli zugesichert, er werde – obschon Protestant – auch dem Vatikan behilflich sein. Zu Walsh, der mehr zu den katholischen Polen neigte, faßte Brockdorff-Rantzau zwar kein rechtes Vertrauen, aber er band die Vatikanmission schon dadurch an sich, daß er ihren Telegrammverkehr mit Rom besorgte. Als die Mission im Sommer 1923 in ihrem Fortbestehen bedroht erschien, erkannte auch Walsh, daß nur mit Unterstützung von Brockdorff-Rantzau «in der gegenwärtigen politischen Konstellation» etwas zu retten war. Sobald Walsh im Juni in Rom erfuhr, daß die Kurie keineswegs mit den Sowjets brechen wollte, schlug er daher selbst vor, die *deutsche* Gruppe der

Hilfsmission – die Steyler Patres unter Leitung des Paters *Eduard Gehrmann*, die auf der Krim arbeiteten – nach Moskau zu rufen:

> «Im Falle eines Umsturzes oder bedrohlicher Vorfälle ist die deutsche Gruppe dank der augenblicklichen guten Beziehungen Deutschlands zu Rußland am besten gesichert.»[41]

Aber das war nicht die einzige Überlegung; Walsh erhielt in Rom ein ganzes Bündel von Richtlinien, von denen allerdings schwer zu sagen ist, ob sie einer elastischen Taktik oder einfach nur der Unentschlossenheit des Vatikans entsprangen. Walsh sollte nämlich die Fortsetzung der Hilfsmission – zunächst nur als Medikamentenhilfe – versuchen und den Sowjets zu diesem Zweck einen neuen Kontrakt vorschlagen; er sollte ihnen dabei, ganz unverbindlich, eine Art *De-facto*-Anerkennung, vielleicht sogar eine «Formalisierung» der Beziehungen in Aussicht stellen, jedoch nur um den Preis konkreter Zugeständnisse. Zu diesen gehörte nicht nur die Freilassung des Erzbischofs Cieplak, sondern vor allem eine Forderung, die in den folgenden Jahren immer wieder eine wichtige Rolle spielen sollte: Religionsunterricht für Kinder, wenigstens in kirchlichen Räumen, sollte erlaubt und die sowjetische Gesetzgebung in diesem Punkt revidiert werden.

Walsh legte der sowjetischen «Kommission für Auslandshilfe», die von Frau Kamenewa, der Schwester Trotzkis, geleitet wurde, im Juli einen neuen Acht-Punkte-Vertragsentwurf vor, der jedoch ziemlich unkonkret gehalten war und die beiden letzten Punkte, die von diplomatischen Privilegien handelten, einer besonderen Vereinbarung «von Rom aus» vorbehielt.[42] Die Sowjets reagierten zurückhaltend, ganz besonders auf die Forderung nach freier Auswahl des Hilfspersonals der Vatikanmission.[43] Die Aussicht auf eine wenn auch begrenzte Anerkennung verlockte sie freilich nach wie vor, wenn ihnen auch die Doppelfunktion von Walsh als «Caritasdirektor» und «Hilfsdiplomat» nicht behagte. Daß Walsh nun sogar ein Haus in Moskau (Worowskaja 44) mieten wollte mit der ausdrücklichen Bemerkung, es könne vielleicht einmal einem Apostolischen Delegaten dienen, machte ebenso Eindruck wie die Berufung der Deutschen nach Moskau; Pater Gehrmann wußte kaum, wie ihm geschah, als ihm die Lokalregierung der Krim am 5. August 1923 vor seiner Abreise ein «großes Bankett» gab:

> «Auch auf Seine Heiligkeit Papst Pius XI. wurde ein Toast ausgebracht, und eigenartig berührte es mich, als die zwanzig Regierungsvertreter (alle Kommunisten) sich erhoben und auf das Wohl des großen Monarchen von Rom ihre Champagnergläser bis auf den Grund leerten.»[44]

Doch der äußere Schein trog. Am 1. August hatte Walsh brüsk angeordnet, daß alle Hilfsstationen der Mission die Lebensmittelverteilung einstellen sollten – auch dort, wo es noch gewisse Vorräte gab. Er demonstrierte damit nach außen eine «Politik der Stärke» gegenüber den zögernden Verhandlungspartnern. In Wirklichkeit aber wollte er den schwächsten Punkt der Mission verdecken: ihren akuten Geldmangel. Dieser war natürlich den Sowjets dennoch nicht verborgen geblieben; sie drängten jetzt auf konkrete Zusagen, ehe sie für einen neuen Kontrakt gar über religiöse Zugeständnisse mit sich reden lassen wollten. Um so entschiedener beharrte Walsh auf eben solchen Forderungen; der Kontrakt komme nur deshalb nicht zustande, weil Walsh «zuviel Bewegungsfreiheit» in der Frage des Religionsunterrichts verlange, klagte Pater Gehrmann.[45] Walsh verlegte sich aber auch finanziell aufs Bluffen: Am 17. Oktober legte er Frau Kamenewa einen karitativen Plan auf der Basis von 900 000 Dollar vor, ohne daß er dies mit Rom abgesprochen hatte oder überhaupt irgendwelche Zusicherung einer solchen Summe besaß.[46] Das alles provozierte jedoch nur den Ärger auf sowjetischer Seite und schließlich die direkt nach Rom übermittelte Forderung, Walsh aus Moskau zu entfernen.

Erregt erschien Walsh Mitte November in der deutschen Botschaft und erklärte dem Grafen Brockdorff-Rantzau, der Abbruch der Beziehungen zwischen Vatikan und Moskau «stehe unmittelbar bevor»; die Sowjets schikanierten ihn persönlich so sehr, daß er seine Pässe verlangt habe und am 23. November abreisen werde.[47] In Wahrheit war es der Vatikan, der Walsh abberufen hatte.[48] Und Außenkommissar Tschitscherin, der mit Brockdorff-Rantzau ganze Nächte beim gemeinsamen Lieblings-Cognac (das einzige «Französische», das beide schätzten) zu plaudern pflegte, versicherte (laut Telegramm des Botschafters):

> «Russische Regierung wünsche durchaus Aufrechterhaltung guter Beziehungen zum Vatikan. Er [Tschitscherin] habe aber seit Wochen abgelehnt, Walsh zu empfangen; dieser sei unaufrichtig und intrigant mit Yankee-Manieren; er hoffe, daß die Kurie sich zu Personenwechsel entschließe, um Beziehungen nicht zu gefährden.»

Ergänzend drahtete Brockdorff-Rantzau nach Berlin:

> «Wie ich aus unbedingt zuverlässiger Quelle weiß, hat er [Walsh] in vertrautem Kreise sogar geäußert, es müsse zum Bruch kommen und *er* wolle dazu treiben. Haltung [des] Professor Walsh ist durchsichtig, er hat ebenso mit den Werken christlicher Nächstenliebe Politik vermengt, will jetzt seine Haltung und auftretende Animosität durch Abbruch offizieller Beziehungen rechtfertigen lassen.»[49]

Der deutsche Botschafter riet, den Vatikan eilig in diesem Sinne zu informieren, noch bevor Walsh in Rom eintraf. Sogleich begab sich – auf telegrafische Anweisung des Berliner Auswärtigen Amtes – der Vatikanbotschafter von Bergen zum Kardinalstaatssekretär. Gasparri jedoch reagierte gelassen: Die Personenfrage sei «von untergeordneter Bedeutung», beklagenswert sei hingegen, daß die Sowjetrussen ihre Zusagen, «zum Beispiel bezüglich des Modus für den Besitz der katholischen Kirche», nicht erfüllten.[50]

So unerheblich, wie Gasparri meine, sei die Personenfrage keineswegs, widersprach Brockdorff-Rantzau: «Tschitscherin hat mir persönlich mehrere Fälle angeführt, in denen Walsh erwiesenermaßen tendenziös berichtet und Zusagen hiesiger Regierung behauptet hat, die in der von ihm entstellt gemeldeten Form niemals gemacht waren.»[51] Wie weit die persönliche Mißstimmung gediehen war, zeigte sich, als man Walsh buchstäblich «den Hahn abdrehte»: Nachdem nämlich Walsh Mitte November das für eine Jahresmiete von 12 000 Dollar gemietete Haus in der Moskauer Worowskaja formell nicht hatte übernehmen wollen, weil die Behörden einen Untermieter nicht ausquartierten, schnitt man ihm Wasser und Elektrizität ab. Jedoch noch am gleichen Abend, an dem der zornige Amerikaner schließlich ohne Abschiedsgruß, fast Hals über Kopf aus Moskau abreiste und sein Nachfolger, der deutsche Pater Eduard Gehrmann, einzog, floß wieder das Wasser und brannte das Licht...[52]

Ein Märtyrer nach Rom – ein Priester zu Lenin

Rotarmisten bewachten den plombierten Wagen, der in Moskau an den fahrplanmäßigen Zug nach Odessa angehängt wurde. Die sonderbare Fracht bestand nur aus einer einzigen Kiste. Ihre Begleitpapiere konnten manchen braven Bolschewiken verwirren: «Wertvolle Statue! Geschenk für das Vatikanische Museum!»

Aber diese Inhaltsangabe war Tarnung, sie verriet nur einen Teil der Wahrheit. Was da im November 1923 im Hafen von Odessa auf ein russisches Schiff nach Konstantinopel verladen, dann mit einem italienischen Frachter nach Brindisi und schließlich nach Rom gebracht wurde, waren die Reliquien eines polnischen Nationalheiligen, des Jesuiten Andrzej Bobola.[53] Als «Seelenfänger», der die Orthodoxen katholisieren wollte, war der Missionar 1657 von Kosaken totgeschlagen und fast dreihundert Jahre später von der Kirche heiliggesprochen worden. Schon 1919 hatten die roten Revolutionäre das Grab des Märtyrers in der weißrussischen Stadt Polozk öffnen und seine Gebeine zum Gespött jener antireligiösen Schaustellungen machen wollen, die damals Mode waren. Ein dringendes Protesttelegramm des «Katholischen Zentralkomitees» und Erzbischof Cieplaks an Lenin selbst hatte dies jedoch verhindert.

Erst drei Jahre später wurde der Reliquienschrein doch nach Moskau gebracht und im – Hygienemuseum ausgestellt. Hier entdeckte ihn die päpstliche Hilfsmission und brachte es nach längeren Bemühungen zustande, daß die Bobolagebeine zwar nicht nach Polen, aber nach Rom geschickt wurden; dies geschah zur gleichen Zeit, als Pater Walsh seine Koffer packen und die Direktion der Vatikanmission in Rußland abgeben mußte. Außenkommissar Tschitscherin hatte sich für die Geste – die nichts kostete – ausgesprochen und dafür auch Lenins Zustimmung erhalten.

Im Oktober 1923 war Lenin, der nach seinem zweiten Schlaganfall unter Sprachstörungen litt, noch einmal überraschend an seinen Schreibtisch im Kreml zurückgekehrt, freilich nur für kurze Zeit. Untergründig hatte schon der Machtkampf um seine Nachfolge, aber auch um die künftige «Linie» der Partei und des Sowjetstaates begonnen. Gewisse ideologische «Lockerungen», die Lenins «Neue Ökonomische Politik» zur Folge hatte, die aber umstritten waren, wirkten sich auch in der Kulturpolitik aus. Allgemein war ein Interesse an Religionsfragen entstanden.[54] 1923 erschienen zwei atheistische Zeitschriften, *Besboschnik* (Der Gottlose) und *Besbo-*

schnik u stanka (Der Gottlose an der Werkbank), die nicht nur gegen die Religion, sondern auch gegeneinander polemisierten. Die eine berief sich auf Lenins These, daß der Kampf gegen die Religion «wissenschaftlich», möglichst ohne administrative Maßnahmen, vor allem ohne Beleidigung der einfachen Gläubigen, geführt werden müsse; die andere wollte, besonders mit dem Mittel der verletzenden Karikatur und Satire, die Religion «stoßen, in Scherben schlagen, dieses Gesindel wie Unkraut ausjäten».[55] Lenin selbst neigte gegen Ende seines Lebens immer mehr zu einer ruhigeren Betrachtungsweise: «Die Verwandlung der bäuerlichen Psyche und Gewohnheit ist eine Sache, die Generationen braucht. Die Anwendung von Gewalt macht es auch nicht besser.»[56]

Aus dieser allgemeinen Stimmung wird nicht nur die sonderbare Freigabe des heiligen Bobola als «Geschenk für den Papst» erklärlich, sondern auch eine zweite merkwürdige und bislang kaum bekannte Episode: die private Begegnung Lenins mit einem «Seelenfänger». Es war der katholische Priester *Dr. Viktor Bede*, der Lenin im Herbst 1923 mehrmals besucht und seine Gespräche ein Jahr später anonym veröffentlicht hat. Die – etwas blumige – Schilderung Bedes, die fast unglaubhaft wirkt, würde kaum Beachtung verdienen, wenn sie nicht in der amtlichen Vatikanzeitung *Osservatore Romano* als die «persönlichen Erinnerungen eines uns bekannten ausländischen Priesters und häufigen Mitarbeiters unserer Zeitung» erschienen wären und wenn es nicht gelungen wäre, das Geheimnis der Identität des Autors zu lüften.[57]

«Dein Papst hat dich wohl zu mir geschickt!?» rief Lenin mißtrauisch, als ihn Bede zu überzeugen versuchte, daß eine gerechtere Gesellschaftsordnung nicht nach Zerstörung, sondern gerade auf der Grundlage von Religion entstehen könne. Bede beteuerte, der Wahrheit entsprechend, daß er keinerlei Auftrag habe, daß nicht einmal seine Freunde von seiner privaten Moskaureise wußten. Bede, damals etwa fünfzig Jahre alt, war gebürtiger Ungar, französischer Staatsangehöriger und 1909 bis 1912 als Journalist in Paris tätig gewesen; dort lernte er den russischen Journalisten Iljitsch Uljanow (Lenin) kennen, der für die Emigrantenzeitung *Proletari* schrieb. Die Erinnerung an kollegiale Freundschaft der Pariser Jahre öffnete Bede, der inzwischen als «Spätberufener» katholischer Priester geworden war, die Tür zu Lenin. In Zivilkleidung, «vom mächtigen Diktator mit den besten Ausweisen versehen», betrat er den Kreml.

Schlicht und nachdenklich, ganz ohne Tyrannenpose, freilich von der Krankheit gezeichnet, habe ihn Lenin empfangen, berichtet Bede. «Die Menschheit geht den sowjetischen Weg; in hundert Jahren wird es keine andere Regierungsform geben», verkündete ihm Lenin und fügte tröstend hinzu: «Ich glaube jedoch, daß unter den Trümmern der gegenwärtigen Institutionen noch die katholische Hierarchie weiter leben wird... Im nächsten Jahrhundert wird es nur noch *eine* Staatsform, die sowjetische, und eine Religion, die katholische, geben – schade, daß wir das nicht mehr erleben.»

Bede schien, Lenins Grundirrtum bestehe darin, daß er die sowjetische Staatsform (*il soviettismo*) mit der kommunistischen Ideologie gleichsetze. Und deshalb versuchte Bede, eine Lanze für die religiöse Freiheit zu brechen, indem er – auf die päpstliche

Hilfsmission anspielend – vom «reinen Kommunismus» der katholischen Mönchsorden sprach, deren religiöse Erziehungsarbeit zugleich auch sozial wirke.

«Du möchtest wohl, daß ich die Bauern durch eure Ordensbrüder gegen die Sowjets aufwiegeln lasse? Nein, das ist unmöglich!» entgegnete Lenin scharf, um dann plötzlich – so berichtet Viktor Bede – fast sanft zu reflektieren: «Ich spüre, daß ich nur noch kurz zu leben habe; was du denkst, ist zu schön, als daß ich es realisieren könnte. Es wird andere geben, hoffe ich, die statt der blutigen Zwangsmethoden jene, die du meinst, anwenden werden, um die Menschheit glücklich zu machen…»

So sentimental, wie das klingt, war freilich die Sowjetpolitik nicht gestimmt. Tatsache war, daß die Tagesentscheidungen Lenin bereits weitgehend aus der Hand geglitten waren, auch wenn er in diesem Herbst 1923 noch einmal kurz zu regieren begann. Nicht wenige Anzeichen sprechen jedoch dafür, daß Lenin selbst – und vor allem «seinem» Außenpolitiker Tschitscherin – Ende 1923 daran lag, den Kontakt zum Vatikan eher zu verbessern, als abreißen zu lassen. Das hing eng mit den Bemühungen der Sowjets um diplomatische Anerkennung zusammen, und es wurde paradoxerweise begünstigt durch eine in Westeuropa verbreitete These: Das Sowjetregime selbst könnte vielleicht den bevorstehenden Tod Lenins nicht überleben – zumindest nicht in seiner gegenwärtigen Form –, und eben deshalb müsse man diplomatisch in Moskau anwesend sein. Diese Annahme spielte eine wichtige Rolle gerade bei jener Regierung, die sich mehr als jede andere europäische zum «Kampf gegen den Kommunismus» berufen glaubte: die italienische Benito Mussolinis. Der Faschistenführer hatte bereits vor seinem «Marsch auf Rom» (Oktober 1922) den Tod Benedikts XV. zum Anlaß genommen, um sich – obschon selbst areligiös – beim Vatikan anzubiedern: Laizismus, Liberalismus und Marxismus lägen im Sterben, verkündete Mussolini, der einzige «universalistische Gedanke», der noch Ausstrahlungskraft besitze, gehe vom päpstlichen Rom aus. Im März 1922 war Mussolini in Berlin, im Juli 1923 in Rom mit dem katholischen «Rapallo»-Reichskanzler Wirth zusammengetroffen. Im Sommer 1923 hatte der Vatikan den Priester Luigi Sturzo als Vorsitzenden der Katholischen Volkspartei Italiens zum Rücktritt veranlaßt und damit den ersten Schritt zur Verständigung mit Mussolini getan. Dieser erklärte am 30. November 1923: «Die faschistische Regierung sieht keine Schwierigkeit, Sowjetrußland de jure anzuerkennen.» Was neun Wochen später tatsächlich geschah.[58]

Unmittelbar nach Mussolinis Ankündigung unterbreitete der Kreml auch dem Vatikan ein neues Angebot; sein wesentlicher Inhalt schlug sich in mehreren diplomatischen Berichten aus Rom nieder,[59] seine Tendenz aber wurde schon in dem veränderten Klima fühlbar, das Pater Eduard Gehrmann, der neue Chef der vatikanischen Hilfsmission, feststellen konnte: Am 1. Dezember erfuhr Gehrmann von Botschafter Brockdorff-Rantzau, der ihn zum Essen lud, wie sehr den Sowjets an einer Normalisierung liege; sie wünschten sich von Gehrmann sogar ein Presseinterview über die Hilfsmission (wohl um die Öffentlichkeit auf die Annäherung einzustimmen). Der diplomatisch ganz unerfahrene, sehr schlichte und leicht lenkbare Pater Gehrmann[60]

ließ sich dabei vom deutschen Botschafter buchstäblich die Feder führen. Die Sowjet-
bürger erfuhren durch sein Interview zum erstenmal offiziell vom Ausmaß der
päpstlichen Hilfe auf der Krim, aber auch, daß Gehrmann in «regem Verkehr» mit
offiziellen Stellen stand, «die mir gerne meine Wünsche erfüllten». Das war ziemlich
schönfärberisch und auch mit Rom nicht abgesprochen, aber es paßte durchaus zu
der Freundlichkeit, mit der Gehrmann gleich darauf im sowjetischen Außenkommissariat vom Gesandten *Theodor Rothstein* empfangen wurde:

> «Die Regierung bedauert sehr die Mißverständnisse, die hin und wieder vorgekommen
> sind und… ein herzliches Verhältnis verhindert haben… Wir haben unserem Vertreter in
> Rom aufgetragen, daß uns ein gutes Verhältnis zum Heiligen Stuhl wünschenswert ist…
> Wir sehen die Mission… als eine Quasi-Vertretung des Heiligen Stuhles an…»[61]

Der Kern des sowjetischen Vorschlags, den *Jurenew*, der Nachfolger Worowskis (und
bald schon Botschafter beim Quirinal), dem Vatikanischen Staatssekretariat Anfang
Dezember 1923 unterbreitete, betraf denn auch vor allem die Frage der diplomatischen Beziehungen: Moskau schien bereit zu gewissen Zugeständnissen, wenn der
Heilige Stuhl seine Moskauer Mission in eine Nuntiatur umwandeln und zugleich ein
neues Hilfsabkommen (mit konkreten Zusagen!) abschließen würde. Moskau versprach in diesem Fall Garantien für die «Kultfreiheit» der Katholiken, Freilassung der
verurteilten Geistlichen durch einen «Gnadenakt» und – was ziemlich neu klang –
gewisse Möglichkeiten für den katholischen Religionsunterricht an Jugendliche, also
ein Entgegenkommen in jenem Punkt, der sich in den vorangegangenen Monaten –
als Walsh verhandelte – stets als der schwierigste erwiesen hatte. War das ernst zu
nehmen?

Tatsächlich erschien Ende Dezember 1923 ein sowjetischer Regierungserlaß, der
«die religiöse Unterrichtung von Minderjährigen außerhalb der Schule durch die Organisation von größeren als Dreiergruppen» untersagte, zugleich jedoch die Bildung
solcher größerer «Gruppen» unter qualifizierter pädagogischer Leitung zu ermöglichen schien, falls eine «vorherige Erlaubnis» eingeholt und dieser Unterricht «bei den
entsprechenden Organen registriert würde». Eine spätere amtliche Erläuterung besagte, daß es nicht nur Eltern, sondern auch «nach Hause eingeladenen Personen»
erlaubt sei, Religion zu unterrichten, «wenn diese Tätigkeit sich nicht in eine Grup-
penaktivität verwandelt.»[62] Diese Bestimmungen waren wahrscheinlich in dem sowjetischen Angebot, das dem Vatikan unterbreitet wurde, vorweggenommen, ohne
präzisiert zu werden.

Kardinalstaatssekretär Gasparri hielt das Moskauer Angebot einer «reiflichsten
Erwägung» wert. Für den 17. Dezember 1923 berief er eine Sondersitzung der «Heiligen Kongregation für Außerordentliche Kirchliche Angelegenheiten» ein, der zu
dieser Zeit achtzehn Kardinäle angehörten. Die Diskussion aber begann schon vorher. Die Diplomaten in Rom spitzten die Ohren.

«Aus verschiedenen Anzeichen schließe ich, daß Jesuitengeneral Ledóchowski,
Pole, gegen den Plan (einer) Anerkennung russischer Regierung Widerstand leisten

würde, wie er auch hochstehende vatikanische Persönlichkeiten wegen zu weit gehender Sowjetfreundlichkeit verdächtigt hat», telegrafierte Botschafter von Bergen
«ganz vertraulich» und chiffriert nach Berlin.[63] Auch sein bayerischer Kollege berichtete, es gebe «Leute im Vatikan», die der Kurie «einen zu versöhnlichen Standpunkt»
gegenüber Moskau vorwerfen.[64]

Was aber hieß «freundlich» oder «versöhnlich» in diesem Augenblick? Kardinal
Gasparri betrachtete die Dinge nüchtern. Er hielt es für einen «großen Irrtum», zu
glauben, in Rußland könnte so etwas wie eine Gegenrevolution Aussichten haben.
Dafür sei, sagte er zum Gesandten Pastor,[65] das russische Volk «zu passiv» und au
ßerdem dürfe man nicht vergessen, daß die russischen Bauern dem neuen Regime den
Besitz eigenen Grund und Bodens verdankten (noch stand ja die Kollektivierung
nicht auf der Tagesordnung). Für Gasparri, den gewiegten Kirchenrechtler, der an die
Nützlichkeit institutioneller Sicherungen ebenso fest glaubte wie an göttlichen Beistand, war es im Grunde gar keine Frage, daß die Kirche auch nach einem Ausscheiden Lenins mit dem Sowjetkommunismus konfrontiert bleiben würde. Das von einem anderen Kardinal lancierte Argument, man habe doch auch während der
Französischen Revolution keinen Nuntius nach Paris zum Konvent geschickt, verfing bei Gasparri schon deshalb nicht, weil seines Wissens der Pariser Konvent dem
Papst niemals ein Angebot unterbreitet oder ihn gar um Hilfe für das hungernde Volk
gebeten hatte.

In Moskau aber saßen nun, Mitte Dezember 1923, vatikanische Missionare in nervöser, banger Erwartung einer Antwort aus Rom. Für die Bolschewiki konnte sie nur
einen diplomatischen Plus- oder Minuspunkt bedeuten, doch für die katholische Kirche in Rußland war sie mit der Frage ihres Überlebens verknüpft.

Pater Gehrmann kündigt – Pacelli verhandelt

> «Ich halte es für meine Gewissenspflicht, dem Heiligen Stuhl ganz untertänigst zu melden,
> daß mir von zahlreichen katholischen Priestern sowohl der Ukraine, der Krim und hier
> in Moskau (20 bis 30 Priester) der sehnliche und zuverlässige Wunsch geäußert worden
> ist, der Heilige Stuhl möge einen Weg finden, die Mission hier zu halten und dadurch den
> in ihrem Glauben Bedrängten einen starken Rückhalt und eine moralische Stütze zu
> bieten.»

Mit einer nur schwachen, aber bangen Ahnung dessen, was im fernen Vatikan um die
Jahreswende 1923/24 heftig diskutiert wurde, schrieb Pater Gehrmann Anfang Januar diesen Satz.[66] Kein Zweifel, ein ständiger Vertreter des Heiligen Stuhls in Moskau
wäre jetzt von den Katholiken im Sowjetreich «wie ein Messias» begrüßt worden.[67]
Hatte sich der Papst nicht schon vor Monaten bereit erklärt, «wo es möglich ist,
Zugeständnisse zu machen und auch Opfer zu bringen, um die Lebensbedingungen
der Kirche weniger beschwerlich zu machen»?[68] Allerdings hatte der Papst auch von

einer «unübersteigbaren Linie» von Prinzipien gesprochen; *wo* diese jedoch genau zu ziehen sei, war der Hauptstreitpunkt jener Beratung der Kardinäle, die am 17. Dezember 1923 zusammengetreten waren und mit Billigung des Papstes schließlich nur eine – halbe Entscheidung zustande brachten.

Das Moskauer Angebot wurde zwar nicht rundweg abgelehnt, aber mit einem Ausweichvorschlag beantwortet: Keine völkerrechtliche Anerkennung der Sowjetregierung und auch kein Nuntius für Moskau, wohl aber die Entsendung eines *Apostolischen Delegaten* wurde jetzt angeboten, eines päpstlichen Abgesandten also, der – laut Kirchenrecht – nur mit der Beaufsichtigung und Berichterstattung über die Ortskirche beauftragt ist, und zwar vornehmlich in Staaten, die selbst mit dem Vatikan keine diplomatischen Beziehungen pflegen wollen. Der Päpstliche Delegat in Moskau sollte jedoch, so besagte der Vorschlag, an Ort und Stelle auch mit der Sowjetregierung über einen kirchlichen *modus vivendi* verhandeln; für einen erfolgreichen Abschluß solcher Gespräche stellte der Vatikan den Sowjets sogar die Anerkennung in Aussicht, wenn auch nur in sehr unbestimmten Formulierungen. Zum eigenen Hausgebrauch gab der Papst dafür die Parole aus: «Wenn sich die Sowjetregierung würdig erweise…»[69]

Was hieß in dieser Lage «würdig»? Natürlich dachte man im Vatikan an die Befreiung der inhaftierten Priester, vor allem des Erzbischofs Cieplak; aber auch an eine größere Freizügigkeit der Hilfsmission bei der Verteilung der (freilich nur noch kärglich fließenden) Lebensmittelspenden. Eben darüber schwelte zwischen dem Missionsdirektor Gehrmann und den Moskauer Regierungsstellen schon wieder ein neuer wochenlanger Zwist. Zehntausende hungernde Moskauer Studenten, denen es in diesen Wintermonaten besonders schlecht ging, warteten auf Hilfe. Gehrmann hingegen wartete schon seit sechs Wochen auf Instruktionen – und auf neue Mittel aus Rom. Aber im Vatikan wurde jetzt vor allem über «große Politik» debattiert, über juristische Klauseln und Kniffe. Schließlich verteilte Gehrmann auf eigene Verantwortung einiges von seinen restlichen Mehl-, Reis- und Zuckerbeständen; doch eben das konnte nun die Sowjetbehörden, die ihrerseits ebenso auf Klauseln und Kniffe bedacht waren, wenig beeindrucken: Während Gehrmann die bedürftigen Studenten nach eigenem Ermessen aussuchen sollte und wollte, bestanden die Moskauer Behörden darauf, die «Auserwählten» selbst zu bestimmen – ein makabres Tauziehen um knurrende Studentenmägen, für die in diesem Augenblick gewiß das Essen *vor* der (marxistischen oder katholischen) Moral rangierte…

Endlich, am 7. Januar 1924, erhielt Gehrmann über den deutschen Diplomatenfunk die lange erwartete Anweisung aus Rom; doch sie wirkte auf ihn nicht etwa erleichternd, sondern – wie er selbst schrieb – «erschreckend»,[70] weil sie seine Möglichkeiten noch mehr einengte:

«Heiliger Stuhl verzichtet auf keine der früheren von Walsh verlangten Forderungen betreffend Neuorganisation der Hilfeleistung… [Es ist] notwendig, mit Regierung keinerlei Verbindlichkeit irgendwelcher Natur in irgendeiner Frage einzugehen ohne vorherige

Information des Heiligen Stuhls… Bitte große Vorsicht anzuwenden bei Wahrung der Rechte des Heiligen Stuhls betreffend Vorräte und Haus… Geldsendung erfolgt, sobald Sie Heiligen Stuhl durch Bericht betreffend vorstehender Punkte beruhigt haben werden.»

So telegrafierte Kardinal Gasparri an seinen Mann in Moskau. Was er Gehrmann freilich nicht mitteilte, war die Tatsache, daß nun der vatikanische Gegenvorschlag – Entsendung eines Apostolischen Delegaten – den Sowjets übermittelt wurde und daß auch bereits die Person dieses künftigen Delegaten in Aussicht genommen war. Nicht etwa Gehrmann selbst, der in seiner biederen Art als Diplomat wenig geeignet erschien, sondern ein anderer, damals in Rostow tätiger Mitarbeiter der vatikanischen Hilfsmission: der Jesuitenpater *Giulio Roi*. Auch er war kein Diplomat, doch – 18 Jahre älter als Gehrmann – hatte er sich als Rektor eines norditalienischen Ordenskollegs verdient gemacht und war für die russischen Beobachter in Rom ein unbeschriebenes Blatt.[71]

Roi wurde nun Anfang Januar 1924 nach Rom gerufen, um sich für seine Aufgabe vorzubereiten. Als Italiener würde er, so rechnete die Kurie, schon deshalb keinen schlechten Start haben, weil die Aufnahme diplomatischer Beziehungen zwischen Italien und den Sowjets bevorstand (8. Februar). Weshalb auch der Papst, der sich selbst einen solchen Schritt versagte, über diese Anknüpfung keineswegs unglücklich war; Mussolini werde der neuen Sowjetbotschaft in Rom schon «scharf auf die Finger sehen und möglichenfalls mit gewohnter Energie einschreiten», sagte Kardinalstaatssekretär Gasparri.[72]

Allerdings gehörte es seit dem Ende des Kirchenstaats (1870) zu den eisernen Regeln des Vatikans, mit den ausländischen Vertretungen, die offiziell beim italienischen Staat akkreditiert waren, keinen Kontakt zu pflegen. Nachdem der römische Handelsvertreter der Sowjets, Jurenew, Botschafterrang für Italien erhalten hatte, bestand daher Gasparri darauf, die weiteren Kontakte nach Berlin zu verlegen. Noch war der Münchner Päpstliche Nuntius Eugenio Pacelli nicht in die Reichshauptstadt übergesiedelt. Dies geschah erst im August 1925. Doch die häufigen Besuche Pacellis in Berlin dienten schon ab Februar 1924 vertraulichen Zusammenkünften – meistens im Franziskus-Sanatorium – mit dem sowjetischen Geschäftsträger *Bratmann-Brodowski* und bald ebenso mit dessen Chef, Botschafter *Nikolai Krestinski*. Hier wurde nun auch die hinhaltende Antwort des Vatikans auf die sowjetischen Vorschläge vom Dezember 1923 übergeben,[73] die den Außerkommissar Tschitscherin zu der verärgerten Bemerkung veranlaßte:

«Vielleicht werden wir auf die Hilfe der [vatikanischen] Mission verzichten müssen; man erhebt große Ansprüche, und zudem ist die Anerkennung von seiten der römischen Kurie nicht erfolgt.»[74]

Beide Seiten verlangten im Grunde «Vorleistungen»: Der Vatikan wollte ohne vorher verbriefte sowjetische Zugeständnisse keine völkerrechtliche Anerkennung gewähren, die Sowjets wollten ohne diese Anerkennung nicht über Zugeständnisse verhandeln; vorher wollten sie weder einen Apostolischen Delegaten zulassen noch kirchliche Erleichterungen gewähren. Auch Pater Gehrmanns Hilfsküchen, die schon lange auf Sparflamme kochten, wollten sie nur weiterwirken lassen, wenn der Vatikan klare Zusicherungen – finanziell wie zeitlich – in einem neuen Vertrag fixieren würde.[75] Pater Gehrmann in Moskau, dem kaum bewußt war, wie sehr seine Rußland-Caritas vom Ausgang eines diplomatischen Spiels abhing, erhoffte sich gleichwohl immer noch eine neue, solide Basis. Am 20. Februar jedoch traf ihn eine zweite «kalte Dusche» in Form eines Telegramms von Kardinal Gasparri:

> «Bezüglich Vertrag wünscht Heiliger Stuhl zwar Fortsetzung des Werkes kann aber weder Beendigung noch Betrag fixieren stop wird geben soviel er zur Verfügung hat und erhält...»

Im Kopfe der Präsidentin Kamenewa von der sowjetischen «Kommission für Ausländische Hilfe» spukten hingegen immer noch jene imaginären 900 000 Dollar herum, mit denen Pater Walsh sie im Oktober 1923 geblufft hatte. Als Gehrmann bei ihr jetzt mit dem Telegramm aus Rom erschien, das einem Offenbarungseid glich, wollte sie noch immer nicht glauben, daß die Kassen des Papstes leer waren; sie vermutete vielmehr dahinter einen Teil des diplomatischen Tauziehens um Anerkennung. Deshalb, aber auch weil mit dem Tode Lenins (am 21. Januar) die sowjetische Politik in unsichere Bewegung geraten war, reagierte Frau Kamenewa nur unwirsch, ohne jedoch die Abreise der Mission anzuordnen. Erst einen Monat später, am 22. März 1924, teilte sie Gehrmann mit, daß die vatikanische Mission aus der Liste der zugelassenen Hilfsorganisationen gestrichen sei, während am gleichen Tage in Rom eine Konferenz jener Männer zusammentrat, die zwei Jahre vorher die Mission mühsam ins Leben gerufen hatten: Monsignore Pizzardo, Prälat Steinmann von der deutschen Vatikanbotschaft, Pater Friedrich vom Steyler Orden und jener mysteriöse Dr. Wilhelm von Braun, der sich immer mehr als Mittelsmann der Sowjets entpuppte und der sich nach der Rückberufung Pater Walsh' aus Moskau schon als dessen Nachfolger angeboten hatte. Man debattierte, was nun werden solle;[76] Braun empfahl, den Sowjets entgegenzukommen, und wiederholte sein Angebot, selbst nach Moskau zu reisen, um der «sterbenden Mission» wieder auf die Beine zu helfen. Pizzardo jedoch winkte ab:

«Wenn die Russen alles von der Anerkennung abhängig machen, so brauchen wir überhaupt nicht darüber zu sprechen; denn dann ist alles zu Ende. Nie und nimmer kann der Heilige Stuhl einer solchen Regierung die Anerkennung geben...»

Da fiel ein Wort, mit dem sich Herr von Braun verriet; nun drohte er nämlich geradezu:

«Wenn *ich* nicht nach Rußland komme, dann bleiben überhaupt keine Missionare dort...»

Diese Bemerkung muß das Staatssekretariat alarmiert haben, denn schon kurz darauf ging über die deutsche Vatikanbotschaft dieses Chiffretelegramm an Gehrmann nach Moskau:[77]

«Da Gefahr besteht, daß russische Regierung Mitglieder der päpstlichen Hilfsmission ausweist, ist es angezeigt, daß Agenten eventuell Abreise vorbereiten, besonders bezüglich Archivs.   Kardinal Gasparri.»

Soweit war es aber noch keineswegs. In diesen Tagen[78] wandte sich Frau Kamenewa eher unschlüssig an Tschitscherin: Sie selbst lege zwar keinen Wert mehr auf das Bleiben der fast untätigen Vatikanmission, doch vielleicht liege es im Interesse des Außenkommissariats, sie vorläufig zu belassen? Tschitscherin, der den Berliner Draht mit Pacelli noch immer pflegte, bat abzuwarten. Gewiß, nachdem in den ersten Monaten des Jahres 1924 außer Italien auch England, Norwegen, Österreich, Griechenland und Schweden die Sowjetregierung anerkannt hatten, war die Lage verändert:

«De-jure-Anerkennung durch den Vatikan hätte vor zwei Jahren unvergleichlich größeren Wert für die Sowjetregierung gehabt als jetzt. Trotzdem wünsche sie, einen religiösen Frieden mit dem Vatikan herbeizuführen, und sei durchaus zu Verhandlungen bereit, um zu diesem Ziel zu gelangen…»

So eröffnete Tschitscherin am 31. März 1924 dem Moskauer deutschen Botschafter Brockdorff-Rantzau, der diese Bemerkungen sofort «streng geheim» an Pacelli nach Berlin weiterleitete. In Rom sah man durchaus, wo das eigentliche Hindernis lag:

«Es ist eben immer noch der Hauptstein nicht beseitigt: die Anerkennung ‹de jure›. Der Vatikan bleibt fest in dieser Richtung, daß er die Anerkennung unter den obwaltenden Umständen nicht geben könne, ohne großen Skandal beim gläubigen Volk hervorzurufen… Der Mittelweg ist [von den Russen] nicht angenommen worden. Was also nun? Es kommt vielleicht erschwerend hinzu, daß Dr. von Braun zum Dienste der Sowjets übergegangen ist und daß er bei der viermaligen Abweisung seiner Pläne in der kirchlichen Kurie sehr verstimmt ist… Er glaubt sich als Schöpfer der Mission und glaubt auch, ein Wort seinerseits genügte, um sie wieder aus dem Lande zu bringen…»

So berichtete Pater Friedrich[79], und Kardinal Gasparri telegrafierte kurz und bündig an Gehrmann: «Ich warne Sie vor Braun.» Dieser sonderbare Missionsfreund war nämlich ganz plötzlich Ende April aus Rom in Richtung Moskau verschwunden.[80] Und dort verliert sich dann seine Spur. Nicht nur, daß Wilhelm von Braun seinen Einfluß maßlos überschätzt hat, er täuschte sich wohl auch in den Sowjets, denen er diente.

In Moskau war zwar in diesen ersten Monaten nach Lenins Tod der Machtkampf der «Diadochen» noch nicht wirklich ausgebrochen. Noch galt, was Karl Radek dem deutschen Botschafter anvertraute: Die Führung werde zusammengehalten «durch gemeinsame Hoffnung auf Sieg oder durch sichere Aussicht auf gemeinsamen Galgen».[81] Doch von einer einheitlichen Linie der sowjetischen Innen- und Außenpolitik konnte man zu diesem Zeitpunkt gleichwohl nicht sprechen[82] – und das wirkte sich auch auf das Verhältnis zum Vatikan aus. Während Tschitscherin bestrebt war, den Vatikan bei den Berliner Pacelli-Brodowski-Gesprächen zu einer Vereinbarung zu bewegen und zu diesem Zweck nicht nur die eifrige Frau Kamenewa (die Schwester Trotzkis) zügelte, sondern auch die Freilassung des Erzbischofs Cieplak – als symbolische «Vorleistung» – vorsichtig ins diplomatische Kalkül zog, spielte ihm die GPU einen Streich: Die Geheimpolizei holte ohne Wissen Tschitscherins den Erzbischof plötzlich aus dem Gefängnis und setzte ihn am 9. April 1924 ganz formlos an der lettischen Grenze in den D-Zug nach Riga, und zwar auf bloße Bitten der winzigen Kommunistischen Partei *Irlands*, für die der Fall Cieplak propagandistisch in ihrer katholischen Umwelt besonders unangenehm geworden war.[83] Mit den gleichen Sondervollmachten, die ihr am 2. April verliehen wurden und die solche «Gefälligkeiten» ermöglichten, setzte die GPU aber auch eine neue Verhaftungswelle in Gang: Im Laufe des April und Mai wurden zahlreiche katholische Priester und Nonnen, darunter siebenunddreißig Russen des östlichen Ritus in Moskau,[84] verhaftet und ohne Prozeß «auf administrativem Wege» zu Kerker und Verbannungsstrafen verurteilt. Kopfschüttelnd meinte Kardinal Gasparri, als der so überraschend befreite Erzbischof Cieplak Anfang Mai in Rom eintraf: «Rußland ist noch immer ein großes Rätsel.»[85]

War es angesichts solcher Widersprüche nicht ratsam, den Abzug der Vatikanmission noch möglichst hinauszuzögern? Ihre Aufgabe verlagerte sich nun – mit immer begrenzteren Mitteln – auf die Hilfe für die Katholiken in Rußland:[86]

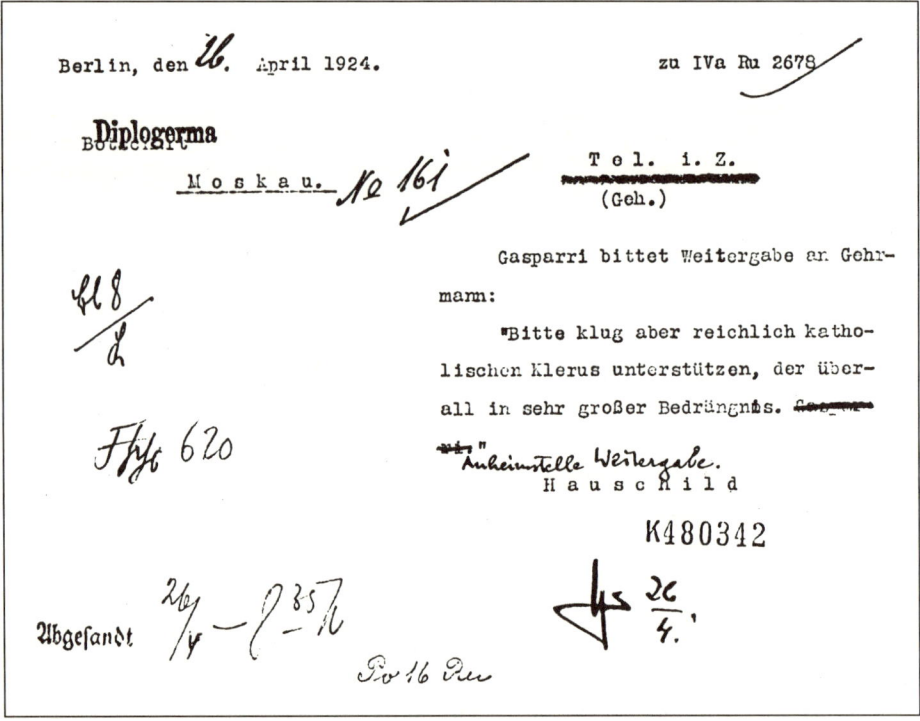

Am gleichen Tage, an dem der Erzbischof Cieplak in Rom eintraf und dem Vatikan den neuesten Bericht über die tatsächliche Lage unterbreiten konnte, schickte der Kardinalstaatssekretär ein weiteres chiffriertes Telegramm nach Moskau:[87]

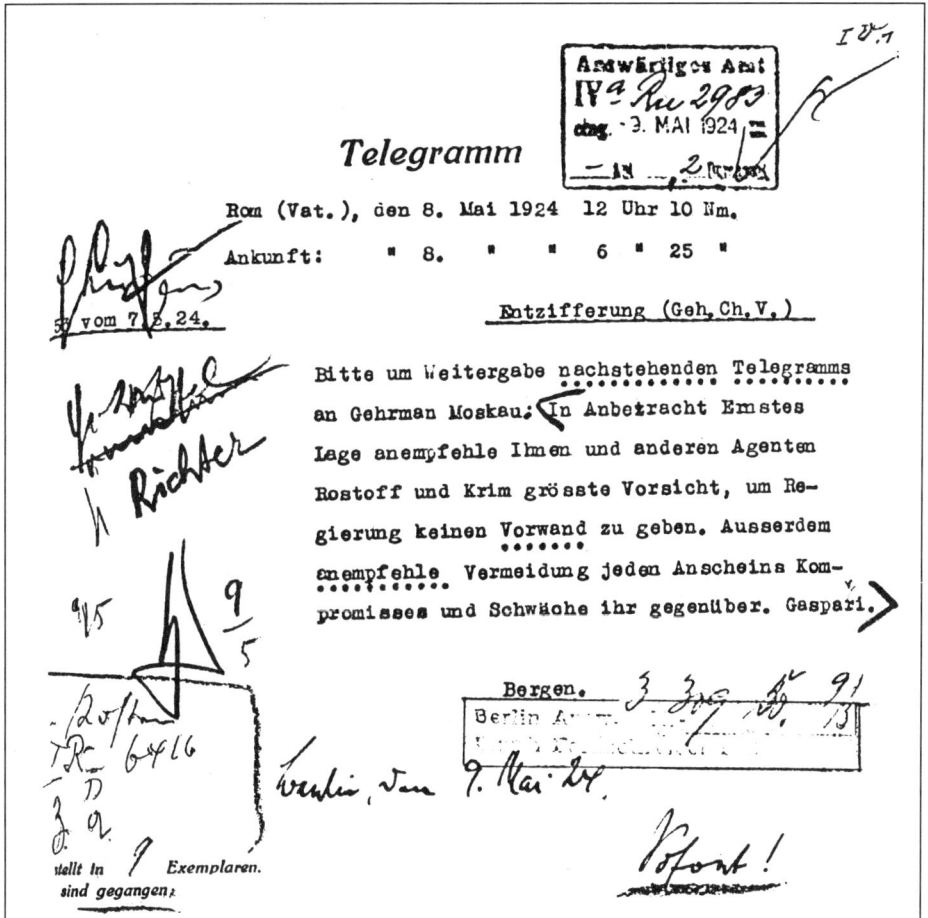

Die Parole, die hier ausgegeben wurde, läßt erkennen, wie sehr die römische Kurie noch immer hoffte, das Unvereinbare vereinen zu können: Konzilianz mit Unnachgiebigkeit. Bestärkt wurde der Vatikan in dieser Taktik offenkundig jetzt auch von Erzbischof Cieplak, der im GPU-Gefängnis zwar streng, aber nicht unmenschlich behandelt worden war; er hatte Pakete, Bücher, Zeitungen und sogar Besucher empfangen dürfen.[88] Während Cieplak im vertrauten Kreis seiner römischen Bekannten keinen Hehl aus seiner Einstellung machte und klagte, die europäischen Regierungen seien «blind gegenüber der bolschewistischen Gefahr», die diplomatischen Vertretungen der Sowjets – auch die sechzigköpfige Botschaft beim Quirinal in Rom – rekrutierten sich «nur aus Agenten»,[89] betonte er zugleich, er wolle seine persönlichen bitteren Erlebnisse «vergeben und vergessen». Er vermied sorgsam jede öffentliche Polemik gegen die Sowjets. Sogar dem sowjetischen Botschafter Jurenew fiel das angenehm auf. Bei einem Diplomatenempfang gab er seinem polnischen Kollegen zu verstehen, wie sehr die Sowjetregierung solches Verhalten schätze und wie gerne er selbst einmal mit dem Erzbischof reden würde. Schon kurz darauf besuchte Cieplak «ganz privat», doch mit Genehmigung des Vatikans, den römischen Sowjetbotschafter. Jurenew eröffnete ihm, das ganze Problem der verhafteten Priester ließe sich vom Tisch wischen, wenn der Vatikan die Sowjetregierung wenigstens *de facto* anerkenne und in Rom Verhandlungen aufnehme.[90]

Ob sich Cieplak da nicht einfach verhört hatte, als er dem Kardinalstaatssekretär dieses Gespräch so wiedergab? Warum sollte Moskau zurückstecken und plötzlich auf die «De jure»-Anerkennung verzichten? «De facto» war der Vatikan ja längst mit ihr in Verbindung. Vielleicht aber hatte Jurenew einfach nur eine neue Verhandlungsrunde anregen wollen. Immer noch lag den Sowjets ja genauso wie dem Vatikan daran, die Fäden nicht abzureißen.

Gasparri jedenfalls ließ nun die Berliner Kontakte zwischen dem Nuntius Pacelli und dem Botschaftsrat Bratmann-Brodowski wieder intensivieren.[91] Zwei Wochen später, Ende Mai 1924, reiste der Jesuit Giulio Roi, der sich in Rom auf seine neue Aufgabe vorbereitet hatte, nach Moskau: Er sollte dort als Apostolischer Delegat schon zur Stelle sein, falls man sich bei den Berliner Gesprächen einigen würde. In der Tasche aber hatte Roi auch – die Kündigung der Hilfsmission. Sie wurde am 31. Mai der ungeduldigen Frau Kamenewa formell überreicht. Warum? Stand das nicht im Widerspruch zu den laufenden Verhandlungen?

Keineswegs; taktisch geschickt kam der Vatikan, der ohnehin die Hilfsmission finanziell nicht mehr voll ausstatten konnte, mit dieser Kündigung einer sowjetischen Ausweisung zuvor, entzog sowjetischen Vorwürfen wegen «Zweckentfremdung» seiner Hilfe zunächst den Boden, signalisierte die Bereitschaft zur Umwandlung seiner karitativen Vertretung in eine Apostolische Delegatur und – gewann Zeit. Denn zugleich wurde den Sowjets versichert, daß man die restlichen 367 Tonnen Lebensmittel noch verteilen, vielleicht auch später «Nachschub» senden werde und im übrigen noch einige Wochen zur Abwicklung brauche. Es wurden daraus dreieinhalb Monate…

«Augenblicklich tobt in Sowjetrußland eine Christenverfolgung», schrieb Pater Gehrmann am 17. Juni 1924 an seinen Ordensoberen. Am gleichen Tag bemühte sich in Moskau der Sekretär der Frau Kamenewa, gutes Wetter zu machen: «Ich möchte Ihnen, Herr Gehrmann, noch sagen, daß wir über die Vergangenheit kein Wort verlieren möchten – alles soll vergessen sein!» Wenn der Vatikan sich auf eine Hilfe von monatlich wenigstens 8000 bis 10 000 Dollar festlegen würde, dann könnte man über eine Verlängerung reden, ließ der Sekretär verlauten. Immerhin hatte die Mission allein im Mai 9700 Dollar ihren gefangenen Glaubensbrüdern zukommen lassen![92] Aber aus Rom traf am 28. Juni wieder nur ein hinhaltender Bescheid ein: Da sich die Versorgungslage in Rußland verbessert habe, könne der Heilige Stuhl keinen neuen Spendenaufruf erlassen, aus eigenen Mitteln könne er keine 10 000 Dollar garantieren; jedoch würde man…

«...sehr gern Hilfswerk besonders für Kinder und Kranke fortsetzen... ohne sich jedoch
zu binden. Hoffe *gute Beziehungen zu Regierung fortzusetzen* [!], die durch Anwesenheit
[eines] apostolischen Delegaten noch gebessert werden könnten. Monsignore *Pacelli*
wirkt in diesem Sinne...»[93]

So freundlich verpackt dieses Telegramm Gasparris war, die Sowjets gingen auf das
vage Angebot nicht mehr ein, lehnten es allerdings erst sechs Wochen später ab. Schon
waren die ersten Vatikanemissäre von der Krim abgereist. «Weinend umstellte die
Volksmenge unser Haus», berichtet einer von ihnen über den Abschied. Am 29. Juli
telegrafierte Kardinal Gasparri an die Patres in Moskau, sie sollten die «Abreise hin-
auszögern»; daher vermutete der deutsche Botschafter Brockdorff-Rantzau, daß die
Berliner Verhandlungen Pacellis mit den Russen vielleicht doch vor einem positiven
Ende stünden, zumal sich Pater Roi dem Botschafter bereits als der vorgesehene
Apostolische Delegat zu erkennen gab.[94]

Doch jetzt, da gerüchteweise manches bekannt wurde, regten sich in Rom die
Widerstände und die Kritik «internationaler katholischer Kreise»[95] an der Rußlandpolitik des Vatikans wieder sehr heftig. Wollte sich der Heilige Stuhl den Russen
«annähern»? Die bis heute zugänglichen Archivdokumente geben für diese Phase der
Verhandlungen Pacellis (im Unterschied zu den späteren) nur spärliche Hinweise auf
den tatsächlichen Stand. Sicher ist, daß Pacelli nicht nur über die Ablösung der Hilfsmission durch eine Apostolische Delegatur mit Brodowski sprach, sondern auch über
manche Detailfragen, zum Beispiel über den Religionsunterricht an Jugendliche. Keineswegs bestand der Vatikan dabei auf «Errichtung *konfessioneller Schulen*» – wie
Tschitscherin behauptete. In Wirklichkeit verlangte – wie Kardinal Gasparri nach
Moskau mitteilen ließ – der Papst «*nur die Erlaubnis für die Geistlichen, in den Kirchen den Katechismus zu lehren*».[96] So unrealistisch, daß sie mehr als ein solches
Minimum verlangte, war die römische Kurie nicht.

Minimal blieb freilich auch der Spielraum für Zugeständnisse, die sich der Vatikan
selbst meinte erlauben zu können. Die Berliner Gespräche wurden Ende August
unterbrochen. Selbst ein entschieden antikommunistischer Beobachter in Moskau
hatte damals den Eindruck, daß der Vatikan «eine uneinnehmbare Stellung» zur Verteidigung seiner religiösen Interessen in Rußland bezogen hätte, wenn er sich durch
einen juristisch-diplomatischen Anerkennungsakt ähnlich wie andere Regierungen
mit einer stabilen dauerhaften Vertretung in Moskau festgesetzt haben würde.[97] Die
Chance, die sich durch die Hungerhilfsmission dafür geboten hatte, konnte vielleicht
nie wiederkehren. Kardinal Gasparri scheint das bang gefühlt zu haben, als er Ende
August 1924 der Mission schließlich doch das Signal zum geordneten Rückzug gab;
er telegrafierte:

«Gehrmann, Worowskistr. 44, Moskau
Vor Ihrer Abreise bitte ich Sie, an die Generalvikare Worte der Ermutigung für die Priester
und Gläubigen der Diözesen Mogilew und Tiraspol zu übermitteln... Mitteilen Sie Ihnen,
daß der Heilige Vater an sie denkt, mit väterlichem Herzen ihre schwere Arbeit verfolgt,

sie segnet… Geben Sie ihnen… alles, was Sie besitzen. Versichern Sie ihnen, daß der Heilige Vater sein Möglichstes tun wird, um ihnen auf anderem Wege dienen zu können.
Kardinal Gasparri.»

Zu diesem Zeitpunkt gab es im sowjetischen Machtbereich noch etwa eine Million Katholiken und 127 Priester, von denen immerhin 111 amtieren konnten, während weitere 16 im Gefängnis waren.[98] «Irgendwie muß der Vatikan mit Rußland Fühlung behalten», schrieb Pater Gehrmann vor der Abreise besorgt und war fast glücklich, daß ihn – noch kurz bevor er am 18. September 1924 mit Pater Roi endgültig Moskau verließ – Tschitscherin zu sich bat, um ihm nach Rom die Versicherung mitzugeben, daß die Sowjetregierung gleichwohl den Kontakt mit dem Vatikan aufrechterhalten wolle.[99] Und Rom etwa nicht?

Es war kein Zufall, daß die Vatikanzeitung *Osservatore Romano* am 23. August – am gleichen Tage, an dem Kardinal Gasparri den Abzug aus Moskau anordnete – jene seltsamen Erinnerungen des Priesters Viktor Bede an seine Gespräche mit Lenin veröffentlichte, in denen der tote Schöpfer des Sowjetstaates respektvoll als Zeuge für die dauerhafte Kraft des Katholizismus und des – Kommunismus angerufen wurde. Die deutsche Vatikanbotschaft wußte am 27. August bereits, daß das päpstliche Rom, getreu einer Tradition von Jahrhunderten, trotz allem keinen historischen Schlußpunkt zu setzen gedachte:[100]

«Wenn auch die Kurie augenblicklich das russische Gebiet verläßt, so hat sie damit doch nicht den Gedanken irgendwie aufgegeben, ihre Tätigkeit im Osten fortzusetzen. Sie sucht nach neuen Wegen, und mit der ihr eigenen Zähigkeit in der Verfolgung ihrer großangelegten – von Zeit und Personen unabhängigen – Pläne wartet sie den Zeitpunkt ab…»

3. Auf doppeltem Geleise: Vertrauliche Kontakte und Geheimbischöfe 1924–1926

Gegen Moskau «einschreiten»? – Ein Memorandum

Wer immer in wichtiger Angelegenheit die Treppen des Vatikanpalastes vom Damasushof zur dritten Loggia keuchend emporstieg – damals gab es noch nicht die heutigen Fahrstühle – und dann etwas beklommen in den prächtigen Vorzimmern der päpstlichen Gemächer auf den Augenblick der Audienz wartete, hatte eine große Ungewißheit zu gewärtigen: Niemals konnte man der Reaktion, der Antwort, der schließlichen Entscheidung Pius' XI. sicher sein. Dieser Papst, dem bei seinem Regierungsantritt nicht nur der Ruf eines einst passionierten Bergsteigers, sondern auch der eines nachdenklichen Historikers vorausgegangen war, dem es vielleicht an Entschlußkraft mangeln würde, hatte inzwischen aus dieser Schwäche eine Art von Tugend gemacht: Immer leichter ließ er sich auf der Woge augenblicklicher Empfindungen auf den Gipfel leidenschaftlicher Erregung tragen – um sich dann doch wieder anders, zu besinnen. Manche Beobachter nannten ihn cholerisch, unduldsam, aber auch respektvolle Bewunderer beklagten, er entscheide «bei fast allen Angelegenheiten anders, als man ihm vorschlägt».[1]

Diese Erfahrung machten nicht nur die engsten Mitarbeiter des Ratti-Papstes, auch gelegentliche, wenig erfahrene Besucher wie die aus Moskau heimgekehrten Patres Eduard Gehrmann und Giulio Roi. Noch am Tage ihrer Ankunft in Rom, am 26. September 1924, waren sie von Kardinal Gasparri und Monsignore Pizzardo zur Berichterstattung empfangen worden und hatten vernommen, daß der Papst nach dem unschönen Ende seiner russischen Hilfsmission nicht mehr länger schweigen, sondern öffentlich gegen Moskau Stellung beziehen wolle. Pater Gehrmann erschrak; denn so unerfreulich, ja düster sein Bericht aus Rußland ausfallen mußte, so klar war ihm auch, daß «eine offene Kampfansage Roms zu furchtbaren Wutausbrüchen der kommunistischen Machthaber führen und sicherlich viel Blut kosten» könnte.[2] Doch als er – ohne Roi – eine Woche später, am 2. Oktober, eineinhalb Stunden lang dem Papst selbst berichten durfte,[3] fand er ein ganz anderes, nämlich sehr ruhiges Klima vor: Der Papst schien offene Ohren für Gehrmanns Idee einer «Versöhnung mit dem sowjetischen Rußland» zu haben und nahm auch wohlwollend einen Rat Gehrmanns auf, man möge den katholischen Bischöfen, die jetzt außerhalb Sowjetrußlands lebten – also den emigrierten (wie Ropp und Cieplak), aber auch den ostpolnischen –, die kirchliche Jurisdiktion über die russischen Diözesen entziehen und Apostolische Administratoren einsetzen; dies werde zur Verständigung beitragen. In jenem Herbst 1924, als der Papst «für Rußland sehr schwarz» sah, ja in der Sowjetunion – wie sie jetzt hieß – eine «furchtbare Gefahr für die europäische Kultur» erblickte,[4] hatte ihn der Brief eines verhafteten Geistlichen, des Dekanvikars von Schitomir, Andrzej Fedukowicz, erreicht. Dieses Schreiben (von Pater Roi mitgebracht) war zwar erpreßt worden, doch es enthielt – das konnte Gehrmann bestätigen – auch bittere Wahrheiten:[5]

> «…Seit fünf Jahren sind wir verwaist, ohne Hirten, weil der Bischof von Schitomir nach Luck, das jetzt zu Polen gehört, ausgewandert ist… Zur Verbindung mit dem Bischof müssen die Geistlichen verschiedene Gelegenheiten benützen: Spekulanten, Spione, die auf verbotenen Wegen die Grenze überschreiten, oder das polnische Konsulat… Leider verschlechtert sich die Lage der katholischen Kirche in der Ukraine ständig, weil die Herren des polnischen Konsulats sogar den Geistlichen Angelegenheiten aufzwingen, die nichts mit ihrem religiösen Charakter zu tun haben. Herr Swirski, Konsul in Kiew, teilte mir mit, daß er verschiedene Nachrichten über Aktionen der Regierung der Sowjetukraine erhalten habe: über bewaffnete Überfälle Anfang Mai auf katholische Kapellen und Kirchen… Swirski beauftragte mich, diese Tatsachen nachzuprüfen… So wurde ich Agent des polnischen Konsulats… Ich flehe Eure Heiligkeit kniefällig an, daß sie Ihre Apostolische Autorität zur Beeinflussung der polnischen Regierung einsetzt, damit diese nicht Geistliche für politische Zwecke ausnutzt. Die katholische Kirche muß die Trägerin der reinen christlichen Idee sein, ohne jeden Beigeschmack. Ich glaube fest, daß Eure Heiligkeit meine schwache Stimme erhört, die Schwachen nicht ohne Schutz lassen wird und zu einem Einverständnis mit der hiesigen Regierung kommt im Sinne der Errichtung eines Apostolischen Vikariats, das einem Bischofsamt gleichgestellt wird…»

Ein solches Dokument konnte in seiner ganzen Zwiespältigkeit nur Gehrmanns Wunsch unterstreichen, daß man «mit Rußland Fühlung behalten» müsse – trotz allem. Tschitscherins Mitteilung,[6] die der Moskauheimkehrer überbrachte, aber auch Gehrmanns Entschlossenheit, selbst sein Möglichstes zu tun, «um eine Formel zu finden, die den beiderseitigen Interessen entspricht», dürften ihre Wirkung auf den Papst nicht verfehlt haben. Er beauftragte Gehrmann, außer seinen Erfahrungsberichten über die karitative Tätigkeit der Hilfsmission auch seine politischen Eindrücke und Meinungen niederzuschreiben.[7] Und dabei geschah nun etwas ganz Seltsames:

In den sechs Wochen, die Gehrmann in Rom verbrachte, scheint sich seine Meinung zur Rußlandpolitik des Vatikans radikal verändert zu haben – wenn man das zwanzigseitige politische Memorandum, das er verfaßte, dafür als Symptom nehmen will. Dieses allein für den Papst bestimmte Dokument mit Datum vom 12. November 1924 liegt, bis heute unveröffentlicht, im Vatikanischen Geheimarchiv, aber ein Duplikat fand sich nicht nur im privaten Nachlaß Gehrmanns (im römischen Archiv

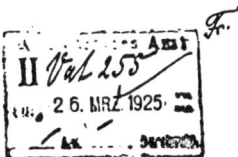

A. Prolegomena.
===========================

Aus mehrfachen Gründen ergibt sich für den Heiligen
Stuhl die Notwendigkeit, gegen den jetzt herrschenden Kommunismus in Rußland einzuschreiten, ihn   als verwerflich hinzu-
stellen und zu verurteilen. Die Gründe hierfür sind:

    I. Opportunitätsgründe,
   II. Prinzipielle Gründe.
============

    I. Opportunitätsgründe.

    Viele konservative Kreise der ganzen Welt, nicht
nur katholische, würden für den Heiligen Stuhl gewonnen werden,
wenn eine solche Aktion unternommen würde; und viele nichtkatho-
lische Kreise haben schon mehrfach danach gerufen, da sie den
Papst als einzige Autorität von genügender Bedeutung und Er-
leuchtung ansehen.

   2.)   Auch unter den Arbeitern der ganzen Welt, und selbst
der Sozialdemokratie (II.Internationale) herrscht eine große
Feindschaft gegen Sowjetrußland, weil sie einsehen, daß die Besserung der Lage der Arbeiter durch das Vorgehen der Sowjets
aufs schwerste gefährdet und diskreditiert wird. Wenn die Aktion des Heiligen Stuhles nach der bestimmten Richtung geführt
wird, wie es später auseinandergesetzt wird. Von einer solchen
Aktion des Papstes würden selbst diese sozialistischen Kreise
so befriedigt sein, und die Stellung der christlichen Arbeiter-
verbände würde eine ganz bedeutende moralische Festigung erfahren.

L233273   3.)

seines Ordens, der «Gesellschaft vom Göttlichen Wort»), sondern auch im Archiv des deutschen Auswärtigen Amtes, wo es Gehrmann vier Monate später in Berlin ablieferte (siehe Faksimile der ersten Seite). Gehrmann habe die Bedingung gestellt, daß das Schriftstück «nicht nach Moskau gegeben wird», notierte der AA-Referent handschriftlich an den Rand. Gehrmann wollte wohl nicht, daß sein Gönner Brock-dorff-Rantzau (mit dem zusammen er bislang ganz anderer Meinung gewesen war) davon erführe, und er fürchtete gewiß auch, daß es in die Hände der Sowjets fallen konnte.

Gleich an den Anfang stellte Gehrmann jetzt die unverblümte Aufforderung an den Papst, er solle gegen den Kommunismus in Rußland «einschreiten», und er kommt am Ende des Memorandums zu dem Schluß: Da jetzt die «unheimliche Tatsache» der Identität von Sowjetregierung und Kommunistischer Partei «mit aller Sicherheit festgestellt» sei, gebe es keine Gründe mehr, eine «feierliche und öffentliche Verurteilung des Bolschewismus» zu unterlassen. Als Gründe für diesen Rat nennt Gehrmann – in einer für einen Theologen etwas ungewöhnlichen Reihenfolge! – «1. Opportunitätsgründe, 2. Prinzipielle Gründe».

Zur ersten Sorte von Motiven rechnet Gehrmann nicht nur den Beifall, den eine Verurteilung Moskaus sowohl bei Konservativen wie bei Sozialdemokraten aller Welt finden werde, sondern auch die *innenpolitische*, innerparteiliche Lage in der Sowjetunion. Er analysiert den beginnenden Machtkampf um die Leninnachfolge, allerdings – wie wir heute erkennen können – mit einigen falschen Akzenten:[8]

«Die extreme Richtung besteht aus Zinowieff, Dczerczinsky (Führer der G.P.U.), Stalin (Sekretär der Partei), Bucharin (Vorsitzender der Partei), Kamenew (Präsident von Moskau)… Die Opposition hat als Führer Trotzki, Radek, Rykow, Krassin (Mitglieder des Auswärtigen Amtes stehen dieser Bewegung näher)… Die Opposition hat den Gedanken einer Weltrevolution aufgegeben und sucht ihr Heil in einem Sichhalten in Rußland… Die Opposition stützt sich meistens auf die alten Idealisten, auf die in der Partei vorhandene Intelligenz (Nicht-Juden), auf einen großen Teil der Studentenschaft und auf das Heer, das Trotzki ganz ergeben ist…

…Die Zeit für Trotzki und seine Anhänger ist noch nicht gekommen, wird aber ganz sicher einmal erscheinen, und er wird seine Gegner dann nicht so schonen wie sie ihn geschont haben. Zur Charakterisierung dieser Richtung möge Folgendes dienen: Trotzki hielt im Juli [1924] eine Rede, worin er ausführte, daß man indirekt die Religion verfolgen solle und nicht, wie es jetzt geschieht, auf direktem Wege…

…Falls nicht ganz unvorhergesehene Gründe eintreten, wird der Kommunismus in Rußland nicht abgelöst werden durch das alte Zarensystem, noch wird eine bewaffnete Invasion seiner anderen Mächte [?] für die nächste Zeit zu erwarten sein. Aber gerade wenn dies eintreten würde, so würde es höchst wünschenswert sein, daß der Heilige Stuhl eine Aktion gegen die Sowjets unternommen hätte, weil diese neuen Machthaber den Heiligen Stuhl beschuldigen würden, geschwiegen zu haben, ja sogar in nähere Beziehungen zu den Sowjets getreten zu sein…

…Es ist aber wahrscheinlicher – und auch die diplomatischen Vertretungen in Rußland bestätigen dies –, daß nicht ein neuer Machthaber, sondern die… *gemäßigte Richtung des Kommunismus zum Siege kommt*… So hat der Heilige Stuhl bei seinen Schritten gegen die jetzige Sowjetregierung auch *die* Beruhigung, nicht ein aussichtsloses Unternehmen begonnen zu haben, sondern im Gegenteil ein sehr aussichtsvolles…»

Pater Eduard Gehrmann wollte, daß sich der Vatikan in den Kremlmachtkampf einschalte, daß er den Bolschewismus verurteile – nicht etwa, weil in Rußland die Lage der Kirche hoffnungslos geworden wäre (dies war das einzig denkbare Motiv, dessentwegen der Papst bisher eine solche Verurteilung überhaupt in Erwägung gezogen hatte!), sondern umgekehrt, weil dies einen «gemäßigten Kommunismus» begünstigen würde, wie Gehrmann meinte. Er untermauerte seine Lageanalyse mit dramatischen Schilderungen des Polizeiterrors und des Wirtschaftsniedergangs, aber auch des Sittenzerfalls, wozu er eigene Beobachtungen beisteuerte, die heute eher komisch wirken; so wenn man von ihm erfährt, daß offensichtlich damals im später so prüden Moskau der «Bikini»-Badeanzug erfunden wurde:

> «…[Der Bolschewismus] hebt die monogame Ehe und Familie auf… bei den Kindern setzt der Kampf gegen jegliche Sittlichkeit schon ein… Knaben und Mädchen werden zusammen erzogen, zusammen werden sie spazierengeführt, um auf den Straßen ihre gotteslästerlichen Lieder zu singen… zusammen werden sie zum Bade geführt, wobei nicht das Badekleid gebräucht wird… Die Jünglinge ziehen, nur mit der Badehose bekleidet, in den Straßen Moskaus umher und die Mädchen haben über der Brust noch eine kleine Bekleidung, der übrige Körper ist nackend…»

Für den Autor dieses Memorandums war das so wenig erheiternd wie soziale und andere Ungerechtigkeiten des Sowjetsystems, die – so betont er – als notwendiger Übergang zu dauerhafter Gerechtigkeit ausgegeben werden. Diese Verlockung sei gefährlich, da sie von jungen, fanatischen Menschen ausgehe; sie veranlaßt Gehrmann zu dem Ausruf:

> «Europa hat eine furchtbare Verantwortung auf sich geladen, da es diesen Teufeln erlaubt, weiterzuexistieren.»

Wo blieb da der bedächtige, stets nach Verständigung suchende Rußlandfreund Gehrmann, den wir von seinen Berichten aus Moskau kennen? Hatte er nicht selbst von einer offenen Kampfansage «furchtbare Wutausbrüche» gegen die Kirche befürchtet? Auch jetzt zog er in dem Memorandum für den Papst die Möglichkeit ins Kalkül, daß durch «ein scharfes Vorgehen des Heiligen Stuhls» die Kremlführung sich gereizt fühlen «und dann zu einer rücksichtslosen Verfolgung, Drangsalierung und Hinrichtung der Katholiken in Rußland vorgehen würde». Aber: «Wenn es ein Feind ist, der die gesamte Christenheit, ja die ganze Menschheit bedroht, so scheint es, daß auch die sonst lobenswerte Rücksichtnahme gegen wenige von der Pflicht nicht entbindet, diesen Feinden der Gesamtheit entgegenzutreten», so belehrt Gehrmann den Vatikan.

War Gehrmann überhaupt der Autor dieses – seiner vorherigen und auch späteren Einstellung so sehr widersprechenden – Dokuments? Viele, vor allem die naiveren Formulierungen zeugen davon, daß er es zum großen Teil selbst verfaßt hat. Er schreibt jedoch in einer Anmerkung: «In der ganzen Zeit meines Aufenthalts in Rußland habe ich mich niemals expreß mit all diesen Sachen beschäftigt. Zunächst hatte ich keine Lust dazu und zweitens würde dies die Stellung der Mission gefährdet haben.» – Ein besonderes politisches Interesse hatte Gehrmann also nicht, er war, wie alle bezeugen, die ihn kannten, kein analytischer, intellektueller Kopf und war eben deshalb auch leicht beeinflußbar. Im Auswärtigen Amt in Berlin erzählte er später stolz, daß er während jener sechs Wochen in Rom «das gesamte einschlägige Geheimmaterial betreffend Rußland durchgearbeitet» habe.[9] Dies mag ihn beeindruckt haben; wichtiger aber war wohl eine Begegnung mit seinem prominenten Ordensbruder Wilhelm Schmidt, einem eigenwilligen Ethnologen und Missionswissenschaftler, der sich damals gerade in Rom aufhielt.[10] Schmidt dürfte Gehrmann teilweise die Feder geführt haben.

Offenkundig war Gehrmann aber auch mitten in die Auseinandersetzungen geraten, die innerhalb der päpstlichen Kurie um die weitere Rußlandpolitik neu entbrannt waren. Es waren die alten Fragen – Entgegenkommen? Weiterverhandeln? Abbrechen? Verurteilen? –, bei denen die Niederschrift des «Rußlandspezialisten» Gehrmann von der einen «Fraktion» gegen die andere benutzt werden sollte.

Notenwechsel und Tischgespräche in Rom

«Der schärfste Gegner der Anknüpfung von Beziehungen zu Rußland im Herbst 1924 war Kardinal Ragonesi. Gasparri war dafür, Merry de Val wenigstens für einen Apostolischen Delegaten.»

So notierte der österreichische Gesandte von Pastor nach einem Gespräch mit Erzbischof Cieplak, der es wissen mußte.[11] Bestärkt wurde die Opposition unter den Kardinälen nicht nur durch Berichte wie die Gehrmanns, sondern auch durch die Tatsache, daß Moskau – auch bei den Kontakten Pacellis mit Brodowski in Berlin – eine formelle, schriftliche Antwort auf die Gegenvorschläge des Vatikans von Anfang 1924 (Entsendung eines Apostolischen Delegaten) bisher nie gegeben hatte. Als Nuntius Pacelli bei einem diplomatischen Frühstück in Berlin, zu dem der Reichspräsident geladen hatte, dem Botschafter Brockdorff-Rantzau begegnete, bat er, doch einmal diskret bei den Sowjets nachzufragen. Rantzau sprach darauf am 5. November in Moskau den sowjetischen Außenkommissar «wie von mir kommend» auf die Sache an.

«Tschitscherin erwiderte, die eigentlichen Unterhandlungen hätten noch nicht begonnen; nachdem Botschafter Krestinski inzwischen nach Berlin zurückgekehrt sei, würden sie in beschleunigtem Tempo aufgenommen. – Ich habe danach nicht den Eindruck, daß Absicht einer Verschleppung russischerseits vorliegt, bin aber nach wie vor der Ansicht, daß die Verhandlung auf der vom Vatikan bisher in Aussicht genommenen Basis großen Schwierigkeiten begegnen werden.»

So berichtete Brockdorff-Rantzau nach Berlin mit der Bitte, Pacelli «beschleunigt» davon zu unterrichten.[12] Kurz darauf kam es zur ersten Begegnung Pacellis mit Botschafter Krestinski. Auch jetzt gaben die Sowjets noch keine schriftliche Antwort, sondern wiederholten – so wie übrigens auch Pacelli – mündlich die bekannten Positionen; ähnlich wie einst der Zar, wollten sie zwar gerne eine eigene Vertretung beim Heiligen Stuhl errichten, aber nur ungern einen päpstlichen Vertreter bei sich sehen. Die subtile Frage «Nuntius oder Delegat», über die man sich im Vatikan noch immer den Kopf zerbrach, interessierte sie freilich jetzt schon viel weniger – so wie ihr Drängen auf «Anerkennung» spürbar nachgelassen hatte. Inzwischen hatte auch Frankreich (Ende Oktober 1924) die Sowjetunion anerkannt; die Preise für diesen Rechtsakt waren im Fallen…

War also mit dem Abzug der Hilfsmission doch die letzte Chance vertan worden? Blieb also doch nur die Kampfansage im Sinne des Gehrmann-Memorandums, wie die Pessimisten, aber auch die «Ideologen» im Vatikan meinten? Oder durfte man auch jetzt noch nicht den Draht abreißen lassen, wie die Diplomaten – an ihrer Spitze Gasparri – rieten? Pius XI., hin- und hergerissen, kam beiden Seiten entgegen. Zunächst verkündete er:

> «Niemand kann wohl gedacht haben, daß Wir, indem Wir dem russischen Volk Wohltaten erwiesen, auf irgendeine Weise eine Regierungsart (*una maniera di governo*) begünstigen wollten, die zu billigen Uns sehr fern liegt. Wir halten es vielmehr für Unsere Pflicht – nachdem Wir so lange, von Herzen und mit aller Kraft versucht haben, die ungeheure Not dieses Volkes zu lindern –, …alle und besonders die Staatsmänner eindringlich zu ermahnen, …daß sie mit vereinten Kräften von sich und ihren Mitbürgern die überaus schweren Gefahren und ganz sicheren Übel des *Sozialismus und des Kommunismus* fernzuhalten versuchen, ohne jedoch in der pflichtgemäßen Sorge um die Besserung der Lage der Arbeiter und Benachteiligten nachzulassen…»[13]

Mit diesen Sätzen in seiner weihnachtlichen Ansprache an die Kardinäle (18. Dezember 1924) entsprach der Papst der Stimmung der Mehrheit dieses Kollegiums. Daß er den Sozialismus mit dem Kommunismus in einem Atemzuge nannte, fiel damals sehr auf. Es war eine Warnung vor allem an die Katholische Volkspartei Italiens, die sich (nach der Ermordung des Sozialisten Mateotti durch Faschisten, über die Mussolini fast zu Fall gekommen war) den Sozialisten etwas angenähert hatte; für ihren Parteichef, den Geistlichen Don Sturzo, hatte der Vatikan Anfang Oktober 1924 ein österreichisches Einreisevisum beantragt – er durfte kein Hindernis für die Verhandlungen des Vatikans mit Mussolini bilden, die Anfang 1925 begannen.[14] Gewarnt werden sollte aber auch die katholische Zentrumspartei Deutschlands, deren Reichskanzler Marx mit Unterstützung der Sozialdemokraten regierte.[15] Schließlich jedoch (und das war vielleicht sogar das erstrangige Motiv der päpstlichen Kommunismus-Sozialismus-Warnung) wollte sich Pius XI. auf diese Weise ideologisch absichern, um seine eigene Rußlandpolitik in aller Stille weiterbetreiben zu können. Aufmerksamen Lesern seiner Ansprache konnte kaum entgehen, daß er sich nur von der sowjetischen Regierungs*art* distanziert und lediglich deren «Billigung», nicht aber deren völkerrechtliche Anerkennung ausgeschlossen hatte.

Da erscheint es kaum mehr erstaunlich, daß der Papst zur gleichen Zeit seinem Berliner Nuntius Pacelli Aufträge für weitere Verhandlungen mit den Sowjets gab, ja Pater Eduard Gehrmann wurde zum Rußlandberater Pacellis bestellt und schrieb – «confidentiell!» – am 24. November 1924 an seinen Ordensoberen (*Original SVD-Archiv, Rom*):

«So wird es kommen, daß ich noch ungefähr 1 Monat in Rom bleiben werde. Für mich wohl eine schwere, aber auch schöne Zeit, da ich meine Kraft dem Hl. Vater direkt zur Verfügung stellen kann. P. Roi S.J., meinem Moskauer Gefährten geht es genau so. Der Grund unseres Bleibens sind die bevorstehenden Verhandlungen in Berlin zwischen Rußland und dem Berliner Nuntius Pacelli. Wir werden als Vorarbeiter und quasi Competenzen in rebus russiacis hier angesehen und gebraucht.»

Hatte sich Gehrmann für diese Beraterrolle etwa durch sein kämpferisches Memorandum, das er kaum zwei Wochen vorher beim Papst abgeliefert hatte, empfohlen? Wir werden bemerken, wie wenig Gehrmann auch jetzt das «Militante» lag, wie sehr er, seiner Grundlinie folgend, doch für den Ausgleich war…

Pacelli wurde gleich zu Beginn des neuen Jahres nach Rom gerufen; am 8. Januar 1925 gab ihm der Papst Instruktionen für die neue Verhandlungsphase mit den Russen – vorausgesetzt, daß diese sich endlich zu einer klaren, schriftlichen Stellungnahme aufschwingen würden.

Am 2. Februar ließ der sowjetische Botschafter in Berlin, Nikolai N. Krestinski, dem Päpstlichen Nuntius – der am Tage vorher aus München in der Reichshauptstadt eingetroffen war – telefonisch mitteilen: Er habe Anweisungen aus Moskau erhalten und wünsche «wichtige kirchenpolitische Fragen» mit dem Nuntius zu besprechen.

Am 3. Februar traf Pater Gehrmann – von seinem Orden nur ungern freigestellt – in Berlin ein; Pacelli war sichtlich erleichtert, in diesem Augenblick einen sachkundigen Helfer zur Seite zu haben. Er bat Gehrmann zu bleiben, «bis die Verhandlungen entweder zu Ende geführt sind oder ins Stocken geraten werden». Am liebsten hätte

Pacelli den Pater am nächsten Tag zur Begegnung mit Krestinski mitgenommen, aber Gehrmann riet ab,

> «da die Russen doch meine Photographie, sicherlich aber meinen Namen kennen – so könnten sie Rückschlüsse machen und die Hilfsmission [nachträglich] diskreditieren. Auch wollte ich nicht, daß das eventuelle Scheitern der Verhandlungen mit meinem Namen verknüpft würde...»[16]

Vom 4. bis 24. Februar 1925 – drei Wochen lang – verhandelten Pacelli und Krestinski, ohne daß auch nur die Tatsache ihrer Begegnung an die Öffentlichkeit drang. Gleich zu Beginn, am 4. Februar, überreichte Krestinski ein Schriftstück mit sogenannten *Thesen:*[17]

Moskau wünschte wiederum, daß der Heilige Stuhl die Anerkennung der Sowjetunion wenigstens für absehbare Zeit in Aussicht stelle, daß er die sowjetische Version von «Trennung zwischen Kirche und Staat» akzeptiere und damit auch die sowjetische Gesetzgebung über die Bildung von «religiösen Vereinigungen». Im Sinne der Instruktion des Justiz- und des Innenkommissariats vom 27. April 1923 wurde eine «Registrierung» der Kultgemeinschaften und die Vorlage eines «Statuts» zur Genehmigung durch die Behörden verlangt. Moskau war dafür bereit, gegenüber der katholischen Kirche das «Prinzip der Religions- und Gewissensfreiheit» zu bekräftigen, die finanzielle Unterstützung katholischer Gemeinden durch den Heiligen Stuhl – unter staatlicher Bankkontrolle – sowie den Briefwechsel zwischen diesen registrierten Gemeinden und dem Vatikan zuzulassen, einschließlich der Übermittlung päpstlicher Enzykliken – allerdings alles unter staatlicher Zensur. Die «Vorsteher» der einzelnen Gemeinden (sowjetisch: «Religionsvereinigungen», denn «Kirche» als Gesamtheit gab es juristisch nicht) sollten von den Gemeindemitgliedern «gewählt» werden.

Außer den Pfarrern etwa auch die Bischöfe? fragte Pacelli mühsam kühl den sowjetischen Unterhändler und erhielt eine Antwort, die bald schon ein folgenreiches Mißverständnis heraufbeschwören sollte: Es sei Privatsache der Kirche, wie sie die einzelnen «Vorsteher» titulieren wolle; die Regierung wolle sich nicht einmischen, für sie sei es gleichgültig, ob sich jemand «Pfarrer» oder «Bischof» nenne, wenn nur alles gesetzlich vor sich gehe.

«Schwer sind diese Verhandlungen, denn die Sowjets können nun mal nicht aus ihrer Haut heraus», schrieb Gehrmann am dritten Verhandlungstag an seinen Ordensoberen. «Ob ich Exzellenz Pacelli soviel helfen kann, weiß ich nicht. Ich glaube, er möchte die Verantwortung für ein eventuelles Scheitern... nicht allein tragen. Das ist meiner Meinung nach der tiefste Grund, warum er mich nicht ziehen lassen will...»

Hier tritt ein Wesenszug Pacellis zutage, dem wir bei ihm – auch später als Papst – noch oft begegnen werden. Dieser hochsensible geistliche Diplomat, der, wenn er seinen Gesprächspartnern begegnete, «gleich einem Renaissancefürsten aus dem Rahmen eines Tizianbildes herauszutreten» schien,[18] verbarg hinter diesem Äußeren eine zögernde, alles Für und Wider immer wieder abwägende Natur, die ihn eindeutigen Entschlüssen und Meinungsäußerungen meist ängstlich ausweichen ließ.[19]

Seine Verhandlungen mit Krestinski – jahrzehntelang ein sorgsam gehütetes Vatikangeheimnis – waren für Pacelli wohl schon deshalb quälend, weil er sich des schmalen Verhandlungsspielraums, der aus prinzipiellen Gründen für beide Seiten bestand, nur allzu bewußt war. Doch Pacelli war zu sehr Diplomat, um die Hindernisse, die sich ihm als Priester entgegenstellten, für unüberwindlich zu halten. Politik mit dem Ziel eines Konkordates war für ihn wie für Pius XI. *das* zeitgemäße Mittel kirchlicher Selbstbehauptung gegenüber dem modernen Staat gleich welcher Couleur. Mit Bayern hatte er gerade ein Konkordat zustande gebracht (1924), mit Preußen verhandelte er darüber; mit den Russen war zwar kein Konkordat, doch vielleicht, wenn man ihr eigenes, offenkundiges Interesse zu nutzen verstand, ein *modus vivendi* zu erreichen.

Wenn Krestinski freilich auf einer «Gemeindewahl» der Bischöfe bestehen würde, das sagte Pacelli dem Sowjetbotschafter offen, gab es für den Heiligen Stuhl kaum mehr eine Gesprächsbasis; das kanonische Recht der Kirche erlaubte dergleichen einfach nicht. Bei der Begegnung vom 11. Februar 1925 legte Krestinski überraschend neue Moskauer Erläuterungen zu den «Thesen» vor: der Vatikan sollte nun bei Bischofsernennungen, die Bischöfe bei Pfarrstellenbesetzungen doch ein Vorschlags-, Mitsprache- und Bestätigungsrecht erhalten, so hieß es – freilich nicht sehr klar – in diesem zweiten Verhandlungspapier der Sowjets. Das war nicht viel, doch Pater Gehrmann, der dies dem deutschen Auswärtigen Amt unter dem Siegel der Verschwiegenheit erzählte, schöpfte Hoffnung:

> «Ich glaube, daß die Verhandlungen günstig verlaufen werden… Ich bin sehr dafür eingetreten, jetzt versöhnlich zu sein und zu retten versuchen, was zu retten ist…»

So schrieb Gehrmann am 15. Februar aus Berlin an seinen Ordensoberen. (Man sieht jetzt, wie wenig er mit seinem unversöhnlichen Memorandum identisch gewesen war!) Auch Pacelli dürfte in diesem Sinne nach Rom berichtet haben, als er am 24. Februar die Gespräche unterbrach, um neue Instruktionen des Papstes einzuholen. Der Nuntius rechnete mit einer Verhandlungspause von zwei bis drei Wochen, doch es verging ein halbes Jahr bis zur nächsten Begegnung. Pius XI. war nämlich vom Ergebnis dieser Verhandlungsrunde alles andere als ermutigt. Es entging ihm nicht, daß das kleine Zugeständnis im zweiten Papier Krestinskis genau einen Tag nach der Unterzeichnung eines Konkordats zwischen dem Heiligen Stuhl und Polen (10. Februar 1925) unterbreitet worden war. In diesem Konkordat mit Warschau hatte der Vatikan viele Privilegien der Kirche bestätigt erhalten, aber er hatte auch dem Staatspräsidenten ein Vetorecht bei der Ernennung von Bischöfen (Art. XI), der Regierung ein Einspruchsrecht gegen Besetzung von Pfarrstellen mit politisch unliebsamen Geistlichen (Art. XX) eingeräumt. Unmittelbar an der sowjetischen Grenze in Weißrußland wurde nach dem Konkordat ein neues Bistum (Pinsk) gegründet.[20] All das mußte der Sowjetregierung, die gegenüber Polen stets allergisch blieb, ein Dorn im Auge sein. Das Polenkonkordat zeigte freilich auch, wie weit der Vatikan staatlichen Eigeninteressen entgegenkommen konnte, wenn man ihm selbst etwas konzedierte. In diesen Februarwochen des Jahres 1925 waren überdies die ersten Kontakte für einen Ausgleich zwischen Italien und dem Vatikan zustande gekommen, und Pius XI. meinte: «Zwar kennt nur Gott allein die Herzen, aber es scheint, Mussolini meint es gut...»[21]

Die sowjetischen Angebote wirkten demgegenüber nicht nur dürftig, sondern schienen darauf hinauszulaufen, daß die Kurie ihren Segen zur Staatskontrolle über eine – in ihren Möglichkeiten ohnehin äußerst begrenzte – Kirche geben sollte. Am 6. März 1925 notierte Kardinal Gasparri nach einem Gespräch mit dem Papst (*ex Aud. SS. mi*) zu den sowjetischen Vorschlägen:

«Unannehmbar.»[22] Doch dies war nur die interne Beurteilung; nach außen schwieg man diplomatisch und wartete ab. Mehrmals drängte die sowjetische Botschaft in Berlin auf schriftliche Antwort, und Pacelli selbst riet der Kurie, den Kontakt nicht abreißen zu lassen; den Katholiken in Rußland wäre damit nicht geholfen. Im Frühjahr und Sommer 1925 kamen neue Hiobsbotschaften aus der Sowjetunion. Auf römische Anweisung bat der Nuntius am 14. August – kurz vor seiner endgültigen Übersiedlung nach Berlin – in einem Telegramm aus München um deutsche Hilfe:

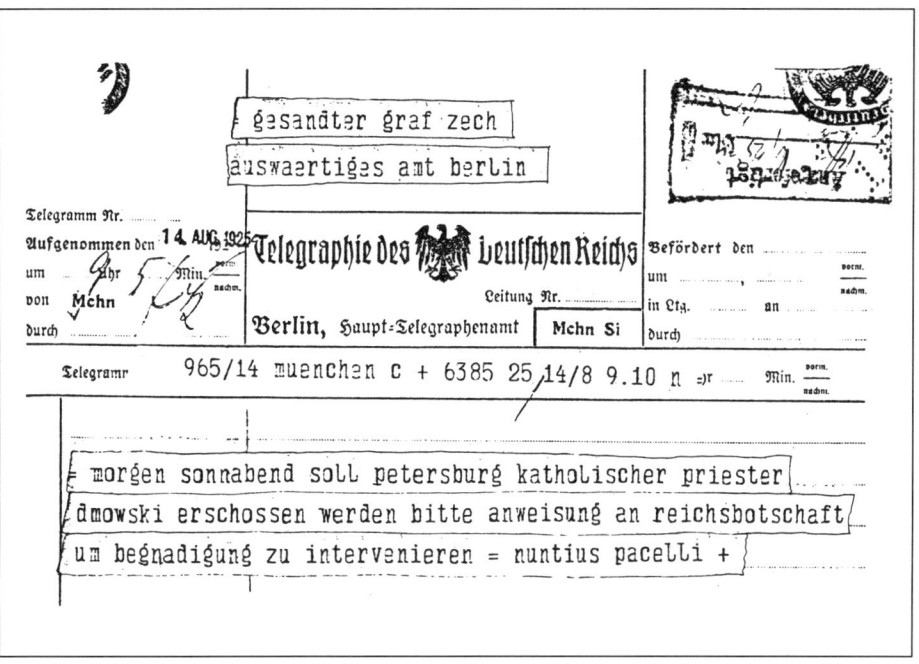

Doch dem polnischen Pfarrer der St.-Katherinen-Kirche in Leningrad konnte nicht mehr geholfen werden. Der Papst ermächtigte aber jetzt seinen Berliner Nuntius zu einer präzisen Antwort. Sofort nach seiner Ankunft in Berlin entwarf er eine Antwort an die Sowjets; die Ostkirchen-Kongregation in Rom lieferte dafür Material. Am 7. September 1925 schrieb Pacelli einen Brief an Krestinski, dessen Text erst 1992, nach Öffnung des Moskauer AVP-Archivs (Fond 0165, Delo 148, Papka 124) bekannt wurde: Der Heilige Stuhl bedauere, daß die sowjetischen Vorschläge keine Verhandlungsgrundlage seien; in sieben Punkten werden die strittigen Fragen aufgezählt, vor allem die Frage der Bischofsernennungen, des Kircheneigentums, des Rechtsstatus, der Missions- und Religionsunterrichtsfreiheit. Dann aber heißt es: «Gleichwohl meint der Heilige Stuhl, daß es nicht allzu schwer sein dürfte, eine beiderseits annehmbare Verhandlungsbasis zu finden; er erwartet daher entsprechende Vorschläge». Die Tür wurde also nicht zugeschlagen.

Drei Wochen später, am 30. September 1925, gab Reichsaußenminister Stresemann ein Essen für seinen zur Kur nach Baden-Baden durchreisenden sowjetischen Kollegen Tschitscherin. Auch Pacelli war geladen. Er saß neben Tschitscherin, der höflich den Eingang des Nuntiusbriefes in Moskau bestätigte: Er habe die Sache zur Prüfung an seinen Vertreter Maxim Litwinow weitergegeben. Nun wußte Pacelli sehr genau, daß Litwinow im Unterschied zu seinem Chef am «Draht zum Papst» nur wenig interessiert war. War es daher nicht ratsam, den Berlinaufenthalt Tschitscherins zu einem eingehenden Gespräch unter vier Augen zu nutzen? Der Nuntius fand schnell dazu Gelegenheit.

Eine Woche später, am Abend des 6. Oktober 1925, fuhren vor dem Hause Viktoriastraße 34 in Berlin zwei unauffällige Wagen vor. Niemand ahnte, daß ihnen der Außenminister der Sowjetunion und der Päpstliche Nuntius im schlichten schwarzen Anzug – entstiegen. In der Wohnung des Kammerherrn Graf Ernst von Rantzau, des Zwillingsbruders des deutschen Botschafters in Moskau, speisten die beiden Herren «ganz privat» und sprachen – weniger privat – sehr ausführlich miteinander: Tschitscherin, der Kommunist aus dem russischen Hochadel, und Pacelli, der römische Priester und Diplomat. Man sprach deutsch; man verständigte sich nicht in der Sache, doch man verstand einander in der Empfindung, zwei gegensätzliche, doch respektable Welten zu repräsentieren. Man focht nicht mit Säbeln, sondern mit dem Florett.

Es sei, sagte Pacelli, in Rom aufgefallen, daß in den sowjetischen Vorschlägen gewisse Einschränkungen der katholischen Kirche «aus der Zarenzeit übernommen» worden seien. – Das sei schon möglich, entgegnete Tschitscherin, denn in die sogenannte «Lebende Kirche», die der Sowjetregierung nahestehe, seien manche Persönlichkeiten aus der Zarenzeit übernommen worden.

Dieser Hinweis auf eine abgespaltene Gruppe der orthodoxen Kirche war mehr als eine Ausflucht; es war auch ein Wink, der besagte, daß die regimeloyale Orthodoxie bei der Behandlung der Katholiken mitzureden hatte. Bot sich da etwa eine neue Chance? Pacelli dürfte bei diesem Argument aufgehorcht haben. Seine erste Begegnung mit Tschitscherin war jedenfalls nicht die letzte…

Pater d'Herbignys Erkundungsreise: Disput über Gott

Die Hände lässig in den Hosentaschen, die verrutschte Krawatte in die viel zu kurze Weste geklemmt, den Spitzbart nach Leninart zugeschnitten – so steht am Abend des 6. Oktober 1925 – dem gleichen, an dem sich Pacelli und Tschitscherin in Berlin begegnen – Anatoli Wassiljewitsch Lunatscharski, Volkskommissar für Erziehung, im gleißenden Scheinwerferlicht auf der Bühne des Moskauer «Experimental-Theaters». Ist es eine Tragödie oder eine Komödie, in der er eine der Hauptrollen übernommen hat? Gebannt hören ihm sechstausend Menschen zu – Arbeiter, Studenten, Soldaten, Funktionäre, Aristokraten, Popen, ein fasziniertes Publikum, dessen Sympathien geteilt sind. Zwei Drittel des Saales beklatschen Lunatscharskis These, die er mit einem fast romantischen Pathos verficht: daß die *Arbeit* zur wahren Religion, das *Proletariat* zum wirklichen *Gott* geworden sei.

Doch gleich darauf feiert eine nicht geringe Minderheit im Saal einen bärtigen orthodoxen Bischof, den Metropoliten Alexander Wwedenski, auf den sich nun die Scheinwerfer richten und der mit gleicher Beredsamkeit entgegnet: Gott sei eine Wahrheit, die unverändert auch unter der Diktatur des Proletariats weitergelte – so wie das Einmaleins der Mathematik. «Und wenn der Genosse Volkskommissar meint, das Ende des Zarismus sei der Triumph des Atheismus gewesen, dann muß man zwischen drei Kategorien von Russen unterscheiden, die nicht mehr in die Kirche gehen: Jene wenigen wie der Genosse Anatoli Wassiljewitsch, der ein sehr gebildeter Mann ist; dann jene, die nicht so gebildet sind, aber sich sagen, daß der Genosse Anatoli Wassiljewitsch ein sehr starker Mann ist… Und schließlich jene, die an den Lebensunterhalt ihrer Familie denken und – zu Recht oder Unrecht – Angst haben…»

«Sie beleidigen uns! Herunter! Aufhören!» ruft es aus dem Saal. Lunatscharski lächelt, kaut ungerührt an seinem Bleistift; dann tritt er selbst noch einmal ans Rednerpult: «Gott, Christus und die Heiligen überlassen wir gerne den Wwedenskis, uns bleibt der wirkliche Schöpfer – die Arbeit!…»

Mit derlei Sprüchen war Lunatscharski schon zehn Jahre vor der Revolution Lenin auf die Nerven gefallen.[23] «Der wissenschaftliche Sozialismus ist die religiöseste aller Religionen… Die Suche nach einer göttlichen Wahrheit ist dem Menschen wesenseigen», hatte Lunatscharski geschrieben. Lenin jedoch betraute, obschon er für diese «Gottbildnerei» nur Spott übrig hatte, Lunatscharski mit dem Volksbildungsministerium. Und ihm hatten es die Moskauer zu verdanken, daß sie an diesem Herbstabend des Jahres 1925 – für einen halben Rubel Eintritt – ein Schauspiel erleben durften, das ihnen in den folgenden 65 Jahren der Sowjetgeschichte versagt wurde: ein öffentlicher geistiger Zweikampf zwischen Religion und Atheismus.

«Welch eine Überraschung!» notierte ein seltsamer, bartloser Geistlicher im schwarzen Anzug mit römischem Kragen, der in der ersten Reihe der Zuhörer zwischen zwei orthodoxen Bischöfen saß und den Lunatscharski mit einem erstaunten Blick wahrnahm: Es war der französische Jesuitenpater *Michel d'Herbigny*, der Präsident des «Päpstlichen Instituts für Östliche Studien» in Rom, ein Vertrauter Pius' XI.[24]

Wie kam dieser neue Sendbote des Vatikans nach Moskau? – Mit d'Herbigny begegnen wir der rätselhaftesten, interessantesten, tragischsten Figur in der Geschichte vatikanischer Ostpolitik.

Sein Weg wird, wie wir sehen werden, vom Gipfel einflußreicher Positionen in die tiefste Erniedrigung kirchlicher Verbannung führen. In diesem Augenblick, Ende 1925, trat der damals 45jährige d'Herbigny zum erstenmal ins kirchenpolitische Rampenlicht. Er war mit siebzehn Jahren in den Jesuitenorden eingetreten, hatte in Paris und Trier studiert und war 1911 durch ein von der «Académie Française» preisgekröntes Werk über den russischen Religionsphilosophen Solowjew bekanntgeworden; Solowjews mystisch-politisch gefärbte Wendung von der Orthodoxie zum Katholizismus und seine Voraussagen eines «Mongolensturms» auf Europa hatten den jungen d'Herbigny fasziniert.[25] Die russische Revolution und die scheinbaren Missionsaussichten, die sie bot, beflügelten seine Phantasie und seine Unternehmungslust. Vergebens wartete er im Herbst 1922 in Berlin und Riga auf ein sowjetisches Visum, um sich in Rußland der Hungerhilfsmission anzuschließen; in einer Broschüre über die «sowjetische Tyrannei» meinte er: «Der Selbstmord ist vollständig, diese große Nation stirbt…»[26]

Als Pius XI. im September 1922 das Päpstliche Ost-Institut (*Pontificio Istituto di Studi Orientali*) dem Jesuitenorden anvertraute, wurde d'Herbigny nach Rom gerufen und zu seinem Präsidenten ernannt; gleichzeitig berief ihn der Papst zum «Berater» (*Consultor*) der Ostkirchen-Kongregation. D'Herbigny hielt nicht nur engen Kontakt zur russischen Emigration in Frankreich und Deutschland,[27] er beobachtete auch gespannt die Vorgänge in der orthodoxen Kirche Rußlands: Nachdem Patriarch Tychon seit Mai 1922 unter Hausarrest gestellt und peinlichen Verhören unterzogen worden war,[28] hatte sich 1923 eine sogenannte «Lebendige Kirche» gebildet, die durch innerkirchliche Reformen und durch politische Zugeständnisse an die Sowjets die religiöse Existenz zu retten versuchte; sie wurde von den Bolschewiki zunächst begünstigt, weil diesen eine Spaltung der Orthodoxie gerade gelegen kam. Um das drohende Schisma zu verhindern, gab jedoch Patriarch Tychon plötzlich im Juni 1923 ein politisches Schuldbekenntnis mit einer Loyalitätserklärung ab – und wurde freigelassen. Als er im April 1924 starb, war der Aufstieg der reformistischen «Lebendigen Kirche» abgebremst, sie selbst bereits gespalten: in eine kleine «rote» Gruppe von

Papst Pius XII.,
Eugenio Pacellí,
(1876–1958)

Michael d'Herbigny SJ (1880–1957) ließ sich als bischöflicher
Rußlandreisender 1926 porträtieren. Im Hintergrund sind die verschneiten
Kreml-Türen unter einem roten Himmel sichtbar. Das Porträt wird unter
Verschluß im «Päpstlichen Institut für Östliche Studien» aufbewahrt

Bischöfen (die «Kirche der *Wiederbelebung*») und eine «konkordatäre», gemäßigte (die «Kirche der *Erneuerer*»).

Die Unterscheidung «*rot*» und «*konkordatär*» stammt von Michel d'Herbigny, der damit zugleich bekundete, wo seine Sympathien lagen. Der Jesuitenpater hatte nämlich im Sommer 1925 – noch während der geheime Notenwechsel zwischen Pacelli und Krestinski in Berlin im Gange war – vom Oberhaupt der «Erneuerer», dem Metropoliten Wwedenski, eine Einladung zum «Konzil» dieser orthodoxen Teilkirche erhalten (was gewiß nicht ohne Einverständnis der Sowjetbehörden geschehen war und von d'Herbigny als Zeichen eines gewissen Interesses am Katholizismus gedeutet wurde[29]). Da die Berliner Gespräche keine Fortschritte machten, war der Papst mit einer «privaten Urlaubs- und Studienreise» d'Herbignys einverstanden, die der Erkundung der Lage dienen sollte. Bei der Visaausstellung in Paris sagte der sowjetische Konsul Aussem dem jesuitischen Rußlandreisenden am 29. September 1925:

> «Wir praktizieren nun eine neue Religionspolitik, denn wir haben festgestellt, daß Millionen Menschen, die Mehrheit der russischen Bevölkerung, mit religiösen Ideen eng verbunden ist, und so haben wir uns entschlossen, den direkten Kampf mit diesen Tendenzen, soweit sich nicht politische Agitation hinter ihnen versteckt, aufzugeben.»[30]

Tatsächlich hatte der XIII. Parteikongreß im Mai 1924 die Losung ausgegeben, «die Gefühle der Gläubigen zu schonen»; blasphemische Umzüge wie noch zu Weihnachten 1923 (als man einen maskierten Papst mit der Jungfrau Maria auftreten ließ) waren aus der Mode gekommen. Volksbildungskommissar Lunatscharski lehrte, daß Priester zwar als komische Figuren zu betrachten, jedoch nicht zu Märtyrern zu machen seien. So fand d'Herbigny, der am 4. Oktober 1925 nach Moskau kam, eine relativ entspannte Atmosphäre, «weniger feindlich als in der tragischen Periode von 1917 bis 1923». Die meisten Moskauer Kirchen seien offen, zu Kirchenschändungen wie bei den «Barbareien der Französischen Revolution» sei es nicht gekommen, bemerkte er.

Einen niederschmetternden Eindruck gewann d'Herbigny vom Zustand der Patriarchatskirche des verstorbenen Tychon, mit dessen Thronverweser er lange sprach. Immerhin hatte sie die Mehrheit der Gläubigen hinter sich; d'Herbigny jedoch fand sie theologisch erstarrt, religiös wie politisch unversöhnlich und absolut passiv. Aber auch die «rote» Hierarchie erhielt ein schlechtes Zeugnis: ihr Metropolit Antonin sei ein Scharlatan, er «bedeutet in Rußland nichts mehr».[31] Tief beeindruckt war d'Herbigny hingegen von der Kirche der «Erneuerer», deren Oberhaupt Wwedenski er an jenem (oben geschilderten) Diskussionsabend mit Lunatscharski erlebte. Theologisch, im Kirchen- und Liturgieverständnis, hörte er bei Wwedenski auch während des «Erneuerer»-Konzils viel «Katholisches» heraus.[32] Bot sich da etwa ein Ansatzpunkt?

D'Herbigny war sich der Hauptschwierigkeit bewußt: die Patriarchatskirche sei «reaktionär», die «Erneuerer» andererseits hätten «keine Aussicht, dauernd Wurzeln im Volk zu schlagen», äußerte er gegenüber westlichen Diplomaten in Moskau.[33] Der

Reisebericht, den er im Dezember 1925 zuerst in der französischen Jesuitenzeitschrift *Etudes* veröffentlichte, enthielt nichts von dieser Skepsis, sondern eine an Optimismus grenzende Darstellung der «Erneuerer», die diesen politisch sehr willkommen war.[34] Dagegen zeigte das Bild, das d'Herbigny – ziemlich knapp – vom Leben der Katholiken in der Sowjetunion zeichnete, keine Lichtseiten, sondern nur eine arme, für das Regime ganz ungefährliche Kirche:

> «Ihre Lage ist schmerzlicher als die aller Orthodoxen, denen wenigstens der Bischof nicht fehlt… Ich stellte zum Beispiel fest, daß ein einziger Priester fünf Pfarreien zu besorgen hat, nämlich Archangelsk, Wologda, Jaroslawl, Kostroma und Rybinsk – das ist ein Gebiet nahezu so groß wie die Gesamtfläche Italiens…»

Welchen Zweck verfolgte d'Herbigny mit seinem so verschieden getönten Bericht? Wollte er ein Verhandlungsklima erzeugen? Er versicherte später, keinen kommunistischen Spitzenfunktionär oder Volkskommissar «besucht» zu haben; *begegnet* aber war er immerhin Lunatscharski, und dieser hatte ihm beteuert: er sehe keine Hindernisse für eine Einreise von katholischen Ordensgeistlichen in die Sowjetunion, gleich ob es Benediktiner, Dominikaner, Jesuiten oder Assumptionisten wären.[35]

Vom französischen Botschafter in Moskau, Jean Herbette, hatte d'Herbigny auch die Meinung eines anderen Volkskommissars vernommen (dessen Namen der Botschafter verschwieg): Die Menschheit gehe infolge der modernen Verkehrsmittel einer allgemeinen Zentralisierung entgegen; dabei konkurrierten drei universale Strömungen – die materialistisch-kommunistische Moskaus, die sich auf Asien stützte, die materialistisch-kapitalistische Londons, die sich auf Amerika stützte, und schließlich die idealistische des päpstlichen Rom; da diese sich auf «Gott» stütze, sei ihr im schwersten beizukommen…

Eine – für die zwanziger Jahre dieses Jahrhunderts – phantastisch anmutende Zukunftsvision! Sie beflügelte d'Herbignys eigene ziemlich produktive Phantasie: Es sei doch vorstellbar, schrieb er, daß die beiden materialistischen Mächte ihre Rivalität nicht bis zum Triumph der einen über die andere austrügen, sondern sie «eines Tages in eine für beide nützliche Gemeinschaft verwandeln».

Auch dann werde die katholische Kirche – «die sich in diesem Kampf nicht engagiert und keine Propagandisten gegen den Fortschritt entsendet» – den christlichen Spiritualismus «ohne politische Aufschrift» verbreiten – so wie sie das Römische Reich *und* die Barbaren, «zwei Arten von Materialismus», christianisiert habe…

«Die Kirche hat die heidnische Philosophie der Griechen und Araber getauft und sie wird ihr Werk fortsetzen. Als ich aus Moskau zurückkehrte und in St. Peter betete, spürte ich tief die Gewißheit, daß in den kommenden Weltkämpfen, auf die sich die Staatsmaterialismen vorbereiteten, die Kirche als einzige Macht übrigbleiben wird…»[36]

Man spürt, wie stark die Vorstellungen der orthodoxen Erneuerer (die d'Herbigny nicht von ungefähr «konkordatär» nannte) den Jesuitenpater ergriffen hatten. Ein schwärmerischer Zug wird deutlich, der es eigentlich auszuschließen scheint, daß d'Herbigny mit einem Auftrag der eher nüchternen vatikanischen Diplomatie gereist war oder daß er gar «ein Konkordat mit den Sowjetjuden» angebahnt hatte (wie damals die Zeitung der deutschen Hitlerpartei mit alarmierender Schlagzeile behauptete[37]). Mehr als eine Erkundung der Lage war d'Herbigny bei seiner ersten Rußlandreise tatsächlich auch nicht aufgetragen; seine schnell publizierten, etwas romantisch angehauchten Schlüsse hätten hier nicht so ausführlich dargestellt werden müssen, wenn sie nicht erstaunliche Folgen gehabt hätten: Sie boten Pius XI. nicht nur eine Augenzeugeninformation, die seine nächsten Entschlüsse entscheidend beeinflußte, sie qualifizierten auch in den Augen des Papstes Michel d'Herbigny zum geeigneten Mann für die wohl abenteuerlichste Aktion vatikanischer Ostpolitik, die nun vorbereitet wurde. Der Reisebericht des Jesuitenpaters diente als «Eintrittskarte» für die Sowjetunion.

Hinter verschlossener Kirchentür: Drei Bischofsweihen

Fünf Monate schon erwartete der Vatikan die Moskauer Antwort auf Pacellis Note vom 7. September 1925. Pius XI., der wenig Hoffnung hatte, daß die festgefahrenen Gespräche noch wirklich in Gang kämen, wurde – nachdem er d'Herbignys Reisebericht gehört hatte – immer ungeduldiger. Schon 1924 nach dem Abzug der Hungerhilfsmission hatte der Papst ernstlich erwogen, auf «geheimen Wegen» den Katholiken in Rußland priesterlichen Beistand zu senden.[38] Jetzt, Anfang 1926, wollte er sich nicht mehr länger nur auf dem diplomatischen Weg bewegen. Zunächst beriet er sich mit dem Generalsuperior des Assumptionistenordens, *Gervais Quénard*, einem erfahrenen Rußlandmissionar der vorrevolutionären Zeit. Quénard selbst beschreibt sein Gespräch mit Pius XI.:[39]

> «Um jeden Preis wollte er Priester entsenden und wenigstens wieder eine *provisorische Hierarchie* errichten. Er fragte mich, ob es in unserem Orden nicht Mönche gebe, die früher einmal Ingenieure oder Techniker waren und die man in Zivil in eine der vielen Fabriken entsenden könnte, die [in Rußland] überall von den Deutschen eingerichtet wurden, um – der alliierten Kontrolle entzogen – der deutschen Aufrüstung zu dienen…[40] Der Papst erinnerte sich, gelesen zu haben, daß man bei früheren Verfolgungen in Rußland sogar die Messe im tiefen Wald gelesen habe und daß man so vielleicht wieder anfangen könnte. – Aber, so erlaubte ich mir dem Heiligen Vater zu sagen, die ‹Ochrana›, die Geheimpolizei der Zaren, war nicht wie die ‹GPU› der Sowjets…»

Schließlich entsann sich der Papst in diesem Gespräch mit Pater Quénard eines anderen Ordenspriesters, der schon bald zwanzig Jahre in Rußland lebte und die Revolution überstanden hatte: des Assumptionistenpaters *Pie Eugène Neveu*. Er war 1907 Pfarrer einer Gemeinde von französischen und belgischen Bergbauspezialisten geworden, die damals bei Makejewka im Donezbecken Kohlengruben und Eisenerzhütten betrieben. 1922 hatte Neveu, halb verhungert, ein erstes Lebenszeichen nach Rom gegeben und um eine neue Hose und eine neue europäische Landkarte gebeten… Sein Ordensoberer Quénard schilderte ihn dem Papst als ebenso frommen und friedfertigen wie handfesten und schlauen Mann, der als Franzose wohl auch außerhalb der lokalen (polnisch-russisch-ukrainischen) Nationalquerelen geblieben und außerdem mit dem östlichen wie mit dem lateinischen Ritus vertraut war. Auch gab es Nachrichten, daß Neveu sich zahlreichen polizeilichen Verhören und Durchsuchungen erfolgreich entzogen hatte, indem er seine und seiner Gläubigen Solidarität in der Armut urchristlich darstellte: «Wir sind wirkliche Kommunisten, denn wir besitzen alles gemeinsam.»

War also Neveu, der jetzt 48 Jahre alt war, der richtige Mann als künftiger katholischer Bischof in der Sowjetunion? Quénard empfahl ihn, und der Papst stimmte zu. Aber wie konnte man Neveu benachrichtigen und ihn zum Bischof weihen? Mit oder ohne Einverständnis der Sowjets?

Noch einmal drängte der Vatikan auf Antwort aus Moskau: Ehe der deutsche Botschafter Brockdorff-Rantzau aus dem Berliner Weihnachtsurlaub in die sowjetische Hauptstadt zurückkehrte, suchte ihn Pacelli auf und bat, er möge bei den Russen nachfragen. Am 9. Februar 1926 sprach der Botschafter dann mit Tschitscherin, der ganz erstaunt tat: Die Sowjetregierung warte umgekehrt auf den Vatikan; ihre Note vom Frühjahr 1925 sei noch gar nicht beantwortet. Das war nun allerdings einfach nicht wahr, und Pacelli beeilte sich – mit entsprechenden Daten und Aktennummern – darauf hinzuweisen. Mit Eilvermerk ging ein Telegramm des Berliner Auswärtigen Amtes an die Botschaft nach Moskau (KO 11985/86): siehe Seite 92.

Brockdorff-Rantzau informierte den stellvertretenden Außenkommissar Litwinow und sprach auch mit Tschitscherin selbst, als er diesem am 28. Februar bei einem diplomatischen Empfang begegnete. Jetzt gab Tschitscherin seinen «Irrtum» zu und entschuldigte ihn durch mehrmonatige Abwesenheit. Tatsächlich waren Tschitscherin, der lange Zeit zuckerkrank in deutschen Sanatorien zubrachte, die Geschäfte zum Teil aus der Hand geglitten, und sein Stellvertreter Litwinow war an den Vatikanverhandlungen wenig interessiert. Inzwischen war auch der sowjetische Botschaftssekretär Stange in der Berliner Nuntiatur erschienen, um die Sache aufzuklären. Man war höflich; Tschitscherin ließ Pacelli durch Brockdorff-Rantzau sogar mitteilen, trotz starker Differenzen seien «die Gegensätze nicht mehr unüberbrückbar»,[41] doch eine konkrete Antwort auf das Vatikanpapier gab es – nach einem halben Jahr! – auch jetzt noch nicht.

Dem Papst eilte es, denn am 11. Februar hatte er sich zu der lange erwogenen Geheimaktion entschlossen, falls nicht günstige Nachricht aus Moskau käme. An diesem Tage eröffnete er dem – sehr erstaunten – Jesuiten Michel d'Herbigny, daß er ihn zum Bischof ausersehen habe[42] und, mit besonderen Vollmachten versehen, in die Sowjetunion entsenden werde, damit d'Herbigny dort mehrere neue Bischöfe weihe, mindestens aber einen: den Pfarrer Neveu von Makejewka. Durch freundliche Ver-

```
Berlin, den  16. Februar 1926.                    zu II Vat.153.


                                   z. S.


Diplogerma                    Vat.211/Vat.585)        Eilt  sehr  !
                                                   ============================

  Moskau    Nr. 100.
============================


                                                   Tel. i.Ziff.
                                                   (Geh.Chiffr.Verf.)


Ref.V.L.R.Dr.Meyer.
                                            Streng vertraulich!

                                   Für Botschafter persönlich.


  Bei                                     Nuntius Pacelli, dem Inhalt

    IV Ru                          dortigen Telegramms Nr.169 von 10.Februar

  z.gfl.Mitz.                      vertraulich mitgeteilt wurde, erklärte,

                                   Annahme Tschitscherins, als habe Vatikan

                                   auf russische Vorschläge vom Frühjahr 1925

                                   bisher nicht geantwortet, beruhe auf Irr-

                                   tum.
```

mittlung des französischen Außenministers Aristide Briand, der die Spannung zwischen Vatikan und Frankreich gerade abgebaut und zugleich Beziehungen zur Sowjetunion angeknüpft hatte, war Botschafter Herbette in Moskau informiert.

Anfang März fuhr d'Herbigny nach Paris und beantragte ein neues sowjetisches Einreisevisum – diesmal nicht für eine Studien-, sondern für eine «Seelsorgereise». Diese Angabe war, genaugenommen, nicht falsch, auch wenn d'Herbigny den Hauptzweck verschwieg und vorgab, er wolle nur die französischen, englischen, italienischen und deutschen Katholiken, vor allem die Botschaftsangehörigen, während der Osterfeiertage geistlich betreuen. Doch ehe er sozusagen die touristische Hintertür benutzte, um seinen eigentlichen Auftrag zu erfüllen, machte der Vatikan einen letzten Versuch:

Am 20. März 1926 beauftragte Kardinalstaatssekretär Gasparri den Berliner Nuntius, der Sowjetbotschaft eine Verbalnote zu überreichen mit der Frage, warum sie noch immer keine Antwort auf die Septembernote gegeben habe. Eine Woche später, am 27. März, schickten die Sowjets an Pacelli ein lakonisches Schreiben, in dem sie nur den Eingang jener inzwischen sieben Monate alten Note bestätigten und hinzufügten, man sei dabei, sie «zu prüfen».[43]

Ahnten die Sowjets schon etwas? Hatten sie etwa aus einem ganz harmlos lautenden Brief, mit dem Botschafter Herbette den Pfarrer Neveu nach Moskau eingeladen hatte – einem Brief, der bei Neveu nie ankam! –, Verdacht geschöpft, daß hinter d'Herbignys Moskaureise etwas Besonderes steckte? Oder wollten sie nur einmal abwarten, was der wendige Jesuit nun unternehmen würde? Jedenfalls war d'Herbignys Visum von vornherein auf das Stadtgebiet von Moskau begrenzt worden; er könne sich über die französische Botschaft und das Außenkommissariat dann um eine Erweiterung bemühen, war ihm erklärt worden.[44]

D'Herbigny reist jedoch zunächst nach Berlin; nicht etwa, um sich über den Stand der diplomatischen Kontakte zu informieren, von denen er gar nichts weiß. Am Montag, dem 29. März 1926, erhält d'Herbigny in aller Heimlichkeit hinter den verschlossenen Türen der Hauskapelle der Nuntiatur in der Rauchstraße 21 von Eugenio Pacelli, der selbst Titularbischof ist, die Bischofsweihe.

Außer einer versiegelten, von Pius XI. und Kardinal Gasparri unterzeichneten juristischen Vollmacht besitzt d'Herbigny damit auch die nach katholischem Kirchenverständnis unerläßliche theologische Voraussetzung, um priesterliche und bischöfliche Vollmachten weiterzugeben, ohne die den Gläubigen gültige Sakramente nicht gespendet werden können. Der Papst hat ihm formell den Titel von «Ilio» zugewiesen (heute Hissarlik), einem längst nicht mehr existierenden Bischofssitz in der Türkei, hinter dessen Namen sich das klassische Troja verbirgt. Vielleicht dachte der Papst – als gebildeter Humanist – an das Trojanische Pferd, als er nun seinen geheimen Abgesandten mit der Deutschen Reichsbahn ins Land der Ungläubigen und Kirchenfeinde fahren ließ.

Pünktlich für die österlichen Gottesdienste traf d'Herbigny am Gründonnerstag, dem 1. April 1926, in Moskau ein. Eifrig begann er sich um die katholischen Diplomaten zu bemühen und hatte sogar «den eigentümlichen Geschmack», den katholischen Botschaftsrat Otto von Radowitz aufzusuchen, um das katholische Personal der deutschen Vertretung an die Erfüllung der österlichen Kirchenpflichten (Beichte, Kommunion) zu erinnern. Botschafter Brockdorff-Rantzau, der darüber berichtete, war jedoch vor allem deshalb ungehalten, weil er ahnte, daß da vatikanische Rußlandpolitik plötzlich auf einem zweiten Gleise begonnen wurde, ohne daß er selbst informiert wurde – und noch dazu mit Hilfe der Franzosen, die er nicht mochte. Er bestellte den Jesuitenpater gleich nach Ostern zu sich, um «auf den Busch zu klopfen». D'Herbigny «wurde daraufhin ganz offen» und gab zu, daß er, wenn auch ohne amtlichen Auftrag, «auf privatem Weg» versucht habe, mit dem Außenkommissar Fühlung aufzunehmen; dort habe man ihn jedoch mit dem Hinweis abgefertigt, das

Verhältnis zum Vatikan (oder zur Kirche?) sei eine innenpolitische Angelegenheit. Tschitscherin müßte aber doch wissen, meinte d'Herbigny, daß es da um Dinge von internationaler Bedeutung gehe...[45] Jetzt war Brockdorff-Rantzau noch mehr erstaunt: War d'Herbigny von Pacelli in Berlin über die bestehenden Kontakte etwa nicht informiert?!

Es klingt unglaublich, aber sowohl der Papst wie Pacelli hatten d'Herbigny in den Stand der Verhandlungen nicht eingeweiht;[46] sie wollten wohl, daß er «unbelastet» jenen pastoralen Auftrag erfülle, dessen politische Brisanz kaum zu verkennen war. D'Herbigny, der in seinen späteren Veröffentlichungen stets leugnete, daß er irgendeinem Beamten des sowjetischen Außenkommissariats begegnen wollte oder mit einem solchen gar gesprochen habe, ist – wie wir heute wissen – mit einem Sowjetfunktionär zusammengetroffen, der sogar in einer viel höheren Behörde saß: Es war *P. G. Schmidowitsch*, das für Religionsangelegenheiten zuständige Mitglied des Zentralen Exekutivkomitees (ZIK), dem der Rat der Volkskommissare unterstand. Von Schmidowitsch, der später (1929) auch Chef der Ständigen Kultfragenkommission des ZIK wurde,[47] hörte d'Herbigny sehr Sibyllinisches: Der Staat kümmere sich in der Sowjetunion um keine Kirche, jedoch könne sie sich – «unter Einhaltung der Verfassungsbestimmungen» – einrichten, wie sie wolle. So sei auch die Frage von Bischofsernennungen, die Errichtung von Priesterseminaren und die Einreise ausländischer Geistlicher zu betrachten, wobei allerdings Polen unerwünscht seien.

Das klang nicht schroff, konnte sogar – wenn man wollte – entgegenkommend interpretiert werden; doch eben die gesetzlichen Vorschriften, auf die Schmidowitsch hinwies, setzten enge Grenzen. Ganz offenkundig war auch die Kompetenzverteilung unter den Sowjetorganen noch nicht klar geregelt. Das Außenkommissariat lehnte es ab, d'Herbigny zu empfangen, und verwies auf das Justiz- und das Innenkommissariat, die Dekrete zu Religionsfragen zu erlassen pflegten. Zum Beispiel solche: «Jede religiöse Gruppe wählt sich frei ihren Bischof oder Priester... Keine Religionsvereinigung hat das Recht, sich in die Tätigkeit einer anderen gegen deren Willen einzumischen, indem sie zum Beispiel bei ihr Kultdiener einsetzt.»[48] Galt das im Verhältnis von Gemeinden der gleichen Konfession *untereinander* oder nur *zwischen* verschiedenen Konfessionen (Religionen) oder etwa auch *innerhalb* einer Gesamtkirche, die es ja als Rechtsperson für die Sowjets nicht gab?

Die Vorstellung von einer Kirche, deren Oberhaupt im Ausland residiert und kirchliche Verwaltungsakte im Inland anordnet, war schon dem traditionellen russischen und erst recht dem sowjetischen Denken fremd – und blieb es bis heute. Tschitscherin war als kluger Politiker und «Mann von Welt» wohl der einzige hohe Sowjetfunktionär, der über diese Barriere hinauszudenken vermochte. Er könne «die *internationale* Tragweite einer Verständigung mit dem Vatikan» im Unterschied zu Litwinow durchaus ermessen, versicherte er immer wieder Brockdorff-Rantzau, seinem Partner nächtlicher Kamin- und Cognacgespräche. Dies in praktische Politik zu übersetzen fiel aber auch Tschitscherin immer schwerer, zumal ihm sowenig wie der

Geheimpolizei entging, daß der Vatikan nun dabei war, eine Art Selbsthilfeaktion einzuleiten. D'Herbigny wußte genau, warum er sein Vorhaben vor den Sowjets, aber auch vor dem deutschen Botschafter geheimhielt...

«Sie behindern meine Korrespondenz mit meinen Landsleuten!» beschwerte sich Frankreichs Botschafter Herbette am 13. April 1926 im Außenkommissariat, nachdem auch sein zweiter Brief an Pater Neveu nach Makejewka ohne Antwort geblieben war. Endlich, als Herbette mit bezahlter Rückantwort telegrafierte, kündigte Neveu sein Eintreffen mit dem Nachtzug aus Charkow für den 21. April, 5 Uhr früh, an. Auch jetzt noch wollte man sein Zusammentreffen mit d'Herbigny behindern, ihn wenigstens einschüchtern; zweimal wurde er unterwegs von Polizisten aus dem Zug geholt und aufgehalten; erst am späten Vormittag traf er in Moskau ein.

D'Herbigny hatte für den gleichen Tag 14 Uhr eine Vorladung zum Moskauer Stadtsowjet erhalten, die ihm nicht ganz geheuer war. In höchster Nervosität entschied er, nun rasch zu handeln. Schon bei Morgengrauen schlich er durch eine Hintertür aus seinem Hotel (unbeobachtet, wie er meinte) und huschte durch die Pforte von St. Ludwig, der einzigen katholischen Kirche Moskaus, die – als französische – noch «in Betrieb» war.[49] Gleich gegenüber lag das berüchtigte Lubianka-Gefängnis, wo die GPU jede Nacht Häftlinge einlieferte... Vier Stunden später betrat ein robuster, bärtiger Bauer in einer Lammfelljacke die Kirche: Pater Neveu. Man verriegelte den Eingang; unter dem Siegel des Beichtgeheimnisses offenbarte sich d'Herbigny dem verdutzten Pater:

> «Ich bin Bischof, vom Heiligen Vater entsandt, um die religiösen Verhältnisse in Rußland nach bester Möglichkeit zu regeln (*régler la jurisdiction religieuse en Russie le plus possible*). Aber das muß noch geheim bleiben. Ich brauche Ihren Rat, Ihre Hilfe...»

D'Herbigny ließ sich von Neveu zunächst die Namen einiger anderer Priester nennen, die dieser einer Bischofsweihe für würdig erachtete. Dann teilte er dem Überraschten mit, daß der Papst ihn, Neveu, schon ernannt habe; die Weihe müsse sofort vollzogen werden: «Ich bin nämlich gerade heute zum Stadtsowjet gerufen, und Botschafter Herbette meint, daß man mich verhaften, ausweisen oder doch handlungsunfähig machen könnte... Also, knien Sie nieder am Altar, gehen Sie in sich... Ich gebe Ihnen eine halbe Stunde Zeit zur Vorbereitung!»

Zum Weiheritus hatte d'Herbigny zwei Zeugen geladen: die treue Kirchendienerin von St. Ludwig, Alice Ott, die auch das Öl für die rituelle Salbung besorgt hatte, und den italienischen Militärattaché Oberst Bergera, einen vertrauten Bekannten des Papstes aus dessen Warschauer Nuntiaturzeit.[50] Als d'Herbigny am Ende der Zeremonie Neveu einen kupfernen Bischofsring überstreift und die Ernennungsurkunde überreicht, sagt dieser überwältigt, aber auch mit einem Anflug von Heiterkeit: «Sie haben mich ja zum Nachfolger der Apostel gemacht!»

Zur Rührung freilich ist keine Zeit. Eilig trifft d'Herbigny Anordnungen für den Fall, daß die Sowjets ihn noch heute ausweisen würden; er eröffnet Neveu:

«Kraft der Vollmachten, die ich erhalten habe, ernenne ich Sie zum *Apostolischen Delegaten in der Sowjetunion*; Sie werden, falls ich nicht zurückkehre, die Priester Sloskans und Frison zu Bischöfen weihen und mit diesen zusammen entscheiden, wann sie es für ratsam halten, sich als Bischöfe öffentlich zu erkennen zu geben. Hier sind die Instruktionen des Heiligen Vaters, die Rechte und Verpflichtungen und das Geld, das er mir mitgegeben hat…»

So wurde also auf «konspirative» Weise zu verwirklichen versucht, was die vatikanische Rußlandpolitik seit Ende 1923 offiziell angestrebt, doch in den Verhandlungen mit den Sowjets bisher nicht erreicht hatte. Und dies, ohne daß die diplomatischen Kontakte abgebrochen waren!

Konnte man jedoch wirklich annehmen, daß diese Aktion den Sowjets verborgen blieb? Die Bischofsweihe als solche war in deren Augen zwar noch keine illegale Handlung. Aber mit ihr waren kirchenrechtlich wirksame, jurisdiktionelle Akte möglich geworden. D'Herbigny wußte genau, warum er Neveu einschärfte, vorläufig keine bischöflichen Handlungen vorzunehmen. Nur wenn Neveu von d'Herbigny binnen sechs Monaten nichts höre, möge er sich mit den anderen, dann von ihm zu weihenden Bischöfen beraten, wie sie – «ohne sofort verhaftet zu werden» – ihr bischöfliches Amt ausüben konnten. «Wir waren uns völlig über die Gefahr und die nötige Vorsicht einig», schreibt d'Herbigny in seinen Erinnerungen.

Anders als befürchtet, empfingen die Funktionäre des Moskauer Stadtsowjets den Jesuiten jedoch mehr neugierig als abweisend. Sie übergaben ihm einen Brief, den er selbst dem Präsidium der Ukrainischen Sowjetrepublik überreichen möge: Darin bat Moskau, dem Herrn aus Paris (seine geistliche Funktion blieb unerwähnt), für den sich der französische Botschafter verbürgt habe, eine Reisegenehmigung für die Ukraine und eine Aufenthaltsbewilligung bis 16. Mai auszustellen.

Gemeinsam stiegen d'Herbigny und Neveu am 22. April in den Expreßzug nach Charkow. Hier begegnete d'Herbigny zum erstenmal dem Pfarrer *Vincent Ilgin*, der als Apostolischer Administrator vorgesehen war. Dann fuhren beide Bischöfe nach Makejewka, Neveu blieb zunächst dort. D'Herbigny kam am 26. April in Nikolajewsk am Schwarzen Meer an und fuhr im Pferdewagen nach «Karlsruhe» – einem wolgadeutschen Dorf. Dort lernte er die beiden deutschen Pfarrer *Augustin Baumtrog* und *Johann Roth* kennen, die er als Apostolische Administratoren für das Gebiet der Wolgadeutschen und für den Kaukasus vorsah. Am 29./30. April hielt d'Herbigny sich in Odessa auf und überbrachte dem dort wirkenden deutschen Dekan von Sewastopol, *Alexander Frison*, die Kunde, er werde Mitte Mai in Moskau geheim zum Bischof geweiht. Am 1. Mai traf er dann in Kiew ein und ernannte sogleich den dort lebenden polnischen Generalvikar von Schitomir, *Teofil Skalski*, zum Apostolischen Administrator des (seit dem Frieden von Riga, 1921) sowjetischen Teils der Diözese – eine Würde, die für Skalski am schnellsten von allen Ernannten verhängnisvolle Folgen haben sollte.

Konnte jedoch der Zweck dieser Visitationsreise d'Herbignys – eine neue katholi-

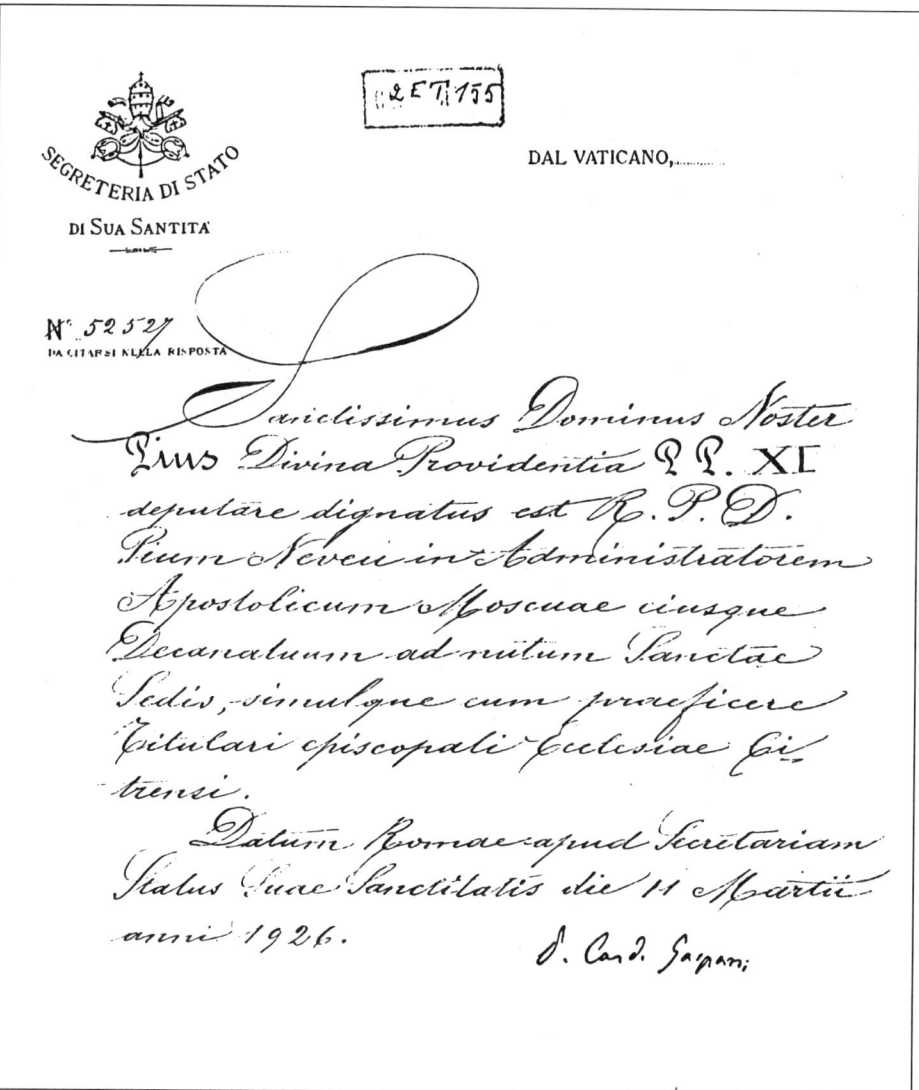

Die Ernennungs-«Bulle» des ersten Geheimbischofs, die d'Herbigny nach Moskau brachte: «Unser Allerheiligster Herr, durch göttliche Vorsehung Papst Pius XI., hat die Güte, den hochwürdigen Herrn Pater Pius Neveu zum Apostolischen Administrator Moskaus und des dortigen Dekanats ‹ad nutum Sanctae Sedis› zu ernennen und zugleich an die Spitze der Titularbischofskirche von Citro zu stellen. – Gegeben in Rom beim Staatssekretariat Seiner Heiligkeit am 11. März 1926, gez. Kardinal Gasparri.» (Original im Neveu-Nachlaß, «Archivio dei Padri Assunzionisti», Rom)

sche Kirchenhierarchie aufzubauen – den Sowjets verborgen bleiben? Wahrscheinlich ließen sie d'Herbigny gerade deshalb relative Bewegungsfreiheit, weil sie ihm so besser «auf die Schliche zu kommen» hofften. Er selbst, der sich mit der auffälligen Unauffälligkeit eines «Amateur-Verschwörers» bewegte (Schirmmütze zum dezenten römischen Kragen, berichtet er stolz), tat einiges, das mißtrauische Aufmerksamkeit erregen mußte.

Letzte Reisestation ist Leningrad, wo d'Herbigny am 4. Mai 1926 ankommt und bei dem französischen Dominikaner *Maurice Jean Amoudru* im Pfarrhaus Quartier bezieht. Amoudru, der schon in den Jahren vor der Revolution die St. Petersburger Franzosen betreute, berichtet, daß es in und um Leningrad noch zwölf katholische Pfarreien und fünfzehn Geistliche gibt. D'Herbigny begegnet ihnen allen noch am gleichen Abend in der katholischen Hauptkirche, St. Katherina am Newskij Prospekt. Mit Überraschung stellt d'Herbigny fest: Hunderte von Kindern und Jugendlichen sind versammelt, um zur Beichte zu gehen. Ein junger Kaplan, *Boleslas Sloskans*, ist verblüfft, als ihn plötzlich ein unbekannter Ausländer anspricht und ins Pfarrhaus bittet. Sloskans, jetzt 33 Jahre alt, hatte im Frühjahr 1924 seine lettische Staatsbürgerschaft aufgegeben und sich durch hohes Bestechungsgeld die sowjetische beschafft, um Leningrad nicht verlassen zu müssen. Er war – so beschrieb ihn Neveu – «schlicht, aber heilig». Im Unterschied zu zwei anderen Leningrader Geistlichen, Malecki und Matulionis, die später zur Bischofswürde aufsteigen sollten, aber gerade erst ihre dreijährige Gefängnisstrafe aus dem Cieplakprozeß von 1923 abgesessen hatten, erschien der Kaplan Sloskans wohl auch den Sowjets nicht vorbelastet. Ihn hatte d'Herbigny also für die dritte Bischofsweihe vorgesehen.

> (Als den einzigen überlebenden Zeugen jener d'Herbigny-Aktion konnte ich Mons. Sloskans, der in einem belgischen Kloster lebte und 1981 starb, 1972 und 1973 befragen. Ein ungedrucktes Manuskript seines von 1917 bis 1933 minutiös geführten Tagebuchs entdeckte ich in der Bibliothek des Päpstlichen Ost-Instituts in Rom.)

Kaum war d'Herbigny von seiner großen Rundreise wieder nach Moskau zurückgekehrt, rührten sich in der Weltpresse jene ahnungslosen Kritiker, die siebzig Jahre lang zur steten Begleitung vatikanischer Ostpolitik gehörten (freilich auch als Folge der unzulänglichen Informationspolitik der römischen Kurie). Daß gerade ein Jesuit in diesem Jahr 1926 die Hand im Spiele hatte, reizte dazu, alte Legenden aufzuwärmen – etwa jene, daß für diesen Orden der fromme Zweck jedes Mittel heilige. In diesem Sinne empörte sich zum Beispiel eine Zeitung im katholischen Polen, wo man d'Herbignys Bemühungen um Rußland besonders argwöhnisch beobachtete und auch in den folgenden Jahren bemüht blieb, gegen d'Herbigny zu intrigieren. «Die Achtung für die katholische Kirche zwingt uns zu energischem Protest gegen die Methoden ihrer Vertreter...», hieß es in besagtem Blatt (*Za Swobodu* vom 9. Mai 1926).

Natürlich war den Polen nicht entgangen, daß die Sowjets in den Verhandlungen mit dem Vatikan polnische Priester von vornherein ausschlossen und daß Rom nicht abgeneigt war, auf diese Bedingung einzugehen. Dies bekam zum Beispiel auch ein sowjetischer Diplomat, G. Bessedowsky, zu hören, der im Mai/Juni 1926 durch einen italienischen Botschaftsrat mit dem Apostolischen Delegaten in Tokio, Mario Giardini, in Kontakt gebracht wurde. Um das Mißtrauen der Sowjets gegen ausländische Geistliche abzubauen, wolle der Vatikan gerne ein Priesterseminar für Einheimische errichten, ließ der Delegat mitteilen.[51] Doch Bessedowsky wurde von Moskau schnell zurückgepfiffen – einerseits, weil man ja schon in Berlin mit Pacelli Kontakt hatte, andererseits, weil man dabei war, die Absichten des Vatikans an d'Herbignys tatsächlichem Verhalten zu prüfen.

D'Herbigny blieb nach seiner Rundreise noch fast zwei Wochen in Moskau. Er war zwar entschlossen zu weiteren geheimen Bischofsweihen, wollte sich aber auch politisch-diplomatisch absichern. Ohne von seinem Vorhaben etwas zu verraten, versuchte er im Gespräch mit Schmidowitsch ein günstiges Klima zu schaffen. Zugleich bemühte er sich – dem Grundmuster vatikanischer Diplomatie folgend – die aktuelle europäische Lage zu nutzen:

Am 24. April 1926, dem gleichen Tag, an dem d'Herbigny in Charkow die Genehmigung für seine Rundreise erhalten hatte, war von Reichsaußenminister Stresemann und Botschafter Krestinski der «Berliner Vertrag» unterzeichnet worden, der als Bekräftigung der deutsch-sowjetischen Rapalloabmachungen gemeint war. Stresemann hatte dadurch jenen im Herbst 1925 geschlossenen·«Vertrag von Locarno» ausbalanciert, in dem Deutschland die Westgrenzen anerkannte, jedoch nicht die deutschen Ostgrenzen (zur Beunruhigung Polens). Vor diesem Hintergrund wird verständlich, daß d'Herbigny dem Schöpfer der deutschen Rapallopolitik, dem katholischen Altreichskanzler Josef Wirth, bei einem Mittagessen im Hause des französischen Botschafters Herbette begegnen konnte. Die vollständige Gästeliste dieses Diners ist nicht bekannt, sicher ist nur, daß auch ein hoher sowjetischer Regierungsbeamter teilnahm, wenn nicht gar Tschitscherin selbst.

Wirth, der zu dieser Zeit ohne Staatsamt war und sogar der katholischen Zentrumsfraktion im Reichstag vorübergehend den Rücken gekehrt hatte (weil sie ihm zu «rechtsorientiert» war), hielt sich sozusagen privat in Moskau auf: Als Aufsichtsratsvorsitzender der «Mologa» A. G. – eines jener Konzessionsunternehmen, wie sie 1922 auch dem Vatikan einmal in Aussicht gestellt worden waren. Obschon Wirth auch eigene Finanzinteressen im Spiel hatte[52] und das Unternehmen kriselte, galt es für ihn als «Symbol deutsch-russischer Zusammenarbeit». Und wie schon in Rapallo, war er auch jetzt bereit, diese Beziehung in den Dienst seiner Kirche zu stellen. Es gibt freilich bis heute keine genauen dokumentarischen Unterlagen für Wirths Vermittlungsbemühungen in Moskau Anfang Mai 1926. Verbürgt ist, daß ihn Tschitscherin über die sowjetische Vatikanpolitik im gleichen Sinne informierte wie bald darauf Brockdorff-Rantzau:

«Von einem *Vertrage* mit dem Vatikan und *direkten* Beziehungen wolle die hiesige Regierung nichts wissen; er [Tschitscherin] stehe daher im Begriff, ein *Zirkular* vorzubereiten, das dem Nuntius Pacelli demnächst zugehen werde. Einen russischen Vertreter am Vatikan beabsichtige die Sowjetregierung nicht zu ernennen, ebensowenig einen Päpstlichen Delegaten in Rußland zuzulassen; sie wünsche sich aber mit dem Vatikan zu *verständigen* und hoffe auf die Zustimmung der Kurie zu diesem Zirkular… Tschitscherin hat, wie er mir vertraulich sagte, auch den ehemaligen Reichskanzler Dr. Wirth über seine Pläne im allgemeinen informiert…»[53]

Was mit dem ominösen Wort «Zirkular» gemeint war – eine bloße Absichtserklärung oder ein «Ukas», den der Papst gefälligst hinzunehmen hatte, oder ein Verhandlungspapier –, sollte sich erst Monate später klären. Die Verhärtung auf sowjetischer Seite war jetzt jedenfalls ebenso unverkennbar wie das Bemühen Tschitscherins, es nicht zum Bruch kommen zu lassen; allerdings die «Anerkennungsfrage» war schon nicht mehr Verhandlungs- oder gar Handelsobjekt. Auch Josef Wirth konnte also d'Herbigny keinen günstigen Bescheid über die *legalen* Möglichkeiten überbringen. Dem «Rapallo»-Reichskanzler, Rußland- und Kirchenfreund, der natürlich nichts von d'Herbignys Geheimplan wußte, blieb nur eine Geste der Solidarität: Am Sonntag, dem 9. Mai, sah d'Herbigny während seiner Messe in St. Ludwig die hünenhafte Gestalt Josef Wirths in der ersten Kirchenbank knien…

Am nächsten Tag, dem 10. Mai, schreitet d'Herbigny zur Tat: Wieder hinter verschlossenen Kirchentüren, wieder mit Madame Ott und Oberst Bergera als einzigen Zeugen vollzieht er die zweite und die dritte geheime Bischofsweihe. *Boleslas Sloskans* und *Alexander Frison*, die aus Leningrad und aus Odessa angekommen sind, knien am Altar von St. Ludwig und empfangen von d'Herbigny kraft päpstlicher Vollmacht jene Weihegewalt, die nach katholischer Lehre allein den Fortbestand sakramentalen religiösen Lebens ermöglichen kann. Auch sie werden jedoch von d'Herbigny ermahnt, sich vorerst still zu verhalten, sich nicht als Bischöfe zu erkennen zu geben, sondern als einfache Priester sofort in ihre Gemeinden zurückkehren.

Die Geheimaktion ist, so meint d'Herbigny, wohlgelungen; aber er versucht sie doch – wenn auch mit halbverdeckten Karten – offiziell ein wenig abzusichern: Zwei Tage nach der Doppelweihe und drei Tage vor seiner Abreise trifft er sich von neuem mit dem Genossen *Schmidowitsch*. Die Unterredung fällt – glaubt er – so positiv aus, daß er enthusiastisch noch aus Moskau mit offener Post darüber an Neveu nach Makejewka schreibt:

«Herr Schmidowitsch, den ich gestern wiedersah, hat mir erklärt, daß er keine Schwierigkeit für eine [d'Herbignys] Rückkehr sieht, die – wie ich es ihm sagte – den Zweck haben soll, im Namen des Heiligen Vaters den Pater Neveu als französischen Bischof in Moskau einzusetzen. Er [Schmidowitsch] fügte hinzu, daß seine Genossen in den verschiedenen [Volks-]Kommissariaten diese Lösung ‹gut für alle› finden. Er stimmte auch im Prinzip zu, daß zwei französische Pfarrpriester eingesetzt werden. Die Idee eines theologischen Seminars in Odessa hat auch Gefallen gefunden, und man kann hoffen, sie in diesem Jahr zu verwirklichen… Sie können dem Süden diese gute Nachricht ankündigen. Ich werde dann wahrscheinlich Gelegenheit haben, zu kommen…» (*Brief d'Herbignys vom 13. Mai 1926; Neveu-Nachlaß im «Archivio dei Padri Assunzionisti», Rom*)

Dieses Dokument läßt die fatale Mischung von diplomatischer und konspirativer Methode, die d'Herbigny anwandte, genau erkennen: D'Herbigny läßt sich von Schmidowitsch das Einverständnis zur Einsetzung eines Bischofs in Moskau geben, ja die Zusicherung einer neuen Einreisegenehmigung zu diesem Zweck, aber verschweigt dem Sowjetfunktionär, daß er Neveu bereits geweiht hat. Er quittiert die Zusage Schmidowitsch', indem er sie mit normaler Post Neveu mitteilt (wohl wissend, daß die Zensur und damit auch die zuständigen Behörden davon Kenntnis erhalten); im gleichen Brief jedoch macht er in naiv-verschlüsselter Form (er schreibt von dem «Frisierten» und meint Frison) dem bischöflichen Pfarrer von Makejewka davon Mitteilung, daß bereits zwei weitere Bischöfe konsekriert sind.

Bildet sich d'Herbigny wirklich ein, mit derlei Pfiffigkeiten die Sowjets hinters Licht führen zu können? Er meint es. Seines Erfolgs und seiner noch erfolgreicheren Wiederkehr sicher, verläßt er am 15. Mai 1926 die Sowjetunion. Als der Zug an der Grenze hält, verteilt ein Grenzpolizist an die Damen unter den Passagieren galant Baumzweige. «Sie sind noch ohne Blätter und Knospen, aber in der taufeuchten Atmosphäre dieses Abends beginnt bereits über dem letzten schwindenden Schnee die Saat zu sprießen», notiert d'Herbigny, dem die Beschreibung romantischer Stimmungen stets zu Gebote steht. Ohne Gedanken an die riskante Lage, in der er einige seiner Amtsbrüder zurückläßt, fügt er fast schwärmerisch hinzu: «Blätter und Blüten sind nahe… O mein geliebtes Rußland, ihr treuen Seelen des russischen Volkes… Ob wohl auch nach eurem Winter eine Zeit der Blüte und Früchte anbricht…?»

Ein trügerischer Erfolg: d'Herbignys letzte Moskaureise

«Meine Rückkehr nach Moskau fand bei einigen offiziellen Persönlichkeiten wenig Beifall…» Mit dieser delikaten Andeutung beginnt Michel d'Herbigny den Bericht über seine *dritte Reise* in die Sowjetunion, die er nach zweieinhalb Monaten römischer Vorbereitungspause am 30. Juli 1926 von Paris aus antrat.[54] Wieder fuhr er über Berlin und Riga, vermied also den direkten Weg über Polen; denn dort hatten sich inzwischen politische Veränderungen ergeben, die das sowjetische Mißtrauen gegen den westlichen Nachbarn weiter anstachelten:

Am gleichen 14. Mai, an dem d'Herbigny nach seinem zweiten Aufenthalt Moskau verlassen hatte, war in Polen mit Hilfe der Sozialisten, ja sogar der Kommunisten, ein Staatsstreich Józef Piłsudskis geglückt. Sechs Jahre vorher hatte der Marschall das legendäre «Wunder an der Weichsel» vollbracht und die Sowjetarmee geschlagen. Auch jetzt war nicht etwa ein «linker Mussolini» aus ihm geworden, wie manche seiner Freunde glaubten, die ihren Irrtum zu spät erkannten. Piłsudskis demokratisch verbrämte Rechtsdiktatur verstand sich von Anfang an als antisowjetisches «Bollwerk». Es war ein offenes Geheimnis, daß Papst Pius XI. den Marschall bewunderte.

Auch in der Sowjetunion spitzte sich der Machtkampf in diesem Frühsommer 1926 zu. Anders als Piłsudski in Warschau wagte Trotzki in Moskau den Staatsstreich nicht, sondern bildete mit seinen Anhängern bei der Zentralkomiteesitzung vom Juli zum erstenmal ganz offen einen oppositionellen «Block» gegen Stalins wachsende Macht.

Natürlich rangierten für den Kreml jetzt mehr denn je Kirchenprobleme an letzter Stelle; eine Antwort auf Nuntius Pacellis Note, die nun bald ein Jahr zurücklag, war noch immer nicht gegeben worden. Tschitscherin, dessen diplomatisches Vorgehen in dieser Frage ohnehin von vielen Parteikreisen beargwöhnt wurde, war durch die Zweigleisigkeit des vatikanischen Vorgehens, das in der d'Herbigny-Aktion zum Vorschein kam, verärgert. Doch eben die Fortsetzung dieser Aktion schien dem Papst angesichts der osteuropäischen Lage ratsam. D'Herbignys erste Erfolge – immerhin war es gelungen, drei Geheimbischöfe einzusetzen – bestärkten den Papst in der Überzeugung, man müsse und könne auch ohne Vereinbarung mit Moskau eine Hierarchie in der Sowjetunion aufbauen und dadurch die «völlige Auflösung» des Katholizismus in Rußland verhindern.

Doch bereits am 9. Juni, also drei Wochen nach d'Herbignys Abreise aus Moskau, hatte sein kirchliches Aufbauwerk der erste Schlag getroffen: Der eben erst eingesetzte Apostolische Administrator von Schitomir, Teofil Skalski, wurde an diesem Tag zusammen mit anderen polnischen Priestern verhaftet.[55] Die GPU beschuldigte sie der «Spionage» für Warschau, wobei Tatbestände eine Rolle spielten, die schon jahrelang bekannt waren. Sie wurden jetzt hervorgezogen, weil das – nach Piłsudkis Machtergreifung – der Einschüchterung des Polentums in den Grenzgebieten dienen konnte.

All dies hinderte jedoch den Vatikan keineswegs, d'Herbigny aufs neue nach Moskau zu entsenden; im Gegenteil: Er erhielt diesmal sogar den Auftrag, einen Bischof gerade jener Nationalität zu weihen, die den Sowjets mißliebiger als jede andere war: einen Polen. Allerdings wurde das ebenso wie die Neugliederung der in der Sowjetunion liegenden Diözesen noch streng geheimgehalten. Der deutsche Konsul in Odessa, der am 17. Juni die Aufteilung des Bistums Tiraspol in vier Apostolische Administraturen zu melden wußte (mit Bischofssitzen in Odessa, Saratow, Pjatigorsk und Tiflis), bat um vertrauliche Behandlung dieser Nachricht, «da die katholische Kirche Wert darauf legt, daß die Sowjetregierung von den Anordnungen des Heiligen Stuhls nicht vorzeitig Kenntnis erhält».[56]

Gleichzeitig versuchte der Vatikan jedoch nicht ungeschickt den Eindruck zu erwecken, daß er mit offenen Karten spiele: Am 20. Juni 1926 errichtete der Papst bei der Ostkirchen-Kongregation eine Spezialkommission für Rußland (*Commissio pro Russia*), deren praktische Leitung d'Herbigny – mit dem Titel «Relatore» – übertragen wurde. Um diese Rangerhöhung des Jesuiten zu unterstreichen, der ja bisher gleichsam als «Privatreisender für Ausländerseelsorge» aufgetreten war, wurde nun auch das bischöfliche Inkognito d'Herbignys gelüftet: Als im Juli durch Vermittlung der französischen Regierung das dritte Moskauvisum für ihn beantragt wurde, sagte man dem sowjetischen Konsul in Paris ganz offen, daß d'Herbigny Bischof sei. Den Diplomaten schien dies aber gar nicht zu beeindrucken: kirchliche «Dienstgrade» seien der Sowjetregierung gleichgültig; d'Herbigny dürfe daher freilich auch «keine größere Rücksicht» erwarten…

Das Hintergründige dieser Nachbemerkung ging d'Herbigny bald auf. Als er am 3. August 1926 wieder in Moskau ankam, spürte er sofort, daß seine Rückkehr «bei einigen offiziellen Persönlichkeiten wenig Beifall» fand. Nicht nur, daß die Polizei seine Aufenthaltserlaubnis auf die Russische Sowjetrepublik begrenzte, auch sein kommunistischer Gesprächspartner vom Frühjahr, der ZIK-Funktionär Schmidowitsch, zeigte sich weniger freundlich: Es seien «Mißverständnisse entstanden», meinte Schmidowitsch, der inzwischen wohl bemerkt hatte, daß ihm d'Herbigny im Gespräch vom 12. Mai nicht die ganze Wahrheit gesagt hatte; jetzt sagte Schmidowitsch kühl, das *Außen*kommissariat fühle sich zuständig für d'Herbignys Anliegen, doch weder Tschitscherin noch irgendein anderer Beamter dieser Behörde wünsche den Jesuitenbischof zu empfangen. Ganz richtig vermutete d'Herbigny (der dies dem Geschäftsträger Hey in der deutschen Botschaft erzählte[57]), daß dahinter Tschitscherins Absicht steckte, alle kirchlichen Fragen mit dem Vatikan auf offiziell-diplomatischem Wege (über Pacelli) und nicht mit einem offiziösen Besucher zu verhandeln. D'Herbigny sei «beunruhigt durch diese Bedrohung seiner erfolgreich eingeleiteten Sendung», meldete Hey nach Berlin. Sein Botschafter Brockdorff-Rantzau, der gerade in Deutschland Urlaub machte, aber die Geschäfte nicht ganz aus der Hand gab, mokierte sich bei der Lektüre dieses Berichts darüber, «daß Pater d'Herbigny wieder in Rußland unter dem Vorwand der Seelsorge politisch arbeitet»; Tschitscherin sei «trotz der Schwierigkeiten innerhalb der Partei» an der Verständigung mit dem Vatikan interessiert.[58]

Wiederum zeigte sich, daß d'Herbigny – dessen Eifer größer war als seine Aufgabe – keinen vollen Einblick in das sowjetisch-vatikanische Verhältnis besaß. Wäre ihm nämlich die Zweigleisigkeit des vatikanischen Vorgehens ganz bewußt gewesen, hätte er Tschitscherins ablehnende Haltung nicht als «Bedrohung» seines Reisezwecks empfunden, sondern allenfalls als warnendes Zeichen dafür, daß man in Moskau die vatikanische Taktik durchschaut hatte. Zweifellos lag dem Innenkommissariat und der GPU daran, auch diesen Rußlandaufenthalt d'Herbignys zu nutzen, um Material über die «illegalen Aktivitäten» der Katholiken zu sammeln; schon deshalb hatte man dem bischöflichen Jesuiten das Visum für die dritte Reise nicht verweigert. Für Tschitscherin hingegen war das Verhältnis zum Vatikan einer der nicht unwichtigen Kontakte sowjetischer Außenpolitik, die er durch innenpolitischen Polizisten- und Ideologenkleinkram nicht komplizieren lassen wollte.

Deshalb verschloß sich Tschitscherin auch nicht der Bitte Brockdorff-Rantzaus, gegen ein Todesurteil zu intervenieren, das Anfang August 1926 gegen einen Priester namens Žilinski ausgesprochen wurde, den man zusammen mit dem Apostolischen

Administrator Skalski in Schitomir verhaftet hatte. Obschon sich Brockdorff-Rantzau sträubte, als «deutscher» Botschafter für einen «offenbar polnischen» Geistlichen
bei Tschitscherin einzutreten, ließ er sich durch «inständige Bitten» von Nuntius
Pacelli doch dazu bewegen. Das Todesurteil wurde tatsächlich nicht vollstreckt. Als
aber d'Herbigny zur gleichen Zeit und in der gleichen Sache in Moskau vorsprach,
wiederum auf «zweitem Geleise», stieß er auf taube Ohren auch beim deutschen
Geschäftsträger.

Das Skalskiverfahren, das sich noch monatelang hinzog, signalisierte für d'Herbigny, wie empfindlich, ja fast hysterisch die Sowjets nach wie vor auf alles Polnische,
zumal auf kirchlichem Gebiet, reagierten. Gerade deshalb wollte er nun seinen
Hauptauftrag so schnell wie möglich hinter sich bringen. Am 11. August beteuerte er
noch im Gespräch mit dem deutschen Geschäftsträger, die katholische Kirche werde
in der Sowjetunion als Bischöfe «weder polnische Staats- noch Stammesangehörige
verwenden»,[59] doch schon am nächsten Tag fuhr er zu einem dreißigstündigen «Blitz-
besuch» nach Leningrad und weihte einen Polen zum Bischof: den Pfarrer *Antoni
Malecki*, der 1861 im damaligen und heutigen St. Petersburg als Sohn eines polnischen
Ingenieurs geboren war und das deutsche St.-Anna-Gymnasium in der russischen
Hauptstadt besucht hatte. Malecki war in den Augen der Sowjets kein ganz unbeschriebenes Blatt: 1923 war er zu drei Jahren Gefängnis verurteilt, dann jedoch vorzeitig amnestiert worden. Am 13. August 1926 erhielt er die Bischofsweihe hinter den
verschlossenen Türen der französischen Kirche Notre Dame de France, deren Pfarrer, der Dominikanerpater Jean Amoudru, zusammen mit seinem Vikar Dominik
Iwanow als Zeugen fungierten. Bischof Sloskans, der lettische Geistliche, den
d'Herbigny schon im Mai geweiht hatte, assistierte bei der geheimen Zeremonie.[60]

Mit den sakralen Vollmachten verband d'Herbigny nun auch kirchenrechtliche, die
er aus Rom mitgebracht hatte: Malecki wurde zum Apostolischen Administrator für
Leningrad, Sloskans mit der gleichen Funktion für Mogilew und Minsk ernannt. Zum
Abschluß des provisorischen Neuaufbaus der katholischen Hierarchie in der Sowjetunion fehlte jetzt nur noch die Versetzung Bischof Neveus von Makejewka nach
Moskau und seine Einsetzung als Apostolischer Administrator der Hauptstadt. Sollte
aber dies alles den Sowjets verborgen geblieben sein?

D'Herbigny spürte, daß er auf der Rückreise von Leningrad nach Moskau noch
mehr als bisher überwacht wurde; vielleicht kam ihm jener Teufelskreis zum Bewußtsein, der der vatikanischen Ostpolitik in den folgenden Jahrzehnten immer wieder
zum Verhängnis wurde: Die Furcht vor Verfolgung zwang zu konspirativen Methoden, doch diese Geheimnistuerei stachelte wiederum Argwohn und Verfolgung an.

D'Herbigny entschloß sich nun, ohne Rückfrage in Rom, zu einer «Flucht nach
vorn»: Da die Sowjets ohnehin schon wußten, daß er Bischof war, sah er – nach
erfülltem Auftrag – keinen Grund mehr, diese Würde vor den katholischen Gläubigen in Moskau zu verbergen. In seiner eigenen Schilderung schwingt das romantische
Selbstgefühl mit, das ihn dabei erfüllte:

«Am Morgen des 15. August, nachdem ich in meinem Hotelzimmer zum erstenmal violette Strümpfe angezogen hatte, bekleidete ich mich in der Sakristei [von St. Ludwig] mit den Bischofsgewändern, der violetten Soutane… Als die Chorknaben eine Mitra auf den Altar trugen… bemächtigte sich der Menge ein Staunen, eine Neugier, eine Rührung…»

Von der Kanzel verkündete d'Herbigny: «Der Heilige Vater hat – um seine zärtliche Liebe zu seinen katholischen Kindern in Rußland zu beweisen – beschlossen, sie durch einen Bischof betreuen zu lassen… Es handelt sich nicht um eine diplomatische oder politische Mission, denn mein Aufenthalt dauert nur wenige Wochen. Ich hoffe jedoch, daß die St.-Ludwigs-Kirche bald wieder einen Pfarrer erhält…»

Dieses erste öffentliche Auftreten d'Herbignys als Bischof wirkte elektrisierend nicht nur auf die zu dieser Zeit etwa 30 000 Katholiken Moskaus, die Kunde verbreitete sich mit erstaunlicher Schnelligkeit auch in weit entfernten Gegenden der Sowjetunion, obschon als einzige eine Leningrader Zeitung vom Eintreffen eines «Kardinals Derbini» berichtet hatte. Wolgadeutsche kamen über tausend Kilometer weit angereist, um sich und ihre Kinder firmen zu lassen; Franzosen aus dem Donezbecken, Polen aus Weißrußland und der Ukraine, aber auch viele Russen; manche waren insgeheim zum Katholizismus übergetreten, wie zum Beispiel der orthodoxe Bischof Barthelemy.[61] D'Herbigny vermied jeden Kontakt mit der orthodoxen Hierarchie, die immer noch in inneren Zwist verstrickt war. Doch er scheute sich nicht, am folgenden Sonntag auch in der polnischen Kirche Moskaus, St. Peter und Paul, eine zweite feierliche Pontifikalmesse zu zelebrieren. Tagelang hörte er Beichten auf russisch, französisch, deutsch und italienisch – den Sprachen, die er beherrschte. Die Gläubigen drängten sich stundenlang, um von der Hand des Bischofs die Sakramente, vor allem die Firmung zu empfangen, um Kranke und Gebrechliche segnen, Kerzen, Rosenkränze und Bilder weihen zu lassen. Das katholische Kirchenleben in Moskau schien plötzlich zu erwachen – und die Sowjetfunktionäre rieben sich die Augen: war das «religiöser Kult» oder «politische Demonstration» einer fremden Macht?

Da d'Herbigny sein Moskauer Hotel, das «Savoy», nur noch zur späten Nachtruhe aufsuchte, hatte die GPU Schwierigkeiten, ihre üblichen Tricks anzuwenden. Immerhin mußte er sich mancher «geschickter» oder ungeschickter Besucher erwehren, die ihm Briefe ins Ausland, Mitteilungen an russische Emigranten oder gar «militärische Geheimnisse» anvertrauen wollten. Am 27. August meldeten sich angebliche Reporter der *Komsomolskaja Prawda* bei d'Herbigny und baten um ein «Interview», das natürlich nie veröffentlicht wurde. Es spielte sich nach d'Herbignys Aufzeichnungen so ab:

«Sind Sie ein Abgesandter des Papstes?»

«Nein, ich bin Vorsitzender des Instituts für Östliche Studien in Rom und bin als Bischof ohne diplomatische oder politische Mission gekommen, um den Katholiken in ihren seelischen Nöten zu helfen, besonders den französischen, italienischen, deutschen und englischen.»

«Aber welche Beziehungen haben Sie zur orthodoxen Geistlichkeit, zu den Priestern und Bischöfen der verschiedenen Kirchen angeknüpft?»

«Auf dieser Reise keine, ich begegnete oder sprach mit niemandem von ihnen.»

«Sie sagen doch gewiß, daß die katholische Kirche in Rußland nicht frei ist, daß sie verfolgt wird?»

«Von meinen Lippen hat niemand eine solche Bemerkung vernommen. Nur soviel ist gewiß: Wenn die katholische Kirche hier weder eine ordnungsmäßige Hierarchie noch ein Priesterseminar haben könnte und wenn die Verhaftungen und Verurteilungen von Priestern andauern sollten, dann würden natürlich Ihre Feinde sagen, diese Kirche werde verfolgt, und sogar Ihre Freunde wüßten dann nicht, was sie antworten sollten.»

Die versteckten Widerhaken dieser geschmeidigen Antwort waren kaum zu überhören, zumal d'Herbigny nun den Spieß umdrehte und den «Journalisten» selbst Fragen stellte: «Dürfen die jungen Leute hier zum Beispiel Plato lesen? Dürfen sie sich für die philosophischen Begriffe der Wahrheit, Freiheit und Gerechtigkeit interessieren?» Als Antwort kamen Parteiparolen, und in den Köpfen der Besucher leuchtete nun wohl das gleiche Stichwort auf, das d'Herbigny bei *ihren* Fragen in den Sinn kam: Provokation.

Über die Folgen wollte sich der Jesuitenbischof möglichst schnell Gewißheit verschaffen: Am nächsten Tag – es war der 28. August – hinterließ er seinen Paß beim Moskauer Stadtsowjet, beantragte eine Verlängerung seines Aufenthaltsvisums, das am 4. September ablief, sowie die Erweiterung auf das Gebiet der Ukraine. Man überreichte ihm als Ausweispapier eine *vorläufige* Genehmigung bis 12. September; die endgültige Entscheidung sei in vier Tagen zu erwarten, hieß es.

Noch einmal versuchte d'Herbigny jetzt mit dem ZIK-Mitglied Schmidowitsch zu reden; der Funktionär wirkte noch kühler als bei der letzten Begegnung.[62] Die Genossen des Zentralen Exekutivkomitees hätten sich für keinen der Wünsche d'Herbignys erwärmen können; Religionsunterricht an Jugendliche könne auch in der französischen Kirche (für diese Ausnahme habe er, Schmidowitsch, plädiert) nicht genehmigt werden; ein Priesterseminar könne vielleicht in Odessa oder in Leningrad erlaubt werden, aber auch das sei eher unwahrscheinlich. Im übrigen müßten derlei Fragen über diplomatische Kanäle geklärt werden…

Wieder war d'Herbigny an die Grenzen seiner «inoffiziellen» Möglichkeiten gestoßen. Es erstaunte ihn daher wenig, als ihm der Stadtsowjet am 31. August die Genehmigung für eine in die Ukraine in grobem Ton verweigerte. «Ich werde das dem französischen Botschafter melden!» rief er den Beamten ebenso brüsk zu und ging, ohne seinen Paß mitzunehmen oder sich nach der Visaverlängerung zu erkundigen. Schließlich hatte er ja die «vorläufige» Verlängerung bis zum 12. September noch in der Tasche! Aber auch diese List half nicht lange. In der Nacht zum 4. September, kurz nach 24 Uhr, klopfte es heftig an seine Hotelzimmertür:

«Herr d'Herbigny! Im Namen des Moskauer Sowjet – öffnen Sie.»

Ein Beamter in elegantem Zivil trat ein, entschuldigte sich für die späte Störung und kam sogleich zur Sache:

«Wir wundern uns, mein Herr, daß Sie noch immer hier sind.»

«Aber ich besitze eine Genehmigung bis zum Zwölften!» bluffte d'Herbigny, doch sein Besucher ließ sich von dem vorgezeigten Papier nicht beeindrucken: «Verzeihen Sie, ich bin nicht hier, um mit Ihnen zu verhandeln, sondern um Ihnen zu sagen, daß Ihre weitere Anwesenheit unerwünscht ist. Dies ist keine Ausweisung; Sie können uns bis heute früh acht Uhr mitteilen, wo Sie die Grenze zu überschreiten wünschen. Sie können Ihre Route selbst wählen – nur dürfen Sie sich nirgendwo mehr aufhalten. Wir schicken Ihren Paß am Nachmittag ins Hotel.»

Dies war eindeutig. Wollte man verhindern, daß der Abgesandte des Papstes noch einmal mit Bischof Neveu zusammentraf, dessen Ankunft aus Makejewka er seit Tagen erwartete? Ganz überraschend betrat Neveu – noch während d'Herbigny seine Morgenmesse las – im schwarzen Lederanzug die St.-Ludwigs-Kirche. Sofort überreichte ihm d'Herbigny vier in lateinischer Schönschrift verfaßte Urkunden, die der Papst sechs Wochen vorher, am 26. Juli 1926, unterzeichnet hatte. Die erste bevollmächtigte Neveu, in dringenden Fällen, ohne eine Entscheidung des Heiligen Stuhls abzuwarten, als Apostolischen Administrator einzusetzen, «wen er will» («...*facultatem habet eligendi vel nominandi Administratorem Apostolicum quem voluerit...*») mit der Maßgabe, daß außer ihm nie mehr als drei Bischöfe in Rußland konsekriert werden sollten. Die zweite Vollmacht erhob Neveu praktisch zum alleinigen Verhandlungspartner der Sowjetbehörden: Um möglichst einheitlich aufzutreten, sollten die anderen Bischöfe nur im Einverständnis mit Neveu «*mit Staatsfunktionären über bessere Bedingungen für die Gläubigen verhandeln*». Zwei weitere päpstliche Dekrete unterstellten auch den Exarchen des östlichen Ritus Feodorow der Jurisdiktion Neveus und sahen die Möglichkeit vor, orthodoxen Priestern, die katholisch werden wollten, zu erlauben, ihren Übertritt – wenn nötig – geheimzuhalten.[63]

Mit diesen kirchenrechtlichen Dokumenten, die er kurz vor Toresschluß an diesem 4. September in der Sakristei der Moskauer St.-Ludwigs-Kirche dem neuen Moskauer Bischof überreichte, wähnte d'Herbigny sein Werk vorläufig abgeschlossen. Er packte die Koffer, um – wie die Sowjets es wollten – schleunigst abzureisen. Er hatte aber die GPU überschätzt oder die altrussische Bürokratie unterschätzt. Niemand brachte ihm an diesem Samstagnachmittag den Paß, und auch nicht am Sonntag. Feierlich konnte er noch der Gemeinde von St. Ludwig ihren neuen Pfarrer vorstellen, ohne zu verraten, daß auch Neveu Bischof war. Und zum letztenmal zelebrierte d'Herbigny an diesem Sonntag eine Pontifikalmesse in der Moskauer Kirche der Polen, sogar mit einer Prozession im Freien, wie sie die Moskauer Katholiken nicht einmal zur Zarenzeit erlebt hatten:

Hunderte von Menschen standen dichtgedrängt, als d'Herbigny hinter weißgekleideten Mädchen, hinter Fahnen, singenden Chorknaben und einer großen Zahl von polnischen Gläubigen den großen Kirchplatz von St. Peter und Paul betrat. «Während ich mit beiden Händen die schwere Monstranz trug, fühlte ich, wie mir die Tränen über die Wangen auf die Gewänder rannen...», erinnerte er sich später.

Diese Szene hatte in den Protokollen der Geheimpolizei gerade noch gefehlt. Jetzt war der «französisch-polnisch-vatikanische» Verschwörer – so wird man ihn Jahre später in den Zeitungen titulieren – vollends «entlarvt». Am nächsten Morgen, es war der 6. September 1926, lag sein Paß beim Hotelportier. «Sofortige Abreise wird angeordnet», hieß es in der beigefügten Mitteilung. Ein Mann ohne Gepäck, aber mit jenem traurig-verbissenen Gesichtsausdruck, der die «Unauffälligkeit» dieses Berufs in aller Welt so leicht erkennbar macht, bestieg zusammen mit d'Herbigny den Zug und begleitete ihn bis zur finnisch-sowjetischen Grenze. Von da ab war d'Herbigny der einzige Passagier, der nach Helsinki reiste. «Die Kontrolle ging rasch vor sich, und ich konnte ohne die geringste Störung in diesem letzten Winkel russischen Landes die Komplet von Mariä Geburt beten», notierte der bischöfliche Reisende, und er erinnerte sich: «Damals bei meiner Heimreise im Mai konnte ich vom Zug aus nur blattlose Zweige erblicken, heute sah ich die schönen russischen Früchte...»

Ein symbolträchtiges Bild, wie es d'Herbigny liebte, doch leider nur eine fromme Illusion. Dieser Seelsorgereisende, der da beschaulich in seinem Brevier las, nicht die «geringste Störung» zu beklagen hatte und alsbald wieder wohlbehalten in Rom eintraf – er hinterließ in der Sowjetunion ein Werk, das sich – so wie es konstruiert war – geradezu selbst der Zertrümmerung aussetzen mußte.

Tschitscherins «Zirkular» und der Jesuitenschreck

Kaum hatte d'Herbigny die Sowjetunion verlassen, da teilte der vatikanische *Osservatore Romano* zum erstenmal in einer 35-Zeilen-Notiz (aus Moskau datiert) seinen Lesern mit, daß der Jesuitenpater d'Herbigny Mitte August in der sowjetischen Hauptstadt Messen zelebriert und sich als neu geweihter Bischof zu erkennen gegeben habe. «Tröstliche Feierlichkeiten in Moskau», hieß die Überschrift.[64] Im römischen Generalat des Jesuitenordens fand man hingegen diese Nachricht keineswegs erbaulich; Ordensgeneral Ledóchowski, dem der geheimnisvolle Auftrag d'Herbignys ohnehin ein Dorn im Auge gewesen war, fand es höchst überflüssig, daß die Bischofswürde d'Herbignys – die ja nur «ad hoc», zum einmaligen praktischen Zweck erteilt worden war – auf solche Weise an die große Glocke gehängt wurde.[65] Vor allem befürchtete Ledóchowski, daß sich d'Herbigny nun mit Berufung auf das «*secretum pontificium*» (seine dem Papst gelobte Schweigepflicht) noch mehr der Informationspflicht gegenüber seinem Orden entziehen würde.

Gar zu gerne hätte Ledóchowski, hätten vor allem die polnischen Bischöfe, die bei ihrem Landsmann nachfragten, gewußt, was d'Herbigny in der Sowjetunion tatsächlich getrieben hatte, was an den Pressegerüchten, die jetzt – meist polemisch und mit anti-jesuitischen Spitzen – durch die Welt schwirrten, wahr oder falsch war. Doch d'Herbigny schwieg, zumindest gegenüber seinem Orden. Nach außen hin dementierte er: «Es wurden in Rußland weder neue Diözesen noch bischöfliche Sitze geschaffen; ich habe auch keine einzige *Priester*weihe vorgenommen.»[66] Das war richtig, aber, wie wir wissen, nur ein Teil der Wahrheit.

Gegenüber dem Monsignore Steinmann von der deutschen Vatikanbotschaft zeigte sich d'Herbigny allerdings gesprächiger, teils weil er in Steinmann einen Befürworter aktiver Ostpolitik kannte, teils weil Steinmann über das deutsche Konsulat in Odessa schon orientiert war. Botschafter von Bergen konnte jedenfalls bald nach Berlin berichten, daß d'Herbigny die «hierarchische Neueinteilung» der Sowjetunion tatsächlich vorgenommen habe. Der Botschafter fügte hinzu:[67]

> Ich darf noch die Notwendigkeit betonen, daß diese Maßnahme des Heiligen Stuhles *ganz geheim* behandelt wird. Monsignor d'Herbigny hat darum ausdrücklich gebeten mit dem Hinweis auf die großen Gefahren, die im Falle des Bekanntwerdens den mit der Verwaltung der Sprengel beauftragten Geistlichen seitens der Sowjetregierung ohne Zweifel erwachsen würden.
>
> Bergen

Dieses neue «Gerüst» kirchlicher Strukturen, das d'Herbigny errichtet hatte, war jedoch keineswegs so unscheinbar, daß es sich leicht verbergen ließ. Es handelte sich immerhin um zehn Apostolische Administratoren, darunter vier Bischöfe.

Konnte man im Ernst glauben, eine solche Organisation könnte in einem Diktaturstaat ohne dessen Kenntnis etabliert werden?

Alle eingesetzten Bischöfe und Administratoren waren sich darüber klar – und sie wurden entsprechend angewiesen –, daß sie früher oder später ihr «Inkognito» ablegen mußten, wenn sie überhaupt hoffen wollten, ihre Funktionen in breiterem Umfang ausüben zu können und für die Masse der Gläubigen wirklich verfügbar zu werden.[68] «Natürlich mußten wir bald schon offen vor die Gemeinden treten – auch wenn das gefährlich war!» sagte mir der einzige Überlebende, Bischof Sloskans. Warum aber nicht sofort, warum erst später und warum überhaupt das «Versteckspiel»?

Die Antwort kann nur zwiespältig sein: Einerseits ließen die immer wieder stockenden und wenig aussichtsreichen Berliner Verhandlungen mit den Sowjets das un-

GEHEIM-HIERARCHIE IN DER SOWJETUNION 1926

ERZDIÖZESE MOGILEW	**DIÖZESE TIRASPOL**
(Erzbischof: Eduard von der Ropp, seit 1919 im Exil in Polen)	(Bischof: Alois Kessler, seit 1920 im Exil in Deutschland)
Apostolische Administratoren:	*Apostolische Administratoren:*
Mogilew Boleslas *Sloskans*, Titularbischof von Cillio *Moskau*: Pie Eugen *Neveu*, Titularbischof von Citro *Leningrad*: Antoni *Malecki*, Titularbischof von Dionisiana *Charkow*: Vincent *Ilgin* *Kazan*: Michael *Iodokas*	*Südrußland (Odessa):* Alexander *Frison*, Titularbischof von Limira *Zentralrußland (Saratow):* Augustin *Baumtrog* *Nord-Kaukasien (Pjatigorsk):* Johann *Roth* *Georgien (Tiflis):* Stefan *Demurof*
DIÖZESE MINSK	**DIÖZESE SCHITOMIR**
(sowjetischer, von Polen getrennter Teil)	(sowjetischer, von Polen getrennter Teil)
Apostolischer Administrator:	*Apostolischer Administrator:*
Bischof Boleslas *Sloskans*	Generalvikar Teofil *Skalski*

geduldige Gefühl entstehen, es müsse auf jeden Fall endlich «etwas geschehen», andererseits wollte der Vatikan vermeiden, daß seine «Selbsthilfeaktion» vorzeitig bekannt und so der letzte Verhandlungsfaden zerschnitten würde. Alle Legalisierungsversuche würden ja so zunichte gemacht. Der Irrtum bei all diesen Überlegungen war nur, zu glauben, daß eine solche Aktion auch nur für kurze Zeit hätte verborgen bleiben können. Das verhinderten schon die politischen und nationalen Reibungen, in denen sich die Aktion verfing. Denn man hatte zwar die alte Einteilung der Bistümer, zumal jener, die über die neue sowjetisch-polnische Grenze hinausreichten, formal nicht angetastet (ähnlich wie man es auch später nach dem Zweiten Weltkrieg an der neuen deutsch-polnischen Grenze zunächst nicht tat), aber *de facto* waren die Jurisdiktionsbereiche der neuen Administratoren in Minsk und Schitomir natürlich Kerne neuer Bistümer. Der Heilige Stuhl hatte also jetzt das getan, was ihm Pater Gehrmann nach der Rückkehr aus Rußland 1924 schon geraten hatte,[69] nur war es eben nicht «im Einverständnis mit der Regierung» geschehen, und es hatte die Kirche auch keineswegs von der Hypothek des polnisch-sowjetischen Gegensatzes befreit, wie der Fall des Prälaten Skalski in Schitomir zeigen wird.

Erschwerend kam noch die delikate *Ritenfrage* hinzu: Alle von d'Herbigny eingesetzten Administratoren und Bischöfe waren Priester des lateinischen Ritus: Der Exarch Leonid Feodorow, der einzige katholische Jurisdiktionsträger mit russischer Nationalität und slawischem Ritus, war nach seiner Verurteilung im Cieplakprozeß zwar im April 1926 amnestiert worden, aber schon drei Monate später, nachdem er sich in Kaluga (südlich von Moskau) niedergelassen und auch in Mogilew zu amtieren angefangen hatte, wieder verhaftet und wie die meisten seiner Priester zu Arbeitslager verurteilt worden. Seine wenigen und kleinen unierten Gemeinden existierten nicht mehr. D'Herbigny brachte zwar ein päpstliches Dekret nach Moskau, das Feodorow der Jurisdiktion des Metropoliten Scheptyckyj in Polen entzog und als «Generalvikar für die Gläubigen des östlichen Ritus» direkt Neveu unterstellte, aber dies blieb angesichts der tatsächlichen Lage ohne Wirkung.

Die Ritenfrage stellte sich also *praktisch* gar nicht, als d'Herbigny seine dritte Reise unternahm – was eigentlich den Polen nur recht sein konnte. Im Konkordat mit dem Vatikan von 1925 hatte Warschau durchgesetzt, daß der östliche Ritus auf die ukrainisch und weißrussisch besiedelten Gebiete Polens beschränkt wurde. Die Ambitionen des Lemberger unierten Metropoliten Scheptyckyj waren damit eng begrenzt worden, und seine alte Hoffnung auf eine Katholisierung Rußlands ohne Latinisierung (und Polonisierung) konnte sich zu dieser Zeit nicht einmal mehr an den russischen Katholikenkreis seines Schülers Feodorow klammern.

Dennoch belastete die Ritenfrage zumindest *theoretisch* die Aktion von d'Herbigny: Es war nämlich bekannt, daß der bischöfliche Jesuit nicht nur ein Bewunderer russischer Kultur und Religiosität, sondern auch ein Freund des östlichen Ritus und – unabhängig vom Ritus – der «Russifizierung» der lokalen Kirche war. D'Herbigny hatte in dem Franzosen Neveu einen Bischof in Moskau eingesetzt, der sich – seit er 1907 nach Rußland gekommen war – stets als Geistlicher *aller* Nationalitäten, wenn auch des lateinischen Ritus betätigt hatte. Als Pfarrer im Donezrevier las er das Evangelium stets auch russisch und predigte in der Landessprache, obwohl – wie der damalige wolgadeutsche Bischof Kessler (von Tiraspol) klagte – den Polen das Russische in der Kirche so zuwider war, «daß sie sogar eine auf russisch erteilte Sündenvergebung für eine Gotteslästerung hielten».[70] – Und nun präsentierte sich Neveu ausgerechnet in der *polnischen* Peter-und-Pauls-Kirche in Moskau am 3. Oktober 1926 (einen Monat nach d'Herbignys etwas plötzlich erzwungener Abreise) den Gläubigen zum erstenmal öffentlich als Bischof – und zwar in *russischer* Sprache:

«...Wir dienen nicht, und wir wollen nicht dienen irgendeiner irdischen Macht, denn wir sind – wie der heilige Paulus – Botschafter Christi. Aber da wir im Schoße des großen russischen Volkes leben, das uns als Gäste beherbergt, sind wir ihm dankbar und wünschen ihm Frieden, Wohlstand und Ansehen...»

Bewußt hatte Pius XI. diesen Assumptionistenpater und Moskauer Bischof mit der kirchlichen Jurisdiktion über die Geistlichen beider Riten ausgestattet, überhaupt mit sehr weitgehenden Vollmachten - «größeren als ich selbst besitze», wie der Papst im Scherz zu Neveus Ordensoberem sagte.[71] Wahrscheinlich geschah das auch deshalb, weil man in Rom mit Recht annahm, daß Neveu als französischer Staatsangehöriger (er wurde zwei Jahre später formal als «Bibliothekar» in das Botschaftspersonal aufgenommen) eine stabilere Position besitzen würde als alle anderen Bischöfe und Bischofsverwalter. Tatsächlich konnte sich Neveu auch als einziger halten, sogar zehn Jahre lang. Doch der «Biritualismus», der sich in seiner Gestalt verkörperte und der auch in den folgenden Jahren die diplomatische Aktivität des Vatikans, besonders aber die d'Herbignys, weiterhin bestimmte, wirkte sich von Anfang an als Belastung aus: Was an dieser Haltung praktisch-vernünftig, übernational, im wörtlichen Sinne «katholisch» gemeint war, wirkte eben deshalb mitten im osteuropäischen Nationalismusgemenge keineswegs vertrauenerweckend – weder bei Polen noch bei Russen. Und noch 65 Jahre später, nach dem Ende des Sowjetkommunismus, vergifteten diese nationalreligiösen Komplexe den Neubeginn...

Obwohl d'Herbignys kirchliches Aufbauwerk von Anfang an also mancherlei Keime der Zerstörung in sich trug, war das im ersten Augenblick noch nicht deutlich zu sehen. Man konnte sogar darüber streiten, ob die einer Ausweisung ziemlich nahe kommende Unfreundlichkeit bei d'Herbignys Abreise aus Moskau schon das Vorzeichen zum Sturm war. Noch sieben Wochen später polemisierte die Vatikanzeitung heftig gegen die schadenfrohen Bemerkungen eines polnischen Prälaten, der bemerkt hatte, d'Herbigny sei «mit Krach» aus Moskau geschieden.[72] Es war nämlich, wie wir heute wissen, etwas sehr Seltsames und nicht leicht Deutbares geschehen:

Die erste offizielle Moskauer Reaktion nach der d'Herbigny-Aktion kam am 11. September 1926, genau 72 Stunden, nachdem d'Herbigny die Sowjetunion verlassen hatte. An diesem Tage[73] überreichte der sowjetische Geschäftsträger in Berlin, Bratmann-Brodowski, dem Päpstlichen Nuntius Pacelli endlich die seit einem Jahr erwartete Antwort auf die Vatikannote vom 7. September 1925. Es war jenes «Zirkular», das Tschitscherin in seinen Gesprächen mit Pacelli und Brockdorff-Rantzau immer wieder angekündigt hatte.

Der Begriff «zirkulartschik» war in der sowjetischen Gesetzgebung damals für Anweisungen üblich, die das Volkskommissariat für Justiz (NKJ) oder für Inneres (NKWD) in Form von Rundschreiben erließen. Es handelte sich also bei dem Papier, das die Sowjetregierung dem Vatikan zustellen ließ, nicht um den Entwurf eines völkerrechtlichen Abkommens, eines *modus vivendi* oder gar Konkordats, sondern – angewendet auf die katholische Kirche – um Richtlinien der *inner*staatlichen Religionsgesetzgebung, wie sie sich seit 1918 entwickelt hatte.[74] Dabei waren die vatikanischen Einwände gegen die Pacelli im Februar 1925 übergebenen sowjetischen «Thesen» nur insoweit berücksichtigt, als Moskau bereit war, eine gewisse kontrollierte Verbindung der sowjetischen Katholiken mit ihrem römischen Oberhaupt zuzulassen. Verweigert wurde jedoch den katholischen (wie auch allen anderen) Religionsgruppen nach wie vor die Rechtspersönlichkeit, jedes Eigentum, der Religionsunterricht an Jugendliche und auch die Bildung einer zentralen Kirchenleitung bzw. Bischofskonferenz.

Nicht eine zweiseitige Vereinbarung schlug Moskau dem Vatikan vor, sondern die Zustimmung zu einem einseitig zu erlassenden Dekret. Dadurch sollte «die rechtliche Stellung der katholischen Kirche in der [Sowjet-]Union geregelt und sichergestellt werden», wie Tschitscherin später erläuterte.[75] Die Sowjetregierung war offenbar auch bereit, über einzelne Punkte ihres Vorschlags noch zu verhandeln und mit sich reden zu lassen, zumal sie wußte, daß ihr Vorschlag «nicht weit gehend» (Tschitscherin) war. Aber im Grunde war ihre Position jetzt weiter verhärtet.

Auch wenn das «Zirkular» und sein Überbringer mit keinem Wort auf die Reisen d'Herbignys anspielten, so war doch unverkennbar, daß das Papier den vatikanischen Versuch beantwortete, auf eigene Faust und hinter dem Rücken der Sowjetbehörden kirchliche Rechtsakte zu setzen. Ein ganzes Jahr lang hatte Moskau mit dieser Antwort gezögert und die drei Reisen d'Herbignys überwacht und beobachtet. Der Test war negativ, aber doch nicht so vernichtend ausgefallen, daß man nun alle Brücken schon abbrechen wollte. Tschitscherin zumal blieb sich trotz seiner Verärgerung[76] der Bedeutung einer Verständigung mit der katholischen Weltkirche noch immer bewußt.

Auch im Vatikan, wo das «Zirkular» natürlich enttäuschen mußte, überhörte man nicht das Stichwort von der «gesetzlichen Sicherstellung», die der katholischen Kirche in der Sowjetunion nach wie vor angeboten wurde – und sei es nur als Existenzminimum. Deshalb beschloß der Papst, die gleiche Taktik wie die Sowjets anzuwenden: vorerst überhaupt keine Antwort nach Moskau zu schicken, sondern zuerst einmal das Mindestmaß guten Willens auf sowjetischer Seite zu testen.

Die Gelegenheit bot sich deshalb, weil die Frage der Priesterseminare, die d'Herbigny schon mit Schmidowitsch beredet hatte, auch im «Zirkular» nicht ganz negativ dargestellt wurde. Mit dem Verbot des Religionsunterrichts war bereits 1921 das «Zugeständnis» verknüpft worden: «Besondere Theologiekurse zur Ausbildung von Priestern können für Personen, die über 18 Jahre alt sind, organisiert werden, unter der Bedingung, daß sich die Unterrichtsprogramme ausschließlich auf theologische Gegenstände beschränken.»[77] In Leningrad bestand seit Anfang 1925 ein evangelisches Predigerseminar.[78] Konnte man nicht auch ein Priesterseminar für die Katholiken einrichten?

Anfang Oktober 1926 erschienen auf dem sowjetischen Konsulat in der Via Gaeta in Rom zwei junge Jesuiten, beantragten ein Visum für eine «Studienreise» durch Rußland und – erhielten es zu ihrer größten Überraschung. Am meisten überrascht war d'Herbigny, der die beiden Theologen, von denen der eine kaum, der andere überhaupt nicht Russisch sprach, ausgesucht hatte: den damals 30jährigen Pater *Josef Schweigl*, einen Österreicher aus Tirol, und den 28jährigen *Josef Ledit*, einen Franzosen mit US-Paß.[79] D'Herbigny selbst war «skeptisch, ob es gelingt», als er die beiden losschickte. Aber, so vertraute er sich dem bayerischen Gesandten Ritter an, man müsse es versuchen, da gegenwärtig in der Sowjetunion nur noch 120 katholische Geistliche tätig seien.[80]

Die beiden Jesuiten, die der Papst selbst verabschiedet hatte, reisten von Bari mit dem Schiff nach Odessa, dann nach Moskau und Leningrad. Da sie nach dem Fehlschlag ihrer Unternehmung – vier Wochen später – viel schweigsamer blieben als d'Herbigny (erst 1974 berichtete mir Ledit einige Einzelheiten), wußte man bisher fast nichts von ihrer Reise. Allerdings stellten sie sich überall auf den deutschen diplomatischen Vertretungen vor:[81] In Odessa erzählten sie freimütig, daß sie als Lehrer am künftigen Priesterseminar in Leningrad vorgesehen seien; in Moskau, wo sie fünf Tage blieben und Bischof Neveu besuchten, waren sie etwas vorsichtiger und behaupteten beim Besuch in der deutschen Botschaft, «weder Einführungsschreiben noch irgendwelche Aufträge» des Vatikans zu besitzen; in Leningrad, wo sie bei Pfarrer Amoudru Quartier bezogen, machten sie auf den deutschen Konsul «einen unerfahrenen und gänzlich weltfremden Eindruck». Dies war wohl vor allem darauf zurückzuführen, daß Schweigl dem Stadtsowjet einen schriftlichen Antrag auf Eröffnung eines Priesterseminars überreichte und im Ernst der Meinung war, man könnte dadurch «Tschitscherin, der dies als Gegenleistung für eine Anerkennung der Sowjetunion benützen wollte, zuvorkommen». Die beiden Jesuiten hatten auch keine Ahnung von den Sowjetkontakten Pacellis in Berlin. Da jedoch die Sowjets schwerlich an ihre Naivität glauben konnten, forderten sie statt einer Antwort die beiden Geistlichen auf, binnen vierundzwanzig Stunden das Land zu verlassen. Noch Jahrzehnte später spürte Schweigl in Erinnerung an dieses Ende sein «Herz zusammenkrampfen»...[82]

Hatte der Vatikan mit dieser amateurhaften Schweigl-Ledit-Mission die Sowjets ernsthaft «geprüft»? Für die Sowjets wurde das Auftreten der beiden Jesuiten umgekehrt zum letzten Glied einer «Beweiskette»; jetzt erst zogen sie die Schlußfolgerung auch aus den Reisen von d'Herbigny. Am 15. Oktober 1926 wurde der deutschen Botschaft in Moskau ein Beschluß des Rates der Volkskommissare zugeleitet, in dem es hieß:[83]

> «Die Regierung der UdSSR hat eine Entscheidung getroffen, bis auf weiteres ausländische Kultdiener, die in die UdSSR zu religiösen Zwecken oder zur Leitung der in der UdSSR bestehenden religiösen Vereinigungen oder Organisationen einzureisen beabsichtigen, nicht zuzulassen.»

Nicht Fremdenhaß und nicht nur kommunistische Religionspolitik, sondern auch die Jesuiten-Phobie machte nun jedem «Seelsorgetourismus» ein Ende. Die russische Dominikanerin Abrikosowa, die zur Gemeinde des unierten Exarchen Feodorow gehörte, hatte schon zur Zeit, als der Jesuitenpater Walsh 1922/23 glücklos die Hungerhilfsmission leitete, geschrieben:

«Versteht Rom denn nicht den schrecklichen Widerwillen gegen die Jesuiten?… Wenn Jesuiten in Zivil Rußland betreten, dann kann es nur das Schlimmste bedeuten; ihre Ankunft wird hier als riesige katholische Verschwörung betrachtet werden… Trotz meines vollen Respekts vor diesem Orden muß ich zugeben, daß er nicht nach Rußland kommen darf…»[84]

Auch jetzt, Ende 1926, holte Moskau noch nicht zum großen Schlag aus; noch glaubte man trotz der Jesuiten «irgendwie» mit dem Vatikan wie mit anderen «kapitalistischen» Metropolen zurechtkommen zu können. Sogar die geheim geweihten Bischöfe ließ man noch eine Weile gewähren. Boleslas Sloskans zum Beispiel trat am 14. November 1926 in der St.-Antonius-Kirche in Witebsk zum erstenmal als Bischof auf und zelebrierte eine Pontifikalmesse. Als er jedoch – zehn Monate später! – verhaftet wurde, galt eine der ersten Fragen der GPU in Minsk der Tätigkeit d'Herbignys – «dieses Scharlatans». Ein Genosse Grodis, Spezialist für Bekämpfung «konterrevolutionärer Umtriebe», begann das Verhör:[85]

«Wissen Sie, wer der schwarze Papst ist?»
«Nein, das weiß ich nicht.»
«Sie wissen also nicht, daß der Jesuitengeneral, der schwarze Papst, Bischöfe ernennt und eine Politik unabhängig vom Chef der katholischen Kirche betreibt? Daß der Papst ein Instrument in seinen Händen ist?»
«Sie können sicher sein, daß an alldem, was Sie sagen, kein Körnchen Wahrheit ist… Der Jesuitengeneral macht nichts gegen den Willen des Papstes.»
«Aber war es nicht d'Herbigny, der Ihnen die Bischofsweihe gab? Und Sie wissen wohl, daß er Jesuit ist und keine päpstliche Vollmacht hat, sondern Sie zum Instrument der Jesuitenpolitik machen will.»
«D'Herbigny hat mich auf Wunsch des Heiligen Vaters geweiht.»
«Aber er hatte keine Vollmacht, und Sie haben kein Dokument gesehen, Sie haben nur an sein jesuitisches Wort geglaubt!»
«Nein, er hat mir vorher ein Papier gezeigt, in dem er als Abgesandter des Heiligen Vaters bezeichnet war, es trug die Unterschrift des Heiligen Vaters…»

Diese Fangfragen des Sloskansverhörs in Minsk waren zwar polizei-taktisch gestellt, sie verraten auch eine Unkenntnis der rechtlichen wie der persönlichen Position des Jesuitengenerals Ledóchowski; es spiegelt sich in ihnen jedoch eine Ahnung von der eigenwilligen Rolle, die dieser polnische Graf im päpstlichen Rom tatsächlich spielte. Daß gerade d'Herbigny viel mehr der Mann des Papstes als der seines Ordensoberen war, blieb für Moskau schwer verständlich.

Wir sind mit dem Hinweis auf das Sloskansverhör vom Herbst 1927 den Ereignissen etwas vorausgeeilt, weil es gleichsam den tragikomischen Epilog auf diesen Zeitabschnitt päpstlicher Politik gegenüber dem Osten der zwanziger Jahre darstellt. Was in Wirklichkeit die verlegene Zweigleisigkeit im Vorgehen Pius' XI. und der fromme Dilettantismus d'Herbignys war, das konnten sich die Sowjets nur als Ausdruck jesuitischer Doppelzüngigkeit und Raffinesse erklären.

4. Vom Ende des Dialogs zum «Kreuzzug» 1927–1932

Pacelli spricht mit Tschitscherin: letzte Versuche

Kurz hintereinander hielten zwei schwarze hohe Automobile vor dem Hause Viktoriastraße 34 in Berlin. Jedem entstieg – ohne sich umzublicken – ein dunkelgekleideter Mann: der eine groß, schmal, mit goldgeränderter Brille, der andere klein, mit Spitzbart. Beide Herren wollten offenbar nicht gerne gesehen werden; schnell verschwanden sie im Hauseingang, wo sie ein junger Mann erwartete und mit der Anrede «Exzellenz» begrüßte. Es war ein milder Frühsommerabend, der 14. Juni 1927, gegen 20 Uhr. Der Kammerherr Ernst Graf von Rantzau[1] hatte ungewöhnliche Gäste zum Abendessen: den Päpstlichen Nuntius Eugenio Pacelli, den sowjetischen Kommissar für Auswärtiges, Georgij Wassiljewitsch Tschitscherin und seinen Zwillingsbruder Ulrich, den Botschafter des Deutschen Reiches in Moskau. Bescheiden und still, doch mit offenen Ohren und einem diskret gezückten Notizblock saß jener junge Mann mit dabei, der die Gäste schon an der Haustür empfangen hatte: *Andor Hencke*, persönlicher Referent des Botschafters, der mir von dieser historischen Begegnung – der dritten und letzten zwischen Tschitscherin und Pacelli – in lebendiger Erinnerung berichtet hat:[2]

> «Nach Tisch zog man sich in den Salon zurück, und Rantzau sagte: Jetzt wollen wir mal vom ‹Geschäft› reden – denn während des Essens war man über den Berliner Gesellschaftsklatsch nicht hinausgegangen. Es war – in fließendem Deutsch – ein ungeheuer geistvolles Geplänkel zwischen zwei so klugen Männern wie Tschitscherin und Pacelli, die sich auch gegenseitig – nach meinem Gefühl – nicht unsympathisch waren.»

Nach den ersten gegenseitigen Versicherungen guten Willens zu besseren Beziehungen spitzte sich das Gespräch (nach Erinnerungen Henckes) auf zwei Punkte zu: Bischofsernennungen und Religionsunterricht. Tschitscherin vermied es, die d'Herbignyaktion zu erwähnen; er hätte ja auch schwerlich erläutern können, warum die Sowjets den Jesuitenbischof hatten gewähren lassen. Tschitscherin wies statt dessen auf sein «Zirkular» vom 11. September 1926 hin, auf das er bisher vom Vatikan vergebens eine Antwort erwartet habe. Pacelli versprach höflich, in Rom nachzufragen, ließ jedoch erkennen, wie schwer annehmbar die sowjetischen Bedingungen für den Vatikan sein würden: die Form der Bischofsernennung liefe nach dem sowjetischen Vorschlag darauf hinaus, daß der Heilige Stuhl allenfalls noch nachträglich «seinen Segen» geben dürfte. Tschitscherin zeigte sich in dieser Frage etwas elastischer und meinte, daß in Verhandlungen ein beiderseits annehmbarer Modus doch gefunden werden könnte.

> «Das Gespräch scheiterte dann», so erinnerte sich Andor Hencke, «am Problem des Religionsunterrichts. Das sei nicht durchzudrücken in Moskau, sagte Tschitscherin. Eine religiöse Indoktrination der Jugend in irgendeiner Form sei für die Sowjetregierung unannehmbar. Und damit schloß das etwa dreistündige Gespräch: Schade – wir kommen nicht zusammen!»

Hatte sich Pacelli bei dieser Gelegenheit etwa nicht für die verhafteten Priester in der Sowjetunion eingesetzt? Er hatte die Frage zwar erwähnt, aber keine Namen genannt, keine konkreten Wünsche ausgesprochen, erinnerte sich Andor Hencke. Dies erscheint um so erstaunlicher, als das Problem in der Vorgeschichte der geheimnisumwitterten Berliner Begegnung eine ziemliche Rolle gespielt hatte. Diese Vorgeschichte, die hier rekonstruiert werden soll, zeigt freilich auch den «Klimawechsel», der in den ersten Monaten des Jahres 1927 vorgegangen war:[3]

Am 3. Januar ließ Pacelli eine Liste mit Namen von neununddreißig verhafteten katholischen Geistlichen dem Botschafter Brockdorff-Rantzau nach Moskau schicken; darunter figurierte an erster Stelle der polnische Prälat *Skalski*, Apostolischer Administrator in Schitomir, gleich danach Prälat *Ilgin* von Charkow, der als zweiter der von d'Herbigny eingesetzten Würdenträger schon im Dezember 1926 unter nichtigem Vorwand (er hatte ausländische Zeitungen besessen) verhaftet worden war. Konnte die deutsche Botschaft etwas für sie tun?

«Reichlich weitgehend» finde er die Bitte Pacellis, schrieb der Botschafter am 12. Januar nach Berlin an seinen Vetter, den Grafen Zech im Auswärtigen Amt. «Da Tschitscherin abwesend ist,[4] und Litwinow seit über einem Jahr jede Intervention zugunsten katholischer Priester mit der Begründung ablehnt, diese Fragen gehörten ausschließlich in das Ressort der inneren Behörden, rate ich, die Rückkehr Tschitscherins, der persönlich einen anderen Standpunkt einnimmt, abzuwarten und von ihm die Angelegenheit vertraulich bei meinem Bruder Ernst besprechen zu lassen...»

Zech schrieb am 14. Januar nach Moskau zurück:

> «Lieber Vetter!...Pacelli betonte mindestens zwanzigmal, daß Du Dich der katholischen Interessen in Rußland immer so ungeheuer freundlich angenommen hättest... Deinen Vorschlag, die Dinge mit Tschitscherin zu besprechen, nahm er freundlich an, ja er schien sich sogar ganz besonders auf das bevorstehende Frühstück bei Ernst zu freuen...»

Brockdorff-Rantzau, dessen kräftiger Ehrgeiz das «Nichts-tun-Können» schwer erträglich fand, bat am 5. Februar in einem Privatbrief an den Nuntiussekretär, Pater Gehrmann, um Verständnis: «Sie kennen mich zur Genüge, um zu wissen, daß ich neben recht vielen unerfreulichen Eigenschaften wenigstens eine gute, nämlich Konsequenz besitze... Die Verhältnisse liegen hier [in Moskau] aber jetzt besonders schwierig...» Pacelli werde im Hause seines Bruders Ernst «den ganzen Fragenkomplex unauffällig und in Ruhe» besprechen können, doch gebe es in Moskau – wie

Gehrmann ja aus eigener Erfahrung wisse – «recht eng gezogene Grenzen und
Schwierigkeiten, die schlechterdings nicht zu überwinden sind».

Sah man in Rom diese Grenzen nicht – oder wollte man jetzt bewußt auf sie sto
ßen? Am 10. März schrieb Kardinalstaatssekretär Gasparri höchstpersönlich an die
deutsche Vatikanbotschaft, sie möge für den deutschen Priester Alois Mauderer ein
sowjetisches Visum beschaffen, damit sich dieser der Seelsorge in Saratow widmen
könne. Wußte man im Vatikan nicht, daß es seit d'Herbignys Aktion eine Einreisesperre für ausländische Geistliche gab? Gasparri empfahl Mauderer mit dem etwas
unmotivierten Hinweis, daß dieser «inmitten der Sozialdemokraten» in Deutschland
tätig gewesen sei (*impiegato in mezzo ai social-democratici*).

Tschitscherins Besuch in Berlin war noch nicht in Sicht (der Außenkommissar saß
kränkelnd in Wiesbaden), Brockdorff-Rantzau und das Auswärtige Amt konnten
nichts tun. Da schrieb die katholische, zweifellos entsprechend angewiesene *Augsburger Postzeitung*: «Die deutsche amtliche Vertretung in Rußland scheint nur dort
ein kirchliches Interesse zu kennen und anzuerkennen, wo es sich um den Protestantismus handelt... Ob dabei nur persönliche Neigungen des deutschen Vertreters
Brockdorff-Rantzau am Werk sind, bleibe einstweilen unerörtert.»

«Eine an Erpressung grenzende Frechheit», empörte sich der Botschafter in einem
Brief vom 2. Mai über diesen Artikel, und noch mehr gekränkt war er darüber, daß
Pacelli gleich nach der Presseattacke, am 29. März, eine Note direkt an den katholischen Reichskanzler Marx geschickt und diesen um Intervention bei den Russen in
den Fällen Skalski, Ilgin und Mauderer gebeten hatte. Dieses Vorgehen des Nuntius
berühre ihn peinlich, schrieb Brockdorff-Rantzau; er habe als deutscher Botschafter
«die äußerst schwer vertretbaren Wünsche» des Vatikans oft bis an die «äußerste
Grenze des Zulässigen» vertreten; jetzt – vor allem nach dem besagten Zeitungsartikel –, sei das sehr erschwert, weil nun daraus für die Sowjets «eine gefährliche Prestigefrage» geworden sei. Er sei nicht gewillt, sich «solche Pöbeleien unter Konnivenz[5]
des Vatikans» gefallen zu lassen...

So falsch und ungerecht es war, dem Botschafter Untätigkeit zu unterstellen, der
tiefere Grund der Verstimmung lag weder darin noch in seiner Überempfindlichkeit:
In Wahrheit war der Vatikan dabei, den Dialog mit Moskau abzubrechen und sich
damit auch aus dem Wirkungskreis der deutschen Rußlandpolitik zu entfernen.

Mehr noch: «Vertraulich und persönlich» verständigte Herbert von Dirksen, der
Leiter der Ostabteilung im Auswärtigen Amt, am 23. März 1927 seinen Schwager
Diego von Bergen, den Vatikanbotschafter, daß die katholische Zentrumspartei
«...allmählich dahin wirken will, daß wir unsere bisherige Politik eines freundschaftlichen Zusammengehens mit Rußland aufgeben und den Anschluß an England suchen; ebenso scheint sich ein entschiedener Druck des Zentrums vorzubereiten, daß
wir eine politische Aussöhnung mit Polen anstreben sollen, vielleicht auf Kosten
nationaler Forderungen...»[6]

Als Vorzeichen solcher Wende nannte Dirksen unter anderem, daß die Zentrumspartei sich «völlig desinteressiert» gezeigt habe, als es um die finanzielle Rettung der «Mologa», des größten deutschen Konzessionsunternehmens in der Sowjetunion, ging. Auch die persönlichen Interessen ihres Exkanzlers Wirth habe die Partei dort einfach «fallenlassen».[7] – Im Grunde hatte man auch im Vatikan die Hoffnung auf Verständigung mit Moskau schon fallenlassen. Nicht daß der Papst eine «politische Front» mit England anstrebte – wie Tschitscherin bald schon wähnen würde –, doch die weltpolitischen Ereignisse, die sich im Frühjahr 1927 zutrugen, wirkten sich auf die vatikanische Einstellung zu Moskau aus:

Das britische Weltreich fühlte sich damals durch den Kommunismus in Asien, besonders in China, bedroht, während Stalin, der noch im Kampf mit Trotzki stand, im Frühjahr 1927 in China eine schwere Schlappe erlitt. Die nationalistische Kuomintang-Partei hatte sich nämlich (unter britischem Einfluß, wie man in Moskau zu wissen glaubte) plötzlich gegen ihre Verbündeten, die chinesischen Kommunisten, gewendet, sie vernichtend geschlagen und für die nächsten zwei Jahrzehnte fast außer Gefecht gesetzt. Motiv: Furcht vor der chinesischen Revolution, die Mao Tse-tung damals schon wollte – nicht aber Stalin, der auf Tschiang Kai-schek gesetzt hatte. Das wurde freilich erst viel später bekannt; in London sah man nur, daß die Leitung der Kommunistischen Internationale in Moskau Revolutionen schürte, während die Sowjetregierung von «friedlicher Außenpolitik» sprach. Eine plötzliche Hausdurchsuchung in der sowjetischen Handelszentrale «Arcos» in London förderte am 12. Mai 1927 ganze Lastwagenladungen kommunistischen Propagandamaterials und Beweise für Spionagetätigkeit zutage. Großbritannien brach darauf brüsk die diplomatischen Beziehungen zur Sowjetunion ab. In Moskau jedoch fühlte man sich plötzlich von West und Ost bedroht, ja eingekreist. Als am 7. Juni auch noch der sowjetische Gesandte in Warschau auf offener Straße ermordet wurde, bemächtigte sich der Sowjetführung eine geradezu panische Kriegsfurcht. Der Schreck der Bürgerkriegsintervention saß den Kremlführern noch in den Knochen.

Tschitscherin unterbrach seine Kur und eilte nach Berlin, um wenigstens die Deutschen auf einer sowjetfreundlichen Linie zu halten; Brockdorff-Rantzau kam aus Moskau mit dem gleichen Ziel und sprach sich bei dieser Gelegenheit auch mit Pacelli aus – etwas heftig, aber am Ende versöhnlich. So konnte das oben beschriebene, lange geplante Abend-«Frühstück» mit Tschitscherin beim Kammerherrn Ernst von Rantzau endlich zustande kommen.

In dieser Lage? Brockdorff-Rantzau und Reichsaußenminister Stresemann hielten es gerade jetzt für wichtig, den Vatikan aus der antisowjetischen Kampagne herauszuhalten, auch um Tschitscherins Furcht vor dem katholischen Polen etwas zu besänftigen. (Piłsudski sei ein «Romantiker und Abenteurer zugleich», sagte Tschitscherin besorgt zu Stresemann am 7. Juni.) Aber welche Stellung bezog der Vatikan in diesem Augenblick der internationalen Spannung und Nervosität? Der Bericht des bayerischen Vatikangesandten Ritter von Groenesteyn (*Geheimes Staatsarchiv München*, Päpstl. Stuhl, Fasz. 1009/MA 104467) zeigt es deutlich:

N. *68*   Rom, den 30. Mai 1927.

BAYERISCHE GESANDTSCHAFT
BEIM PAEPSTLICHEN STUHLE

B. Staatsministerium
d. Äussern

empf. 1 – JUN. 1927

..... Beil. *13276*

Betreff:

Abbruch der diplomatischen Beziehungen
zwischen England und Rußland.

            Der Herr Kardinalstaatssekretär hat sich zu mir
sehr erfreut darüber gezeigt, daß England die diplomatischen Beziehungen zu Rußland abgebrochen hat, und er sagte mir, daß er den Englischen Gesandten bitten werde, seine Regierung zu diesem Entschlusse zu beglückwünschen. Das
Unheil, das die bolschewistische Propaganda in schamloser
Weise überall in der Welt anrichte, indem sie den inneren
und äußeren Frieden gefährde, die Grundsätze der christlichen Moral untergrabe und Kirche und Religion bekämpfe,
nähme derartige Dimensionen an, daß man England allgemein
dafür dankbar sein müsse, dagegen energisch Stellung genommen zu haben. Freilich seien es für England in erster

Dieser Bericht, geschrieben fünf Tage nach dem dramatischen Bruch zwischen London und Moskau, signalisierte die Wende. Nicht nur Verständnis zeigte Kardinal Gasparri, er gratulierte sogar! Und am 9. Juni – fünf Tage vor der schon vereinbarten geheimen Begegnung Pacellis mit Tschitscherin – hieß es im *Osservatore Romano*, die Kirche habe längst den Abgrund des Bolschewismus erkannt, für den «Botschaften, Handelsdelegationen und Konsulate Zentren der Propaganda sind». Interessenkonkurrenz und politisches Kalkül hätten leider dazu geführt, daß man auf die Kirche nicht gehört habe – so klagte das Vatikanblatt, indes Kardinal Gasparri den bayerischen Gesandten belehrte: es sei gefährlich, «aus Opportunitätsgründen mit der derzeitigen russischen Regierung unter einer Decke zu spielen».[8]

Aber tat der Vatikan nicht selbst genau dies, als er wenige Tage später, am 14. Juni 1927, seinen Nuntius Pacelli zu jener geheimen Begegnung mit Tschitscherin in die Berliner Viktoriastraße entsandte?

«Jede Idee eines Kreuzzugs gegen Rußland halte ich für töricht und unsinnig. Er würde Rußland zusammenschweißen und Europa nur schwächen», rief Reichsaußenminister Stresemann am 15. Juni vor dem Völkerbund in Genf den Westmächten zu.[9] Tschitscherin hatte diese Erklärung noch in Berlin abgewartet. Als er dann, zwei Tage später, erleichtert nach Moskau zurückfuhr, nahm er von seiner ergebnislosen Begegnung mit Pacelli freilich einen zwiespältigen Eindruck mit. Einerseits zeigte die Tatsache dieses Gesprächs, daß der Vatikan noch keineswegs alle Brücken abbrechen wollte und auch keine unmittelbaren «Kreuzzugs»-Gedanken hegte, andererseits verfestigte der Verlauf der Begegnung in Tschitscherin doch den Verdacht einer «vatikanisch-britischen Annäherung». Kaum war Graf Brockdorff-Rantzau vom Urlaub im August wieder nach Moskau zurückgekehrt, bekam er dies von Tschitscherin zu hören,[10] ja der sowjetische Außenkommissar gab gegenüber dem befreundeten deutschen Botschafter zu, daß ein anderes spektakuläres Ereignis dieses Sommers als direkte Antwort darauf zu verstehen war: eine plötzliche Loyalitätserklärung des orthodoxen Patriarchatsverwesers Sergius, den die Sowjets im Frühjahr aus der Haft entlassen hatten.

«Wir wollen orthodoxe Christen sein und zur gleichen Zeit die Sowjetunion als unser irdisches Vaterland anerkennen… Jeder Schlag gegen die Sowjetunion, ob Krieg oder Boykott, jedes öffentliche Unglück und selbst ein Mord an einer Straßenecke – wie kürzlich in Warschau – wird von uns empfunden, als wäre er gegen uns selbst gerichtet», hieß es in einem Hirtenbrief des Metropoliten Sergius vom 29. Juli 1927.[11] Sergius nutzte die internationale Spannung und die Kriegsfurcht des Kreml als Chance, um seiner Kirche Atemluft zu verschaffen, indem er sich patriotisch nützlich machte. Die Erwähnung des Mordes am sowjetischen Gesandten in Polen – als einziger konkreter Hinweis – enthielt zugleich den antikatholischen Stachel. Ein anderer Kernsatz des Hirtenbriefes konnte sogar als Anspielung auf d'Herbignys unglückliche Geheimaktion verstanden werden: Nur «weltfremde Träumer» könnten sich vorstellen, daß eine große Kirche innerhalb eines Staates bestehen könne, «indem sie sich vor den Augen der Obrigkeit verbirgt», schrieb Sergius.

Mit dieser Erklärung des Metropoliten, die in aller Welt Aufsehen erregte, sei «die orthodoxe Kirche auf ihre eigenen Füße gekommen», erläuterte Tschitscherin den Vorgang gegenüber dem deutschen Botschafter.[12] Der Vatikan könne nun nicht mehr hoffen, diese «verlorenen Schäflein» zu gewinnen, und habe einsehen müssen, daß «die Sowjetunion seine Geschäfte nicht besorge»; deshalb sei der Vatikan nun «zu den schärfsten Mitteln» übergegangen und versuche die Sowjetunion «politisch zu bekämpfen», meinte Tschitscherin und fügte hinzu: So sei auch die Annäherung des Vatikans an die britische Regierung zu erklären.

Brockdorff-Rantzau drehte darauf den Spieß um: «Vielleicht könnte ein gewisses Entgegenkommen der hiesigen Regierung dem Heiligen Stuhl gegenüber der Annäherung zwischen Rom und London den Boden entziehen!» Auch deutsche katholische Kreise seien ja über den Stand der vatikanisch-sowjetischen Beziehungen beunruhigt.

Tschitscherin erwiderte darauf – «ohne Gereiztheit», wie der Botschafter bemerkte –:

«Die Sowjetregierung ist nach wie vor bereit, mit dem Vatikan zu verhandeln; sie beabsichtigt allerdings nicht, ein Konkordat abzuschließen, ist aber nicht abgeneigt, ein Zirkular mit Rom zu vereinbaren…» Entsprechende Vorschläge seien vor etwa einem Jahr übergeben worden, Pacelli habe ihm in Berlin eine Antwort zugesagt, die jedoch noch immer ausstehe. Wenn die Sowjetregierung fast ein Jahr «keiner Antwort gewürdigt» werde, könne sie nicht von sich aus versuchen, neue Verhandlungen anzuknüpfen.

Brockdorff-Rantzau schilderte dieses Gespräch mit Tschitscherin in einem ausführlichen Geheimbericht vom 29. August 1927. Ob und was davon Pacelli weiterzugeben sei, wollte er dem Auswärtigen Amt überlassen; er wolle keine unerbetenen Ratschläge erteilen und verspüre auch keine Neigung, zur Nachgiebigkeit oder gar Versöhnlichkeit zu raten, schrieb der Botschafter, der nun offenkundig skeptischer geworden war.

«Nur auszugsweise und mündlich» übermittelte Graf Zech vom Auswärtigen Amt am 8. September dem Berliner Nuntius die Tschitscherinschen Äußerungen. Dabei verschwieg Zech alle polemischen Bemerkungen Tschitscherins, so daß Pacelli nur die sowjetische Verhandlungsbereitschaft und das Drängen auf Beantwortung der Note vom September 1926 zu hören bekam.[13]

Pacelli leugnete nicht, daß die formelle Antwort aus Rom an die Sowjets noch ausstand; er hatte sie nach seinem Berliner Gespräch mit Tschitscherin angemahnt. (Freilich hatten ja auch die Russen den Vatikan 1925/26 ein Jahr lang warten lassen!) Vielleicht glaube man jetzt in Rom, «es sei doch nichts zu machen», sagte der Nuntius im Gespräch mit Zech; inzwischen seien ja Nachrichten eingelaufen, die die Behandlung der Katholiken dort «in so schwarzen Farben schildern».

«Ich hatte den Eindruck, daß Pacelli an die von ihm vorgebrachte Begründung… selbst nicht glaubt. Vielmehr gewinnt nach meiner Unterhaltung mit Pacelli die

Tschitscherinsche These von einem englisch-vatikanischen Bündnis gegen Rußland bei mir an innerer Wahrscheinlichkeit», schrieb Zech noch am gleichen Tag in einem Privatbrief.[14] «Ich habe Pacelli allerdings als meine persönliche und ganz private Ansicht sehr deutlich gesagt, daß das Ignorieren der russischen Vorschläge mir als Taktik nicht recht verständlich sei. Jedenfalls würde auf diese Weise weder das Los der Katholiken in Rußland noch die Stellung des Vatikans bei einer eventuellen Pressediskussion über die Behandlung der Katholiken in Rußland verbessert werden.»

Die Halbwahrheit vom «vatikanisch-englischen Bündnis» geisterte durch die diplomatischen Papiere. Das vatikanische Staatssekretariat konnte sie schon deshalb als «erfunden» bezeichnen,[15] weil es in der Tat keine antirussischen «Abreden» (worüber?) zwischen der päpstlichen Kurie und der Londoner Regierung gab, sondern nur eine Gemeinsamkeit in der Beurteilung der Kommunistischen Internationale und der schlechten Aussichten, mit deren Moskauer Leitung ins reine zu kommen. Die freundschaftlichen Beziehungen, die Michel d'Herbigny in Moskau zum französischen Botschafter Jean Herbette angeknüpft hatte, machen es überdies wahrscheinlich, daß Herbettes Lagebeurteilung auch im Vatikan bekannt war und Einfluß ausübte. Herbette jedoch war im August 1927 der Meinung, daß die Sowjetführung unter «Verfolgungswahn» litt; aber gerade weil Stalin jetzt von der «Unvermeidbarkeit des Krieges» redete, riet Herbette davon ab, dem Beispiel Englands zu folgen: «Ich kann mich nicht davon überzeugen, daß die diplomatische Räumung Rußlands das beste Mittel darstellen soll, der Sowjetregierung zu imponieren... Im Grunde bedeutet Abbruch auch Zurückweichen...»[16]

Deshalb auch hat der Vatikan das sowjetische «Zirkular» schließlich doch nicht «ignoriert» (wie der Ostberliner Historiker Eduard Winter fälschlich behauptet hat).[17] Auch hat Pacelli gewiß nicht geglaubt, «durch Kampf mehr als durch Verhandlungen ohne Druck» erreichen zu können. Womit hätte die römische Kurie auf Moskau «Druck» ausüben können?! Sie saß in jedem Fall am kürzeren Hebel; nicht zuletzt aus diesem Grund hatte Pacelli immer wieder Gespräche angeregt und war zu vertraulichen Begegnungen entsandt worden. Auch jetzt, Anfang September 1927, war es Pacelli, der in seinen Berichten nach Rom zu einem letzten Versuch riet. Gewiß, der Papst selbst versprach sich davon wenig; etwas widerwillig gab er, wie Kardinal Gasparri in einer Audienznotiz festhielt, die Anweisung, man möge nun dem sowjetischen Beispiel folgen und «das Maximum verlangen».[18] Doch das «Maximum» dieses letzten vatikanischen Vorschlags sieht eher wie ein «Minimum» aus, wenn man das politische Zugeständnis, mit dem es verbunden wurde, in Rechnung stellt.

Nuntius Pacelli eröffnete nämlich am 6. Oktober 1927 dem sowjetischen Botschafter Krestinski in Berlin,

«...daß der Heilige Stuhl bereit ist, Einwänden politischer Natur Rechnung zu tragen, welche die russische Regierung gegen Kandidaten für das bischöfliche Amt haben könnte, und bittet
a) Seminare eröffnen,

b) der Regierung genehme Geistliche nach Rußland senden,
c) diese Geistlichen und ihre Arbeiten unterstützen zu dürfen.»[19]

Allzu spät kam dieser letzte Vorschlag – und man ahnte es im Vatikan. Wäre allerdings der Wortlaut dieser Verbalnote öffentlich bekannt geworden, hätte sich wahrscheinlich mancher Schrei ungläubiger Entrüstung erhoben. Nicht anders als heute sahen auch damals Kirchenkreise, die sich konservativ dünkten, ihre idyllische Vorstellung von einer geradlinig marschierenden «Ecclesia militans» nur ungern durch das Bild einer weltklugen Kirche gestört, die letztlich stets realpolitisch-pastoral denkt, auch wenn sie nicht immer konsequent so handelt.

Bruch mit Stalin – Hoffnung rechts?

Wieder fährt vor dem Hause Viktoriastraße 34 in Berlin ein dunkles Automobil vor, wieder entsteigt ihm ein dunkelgekleideter Mann, groß, schmal, mit goldgeränderter Brille, der schnell im Hauseingang verschwindet. Doch an diesem 8. September 1928 begegnet Nuntius Pacelli in der Wohnung der Herren von Rantzau keinem sowjetischen Politiker: Er will dem Kammerherrn Ernst sein Beileid zum Tode des Zwillingsbruders aussprechen. Ulrich Graf von Brockdorff-Rantzau ist an diesem Tage einem tückischen Kehlkopfkrebs erlegen. Der Botschafter der deutsch-sowjetischen Verständigung, der Vermittler zwischen Vatikan und Moskau, ist tot.

Die Sowjetregierung hat ihren Berliner Geschäftsträger Bratmann-Brodowski angewiesen, daß er – abweichend von der eisernen atheistischen Regel, die damals für Sowjetdiplomaten galt – am Trauergottesdienst für den Botschafter teilnehmen soll. Pacelli hingegen hat gegenteilige Instruktionen; leider sei es ihm als katholischem Bischof nicht erlaubt, dem Ritus in der evangelischen Dreifaltigkeitskirche beizuwohnen, erklärt er; doch wolle er nicht versäumen, dem Manne, der sich so sehr für die Interessen des Heiligen Stuhles in Moskau eingesetzt habe, wenigstens privat die letzte Ehre zu erweisen…

«Der Nuntius trat vor den verschlossen Sarg, der in der Wohnung aufgebahrt war, und verrichtete ein stilles Gebet», erinnerte sich Andor Hencke, der Sekretär Brockdorff-Rantzaus.[20] «Ich begleitete ihn dann zu Fuß durch den Tiergarten bis zur Nuntiatur in der Rauchstraße, und Pacelli befragte mich über die Lage in Rußland…»

Das Gespräch ist so düster wie dieser Herbsttag. Tschitscherin, ein Jahr vorher noch halbwegs gutwilliger Gesprächspartner, sitzt nun seit Monaten wieder in Wiesbaden, nicht nur zucker-, auch gemütskrank. Andor Hencke weiß zu berichten – und Pacelli überrascht es nicht sehr –, daß Tschitscherin dem Kommunismus, wie ihn Stalin jetzt praktiziert, fremd gegenübersteht; daß sich der Außenkommissar früher schon in vertraulichen Gesprächen mit Brockdorff-Rantzau so äußerte, daß der Botschafter besorgt war: «Hoffentlich redet er so offen mit keinem anderen!» Jetzt gibt es sogar Anzeichen, daß Tschitscherin nicht mehr nach Moskau zurück möchte. Als ihn Freunde dann doch zur Rückkehr bewegen, wird er kaltgestellt, verbringt seine letzten Lebensjahre als ärmlicher Pensionär mit eigenen Klavierkompositionen und Mozartschallplatten, bis er im Juli 1936 stirbt – kurz vor den mörderischen Schauprozessen, die Stalin gegen alte Bolschewiken inszenierte…

Seit Herbst 1927 war Stalins Kampf um die Alleinherrschaft entschieden. Im November wurden Trotzki und Sinowjew aus der Partei ausgeschlossen. Auf dem XV. Parteikongreß, Anfang Dezember, leitete Stalin die radikale Zwangskollektivierung der Landwirtschaft ein, die den eigentlichen Auftakt zu seinem Terrorregime bildete.[21] Nun konnte er auch nicht mehr «die Kirche im Dorf lassen». In einem Interview klagte er die «reaktionäre Geistlichkeit» an, die Gemüter der Massen zu vergiften: «Das einzig Bedauerliche ist, daß sie [die Geistlichen] nicht ganz liquidiert worden sind.» Und vor dem Kongreß forderte er, jede Müdigkeit beim antireligiösen Kampf zu überwinden.[22] Frankreichs Botschafter Herbette, der den Parteikongreß genau analysierte, berichtete am 10. Dezember über die Kremlführer: «Sie bereiten sich auf Abenteuer vor… Ich bin aber nach wie vor überzeugt, daß wir die Beziehungen zu Rußland nicht abbrechen dürfen… Kein Kirchenbann vermag einen Menschen zu töten, keine Mauer vermag einer Idee Einhalt zu gebieten…»[23]

In diesen Tagen faßte Papst Pius XI. einen Entschluß, den er am 16. Dezember 1927 seinem Kardinalstaatssekretär Gasparri mitteilte:[24]

> «Solange die Verfolgung in Rußland andauert, kann mit den Sowjets nicht mehr verhandelt werden.»

Moskau hatte ohnehin auf den letzten lakonischen Vorschlag aus Rom, den Pacelli im Oktober übermittelte, nicht mehr geantwortet. Die Sowjets hatten vielmehr begonnen, dem Vatikan die bittere Rechnung für d'Herbignys Geheimaktion zu präsentieren:

Bischof Sloskans, den die Zeitungen monatelang als «Agenten Polens und Piłsudskis» verdächtigt hatten (er war lettischer Nationalität!), wurde am 16. September 1927 in Minsk verhaftet. Sein Untersuchungsrichter in Moskau namens Rybkin machte schon beim Verhör in der Lubianka gar keinen Hehl aus den eigentlichen Gründen:[25]

> «Die katholische Kirche beschäftigt sich mit Politik, sie will keine legalen Beziehungen zur Sowjetregierung. Beweis: Nach dem kanonischen Recht sind alle exkommuniziert, die ihre Kinder in atheistische Schulen schicken, also in sowjetische. Die katholische Kirche hat einen Staat im Sowjetstaat geschaffen. Ein katholischer Bischof reist in seiner Diözese umher ohne Wissen der Regierung und versetzt Pfarrer, ohne um Erlaubnis zu fragen…»
> «Ist das verboten?» fragte Sloskans.
> «Nein, aber man muß die Wünsche der Regierung in Rechnung stellen. Alle anderen Konfessionen stimmen ihre Aktionen mit der Regierung ab, nur die katholische Kirche widersetzt sich ständig den Sowjets. Also wird man sie bis zur Unterwerfung oder völligen Zerstörung verfolgen. Wenn der Papst zu ihren Gunsten etwas schreiben würde, könnte man Konzessionen machen, doch der Papst verhält sich nur feindlich… Aber wir

werden nicht in den Fehler der Französischen Revolution verfallen und die Priester als Priester anklagen, wir werden bei ihnen immer ein Delikt gegen den Staat zu finden wissen...»

Wie das praktisch aussah, hatte Bischof Sloskans erlebt: Die Polizei selbst hatte in seiner Abwesenheit militärische Landkarten in seiner Wohnung versteckt und dann «gefunden»; der Untersuchungsrichter gab das unverblümt zu. Ihm ging es vor allem darum, durch Sloskans etwas über die Hintergründe des vatikanischen Verhaltens zu erfahren. Um den Bischof geneigt zu machen, belieferte er ihn sogar mit religiöser Literatur[26] und schlug ihm – vergebens – vor, eine russische Übersetzung des «Codex Iuris Canonici» anzufertigen. Später, als Sloskans ohne Prozeß zu drei Jahren Straflager auf den Solowjezki-Inseln verurteilt war, erfuhr er durch einen GPU-Funktionär, daß sein Urteil auf Militärspionage («Paragraph 58/6») lautete. «Aber Sie können ganz ruhig sein», fügte der Beamte hinzu, «wenn Sie wirklich ein Spion gewesen wären, hätte man Sie nicht so milde verurteilt, man hätte Ihnen einen großen Prozeß gemacht, Sie hingerichtet oder zu mindestens zehn Jahren Lager verurteilt.»

So geschah es im Falle des Prälaten Teofil Skalski, des Apostolischen Administrators, den d'Herbigny für Schitomir eingesetzt hatte.[27] Skalski wurde nach einem längeren Verfahren am 27. Januar 1928 zu zehn Jahren Haft verurteilt, nachdem er zugegeben hatte, daß mit seinem Wissen katholische Priester illegal die polnisch-sowjetische Grenze überschritten und daß er diesen ohne Genehmigung Pfarrstellen zugeteilt hatte. Vom Spionagevorwurf, der ebenfalls erhoben worden war, hörte man jedoch plötzlich nichts mehr. Warum? Einer Bitte der *polnischen* Gesandtschaft in Moskau entsprechend (!), wurde der Prozeß unter Ausschluß der Öffentlichkeit geführt.

Aus Odessa meldete das deutsche Konsulat, daß Bischof *Alexander Frison* am 1. Mai 1928 – der Instruktion d'Herbignys folgend – von Simferopol nach Odessa übersiedeln wollte, um sein Amt als Apostolischer Administrator zu übernehmen. Doch die GPU habe ihn daran «im letzten Augenblick» gehindert.[28] Eineinhalb Jahre später wurde er verhaftet «unter dem Vorwand, geheim zum Bischof geweiht worden zu sein». (Siehe Faksimile des Gasparri-Briefes an Bergen, Seite 128). Ob Bergen die Güte hätte, seinen Schwager Dirksen, der jetzt deutscher Botschafter in Moskau war, «für die Freilassung des *ohne jeden Grund* festgehaltenen Monsignore Frison zu interessieren», bat der Kardinalstaatssekretär. Doch solche Versuche waren seit dem Tode von Brockdorff-Rantzau auch deshalb zum Scheitern verurteilt, weil seitdem jeder Gesprächskontakt zwischen Rom und Moskau abgebrochen war und weil der Papst nicht nur seinen ostpolitischen Kurs verändert, sondern zugleich begonnen hatte, sich mit einer anderen Diktatur zu verständigen: der faschistischen in Italien. Etwa zur gleichen Zeit, in der die Kontakte zwischen dem Vatikan und den Sowjets allmählich versandeten und der Päpstliche Nuntius in Berlin seine letzten erfolglosen Versuche unternahm, führte sein Bruder, der Advokat Francesco Pacelli, im Auftrag des Heiligen Stuhls Geheimverhandlungen mit einem Vertreter Mussolinis. Während

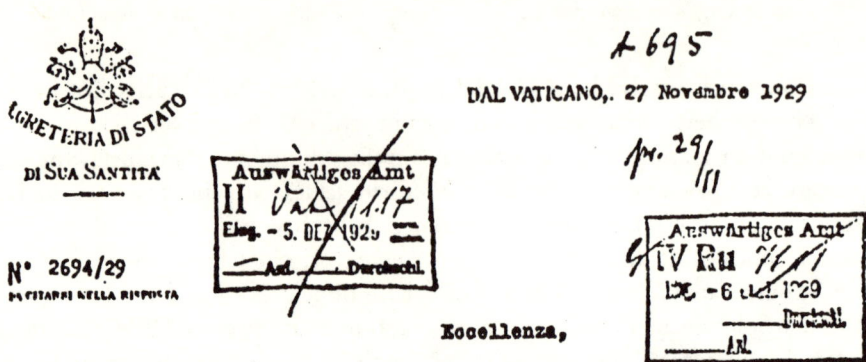

SEGRETERIA DI STATO
DI SUA SANTITÀ

N° 2694/29
SI CITARSI NELLA RISPOSTA

A 695

DAL VATICANO, 27 Novembre 1929

Eccellenza,

    Il Rev.mo Prof. Dr. Pietro Pal di Jassy in Romania, a mez-
zo della Nunziatura Apostolica di Berlino, ha fatto pervenire
alla Santa Sede la dolorosa notizia che Monsignor Alessandro
Frison, verso il principio di questo mese, è stato arrestato
dai Soviety e deportato in luogo finora sconosciuto, sotto pre-
testo che fu consacrato segretamente Vescovo.

    Essendo attualmente Ambasciatore di Germania in Mosca l'Ec-
cellentissimo Signor Von Dirksen, cognato dell'Eccellenza Vostra, Le sarei veramente grato se Ella avesse la bontà d'in-
teressare personalmente il menzionato Ambasciatore alla libera-
zione del suddetto Monsignor Frison, detenuto senza alcun fon-
damento.

    Nell'anticiparLe, Signor Ambasciatore, i miei ringraziamenti
per quanto avrà modo di fare al riguardo, ho l'onore di profit-
tare dell'opportunità per esprimere all'Eccellenza Vostra i
sensi della mia più alta e distinta considerazione.

P. Card. Gasparri

A Sua Eccellenza
IL SIGNOR DR. DIEGO VON BERGEN
Ambasciatore di Germania presso la
    Santa Sede

Brief Kardinal Gasparris an Botschafter von Bergen

die Forderungen (und Hoffnungen) in der Rußlandpolitik der Kurie immer mehr
zurückgeschraubt werden mußten, kam sie in den Gesprächen mit den Faschisten der
Erfüllung ihrer Maximalwünsche immer näher. Als am 11. Februar 1929 schließlich
die Lateranverträge «im Namen der Heiligsten Dreieinigkeit» (wie es in der Präambel
hieß) unterzeichnet wurden, konnte der Papst zwei Tage später den faschistischen
«Duce» als den Mann preisen, «mit dem Uns die Vorsehung begegnen ließ».[29] Mussolini hatte – trotz seiner areligiösen, antiklerikalen Grundeinstellung – den fast sech-
zig Jahre alten Gordischen Knoten der «römischen Frage» zerschlagen: Er bestätigte
die katholische als «einzige Staatsreligion» mit allen Konsequenzen und gab den Päpsten wenigstens symbolisch einen Miniaturkirchenstaat zurück: die Vatikanstadt.

Den Vorwurf, der Papst habe sich nun doch mit einer «revolutionären Bewegung»
eingelassen, wies Pius XI. mit der seltsam naiven Bemerkung zurück: «Aber diese
Revolution [Mussolinis] ist legal, unter Aufsicht des Königs vor sich gegangen!»[30]

«Daß gerade den Gläubigsten bei solchen Transaktionen ein bitterer Geschmack
im Munde bleibt, ist weder neu noch unlogisch», schrieb in jenen Tagen Alcide De
Gasperi, der als Generalsekretär der aufgelösten Katholischen Volkspartei 1927 zu
vier Jahren Gefängnis verurteilt worden war und nun als Karteikartenschreiber in der
Vatikanbibliothek ein Gnadenbrot bekam. «Der Abschluß ist ein Erfolg des Regimes,
aber aus welthistorischer Sicht ist er eine Befreiung der Kirche… Einem Mussolini,
der am Bronzetor anklopfte, konnte der Papst nicht anders als öffnen… Die Gefahr
liegt eher in der konkordatären Politik… Das Konkordat ist *eine* Sache, die Übereinstimmung (*la concordanza*) eine andere… In diesem Augenblick weht eine Luft von
mittelalterlichem Romantizismus… Aber die Realität des 20. Jahrhunderts wird sich
bald bemerkbar machen, die großen Massen werden wieder auf der Szene erscheinen:
Hoffen wir, daß die Männer der Kirche sie nicht aus der Sicht verlieren, denn sie sind
die Realität von heute und morgen…»[31]

De Gasperi, der Mann, der 15 Jahre später als christdemokratischer Regierungschef
den antifaschistischen Verfassungskompromiß mit den italienischen Kommunisten
schloß, ohne sie an die Macht zu lassen, hat in diesem Brief über seine eigene Melan-
cholie hinweg das Grundproblem päpstlicher Politik gegenüber den modernen Diktaturen objektiv erkannt und verstanden. Als Pius XI. bald darauf Ärger mit den
Faschisten hatte, rief er in einer Rede:

> «Wenn es darum ginge, einige Seelen zu retten, größere Übel zu verhindern, würden Wir
> auch den Mut haben, mit dem Teufel in Person zu verhandeln.»[32]

Mussolini war wütend über diesen wenig schmeichelhaften Vergleich. Aber dies war
und blieb die Position, die auch die vatikanische Ostpolitik dieses Jahrhunderts –
widerspruchsvoll und doch unvermeidlich – bestimmte. 1928/29 wirkte dabei ein verhängnisvoller Trugschluß mit, dem freilich nicht nur die Papstkirche unterlag: Kaum
jemand erkannte nämlich damals, daß die «diabolischen» Formen, die der Kommunismus in der Sowjetunion Stalins immer heftiger entwickelte, gar nicht mehr Aus-

druck weltrevolutionärer Absichten waren, daß vielmehr der innenpolitische Terror Stalins das Zeichen seines langfristigen Verzichts auf außenpolitische Abenteuer war, der Ausdruck einer Selbstisolierung. Sie ermöglichte – unter dem angeblichen Druck «kapitalistischer Einkreisung» – die Anwendung härtester Zwangsmethoden zum Aufbau der Großmacht Sowjetunion. Sie begünstigte aber auch den Aufstieg von Faschismus und Nationalsozialismus in Europa, jener rechts-totalitären Bewegungen, die sich – auch der Kirche – als «Ordnungshüter» gegen kommunistische Bedrohung empfahlen. In Wirklichkeit haben dann *sie* – «gottgläubig», aber unmenschlich – die europäische Ordnung umgestürzt und dem Sowjetkommunismus zur Weltmacht-Bedeutung verholfen.

«Der Faschismus ist eine ungeheure, aber auch befristete Macht. Was wird das Papsttum beginnen, wenn sie einmal zusammenbricht?» fragte Carl von Ossietzky in der Berliner *Weltbühne* am Tage der Unterzeichnung der Lateranverträge; Mussolini, dieser «frühere Marxist», wisse, daß die «klassenmäßigen Gruppierungen» auch nach der Kirche greifen, und man könne «der Klugheit der römischen Diplomatie zutrauen, daß sie auch ohne Marxismus zu ähnlichen Erkenntnissen gekommen ist». Als die *Germania*, das Blatt der deutschen katholischen Zentrumspartei,[33] bald nach den Lateranverträgen zu berichten wußte, nun werde dergleichen auch zwischen dem Vatikan und den Sowjets sondiert, fragte die deutsche Botschaft in Moskau nach und erhielt von Litwinow eine ziemlich klare Auskunft:

> «…daß die Sowjetregierung keine Absicht habe, in Verhandlungen mit dem Vatikan einzutreten, da derartige frühere Versuche die Aussichtslosigkeit solchen Gedankenaustausches gezeigt hätten. Herr Litwinow sagte, daß keine dritte Macht den Versuch einer Vermittlung zwischen Sowjetregierung und Vatikan unternommen habe, behauptete aber, daß letzterer nach Abschluß seiner Verständigung mit Italien durch private Mittelspersonen bei der Sowjetbotschaft am Quirinal Fühler ausgestreckt habe; dem Vermittler sei aber bedeutet worden, daß die Sowjetregierung in Verhandlungen nicht eintreten wolle.»[34]

«Verschiedene Telegraphen-Agenturen in Europa und Amerika haben die Nachricht von bevorstehenden Verhandlungen der Regierung der UdSSR mit dem Heiligen Stuhl zum Zwecke der religiösen Befriedung in der UdSSR verbreitet.» So begann eine vom Kardinalstaatssekretär redigierte Notiz im *Osservatore Romano* vom 7. April 1929. Es sei zwar zu wünschen, daß die Sowjetregierung auf religiöse Verfolgung verzichte, doch «in informierten Kreisen des Vatikans weiß man davon bisher nichts», im Gegenteil: allein im März seien in Weißrußland vierzehn katholische Geistliche verhaftet worden…

Es ist nicht ausgeschlossen, daß eine der «privaten Mittelspersonen», von denen Litwinow sprach, jener Geistliche Viktor Bede war (siehe Seite 60), der 1924, durch seine «Gespräche mit Lenin», die er in der Vatikanzeitung beschrieb, Aufsehen erregt hatte. Bede meldete sich nun am 8. August 1929 im *Oberschlesischen Kurier* (Königshütte/Chorzów) mit der Mitteilung, er wolle versuchen, «zur Berichterstattung über die religiösen Verhältnisse» als Journalist in die Sowjetunion zu fahren, um so die seit d'Herbignys Ausweisung abgerissenen Fäden «zunächst ganz unverbindlich und ganz inoffiziell» wieder anzuknüpfen. Auch die Lösung der «römischen Frage» zwischen Vatikan und faschistischem Italien habe man ja früher als unmöglich bezeichnet, während er, Bede, sie lange vorher prophezeit habe. So sicher sei er zwar im Falle Moskaus nicht, doch den Sowjets müsse die Anerkennung durch den Heiligen Stuhl noch immer erwünscht sein, meinte Bede und schwärmte von einer «Allianz zwischen Kommunismus und der größten moralischen Macht, dem Papsttum». Als Fernziel sah er den Einzug katholischer Mönche als «Vorbilder des wahren Kommunismus» im Sowjetland…

Solche Phantasien des damals sechzigjährigen Bede wurden gewiß nicht mit einem sowjetischen Einreisevisum «belohnt». Sie wären auch kaum der Erinnerung wert, wenn sie nicht vom katholischen Zentrumsorgan *Germania*, das Bede eine «erstaunliche politische Gewandtheit» bescheinigte, ganz ernst genommen worden wären. Am 22. August 1929 sah sich der Vatikan genötigt, im *Osservatore Romano* offiziell Stellung zu nehmen:

> «Der Artikel von Hochwürden Bede, der auf unbegründeten Optimismus gestimmt ist, enthält so ungewöhnliche Meinungen und Überlegungen, daß wir uns nicht damit aufhalten wollen, sie zu diskutieren, denn das wäre Zeitverschwendung. Wir wollen auch darüber hinweggehen, daß ihm die Zeitung gratis den Titel Monsignore zuschreibt sowie einen Auftrag, den keine kirchliche Behörde sich je träumen ließ, ihm anzuvertrauen; doch wir können nicht unsere Überraschung verbergen, daß eine katholische Zeitung wie die *Germania* einen solchen Artikel mit einem Kommentar wiedergibt, der Sympathien auf einem äußerst gefährlichen Gebiet befürchten läßt.»[35]

Das war freilich ein ganz falscher Verdacht. Die katholische Zentrumspartei, die seit Dezember 1928 von Monsignore *Ludwig Kaas*, dem engsten Berater und Freund des Berliner Nuntius Pacelli, geführt wurde, hatte sich bereits von der alten «Rapallopolitik» und Rußlandfreundlichkeit abgewendet. Kaas hatte statt dessen im Juni 1927 – zum lebhaften Befremden des Auswärtigen Amtes[36] – einen Ausgleich mit Polen befürwortet und angeregt, die umstrittene deutsch-polnische Grenze durch eine gemeinsame Verwaltung des polnischen Korridors «unsichtbar» zu machen. Kein Wunder also, daß man gerade aus Oberschlesien, wo man besonders empfindlich gegen «propolnische Töne» war, den Artikel Bedes in die *Germania* lancierte; er bildete sozusagen Munition in einer innerparteilichen Auseinandersetzung, die im Grunde schon entschieden war.

Prälat Kaas rief auf dem Freiburger Katholikentag 1929 nach einem «Führertum großen Stils», während sein linker Widerpart, der einstige Rapallokanzler Wirth, vor den «Vorboten des Faschismus» warnte. Doch Kaas sah die Rettung aus dem Parteienstreit, in dem sich die Weimarer Republik zerrieb, eher rechts. Boshaft kommentierte Carl von Ossietzky: «Herrn Doktor Wirth hat die Parteileitung schon lange den demokratischen Schellenbaum entwunden und ihm dafür die stille Opferkerze in die Hand gedrückt.»[37] Die Zeit, in der Berlin als verschwiegener Schauplatz von

Kreml-Vatikan-Kontakten diente und die deutsche Diplomatie «gute Dienste» dafür leistete, war zu Ende.

Guten Gewissens konnte der Vatikan jetzt, im Oktober 1929, Meldungen, wonach Pacelli und der Sowjetbotschafter Krestinski verhandelten, als «rein erfunden» bezeichnen;[38] daß die beiden Diplomaten vorher jahrelang in Kontakt waren, wußte die Öffentlichkeit nicht; jetzt, da der Draht abgeschnitten war, konnte man seine Existenz leicht dementieren. Dabei gab es selbst jetzt noch rührend-hilflose Kontaktversuche: Der unglückliche Rußlandfahrer Pater Schweigl SJ begab sich Anfang August 1929 mit schriftlichem Auftrag Pius' XI. in die Sowjetbotschaft in Rom und bat die Russen, wissenschaftliche Publikationen der Vatikanischen Sternwarte an das sowjetische astronomische Zentrum in Nischnij-Nowgorod (Gorki) weiterzuleiten. Höflich wurde Schweigl jedoch auf den Postweg verwiesen, wie er in einer Aktennotiz vom 14. August 1929 vermerkt (*Neveu-Nachlaß*). Am nächsten Tag verkündete der Papst die Gründung seines Russischen Kollegs (Russicum) mit einer Erklärung, in der von «teuflischen Schlingen» die Rede ist, von denen die Sowjetunion so umstellt sei, daß… «…menschlich gesprochen gar keine Hoffnung besteht, daß sich die Dinge in kurzer Zeit zum Besseren wenden.»[39]

Ende 1929 legte sich die Weltwirtschaftskrise auf die Gemüter der Menschen; allenthalben wuchs zugleich die Furcht vor der «roten Gefahr», und ein biederer bayerischer Pfarrer fragte im Titel einer antikommunistisch-antisemitischen Broschüre: «Wann beginnt bei uns die Blutherrschaft des Satans?»[40] Von einer «dunklen, kampfgeladenen Zukunft» sprach auch Eugenio Pacelli in der Ansprache, mit der er sich Ende Dezember 1929 von Berlin verabschiedete, um bald schon in Rom als neuer Kardinalstaatssekretär, zehn Jahre später als Papst, das Steuer zu ergreifen. Prälat Kaas schrieb ihm diese Ansprache, in der auch vom «*verschärften Geisteskampf* mit einer sich immer offener gegen Christi Königtum auflehnenden Umwelt» die Rede war.[41] Stalin gab damals die Parole vom *verschärften Klassenkampf* aus…

Missionarische Kampfrufe:
atheistisch aus Moskau, «unpolitisch» aus Rom

«Wir müssen so arbeiten, als ob uns Rußland in kurzer Zeit schon offenstünde!» rief Michel d'Herbigny in einer Festansprache, als am 11. Februar 1928 unweit der Piazza Santa Maria Maggiore in Rom der Grundstein zum «Russicum», dem Päpstlichen Russischen Kolleg, gelegt wurde. Hier würden nun künftig Priester ausgebildet, die dazu bestimmt seien, in der Zukunft den christlichen Glauben jener 140 Millionen Menschen zu erneuern, die zwischen Ostsee und Schwarzem Meer «zur Einheit der wahren Kirche Christi» zurückzuführen seien. D'Herbigny sprach nicht von den politischen Voraussetzungen, doch wenn man seiner pathetisch vorgetragenen Vision folgen wollte, konnte man glauben, die «Missionierung Rußlands», auf die man schon zehn Jahre vorher – nach dem Zusammenbruch des Zarenreiches – so viel trügerische Hoffnungen gesetzt hatte, sei nun plötzlich wieder aktuell geworden. Katholische Missionare würden eines Tages «von Asiens Norden her südwärts vordringen» und dann gemeinsam mit dem einheimischen, vom orthodoxen zum katholischen Bekenntnis übergetretenen Klerus «die noch heidnischen Völker erleuchten». Das sei ein großer Plan, der sich freilich auf Jahrhunderte erstrecke…[42]

Kein Zweifel, der Papst hatte sich – nachdem er Ende 1927 mit seinem «diplomatischen Latein» gegenüber den Sowjets am Ende war – für eine neue schwärmerische Konzeption d'Herbignys gewinnen lassen. Wieweit hinter ihr die falsche Erwartung oder Vermutung stand, Stalin werde mit seinem innenpolitischen Terror den Sowjetstaat zugrunde richten oder in tödliche außenpolitische Abenteuer verwickeln, läßt sich genau nicht feststellen; mitgewirkt hat dieser Gedanke gewiß. D'Herbigny, der als geheimnisvoller Rußlandreisender nun mit manchen Erzählungen herausrückte und sich mit der Aura des maßgebenden Experten umgab, wurde allmählich einer der engsten, wenn auch in der Kurienhierarchie nicht eingeordneten Mitarbeiter Pius' XI.

Das Loyalitätsbekenntnis des Moskauer Patriarchatsverwesers Sergius gegenüber der Sowjetführung hatte unter den westeuropäischen russischen Emigranten eine Welle der Empörung und nicht wenige Konversionen zur katholischen Kirche ausgelöst. Der Papst schickte deshalb im gleichen Sommer 1927 seinen «Ostexperten» d'Herbigny auf eine große Erkundungs- und Werbereise zu fast allen außerhalb der Sowjetunion lebenden orthodoxen Zentren: Velehrad (in Mähren), Wien, Bukarest, Sofia,[43] Istanbul und Alexandria waren die Stationen der Reise. Der griechisch-orthodoxe Patriarch in Alexandria fragte d'Herbigny, ob es Beziehungen zwischen dem Vatikan und Moskau gebe. «Ja», sagte der Emissär des Papstes, «solche, die durch Verurteilungen und Verhaftungen katholischer Priester gekennzeichnet sind, ohne daß es jemals von seiten des Heiligen Stuhls den geringsten Versuch gegeben hat, diplomatische Beziehungen herzustellen…»[44]

Das stimmte wieder einmal – wie wir wissen – nur den Worten, aber nicht ganz der Sache nach. D'Herbigny lag alles daran, durch überzeugende Distanz von den Sowjets Vertrauen bei den orthodoxen Hierarchien des Westens zu gewinnen. Nicht christliche «Einheit» (wie sie heute nach dem Zweiten Vatikanischen Konzil der katholische Ökumenismus versteht), sondern «Wiedervereinigung» aller Schismatiker mit der römischen Kirche war das Ziel, dem die gemeinsame Frontstellung gegen den kommunistischen Atheismus dienen sollte. In diesem Zeichen stand auch die Übernahme des «Russischen», die Anpassung an Sprache, Liturgie und religiöse Lebensweise östlichen Christentums, wie sie d'Herbigny als Präsident der Päpstlichen «Commissio pro Russia» nun immer eifriger betrieb, nicht ahnend, daß er damit ins Wespennest der Nationalismen geraten würde.

Das Russische Kolleg in Rom war d'Herbignys ureigenstes Werk. Das Geld für den Bau besorgte er von der wohlhabenden Schwester der französischen Karmeliterin Thérèse Martin (1873–1897), die drei Jahre vorher heiliggesprochen worden war und als «kleine Theresia vom Kinde Jesu» verehrt wird. Das «Russicum» trägt bis heute den Namen der Heiligen; angebaut an das Päpstliche Ost-Institut und mit einer «russisch-katholischen» Kirche verbunden, war es in den Dienst der Vorbereitung auf eine imaginäre Zukunft gestellt. Man sprach hier nur noch russisch und kleidete sich nach Popenart. D'Herbigny selbst ließ sich kurz vor seiner Orientreise einen Bart wachsen, denn – so hatte ihm der Papst gesagt – «für die Russen ist der Bart auch ein Mittel des Apostolats…»[45]

Für unmittelbare Verbindung mit dem Land aller Sehnsüchte sorgte d'Herbignys Mann in Moskau, der Bischof Pie Eugène Neveu. Acht Jahre lang, von 1926 bis 1933, sandte er jede zweite Woche mit der Kurierpost der französischen Botschaft einen Brief an d'Herbigny mit Berichten nicht nur über die religiöse Lage, sondern auch über politische Entwicklungen. Sie waren so ausführlich und genau, daß sie heute eine wertvollere Geschichtsquelle darstellen als manche diplomatischen Berichte. Neveu ging in Moskau wie ein Russe unter Russen umher, er verfügte über unzählige persönliche Kontakte – auch deshalb, weil sich trotz Überwachung nicht nur Katholiken, sondern auch Andersgläubige, ja Kommunisten dem Päpstlichen Delegaten anvertrauten. Er war ein scharfer, oft auch sarkastischer Beobachter: manche seiner Briefe datierte er aus «Kremlin-Bicetre» (Pariser Vorort mit Irrenhaus!). Umgekehrt pflegte ihm d'Herbigny in langen handschriftlichen Briefen über die Situation im Vatikan, in der «Commissio pro Russia», im «Russicum» zu berichten; d'Herbigny gab auf diesem Wege Anweisungen und Ratschläge, er besorgte sich und seinen Instituten Zeitungen, neue und alte Bücher, auch Andachtsgegenstände (wie Ikonen), deren legale Ausfuhr schwer oder unmöglich gewesen wäre. Nur dem Papst pflegte d'Herbigny bei seinen wöchentlichen Audienzen ausgewählte Teile der Neveu-Briefe vorzulesen – im übrigen behielt der Jesuitenbischof den Draht nach Moskau in eigener Hand. Er allein bestimmte, was davon in die amtlichen Akten der «Commissio pro Russia» kam. Und er sorgte später dafür, daß der Briefwechsel nicht im Vatikanischen Geheimarchiv landete.[46]

Durch Neveus Berichte aus Moskau gelangten nach Rom die ersten Nachrichten über das Schicksal von 22 katholischen Priestern, darunter Bischof Sloskans und Exarch Feodorow, die im Zwangsarbeitslager auf den Solowjezki-Inseln im Weißen Meer festgehalten wurden. Im Sommer 1928 erlaubte ihnen die GPU einige Monate lang, in der Kapelle eines verlassenen orthodoxen Klosters Gottesdienste in beiden Riten zu zelebrieren; Sloskans vollzog hier sogar am 7. September 1928 eine Priesterweihe. Anfang 1929 verschlechterte sich jedoch die Lage der Priesterhäftlinge, besonders der katholischen.[47] Es war der Augenblick, als die Meldung von den Lateranverträgen zwischen Papst und Mussolini durch die Welt ging…

Schon Anfang Dezember 1928 hatte d'Herbigny an Neveu im Auftrag des Papstes geschrieben, er möge so bald als möglich den litauischen Priester Teofilus Matulionis in Leningrad sozusagen als «Ersatzmann» geheim zum Bischof weihen, denn Bischof

Malecki – dessen Rang die Sowjets kannten – geriet immer mehr in Bedrängnis. Am 9. Februar 1929 kam Matulionis nach Moskau, und Neveu vollzog nun so, wie er es drei Jahre vorher selbst erlebt hatte, hinter den verschlossenen Türen von St. Ludwig den Weiheritus. Wahrscheinlich aber war den Sowjetbehörden (die Matulionis ebenso wie Malecki schon 1923 im Cieplakprozeß zu drei Jahren Gefängnis verurteilt hatten) der Vorgang nicht verborgen geblieben. Von der Lubianka aus, dem GPU-Gefängnis, das gegenüber der Kirche lag, war der Eingang von St. Ludwig – sogar mit Fotoapparaten – ständig überwacht. Kurz darauf schon wurde Matulionis in Leningrad verhaftet und auf die Solowjezki-Inseln verbannt.[48] Im Sommer war Monsignore Naskreski an der Reihe, der Stellvertreter Skalskis, des im Moskauer Gefängnis sitzenden Administrators von Schitomir; im Herbst ereilte Bischof Frison in Odessa das gleiche Schicksal. Stalin hatte zum großen Schlag gegen die Religion ausgeholt:

Am 8. April 1929 wurde unter der Leitung von Schmidowitsch – dem früheren Gesprächspartner d'Herbignys! – die «Ständige Kommission für Kultfragen» beim Präsidium des Zentralen Exekutivkomitees gebildet und zugleich die bisherige Religionsgesetzgebung in einem *Dekret* vereinheitlicht und verschärft. Dieses Dekret, das über 60 Jahre lang wirksam blieb und nach dem Zweiten Weltkrieg auch die Religionsgesetzgebung in den osteuropäischen Ländern beeinflußt hat, unterwarf die Religionsgemeinschaften – ganz im Widerspruch zum klassischen Begriff der Trennung von Kirche und Staat – einer rigorosen staatlichen Kontrolle. Nicht nur wurde die Registrationspflicht der Gemeinden und die Vertragspflicht für Kultgebäude noch einmal verankert, vor allem ging es darum, legale Vorwände zur Behinderung des kirchlichen Lebens und zur Schließung von Kirchen zu schaffen:[49] Die Kultgebäude sind gegen Feuer zu versichern; im Brandfall jedoch entscheidet das örtliche Exekutivkomitee, ob die Entschädigungssumme für einen Kirchenneubau oder «für soziale und kulturelle Zwecke» verwendet wird (§ 33). Falls sich «nicht genügend Personen finden, die daran interessiert sind, zur Befriedigung ihrer religiösen Bedürfnisse die Nutzungsrechte zu erwerben», werden die Kirchen geschlossen (§ 34–37).

Bis ins kleinste Detail, vom Kerzenleuchter bis zum Meßwein, reglementiert das Dekret eine solche «Liquidierung von Kultgebäuden». (Bischof Neveu berichtete später nach Rom, wie er aus der liquidierten Peter-und-Paul-Kirche in Moskau nur das «Sanctissimum» aus dem Tabernakel holen und im Taxi nach St. Ludwig überführen durfte.)

Die Tätigkeit der «Kultdiener» wird auf den Ort, in dem sich ihre Kirche befindet, eingeschränkt (§ 19) – eine Begrenzung, die eine kleine, oft weit verstreut lebende kirchliche Gemeinschaft wie die katholische besonders treffen mußte.

Das Dekret untersagt den Religionsgemeinschaften, daß sie «ihren Mitgliedern irgendwelche materielle Hilfe gewähren», es verbietet ihnen, «religiöse oder sonstige Versammlungen, Gruppen, Abteilungen, Arbeitskreise zu bilden – gleich ob sich diese mit der Bibel, der Literatur oder einem anderen Thema beschäftigen, ob sie Handarbeiten oder Religionsunterricht betreiben». Sogar in den Kirchen selbst dürfen nur Bücher aufbewahrt werden, «die für die Ausübung des betreffenden Kultes notwendig sind» (§ 17 a–c).

Die Krönung dieses Gesetzgebungswerkes, mit dem sich der atheistische Cäsaropapismus etablierte, bildete dann die Verfassungsänderung, die das Allrussische Exekutivkomitee (WZIK) am 18. Mai 1929 beschloß: Die Freiheit der «religiösen *und* antireligiösen Propaganda», wie sie noch in Art. 13 der Verfassung von 1918 verankert gewesen war, wurde nun in eine «Freiheit des religiösen *Bekenntnisses* und der antireligiösen *Propaganda*» verwandelt. Jede Verbreitung des Glaubens, jede Evangelisation in Wort und Schrift, jede Predigt, die nicht unmittelbar Teil des «Kultes» ist, war dadurch ungesetzlich geworden. Die Theorie folgte der Praxis – und umgekehrt. Jetzt wurde die durchgehende Arbeitswoche (ohne Sonntag) eingeführt, den Geistlichen das Wahlrecht, das Wohnungsrecht, das Recht auf Lebensmittelbezugsscheine aberkannt. In das Strafgesetzbuch wurde (§ 123) das dehnbare Verbot «betrügerischer Handlungen zwecks Verleitung der Volksmassen zum Aberglauben» eingeführt. In einer riesigen Kampagne wurde die Schließung von Kirchen propagiert, vor allem in den Dörfern. Der «Bund der Gottlosen» mobilisierte dafür alle Gewerkschafts- und Parteiorganisationen, Kulturklubs und Betriebsräte. «Die Sammlung von Unterschriften für die Schließung einer Kirche ist gestattet, das Umgekehrte wird als Konterrevolution betrachtet und bestraft», verkündete der *Besboschnik*, die Zeitung der Atheistenorganisation.[50] Der «spontane» Volkswille forderte das Verbot von Glockengeläute, dann die Beschlagnahme der «unbenutzten» Glocken; die der deutsch-evangelischen Kirche von Tiflis wurde zum Beispiel zum Einschmelzen feierlich dem Zoo überreicht – für einen Affenkäfig.

Der Übereifer der Atheisten, den Stalin kühl zur Zwangskollektivierung der Landwirtschaft ausnutzte, überschlug sich Weihnachten 1929 in einer Orgie karnevalistischer Umzüge; angewidert beobachteten westliche Diplomaten in Moskau, wie Jungkommunisten, mit liturgischen Gewändern verkleidet, öffentlich Kreuze bespien. Es waren Szenen, wie man sie Jahrzehnte später erst in der chinesischen «Kulturrevolution» wiedererlebte. Die Kremlführer, nur noch mit sich und ihrem fanatischen Plan einer Revolutionierung Rußlands beschäftigt, kümmerte das Echo der Welt, überhaupt die übrige Welt nicht mehr. Doch schockierte fremde Beobachter zogen genau umgekehrte Schlüsse: «Vielleicht ahnt man im Ausland noch nicht genügend, was hier geschieht und für die übrige Welt vorbereitet wird. Es handelt sich um die furchtbarste Gefahr, die wir seit dem Weltkrieg erlebt haben…», meinte der französische Botschafter Herbette in einem Brief aus Moskau,[51] und ebenso entsprachen Bischof Neveus Berichte nach Rom dieser – in ihrer außenpolitischen Schlußfolgerung freilich irrigen – Stimmung.

Diesen Augenblick hielt d'Herbigny für günstig, um dem Papst zu raten, er müsse endlich sein Schweigen durch einen öffentlichen Protest beenden, durch einen moralisch-politischen Aufschrei, wie ihn schon 1925 Pater Gehrmann empfohlen hatte. Noch wenige Monate vorher hatte Pius XI. im Gespräch bekannt, er habe Anfang

der zwanziger Jahre über die Lage in Rußland «öffentliche Klage erhoben, was aber
mehr geschadet als genützt hatte».[52] Jetzt zögerte der Papst nicht mehr, seine Unterschrift unter einen Text zu setzen, der ganz und gar d'Herbignys Handschrift verriet:
Am 2. Februar 1930 rief er in Form eines Briefes an den römischen Kardinalvikar
Pompili die Gläubigen der ganzen Welt zu einem *Kreuzzug des Gebetes* zusammen.[53]
Damit sollten die «ruchlosen Anschläge» gesühnt werden, die «in den unermeßlichen
Gebieten der Sowjets planmäßig veranstaltet werden, wobei sie über den schon an
sich religionsfeindlichen Wortlaut der revolutionären Verfassung noch hinausgehen,
ja ihm zuwiderhandeln».

Der Papst begnügte sich jedoch nicht damit, die Auswüchse der antireligiösen
Kampagne zu verurteilen und die Bedrängnis der Katholiken zu beklagen, er warf
vielmehr den westeuropäischen Regierungen vor, daß sie es schon bei der Konferenz
von Genua 1922 versäumt hätten, «als Vorbedingung *jedweder* Anerkennung der
Sowjetregierung die Achtung vor dem Gewissen des einzelnen, die Freiheit der Re-
ligionsausübung und der Kirchengüter» zu proklamieren. Damals in Genua seien
diese Forderungen

> «…preisgegeben worden zugunsten weltlicher Belange, die doch besser gewahrt worden
> wären, wenn die verschiedenen Regierungen vor allem die Rechte Gottes und seine Ge-
> rechtigkeit berücksichtigt hätten…»

Wer die tatsächlichen Vorgänge von Genua und Rapallo (siehe 1. Kapitel) kennt, liest
die päpstliche Epistel an dieser Stelle nur mit gelindem Erstaunen. Hatte der Papst,
hatte die römische Kurie nicht selbst 1922 und jahrelang danach versucht, mit den
Sowjets zu Kompromissen zu kommen? Hatte die vatikanische Diplomatie sich nicht
selbst dankbar der diplomatischen Beziehungen anderer Staaten zu Moskau bedient
– vor allem der deutschen und der französischen Botschaft?

D'Herbigny, der Verfasser des Papstbriefes, scheint das aus seinem Bewußtsein
verdrängt zu haben; doch Pius XI., dessen Temperament es entsprach, zuweilen heftig
auf den Tisch zu schlagen, hatte seit kurzem einen neuen Kardinalstaatssekretär: Pacelli, von Natur mehr Diplomat als Missionar, trat in Aktion. Während schon die
antisowjetisch-antikommunistische Gegenkampagne der katholischen Kirche auf
vollen Touren läuft (am 17. Februar 1930 erscheint der *Osservatore Romano* mit der
Schlagzeile: «Gegen die Moskauer Finsternisse das römische Licht»), wendet sich
plötzlich die Berliner Päpstliche Nuntiatur am 15. Februar mit einer seltsamen Bitte
an das Auswärtige Amt: es möge durch seinen Botschafter in Moskau den Sowjets
klarmachen, daß der Kreuzzugsbrief des Papstes rein religiös und ganz unpolitisch
gemeint sei.

So eilig hatte es Monsignore Luigi Centoz, der Geschäftsträger, daß er sich sogar
am gleichen Tage noch einmal vergewisserte, daß die Mitteilung nach Moskau abgegangen war. Der Vatikanreferent des deutschen Auswärtigen Amtes konnte es sich
nun allerdings nicht verkneifen, «darauf hinzuweisen, daß der ‹religiöse› Brief des

Papstes immerhin doch auch politische Stellen enthalte, insbesondere die, wo er von den Verhandlungen in Genua gesprochen habe. Herr Centoz schien dies ohne weiteres zuzugeben, unterstrich aber dann noch einmal die Tatsache, daß der Brief tatsächlich rein religiös gemeint gewesen sei. *Es wäre doch schrecklich, wenn daraufhin wieder größere Verfolgungen in Rußland eintreten würden...*»[54]

Durchaus politisch getönt waren jedoch die Erläuterungen, die Monsignore d'Herbigny in diesen Tagen dem deutschen Botschafter von Bergen über den «Kreuzzugsbrief» des Papstes gab, als dessen Verfasser er sich – nicht ohne Stolz – zu erkennen gab: Die Bedeutung liege darin,

> «daß der Heilige Stuhl die Hoffnung aufgegeben hat, mit den jetzigen [!] Machthabern in Rußland zu einer Verständigung zu gelangen. Der Papst erwartet das Heil Rußlands nur noch aus dem Gebet, aus dem geistigen Zusammenschluß aller christlichen Völker gegen die sittliche und religiöse Zersetzung, die der Bolschewismus auf seine Fahnen geschrieben hat. Von diesem Gesichtspunkt betrachtet, bedeutet der Brief des Papstes nicht nur einen gewissen Abschluß in der Geschichte der Beziehungen zwischen Rußland und dem Heiligen Stuhl, sondern vielleicht auch einen *wichtigen Wendepunkt* im Kampf aller Kulturvölker gegen den Bolschewismus...»[55]

Drückten sich in dem diplomatischen Beschwichtigungsschritt des Päpstlichen Staatssekretariats einerseits und in dem radikalen Fazit des Präsidenten der Päpstlichen Rußlandkommission andererseits zwei verschiedene Tendenzen im Vatikan aus? Oder war es wieder nur die gewohnte verlegene Zweigleisigkeit? – D'Herbigny selbst versicherte, es sei eine «materialistische Auslegung», wenn man behaupte, der Papst predige einen *militärischen* Kreuzzug.[56] Auch Botschafter Bergen warnte vor einer solchen Auslegung: «Nach meiner Kenntnis der Verhältnisse steht die amtliche vatikanische Politik – mag vielleicht auch das Urteil über die Mittel der Bekämpfung der Sowjetpolitik bei ihren Vertretern nicht immer ganz einheitlich sein – Bestrebungen, auf gewaltsamem oder gar kriegerischem Wege eine Änderung herbeizuführen, durchaus fern.»[57] Wie aber sollte sich dann d'Herbignys Arbeitshypothese, die er dem «Russicum» verordnet hatte («...als ob uns Rußland in kurzer Zeit schon offenstünde...») verwirklichen lassen?

Nur wer sich in den merkwürdigen Seelenzustand d'Herbignys, diese Mischung aus missionarischem Mystizismus und kirchenpolitischer Phantasie, einfühlen konnte oder wer als Gläubiger das Gebet für einen wirksamen Machtfaktor dieser Welt hielt, vermochte vielleicht die päpstliche Kampfansage als «rein religiös» zu betrachten. Von den Sowjetkommunisten war weder das eine noch das andere zu erwarten. Sie sahen sich vielmehr in ihren krassesten Vorurteilen bestätigt, und – das war die paradoxe Folge – der päpstliche Zorn reizte sie nicht nur zu noch wilderen Ausbrüchen, er erschreckte sie sogar...

Sühnemesse, Diplomatenkniffe und Bekehrungspläne

«Der Papst übernimmt die ihm vom Weltkapital zugedachte Rolle des Führers im
Kampf gegen die Sowjetunion», verkündete das Moskauer Regierungsblatt *Iswestija*
am 18. Februar 1930. Da Pius XI. in seinem Kreuzzugsbrief für den 19. März zu einer
feierlichen «Sühnemesse für Rußland» in den Petersdom eingeladen hatte, zogen Partei und Gottlosenverband in der Sowjetunion vier Wochen lang alle Register der
Agitation. Protestkundgebungen, Schmähartikel, Karikaturen, Plakate wurden auf-
geboten; Philosophen, Literaten, sogar die Moskauer Astronomen gaben empörte
Erklärungen ab; Panzer, Flugzeuge und U-Boote erhielten den Namen «Antwort an
den römischen Papst». Der orthodoxe Patriarchatsverweser *Sergius* wurde veranlaßt,
jede Kirchenverfolgung in Abrede zu stellen und dem Papst vorzuwerfen, daß er
«seine Herde gegen unser Land hetzt und so den Scheiterhaufen entzündet, von dem
aus sich die Flamme des Krieges gegen die Sowjetunion ausbreiten soll».[58] Sogar
Nikolai Bucharin, der Rivale Stalins, 1929 entmachtet, doch gerade wieder halb in
Gnaden (bis zu seiner Erschießung 1938), sprang nun auf die Barrikade. Er schrieb
für die *Prawda* ein Pamphlet, das bald auch im Ausland verbreitet wurde:[59] Vom
Getön der Weihrauchfässer begleitet, sei eine moralische Vorbereitung des Angriffs
auf die Sowjetunion im Gange – so lehrte Bucharin seine Leser das Gruseln und bot
antiklerikale Literatur von Ulrich von Hutten bis zum «Pfaffenspiegel» auf, um das
Papsttum moralisch zu disqualifizieren.

> «Der Vatikan weiß, was er tut… Jetzt schließt er einen Block mit Mussolini… Das Bünd-
> nis der faschistischen Clique… ist ein glänzendes Symbol dessen, daß der oberste Opfer-
> priester und Erzstratege der katholischen Kirche jetzt zu einem Hauptschürer der inter-
> nationalen Gegenrevolution geworden ist… Die Völker der Sowjetunion gestalten das
> Gefüge des Dorfes von Grund auf um… Sie schreiten aus den dumpfen Zellen des Aber-
> glaubens an Hexen und Zauberer auf die breite Straße des Aufbaus einer sozialistischen
> Gesellschaft, in der es weder Kapitalisten noch Ausbeutung, weder Päpste noch Popen
> geben wird. Gerade deshalb rüsten die Pfaffen zu einem neuen Kreuzzug… Gerade des-
> halb wird dem reaktionären Aufruf des Papstes der revolutionäre Ruf der Arbeiter aller
> Länder entgegengesetzt werden: Nieder mit dem Papst und mit allen seinen Erzbischö-
> fen!»

Der *Besboschnik*, die Zeitung des Gottlosenverbandes, widmete eine Sondernummer
der Auseinandersetzung mit dem Papsttum.[60] Frankreichs Moskauer Botschafter
Herbette berichtete: «Der Brief des Papstes hat sie besonders erregt. Woher diese
Aufregung, wenn sie schon jetzt entschlossen wären, die ganze Welt in Schranken zu
fordern?» Der Botschafter, der selbst noch einen Monat vorher eine Kriegsgefahr sah,
erkannte nun in der Empfindlichkeit, mit der die Sowjets auf die Attacke Pius' XI.
reagierten, daß Litwinow wahrscheinlich doch recht hatte, wenn er den westlichen
Diplomaten versicherte: «Alle unsere Kräfte sind – aufs äußerste angespannt – auf den
inneren Aufbau eingesetzt; wir haben keine übrig, um Abenteuer zu versuchen…»[61]

– Die antireligiöse Kampagne war nur Teil des großen *innen*politischen Abenteuers, mit dem Stalin den Sowjetstaat endlich stabilisieren wollte; denn leben oder gar zur Großmacht werden konnte dieser Staat auf die Dauer nur nach dem Gesetz, nach dem er angetreten war: durch Kollektivierung von 137 Millionen Bauern, durch Vernichtung der traditionellen ländlichen Strukturen, zu denen auch Kirche und Klerus gehörten.[62] Jede Störung von außen hemmte diesen gewaltsamen Prozeß, zumal Stalin ihn nur mit Mühe unter Kontrolle hielt. Er selbst warnte am 2. März in der *Prawda* zum erstenmal vor dem «Schwindel im Erfolg»...

Fünf Tage vor der demonstrativen Sühnemesse, die der Papst als den Höhepunkt seines Gebetskreuzzugs zelebrieren wollte, kritisierte das Zentralkomitee der KPdSU am 14. März 1930 «unzulässige Abweichungen von der Parteilinie beim Kampf gegen religiöse Vorurteile..., vor allem die administrative Schließung von Kirchen ohne Zustimmung der überwältigenden Mehrheit der Dorfbevölkerung». Punkt 7 der ZK-Resolution besagte jetzt sogar: «Im Falle verletzender Angriffe auf das religiöse Gefühl der Bauern und Bäuerinnen sind die Schuldigen streng zur Verantwortung zu ziehen.»[63]

«Die kommunistischen Führer haben in letzter Zeit erkannt, daß die innere Lage in der UdSSR überspannt war... [Sie] haben es erreicht, oder sind nicht weit davon entfernt, sich alle Welt zum Gegner zu machen. *Ein* verhältnismäßig günstiges Moment können sie noch verzeichnen: Der Vatikan ist bis jetzt die *einzige* Macht, die sie direkt angegriffen hat. Da sie aber intelligent sind, werden sie sich nicht vorstellen, daß die anderen Mächte so unklug sind, ewig Stillschweigen zu bewahren...», schrieb Botschafter Herbette am 10. März nach Paris.[64] Sein deutscher Kollege Dirksen hatte inzwischen jener seltsamen Bitte des Vatikans entsprochen und der Sowjetregierung übermittelt, daß der päpstliche Kreuzzugsaufruf «nicht politisch» gemeint sei. Aber Litwinow ließ das natürlich nicht gelten: Dies sei eine «politische Aktion», entgegnete er, überhaupt sei bei der katholischen Kirche «alles mehr oder weniger Politik», weshalb auch ein Ausgleich mit dem Vatikan «ziemlich aussichtslos» sei.[65] Gleichwohl versuchte Litwinow einzulenken. Er berief sich auf die ZK-Resolution gegen «antireligiöse Übertreibungen», und Dirksen spürte, wie sehr dem sowjetischen Außenkommissar daran lag, den schlechten Eindruck der Gottlosenkampagne zu verwischen; vor allem aber wollte Litwinow der bevorstehenden Sühnemesse im Petersdom den politischen Stachel ziehen...

In Rom konnte und wollte man das Rad jedoch nicht mehr zurückdrehen. Als Botschafter von Bergen auf Anordnung aus Berlin den Vatikan wissen ließ, daß er mit Rücksicht auf die deutsch-sowjetischen Beziehungen der Sühnemesse fernbleiben werde, versuchte Kardinalstaatssekretär Pacelli wenigstens den bayerischen Gesandten Ritter zur Teilnahme zu bewegen; wenn sogar das katholische Bayern dem päpstlichen Rußlandkreuzzug den Rücken kehre, werde das den Papst sehr verstimmen, gab Pacelli zu bedenken. Ritter fragte darauf besorgt in der Münchener Staatskanzlei nach, wie er sich verhalten solle. *Heinrich Held*, Bayerns Ministerpräsident von der Katholischen Volkspartei, zögerte: Er wollte weder den Papst noch die Berliner Reichsregierung brüskieren (die ohnehin längst einen Vorwand suchte, um Bayerns Sondervertretung beim Heiligen Stuhl ein Ende zu machen): «Deine Anfrage wird als nicht eingegangen betrachtet. Ich würde an Deiner Stelle unbedingt teilnehmen», telegrafierte am 17. März der bayerische Staatssekretär Baron Stengel an den Gesandten Ritter, den diese allzu schlaue Antwort freilich auch nicht klüger machte. Sofort eilte er wieder zu Pacelli und versicherte, er würde sich gerne zur Rußlandsühnemesse begeben, wenn der Papst es unbedingt wünsche, doch das Weiterbestehen der bayerischen Gesandtschaft sei dann fraglich. Und diese Gefahr wog nun allerdings für den Vatikan viel schwerer als alle antisowjetische Solidarität. Denn – und das macht diese bajuwarische Episode besonders erwähnenswert – das «Opportune» rangierte letzten Endes doch vor dem «Prinzipiellen»... Am Nachmittag des 19. März konnte Ritter – sichtlich erleichtert, aber auch voll Diplomatenstolz – mit Geheimchiffre nach München telegrafieren:

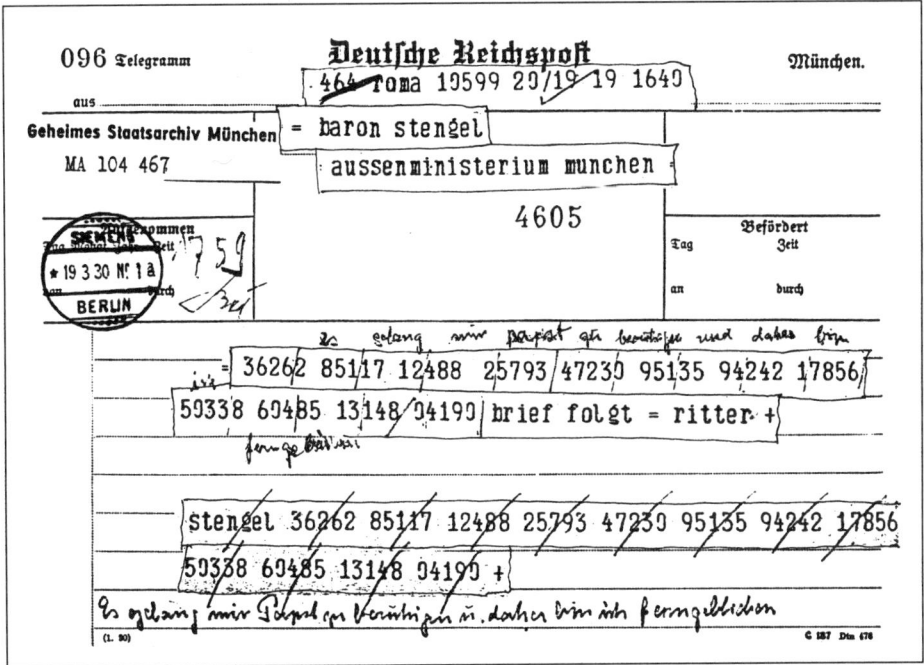

«Es gelang mir, Papst zu beruhigen, und daher bin ich ferngeblieben.»

Das Pech des Gesandten Ritter war es nur, daß man es *so* in München gar nicht gemeint hatte. Während sich nämlich Ritter noch vor seinem Berliner Kollegen Diego von Bergen nicht ganz ehrlich brüstete, daß er – «reichstreu» – der Versuchung widerstehe, an der antisowjetischen Veranstaltung im Petersdom teilzunehmen, stieg sein Ministerpräsident Held aufs Rednerpult einer Kundgebung im Münchener Lö-wenbräukeller und redete gemeinsam mit Kardinal Faulhaber gegen die gottlose So-wjetunion. Als schließlich am 19. März die päpstliche Sühnemesse zelebriert wurde und der Chor von St. Peter den 59. Psalm anstimmte («Errette mich vor meinen Feinden»), wobei jedermann an die russischen Kommunisten denken sollte, da kniete in der Diplomatenloge der Basilika als einziger Deutscher der Zentrumsvorsitzende Prälat Kaas (dessen Partei zusammen mit den Sozialdemokraten in Berlin regierte!). Der Berliner Sowjetbotschaft, die an diesem Tage gegen die Münchener Rede Helds protestierte, versicherte das Auswärtige Amt, daß der bayerische Regierungschef nur als «Katholik und Privatmann» geredet habe. Nein – so widersprach die bayerische Staatskanzlei öffentlich und blamierte damit nicht nur die Reichsregierung, sondern auch ihren eigenen Vatikangesandten – Held habe die Gefühle des «weitaus überwie-genden Teils der bayerischen Bevölkerung ausgedrückt...»[66]

Nicht Gefühlsaufwallungen und diplomatische Kniffe beeindruckten jedoch die Sowjetführung, sondern die unverkennbare Gefahr ihrer internationalen Isolierung in einem Augenblick, da das Land auf eine neue Hungerkatastrophe – als Folge der überstürzten Kollektivierung – zutrieb. Der Vatikan, den außer Tschitscherin nie-mand im Kreml je begriffen hatte, erschien plötzlich wie ein unheimlicher Kristalli-sationspunkt dieser Gefahr. Unter den 65 Losungen der KPdSU zum 1. Mai 1931 stand nun an vierter Stelle der fast komische Ruf: «Weg mit dem Papst!»[67] Daß der päpstliche Protest seine «Wirkung nicht verfehlt» habe, ja daß in der Kirchenpolitik der Sowjets «ein gewisser Umschwung zum Besseren nicht zu verkennen» sei, war ein Eindruck, der nicht bloßem Wunschdenken des Berliner Auswärtigen Amtes ent-sprach.[68]

Schon die kirchlichen Feierlichkeiten zu Ostern 1931 verliefen in der Sowjetunion plötzlich ohne die üblichen Störungen. «Die Kirchen waren überfüllt. In Moskau fand selbst die Mitternachtsprozession außerhalb der Kirche statt.» Im April meldete die deutsche Botschaft in Moskau 27 inhaftierte katholische Geistliche, darunter die von d'Herbigny eingesetzten Apostolischen Administratoren Baumtrog und Roth (die seit August 1930 im Arbeitslager waren). In den folgenden Monaten jedoch wur-den keine neuen Verhaftungen mehr gemeldet; den seit 1929 inhaftierten Bischof Alexander Frison (Simferopol), den der Papst in seinem Kreuzzugsbrief erwähnt hatte, ließ man jetzt sogar frei – für die nächsten vier Jahre. Sehr überrascht war auch Bischof Sloskans, als man ihm Mitte Oktober 1930 im Lager auf den Solowjezki-In-seln Entlassungspapiere überreichte, ja ihm freistellte, seinen Wohnort zu wählen. Natürlich entschied er sich für seinen Bischofssitz Mogilew. Die Polizei dort traute ihren Augen nicht, als der Bischof sich ordnungsgemäß bei ihr anmeldete; das müsse ein «Irrtum» sein, hieß es, und man riet Sloskans, schleunigst zu verschwinden, ja bot ihm sogar eine kostenlose Fahrkarte nach Smolensk an. Sloskans beharrte jedoch auf seinem Recht und zelebrierte – umringt von ebenso ergriffenen wie furchterfüllten

Gläubigen – ein feierliches Pontifikalamt in seiner Kathedrale. Eine Woche später wurde er wieder festgenommen, der «Irrtum» war aufgeklärt: Nur schleppende Bürokratie hatte es verhindert, daß seine «administrative» (das heißt prozeßlose) Verurteilung zu weiteren drei Jahren Verbannung in Sibirien rechtzeitig bei der Verwaltung des Solowjezki-Lagers eingetroffen war...[69]

Von wirklicher Entspannung konnte man also nicht reden; auch deshalb nicht, weil die römische Kurie einige Signale setzte, die «Kampf» bedeuteten. Der Jesuit Josef Schweigl, glückloser Rußlandreisender von 1926, eröffnete am 10. April 1930 mit einem Vortrag im Päpstlichen Bibelinstitut über das Thema «Moskau gegen den Vatikan» eine Vortragsserie, die Pius XI. in seiner Gebetskreuzzug Epistel angeordnet hatte.[70] Am gleichen Tage schrieb das Moskauer Regierungsorgan *Iswestija*, die Kapitalisten verteilten jetzt schon das Fell des russischen Bären: die einen wollten Land, die anderen Öl und Kohle, «die römische Kirche die Seelen». Die wichtigste Rolle spiele dabei der «wiederholt entlarvte französisch-polnisch-weißgardistische Brandstifter *d'Herbigny*», der in seiner «Russischen Kommission» und im «Russischen Kolleg» Emigranten für Positionen im künftigen «befreiten Rußland» ausbilde, sich zur Tarnung habe einen Bart wachsen lassen und jetzt die Messe auf russisch zelebriere, unterstützt von einem slawischen Kirchenchor, der aus «Weißgardisten und Prostituierten römischer Bordelle» bestehe...

«Bei allen Unflätigkeiten des Tons scheint der Artikel doch insofern bemerkenswert, als er beweist, daß die Politik der Kurie gegenüber Rußland hier in allen Einzelheiten sehr aufmerksam verfolgt wird», meinte dazu der deutsche Botschafter in Moskau.[71] Daß d'Herbigny die besondere Zielscheibe sowjetischer Attacken war, hatte seinen Grund. In Moskau kannte man ihn wie kaum einen anderen römischen Würdenträger; in ihm sah man ganz richtig die treibende Kraft der vatikanischen Rußlandpolitik. Nicht von ungefähr erreichte der Jesuitenbischof jetzt, gerade im Augenblick des Gebetskreuzzugs, den Gipfelpunkt seines Aufstiegs:

Am 6. April 1930 trennte der Papst die Rußlandkommission von der Ostkirchen-Kongregation und deren Präsidenten, Kardinal Sincero, und verselbständigte sie. D'Herbigny, bislang als Referent Sinceros schon ihr tatsächlicher Leiter, wurde nun formell Präsident der «Päpstlichen Kommission für Rußland», die mit eigener Jurisdiktion über alle katholischen Russen (beider Riten) in und außerhalb der Sowjetunion ausgestattet wurde.[72] Ihre Amtsräume wurden vom Borgo Nuovo direkt in den Apostolischen Palast verlegt; der Papst wollte seinen Rußlandberater in unmittelbarer Nähe haben.

Als bei dieser Gelegenheit auch die geheimen Archive der Kommission ihren Standort wechselten, tauchten in Rom zum erstenmal Gerüchte auf, die Verlegung hinter die Vatikanmauern habe noch einen besonderen Grund: wichtige Dokumente seien *gestohlen* worden.[73] Was steckte dahinter? War wirklich etwas geschehen? Oder war es schon der Anfang jener unseligen Verflechtung von Leichtsinn und Intrige, in die sich d'Herbigny nun zu verstricken begann? Sie sollte der Ostpolitik Pius' XI.

mehr zu schaffen machen, als sich sogar ihre sowjetischen Gegenspieler erträumen konnten.

Denn nicht von der theoretisch-geistigen Auseinandersetzung, auch nicht vom diplomatischen Tauziehen wie in den zwanziger Jahren ging jetzt die größte Wirkung aus. Selbst eine für die katholische Sozialdoktrin so wichtige Enzyklika wie «*Quadragesimo Anno*» (vom 31. Mai 1931), in der Pius XI. verkündete, es könne «niemand zugleich guter Katholik und zugleich wahrer Sozialist» sein,[74] blieb für die vatikanische Rußlandpolitik eher bedeutungslos (auch deshalb, weil Pius XI. nicht zu definieren vermochte, wo denn nun «wahrer» Sozialismus sei – bei Stalin, bei Trotzki oder bei der westlichen Sozialdemokratie). Das historisch bestimmende Ereignis (und Verhängnis) für diese Ostpolitik war Anfang der dreißiger Jahre, daß sie – obschon nach wie vor auf pastorale Freiheitssicherung gerichtet – in die Strudel des Nationalismus geriet: des polnischen, russischen, ukrainischen und – am katastrophalsten in seiner späteren Auswirkung – des deutschen.

An der Figur Michel d'Herbignys, des politisch-mystisch schillernden Jesuitenbischofs, kristallisierte sich dieser Vorgang. Daß man gerade ihn Anfang 1930 in Moskau als *polnischen* Brandstifter verdächtigte, war ein besonders paradoxes, aber – wie wir sehen werden – nicht zufälliges Mißverständnis.

Sowjetspion im Vatikan? – Die «Affäre Deubner»

Kopfschüttelnd flüsterten sich römische Prälaten das Unglaubliche zu, hämisch wurde es in den antiklerikalen Salons von Paris bis Warschau weitererzählt, Zeitungsjungen riefen es auf den Straßen der europäischen Hauptstädte: «Sowjetspion Deubner floh aus dem Vatikan! Der Sekretär d'Herbignys ein GPU-Agent! Monsignore heiratet russische Kommunistin! Mit gestohlenen Dokumenten nach Moskau!»

Nirgendwo wurden um die Jahreswende 1932/33 diese reißerischen Schlagzeilen so eifrig – mit einem Gemisch aus Empörung und Schadenfreude – notiert wie im katholischen Polen;[75] schon kurz vorher hatte Pius XI. seinen getreuen d'Herbigny gewarnt: «Sie haben viele Feinde, man intrigiert gegen Sie, was sogar bis zu Unseren Ohren dringt…!»[76] Als der Papst bald darauf den polnischen Botschafter beim Heiligen Stuhl, Władysław Skrzyński, empfing, konnte Pius XI. nur mit Mühe seinen Groll unterdrücken, dem er kurz vorher – wie der Botschafter erfuhr – heftig Luft gemacht hatte; es war die «Affäre Deubner», die ihn so ergrimmte.[77] Was war geschehen? Was hatte es mit Polen zu tun?

Alexander Deubner, ein damals 33 Jahre alter russischer Priester, der im römischen «Russicum» lebte und von d'Herbigny als Übersetzer und Bürohilfe in der Rußlandkommission beschäftigt wurde, war Ende 1932 ganz plötzlich – und zunächst spurlos – aus Rom verschwunden. Sofort hieß es allenthalben, er sei ein «als Priester verkleideter bolschewistischer Agent» gewesen; durch seine vertraulichen Kenntnisse habe er katholische Geistliche in der Sowjetunion der GPU ausgeliefert. Eine vatikanische Erklärung dementierte zwar diese Behauptungen, bezeichnete jedoch Deubner als «krankhaft veranlagt» und wußte nichts über seinen Verbleib anzugeben.[78] Deubner sei in die Sowjetunion «zurückgekehrt»,[79] es sei ihm «der Boden in Rom zu heiß geworden»[80] – so kann man bis heute sogar in kommunistisch beeinflußten Publikationen lesen. Die historische Wahrheit war jedoch anders.

Der junge *Deubner*, der 1928 zu d'Herbigny nach Rom gekommen war, hatte schon eine bewegte Lebensgeschichte hinter sich. Er besaß eine Empfehlung von Erzbischof Scheptyckyj, dem ukrainisch-katholischen Metropoliten im ostpolnischen Lemberg (Lwów). Denn Scheptyckyj war mit der Familie Deubner (russifizierten Deutschen aus dem Baltikum) schon lange vor dem Ersten Weltkrieg verbunden gewesen, seit der Zeit, da er auf abenteuerliche Weise versucht hatte, in Rußland eine mit Rom verbundene katholische Kirche des östlichen Ritus aufzubauen. Damals bildete sich in St. Petersburg eine kleine katholisch-russische Gemeinde, und eines ihrer prominentesten Mitglieder war der Schulinspektor *Iwan* Deubner, der auch zeitweilig als Sekretär des späteren russischen Ministerpräsidenten Stolypin gearbeitet hatte und heimlich katholisch geworden war. 1906, nachdem der Zar den Katholiken größere Freiheiten gewährt hatte, ließ sich der mit einer Französin, *Marie Panet*, verheiratete Iwan Deubner durch Scheptyckyj zum Priester weihen, trat dem Studitenorden bei und nahm den Namen *Spiridon* an. Bald nach der Revolution verhafteten die Bolschewiki Deubner, verurteilten ihn und verbannten ihn nach Sibirien, wo er im August 1937 von Banditen ermordet wurde. Seinen Sohn Alexander jedoch, der 1899 geboren war, hatte er schon 1911 nach Belgien in eine Klosterschule der Assumptionisten geschickt, die ihn 1921–1926 in ihrem Missionsseminar Kadiköy (Türkei) Theologie studieren ließen.

Unstet, sensibel und religiös schwankend, schien Alexander Deubner jedoch seinen kirchlichen Oberen zum geistlichen Beruf ungeeignet. Kaum hatte man ihm dies eröffnet, begab er sich nach Polen, wo ihn in Lemberg der Freund seines Vaters, Erzbischof Scheptyckyj, 1926 zur Priesterweihe empfahl. Statt aber, wie ihm dann aufgetragen wurde, in Nizza an der französischen Riviera eine unierte Gemeinde zu betreuen, reiste Deubner nach Paris und – trat dort zur orthodoxen Exilkirche über. Bald darauf bereute er dies wieder, kam nach Rom und wurde in Gnaden aufgenommen – dank der Fürsprache Scheptyckyjs, aber auch, weil sein Vater als «verfolgter Glaubensbekenner» geachtet war. Bischof d'Herbigny brachte ihn im «Russicum» unter, beauftragte ihn mit einer kleinen wissenschaftlich-theologischen Arbeit[81] und war froh, einen russischen Helfer mit französischer Muttersprache gefunden zu haben, der Zeitungen auswerten und übersetzen konnte und außerdem über gute Kenntnisse vom Leben der exilrussischen Orthodoxie verfügte.

Gewiß waren d'Herbigny manche Eigenheiten Deubners nicht verborgen geblieben; vor allem seine nervöse Unruhe. Wahrscheinlich aber war dies für d'Herbigny

auch deshalb nichts Schwerwiegendes, weil er selbst, von missionarischem Eifer getrieben, eine emsige, fast hektische Aktivität entfaltete. Sie gehört zum politisch-reli-
giösen Hintergrund des «Falles Deubner», der hier zunächst skizziert werden soll.

Im Januar 1931 zeichnete d'Herbigny *zusammen mit Deubner* als Verfasser eines
dicken, gründlich dokumentierten Buches über die zerstrittenen Bischöfe der orthodoxen Emigration.[82] Obschon die Autoren objektiv sein wollten, ging es ihnen darum, zu zeigen, daß die Orthodoxie für Rußland keine echte Chance mehr besitze.
Was das Buch unausgesprochen ließ – die katholische Alternative im russischen Ge-
wande als einzige Zukunftsmöglichkeit – verfocht d'Herbigny um so unverblümter
als Präsident der Päpstlichen Rußlandkommission. Hier ein Beispiel:

«...Statt sich geistig auf die Wiederbelebung des mönchischen Lebens in Rußland
vorzubereiten, wie sie in der Absicht des Heiligen Stuhls liegt, propagieren viele mit einem mehr brennenden als klaren Eifer... ein anderes Ziel, das sie mit einem sehr unge-
nauen Ausdruck ‹Kirchenunion› nennen», so schrieb d'Herbigny am 31. Januar 1931
in einer amtlichen Anweisung an den Apostolischen Visitator, den er zur Kontrolle in
die Benediktinerniederlassung Amay-sur-Meuse (Belgien) schickte;[83] dort hatte Pater
Lambert Beauduin ausschließlich mit Mitteln seiner reichen Familie eine Art «Experi-
mentierkloster» für den östlichen Ritus eingerichtet, sich jedoch der völligen Russifizierung der Mönchsgemeinschaft, wie sie d'Herbigny wünschte, widersetzt.

«Der Heilige Stuhl möchte Mönche, die fähig sind, eines Tages in den Gebieten des
früheren Zarenreiches andere Mönche heranzubilden, die sie aus der Bevölkerung
rekrutieren, indem sie deren östlichen Ritus annehmen», so definierte d'Herbignys
Visitator den widerspenstigen belgischen Patres die Aufgabe. Ihr Prior wurde
schließlich in Rom einem hochnotpeinlichen Geheimverhör in der Rußlandkommission unterzogen, abgesetzt, aus Belgien verbannt, mit dem Verbot belegt, sich in
bestimmten Städten Europas niederzulassen, und schließlich zu zwei Jahren Aufenthalt in einem Schweigekloster verurteilt...

Wer die Dokumente dieses Falles heute liest, kann sich des Eindrucks nicht erwehren, daß d'Herbigny und die römische Kurie manche der in Rußland unter weißen
wie roten Zaren üblichen Methoden anwendeten... Allerdings ahnte der Jesuitenbischof d'Herbigny noch nicht, daß er selbst einem ähnlichen Schicksal entgegenging,
wie er es dem belgischen Benediktinerprior bereiten half. Denn was im fernen Belgien
nur ein Testfall war, häufte sich in dem Rußland benachbarten *Polen* zum politischen
Zündstoff:

Weder national noch religiös einheitlich, hatte Polen stets unter Spannungen zwischen seinen 20 Millionen lateinischen (polnischen) Katholiken, seinen 3,5 Millionen
unierten (ukrainischen) Katholiken und den fast 3 Millionen (ukrainischen und weißrussischen) Orthodoxen zu leiden. Im nationalistisch verstandenen Staatsinteresse
Polens lag die allmähliche Ent-Nationalisierung seiner «fremdvölkisch» besiedelten
Grenzgebiete im Osten; kirchenpolitische Mittel waren zu diesem Zweck nicht unwillkommen. Katholisierung durch Latinisierung förderte die Polonisierung. Man-

che der Aktionen, die – mit Unterstützung des Episkopats – in den dreißiger Jahren nicht nur zu Kirchenenteignungsprozessen führten, sondern oft sogar mit dem Niederbrennen orthodoxer Kirchen endeten, fanden bei der Warschauer Regierung allerdings wenig Beifall; ihr lag schließlich auch an Ruhe und Ordnung im Lande.[84] Ein Dorn im Auge waren ihr aber auch die Versuche, durch zweigleisige Kompromißlösungen im Sinne des «Biritualismus» und einer sogenannten «Neo-Union» den Osten des Landes zwar polnisch-katholisch zu durchdringen, aber unter Mithilfe des *östlichen* Ritus. Diese Experimente wurden zunächst von Erzbischof Eduard von der Ropp unterstützt, der formell immer noch Oberhirte der sowjetischen Diözese Mogilew war und im Warschauer Exil seit 1919 vergebens auf seine Stunde wartete…

Mißtrauen und Abneigung Warschaus gegen das «Neo-Unions»-Experiment eines «gemischten Ritus» verstärkten sich, als immer deutlicher wurde, daß die römische Rußlandkommission d'Herbignys dieses Modell keineswegs – wie Ropp lange glaubte – im nationalpolnischen Sinne benutzen wollte. Für d'Herbigny war die Neo-Union nicht ein *taktischer* Kompromiß zwischen den Riten, sondern Mittel einer Missions-*Strategie*. Sie konnte nur Erfolg haben, wenn der äußere Unterschied zur orthodoxen Kirche ganz verschwand. Alle Rücksicht auf das polnische Nationalinteresse war nur hinderlich. Was wir schon vom Fall des belgischen Benediktinerexperiments kennen, wollte d'Herbigny nun also im großen Maßstab in Polen aufbauen: neben der bestehenden *ukrainisch*-katholischen Kirche Scheptyckyjs eine *russisch*-katholische eigener Prägung, in der außer der Dogmatik nichts mehr an die westlich-lateinische erinnern sollte. Polen war als Exerzierfeld der künftigen Katholisierung *Rußlands* ausersehen, und die Neo-Union war *ihr* Vehikel – aber nicht mehr Instrument zur Polonisierung der Ostgebiete Polens.

Die Warschauer Regierung, die klerikalen und antiklerikalen polnischen Nationalisten hätten sich damit vielleicht abfinden können, wenn ihnen so das Instrument der Neo-Union bloß entwunden worden wäre; aber es richtete sich, so fürchteten sie, nun umgekehrt *gegen* ihre Interessen:

Unter den gegebenen Umständen werde die Neo-Union – so wie sie von der päpstlichen «Commissio pro Russia» konzipiert sei – «die russische Kultur in den Ostgebieten *konservieren*», schrieb der katholische Nationalist Lubieński, der im Sommer 1932 ein polemisches, sensationell wirkendes Buch über den «römischen Weg nach Osten» veröffentlichte.[85] Es handle sich darum, meinte Lubieński, «daß der näher liegende Einfluß Moskaus auf die Gläubigen einer solchen [russifizierten] Kirche größer sein kann als der Einfluß Roms – wie das schon zweimal in der Vergangenheit im 15. und 18. Jahrhundert der Fall war».

Diese Befürchtung verstärkte sich, nachdem d'Herbignys Rußlandkommission, «in der wir unsere Feinde, aber nicht unsere Freunde kennen» (Lubieński), im Februar 1931 den ukrainischen Ordenspriester Mikołaj Czarneckyj in Kowel (Wolhynien) als Bischof und Apostolischen Visitator eingesetzt hatte: für «alle katholischen Slawen» des östlichen Ritus in Polen – außer jenen der rein ukrainischen Diözesen.

Damit hatten die «Neo-Unionisten» plötzlich ein eigenes Oberhaupt, das natürlich eng mit dem Lemberger Metropoliten Scheptyckyj verbunden war. Außer ihm, einigen wenigen Bischöfen und einer Krakauer Jesuitengruppe[86] unterstützte jedoch niemand in Polen diese Entwicklung. Zwar war ihre Bedeutung im Grunde gering: 45 Pfarreien mit 18000 Gläubigen.[87] Dennoch wühlte das Problem immer mehr nationale Ressentiments auf. Schon der Name von d'Herbignys Kommission, die in Polen mitreden wollte, erregte in Warschau Ärgernis: *Pro Russia* übersetzte man falsch und boshaft «zugunsten Rußlands» (*na rzecz Rosji*). Und so deutete man natürlich auch den nächsten Schlag d'Herbignys, mit dem er das erzbischöfliche Sekretariat von Mogilew, das sich im Warschauer Exil befand, liquidierte:[88]

Am 9. Dezember 1931 teilte die Päpstliche Rußlandkommission dem völlig überraschten Erzbischof von der Ropp mit, es bestehe kein weiteres Bedürfnis mehr für eine solche Exilbehörde, ihr Archiv sei von Warschau nach Rom zu überführen. Ropp selbst (gerade achtzig Jahre alt geworden) durfte zwar den Titel von Mogilew behalten, aber seinen 151 ebenfalls aus Rußland nach Polen emigrierten Priestern des lateinischen Ritus wurde es freigestellt, sich einer polnischen Diözese anzuschließen. An ihre Wiederverwendung in Rußland an einem künftigen «Tag X» war also nicht mehr gedacht; in d'Herbignys Zukunftsvision gab es ja nur einen entpolonisierten Katholizismus für Rußland (eine Vorstellung, die bis in die heutigen, postkommunistischen Konflikte der Region nachwirkt…).

Peinlich betroffen von dieser Entscheidung war nicht so sehr der greise Erzbischof selbst, als vielmehr sein rühriger Generalvikar Antoni Około-Kułak; er war einst Dekan in Smolensk gewesen und konnte sich rühmen, später Eugenio Pacelli in Berlin Russischunterricht gegeben zu haben. Er hatte es aber auch verstanden, der fiktiven Mogilewer Diözesenverwaltung in Warschau überreichlich die Kasse zu füllen, indem er die Emigrantengeistlichen, die in Polen als Pfarrer wirkten, mit hohen Abgaben belegte. Proteste dieser Pfarrer, die in Około-Kułak den «bösen Engel» des Erzbischofs sahen, trugen dazu bei, daß diese Geldquelle durch die römische Entscheidung verstopft wurde. Man darf demnach annehmen, daß Monsignore Około-Kułak auch aus persönlichen Gründen auf Monsignore d'Herbigny nicht gut zu sprechen war und daß er deshalb der Versuchung, sich zu revanchieren, schwer widerstehen konnte…

Die Gelegenheit dazu ergab sich, als einige Monate später, Mitte 1932, ein Mitarbeiter d'Herbignys nach Polen kam, von dessen Geschichte wir auf den letzten Seiten nur scheinbar abgeschweift waren: *Alexander Deubner*. Der junge russische Priester war von d'Herbigny nach Lemberg zu seinem «geistlichen Vater», dem Metropoliten Scheptyckyj, geschickt worden, vielleicht als «ständiger Beobachter», zumindest aber, um die Lage zu erkunden. Aber Erkundigungen wurden nun vor allem über ihn selbst eingezogen: die polnische Staatspolizei interessierte sich dafür, daß da ein Mann aus d'Herbignys beargwöhnter Rußlandkommission angereist kam, dem der Ruf einer gewissen Labilität vorausging.

Man wußte, daß Deubners Vater von den Sowjets nach Sibirien verbannt war, aber bekannt war auch, daß eine Schwester dieses Vaters – im Kreml wohnte! Sie war in zweiter Ehe mit einem dort tätigen Sohn der deutschen Kommunistischen Reichstagsabgeordneten Clara Zetkin verheiratet.[89] Hingewiesen wurde die Polizei auch darauf, daß Deubner Briefe an seine Familie in der Sowjetunion zu senden pflegte (zum Beispiel an seine bis zu ihrer Verhaftung 1934 in Moskau lebende französische Mutter). Schließlich fiel auf, daß Deubner auf der Durchreise in Berlin nicht nur Clara Zetkin besuchte, sondern auch eine junge Polin, mit der er befreundet war – «rein platonisch», wie er versicherte.

All das genügte, um – mit tüchtiger Nachhilfe des Prälaten Około-Kułak[90] – eine handfeste Intrige zu drechseln; die Polizei verweigerte Deubner die Verlängerung seines polnischen Aufenthaltsvisums. Deubner kehrte, noch nervöser als vorher, nach Rom zurück, und zwar gerade in dem Augenblick, als durch die Weltpresse (wiederum aus Polen lanciert) die Nachricht ging, es seien wichtige Geheimdokumente aus der «Kommission für Rußland» verschwunden. Daran war etwas Wahres, und es gab sogar einen Verdacht, der jedoch nicht Deubner betraf.[91] Doch dieser wurde von panischer Furcht ergriffen, da er sicher war, alles richte sich nur gegen ihn.[92] Er verließ an einem Dezembertag 1932 fluchtartig Rom, ohne seinem Vorgesetzten d'Herbigny auch nur eine erklärende Zeile zu hinterlassen. Vielleicht jedoch war für Deubner der Anlaß seines dramatischen Abgangs gar nicht so unwillkommen. Denn er floh keineswegs – wie die polnische Presse aller Welt weismachen wollte – als enttarnter Agent nach Moskau, sondern – zu seiner polnischen Freundin nach Berlin in der festen Absicht, sie zu heiraten.

Diese ebenso kuriose, aber wahre Pointe verschwieg freilich der vatikanische *Osservatore Romano*, als er (am 2. Februar 1933) jeglichen Dokumentendiebstahl dementierte. Deubners Rolle in der Rußlandkommission wurde als «vorübergehend» heruntergespielt, es wurde als «widersinnig» bezeichnet, daß Deubner mit der Moskauer GPU zu tun haben könnte, doch blieb der Vatikan der Öffentlichkeit die Antwort schuldig, wo denn Deubner geblieben war, wenn die Richtung Moskau nicht stimmte.

In Wirklichkeit wußte man im Vatikan seit Mitte Januar durchaus Bescheid, denn Deubner hatte sich in Berlin beim «Päpstlichen Hilfswerk für die Russen in Deutschland» gemeldet, dessen Schriftführer der Nuntiatursekretär Pater Eduard Gehrmann war. «Leider hat die Verwirrung auch einen russisch-unierten Priester, P. Deubner, erfaßt… Es scheint, als ob er sich zu verheiraten gedenkt. P. Rittmeister SJ[93] hat sich seiner angenommen. Ob er ihn aber von dem eingeschlagenen Wege abhalten wird, ist mehr als zweifelhaft», so notierte Gehrmann am 19. Januar 1933.[94] War dieser einfache Tatbestand dem Vatikan nur zu peinlich, um ihn zu veröffentlichen? Oder gab es auch in Rom Interessenten, denen die «Affäre Deubner» gerade recht kam, um d'Herbignys Position, vor allem das Vertrauen des Papstes zu seinem Ostexperten zu erschüttern?

«Die ganze Geschichte über einen Dokumentendiebstahl Deubners, seine Spionage usw. wurde in Warschau ausgedacht mit einem Ziel, das nur allzu durchsichtig ist. Man hat mir Namen genannt…», deutete Pater Jan Urban an, der Chefredakteur der Krakauer Jesuitenzeitschrift *Oriens*, die sich als einziges polnisches Blatt *für* d'Herbigny und seine Konzeption einsetzte.[95] «Vielleicht wird dereinst ein Historiker an den wirklichen Ursprung dieser Deubneriade herankommen», hoffte Urban.

Aber auch ihm dürfte kaum bewußt gewesen sein, daß diese kleinkarierte Geschichte nicht nur Teil des polnisch-vatikanischen Tauziehens um die richtige Rußlandpolitik war, daß ihre Dimension sich vielmehr ausweitete, weil sie in einen welthistorischen Augenblick geriet: die Machtergreifung Hitlers in Deutschland.

Dieses Ereignis ließ die Frage, ob man die Sowjets bekämpfen oder bekehren, dem östlichen Atheismus mit «Gebetskreuzzügen» oder mit einer «Schutzwallpolitik» begegnen sollte, für den Vatikan in einem neuen Licht erscheinen. Wie sich im Zeichen des Falles «Deubner-d'Herbigny» der schmerzlich-krampfhafte Abschied von einer Illusion ankündigte, so entstand nun eine andere.

5. Hitlers Antikommunismus: Falsche Hoffnung mit fatalen Folgen 1933–1939

Polnische Intrigen und Deubners Bußgang

Flammen schlugen aus dem Reichstagsgebäude in Berlin. Wer immer diesen Brand gelegt hatte, er wirkte an diesem 28. Februar 1933, kaum vier Wochen nach Hitlers Ernennung zum Reichskanzler, wie bestellt von den Nationalsozialisten: Endlich hatten sie den Vorwand, wichtige Grundrechte der demokratischen Verfassung außer Kraft zu setzen, dem angeblich geplanten Aufstand der «Roten» durch Terror und Verhaftungen zuvorzukommen. Daß das revolutionäre Umsturzpotential der deutschen Kommunisten deren selbsterfundene Legende war, daß die KPD durch ihre aberwitzige Kampfesweise, die «den Hauptstoß gegen die Sozialdemokratie» führte (Walter Ulbricht am 18. Januar 1933), sich selbst gelähmt hatte, daß Stalin die Hoffnung auf Weltrevolution zugunsten seiner russischen Ambitionen aufgab[1] – das alles verschwand für die Zeitgenossen hinter der eindrucksvollen Retterpose Hitlers, der in seiner ersten Kanzlerrede am 31. Januar 1933 vom «allmächtigen Gott» gesprochen hatte, der «unsere Arbeit in seine Gnade nehmen» möge.

Obwohl Kardinalstaatssekretär Pacelli noch am Tage der Machtübernahme Hitlers der Meinung gewesen war, dies sei «verhängnisvoller als der Sieg der sozialistischen Linken»,[2] setzte im Vatikan alsbald ein Stimmungsumschwung ein. Die Abneigung gegen die Hitlerbewegung war ohnehin mehr durch deren neuheidnische, antiklerikale Tendenzen als durch ihren antidemokratischen Charakter bedingt gewesen. Schon 1931 hatte der katholische Zentrumsreichskanzler Heinrich Brüning bemerkt, daß «der vatikanischen Bürokratie eine autoritäre Staatsform die stabilste und zuverlässigste» erschien. Als Brüning, der selbst ein Bewunderer Mussolinis und heimlicher Monarchist war, am 8. August 1931 im Vatikan vorsprach, glaubte ihm Pacelli «eine Einigung mit den Nazis wünschen zu müssen» – natürlich nicht aus Zuneigung zu diesen (wie Brüning beim anschließenden Gespräch mit Pius XI. gleich zu hören bekam), sondern weil man sich im Vatikan davon eine «Bändigung» der Hitlerbewegung versprach, vor allem aber eine parlamentarische Mehrheit für ein Reichskonkordat.[3] Das Beispiel der Lateranverträge mit Mussolini schwebte der Kurie vor Augen.

Jetzt, 1933, winkte Hitler mit dem Zaunpfahl eines solchen Konkordats und empfahl sich als Garant gegen «den Bolschewismus», den der *Osservatore Romano* treuherzig mit allerlei anderen Ketzereien in einen Topf warf: «Protestantismus, Schisma, Laizismus und Bolschewismus sind im Grunde das gleiche (*sono in sostanza sinonimi*)», schrieb das Vatikanblatt in einem Kommentar zum Konsistorium vom 13. März 1933.[4] Vor dieser Versammlung des Kardinalskollegiums griff der Papst in einer Rede heftig die «Missionare des Antichrist» an, denen sich die Völker der christlichen Zivilisation entgegenstellen müßten. Und am gleichen Tage schickte der deutsche Vatikanbotschafter von Bergen eine Depesche nach Berlin.

Dafür, daß Pius XI. in seiner Ansprache vom 13. März tatsächlich Hitlers Antikommunismus ein Kompliment machen wollte, gibt es noch andere Zeugen. Fünf Tage vorher, am 8. März, hatte der Papst dem französischen Botschafter Charles-Roux erklärt, Hitler sei der «einzige Regierungschef, der seine [des Papstes] Meinung über den Bolschewismus nicht nur teile, sondern ihm mit großem Mut und unmißverständlich den Kampf ansage».[5] Und am 9. März überraschte Pius XI. in einer Audienz den polnischen Botschafter Skrzyński durch die Mitteilung,

«...er sehe, daß er seine Ansicht über Hitler überprüfen, ‹nicht ganz ändern, aber bedeutend modifizieren› müsse, denn er müsse zugeben, daß *Hitler der einzige Regierungschef der Welt ist, der letztens ‹über den Bolschewismus so spricht, wie der Papst spricht›.»* Der Heilige Vater behauptet, daß so zu reden ein Ausdruck persönlichen Mutes sei, der nur aus der Quelle einer tiefen Überzeugung kommen könne, die auch das edle Opfer des eigenen Lebens nicht scheut. Er wiederholte, daß dies sein Bild ändere, das er sich vorher von Hitler machte, da er sehe, daß Hitler seine Ansicht teile, wonach der Bolschewismus nicht eine der Schwierigkeiten oder einer der Gegner ist, ‹mais que c'est l'ennemi...› (siehe Faksimile Seite 153)

«*Der* Feind» – also der Satan. Französisch – so wie es der Papst gesagt hatte – schrieb der polnische Botschafter diese Formulierung in seinen Bericht, den er am 11. März 1933 «streng geheim zu eigenen Händen des Herrn Ministers» nach Warschau schickte (Original: *Archiwum Ministerstwa Spraw Zagranicznych, Warschau*).

Was lag eigentlich, wenn man es so betrachten wollte, näher als eine gemeinsame Abwehrfront? Zweimal hat Kardinal Pizzardo, der Sekretär für Außerordentliche Angelegenheiten im Staatssekretariat, während des Februar 1933 dem polnischen Botschafter beim Heiligen Stuhl klarzumachen versucht, daß – trotz all ihrer Differenzen – Piłsudski, Mussolini und Hitler «auf der gleichen Linie einer Eindämmung des Kommunismus» zusammenarbeiten könnten.[6]

Die Polen zögerten mißtrauisch; Piłsudski hatte sich gerade erst im Juli 1932 durch einen Nichtangriffsvertrag mit Moskau gegen unangenehme Folgen der deutsch-sowjetischen Zusammenarbeit abgesichert (was zum Beispiel im September 1932 die Freilassung des 1928 verurteilten Prälaten Skalski aus sowjetischer Haft ermöglichte). Piłsudski war Antikommunist, aber kein Ideologe. Als Politiker dachte er vor allem an gemeinsame französisch-polnische Präventivmaßnahmen gegen ein Deutschland, in dem jetzt, 1933, der unversöhnlichste Widersacher der Versailler Friedensordnung

/ załącz. :/k.

Ściśle tajne do rąk własnych
Pana Ministra.

Wielce Szanowny Panie Ministrze,

Dowiedziawszy się, że Pan Minister wyjechał do Genewy
list prywatny o mojej audjencji z 9-go b.m. u Papieża przedrę
gowuję do Szembeka - a Panu Ministrowi przesyłam z niego tylko
te ustępy, które mi się wydają ważniejsze:

Mówiąc o Niemczech, Pius XI powiedział mi, że widzi, iż
będzie musiał przekontrolować swoje zapatrywania co do Hitlera, "niezupełnie zmienić, ale znacznie zmodyfikować.Gdyż
przyznać musi. iż Hitler jest jedynym szefem rządu na świe-
cie, który ostatnio "tak mówi o bolszewizmie, jak mówi Papież". Ojciec Św. twierdził, że mówienie w ten sposób jest
dowodem osobistego męstwa, które pochodzić może tylko ze
źródła głębokiego przekonania, nie cofającego się przed
szlachetną ofiarą własnego życia. Powtórzył, że to Mu zmie-
niło obraz. który sobie poprzednio o Hitlerze wytworzył, gdyż
widzi, że Hitler podziela jego zdanie, iż bolszewizm nie jest
jedną z trudności, lub jednym z nieprzyjaciół, "mais que c'est
l'ennemi". Papież wspominał, że bolszewicy i Jego chcieli za-
bić, gdyż uważali , że się zbytnio niemi zajmuje (może my-
ślał o bombie u Świętego Piotra), ale że niebezpieczeństwo dla
Hitlera jest o wiele większe, gdyż z Moskwy łatwiej dostać
się o Berlina,niż do Rzymu.

W tej części rozmowy przypomniałem Papieżowi następ

Bericht des polnischen Vatikanbotschafters Skrzyński über seine Papstaudienz

regierte. Andererseits war es Piłsudski auch nicht entgangen, daß der «Österreicher» Hitler in seinem Buch *Mein Kampf* immer nur Rußland, nie Polen als Ziel seiner «Lebensraum»-Eroberungen erwähnt hatte. Tatsächlich zeichnete sich ab Mai 1933 eine Annäherung Hitlers an Polen ab, die schließlich Januar 1934 zu einem – kurzlebigen – Nichtangriffs- und Verständigungsabkommen führte. Piłsudski betrachtete es nüchtern; Hitler wartete noch ab, ob sich Polen – wie Italien – als Satellit oder als Opfer seiner Expansionspolitik eignen würde.[7] Die Sowjetunion, auf die der Vatikan als Hauptgefahr fixiert war, blieb in Wirklichkeit abseits, von selbstgewollten Überanstrengungen geschwächt. Erst sechs Jahre später brachte Hitler sie ins Spiel – zuerst durch einen Pakt mit ihr, dann, indem er sie überfiel.

Dieser kalte Machiavellismus Hitlers wurde – wie fast überall – auch im Vatikan erst spät oder nur zum Teil durchschaut. Allerdings gab es auch hier einige kühle, allerdings falsche Berechnungen: Um den Preis eines Konkordats, bei dem Hitler den katholischen Wünschen scheinbar so weit entgegenkam, wie es kein ehrlicher Reichskanzler vor ihm gewagt hätte, gab der Papst die Zentrumspartei auf – die politische Heimat des deutschen Katholizismus.

Die Eile, mit der Zentrumsvorsitzender Prälat Kaas dies selbst in die Wege leitete,[8] läßt sich mit seiner durchaus richtigen Erkenntnis erklären, daß Hitler das Zentrum in jedem Fall liquidieren würde; also wollte man durch Selbstauflösung der Partei noch rechtzeitig etwas einhandeln. Kaas und sein Freund Pacelli trösteten sich dabei mit der Hoffnung, «daß die Nazis wohl früher oder später zum Abgang gezwungen werden würden», und sie gaben sich beide der Vorstellung hin, daß der «gottgläubige» Nationalsozialismus neben dem Kommunismus doch das «kleinere Übel» wäre.[9] Ausschlaggebend jedoch war, daß Hitler das «gütige Verstehen» der Kirche für den «Kampf zur Niederzwingung des Bolschewismus» brauchte, wie er an Kardinal Bertram schrieb, und daß «das neue Deutschland eine entscheidende Schlacht gegen den Bolschewismus» schlug, wie Pius XI. gegenüber Hitlers Vizekanzler von Papen freudig bestätigte.[10] Außenpolitisch hatte Prälat Kaas seine Zentrumspartei ohnehin schon von der prorussischen Rapallopolitik weggeführt und auf jene Annäherung an Polen vorbereitet, die Hitler jetzt scheinbar vollzog und die der Papst wärmstens empfahl.

Nach den Lateranverträgen von 1929 hatte Alcide De Gasperi seinen Freunden in der italienischen Volkspartei noch Mut zuzusprechen geglaubt: «Wir haben wenigstens den Trost, daß wir die letzten sind, die geopfert werden.» Doch nun, vier Jahre später, sah er seine deutschen Parteifreunde vom «Zentrum» für Hitlers Ermächtigungsgesetz und so für ihr eigenes Ende stimmen. Betrübt kommentierte er: «Die Furcht vor dem Kommunismus hat alle ergriffen und fast überzeugt – als ob es sich nicht um eine Unterdrückung der notwendigen Freiheiten handelte...»[11]

War in diesem Klima irrationaler Ängste und Geisterbeschwörungen überhaupt noch eine vatikanische Ostpolitik im Sinne von Rettung und Sicherung seelsorglicher Möglichkeiten denkbar? – Kehren wir aus den Höhen der «großen Politik» in ihre Niederungen zurück:

Berlin, 28. Februar 1933. Am Tage nach dem Reichstagsbrand notiert Hitlers Propagandaminister Goebbels in sein Tagebuch: «Nun wird die rote Pest mit Stumpf und Stiel ausgerottet... Das Schlimmste ist vorbei... Es ist wieder eine Lust zu leben.»[12] Doch in diesem Berlin gibt es Menschen, denen die Lust vergangen ist; zum Beispiel dem russischen Priester Alexander Deubner, der eigentlich nur ein privates Problem hatte: Kirche oder Ehe? Durch die Presse und durch gewisse Büros geistert sein Name als «roter Agent», der aus dem Vatikan geflohen ist. Sogar das Mädchen, das er liebt, wird genannt: Sie sei wohl die eigentliche Agentin – eine polnische oder sowjetische –, der Deubner Vatikangeheimnisse verraten habe; überdies sei dieser Deubner mit einer deutschen Kommunistin verwandt (Clara Zetkin, die schon nach Moskau geflohen ist). Etwas Schreckliches geschieht: Der Vater der Polin begeht in Berlin Selbstmord. Wir kennen die Umstände nicht, wir wissen nur, daß Alexander Deubner in diesem Augenblick wieder von Panik ergriffen wird, daß er fluchtartig Berlin verläßt – in Richtung Süden, nicht nach Osten…

Inzwischen aber hat der deutsche Vatikanbotschafter Diego von Bergen einen Bericht nach Berlin geschickt, in dem hinter die vatikanische Version des «Falles Deubner» ein Fragezeichen gesetzt wird:[13]

«Trotz aller Dementis dürfte es nicht ausgeschlossen sein, daß er [Deubner] sich als bolschewistischer Agent betätigte, und als Übersetzer wird er wahrscheinlich auch Gelegenheit gefunden haben, wichtigere Dokumente einzusehen und in seinem Sinne zu verwerten.»

Dieser Hinweis Bergens kam am Tage des Reichstagsbrandes in Berlin an. Die Kommunistenjagd erreichte in Deutschland einen Höhepunkt: 4000 Verhaftungen in 24 Stunden. Die Nationalsozialisten bemächtigen sich unter dem Vorwand, daß Gefahr drohe, der deutschen Länderregierungen. «Gelinder Druck genügt, um sie in die Knie zu zwingen… Abends wird beschlossen, daß nunmehr Bayern an die Reihe kommen soll», notierte Goebbels am 8. März in sein Tagebuch. An diesem Tag (an dem in Rom der Papst zu Frankreichs Botschafter bewundernd über Hitler spricht) wird

«…der Staatenlose Alexander Deubner, geboren 15. August 1899 in Ilienski-Tobolsk von der bayerischen Grenzpolizeistelle Passau… vor der von ihm beabsichtigten Ausreise nach Österreich wegen Verdachtes politischer Umtriebe in Schutzhaft genommen…»[14]

So steht es in den Akten. Im Vatikan wußte man schnell Bescheid. Bischof d'Herbigny seufzte in einem Brief an Bischof Neveu in Moskau: «Der arme Deubner!»[15] Pater Gehrmann, der Nuntiaturrat in Berlin, kümmerte sich um den Verhafteten, «der augenblicklich in Passau im Gefängnis sitzt».[16] Doch nach zweieinhalb Monaten ließ die Politische Polizei Deubner frei. Am 26. Mai 1933 teilte das preußische Innenministerium der deutschen Vatikanbotschaft sogar mit:

«Nach angestellten Ermittlungen hat sich die Annahme, daß es sich bei Deubner um eine bolschewistisch orientierte Persönlichkeit handle, jedoch *nicht* bestätigt. Auch konnte *nicht* festgestellt werden, daß er ein Agent der GPU ist.»

Die Intrigenküche kochte gleichwohl weiter. Noch war das Vertrauen des Papstes zu d'Herbigny fast ungebrochen, ja er erwog sogar, den Präsidenten der Rußlandkommission im Konsistorium vom 13. März zum Kardinal zu erheben. Nur das ärgerliche Echo der Affäre Deubner, dessen Widerhall nicht verstummen wollte, hielt den Papst davon ab, seinem Ostexperten (dessen «immer größere Nervosität» der polnische Botschafter Skrzyński befriedigt notierte) solche Beruhigung zu gewähren. Am 11.

März erhielt Skrzyński die «vertrauliche, aber sichere Information», daß noch immer niemand so großen Einfluß auf den Papst habe wie d'Herbigny, ja daß dessen Position sogar zunehme, obwohl d'Herbigny selbst schon «etwas desorientiert» wirke.[17] Zum Glück jedoch gewinne zugleich Kardinal Pacelli «auf andere Weise» an Einfluß. Auch der Päpstliche Nuntius in Warschau, Marmaggi, sei nun endlich für den polnischen Standpunkt gewonnen; man möge deshalb für den Nuntius «etwas Nettes» (coś miłego) tun, damit er es beim Papst vorzeigen könne. Delikat bearbeitete Skrzyński auch den Kardinalstaatssekretär; am 9. April sagte er zu Pacelli:

«Gewiß hatte Monsignore d'Herbigny den besten Willen, doch er rief einen so katastrophalen Wirrwarr hervor, daß man jetzt nicht weiß, wie man da herauskommen soll, und das alles nur infolge einer ungenügenden Kenntnis der so schwierigen Verhältnisse in Osteuropa und ihrer Verzahnung in die allgemeinen Probleme…»

Natürlich hütete sich Pacelli, dem polnischen Botschafter seine eigene Ansicht über d'Herbigny zu sagen; aber verteidigen wollte der Kardinal den Präsidenten der Päpstlichen Rußlandkommission nicht. Pacelli war es, der den Papst in der Konkordatspolitik gegenüber Hitler bestärkte, und Pacellis Einfluß war es auch, wenn der Papst – der im Grunde gar nicht so gut auf die Polen zu sprechen war[18] – jetzt immer öfter den Wunsch nach einem polnisch-deutschen *Modus vivendi* äußerte, damit Polen «seine traditionelle Rolle als Vormauer der Christenheit» (gegen das atheistische Rußland) weiterspielen könne.[19] Zu dieser Bollwerkfunktion Polens paßten sehr schlecht die «Neo-Unions»-Bestrebungen d'Herbignys, mit denen er auf *polnischem* Boden einen *russifizierten* Katholizismus pflegte. Dies war der «Wirrwarr», den die Polen zu «entwirren» suchten, indem sie die Verwirrungen des unglücklichen russischen Priesters Deubner hochspielten. Ihre Absicht, d'Herbigny damit ein Bein zu stellen, wurde aber zunächst noch durchkreuzt.

Der Papst, der die Intrige ahnte, aber ihre innere Logik nicht durchschaute, spielte nicht mit. Er begann zwar bereits zu erwägen, was ihm Pacelli immer eindringlicher nahebrachte: daß die mystisch-politischen Vorstellungen einer «Bekehrung Rußlands» erfolglos bleiben mußten, daß jetzt ein Schutzbund antikommunistischer Mächte in Europa viel wichtiger sei. Aber noch war Pius XI. von der persönlichen Ausstrahlungskraft, von der sendungsbewußten politischen Romantik d'Herbignys fasziniert. Am gleichen Tage, an dem aus Passau die Nachricht von der Freilassung Deubners kam, am 25. Mai 1933, erhielt d'Herbigny als Vertrauenserweis den Ehrentitel eines «Päpstlichen Thronassistenten».

Alexander Deubner jedoch, bestürzt über die Skrupellosigkeit, mit der sein privater Fall politisch benutzt wurde, meldete sich nun selbst zu Wort. Er reiste nach Ljubljana (Jugoslawien), holte sich dort Rat von dem Theologieprofessor und Prälaten Franz Grivec, einem Ostkirchenexperten, und verfaßte mit dessen Beistand am 9. Juni eine öffentliche Erklärung, die er an zahlreiche europäische Zeitungen schickte. Doch allein der katholische *Tablet* in London (!) hat Deubners Dementi im Wortlaut abgedruckt:[20]

«Wahr ist, daß ich ohne Genehmigung Monsignore d'Herbignys, des Präsidenten der Päpstlichen Rußlandkommission, Rom verließ und daß ich zu Verwandten nach Berlin ging. Ich bin natürlich auch jetzt in Verbindung mit meiner Familie in Rußland, wie ich es immer war, während ich in Rom weilte. Meine Mutter, mein Bruder und meine Schwester sind in Rußland und ebenso mein Vater, der Priester ist und ein enger Freund des verstorbenen Wladimir Solowjew war, des großen Denkers und Vorkämpfers der christlichen Einheit. Es wäre gegen die Ehre und Tradition meiner adligen russischen Vorfahren, Dokumente zu stehlen, um sie von der einen auf die andere Seite zu bringen, überhaupt die Rolle eines Spions zu spielen. Dies wäre besonders unehrenhaft gegenüber dem Hochwürdigsten Monsignore d'Herbigny, dessen selbstlose Hingabe für die Russen, ohne Unterschied des Glaubensbekenntnisses, wohl bekannt ist. Die Anklagen, die gegen mich erhoben werden, sind nicht nur unbegründet, sondern sie wurden zu einem Zweck erfunden, der nicht nur von christlich gesinnten Personen, sondern von anständigen Menschen überhaupt verurteilt werden muß. Ihr Zweck war, das Werk der Kirchenvereinigung (*Reunion*) in Polen und vor allem der Rußlandkommission und ihres Präsidenten zu kompromittieren und, wenn möglich, zu zerstören...»

So viel Staub das Verschwinden Deubners aus Rom Ende 1932 aufgewirbelt hatte, so still blieb es nun, als er Anfang Juli 1933 zurückkehrte. Es scheint, daß er damit sogar d'Herbigny in Verlegenheit versetzte. Pater Ledit vom Päpstlichen Ost-Institut brachte d'Herbigny auf den Einfall, den reuigen Heimkehrer «zur Buße» ins weit abgelegene Bergkloster des hl. Benedikt bei Subiaco zu schicken; in der Hoffnung auch, es lasse sich Deubners Wiederauftritt auf jener römischen Bühne vermeiden, die im «Heiligen Jahr» 1933 von Pilgern – echten und vorgeblichen – aus aller Welt bevölkert war. In Subiaco erhielt Deubner dann sogar Besuch: D'Herbigny kam in Begleitung des Bischofs Boleslas Sloskans, den die Sowjets Ende Januar im Austausch gegen lettische Kommunisten endlich freigelassen und nach Lettland abgeschoben hatten. Aus diesem – wohl letzten – Gespräch mit Deubner gewann d'Herbigny den Eindruck, daß der unstete Russe zwar etwas, «aber nicht viel» aus seinen Erfahrungen gelernt hatte...[21]

War mit Deubners Bußgang die große Intrige gegen d'Herbigny wirklich zusammengebrochen? Dies anzunehmen hieße, den Eifer zu unterschätzen, mit dem Polen die ostpolitische Konzeption d'Herbignys in einem Augenblick bekämpfte, in dem der Papst mehr für den Antikommunismus Hitlers als für die Missionsideen seines «Haus-Sowjetologen» schwärmte...

Litwinows Wege nach Rom und d'Herbignys Sturz

Sommerhitze brütete drückend über Rom; nach aufregenden Monaten schien auch die päpstliche Kurie in Ferien zu gehen. Um so mehr überrascht war Botschaftsrat Klee, der in Deutschlands Vatikanbotschaft auch am heißen «Ferragosto», dem 15. August, ausharren mußte, als er für den nächsten Tag zu Kardinal Pacelli gebeten wurde. Ging es etwa schon um die ersten Proteste gegen Verletzungen des Reichs-

Telegramm (geh.Ch.V.)

Rom (Vatikan),   den   16.August <u>1933</u>   18 Uhr 20 Min.
        Ankunft: 16. „   „   20 „ 20 „

<u>Nr.57 vom 16/8.</u>   Im Anschluß an Tel.vom 11. Nr.56.

Kardinalstaatssekretär sagte mir heute
vertraulich,nach ihm zugegangenen Nachrichten
versuche Sowjetrußland sich in Besitz Kon —
kordatsanhanges zu setzen. Er machte darauf
aufmerksam, daß bereits Presse sich mit Geheimabkommen beschäftige,wofür er als Beispiel
Journal de Genève vom 12.August anführte.

                        Klee

konkordats, das am 20. Juli 1933 eilig unterzeichnet, aber noch nicht ratifiziert worden war? Als Klee am späten Nachmittag aus dem Vatikan zurückkam, war er erleichtert und bekümmert zugleich; Pacelli hatte nichts beanstandet, er hatte nur gebeten, eine freundliche Warnung weiterzuleiten.[22] (siehe Faksimile Dokument)

Was war das für ein «Geheimabkommen», für das sich die Sowjets so brennend interessierten? Es war ein Zusatz zum Konkordat, den zwar die deutschen Bischöfe gewünscht hatten, der jedoch – wie Vizekanzler von Papen mit Recht annahm – Hitler «besondere Freude» bereitete: eine Regelung für den Fall der Einführung der allgemeinen Wehrpflicht, also der Wiederaufrüstung Deutschlands, die Hitler plante.[23] Wir wissen nicht, wie Pacelli die Moskauer Neugier auf dieses Dokument zugetragen wurde. Auszuschließen ist es nicht, daß die peinliche Frage sogar bei einem direkten Kontakt gestellt wurde. Denn so hoffnungslos alle sowjetisch-vatikanischen Verhandlungen seit 1927 und erst recht seit 1930 abgebrochen waren, so scharf der Papst gegen den kommunistischen und sowjetischen Atheismus redete, gelegentliche Kontakte waren dadurch nicht ganz ausgeschlossen. So war etwa – wie erst 45 Jahre später bekannt wurde – Kardinal Pizzardo 1932 mit dem Botschaftsrat P. M. Kersentschew (von der sowjetischen Quirinalbotschaft) zusammengetroffen und hatte die Möglichkeit sondiert, gefangene katholische Priester in der Sowjetunion gegen den bedeutendsten Philosophen der italienischen Kommunisten, Antonio Gramsci, auszutauschen. (Der Versuch scheiterte; Pizzardo durfte auf Anweisung Mussolinis im Gefängnis in Turin, wo er mit Gramsci reden wollte, nichts als seine Visitenkarte hinterlassen.)[24]

Möglich ist auch, daß die Sowjets, die am 2. September 1933 mit Italien ein Nichtangriffs- und Freundschaftsabkommen schlossen – ohne sich durch Mussolinis Faschismus abschrecken zu lassen –, bei ihren römischen Verhandlungen von dem Konkordatszusatz Wind bekommen hatten. Für Dezember hatte sich Außenkommissar Litwinow selbst zur Unterzeichnung eines Handelsvertrags mit Italien in Rom angemeldet.

Natürlich war man im Vatikan von solchen Schachzügen nicht gerade erbaut; so wenig wie von den Bemühungen Piłsudskis und seines wendigen Außenministers Józef Beck, die nicht nur – mit dem Segen des Papstes – den Ausgleich mit Deutschland suchten, sondern zugleich auch persönliche Fühler nach Moskau ausstreckten (wo die Russen zur Verlängerung des Nichtangriffspakts mit Warschau bereit waren). Die größte Überraschung kam im Herbst, als der neue amerikanische Präsident Franklin D. Roosevelt am 10. Oktober der Sowjetunion formell Verhandlungen über die diplomatische Anerkennung anbot und kurz darauf Litwinow nach Washington lud. Stalin drängte jetzt sogar (mit Erfolg) in den Genfer Völkerbund, während Hitler den Austritt Deutschlands erklärte.

Es war klar, daß die Sowjetunion versuchte, der drohenden Isolierung in Europa zu entkommen. Besonders in den USA stand ihr dabei eine öffentliche Meinung im Wege, die empfindlich war gegen alle Verstöße wider die Toleranz und Zusicherungen für religiöse Freiheit verlangte. Der Jesuit Edmund Walsh, den Moskau noch aus den zwanziger Jahren der Hungerhilfsmission in unguter Erinnerung hatte, startete jetzt geradezu eine Kampagne gegen die Aufnahme der Beziehungen zu Moskau, weil sichere Garantien nicht zu erwarten seien.

Die Sowjets wußten, warum sie im Herbst 1933 Nachrichten lancierten, wonach sie nicht nur bereit wären, über religiöse Garantien mit sich reden zu lassen, sondern sogar mit dem Vatikan darüber bereits im Gespräch seien. Eine lakonische Vier-Zeilen-Notiz im *Osservatore Romano* dementierte das am 1. Oktober 1933. Man sei, «durch Erfahrungen belehrt», gegen offizielle oder inoffizielle Kontakte mit den Sowjets «besonders auf der Hut» – so wurde der deutsche Botschafter von Bergen im Vatikan belehrt.[25]

Als Litwinow dann auf der Rückreise von Amerika tatsächlich Anfang Dezember 1933 nach Rom kam und die Gerüchte nicht verstummen wollten, er werde – durch Vermittlung Mussolinis, der ihn empfing – auch mit einem päpstlichen Vertreter Kontakt aufnehmen, versicherte man im Vatikan den ausländischen Diplomaten:[26]

> «Die Kurie hält es für zwecklos, mit der Sowjetregierung zu verhandeln, da man etwaigen Zusicherungen keinen Glauben schenken könne. Das Abkommen mit Amerika hat sie in dieser Auffassung noch bestärkt... Die Bestimmungen über Religionsfreiheit stünden nur auf dem Papier... In den vatikanischen Archiven fänden sich darüber so viele Belege, daß jeder Versuch eines Dementis von russischer Seite als sinnlos angesehen würde... Eine Verhandlung mit Rußland über die Freiheit der Religionsausübung dürfte nach seiner [des Vatikans] Ansicht niemals auf der Grundlage der russischen Gesetzgebung aufgebaut sein, sondern müßte von ganz neuen Voraussetzungen ausgehen. Bisher liegen keinerlei Anzeichen vor, daß die Sowjetregierung dazu bereit wäre...»

Immerhin spürt man sogar in diesem harten Dementi noch etwas von grundsätzlicher Bereitschaft zum Verhandeln mitschwingen – wenn auch nur unter «neuen Voraussetzungen». Zu diesen hätte vor allem ein tatsächliches Angebot Stalins gehört, das nicht vorlag; im Falle des Konkordats mit Hitler jedoch war nicht nur ein weitreichender Vorschlag unterbreitet worden, sondern Pacelli hatte gleichsam «eine Pistole gegen seinen Kopf gerichtet» gefühlt: Er habe – ohne andere Alternative – wählen müssen zwischen Hitlers Konkordatsangebot und «der praktischen Ausschaltung der Kirche», sagte er zum britischen Geschäftsträger Kirkpatrick am 19. August 1933.

Es ist bezeichnend für dieses stets gleichbleibende Verhaltensmuster, daß ein bischöflicher Teilnehmer an den Reichskonkordatsverhandlungen so argumentierte:[27]

> «Die Regierung eines Landes ist keineswegs mit der Weltanschauung einer Partei identisch. Es könnte deswegen auch der Fall eintreten, daß der Papst ein Abkommen mit Stalin trifft, ohne damit den Bolschewismus anzuerkennen.»

Dieser Grundsatz stößt allerdings bei Systemen, die den totalen Geltungsanspruch einer Parteiideologie mit dem Staatsinteresse gleichsetzen, auf immer wiederkehrende Schwierigkeiten; denn der Verhandlungsgegenstand einer konkordatären Vatikanpolitik kann immer nur ein gewisses Maß weltanschaulicher Freiheit sein, das totalitäre Systeme nur aus Gründen politischer Opportunität, nie aus ideologischen Motiven zugestehen können. So wie die Kirche ihre Gegenleistung – die staatsbürgerliche Loyalität von Priestern und Gläubigen – immer nur begrenzt auf das praktische Zusammenleben und -wirken erbringen kann, nie als Bekenntnis zur politischen Doktrin des Staates.

Auch die sogenannte «Religionsklausel», die von der amerikanischen Regierung 1933 bei der völkerrechtlichen Anerkennung der Sowjetunion durchgesetzt wurde, war von vornherein sehr bescheiden angelegt und keineswegs auf «die» Religionsfreiheit als solche gerichtet. Roosevelt setzte bei Litwinow im Notenaustausch vom 16. November die «freie Ausübung der Gewissensfreiheit und Religion» nur für *amerikanische Staatsbürger* durch.[28] Die zitierte vatikanische Kritik an dieser Vereinbarung verfehlte den Kern der Sache, weil die Sowjets gar nicht mehr versprachen, als sie halten wollten. Anders als die Religionsklausel des Vertrags von Riga, die der polnischen Minderheit in der Sowjetunion Religionsfreiheit zusagte, war jetzt nur von der Religionsfreiheit für eine Ausländergruppe die Rede. Nur in einem praktischen Punkt ging die Vereinbarung darüber hinaus: Die Sowjets stimmten der Entsendung eines amerikanischen katholischen Geistlichen für die St.-Ludwigs-Kirche in Moskau zu. Und dazu hat sich der Vatikan tatsächlich in die Verhandlungen eingeschaltet – im Widerspruch zu all seinen Dementis:

«Ich hatte im richtigen Augenblick Freunde in New York alarmiert; sie ließen den Präsidenten [Roosevelt] durch seinen Sohn davon überzeugen, daß die Aufnahme eines katholischen Geistlichen in das Moskauer Botschaftspersonal besser als jedes andere Argument eine gewisse Bereitschaft der Sowjets zu religiöser Toleranz beweisen würde», so berichtet Gervais Quénard, der Generalsuperior des Assumptionistenordens, der Mitglied der Rußlandkommission d'Herbignys war.[29] «Eine ganze Woche lang wehrte sich Litwinow – wie der Teufel beim Weihwasser – gegen diesen unerwünschten Reisenden, indem er beteuerte: Das sei ganz unnötig, denn es herrsche ja Religionsfreiheit. Und schließlich fand er einen ganz unerwarteten Einwand: In Moskau gebe es doch einen katholischen Bischof Neveu, und dessen Genehmigung sei doch nötig, wenn man ihm einen Priester beigeben wolle. – Was also tun?»

Besorgt telegrafierte der Apostolische Delegat in Washington, Amleto Cicogniani, nach Rom, Kardinal Pacelli fragte in der Rußlandkommission nach, wie man am schnellsten aus Moskau Bischof Neveus Einverständnis einholen könnte. Pater Quénard eilte zur französischen Vatikanbotschaft, um ein chiffriertes Telegramm nach Moskau loszuwerden. «Nein, das würde in Paris Ärger machen», meinte – als ängstlicher Beamter – der Botschafter Charles-Roux, der jedoch auch den rettenden Einfall hatte: «Telegrafieren Sie doch einfach selbst nach Washington!» – So geschah es:

«NEVEU ZUSTIMMT AUS GANZEM HERZEN», kabelte Quénard an Cicogniani, und gleich darauf lag die Depesche vor Litwinow und Roosevelt auf dem Verhandlungstisch im Weißen Haus. Kurz darauf reiste der 30jährige amerikanische Assumptionistenpater *Leopold Braun*[30] zusammen mit dem ersten US-Botschafter nach Moskau – als «Vikar» des bischöflichen Pfarrers von St. Ludwig…

Wie kam es dazu, daß bei alldem nur ein «Konsultor» der Päpstlichen Rußlandkommission, eben Pater Quénard, tätig wurde, nicht aber ihr Präsident d'Herbigny?
In den USA vermutete die antisowjetische Presse, die wütend gegen Roosevelts Verhandlungen mit Litwinow protestierte, daß hinter allem doch die «jesuitischen Absichten» d'Herbignys steckten. «Natürlich werden die Dementis – noch dazu wenn
sie aus Rom gekabelt werden – den Leuten diese falsche Behauptung nicht aus dem
Kopf schlagen, die ohne Zweifel von den gleichen ‹Freunden› kommt, die auch die
Affäre Deubner manövriert haben», schreibt d'Herbigny am 13. November 1933 in
einem Privatbrief.[31] «Andere Zeitungen, vor allem in Mitteleuropa und in der
Schweiz, beschrieben viele Spalten lang die heftigen Diskussionen, in denen ich mich
gegen den Heiligen Vater gewendet hätte, weil er – so schreiben die einen – ein Konkordat mit den Sowjets abschließen wolle oder weil er – so schreiben die anderen –
eben dies nicht wolle. Das sind alles reine Erfindungen.»

Tatsächlich war d'Herbigny zu diesem Zeitpunkt bereits kaltgestellt. Der zitierte
Brief ist nicht aus Rom, sondern aus Brüssel datiert. Was war mit d'Herbigny geschehen? Sein Sturz war, ihm selbst noch kaum bewußt, auf eine sanft-raffinierte Weise
eingeleitet und vor der Öffentlichkeit verborgen worden.

Bis heute liegt darüber ein Schleier des Mysteriösen, der nach Jahrzehnten zum Teil
gehoben werden konnte.[32]

«Aus einem Grund, dessen Geheimnis ich nie durchdringen konnte, fiel der Chef
[der Päpstlichen Rußlandkommisson] in Ungnade», schreibt Charles-Roux, der von
1932 bis 1940 Botschafter Frankreichs beim Vatikan war und gewiß engen Kontakt
mit seinem Landsmann d'Herbigny pflegte.[33] Dem deutschen Botschafter von Bergen, der die römische Szene aufmerksam beobachtete, war nur aufgefallen, daß
d'Herbigny Ende September 1933 innerhalb weniger Tage zweimal vom Papst empfangen worden war. Später, als d'Herbigny verschwunden war und Gerüchte über die
politischen Hintergründe umherschwirrten, ließ sich Bergen vom vatikanischen
Staatssekretariat «vertraulich» mitteilen, d'Herbigny leide «an unheilbarem Darm-
krebs»…[34]

Immerhin lebte d'Herbigny noch weitere 24 Jahre lang! Er litt nur an Hämorrhoi-
den, und im Juli 1933 hatte ihm ein Arzt geraten, sie operativ entfernen zu lassen
(doch ohne Dringlichkeit).[35] Für Anfang Oktober hatten die polnischen Bischöfe mit
Kardinal-Primas August Hlond ihren Besuch in Rom angekündigt. Man wußte, daß
sie entschlossen waren, gegen d'Herbignys «Neo-Unions»-Bestrebungen Sturm zu
laufen, daß sie die Änderung des Namens und möglichst auch die Absetzung des
Präsidenten der Rußlandkommission verlangen würden – nicht zuletzt mit Hinweis
auf die Deubner-Affäre. Die Warschauer Regierung hatte sich in diesem Sinne vertraulich an den General des Jesuitenordens, den Polen Włodzimierz Ledóchowski,
gewandt; angeblich hatte Marschall Piłsudski im Zorn sogar gedroht, er werde alle
Jesuiten in Polen «nach Rußland abschieben» lassen, falls d'Herbigny nicht «das
Handwerk gelegt» würde…

Der Papst wies d'Herbigny an, sich mit den polnischen Bischöfen sofort nach ihrer Ankunft in Rom in Verbindung zu setzen, um ihnen die Ostpolitik des Heiligen Stuhls verständlich zu machen. Doch soweit sollte es schon nicht mehr kommen. Jesuitengeneral Ledóchowski trat in Aktion. Ihm mißfiel schon lange sein geschäftiger Ordensbruder d'Herbigny. Ende September begab sich Ledóchowski zum Papst und schilderte, wie fatal es für das Wohl der Kirche, aber auch das der Ostmission wäre, wenn es nun in Rom zur direkten Konfrontation zwischen d'Herbigny und dem polnischen Episkopat kommen würde. Wäre es nicht besser, erst einmal über die Deubner-Affäre Gras wachsen zu lassen und d'Herbigny aus der Schußlinie zu ziehen – unter einem eleganten, möglichst glaubhaften Vorwand…?

Freundlich, gönnerhaft wie üblich, unterhielt sich Pius XI. am 29. September 1933 mit d'Herbigny, der nicht ahnte, daß diese Papstaudienz seine letzte sein würde… Lange und andachtsvoll betrachtete der Papst einige Fotos, die d'Herbigny mit Kurierpost von Bischof Neveu aus Moskau erhalten hatte: Sie zeigten den unierten Exarchen Feodorow und den Apostolischen Administrator Ilgin in sowjetischen Arbeitslagern… Dann überraschte der Papst seinen Rußlandexperten mit einem Wunsch, der nach Befehl klang:

«Nach einem Bericht, den ihm unser Pater General gab, hat er [der Papst] entschieden, daß ich absolut eine Zeit der Kur und Erholung brauche, vielleicht wird eine chirurgische Operation nötig sein… Es scheint, daß das keinen Aufschub duldet, und ich werde in einigen Tagen in eine Brüsseler Klinik abreisen, wahrscheinlich am 12. Oktober…, wenn mir die Zuständigen nicht empfehlen, noch früher abzureisen… Man wird politische Gründe in dieser Abreise suchen… Aber viele hier und in Polen werden sich gewaltig freuen…», so schrieb d'Herbigny am nächsten Tag in seinem allwöchentlichen Brief an Neveu in Moskau.

Und wirklich: D'Herbigny gehorchte sofort, als ihn Ledóchowski aufforderte, er möge schon am 2. Oktober Rom verlassen – am Tage, an dem die polnischen Bischöfe ankamen… Erst zehn Tage später unterzog sich d'Herbigny in einer katholischen Klinik in Brüssel der Operation. Noch hoffte er, in spätestens zwei oder drei Monaten in Rom zurück zu sein. Daß der Papst mit der «vorübergehenden» Leitung der Rußlandkommission Monsignore Tardini vom Staatssekretariat beauftragte und nicht – wie es zuerst schien – Monsignore Margotti, mit dem sich d'Herbigny Anfang 1930 zerstritten hatte,[36] nahm er als ebenso gutes Zeichen wie die Tatsache, daß auf Anordnung des Papstes die Briefe Neveus aus Moskau immer noch zu ihm – jetzt nach Brüssel – gesandt werden sollten.

Doch am 27. Oktober 1933 holte Ledóchowski zum zweiten Schlag aus; er schrieb an d'Herbigny:[37]

«Es wäre demütig (*humble*) und somit in Übereinstimmung mit der Institution [der Verfassung] des Ordens und mit dem Geiste des Heiligen Ignatius, bequem (*commode*) auch für den Heiligen Stuhl, wenn Sie durch Vermittlung des Paters General dem Heiligen Vater schriftlich Ihren Rücktritt von allen Ihren Tätigkeiten in Rom anbieten.»

Unterstaatssekretär Monsignore *Domenico Tardini* (1888–1961) in seinem Vatikan-Arbeits-
zimmer während des Zweiten Weltkrieges

Dieses Schreiben des Jesuitengenerals enthielt keinerlei Begründung, aber auch keinen direkten Befehl (den Ledóchowski einem dem Papst unterstellten Bischof nicht geben konnte). Es war «nur» ein unmißverständlicher Appell an jenen Geist blinder Selbstverleugnung, für die der Ordensstifter Ignatius von Loyola die Regel aufgestellt hatte: «…bei dem Weißen, das ich sehe, zu glauben, es sei schwarz, wenn die hierarchische Kirche es so entscheidet…» (*Exerc. Spirit.*)

Um das Leben in Rom «bei diesem Klima» wiederaufzunehmen, brauche man gute Gesundheit, schrieb d'Herbigny mit bitterem Unterton am 28. Oktober an Neveu; er verschwieg dem Moskauer Bischof die Aufforderung Ledóchowskis und stellte sein Rücktrittsgesuch als eigenen Entschluß dar:

> «Ich fühle mich im Zweifel, und da ich weiß, daß viele mit dieser Lösung zufrieden sein werden, aber auch in der Hoffnung, daß es sich zum Besseren für die russischen Seelen auswirken wird, die einen Führer in voller Gesundheit brauchen, der nicht einer hochempfindlichen nationalen Opposition begegnet – deshalb schreibe ich heute früh dem Heiligen Vater, er möge gütigst nur das Wohl der russischen Seelen im Auge haben und mich von der Präsidentschaft [der Rußlandkommission] entbinden…»

Aber zugleich kann sich d'Herbigny noch immer nicht vorstellen, daß der Papst ihn fallenlassen könnte: «Ich vermute, daß er [den Rücktritt] nicht annehmen wird.» D'Herbigny hofft sogar auf «häufige Reisen zwischen Brüssel und Rom» und klammert sich daran, daß man «geheime Post» aus Rom noch an ihn weiterleitet, auch vertrauliche Mitteilungen vatikanischer Kongregationen. Das zeige, «daß man noch nicht entschieden hat, ob man mich ganz loswerden will, wie einige angekündigt haben» (*Brief vom 13. November 1933*).

Der Papst zögerte. Erst als ihm immer neue Fakten, Halbwahrheiten und Gerüchte zugetragen wurden (die vor allem der emsige Jesuitengeneral zu einem stattlichen «Dossier» vereinigte) und als sich schließlich in der Presse hartnäckig eine Meldung behauptete, daß d'Herbigny heimlich mit Litwinow zusammengetroffen sei[38] – ließ der Vatikan Anfang *Dezember* 1933 verlauten, daß d'Herbigny schon seit *Oktober* von der Leitung der Rußlandkommission «aus Gesundheitsgründen» entbunden sei und Rom verlassen habe.

Ganz gewiß sind sich d'Herbigny und Litwinow *in Rom* nicht begegnet. Kam es aber vielleicht zum Kontakt, als Litwinow – vor und nach seiner Amerikareise – über Paris fuhr, wo d'Herbigny – vor und nach seiner Operation – bei seiner Schwester wohnte? Ziemlich sibyllinisch kommentierte er selbst in einem Brief an Neveu vom 8. Dezember 1933 die «Anspielungen auf meine Person», die der Rombesuch Litwinows ausgelöst habe. «Es schien, daß man noch nichts wußte [?]. Plötzlich – durch eine Art Schaukelspiel – sind viele, die mich kritisieren, zu Fürsprechern meiner Art zu handeln geworden.»

Hat d'Herbigny etwa – bestürzt und verwirrt über das ruhmlose Ende, das man ihm und seiner Rußlandpolitik bereiten wollte – in einer Art Torschlußpanik auf eigene Faust den Durchbruch versucht, indem er – schriftlich oder mündlich – Verbindung mit Litwinow aufnahm? War das brüske Nein, mit dem Anfang Dezember Moskau selbst jeden vatikanisch-sowjetischen Kontakt dementierte,[39] ein Zeichen dafür, daß die Sowjets d'Herbigny «abblitzen» ließen? Haben auch sie den unglücklichen Rußlandliebhaber, den sie als ihren alten Gegner kannten, noch bloßstellen wollen, nachdem er schon durch die polnischen Intrigen viel von seinem Nimbus verloren hatte? Fest steht, daß grundsätzliche Differenzen zwischen d'Herbigny und dem Papst nicht bestanden. Wenn Pius XI. in seiner Weihnachtsansprache an das Diplomatische Korps 1933 bedauerte, daß manche Regierungen gute Beziehungen zu Moskau pflegten, ohne Garantien für das Ende jeder Religionsverfolgung und kommunistischen Auslandspropaganda zu verlangen, dann entsprach dies gewiß auch d'Herbignys Meinung. Nur seine Ansichten über die richtigen kirchenpolitischen und diplomatischen *Methoden* waren umstritten. Und schließlich bot d'Herbignys *persönlicher Stil* seinen Gegnern breite Angriffsflächen, die es erleichterten, seine Position zu erschüttern. Hier seien nur einige von den Hintergründen erwähnt, die aus d'Herbignys Nachlaß und anderen Quellen belegbar sind und auch in das «Dossier» des Jesuitengenerals Ledóchowski Eingang gefunden haben dürften: Vom Ruf des geheimnisvollen Rußlandreisenden umwittert, war d'Herbigny in Rom zu einer gesellschaftlich begehrten Persönlichkeit geworden. Charmant und redegewandt, wurde der imposante Prälat mit dem Popenbart, der zum schlichten Schwarz des Jesuiten nicht ohne Eitelkeit stets bischöfliches Violett trug, ein wenig zu dem, was man heute einen «Cocktail-Löwen» nennen würde. Gerne provozierte er – und wurde provoziert. Den polnischen Militärattaché fragte er zum Beispiel – im Beisein anderer – auf einem Empfang, wie man über der Sowjetunion Priester mit Fallschirmen absetzen könnte… In (wenigstens) einem Fall hat er seine bischöflichen Vollmachten ohne Wissen des Vatikans gebraucht und einen nach Rußland reisenden Laien, der ihm würdig erschien, kurzerhand zum Priester geweiht, damit er «die Eucharistie in die Weite des Sowjetreiches trage». Konspiratives und naives Verhalten mischten sich bei d'Herbignys amtlicher Tätigkeit in der Rußlandkommission ebenso wie schon bei seinen Rußlandreisen der zwanziger Jahre. Hier ein Beispiel, das im Vatikan erst Anfang 1933 bekannt wurde, als der freigelassene Bischof Sloskans nach Rom kam und einige Prälaten seine Tagebuchblätter lasen: Ein Pfarrer namens Piotr Awglo, den Sloskans für die Zeit seiner Haft als Generalvikar in Mogilew eingesetzt hatte, gab 1930 unter Drohungen und Versprechungen der GPU eine schriftliche Erklärung ab: es gebe in der Sowjetunion keine Behinderungen des religiösen Lebens. Über Bischof Neveus diplomatischen Kanal in Moskau ließ Awglo gleichzeitig nach Rom mitteilen, daß er zu dieser Äußerung gezwungen worden sei, sie bitter bereue und um Entbindung von seinem Amt bitte. Die Antwort, er möge auf seinem Posten bleiben und für den Fall seiner Verhaftung einen Stellvertreter ernennen, teilte ihm d'Herbigny jedoch nicht auf dem gleichen vertraulichen Wege, sondern auf einer offenen Postkarte mit, die – zur «Tarnung»? – lateinisch geschrieben war… (Awglo starb im Gefängnis von Mogilew).[40]

Der missionarische Eifer d'Herbignys, der von einer echten, aber mystisch-realitätsentrückten Frömmigkeit gespeist war, steigerte sich bisweilen auch zu ekstatischen Vorstellungen. So vertraute er seinem Briefpartner Neveu einmal an: Er sei sicher, daß eine Sowjetrussin, die er – als sie sich dienstlich in Rom aufhielt – geheim getauft hatte, «im Kreml erschossen» worden sei: er habe dies in nächtlichen Visionen miterlebt.[41] Zugleich gefiel er sich in äußerlicher Betriebsamkeit; er wurde in russischen Emigrantenkreisen umhergereicht (die natürlich vom sowjetischen und anderen Geheimdiensten unterwandert waren), er hielt Vorträge und Erbauungsstunden, ließ sich bewundern und anschwärmen, nicht zuletzt von Damen; die junge russische Frau eines türkischen Diplomaten, deren Mutter – wie es später hieß – für die Sowjets arbeitete, machte ihm pathetische Liebeserklärungen, doch als er sie abwies, brachte sie ihn ins Gerede. Angebliche sowjetische Ingenieure machten sich an ihn mit Angeboten heran, durch Waffenhandel kirchliche «Erleichterungen» zu erkaufen – was er ablehnte. Indem er schließlich Deubners bußfertige Rückkehr nach Rom hinnahm, nährte er neue Zweifel gegen sich, zumal als im Herbst 1933 bekannt wurde, daß Deubner wiederum unerlaubt das Benediktinerkloster in Subiaco verlassen hatte und – siebzig Kilometer zu Fuß wandernd! – nach Rom zurückgekehrt war, wo es dann hieß, er verkehre mit der sowjetischen Botschaft…

All dies hat jedoch niemals zu einem kirchendisziplinarischen Vorgehen gegen d'Herbigny geführt (auch beim Heiligen Offizium existiert keine «Akte» über ihn). Sein Verhängnis war von anderer Art und weder kirchenrechtlich noch theologisch oder moralisch auf einen Nenner zu bringen. Es hatte auch nicht nur *eine* Ursache, sondern eine Vielzahl von Gründen häufte sich schließlich zum – für viele willkommenen – Anlaß. Ein Leidens- und Zeitgenosse d'Herbignys, der Benediktinerpater Beauduin (den d'Herbigny in die Verbannung schickte) hat wohl den Kern berührt, als er an einen Freund schrieb:

«Sie wissen, wie man ihn [d'Herbigny] nannte: ‹*Monseigneur m'as-tu vu*› (Monsignore Hast-du-mich-gesehen). Sein Name wurde täglich in der Presse – vom Typ ‹La Croix› – erwähnt; es gab kein klerikales Menü, bei dem er nicht erschien… Das Klima von Rom ist für allzu rührige Ausländer tödlich: die Mikrobe des ‹Prälatismus› bringt sie um.» Nicht ohne Schadenfreude notierte Beauduin Anfang Dezember 1933, daß d'Herbignys «Rolle in Rom fast ausgespielt ist». Die polnische Regierung sei es gewesen, die ihn «endlich auffliegen ließ», so erfuhr Beauduin Anfang Januar 1934 in seinem Schweigekloster und reflektierte: «Warum schickt man ihn nicht hierher? Wir könnten dann gemeinsame Betrachtungen über Sonnenfinsternisse anstellen und über die Fallgesetze…»[42]

Doch so weit war es auch jetzt noch nicht. Zwar war nun auch ein privater Traum d'Herbignys, nämlich Mitglied der Académie Française zu werden (als Nachfolger des Exjesuiten Bremond)[43], zu Ende, aber er dachte nicht daran, seinen Orden zu verlassen, ja der Gestürzte, der nun in Paris saß, glaubte sogar noch an ein indirektes Sympathiezeichen des Papstes, als dieser am 30. März 1934 offiziell den Rücktritt d'Herbignys annahm und bekanntgab. Daß Pius XI. dafür einen Karfreitag gewählt habe, zeige, wie schmerzlich ihm der Entschluß gewesen sei, meinte d'Herbigny.[44]

Das wirkliche Ende kam erst dreieinhalb Jahre später, als die vatikanische Rußlandpolitik vollends und für lange Zeit die Orientierung verlor.

Enzyklika gegen Moskau, Volksfrontneigungen und d'Herbignys Ende

Paradeuniformen, schwarze Gehröcke, rot und violett drapierte Soutanen – ein buntes Bild bot das Empfangskomitee auf dem kleinen Bahnhof des Normandie-Städtchens Lisieux, bunt auch, wenn man das politische Kolorit betrachtete: katholische Honoratioren neben solchen der französischen Volksfrontparteien, Freidenker, Sozialisten, Atheisten, Bischöfe… Eine Ehrenkompanie präsentierte die Gewehre, Militärtrompeter bliesen ins Horn: zuerst die Papsthymne, dann die «Marseillaise», die Hymne der Französischen Revolution…

Der Päpstliche Legat, der an diesem Spätnachmittag des 10. Juli 1937 aus dem Salonwagen stieg, jubelnd begrüßt von fast 300 000 Menschen, war Kardinalstaatssekretär Eugenio Pacelli. Er vertrat nicht nur formell den Papst beim «Eucharistischen Kongreß» von Lisieux. Pius XI. wäre, wenn ihn nicht Krankheit gehindert hätte, tatsächlich selbst nach Frankreich gereist. Es wäre die erste Auslandsreise eines Papstes seit der Napoleonischen Zeit gewesen, der Besuch in einem Frankreich, wo die Volksfront regierte – Sozialisten, unterstützt von Kommunisten, seit 1935 militärisch verbündet mit der Sowjetunion, sympathisierend mit jenem «roten», republikanischen Spanien, das seit einem Jahr (Juli 1936) in einen blutigen Bürgerkrieg mit Faschisten verwickelt war (die von Hitler und Mussolini unterstützt wurden...). Leon Blum, der Chef der französischen Volksfrontregierung, hatte nach Rom schon mitteilen lassen, daß er dem Papst das Schloß von Versailles zur Verfügung stellen werde...[45]

Dazu kam es zwar nicht, doch Pacelli begnügte sich keineswegs damit, die neue kitschige Basilika der heiligen Thérèse in Lisieux einzuweihen. Er ließ sich in Paris wie ein Staatsoberhaupt ehren und wurde in der Kathedrale von Notre-Dame mit lautem Beifall bedacht, als er versicherte: «Die Kirche beabsichtigt nicht, irgendeine politische Gruppe zu begünstigen oder zu bekämpfen; sie steht außerhalb und über der Politik.»

Das war freilich mehr ein Ausdruck der Verlegenheit als wirkliche Absicht. Denn in diesem Sommer war der jahrelang genährte Traum des Papstes von einer moralisch-politischen Front des Antikommunismus in Europa zerronnen. Allerdings hatten die spanischen Bischöfe am 1. Juli 1937 (ein Jahr nach dem Ausbruch des Bürgerkriegs, eine Woche vor der Frankreichreise Pacellis) die «nationale Erhebung» Francos als «Kreuzzug gegen die Feinde des Glaubens» gesegnet.[46] Auch die deutschen katholischen Bischöfe meinten am 3. Januar 1937 noch immer, «dem Führer und Reichs-

kanzler, der den Anmarsch des Bolschewismus seit langem gesichtet hat», ihre Unterstützung gegen den «bolschewistischen Todfeind» versichern zu müssen, weil dieser – wie man in Spanien sehe – eine «satanische Macht» sei.[47] Im Vatikan jedoch hatte
man begonnen, die Lage nüchterner, abgewogener zu analysieren, mit wachsender
Sorge und Ratlosigkeit angesichts einer widerspruchsvollen europäischen Szenerie.

Im Juli 1935 trennt sich Stalins Kommunistische Internationale (Komintern) auf
ihrem VII. Weltkongreß endlich von der irrsinnigen These, die Sozialdemokratie mit
Faschismus gleichgesetzt hatte; eine antifaschistische, demokratische «Volksfront»
steht jetzt auf dem Programm. Also Öffnung nach rechts? 1936, das Jahr, in dem
Spanien und Frankreich ihre ersten Volksfrontregierungen bilden und Polen sich
(nach dem Tode Piłsudskis) wieder von Deutschland und von Hitlers Ostexpansions-
plänen zu distanzieren beginnt, ist zugleich das Jahr, in dem die großen Moskauer
Schauprozesse beginnen: «Wir dienten dem Faschismus!» bezichtigt sich selbst Ka-
menjew, einer der alten Mitstreiter Lenins. Im gleichen Jahr besetzt Hitler zum
Schrecken der Franzosen das entmilitarisierte Rheinland, schmiedet die Bündnis-
«Achse» mit Mussolini und rüstet sich zum entscheidenden Eingreifen in den Spanischen Bürgerkrieg, in dem sich Stalin lange nur zögernd engagiert. Hitler schließt
einen «Anti-Komintern-Pakt» mit Japan, dem sich dann auch Italien anschließt.
Während die Komintern – im Sinne ihrer Volksfrontlinie – «die ehrlichen und aufrichtigen katholischen Priester» als Verbündete zum Kampf gegen den Faschismus
gewinnen will, verschärft sich in Deutschland der Konflikt zwischen der Kirche und
dem Regime. Es will wider alle Konkordatszusagen das Monopol seiner konfusen
«Weltanschauung» durchsetzen und weigert sich, seinen Antikommunismus christlich oder gar katholisch einsegnen zu lassen.[48]

Schon bald nach dem Ausbruch des Spanischen Bürgerkriegs begann sich die Unsicherheit des Papstes, ja – wie er selbst sagte – seine «verzweifelte Stimmung» angesichts der verworrenen Fronten abzuzeichnen: Vor spanischen Flüchtlingen sprach
er am 14. September 1936 über die «satanische Vorbereitung» einer «Eroberung der
ganzen Welt für absurde und verheerende Ideologien», die von Spanien ihren Ausgang zu nehmen drohe. «So wird es kommen, wenn nicht alle, die dazu verpflichtet
sind, zu einer Verteidigung herbeieilen, für die es vielleicht schon zu spät ist.» Freilich, auch mit jenen, die sich gerade mit Bomben und Granaten zur Intervention
rüsteten – Mussolini und Hitler –, war der Papst unzufrieden, weil sie «alle Ideen
verwirren und die Religion anschwärzen bis hin zur Predigt von Christentümern und
Religionen neuartiger Prägung». Andererseits sah Pius XI. in der Tendenz der Volksfront, sich von links der katholischen Seite anzunähern, eine «äußerst gefährliche
Hinterlist, einzig erfunden und bestimmt dazu, Europa und die Welt zu täuschen und
zu entwaffnen…»[49]

«Es gab in letzter Zeit einen sehr starken Druck auf den Vatikan, sogar von einigen
französischen Bischöfen, der auf Kompromisse mit den Kommunisten zielte. Es
scheint, daß es Augenblicke gab, in denen sogar der eine oder andere hiesige Berater

in diesem Sinne auf den Papst einzuwirken suchte», berichtete zwei Wochen nach der Spanienrede Pius' XI. der polnische Botschafter Skrzyński[50] und fügte hinzu: «Absolut gegen diese Versöhnungstendenzen im Verhältnis zum Kommunismus ist der Kardinal Pacelli.» Dieser verhielt sich merkwürdig duldsam gegen ein Buch, mit dem sich der – in Rom lebende – Bischof *Alois Hudal*, ein «großdeutsch» gesinnter Österreicher, später sehr in Verruf brachte:[51] Hudal unternahm den akrobatischen Versuch, den Nationalsozialisten noch einmal ein Zusammengehen mit der katholischen Kirche gegen den Bolschewismus anzubieten – unter der Bedingung, daß sie die antichristlichen Teile ihrer Weltanschauung aufgeben und ihren – wie Hudal meinte – nicht ganz falschen Antisemitismus von «rassistischer Überspitzung» befreien würden. Falls die «Synthese von Christentum und Deutschtum» nicht gelinge, würde das bolschewistische Rußland, «dessen gesamter mittlerer und unterer Parteiapparat *verjudet* ist», die Führung in Europa übernehmen, befürchtete Hudal[52] und stellte seinem Buch als aufmunterndes Motto einen Ausspruch Molotows auf der Komintern-Sitzung vom 22. Januar 1934 voran: «Die Weltrevolution ist in größter Gefahr, wenn es zur ideologischen und organisatorischen Verständigung zwischen der katholischen und der faschistischen Internationale kommen sollte...»

Was Molotow fürchtete und Hudal wünschte, konnte jedoch schon deshalb nicht mehr Wirklichkeit werden, weil Pius XI. bei all seiner Ratlosigkeit doch in *einem* Punkt klarsah: daß Hitler nicht der war, für den er ihn 1933 noch gehalten hatte. Der Papst begann daher einen wenig aussichtsreichen Balanceakt. Schon als der französische Kardinal Jean Verdier im Herbst 1936 nach Rom kam, um Instruktionen für das kirchliche Verhalten gegenüber der Volksfront einzuholen, fielen diese Anweisungen «nuancierter und großzügiger» als erwartet aus.[53] Eine Erklärung der Erzdiözese Paris zur *Semaine religieuse* warnte zwar davor, daß die Mäßigung der Kommunisten «nur Taktik» sei, räumte jedoch auch ein, daß es unter den Kommunisten «Menschen mit aufrichtigen und großherzigen Ansichten» gebe. Im Frühjahr 1937 ließ der Papst zwei Enzykliken – gegen die Nationalsozialisten und gegen die Kommunisten – verbreiten: ein Doppelschlag, der aus der Not des Zweifrontenkampfes die Tugend ausgleichender Gerechtigkeit schmieden sollte...

Zuerst wurde am 14. März 1937 die Enzyklika «*Mit brennender Sorge*»[54] veröffentlicht, die das Hitlerregime des Vertragsbruchs, ja der Absicht eines «Vernichtungskampfes» gegen die Kirche bezichtigte, ihm Rassen- und Staatsvergötzung vorwarf und seine «Gottgläubigkeit» in Frage stellte. Das Echo in aller Welt auf diesen päpstlichen Zornesausbruch war so laut, daß die zweite Attacke in entgegengesetzter Richtung, die im Abstand von nur fünf Tagen folgte, sich etwas weniger Gehör verschaffen konnte (was man im Vatikan auch bewußt einkalkuliert hatte...).

Die Enzyklika «*Divini Redemptoris*»,[55] am 19. März 1937 publiziert, rechnet nicht nur mit dem Kommunismus als Ideologie ab, sie verwirft ihn nicht nur als «Pseudoideal der Gerechtigkeit, Gleichheit und Brüderlichkeit», als atheistische Erlösungslehre, sondern als «*Moskauer* Weltorganisation». Zum erstenmal wird die Sowjetunion ohne Umschreibung verurteilt. Nicht einmal wirtschaftlich habe der Kommunismus ein «Sowjetparadies» geschaffen. Zwar habe er «einige materielle Erfolge» erzielt, doch moralische Verantwortlichkeit habe er durch «einen Terrorismus ersetzt, wie Wir ihn in Rußland sehen, wo sich jetzt alte Kampf- und Verschwörungsgenossen gegenseitig vernichten» – eine Anspielung auf die Stalinschen Schauprozesse, für die in diesem Frühjahr 1937 gerade Nikolai Krestinski präpariert wird, der Mann, mit dem Pacelli einst in Berlin verhandelt hatte. (1938 wird er als «deutscher Spion» und «räudiger Hund» erschossen.)[56]

«Wir wollen in keiner Weise die Völker der Sowjetunion, für die Wir eine lebhafte väterliche Zuneigung empfinden, in ihrer Masse verurteilen», schreibt der Papst. «Wir wissen, daß nicht wenige von ihnen unter dem harten Joch stöhnen, das ihnen von Menschen auferlegt wurde, die den wahren Interessen des Landes überwiegend fremd gegenüberstehen... Wir beschuldigen das System, seine Schöpfer und jene, die es fördern...»

Ohne Unterscheidung nennt der Papst als Schauplätze kommunistischer «Schrecken» neben Rußland auch Mexiko und Spanien; daß etwa die Sozialrevolutionäre Partei Mexikos zu dieser Zeit bereits dabei ist, ihren Kirchenkampf abzubrechen,[57] scheint er sowenig zur Kenntnis zu nehmen wie die Tatsache, daß die Greueltaten gegen die Kirche in Spanien (4000 getötete Priester) nahezu ausschließlich von Anarchisten (FAI) und Trotzkisten (POUM) begangen werden, während die von der Moskauer Komintern gelenkten Kommunisten Interesse haben, einen Extremismus abzuwehren, der ihre Volksfronttaktik stört. Die Enzyklika nimmt auch keine Kenntnis von der Parteinahme baskischer Katholiken und Kleriker für die Volksfrontrepublik – im Gegenteil: Sie warnt vor der «Heuchelei, mit welcher der Kommunismus in sehr gläubigen Ländern glauben macht, daß er einen milderen Aspekt annimmt, daß er den religiösen Kult nicht hindern und die Gewissensfreiheit achten wird. Hütet Euch, ehrwürdige Brüder, laßt Euch nicht täuschen! Der Kommunismus ist *durch und durch pervers*, und mit ihm kann sich auf keinerlei Zusammenarbeit einlassen, wer die christliche Kultur retten will...»

Zwanzig Jahre hatte es gedauert, bis aus dem Vatikan zum erstenmal ein *solcher* Fanfarenstoß ertönte. Er entsprach dem Temperament Pius' XI., doch viel weniger der diplomatischen Vorsicht seines Kardinalstaatssekretärs Pacelli, den dieser gleiche Papst, wie wir wissen, zu manchen Versuchen einer Verständigung mit den Sowjets entsandt hatte. Pacelli hielt zwar den Sowjetkommunismus nach wie vor für das *größere* Übel als den deutschen Nationalsozialismus, aber er erkannte wohl noch eindeutiger als der Papst das Dilemma, in das der Vatikan dadurch geraten war, daß Hitler zumindest das *aktuellere* Übel für die Kirche verkörperte. Deshalb nahm er es nicht nur in Kauf, sondern förderte es geradezu durch Zeitverschiebungen beim Erlaß der beiden Enzykliken, daß die eine, relativ mildere, aber sensationellere gegen den Nationalsozialismus, jene andere, härtere gegen den Kommunismus in gewissem Grade paralysierte.

Das gelang in solchem Maße, daß sogar der Vatikanbotschafter von Bergen in der deutschen Protestnote, die er am 12. April 1937 Pacelli überreichte, von der irrigen Annahme ausging, die antikommunistische Enzyklika sei «kurz *vor*» der antinationalsozialistischen erlassen worden. Daß letztere «*der Abwehrfront gegen die Weltgefahr des Bolschewismus einen gefährlichen Stoß versetzt*» habe – wie Bergen sich auftragsgemäß beklagte[58] –, war schwer zu leugnen, wenn man diese «Front» im Sinne Hitlers verstand... Dies eben zu tun, weigerte sich der Vatikan, ja die Berliner Protestnote lieferte ihm ein Stichwort, das Pacelli mit feingeschliffener diplomatischer Feder aufnahm:[59]

«Der Heilige Stuhl verkennt nicht die große Bedeutung, welche die Bildung innerlich gesunder und lebensfähiger politischer Abwehrfronten gegen die Gefahr des atheistischen Bolschewismus besitzt», schrieb der Kardinalstaatssekretär in seiner Antwortnote vom 30. April 1937 (*Nr. 1625/37*) und distanzierte sich sogleich von einer machtpolitischen Auslegung: Die Kirche arbeite mit «geistigen Mitteln» für eine «*geistige* Überwindung der im Bolschewismus enthaltenen Irrtümer und Irrwege». Nach Meinung des Heiligen Stuhls sei für die «Lebensdauer einer Abwehrfront gegen die Weltgefahr des atheistischen Kommunismus nichts verhängnisvoller als der Irrglaube, diese Abwehr lediglich auf äußere Macht stellen und in ihr den geistigen Mächten den Platz vorenthalten zu können, der ihnen zukommt... Der Heilige Stuhl verkennt nicht, daß die heutige Deutsche Regierung den Kommunismus als öffentliche Organisation erfolgreich beseitigt hat. Wieweit der deutsche Kommunismus zur Zeit der Machtergreifung des Nationalsozialismus eine unmittelbare Gefahr bedeutete, deren Überwindung mit anderen Mitteln ausgeschlossen war, stellt eine Tatsachenfrage dar, die der Heilige Stuhl von sich aus nicht zu entscheiden hat...»

Und wenn es noch einen Zweifel darüber gab, in welchem Maße der Vatikan dabei war, sich von seinen Illusionen über rechtsautoritäre Staatsformen zu lösen, gab ihn Pacelli mit den Worten:

«Wenn die [deutsche] Note vom 12. April ds. Js. [1937] den Heiligen Stuhl daran erinnern zu müssen glaubt, daß ‹der autoritäre deutsche Staat auf allen Gebieten des öffentlichen Lebens... mit den Auffassungen der liberalistisch-parlamentarischen Demokratie endgültig gebrochen hat›, so verkennt sie die Absichten der Päpstlichen Enzyklika in ungewöhnlicher Weise... Der Heilige Stuhl, der freundschaftliche, korrekte oder wenigstens erträgliche Beziehungen hat zu Staaten der einen wie der anderen verfassungsmäßigen Form und Richtung, wird *niemals sich in die Frage einmischen, welche konkrete Staatsform ein bestimmtes Volk als die seinem Wesen und seinen Bedürfnissen entsprechendste ansehen will...*»

Das besagte nichts anderes, als was Pacellis Vorgänger Gasparri schon 1922 auch für die sowjetisch-vatikanischen Rapallokontakte formuliert hatte. Und es lieferte auch eine Grundlage für die – trotz aller Bedenken – entstehende Bereitschaft des Vatikans, die «Volksfront» in Frankreich, die sich kirchenfreundlich gab, hinzunehmen. Die deutschen Bischöfe mühten sich noch damit ab, die kirchenfeindlichen

Nationalsozialisten durch antibolschewistische Anbiederungen umzustimmen,[60] während die römische Kurie ganz pragmatisch bereits danach trachtete, Anschluß an die Demokratien zu suchen – selbst um den Preis von Kompromissen mit der Linken. Zwar übertrieb ein nationalsozialistisches Parteiblatt, wenn es boshaft schrieb: «Der Vatikan sucht seit einigen Jahren einen diplomatischen Weg nach Moskau... Diesen großen Coup sollte die Enzyklika gegen den atheistischen Kommunismus tarnen.» Durchaus richtig aber stellte die Zeitung fest: «Der Vatikan weigert sich, die Katholiken in Frankreich und der Tschechoslowakei anzuweisen, einer Regierung fernzubleiben, die mit dem bolschewistischen Rußland zusammenarbeitet... Der Papst will den Antikominternpakt nicht segnen.»[61] Die Frankreichreise Pacellis im Sommer 1937, sein Auftreten vor allem in Paris, waren dazu angetan, diesen Eindruck zu verstärken, obwohl dem Kardinallegaten sicher nichts ferner lag als irgendwelche Sympathien für Sozialisten oder gar Kommunisten. Ein kaum beachtetes Ereignis während dieser Reise gewinnt jedoch im Rückblick für diese Phase geradezu symbolische Bedeutung: Bei den Feierlichkeiten in Lisieux wird der jahrelang schon kaltgestellte Jesuitenbischof d'Herbigny zum letztenmal öffentlich gesehen.

Im Sommer 1934 war sein langjähriger Schützling und Briefpartner, Bischof Neveu aus Moskau, zu einem kurzen Urlaub nach Rom gekommen. In einer Audienz am 31. Juni 1934 fragte Neveu den Papst unverblümt, was eigentlich mit d'Herbigny geschehen sei. Pius XI. hob nur stumm die Hände und winkte ab... (so berichtete Neveu in einem Brief an d'Herbigny nach Paris). Gespensterhaft tauchte eines Nachts an der Pforte des Assumptionistengeneralats in Rom, wo Neveu wohnte, die Gestalt Alexander Deubners auf, des unglücklichen Russen, dessen selbstverschuldetes Mißgeschick so viel zu d'Herbignys Sturz beigetragen hatte. Jetzt wollte er mit Neveu sprechen, wohl auch etwas über seine Familie in Moskau erfahren, aber Neveu empfing ihn nicht. Der Bischof hatte Angst. Vielleicht, so dachte er, war Deubner doch ein Spion?

> (Deubner blieb nur kurz noch in Rom; er wurde als Priester suspendiert, ging nach Paris, dann nach Prag. Dort lebte er von einer winzigen Rente, die ihm der Lemberger Erzbischof Scheptyckyj schickte, und als Chorsänger in der katholisch-unierten Gemeinde Prags. Stets beteuerte er, daß er nie für die Sowjets gearbeitet habe. 1945, als die Rote Armee Prag besetzte, verliert sich Deubners Spur...)[62]

Obschon d'Herbignys bischöfliches Porträt seit Januar 1934 im Päpstlichen Ost-Institut nicht mehr gezeigt und sein Name nicht mehr erwähnt werden durfte, war er formell immer noch «Ehrenpräsident» des Instituts geblieben, figurierte als «Konsultor» der Ostkirchen-Kongregation und als Päpstlicher Thronassistent.[63] Auf der «Semaine Sociale» in Versailles (1934) trat er vor einem großen Auditorium mit seiner weitschweifigen Rhetorik auf;[64] dann begegnete man ihm noch einmal auf Vortragsreisen, die er im Frühjahr unternahm. Er appellierte nicht nur an die Europäer, «sich das Beispiel Sowjetrußlands als Warnung dienen zu lassen», er teilte auch viele, nur ihm bekannte Einzelheiten über die kirchliche Lage in Rußland mit (*vgl. «Schönere Zukunft» Nr.30/1936, S.785/86*). Und dies in einem Augenblick, als Bischof Neveu aus Moskau zu einem Gesundheitsurlaub nach Frankreich kam und unruhig auf ein Rückreisevisum wartete... Gab diese Redseligkeit d'Herbignys den Anlaß zum letzten Schlag gegen ihn? Oder sein Vortrag in Dublin, wo seine antisowjetische Polemik in eine so heftige Kritik an der französischen Volksfront überging, daß sich die Pariser Regierung beim Päpstlichen Nuntius beschwert haben soll?

Immerhin stand im offiziellen Programm des Eucharistischen Kongresses von Lisieux (Sommer 1937) der Name d'Herbigny auf der Liste der bischöflichen Teilnehmer. D'Herbigny und Neveu standen unter den französischen Bischöfen auf dem Bahnhof von Lisieux, als Kardinal Pacelli empfangen wurde. Beide Bischöfe bewohnten ein gemeinsames Zimmer in einem kirchlichen Hospiz; am nächsten Morgen – es war Sonntag, der 11. Juli 1937 – nahm d'Herbigny noch an der Pontifikalmesse Pacellis zur Einweihung der Theresia-Basilika teil; brennend hoffte er auf eine Gelegenheit, mit dem Kardinal, der ihn sogar umarmt hatte, über seinen Fall zu sprechen. Aus Lautsprechern hörte er über Radio Vatikan die ihm so vertraute, doch brüchig-kränklich klingende Stimme Pius' XI.[65] Beim Essen in der bischöflichen Residenz fehlte d'Herbigny plötzlich. Kurz nach der Papstrede, als man sich in einer unübersehbaren Menschenmenge verlor, war über die Lautsprecher Bischof Neveu gebeten worden, sofort seine Unterkunft aufzusuchen. Dort erwartete ihn d'Herbigny: Er müsse sofort den Koffer packen und Lisieux verlassen – noch vor der großen Sakramentsprozession. Neveu ist fassungslos. Was ist geschehen?

Erst vierzig Jahre später ist das Geheimnis zum Teil gelüftet worden. Ende 1976 wurden im Auftrag der Familie d'Herbigny in Paris größere Auszüge aus einer hinterlassenen Autobiographie des Jesuitenbischofs und Dokumente aus seinem Nachlaß veröffentlicht (*Paul Lesourd: «Le Jesuite Clandestin»*). Sie lassen, zusammen mit anderen Quellen, die Hintergründe des Endes von d'Herbigny in makabrem Licht erscheinen:[66]

Seit März 1937, also schon Monate vor d'Herbignys letztem öffentlichem Auftreten in Lisieux, hatte Jesuitengeneral Ledóchowski eine Untersuchung des «Privatlebens» des Bischofs eingeleitet. Den Anlaß bot eine Denunziation: er sei 1936 mehrmals mit Frauen gesehen worden und habe dabei Zivilkleidung getragen. In die Untersuchung einbezogen wurden auch ältere Vorgänge: d'Herbigny habe bei der Vorbereitung auf die geheime Taufe der sowjetischen Jüdin in einem verschlossenen Zimmer Religionsunterricht erteilt und dabei nicht die gebotene Distanz gewahrt. Solche «Verdachtsmomente» genügten Ledóchowski, um d'Herbigny durch einen «Inquisitor» des Ordens, Pater Adelard Dugré, wochenlangen Verhören zu unterziehen, bei denen das gesamte «Dossier», das der Jesuitengeneral schon seit 1933 gegen d'Herbigny angesammelt hatte, zur Sprache kam. Das Ziel war, d'Herbigny dazu zu bewegen, nun auch auf seine bischöflichen Insignien und Funktionen zu verzichten und so – was Ledóchowski am wichtigsten war – «unter den Gehorsam des Ordensgenerals zurückzukehren»; nur so würde er nicht mehr direkt dem Papst unterstellt bleiben und aufhören, dessen «Geheimnisträger» zu sein.

«Vor Gott und den Menschen bin ich in alldem, dessen man mich jetzt und seit 1933 beschuldigt, total unschuldig», schrieb d'Herbigny im Ton der Verzweiflung am 6. Juli 1937 dem Papst. Und zugleich mit peinlicher Selbstentblößung an den Ordensgeneral: «Mein Unvermögen und meine Unfähigkeiten sind größer denn je; das Alter macht sich an meinem Körper und an gewissen Fähigkeiten schon beträchtlich bemerkbar... Ich bitte die Gesellschaft um Vergebung für alle Mängel, deren mich der Herrgott schuldig weiß. Er, der weiß, daß ich in allen Anklagen, die seit 1933 erhoben werden, unschuldig bin...»

Dennoch unterzeichnete d'Herbigny sein Rücktrittsgesuch. Sein Versuch jedoch, fünf Tage später mit Pacelli in Lisieux noch einmal über alles zu reden, wurde vereitelt, indem ihn Ledóchowski noch während der Feierlichkeiten in das Ordenshaus nach Paris rufen ließ. Hier sprach ihm sein Ankläger Dugré den formellen «Verweis» des Ordens aus und machte dann eine überraschende Mitteilung: Die Untersuchung werde auf Grund «neuen Materials» noch einmal beginnen. Mit diesem Material, das angeblich aus «polnisch-sowjetischen» Quellen stammte, ist jedoch d'Herbigny nie direkt konfrontiert worden.

Gehorsam und schweigend, ohne auch nur einmal die naheliegende Flucht aus Orden und Kirche zu erwägen, unterwarf sich d'Herbigny dem Strafgericht Ledóchowskis, der ihm am 17. Januar 1937 alle priesterlichen Funktionen mit Ausnahme des Messelesens untersagte. Jedes öffentliche Auftreten, Predigen und Reden war ihm lebenslänglich verboten, jedes Reisen ohne (vom Orden bestimmte) Begleitung, ja jeder Briefverkehr (außer mit Familienangehörigen) und jede Publikation. Gehorsam bezog er den zugewiesenen Verbannungsort: 1937 bis 1940 in Florennes (Belgien), dann im Schloß von Mons, einem abgelegenen Jesuiten-Noviziat in Südfrankreich.

Die Novizen in Mons werden angewiesen, ihn mit «Pater», nicht mit «Exzellenz» anzureden. Die letzten zwanzig Jahre seines Lebens verbringt er mit religiösen Betrachtungen und – einer Schmetterlingssammlung. Manchmal greift er zur Feder. Am 20. August 1955, als der Jesuitenorden das Schloß Mons aufgibt, schreibt er: «Rom muß ein neues Versteck für mich finden.» Es ist das Noviziat in Aix-en-Provence (Bouches-du-Rhône). Bis zuletzt bittet er, hofft er, doch noch einmal nach Rom gerufen zu werden, um sich zu rechtfertigen. Seine Zuflucht bleibt die Mystik, die ihm in der Politik zum Verhängnis geworden ist: «Das größte Geschenk des Herrn ist es, wenn man sich mit ihm in dem vereint, was er am Kreuz erlitt: im Todeskampf seines heiligen Herzens, in jenem so entsetzlichen Gefühl, vom Vater verlassen zu sein», schreibt er im Februar 1956.

Pacelli, der seit 1939 Papst ist, denkt nicht daran, die Verbannung d'Herbignys zu beenden. Dieser Jesuit sei für ihn ein fast ebenso großes Mysterium wie die Glaubensgeheimnisse, äußert er einmal. Am Tage vor Weihnachten 1957 stirbt d'Herbigny im Alter von 77 Jahren. Sein «Dossier» gehört bis heute zu den am strengsten verschlossenen Geheimakten des Jesuitengeneralats. Den einstigen Schülern und Freunden d'Herbignys im Päpstlichen Ost-Institut im Rom wird vom Vatikan sogar untersagt, die Totenmesse öffentlich anzukündigen; ein knapper Nachruf darf nur in einer internen Publikation erscheinen.[67] Freunde und Verwandte lassen ein Sterbebild drucken, das den Rußlandmissionar als Bischof zeigt… Nur der Titel konnte ihm abgesprochen werden, die Bischofsweihe bleibt nach katholischer Lehre auch dann sakramental wirksam: Ihr «charakter indelebilis» war für d'Herbigny das Zeichen, daß er – wenn auch vom Papst verstoßen – nicht gottverlassen war…

Noch vierzehn Jahre später, als sich die römische Bischofssynode im Oktober 1971 mit dem Thema «Gerechtigkeit» beschäftigte und Kardinal Josef Slipyj aus sehr persönlichen Motiven den vergessenen Fall d'Herbigny ins Gedächtnis rufen wollte, forderte ihn das Synodensekretariat auf, dies zu unterlassen…[68]

Die tragische Figur des Jesuitenbischofs, der sich ohne Murren gleichsam lebendig begraben ließ, obschon er sich keines Unrechts bewußt war, ist beispielhafter Ausdruck eines bestimmten historischen Augenblicks: der abgestufte Sturz d'Herbignys, seine visionär-improvisierten Rußlandaktionen und sein Scheitern an den politischen Realitäten der dreißiger Jahre – all das verrät den teilweise gestörten Orientierungssinn der damaligen päpstlichen Ostpolitik. Im Spannungsfeld zwischen dem Wünschenswerten und den Möglichen gerät ihre Linie – trotz zielstrebiger Kontinuität – ins Schwanken. Es ist eine Erfahrung aus der widerspruchsvollen Epoche Stalins, Hitlers und Mussolinis.

Abbau der Rußlandkommission und Pius' XI. letzte Missionare

Schon bald nach der unsanften Entfernung d'Herbignys aus Rom begann der Vatikan mit einem gründlichen Umbau seiner praktischen Rußlandpolitik; ihre organisatorischen Veränderungen bedeuteten zugleich eine Einschränkung ihrer expansiv-missionarischen Zielvorstellungen: Die Rußlandkommission, die Pius XI. erst 1930 von der Ostkirchen-Kongregation gelöst, auf d'Herbigny «zugeschnitten» und mit der Jurisdiktion über alle katholischen Russen oder Rußlandmissionare aller Riten in allen Ländern betraut hatte, wurde nun durch einen Erlaß vom Dezember 1934[69] wieder ihrer Selbständigkeit, ja ihrer eigenen Büroräume beraubt. (Sie existierte seitdem nur noch als formales Staatssekretariatsanhängsel unter dem Präsidium des jeweiligen vatikanischen «Außenministers»; 1992 wurde ihr «Umbau» angekündigt.) Alle katholischen Gläubigen des östlichen Ritus, auch die «Neo-Unionisten» und «Biritualisten» in Polen, wurden wieder wie früher der Ostkirchen-Kongregation unterstellt. «Der noch verbleibende Teil des Tätigkeitsgebietes der Russia-Kommission, der dem Staatssekretariat überwiesen wurde, ist sehr gering, da es sich eigentlich nur um die noch in Sowjetrußland existierenden katholischen Bistümer des *lateini-schen* Ritus handelt», berichtete der deutsche Vatikanbotschafter von Bergen und wies auf den Erfolg hin, den der Druck Polens in dieser Frage gehabt habe.[70]

Doch nicht nur auf polnische Empfindlichkeit sollte dieser Abbau einer allzu sehr mit «Rußland» befaßten Einrichtungen Rücksicht nehmen. Der Vatikan wollte auch der Lage in der Sowjetunion selbst Rechnung tragen: Hier begann aus innen- und außenpolitischen Gründen ein kurzer, relativ ruhigerer Zeitabschnitt.[71] Die antireligiöse Kampagne hatte ihren Höhepunkt überschritten, der Gottlosenverband beklagte sich über einen Mitgliederschwund, sein Organ, der *Besboschnik*, stellte sogar Ende 1934 für vier Jahre sein Erscheinen ein. Die katholische Hierarchie, die d'Herbigny aufgebaut hatte, war freilich schon fast zerschlagen. Nachdem Boleslas Sloskans Anfang 1933 gegen litauische, Antoni Malecki, der Administrator von Leningrad, im April 1934 gegen polnische Kommunisten ausgetauscht worden waren (Malecki starb acht Monate später an den Folgen seiner sibirischen Haft), amtierten noch zwei der von d'Herbigny eingesetzten vier Geheimbischöfe: Neveu in Moskau und Frison, der zeitweilig wieder aus der Haft entlassen worden war, in Sewastopol. Neveu konnte 1934 einen Erholungsurlaub in Rom verbringen; der Papst beauftragte ihn, bei nächster Gelegenheit den französischen Pfarrer von «Notre Dame de France» in Leningrad, den Dominikaner Maurice Jean Amoudru, als Apostolischen Administrator einzusetzen und zum Bischof zu weihen – wiederum geheim. Hatten die Erfahrungen mit d'Herbignys geheimen Bischofsweihen von 1926 noch nicht genügt, um auf diese Methode zu verzichten?

Anfang 1935 erschien der Augenblick günstig: Frankreich verhandelte mit der Sowjetunion über einen Beistandspakt (der im Mai zustande kam). Dem Papst gefiel dieses Bündnis zwar nicht; im Gespräch mit dem französischen Vatikanbotschafter verglich er es ironisch mit bedeutungslosen Visitenkarten, die Privatleute austauschen. Tatsächlich erwies sich das Bündnis als unwirksam, als Hitler den Zweiten Weltkrieg entfesselte. Aber Skepsis und Antikommunismus hinderten den Papst keineswegs, auch diesen Draht nach Moskau – wie früher andere – zu nutzen: Im Januar 1935 durfte ein zweiter französischer Dominikanerpater, *Michel Clovis Florent*,[72] in die Sowjetunion reisen und sich für die nächsten sechs Jahre in Leningrad niederlassen. Die Sowjets hatten nur *eine* Bedingung gestellt: Pater Florent durfte nicht auf russisch predigen! – Es war symbolisch für die Abwendung der vatikanischen Rußlandpolitik von den alten (d'Herbignyschen) Missionsideen, daß man in Rom diese Bedingung akzeptierte. Freilich, von der doppelgleisigen *Methode* war man noch immer nicht abgekommen.

Bald nach der legalen Einsetzung Pater Florents, am 30. April 1935, als am Vorabend der Maiparade und zwei Tage vor Unterzeichnung des französisch-sowjetischen Beistandspaktes damit zu rechnen war, daß die Aufmerksamkeit der GPU nicht allzu stark den Moskauer Franzosen galt, vollzog Neveu hinter den geschlossenen Türen von St. Ludwig die Weihe Amoudrus zum Bischof.[73]

Den Sowjets war die Rangerhöhung Amoudrus, bei der man sie nicht um Erlaubnis gefragt hatte, natürlich keineswegs entgangen. Sie ließen zwar Amoudru unbehelligt, betrieben jedoch sofort durch energische diplomatische Vorstöße seine Abberufung. Die französische Regierung beugte sich schließlich und bat den Vatikan um «Versetzung» Amoudrus. In aller Stille verließ der Dominikanerbischof einige Monate später Leningrad, wo er fast drei Jahrzehnte gewirkt und alle Zeitläufte durch äußerste Vorsicht und Beachtung aller Sowjetgesetze, aber auch dank seiner Staatsangehörigkeit überstanden hatte.[74] Amoudru kam gerade nach Rom, als dort mit Monaten Verspätung die Nachricht vom Tode des Exarchen Leonid Feodorow eintraf, der schon im März 1935 in seinem sibirischen Verbannungsort gestorben war. Damit war der letzte Repräsentant des russisch-katholischen Ritus abgetreten – ein unglücklicher Idealist, den die römische Kurie mit Rücksicht auf die Polen nie mit der Bischofswürde auszustatten gewagt hatte… Wirkte es nicht wie das Zeichen einer verlorenen Hoffnung, als der Papst nun, im Herbst 1936, einen konvertierten ehemaligen Diplomaten des Zaren, *Alexander Ewreinow*, zum «Bischof des östlichen Ritus» mit Sitz im – römischen «Russicum» weihen ließ?

Noch ahnte Bischof Neveu nicht, daß auch er nie mehr zurückkehren würde, als er am 31. Juli 1936 in Moskau den Zug bestieg. Er sollte sich, so war es mit dem sowjetischen Außenkommissariat verabredet, zu einer dringenden Operation nach Frankreich begeben, für höchstens vier Monate. Das Rückreisevisum war ihm versprochen. Ohne daß es ihm je ausdrücklich verweigert wurde, wartete er zehn Jahre darauf – bis zu seinem Tode 1946.

Schließlich ereilte auch den letzten katholischen Bischof der Sowjetunion das Schicksal, und zwar das schlimmste: Alexander Frison wurde am 2. August 1937 erschossen. Er war 1875 als Sohn eines Elsässers im wolgadeutschen Dorf Baden (bei Odessa) geboren. Sechs Wochen nach dem Sowjetmarschall Tuchatschewski hat man ihn – wie diesen – als «deutschen Spion» hingerichtet.

Noch 1936 war Stalin bemüht gewesen, die Volksfronttendenzen in den westlichen Demokratien auch dadurch zu unterstützen, daß er mit einer neuen Verfassung der UdSSR gewisse Formen von Demokratie einführte, zum Beispiel das *allgemeine* und *gleiche* Wahlrecht. Dadurch war auch die staatsbürgerliche Gleichberechtigung der «religiösen Kultdiener» hergestellt, denen bis dahin (z. B. laut Art. 69 der RSFSR-Verfassung von 1925) das Wahlrecht entzogen war – und damit das Recht auf Lebensmittelkarten, auf Sozialwohnungen und niedrigere Steuern. Im Artikel 124 der neuen Stalin-Verfassung von 1936 hieß es aber auch:

> «…Die Freiheit religiöser *Kulthandlungen* und die Freiheit antireligiöser *Propaganda* werden allen Staatsbürgern zuerkannt.» Schon in der Verfassung von 1925 war nur den Atheisten die Verbreitung ihrer Meinung (Propaganda) erlaubt worden, den Gläubigen aber doch noch das *Bekenntnis*; jetzt, in der angeblich demokratischeren Verfassung, blieb ihnen nur noch die Freiheit, «religiöse Kulte auszuüben» (*swoboda odprawlenija religios-nych kultow*).[75]

Das Verfassungsrecht war in diesem Punkt freilich nur der bereits geübten Praxis gefolgt. Eine Kirche wie die katholische, die sich viel weniger als die orthodoxe mit bloß kultisch-liturgischer Existenz begnügen und auf Glaubenslehre, Predigt und Evangelisation gar nicht verzichten kann, war davon besonders betroffen. Es stand künftig im Belieben der sowjetischen Staatsorgane, ob und wieweit sie Äußerungen religiösen Lebens als «Kulthandlungen» gelten lassen und dulden wollten.

Im Grunde besiegelte die Verfassung das Ende einer organisierten Papstkirche in der Sowjetunion der dreißiger Jahre: Waren 1936 noch etwa fünfzig katholische Priester auf dem Gebiet der UdSSR tätig, so waren es 1937 noch zehn Priester und elf geöffnete katholische Kirchen und 1939 sogar nur noch zwei: die Moskauer mit dem amerikanischen Assumptionistenpater Braun und die Leningrader mit dem französischen Dominikanerpater Florent.[76]

«So wie wir die Verhältnisse kennen, wäre es unklug, im Augenblick jemanden nach Rußland zu schicken», sagte der Jesuitengeneral Ledóchowski Ende 1937 zu dem polnischstämmigen Amerikaner Walter Ciszek, der im römischen «Russicum» nach östlichem Ritus zum Priester geweiht worden war und wie andere Jesuiten des «Russicum» naiv darauf brannte, «bald in Rußland zu sein». Ciszek, der später auf abenteuerliche Weise seinen Traum wahrzumachen versuchte, schildert die Enttäuschung und Niedergeschlagenheit, die damals im «Russicum» herrschte, weil der Vatikan allen Experimenten abhold war.[77] Von «Eroberung» der Sowjetunion oder von Vorbereitungen «für den kommenden Einmarsch (!) in die Sowjetunion», wie sie der Ostberliner Historiker Eduard Winter verfälschend aus den Ciszek-Memoiren herauslas,[78] war überhaupt keine Rede. Die «Ostmissionare» in Polen wurden immer mehr in die einheimische Seelsorge «umgeleitet»; eine vatikanische Instruktion vom 27. Mai 1937 machte den «Biritualismus» von einer besonderen päpstlichen Genehmigung abhängig. Zwar wurde noch zuweilen von der Hoffnung auf «Rückkehr Rußlands» in die katholische Kirche gesprochen – wie etwa in einem päpstlichen Schreiben zur 950-Jahr-Feier der Taufe des Großfürsten Wladimir (ein Jubiläum, das übrigens sogar Stalin im Zeichen seines wachsenden großrussischen Nationalismus als «Kulturereignis» feiern ließ). Selbst in der östlichsten Missionsstation, in Albertin, das ein so heftiger Stein des Anstoßes für die polnischen Nationalisten gewesen war, saßen 1939 nur noch vier Jesuiten, und diese schmiedeten keine finsteren Eroberungspläne, sondern betätigten sich als «Pferdekutschenpriester» in der Bauernseelsorge.[79]

Unsicherheit und Furcht, nicht Angriffslust prägten jetzt den vatikanischen Antikommunismus, der immer mehr von der Angst überlagert wurde, die Hitlers Expansionspolitik auslöste. Denn von der «Überzeugung, daß durch das Wirken der nationalsozialistischen Bewegung die Gefahr des alles zerstörenden Bolschewismus abgewehrt wurde», wie Österreichs Bischöfe am 18. März 1938 in ihrer «Anschluß»-Erklärung meinten, hatte sich der Vatikan wieder entfernt. Die unnachsichtige Manier, mit der Hitler in Österreich den «katholischen Ständestaat» niederzwang und dann hinwegfegte, ohne sich um dessen strammen Antikommunismus und ideologische Verwandtschaft mit dem Faschismus zu kümmern, trugen zur weiteren Ernüchterung der Kurie bei. Der Wiener Kardinal Innitzer zog sich für sein – später sehr bereutes – «Heil Hitler!» einen harten Verweis des Papstes zu.[80]

«Wie kommt es, daß Genosse Thorez [der französische KP-Chef] sechs Monate nach der päpstlichen Enzyklika gegen den atheistischen Kommunismus immer noch mit Aussicht auf Erfolg seine Hände nach dem französischen Katholizismus ausstrecken kann? Wie ist es möglich, daß heute noch General Franco ein Einschreiten des Vatikans gegen Geistliche, sogar gegen einen Bischof und einen Jesuitenpater fordern muß, weil sie auf seiten der spanischen Bolschewisten gestanden haben? Warum gibt es in Prag noch Priester, die eine politische Zusammenarbeit mit Moskau propagieren?» So ereiferte sich ein Organ der Hitlerpartei.[81]

Die Antwort auf solche überspitzte Fragen ergibt sich aus der immer größeren Verlegenheit und Bedrängnis, in die Hitlers Politik die europäischen Staaten und mit ihnen auch den Vatikan bringt. Nach Österreich ist es die Tschechoslowakei, die Hitler zu zerstören beginnt. Das «Münchener Abkommen», mit dem Frankreich und England 1938 Hitler zu besänftigen suchen, wird von Pius XI. nicht sosehr als Friedensrettung begrüßt, sondern als «Bluff» Hitlers beurteilt;[82] den Umstand, daß dabei die Sowjetunion, die doch mit der Tschechoslowakei und mit Frankreich durch Beistandsabkommen verbunden ist, ganz aus dem Spiel gehalten wird, empfindet Pius XI. nur als schwachen Trost. Und den Polen nimmt er es ausgesprochen übel, daß sie sich an der Zerstückelung der Tschechoslowakei beteiligten. Freilich nicht die politische Volksfront interessiert den Pontifex; er läßt es zwar zu, daß ein Kontakt auch mit italienischen Kommunisten zustande kommt (der Untersekretär der vatikanischen Studienkommission, Monsignore Mariano Rampolla del Tindaro, trifft sich im August 1938 durch Vermittlung christdemokratischer Antifaschisten in der Schweiz mit zwei Vertretern der KPI)[83], aber den Papst bewegt vor allem der Gedanke, durch eine neue Enzyklika gegen die Hitlerideologie seinen letzten moralischen Beitrag zu leisten – jetzt, da sein Pontifikat unter dunklen politischen Gewitterwolken zu Ende geht.

Doch dazu kommt es nicht mehr. Am 10. Februar 1939 stirbt Pius XI., der sich während seiner ganzen Regierungszeit mit den großen totalitären Bewegungen des Jahrhunderts konfrontiert gesehen hatte, hin- und hergerissen zwischen Koexistenzdiplomatie und Kampfansagen. Würde sein Nachfolger Eugenio Pacelli, den er selbst herangezogen hatte und der jetzt als Pius XII. den päpstlichen Thron fast wie ein Erbprinz bestieg, die Widersprüche leichter bewältigen?

Aus ganz «anderem Holz geschnitzt», kein Mann der sprunghaften Entschiedenheit, sondern der ängstlich-abwägenden, elegant-zögernden Diplomatie, stand Pius XII. vom ersten Augenblick an vor der gleichen Schwierigkeit wie sein Vorgänger. Und es fielen auch ihm – wie wir sehen werden – letzten Endes keine anderen Lösungsversuche ein als jene, die der Kontinuität vatikanischer Politik entsprechen.

Zunächst allerdings gab Pacelli die Parole «Vorsicht» aus. Die beiden vertraulichen Konferenzen, die er kurz nach seiner Wahl mit den deutschen Kardinälen am 6. und

9. März 1939 führte und deren Protokoll uns in der vatikanischen Aktenpublikation über den Zweiten Weltkrieg vorliegt, zeigen bereits die grundsätzliche Einstellung des neuen Papstes. Sein Vorgänger habe, so erzählt er den Kardinälen, einmal daran gedacht, den Nuntius aus Berlin abzuberufen…

«Ich habe geantwortet: Heiligkeit, was machen wir hernach? Wie können wir dann die Verbindung mit den Bischöfen noch aufrechterhalten? Er hat verstanden und sich beruhigt… Brechen ist leicht. Wenn aber wieder aufgebaut werden soll, muß man weiß Gott was für Konzessionen machen… Wir sind nicht gegen Deutschland und auch *nicht gegen irgendeine Regierungsform*. Ich habe auch in Budapest betont, daß die Kirche, soweit Gottes Gesetz gewahrt wird, jedes Volk seine Regierungsform wählen läßt…»[84]

Auf dem Eucharistischen Kongreß in Budapest, wohin er als Legat Pius' XI. entsandt worden war, hatte Pacelli im Mai 1938 jedoch auch dazu aufgerufen, «der Revolution der geballten Fäuste die friedliche Neugestaltung der Herzen entgegenzustellen» – was als antikommunistische Anspielung zu verstehen war.[85] Das galt im Prinzip weiter. Doch dieser Papst, der in den zwanziger Jahren mit den Sowjetkommunisten, in den dreißiger Jahren mit den Nationalsozialisten verhandelt hatte, sah an der Schwelle der vierziger Jahre, wie Hitler auf einen Krieg zusteuerte, durch den sich die Fronten zwischen den Mächten, auch zwischen den ideologischen Gegnern, mehrmals gründlich verändern würden: zuerst mit dem deutsch-sowjetischen Bündnis, dann mit dem deutschen Angriff auf die Sowjetunion und dem amerikanisch-sowjetischen Bündnis und schließlich mit dem «kalten» Ost-West-Krieg.

Da war es nicht verwunderlich, daß Pius XII., der im handschriftlichen Entwurf seines Briefes an Hitler, in dem er – protokollarisch – seinen Regierungsantritt mitteilte, bei der Anrede das Wort «Führer» zuerst hinschrieb, wieder durchstrich und dann doch benutzte,[86] sein Pontifikat mit zwei äußerlichen Vorsichtsmaßnahmen begann: Er verbot dem *Osservatore Romano* die Polemik gegen die Nationalsozialisten, und er sorgte dafür, daß das Wort «Kommunismus» oder «Sozialismus» für die nächsten zehn Jahre aus amtlichen Verlautbarungen des Heiligen Stuhls verschwand.[87]

Die «Vormauer» zerbricht: «Jedes Wort gegen Rußland würde heimgezahlt»

In die Begeisterung von über hunderttausend Menschen auf dem Schloßplatz von Warschau mischt sich tränenreiche Rührung; auf der Ehrentribüne bekreuzigt sich der Päpstliche Nuntius, neben ihm salutiert Marschall Edward Rydz-Smigly, der als «Oberster Führer» das Erbe Piłsudskis angetreten hat. In diesem Augenblick ist der formelle Staatspräsident Polens, Professor Ignacy Mościcki, vor einen Silbersarg getreten, der inmitten eines Blumenmeers aufgebahrt ist. Der Präsident nimmt das

Großkreuz des Ordens «Polonia Restituta» mit einer weitausholenden Geste von der eigenen Brust und legt es auf den Sarg. Er ehrt damit an diesem 17. Juni 1938 nicht etwa einen eben verstorbenen Würdenträger des Landes, sondern – jenen fast drei-hundert Jahre vorher in Rußland totgeschlagenen polnischen Jesuiten Andrzej Bobo-la, dessen Reliquien 1923 als Lenins «Geschenk für den Papst» nach Rom transpor-tiert worden waren – unter der ausdrücklichen Bedingung, daß sie nie mehr nach Polen zurückkehren sollten.

Mitte April 1938 hatte der Papst den Seligen Andrzej Bobola heiliggesprochen; nun, im Juni, ist der silberne Reliquienschrein nach einer elftägigen, von immer neuen Feierlichkeiten unterbrochenen Eisenbahnprozession durch Italien, Slowenien und Ungarn in Polen eingetroffen[88] und dient einer gemeinsamen kirchlich-staatlichen Demonstration. Ihre antirussischen Akzente sind schon deshalb nicht zu übersehen, weil gleichzeitig mit der Ehrung des streitbaren Rußlandmissionars eine Vernich-tungswelle gegen die russischen Orthodoxen in Polen einsetzt: Unter Berufung auf ein vatikanisch-polnisches Abkommen vom 20. Juni 1938 (über die Rückgabe des zur Zarenzeit enteigneten katholischen Kircheneigentums) werden im Gebiet von Chelm allein im Juli und August 138 orthodoxe Kirchen niedergebrannt. Sogar der katho-lisch-unierte Metropolit Scheptyckyj, der um die Glaubwürdigkeit seiner Ostmission bangt, protestiert am 20. Juli bei der Warschauer Regierung gegen «diese Akte des Vandalismus und Terrorismus» und macht so wiederum deutlich, wie unentwirrbar die nationalen Gegensätze in dieser Ecke Europas auch dann bleiben, wenn sie durch gemeinsame ideologische Frontstellungen scheinbar überbrückt erscheinen.

Auch das bessere Einvernehmen zwischen Vatikan und Warschauer Regierung, das nach dem d'Herbigny-Konflikt 1936/37 unter dem Eindruck des Spanischen Bürger-kriegs zu entstehen scheint, ist brüchig; daß Polen in den Augen der römischen Kurie «Vormauer gegen die bolschewistische Gefahr» sein soll, erweist sich immer mehr als inhaltsloser Slogan.[89] Wie im deutschen Klerus, so verlieren auch im polnischen nicht wenige die moralische Orientierung: Antikommunismus wird zum Vorwand von Nationalismus und sogar Antisemitismus – so etwa, wenn der katholische Theologe J. Pastuszek 1938 von der «metaphysischen Perspektive» des Anteils der Juden am Kommunismus schreibt.[90] – eine These, die auch im Jahre 1992 noch benutzt wird.

Zu alldem kommt, daß die innenpolitische Bedeutung der «Kommunistischen Par-tei Polens» tatsächlich gleich Null ist und von den Sowjets selbst auch so veranschlagt wird: Im Juni 1938 – in den gleichen Tagen, da Staat und Kirche die Reliquien des heiligen Bobola als Symbol der Widerstandskraft gegen die «Gefahr von Osten» de-monstrativ feiern – muß sich die winzige «Kommunistische Partei Polens» auf Befehl der Komintern selbst auflösen, nachdem Stalin bereits ihre Spitzenfunktionäre nach Moskau gelockt und ermorden lassen hatte.[91]

Stalin bereitete sich nämlich auf sein großes Spiel mit Hitler vor. Denn kaum hatte Hitler die Tschechoslowakei liquidiert, wandte er sich im Frühjahr 1939 Polen zu – der vielgerühmten «Vormauer». Wollte sie sich nicht freiwillig als «Ausfallstor» für

Hitlers weitere Ostexpansion öffnen, dann würde er sie eben aufbrechen – dazu ist er entschlossen. Was kann ihn dabei noch bremsen? Nachgiebigkeit oder Härte? Stalin entdeckt schlau und ohne ideologische Skrupel für sich eine dritte Möglichkeit: Teilung der polnischen Beute mit Hitler.

Polen will sich weder dem deutschen Druck beugen noch mit Hilfe seines unheimlichen östlichen Nachbarn retten lassen. Während Frankreich und Großbritannien in Verhandlungen mit der Sowjetunion versuchen, eine Koalition zustande zu bringen, die Hitler vielleicht wirksam abschrecken könnte, ist Polen noch stolz darauf, diese Bemühungen zu erschweren.

«Es ist die polnische Politik, die es ermöglicht, Rußland nicht ins Spiel zu ziehen», rühmt sich der Warschauer Außenminister am 9. Mai im Gespräch mit dem Päpstlichen Nuntius Cortesi.[92] Daß der Effekt gerade umgekehrt sein wird, will man auch im Vatikan nicht sehen. Weit davon entfernt, den Polen zu einer Anlehnung auch an die Sowjetunion zu raten (ohne deren Mitwirkung ein englisch-französischer Beistand militärisch gar nicht praktizierbar wäre), ermahnt der neue Papst Pius XII. die Warschauer Regierung unentwegt nur zu «Mäßigung und Ruhe» gegenüber dem erpresserischen deutschen Nachbarn. Kriegsverhinderung um jeden Preis – so heißt die Parole des Papstes aus grundsätzlicher Friedensliebe, aber auch aus der Befürchtung, daß ein Krieg die «geistigen Fronten» in Europa, besonders die antikommunistische, noch mehr durcheinanderbringen würde.

Der Papst versucht Anfang Mai eine neue europäische Fünferkonferenz – nach Art der Münchener – zur Regelung der deutsch-polnischen Streitfragen zu vermitteln; bewußt – und zum Bedauern Londons – schließt er die Sowjetunion von der Aufforderung aus.[93] Dem Berliner Nuntius Orsenigo versucht Hitler jedoch am 6. Mai einzureden, er sehe noch keinen Kriegsgrund, er könne noch warten – «vielleicht bis 1945». Scheinheilig flicht er ein: Wenn Mussolini und er nicht in Spanien eingegriffen hätten, gäbe es jetzt «das Imperium des Bolschewismus». Der Nuntius scheint von alldem nicht unbeeindruckt zu sein: Wenn Polen «sich beruhigte und schwiege», könnte man Zeit gewinnen für Verhandlungen, meint er.[94] Doch schon elf Tage später vernimmt der Nuntius aus dem Munde des Reichsaußenministers von Ribbentrop etwas ganz anderes: Gegen die bolschewistische Weltrevolution habe man den Antikominternpakt, «aber wenn Rußland von dieser Propaganda abläßt, hindert uns nichts, daß wir beide uns annähern…»[95]

So überrascht es den Vatikan schon nicht mehr, als Ribbentrop dreieinhalb Monate später die Welt durch seine Moskaureise aufschreckt und am 22. August 1939 den Hitler-Stalin-Pakt unterzeichnet. Am Morgen des gleichen Tages erscheint der polnische Botschafter Kazimierz Papée im Päpstlichen Staatssekretariat mit einer «Information» seiner Regierung, die im Vatikan freilich nur noch verwundertes Kopfschütteln auslösen kann: «Die Nachricht [vom deutsch-sowjetischen Pakt] beweist den Wunsch der Sowjets, sich aus dem europäischen Spiel zurückzuziehen», wähnt man in Warschau. Zwei Tage später scheint Papée immerhin bemerkt zu haben, daß die Sowjets Hitler freie Hand verschafft haben (vom geheimen Teilungsvertrag weiß die Öffentlichkeit noch nichts): «Polen hat nie auf russische Hilfe vertraut. Es widersteht der Gewalt und leistet der Aggression Widerstand. Es würde wünschen, daß der Heilige Vater den Angriff verurteilt...»[96]

Noch marschiert Hitler nicht; aber wäre nicht jetzt der Augenblick, daß der Papst seine Stimme erhebt – nun, da die beiden kirchenfeindlichen Mächte, die sich bislang bekämpften und die Pius XI. im Jahre 1937 doch gleichzeitig angeprangert hatte, plötzlich zusammengegangen sind?

Diese Frage stellen sich in diesen Augusttagen manche Moralisten, denen der verwickelte Mechanismus einer zwischen Metaphysik und Pastoralpolitik angesiedelten Diplomatie nicht geläufig ist. Vielleicht hätte der Vorgänger Pius' XII. ein heftiges Wort gesprochen, falls ihn sein Kardinalstaatssekretär Pacelli nicht hätte davon abhalten können – doch dieser ist nun selbst Papst. Am Abend des 24. August, zur gleichen Stunde, da Ribbentrop seinem «Führer» berichtet, wie er mit Stalin auf Hitlers Wohl getrunken hat, spricht Pius XII. aus seiner Sommerresidenz über Radio Vatikan:[97]

«...Die Imperien, die nicht auf Gerechtigkeit gegründet sind, werden von Gott nicht gesegnet. Die Politik, die sich loslöst von der Moral, verrät jene, die sich auf sie berufen...»

Um diese indirekte Anspielung ein wenig deutlicher zu machen, hatte der Papst in sein Manuskript auch diesen Satz geschrieben: «Wehe jenen, die Volk gegen Volk ausspielen... die Schwachen unterdrücken und das gegebene Wort brechen.» Aber er hatte das im letzten Augenblick wieder ängstlich aus dem Textentwurf gestrichen. Dann rief er:

> «Groß ist die Gefahr, aber noch ist Zeit. Nichts ist verloren mit dem Frieden. Alles kann verloren sein mit dem Krieg. Mögen die Menschen sich doch verständigen, indem sie die Verhandlungen wiederaufnehmen...»

Etwas von verzweifelnder Ohnmacht steckt in diesen Worten. Worüber soll noch verhandelt werden? Seit mindestens acht Tagen hat der Vatikan Nachrichten, daß überhaupt «die Danzigfrage nur ein Vorwand für Deutschland ist und daß es entschlossen ist, einen Ausrottungskrieg gegen Polen zu führen. Man denkt, daß es eine Verständigung mit Rußland über die Teilung des armen Polen gibt» (*Notiz des Kardinalstaatssekretärs Maglione vom 16. August 1939*). Frankreichs Botschafter bittet den Vatikan um ein öffentliches Wort zugunsten des bedrohten Polen. «Seine Heiligkeit sagt, das wäre zuviel», notiert Monsignore Domenico Tardini, der Sekretär für Außerordentliche Angelegenheiten im Staatssekretariat. «Man kann nicht vergessen, daß es im Reich 40 Millionen Katholiken gibt. Was hätten sie zu erdulden nach einem solchen Schritt des Heiligen Stuhls!...» In Polen gibt es 30 Millionen Katholiken; ihre Regierung versucht der Papst bange Tage lang zu Konzessionen an Hitler zu bewegen, obwohl der Warschauer Nuntius Cortesi dies kaum mehr für zumutbar hält, obwohl Monsignore Tardini schwere Bedenken anmeldet und der Nuntius Orsenigo aus Berlin berichtet: «Hier sind alle mit einer erschreckenden Kälte zum Krieg entschlossen.»[98]

Kümmert all das den Papst nicht? Im Gegenteil. Wenn Monsignore Tardini befürchtet, man könnte den Schluß ziehen, der Heilige Stuhl wolle «ein neues München» herbeiführen, dann ist es eben dies, was Papst Pius XII. für das kleinere Übel hält. Eigene Gedankennotizen des Papstes sind uns zwar nicht überliefert, doch sein Verhalten läßt eigentlich nur diese Deutung zu: daß er eine – sei es nur vorläufige – Beschwichtigung Hitlers einem Krieg, einer sicheren Teilung Polens und damit dem Vorrücken der Sowjetunion nach Westen vorzieht. Sobald dies nicht mehr zu vermeiden ist, stellt sich der Papst jedoch sofort auf die veränderte Lage ein: Er schweigt beharrlich, als Hitler am 1. September Polen angreift, und er schweigt ebenso, als die Sowjetunion unter dem Vorwand, ihre weißrussischen und ukrainischen Brüder in Polen schützen zu müssen (in Wahrheit auf Grund des geheimen Teilungsvertrags), am 18. September in Ostpolen einmarschiert. Chefredakteur Graf dalla Torre schreibt zwar im *Osservatore Romano* am gleichen Tag: «Das ist eine feige Tat... Ist das Polens Ende? Nein, Polen verdient es doppelt, zu leben, denn es leistet heroischen Widerstand.» Aber vom Papst selbst – der im Mai 1940 nicht zögern wird, Hitlers Überfall auf Belgien und Holland klar zu verurteilen – ist kein Wort in östlicher Richtung zu hören.

Charles-Roux, der französische Vatikanbotschafter, überreichte am 2. Oktober 1939 ein Memorandum des Ministerpräsidenten Daladier:

> «Der Heilige Stuhl hat bis jetzt versucht, seine Weigerung, die deutsche Aggression gegen Polen anzuklagen, mit der Befürchtung zu erklären, daß dies die katholischen Deutschen den Repressionen des Naziregimes aussetzen würde. Es gibt keinen Grund dieser Art, um das Schweigen gegenüber der sowjetischen Aktion zu rechtfertigen...»

Es gab jedoch einen Grund, und zwar genau den gleichen; Monsignore Giovanni Montini (der spätere Papst Paul VI.) erklärte ihn dem Botschafter:[99]

> «Jedes Wort gegen Deutschland und Rußland würde den Katholiken, die den Regimen in diesen Ländern unterworfen sind, bitter heimgezahlt.»

Zum erstenmal seit Lenins Oktoberrevolution wurden jetzt in Ostpolen etwa 11 Millionen Katholiken sowjetisch regiert. Das war eine neue Realität für Rom – und für Moskau. Würden die – etwas angerosteten – Instrumente (und Waffen) aus dem Arsenal der vergangenen zwei Jahrzehnte genügen, um damit fertig zu werden?

6. Der Kreuzzug findet nicht statt 1939–1944

Sowjetvormarsch: Rom schweigt – Moskau zögert

«Nunmehr erwartet die Welt die erste Enzyklika Eurer Heiligkeit. Mit welch besorgter Erwartung werden dieses historische Dokument die weinenden Augen des getretenen polnischen Volkes lesen, das in besseren Zeiten... einem Appell von Papst Innozenz XI. folgte und vor Wien die Macht des Halbmonds zerschmetterte, dann in unseren Zeiten unter den Augen des späteren Pius XI. beim Wunder an der Weichsel die nach Westen marschierenden bolschewistischen Horden zersprengte! [1920] Dieses Bollwerk der Christenheit und der lateinischen Kultur ist nun in der Hand der Feinde des Kreuzes. Deshalb haben Sie die Güte, Heiliger Vater, in die so sehr erwartete Enzyklika ein Wort der Klage über den Fall Polens einzufügen...»

Diese Aufforderung richtete der polnische Kardinalprimas Hlond im Herbst 1939 an Pius XII.[1] Am Tage nach dem sowjetischen Einmarsch in Ostpolen, am 18. September, war der Primas – der mit der Warschauer Regierung aus Polen geflohen war – in Rom eingetroffen. Gleich darauf hatte er dem Vatikan einen Lagebericht vorgelegt, der die Tatsachen ins Auge faßte, daß nun 11 Millionen Katholiken unter sowjetische Herrschaft gekommen waren und demnach Schlimmes zu befürchten sei. «Es mit den Russen zu versuchen, um zu sehen, ob die Entsendung eines Apostolischen Visitators oder Delegaten möglich wäre, scheint ein für den Heiligen Stuhl fast unmögliches Unternehmen zu sein.»[2] Mit diesen Worten riet Hlond von einem solchen Versuch ab.

Noch hatte man in Rom keinerlei Nachrichten, was in den sowjetisch besetzten Gebieten tatsächlich geschah; nur aus dem deutsch besetzten Polen kamen die ersten Meldungen über Unterdrückungsmaßnahmen, weil der Berliner Nuntius Orsenigo wenigstens seinen Sekretär für zwei Tage hatte nach Warschau schicken dürfen, um das dortige Nuntiaturarchiv zu sichern. Der Papst war entschlossen, abzuwarten und seine erste Enzyklika, deren Niederschrift er schon vor Kriegsbeginn angefangen hatte, mit äußerster Vorsicht abzufassen: gegen «eine unbegrenzte Staatsautorität», die dem Völkerrecht die Grundlage entziehe und «das friedliche Zusammenleben schwierig macht»; gegen den Krieg, der «das Blut unzähliger, auch nicht kämpfender Menschen in einer geliebten Nation, welche Polen ist», vergieße – einer Nation, die «das Recht auf menschliche und brüderliche Sympathie der Welt hat und im Vertrauen auf Maria, die Schutzpatronin der Christen (*auxilium christianorum*) die Stunde ihrer Auferstehung in Gerechtigkeit und Frieden erwartet...»

Weiter als in dieser Enzyklika («*Summus Pontificatus*» vom 20. *Oktober 1939*)[3] ging der Papst auch in seiner Weihnachtsansprache zwei Monate später nicht. Da beklagte er zwar die «vorsätzliche Aggression gegen ein kleines, fleißiges und friedliches Volk»,[4] doch ließ er offen, wer damit gemeint war. Später, als Hitlers Außenminister Ribbentrop den Papst besuchte, protokollierte Monsignore Tardini:

> «Seine heiligkeit erinnerte daran, daß er sich in seiner Enzyklika bemüht hat, Deutschland nicht zu beleidigen, wenn er auch – auf Grund seiner Mission – die Wahrheit sagen mußte. Er fügte hinzu, daß das kleine Volk, auf das er in seiner Weihnachtsansprache angespielt hat, Finnland ist (in Deutschland dachte man, daß es Polen war).»[5]

Finnland lag fern; es wußte sich des sowjetischen Angriffs von Ende November 1939 mit einigem Erfolg zu erwehren und – es gab dort fast keine Katholiken. Aus dem sowjetisch besetzten Osteuropa jedoch waren inzwischen Nachrichten nach Rom gelangt, die eine Zurückhaltung opportun erscheinen ließen. Als erster meldete sich der Lemberger Erzbischof Scheptyckyj, von dem Kardinal Hlond am 12. Oktober dem Staatssekretariat irrtümlich gemeldet hatte, er sei «nach Rußland transportiert».[6] Doch bereits am 10. Oktober hatte Scheptyckyj, der – zwar an den Beinen gelähmt, aber aktiv wie je – in seiner Lemberger Bischofsburg saß, einen wagemutigen Jesuiten auf den Weg geschickt: Nach sechs Wochen abenteuerlicher Reise über die Karpaten und viele «grüne Grenzen» gelangte der Kurier, Pater G. Moskwa,[7] mit Scheptyckyjs Brief nach Rom. Der Vatikan entnahm dem Schreiben, wenn auch zunächst nur in Andeutungen, die erst später ganz klar wurden, etwas Erstaunliches:

Kurzerhand und ohne den Papst zu fragen, hatte Scheptyckyj noch am Tage des sowjetischen Einmarsches in Ostpolen, am 17. September 1939, die ganze Sowjetunion sozusagen katholisch «aufgeteilt». Unter Berufung auf seine angeblich «unbegrenzten» Vollmachten, die ihm Pius X. im Jahre 1907 (!) erteilt hatte, und getreu seinen seit der Zarenzeit nie verblichenen national-romantischen Missionsideen hatte er vier Apostolische Exarchen eingesetzt: den Bischof *Czarneckyj* für den wolhynischen und podolischen Teil der Ukraine (mit Luck und Kamieniec); den Pater Klement *Scheptyckyj* (seinen Bruder) für «Großrußland und Sibirien» (mit Moskau), den Jesuiten Antonin *Niemancewycz* für Weißrußland; und schließlich als wichtigste Figur Josef *Slipyj*, den Rektor des Priesterseminars in Lemberg, für die «Großukraine» (mit Kiew).[8]

Was hatte das zu bedeuten? Die Eingliederung des östlichen Polen mit seinen großen weißrussischen und ukrainischen Bevölkerungsteilen in die Sowjetunion empfand Scheptyckyj einerseits als Gefahr für die Kirche, aber zugleich auch als eine Art Chance. «Die Russen hatten Polen besetzt – also waren wir in Wirklichkeit bereits in Rußland», so begeisterte sich der Jesuit Walter Ciszek, der sich in diesem Herbst, obwohl er als amerikanischer Staatsbürger hätte ausreisen können, mit Erlaubnis Scheptyckyjs darauf vorbereitete, mit falschen Papieren, als Arbeiter getarnt, eine Missionsreise ins Industriegebiet am Ural anzutreten.[9] Der Lemberger Erzbischof, der zeit seines Lebens konspirative Methoden mit einer gewissen Naivität gehandhabt hatte, faßte im ersten Augenblick eine Hoffnung, die ihn schon einmal – nach 1917 – getrogen hatte. Ob er ahnte, daß man in Rom aus Erfahrungen etwas gelernt hatte und daß der Pacelli-Papst sich nicht von den Emotionen seines Vorgängers leiten ließ?

Die Verlegenheit, die Scheptyckyjs erstes Lebenszeichen im Vatikan auslöste, dürfte so groß gewesen sein, daß die offizielle Aktenpublikation des Heiligen Stuhls den Wortlaut verschwiegt. Nur ein lakonischer Satz Kardinal Tisserants, des Präfekten der Ostkirchen-Kongregation, verrät bei allem Mitgefühl für Scheptyckyjs verzwickte Lage die kühle Reaktion der Kurie gegenüber Scheptyckyjs Pochen auf «Vollmachten» von 1907: «Andere außerordentliche und ordentliche Vollmachten sind, so meint man hier, für den Augenblick nicht nötig», schreibt ihm Tisserant am 27. November 1939 zurück,[10] wobei die delikate Ausdrucksweise auch die Gefahr berücksichtigt, daß der Brief unterwegs abgefangen werden könnte…

Gewisse kirchenrechtliche Sondervollmachten hatte nämlich der Papst ohnehin *allen* Bischöfen in den sowjetisch besetzten Gebieten Ende November erteilt,[11] vor allem die Möglichkeit, für den Fall ihrer Amtsbehinderung zwei zuverlässige Priester ganz geheim als mögliche Nachfolger zu ernennen, damit die bischöfliche Sukzession nie unterbrochen würde. Dem Lemberger Erzbischof wurde auch zugestanden, seinen «geliebten Schüler» Slipyj zum Bischof zu weihen. Alle anderen weitausgreifenden Pläne des Lemberger Metropoliten erschienen dem Vatikan jedoch – obwohl Scheptyckyj immer wieder drängte – allzu phantastisch, ja gefährlich. Auch deshalb, weil das Verhalten der Sowjets gegenüber der Papstkirche in diesen Monaten noch keineswegs eindeutig, jedenfalls nicht so revolutionär-zerstörerisch war, wie man es befürchtet hatte.

Den Priestern sei «volle Freiheit ihrer Funktionen innerhalb der Kirche gewährt, solange sie nicht gegen das Sowjetregime predigen», berichtete Prälat Peter Werhun, ein Vertrauensmann Scheptyckyjs, nach der Rückkehr aus Lemberg Mitte Januar 1940 dem Berliner Nuntius.[12] Aus den Klöstern hingegen würden die Ordensleute verjagt, ihr Eigentum beschlagnahmt, wobei es den lateinischen Katholiken schlechter ergehe als den ukrainischen, die, «weil sie antipolnisch sind, weniger Angst vor den Russen haben»; in Galizien versuchten «nazistische Elemente» Unruhe gegen den russischen Kommunismus zu stiften. («Ich fürchte, daß sich der ukrainische Klerus diesen Umtrieben nicht genügend fernhält.») Ähnliche Eindrücke vermittelte der Rektor des «Russicum», Philippe de Régis, der zufällig bei Kriegsausbruch in Polen gewesen war: «Die Kommunisten haben sich gehütet, unklug zu sein, und haben sich nachsichtig mit der Religion gezeigt.»[13]

Scheptyckyj selbst, der im Dezember 1939 sogar eine Diözesansynode einberufen kann, zeichnet in einem Brief nach Rom (den er einer deutschen Militärabordnung in Lemberg mitgibt) ein eher widerspruchsvolles Bild:[14] Einerseits berichtet er von Unordnung, antikirchlichen Schikanen, willkürlichen Verhaftungen und beklagt, daß die Juden, die (vor Hitlers Antisemitismus) in Massen nach Ostpolen geflohen sind, von den Sowjets begünstigt werden… Andererseits bestätigt er, daß «der Klerus noch in allen Pfarreien und Kirchen arbeiten kann», und meint, daß es sogar in der Sowjetarmee und unter den Kommunisten ein wachsendes Interesse für Religion gebe: «Es scheint, daß alle diese Gebiete zum Arbeitsfeld eines Apostolats werden, das sehr fruchtbar sein kann.»

Der Widerspruch mag sich daraus erklären, daß Scheptyckyj die Entschlossenheit der neuen Herren, Ostpolen zu sowjetisieren, nicht mit ihrem Zögern gegenüber der Kirche in Einklang bringen kann. Daß sich Stalin in dieser Beziehung einfach taktisch klüger verhält als Hitler in «seinem» Teil Polens, kann sich der 75jährige Lemberger Metropolit nicht erklären. Er glaubt in dem neuen System, das vor allem den Juden – mit Recht – als Lebensretter erscheint, eine «teuflische Massenbesessenheit» (*une possession diabolique en masse*) zu entdecken und bittet den Papst allen Ernstes, er möge Mönchsorden zu einer – antisowjetischen Teufelsbeschwörung aufrufen (*d'exorciser la Russie sovietique*). Schon in seinem ersten Brief vom 10. Oktober war diese Forderung enthalten gewesen, jetzt wiederholte sie der ukrainisch-katholische Metropolit und verband sie mit der Bitte, der Papst möge ihn selbst in aller Form «zum Tode für den Glauben und die Einheit der Kirche abordnen» (*désigner, députer et déléguer*), denn es wäre gut, «wenn jemand das Opfer dieser Invasion wird»…

Derlei mystische Martyriumssehnsüchte pflegt man im Vatikan allenfalls für einen späteren Seligsprechungsprozeß zu schätzen, nicht aber für die Bedürfnisse aktueller Seelsorgepolitik. Papst und Kurie beantworteten daher die ungewöhnlichen Bitten aus Lemberg mit nachsichtigem Schweigen.

Auf dem zweiten großen Schauplatz sowjetischer Okkupation, in den baltischen Staaten, fiel dem Vatikan die Orientierung etwas leichter, da er hier auch über eigene Beobachter in zwei Nuntiaturen verfüge. Aber auch hier gibt es Schwierigkeiten, die sich nicht allein aus der sowjetischen Präsenz ergeben. In Wilna, der überwiegend von Polen bewohnten Stadt, deren Besitz zwischen Litauen und Polen zwei Jahrzehnte lang umstritten war, saß damals der polnische Erzbischof *Romuald Jałbrzykowski*. Die litauische Regierung warf ihm unwidersprochen vor, daß auf seiner Kathedrale beim Einmarsch der Sowjets eine rote Fahne geweht habe, beim Einmarsch der Litauer (denen die Sowjets die Stadt am 10. Oktober 1939 zusprachen) jedoch keine litauische Fahne. Auch verbot Jałbrzykowski, die Glocken für die litauischen Befreier zu läuten.[15]

Vielleicht ahnte man im erzbischöflichen Palais, daß das scheinbare Zugeständnis an Litauen, das mit sowjetischen Militärstützpunkten bezahlt war, nicht lange dauern würde. Die Abneigung mancher litauischer Nationalisten gegen den ebenso nationalistisch gesinnten polnischen Kirchenfürsten ging so weit, daß der Redakteur einer christdemokratischen Zeitung in Kaunas sich an den sowjetischen Stadtkommissar in Wilna gewandt und um – Verhaftung des Erzbischofs gebeten hatte. Die Sowjets, die sich während dieses ihres ersten kurzen Aufenthalts in Wilna lieber auf polnische Kommunisten und Linkskatholiken als auf Litauer stützten, lehnten das ab.[16] Als

Wilna unter litauische Oberhoheit kam (nur acht Monate lang bis zur Liquidierung *ganz* Litauens durch die Sowjets!), hatte die Regierung in Kaunas keine andere Sorge, als den Vatikan aufzufordern, er möge dem Erzbischof Jałbrzykowski untersagen, in den Litaneigebeten Maria als *regina Poloniae* (Königin Polens) anzurufen...

Der Vatikan, tief beunruhigt über den sinnlosen Streit der Nationalismen, mahnte beide Seiten zu Mäßigung – mit geringem Erfolg. Die Querelen endeten erst, als die Rote Armee Mitte Juni 1940 nach einem Ultimatum an die baltischen Staaten kampflos in Litauen, Estland und Lettland einmarschierte. Zum erstenmal erlebte ein Päpstlicher Nuntius mit eigenen Augen eine kommunistische Machtergreifung. Die Dokumente, die darüber vorliegen, lassen einen Reaktionsmechanismus erkennen, der sich in ähnlicher Weise nach dem Zweiten Weltkrieg wiederholte, – Spannungen, die heute, 50 Jahre später, wiederkehren...

«Hauptstadt und Land sind ruhig, wenn auch ungeheuer deprimiert», telegrafiert Nuntius Centoz aus Kaunas am 17. Juni 1940 mit der Nachricht vom sowjetischen Einmarsch. Der Papst, der immerhin Hitlers Überfall auf Belgien und Holland im Mai mit teilnahmsvollen Telegrammen an die gekrönten Häupter jener Länder verurteilt hatte, schwieg. Nicht einmal der *Osservatore Romano* kommentierte das Ereignis. Dabei hatte Pius XII. erst am 13. Mai, als der italienische Botschafter Alfieri die Papsttelegramme nach Brüssel und Den Haag kritisierte, mit ruhiger Würde erklärt: «Wir haben keine Angst gehabt, als man einst Revolver auf Uns richtete [Anspielung auf Pacellis Erlebnis im «roten» München], und Wir hätten auch zum zweitenmal keine Angst, auch nicht vor dem Konzentrationslager. Der Papst kann unter gewissen Umständen nicht schweigen...» (*il Papa in certe circonstanze non può tacere*).[17]

Die «Umstände», die zur Sowjetisierung der baltischen Staaten führen, geben dem Vatikan gleichwohl keinen Anlaß zur lauten Anklage; wieder beobachtet er vorsichtig abwartend. In Litauen gibt es rund zwei Millionen Katholiken (87 Prozent), in Lettland eine halbe Million (25 Prozent). Acht Tage nach der Besetzung fragt Nuntius Centoz in Rom an, ob er nun den baltischen Bischöfen die Sondervollmachten übermitteln soll, «die den polnischen Bischöfen unter Rußland schon gewährt wurden». Das Telegramm kreuzt sich mit einem anderen des Kardinalsstaatssekretärs Maglione, der dem Nuntius anheimstellt, ob es notwendig ist, diese Vollmachten, «die nur für den Fall russischer Besetzung und bolschewistischen Regimes vorgesehen sind», schon zu erteilen.[18] Der Nuntius beobachtet, wie sich «die Dinge überstürzen», und handelt entsprechend. Der römischen Kurie ist es vor allem darum zu tun, daß das Land mit möglichst intakter Hierarchie der neuen Lage entgegengeht:

Die eilige Ernennung eines litauischen Weihbischofs für Wilna, der dem Polen Jałbrzykowski zur Seite gestellt wird, stimmt freilich die neue sowjethörige Regierung in Kaunas nicht besser. Am 6. Juli kündigt sie das Konkordat von 1927. Polens Exilbotschafter beim Vatikan bezeichnet indessen die Bischofsernennung als «schmerzlich». Der Kardinalstaatssekretär Maglione meint ihn beruhigen zu können:

«In Wilna sind Litauer und Polen jetzt verbrüdert durch die russische Unterdrük-kung…»[19] In Wirklichkeit jedoch werden sich der polnische Erzbischof und sein litauischer Weihbischof in Wilna gegenseitig meiden.[20]

Bischofsweihe in Sowjet-Litauen – mit Nuntius

In einem lebhaften chiffrierten Telegrammverkehr mit Nuntius Centoz in Kaunas und Nuntius Arata in Riga trifft der Vatikan letzte Verfügungen vor der formellen Eingliederung der baltischen Staaten in die Union der Sowjetrepubliken. «Eure Exzellenz möge Sorge tragen, so lange zu bleiben, wie möglich ist», meldet Maglione am 17. Juli an Centoz und ordnet an, den Priester Padolskis zum Weihbischof von Vil-kaviškis zu weihen, ohne die päpstliche Ernennungsbulle abzuwerten. Während der Metropolit im sowjetisch besetzten Lemberg seinen Koadjutor Slipyj nur im geheimen zum Bischof weihen konnte, wird die Weihe von Padolskis in aller Öffentlichkeit zelebriert:

«Ich fuhr am Morgen des 4. August 1940 im Auto dorthin», berichtet der Nuntius.[21] «Obschon die religiöse Feier am Tage nach dem offiziellen Anschluß Litauens an die UdSSR stattfand, also auf sowjetischem Territorium, vollzog sie sich in einer völlig ruhigen und tief andächtigen Umgebung. Die Bischöfe gingen in vollem Ornat vom Pfarrhaus über die Hauptstraße zum Dom… Die Pontifikalmesse wurde mit guter liturgischer Musik vor einer andächtigen Menge zelebriert. Das Volk, das den Platz vor der Kathedrale füllte, kniete nieder und empfing den Segen. Eine Gruppe von nur sechzehn Männern und acht Frauen, die währenddessen in sechs Reihen aus einer benachbarten Straße kamen, überquerte die Hauptstraße mit roten Fahnen und kommunistischen Liedern. Eine halbe Stunde später fand eine viel größere sowjetische Demonstration zur Feier der Annexion Litauens durch die UdSSR statt. Ein Zug von etwa 400 Personen, Männern und Frauen, in ihrer großen Mehrheit Juden [man beachte das «scharfe» Auge des Nuntius!], defilierte durch die Hauptstraße mit Fahnen, Spruchbändern, Stalinbildern und rühmte mit Liedern den Kommunismus. Das Volk sah dem Umzug ruhig zu: es gab nicht den geringsten Zwischenfall zu beklagen…»

Auf den Gedanken, irgendeinen Kontakt mit den neuen sowjetischen Herren des Landes herzustellen, kommt man im Vatikan offenbar nicht. Am 13. August werden alle diplomatischen Vertretungen in den baltischen Hauptstädten aufgefordert, innerhalb von zwei Wochen abzureisen. Nuntius Centoz verläßt Litauen am 25. August, nicht ohne die Bischöfe zu «großer Vorsicht» ermahnt zu haben.[22] Immerhin, die Zurückhaltung des Vatikans scheint sich ein wenig zu lohnen. Ende August gibt der Weihbischof von Kaunas, Vincentas Brizgys, auf vertraulichem Wege eine Nachricht an Centoz, der inzwischen in Rom eingetroffen ist:

«Das Bankkonto der Nuntiatur ist nach den Wünschen Eurer Exzellenz aufgeteilt worden… Das Seminar beginnt seine Arbeit am 16. September… Das erzbischöfliche Palais ist noch nicht besetzt. Wir hoffen… Es beginnt die Bewegung der Eltern für den Religionsunterricht… Man muß feststellen, daß die Priester realistisch, aber nicht pessimistisch sind – sie sind sich ihrer Umgebung bewußt, aber sie verlieren nicht den Mut. Die Regierung ist bis jetzt mit ihrem Verhalten zufrieden…» – Und schließlich – als ob dies ein besonderer Trost wäre: «Im neuen Rat der Kommissare gibt es keinen Juden…»[23]

Vier Monate später, Anfang Januar 1941, sieht das Bild ernster, aber auch verwikkelter aus, das Bischof Brizgys dem Vatikan auf dem Umweg über die Berliner Nuntiatur vermittelt:[24] Zwanzig Priester sind verhaftet, vier ohne Anlaß, die anderen aus nichtigen Gründen. «Unter den hohen Beamten der GPU sind Polen, was die polnische Minderheit dazu ausnützt, um sich übertriebene Rechte in den Kirchen zu verschaffen… Ich weiß, daß vier oder fünf Priester sich schriftlich verpflichtet haben, der GPU ‹in den Grenzen des Gewissens› Informationen zu liefern…»

Brizgys berichtet von der Verschleppung und Verhaftung vieler Menschen, von den schwindenden Sympathien der Arbeiterschaft für den Kommunismus. «Die politischen russischen Funktionäre sind sehr fanatisch gegen die Religion… Die Militärs sind nicht religionsfeindlich, in Gesprächen ohne Zeugen zeigen sie sogar zuweilen Interesse und Sympathien für Religion.» Und wieder regten sich – wie beim Lemberger Metropoliten Scheptyckyj – auch bei Brizgys Missionshoffnungen; er möchte ausgewählte junge Priester ans «Russicum» nach Rom zur entsprechenden Ausbildung schicken und bittet um Vermittlung von Einreisevisa. (In einem späteren Brief vom 21. März 1941 bittet Brizgys um Zusendung populärer religiöser Literatur in russischer Sprache.) Zugleich aber warnt er vor einem russisch-katholischen Geistlichen, den die Sowjets nach Rom reisen ließen, «wahrscheinlich, damit der die Botschaft der UdSSR über das informiert, was unter den Katholiken in Rom, besonders im Russicum, vorgeht».

«Unter dem tyrannischen Regime der Bolschewisten ist das christliche Leben, geführt vom Klerus, nicht vermindert worden», berichtet rückblickend aus *Lettland* der Rigaer Erzbischof Springovics dem Papst.[25] Außer dem Tod von elf Priestern – von denen die meisten erst kurz vor dem deutschen Einmarsch im Juni 1941 Opfer der GPU wurden – beklagt er vor allem Beschlagnahme von Kirchengütern, Auflösung der Klöster und Behinderung des Religionsunterrichts. «Die religiöse Lage nimmt mehr und mehr jenes Gepräge an, welches sie in Rußland hat», schreibt am 14. Januar der Jesuitenbischof Eduard Profittlich nach Rom, der als Apostolischer Administrator für *Estland* in Reval lebt.

Das traf zu, denn die bestehende sowjetische Religionsgesetzgebung sollte jetzt auch allmählich auf die neuen baltischen Sowjetrepubliken übertragen werden. Doch nur im Falle Estlands, wo es wenig mehr als zweitausend verstreut lebende Katholiken gab, war das fast gleichbedeutend mit dem Ende *aller* pastoralen Möglichkeiten.

Und deshalb auch war Bischof Profittlich, der die deutsche Staatsangehörigkeit besaß, im Jahre 1941 entschlossen, zusammen mit den estnischen Volksdeutschen, die ausgesiedelt wurden, abzureisen. Eine «innere Anregung Gottes», zu bleiben, fühlte er nicht, wie er offen nach Rom schrieb, und die Vernunft sagte ihm, «daß mein weiteres Bleiben hier sinnlos sein wird». Schon im Oktober hatte er eine Anfrage nach Rom gerichtet und – die sibyllinische Antwort erhalten, der Papst stelle ihm frei, zu tun, was er «*in Domino*» (im Herrn) für besser halte. Jetzt Anfang Februar 1941 wiederholte Profittlich seine Anfrage – und wieder äußerte sich Pius XII. wie das Delphische Orakel: Er habe Profittlich die Entscheidung überlassen und vertraue darauf, daß er sie treffen werde, «vor allem vom Wohl der ihm anvertrauten Seelen inspiriert». Profittlich deutete das als päpstliche Aufforderung zum Bleiben; er hoffe, daß sein Opfer «so oder so nicht ganz ohne Frucht» sein werde, schrieb er. Fünf Monate später, als Hitlers Armeen die Sowjetunion überfielen, wurde Profittlich als «deutscher Spion» verhaftet und nach Sibirien deportiert, wo sich seine Spur – trotz späterer Nachforschungen – für immer verlor…[26]

In der persönlichen Tragödie dieses Mannes spiegelt sich das Psychodrama des Diplomatenpapstes Pacelli, der in der großen Politik wie im kleinen menschlichen Bereich immer wieder davor zurückschreckte, Verantwortung voll zu übernehmen und Entscheidungen in Situationen zu treffen, die ihm schwer oder gar nicht überschaubar erschienen. Die sowjetische Politik der Jahre 1939–41 ließ im Baltikum wie in Ostpolen ziemlich klar erkennen, daß sie den expansiven Ausbau ihres «Vorfeldes», den ihr Hitlers Westkrieg ermöglichte, nicht durch sofortige Vernichtung des katholischen Kirchenlebens atmosphärisch belasten wollte. Ebenso deutlich aber war, daß die Sowjetisierung dieser Gebiete – das offen erklärte Ziel – auf längere Sicht gar nicht anders erreicht werden konnte als durch Abbau aller überlieferten Strukturen, also auch der kirchlichen. Und das lief unvermeidlich auf eine zumindest allmähliche Reduzierung alles Kirchlichen auf bloßen «Kult» hinaus.

Der Vatikan stand diesem Vorgang ziemlich hilflos gegenüber. Er vermied es, die Sowjets zu reizen. Aber er unternahm auch keinen Versuch, durch klärende Kontakte mit ihnen die Reibungsflächen ihres – für sie ganz neuen! – Umgangs mit überwiegend katholischen Gebieten zu vermindern. Lag das etwa auch daran, daß der Papst von der «Vorläufigkeit» der Lage überzeugt war oder gar auf Hitlers Angriffsabsichten hoffte? Ein Dokument vom einzigen offiziellen sowjetisch-vatikanischen Kontakt jener Zeit zeigt eher das Gegenteil:

Mit nicht geringem Erstaunen erhielt die Päpstliche Nuntiatur in Berlin Anfang Januar 1941 einen telefonischen Anruf der sowjetischen Botschaft mit der Anfrage, ob Herr *Wladimir Georgjewitsch Dekanosow*, der neue Botschafter der UdSSR, dem Herrn Nuntius in seiner Eigenschaft als Doyen des Diplomatischen Korps einen Antrittsbesuch abstatten dürfe. Seit Pacellis Gesprächen mit Krestinski (1925) war es zu solchen Begegnungen nicht mehr gekommen; neue Sowjetbotschafter hatten sich stets mit kühlen schriftlichen Anmeldungen beim Doyen begnügt.

«Das Gespräch entwickelte sich in sehr höflichem Ton», berichtete Orsenigo am
11. Januar 1941 nach Rom.[27] «Er fragte mich, ob ich ihm irgendeine Frage stellen
wolle – zum Beispiel über den Krieg; aber gerade weil er mich dazu aufforderte,
fürchtete ich, daß da eine Falle verborgen sein könnte, und ich verneinte. Ich fragte
dagegen nach der Lage der Katholiken in den drei Republiken – Litauen, Estland und
Lettland –, die vor kurzem unter Rußland gekommen sind; er antwortete mit über-
raschender Unbefangenheit, daß die Lage der Katholiken unverändert geblieben sei.
Obschon meine Informationen damit nicht übereinstimmten, glaubte ich, nicht ausdrücklich widersprechen zu sollen, um die Gefahr zu vermeiden, daß ich zum Beweis
des Gegenteils aufgefordert würde, was Grund zu Repressalien gegen etwaige Infor-
matoren gegeben hätte. Ich fügte also nur hinzu, für die katholische Kirche sei es
manchmal nötig, Geistliche, Mönche und Nonnen in andere Gebiete zu versetzen,
und ich bat ihn, mich in solchem Fall bei der Beschaffung der notwendigen Geneh-
migungen zu unterstützen. Er lehnte das nicht ab, fügte jedoch hinzu, daß es jetzt
besser sei, in Ländern zu bleiben, die nicht von der Geißel des Krieges getroffen sind.
Ich sagte, daß meine Sicht *weit über den Krieg hinaus* gehe, der sicher nicht endlos
dauere…»

Rechnete also der Vatikan – oder wenigstens Orsenigo – mit einer langen Dauer
sowjetischer Präsenz im Baltikum? Schließlich war es Orsenigo – wie er im gleichen
Bericht schreibt – nicht entgangen, daß Stalins Außenminister Molotow (mit dem
Botschafter Dekanosow im November 1940 zum erstenmal nach Berlin kam) diesmal
mit Hitler über die Teilung künftiger Beute nicht handelseinig geworden war.
Durch einen Mittelsmann des deutschen militärischen Geheimdienstchefs, Admiral
Canaris (der Hitlers Krieg für ein Verbrechen hielt), war Pius XII. früher als viele
andere Politiker Europas von Hitlers Angriffsplänen gegen die Sowjetunion informiert worden.[28] Es gab auch Versuche oppositioneller Kreise des deutschen politischen Geheimdienstes, durch Kontakte mit dem Jesuitengeneral Ledóchowski –
dessen antikommunistische Einstellung und internationale Verbindungen bekannt
waren – zu sondieren, ob für Milderungen des innerdeutschen Regimes (auch gegenüber der Kirche) etwa ein Friedensschluß mit dem Westen und eine Zusammenarbeit gegen den Osten möglich wäre.[29] Mit solchen Anregungen erschien im Frühjahr 1941 der sudetendeutsche Graf Khuen-Belasi-Lützow in geheimdienstlichem
Auftrag bei Ledóchowski. Schon im Herbst 1940 war beim Bischof von Passau ein
alter Bekannter, der SS-Sturmbannführer Albert Hartl vom Reichssicherheits-
Hauptamt, aufgetaucht – ein abgesprungener katholischer Theologe, der jetzt der
Kirche Mitarbeit beim Kampf gegen «den Materialismus» um den Preis «rückhaltlos
positiver» Einstellung zum Nationalsozialismus anbot…[30] Es ist also durchaus möglich, daß der Sowjetbotschafter in Berlin, selbst Funktionär des Geheimdienstes, den
Auftrag hatte, durch seinen Besuch beim Nuntius zu erkunden, wie man im Vatikan,
wo so viele Fäden zusammenliefen, die Kriegsperspektiven und vor allem Hitlers
Absichten beurteilte.

Von all dem ließ sich der Papst jedoch nicht aus seiner Reserve herauslocken. Gerade weil er im Frühjahr 1941 – wie viele ernsthafte Beobachter in aller Welt – einen Sieg Hitlers und Mussolinis als wahrscheinlich befürchtete, war ihm eine weitere Ausdehnung des Krieges – selbst gegen die atheistische Sowjetunion – kein Grund zur Hoffnung. Und dies um so weniger, als die Nationalsozialisten ihren antikatholischen Kirchenkampf in eben diesen Monaten noch verschärften. Ihr Chefideologe *Alfred Rosenberg*, der Herkunft nach ein baltendeutscher Antikommunist, hatte am 10. Mai 1940, dem Tag, an dem Hitler Frankreich angriff, in sein Tagebuch notiert: «Der Kampf gegen Rom wird nach einem deutschen Siege in Deutschland seinem Ende entgegengeführt.»[31] Was eine «Befreiung» Ostpolens und des Baltikums durch Hitlers Armeen für die Kirche dort bedeuten würde, konnte man sich errechnen. Was aber geschähe, wenn Hitler nach Frankreich nun auch Großbritannien mit Rückendeckung der Sowjets schlagen würde? Pius XII. erblicke «in der restlosen Vernichtung unserer Gegner oder in einer allzu langen Dauer des Krieges die Gefahr weiteren Vordringens des Bolschewismus mit seinen antireligiösen Begleiterscheinungen...», berichtete der deutsche Vatikanbotschafter Bergen am 15. Februar 1941.[32]

Weit davon entfernt, sich für oder gegen irgendeine Seite offen zu engagieren,[33] schrieb der Papst zwei Wochen vor Hitlers Angriff gegen die Sowjetunion (dessen Termin er schon kannte) dem Passauer Bischof als Antwort auf die Angebote des SS-Führers Hartl: «Der Papst denkt nur an... einen Frieden für alle, der kein Volk unterdrückt oder vernichtet...»[34] Und an die Bischöfe in den baltischen Sowjetrepubliken richtete er ein lateinisches Schreiben, das jeden politischen Akzent vermied. Da gab es allgemeine Trostworte, aber auch Warnungen vor – Faulheit und Geldgier des Klerus (nicht ohne Grund, wie der Verfasser des Briefentwurfs in einer Erläuterung für den Papst anmerkte!), schließlich Ermahnungen zum Ausharren im Glauben und als Rezept: «*Contra turpidam impietatem pura religio*» – gegen die schändliche Gottlosigkeit die reine Religion. Doch das Wort «*turpidam*» (= schändlich) strich der Papst vorsorglich aus der Endfassung des Textes...[35]

Nach Hitlers Angriff: «Den Sowjets helfen – aber nicht zu sehr»

«Räuber haben sich auf unser russisches Vaterland gestürzt... Die Kirche Christi gibt ihren Segen zur Verteidigung der heiligen Heimaterde aller Orthodoxen. Möge der Herr uns den Sieg verleihen...!»

Diesen Aufruf richtete Metropolit Sergius am 22. Juni 1941 an die Gläubigen[36] – noch am Tage des Überfalls der Hitlerarmeen. Stalin, der bis zum letzten Augenblick nicht an diese Möglichkeit glaubte, hatte es buchstäblich die Sprache verschlagen: Erst zehn Tage nach dem Metropoliten richtete er den ersten Appell an sein Volk.

In Deutschland jedoch schrieb am 29. Juni der katholische Militärbischof Franz Josef Rarkowski an die Soldaten der deutschen Wehrmacht: «Seid euch eurer Sendung bewußt! Dann wird der Sieg euer sein, ein Sieg, der Europa aufatmen läßt... Viele europäische Staaten wissen, daß der Krieg gegen Rußland ein europäischer *Kreuzzug* ist...»[37]

Wieder – und diesmal mit blutigem Ernst – irrte das ominöse Schlagwort durch Europa. Auch wenn es schwerlich die Parole des Papstes werden konnte, forderte es nicht doch auch von ihm einen Tribut? – Die vatikanische Aktenpublikation verrät uns keine unmittelbare erste Reaktion der Kurie. (Vielleicht gehörten die entsprechenden Dokumente zu jenen, die Pius XII. gegen Ende des Krieges durch seinen Vertrauten Prälat Kaas tagelang in einem Kamin des Palazzo San Carlo verbrennen ließ.) Nicht einmal die von Botschafter Bergen überbrachte Aufforderung Hitlers, der Papst möge sich für den antikommunistischen Kreuzzug aussprechen, ist hinreichend dokumentierbar.[38] Botschafter Bergen berichtet am 24. Juni von einem «gewissen Aufatmen» des Vatikans, da man dort befürchtet habe, daß der Bolschewismus «unberührt, ja sogar gestärkt» aus dem Krieg hervorgehen könnte; jedenfalls habe der Einmarsch in Rußland das Päpstliche Staatssekretariat «nicht überrascht».[39]

Von Überraschung konnte wirklich keine Rede sein; nicht nur weil es ja einen Hinweis aus deutschen Geheimdienstkreisen gegeben hatte, sondern weil der Reichsaußenminister schon eineinviertel Jahre vorher dem Papst einen Hinweis gegeben hatte: Ribbentrop hatte bei seiner siebzigminütigen Audienz am 11. März 1940 «viel gegen den Kommunismus geredet». Er hatte Pius XII. zu belehren versucht, daß in Deutschland ohne den Sieg der Nationalsozialisten wie in Rußland «nicht einmal *eine* Kirche übriggeblieben wäre – so wie er, Ribbentrop, dies mit eigenen Augen habe feststellen können...» Der Papst hatte darauf trocken entgegnet, man könne nicht wissen, was gewesen wäre, «wenn»... Und er hatte Ribbentrops Anspielung auf seine Moskaureise von 1939 zum Anlaß genommen, um zu fragen:

«Ob Deutschland von dieser Verbindung mit dem Kommunismus nichts zu fürchten habe? Ribbentrop verneinte es: Die Verbindung ist nur äußerlich und für den Krieg...»[40] Botschafter Bergens Beobachtung, daß es ein «Aufatmen» im Vatikan gegeben habe, als die Rote Armee – zumal in den ersten Tagen nach Hitlers Überraschungsangriff – nach Osten zurückgeworfen wurde, war gewiß nicht ganz falsch. Schließlich hatte sogar der Sekretär einer päpstlichen Kongregation, Erzbischof Celso Costantini, die italienischen Soldaten, die Mussolini nach Osten schickte, als Kämpfer gegen «die rote Barbarei» gesegnet.[41] Der Papst hatte auch «keinen Grund, das Schicksal der Sowjetunion zu beklagen, die einem Schlag der Wehrmacht ausgesetzt war, nachdem sie mit Hitler das Fell Polens geteilt hatte» (so formulierten noch 1969 die Herausgeber der vatikanischen Aktenpublikationen)[42]. Manche römische Prälaten – wie etwa der Anima-Rektor Bischof Hudal, meinten, man könne Hitler jetzt doch einen Vertrauensvorschuß gewähren. Der persönliche Sekretär Pius XII., Robert Leiber SJ, schrieb jedoch am 16. Februar 1943 an Hudal:

«Ausgerechnet der russische Staat und das russische Volk sind gezwungen, einen Krieg für die Rückgewinnung und Verteidigung des eigenen heimatlichen Bodens zu führen. Insofern können wenigstens sie von einem heiligen Krieg sprechen, vielleicht wenigstens die noch gläubigen Massen des russischen Volkes und Heeres» (*Kopie des Originals aus dem Hudal-Nachlaß im Archiv der «Anima» im Besitz des Verf.*).

Der Papst entschied sich – wie immer, wenn er zwischen moralischem Gefühl und politischem Verstand hin- und hergerissen war – für das Prinzip «Vorsicht». Zwar konnte er sich fünf Jahre später rühmen, er habe 1941 trotz «gewisser Pressionen» kein Wort der Billigung oder Ermutigung für den Krieg gegen Rußland gesagt.[43]

Aber er hat diesen Angriff auch nicht verurteilt, sowenig wie den vorangehenden Überfall Hitlers auf Jugoslawien und Griechenland. Vielmehr nahm der Papst Zuflucht zu «Betrachtungen über die göttliche Vorsehung bei menschlichen Ereignissen». Diesen Titel gab Pius XII. seiner Radiobotschaft zum Feste Peter und Paul am 29. Juni 1941, als Hitlers Armeen – nach einer Woche! – schon Minsk erreicht und mit Hilfe bewaffneter litauischer Katholiken[44] die Sowjets aus Kaunas vertrieben hatten. Er fühle sein Herz zusammenkrampfen beim Gedanken an die Leiden und Ängste der heutigen Welt, sagte der Papst, doch gebe es auch einen

«...tröstlichen Anblick, der das Herz zu großen und heiligen Erwartungen hin öffnet: den hochherzigen Wert der Verteidigung der christlichen Kultur und zuversichtliche Hoffnungen auf ihren Triumph. [Es gibt] große Vaterlandsliebe und heroische Taten der Tapferkeit... Aber andererseits: eine Dekadenz des Gerechtigkeitssinnes, Völker in den Abgrund des Unglücks gestürzt, menschliche Leiber von Bomben und Kanonen zerrissen... Gefangene... Verschleppte... Hunger... Und überdies unsagbare Leiden und Verfolgungen, die viele Unserer geliebten Söhne und Töchter – Priester, Ordensleute, Laien – in einigen Orten [«Ländern» schrieb der Papst zuerst – und strich es wieder] zu erdulden haben... Wie kann Gott das alles zulassen?... Gottvertrauen bedeutet, ...zu glauben, daß Gott hier unten manchmal für einige Zeit die Vorherrschaft des *Atheismus* und der Ruchlosigkeit zuläßt... um Völker und Personen durch Buße zu reinigen... So rauh auch die Hand des göttlichen Chirurgen erscheinen kann, wenn sie mit dem Schwert ins lebendige Fleisch eindringt, es leitet und bewegt sich doch immer nur tätige Liebe...»[45]

Wer war mit solch merkwürdiger medizinisch-moraltheologischer Kriegsbetrachtung angesprochen? Der päpstliche Vertreter in London meldete, man sei in den angelsächsischen Ländern froh, daß «keines der Worte des Papstes zugunsten der deutschen Propaganda gedeutet werden könne, die den deutschen Kanzler als Retter der Welt vor dem atheistischen Bolschewismus preise».[46] Der Geschäftsträger der deutschen Vatikanbotschaft hörte hingegen «von unterrichteter Seite», Pius XII. habe mit dieser Ansprache die Hoffnung ausdrücken wollen, «daß die großen Opfer, die dieser Krieg erfordert... nach dem Willen der Vorsehung zum Siege über den Bolschewismus führten».[47] Nuntius Orsenigo sagte am 20. August 1941 zum deutschen Staatssekretär: «Wer jetzt von Frieden spricht, ist ein Stalinist!» (*Weizsäcker-Papiere, S. 264*).

Die wirklichen Gedankengänge des Papstes enthalten die Notizen Monsignore Tardinis über ein Gespräch mit dem italienischen Botschafter Attolico, der am 5.

September – kurz nach einer Reise Mussolinis in Hitlers Hauptquartier – den Vatikan aufforderte, endlich ein klares antibolschewistisches Wort zu sagen, zumal es der Kirche in Deutschland trotz allem besser gehe als in Rußland. Tardini antwortete:

> «...daß die Haltung des Heiligen Stuhls zum Bolschewismus keiner neuen Erklärung bedarf..., daß ich für mein Teil sehr froh wäre, wenn der Kommunismus außer Gefecht gesetzt würde. Er ist der schlimmste, aber nicht der einzige Feind der Kirche. Der Nazismus betrieb und betreibt noch immer eine wahre Verfolgung der Kirche. Das Hakenkreuz ist daher gerade nicht das der Kreuzzüge... *Ich sehe den Kreuzzug, aber nicht die Kreuzritter!*... Wenn der Heilige Stuhl öffentlich an die Irrtümer und Schrecken (*errori e orrori*) des Kommunismus erinnern würde, könnte er nicht die Verirrungen und Verfolgungen des Nazismus (*aberrazioni e persecuzioni*) übergehen... Deshalb wende ich im gegenwärtigen Augenblick nicht die Kreuzzugs-Doktrin an, sondern das Sprichwort ‹Ein Teufel jagt den anderen› (*un diavolo caccia l'altro*). Um so besser, wenn dieser andere der schlimmere ist...»[48]

Wie sehr der Papst diesen Gedanken zustimmte, beweist die Tatsache, daß er die Aktennotiz nur mit *einer* Einschränkung zurückgab: Die Lage der Kirche in Deutschland habe sich noch verschlimmert. In einem offiziösen Artikel für eine italienische Regierungszeitschrift läßt er «vatikanische Kreise» aber auch versichern, von «Kreuzzug» könne auch deshalb keine Rede sein, weil der Heilige Stuhl, «sosehr er die bolschewistische Pest aus der Welt eliminiert wünscht, nicht gewollt haben kann, daß dies um den Preis eines so riesigen kriegerischen Blutbades geschieht» (*vgl. Relazioni Internazionali, Milano, vom 2. August 1941*).

Mehr als sein forscher Mitarbeiter Tardini dürfte sich der Papst bewußt gewesen sein, daß die «beiden Übel» – Kommunismus und Nationalsozialismus – verschiedenes Gewicht haben konnten: Es kam darauf an, ob man sie mit der Waage einer Kirche oder eines Staates, einer innerweltlich-politischen oder einer religiös-überweltlichen Ordnung maß – und ob sich beides voneinander trennen ließ. Mit dieser grundsätzlichen Schwierigkeit wurde der Vatikan im Herbst 1941 durch die Intervention der USA in den europäischen Krieg konfrontiert. Präsident Roosevelt schickte nämlich Anfang September seinen Sonderbotschafter Myron C. Taylor nach Rom mit dem Auftrag, den Papst von der Notwendigkeit einer Rettung der Sowjetunion zu überzeugen und ihn von antisowjetischen Kreuzzugsideen fernzuhalten – wenn nicht gar zu antinazistischen Kreuzzugsideen zu bekehren.

Auch für Roosevelt waren Deutschland und die Sowjetunion gleichermaßen Diktaturen, aber, so schrieb er am 3. September 1941 an Pius XII., «ich glaube, daß diese russische Diktatur weniger gefährlich für die Sicherheit anderer Nationen ist als die deutsche Form der Diktatur». Das war nicht von der Hand zu weisen, denn immerhin hatte Hitler den Krieg begonnen, in zwei Jahren acht europäische Staaten niedergezwungen und fünf andere zu seinen Satelliten gemacht, während Stalin – nach langer Isolierung erst durch Hitler ins Spiel gebracht – bisher nur an die alten Grenzen des Zarenreiches (im Baltikum, in Finnland und Ostpolen) vorgestoßen war. Auch im Vatikan sah man eindeutig, daß Roosevelts These «stimmt, wenn man es politisch und militärisch betrachtet» (Tardini). Ganz anders aber war es mit Roosevelts zweiter These bestellt: «Ich glaube, daß das Überleben Rußlands weniger gefährlich ist für die Religion, die Kirche als solche und für die Menschheit im allgemeinen, als es das Überleben der deutschen Form von Diktatur wäre.» Da der Präsident ahnte, daß dieser – und letztlich *nur* dieser – Gesichtspunkt für die römische Kurie ausschlaggebend war (denn schließlich gab es Diktaturen, wie etwa in Spanien, in denen die katholische Kirche nichts zu beklagen hatte!), fügte Roosevelt ein Argument hinzu, das er für wirksam hielt, das aber gerade in vatikanischen Ohren unglaublich naiv klingen mußte:

> «Soweit ich informiert bin, sind in Rußland Kirchen geöffnet. Ich glaube, es gibt eine wirkliche Möglichkeit, daß Rußland als Ergebnis des gegenwärtigen Krieges die Religionsfreiheit in Rußland anerkennt, wenn auch natürlich ohne Anerkennung irgendeiner amtlichen Einflußnahme (*official intervention*) der Kirche auf Erziehung und Politik innerhalb Rußlands.»[49]

Bei der Lektüre dieser Sätze ergreift den temperamentvollen Monsignore Tardini fast der Zorn: «Sind das nicht wieder solche Heucheleien, Fiktionen und Lügen, von denen das heutige politische Leben voll ist?» notiert er empört.[50] «Wem nur an den moralischen und religiösen Interessen des russischen Volkes liegt, für den gibt es nur den einen Weg, es zu retten: die Zerstörung des Kommunismus. Aber das ist nicht die Idee Roosevelts… Für ihn als guten Amerikaner ist die Religion ganz außerhalb der Politik. Das ist die liberale und demokratische Theorie. Sie ist falsch, denn auch der Staat als solcher hat Pflichten gegenüber Gott…»

Tardini ist – im Unterschied zu Roosevelt – überzeugt, daß Stalin nicht nur ein russischer Diktator, sondern ein atheistischer Kommunist ist, der auf dem Gebiet der Religion keinen Kompromiß kennt, «auch wenn er jetzt statt des Banners der Internationale die Fahne des Vaterlandes schwingt». Ist Hitler-Deutschland etwa gefährlicher? «Der Gottesdienst ist in Deutschland weniger behindert als in Rußland», notiert Tardini. Also ist Rußland gefährlicher? «Das ist nur die augenblickliche Lage… Sobald der Nazismus im Inneren und außen seiner Kräfte sicher wäre, würde er sein antireligiöses Programm ohne Rücksicht vorantreiben…»

Was also bleibt? Die Hoffnung, «daß die Vorsehung in ihrer Güte und Barmherzigkeit aus der gegenwärtigen Tragödie die Vernichtung *beider* großer Übel herbeiführt, die die Menschheit, Kultur und Religion bedrohen: des Kommunismus *und* des Nazismus», schreibt Tardini, und er wiederholt es noch einmal in seinen Anmerkungen, die er dem Papst mit dem Antwortentwurf an Roosevelt zuleitet.

Aber kann das mehr als ein «frommer» Wunsch sein? Wie eigentlich stellt sich dies Tardini praktisch-politisch vor? Dieser Prälat, der als Sekretär für «Außerordentliche Angelegenheiten» im Staatssekretariat Pius' XII. so etwas wie ein Außenminister des Papstes ist, wälzt das Dilemma, vor dem sich die vatikanische Politik sieht, wie einen sperrigen Felsblock unruhig und ärgerlich vor sich her. Er ist viel zu sehr Diplomat, um nicht zu wissen, daß man in der großen Politik der Entscheidung nicht ausweichen kann – schon gar nicht der Wahl zwischen zwei Übeln. Er ahnt, wenn auch nur schwach, daß sich vielleicht eine Kirche, aber kein Staat diesen (noch dazu unbequemen) Luxus leisten kann. Tardini klammert sich deshalb an die – im Herbst 1941 nicht unwahrscheinliche – Möglichkeit, daß Stalin («der Kriegshetzer, dem bei seinen verbrecherischen Plänen ein kühnerer Verbrecher zuvorgekommen ist») von Hitler geschlagen wird und der Nazismus aus diesem Kampf «geschwächt und schlagbar» hervorgeht. Und wie soll es dazu kommen? Tardini notiert sein Rezept am 15. September 1941 ohne jene salbungsvollen Verkleidungen, die den kurialen Stil sonst so oft zur Rätselschrift machen:

> «Wenn ich Roosevelt und Churchill nahe wäre, würde ich ihnen etwa den folgenden Rat geben: Helft den Russen – aber mit Überlegung. Und die Überlegung wäre, ihnen *nur* so viel zu helfen, wie nötig ist, um den Kriegsschauplatz vom Westen nach Rußland abzulenken und um Kommunismus *und* Nazismus sosehr wie möglich zu schwächen; aber helft ihnen *nicht* so viel, daß eine Niederlage der Russen vermieden wird, die – unter den gegenwärtigen Umständen – die wünschenswerte Niederlage des Kommunismus ist. (Um die Wahrheit zu sagen, ich hoffe, daß auch Roosevelt dieses Programm im Grunde hat…)»[51]

Genau diese Absicht wird Stalin nach dem Zweiten Weltkrieg seinen westlichen Kriegsalliierten unterstellen und zu einem Vorwand des «Kalten Krieges» machen. Aber so deutlich schreibt es der päpstliche «Außenminister» nur in sein eigenes Gedankenprotokoll. Er weiß, daß der Papst, selbst wenn er ebenso konsequent zu Ende dächte, es niemals niederschreiben, aussprechen oder gar mit seinen Mitarbeitern diskutieren würde. Pius XII. braucht keine «collaboratori», nur «esecutori» – ausführende Organe (erinnert sich Tardini zwanzig Jahre später). So verwirft der Papst auch kurzerhand den ohnehin nur halbdeutlichen Entwurf einer Antwort an Roosevelt, in dem von den *beiden* bösen Systemen die Rede ist. Der Papst meint, daß es besser sei, nicht zur Sache selbst zu kommen (*non entrare in merito*), sondern mit einem höflichen, aber allgemein gehaltenen Brief zu antworten – «zumal wenn man an einen Kriegführenden schreibt!»[52] So geschieht es. Doch gleichzeitig überreicht Tardini dem amerikanischen Sonderbotschafter Taylor eine Aufzeichnung, in der er – «strictly personal» – vor der Gefahr eines nach einem sowjetischen Sieg entstehenden «riesigen kommunistischen Blocks» warnt, der dann «unvermeidlich» einen Krieg gegen England und Amerika provozieren werde.[53]

Wir wissen nicht, ob der Papst dieses Memorandum Tardinis gesehen hat oder ob der Prälat – was schwer vorstellbar ist – auf eigene Faust handelte. Es gibt auch keine Aufzeichnung darüber, was Pius XII. zu Botschafter Taylor in den vier Privataudienzen vom September 1941 wirklich sagte. Sicher ist hingegen – und darauf war es Roosevelt und Stalin vor allem angekommen –, daß der Vatikan die amerikanische Kriegshilfe für die bedrängte Sowjetunion, die unter den amerikanischen Katholiken heftig umstritten war,[54] am Ende doch nicht behinderte. Denn, so ließ Tardini den amerikanischen Bischöfen durch den Apostolischen Delegaten in Washington sagen, «die Enzyklika *Divini Redemptoris* von 1937 wollte nur den atheistischen Kommunismus und nicht das russische Volk verurteilen.» Daß die Enzyklika jede Zusammenarbeit mit Kommunisten verbiete, müsse nach der «exegetischen Grundnorm» ausgelegt werden, nämlich aus dem «natürlichen Zusammenhang» der Volksfronttaktik der dreißiger Jahre, also innenpolitisch, nicht außenpolitisch. Diese Deutung möge der Nuntius aber nur mündlich den amerikanischen Bischöfen geben und diesen auch einschärfen, sie nur «wie von sich aus» zu verwenden und «ohne sich im geringsten auf den Heiligen Stuhl zu berufen».[55]

Unter dem Siegel der Verschwiegenheit bat darauf der Apostolische Delegat in Washington, Cicognani, den Erzbischof von Cincinnati (den er unter den amerikanischen Bischöfen für den maßvollsten hielt), er möge in einem an die Presse zu verteilenden Hirtenbrief darlegen, daß die antikommunistische Enzyklika *Divini Redemptoris* «auf den gegenwärtigen Augenblick eines bewaffneten Konflikts nicht anzuwenden ist».[56]

Wieder einmal zeigte sich in der praktischen Aktion vatikanischer Ostpolitik, daß pragmatische Überlegungen stärker als grundsätzliche auf sie wirkten. Dies freilich nicht ohne gemischte Gefühle und Skrupel – eine Gewissensnot, aus der Pius XII. vor allem nach außen hin mühsam eine Tugend zu machen suchte: die Neutralität.

Zwischenbetrachtung: Die «Unparteilichkeit» Pius' XII.

«An der Piazza Colonna marschierte ein Trupp italienischer Soldaten, die – ausgemergelt und in dünnen Mänteln – zerknitterter Pappe glichen. Eine Frau weinte laut. Das Volk glich einem verhungerten, zusammenbrechenden Pferde… In der Frühmesse in Maria Sopra Minerva sprach mich ein Unbekannter an: ich solle an einer gewissen Stelle zu einer gewissen Stunde auf dem Petersplatz warten. Dort stellte sich der Unbekannte zwischen dem Menschengewoge wieder ein. ‹Entschuldigen Sie, daß ich auf der rechten Seite gehe, und gehen wir rasch. Wir dürfen nicht auffallen.› – Innen, auf den Treppen, fragte ich nun doch. ‹Es gibt Verrat – auch im Vatikan.›»

Eine Momentaufnahme aus Rom, Juni 1941, kurz bevor Hitlers Armeen in der Sowjetunion einfielen. Sie ist aufgezeichnet von dem katholischen Dichter Reinhold Schneider.[57] Der Berliner Bischof Konrad Graf von Preysing, der am 17. Januar 1941 brieflich in Rom angefragt hatte, ob der Papst nicht einen Appell zugunsten der verfolgten Juden erlassen könne, hatte dem Dichter, der Widerstandskreisen nahestand, eine Privataudienz bei Pius XII. vermittelt. Der Dichter war – so schreibt er – von der Begegnung mit dem Papst tief erschüttert: Der Pontifex schien ihm «nur noch Amt» zu sein, durchgeistigt, ins Außergewöhnliche erhoben. «Ein Mensch wie ein Lichtstrahl», den die Trauer beschwerte. «Hinter ihm düsterte die Nacht.»

Aus der literarischen Umschreibung Reinhold Schneiders und aus anderen Infor-

mationen erfährt man, daß der Dichter es wagte, Widerspruch gegen die Haltung des
Papstes anzumelden; Hoffnung auch auf einen «Wandel von innen» auszusprechen;
daß er den «fast vernichtenden» innerkirchlichen Widerspruch zwischen dem Petrus-
amt und der Freiheit, zwischen Gehorsam und Gewissen zur Sprache brachte. Und
was antwortete der Papst? Er blickte empor: «Aber die Macht!»

Reinhold Schneider mied nach dieser Audienz bis an sein Lebensende die «Ewige
Stadt». Zwei Jahrzehnte nach ihm gelangte ein anderer Dichter und Moralist, der
Protestant Rolf Hochhuth, nicht viel weiter als bis Grottaferrata, wo der seltsame
Alois Hudal seine verbitterten letzten Jahre verbrachte – jener Bischof, der von einer
Versöhnung der Hitlerbewegung mit der Kirche einmal die Rettung vor Bolschewi-
ken, Juden und Liberalen erhofft hatte, der dann Juden vor ihren Mördern, später
Mörder vor ihren Richtern retten half, indem er für sie Rot-Kreuz-Pässe besorgte...
Nur wenn er über den Pacelli-Papst sprach, der ihn einst angeregt, dann wieder fal-
lengelassen hatte, kam Hudal die «caritas» etwas abhanden... Und so entstand Rolf
Hochhuths *Stellvertreter*;[58] das Bild eines eisigen Skeptikers, eines Papstes, der sich –
eins mit der Institution, die er verkörpert – nicht mehr den Luxus von Gefühlen
erlaubt, sondern nur kalt und nüchtern, mit selbstbewußtem Hochmut politisch kalkuliert: Hitlers Verbrechen dürfen nicht verurteilt werden, damit Deutschland für
den Westen «verhandlungswürdig» bleibt, damit die Front gegen den Osten nicht
zusammenbricht...

Der moralische Aufschrei des Hochhuth-Schauspiels hat Anfang der sechziger
Jahre als heilsamer Schock auf die Selbstbesinnung der Papstkirche gewirkt; Archive
in Deutschland und im Vatikan wurden geöffnet. Nach der strahlenden Pacellilegen-
de, die Hochhuth zerstören half, kann heute auch seine finstere als überwunden gelten. Dieser Papst, der sich nach außen zuweilen als übermenschliches Orakel stilisier-
te, war durch die politische Welt, in der er lebte, durch diesen «furchtbarsten und
verwickeltsten aller Kriege» – wie er ihn nannte – tief verunsichert, verängstigt, entmutigt.

Die überdurchschnittliche Intelligenz Pius' XII., die auch zum Filter seines Gott-
vertrauens wurde, ließ ihn das moralisch-politische Dilemma, in dem er steckte,
durchaus erkennen – auch wenn es ihm, umgeben von wirklichkeitsfernem Prunk
und byzantinischer Verehrung, ein eher theoretisch-abstraktes als ein blutiges Problem war.

An den Erzbischof Frings in Köln schrieb er:

> «...Die *übermenschlichen* Anstrengungen, deren es bedarf, um den Heiligen Stuhl *über
> den Parteien* zu halten, und die *schier unentwirrbare Verschmelzung* von politischen und
> weltanschaulichen Strömungen, von Gewalt und Recht (im gegenwärtigen Konflikt un-
> vergleichlich mehr als im letzten Weltkrieg), so daß es oft *schmerzvoll schwer ist, zu ent-
> scheiden*, ob Zurückhaltung und vorsichtiges Schweigen oder offenes Reden und starkes
> Handeln geboten sind: all das quält Uns *noch bitterer* als die Gefahren für Ruhe und
> Sicherheit im *eigenen* Hause...»[59]

Die Kirchenräson, die – ähnlich der Staatsräson – mehr dem Selbsterhaltungstrieb als den Befehlen eines individuellen Gewissens unterliegt, erlaubte es diesem Priesterdiplomaten, einen Ausweg zu suchen, der seiner beruflichen Begabung entsprach: Sein Ziel, das er «keinen Augenblick und in keiner Unserer Handlungen» aus dem Auge ließ, war, «*die Unparteilichkeit* des Heiligen Stuhls unversehrt zu wahren»[60] – eine Art angstvoll bewahrter Jungfräulichkeit inmitten zerrissener Geister und Leiber...

So begegnete Reinhold Schneider im Juni 1941 dem Papst: einer schillernden Lichtgestalt, die sich in den auf apokalyptische Visionen eingestimmten Augen des frommen, historisierenden Literaten zu einer christlichen Erscheinung verdichtete – gerade in ihrem erschütternden Widerspruch. Dem Berliner Bischof, von dem Reinhold Schneider an den Papst empfohlen worden war, schrieb Pius XII. am 30. September (Hitlers Armeen näherten sich gerade Moskau), daß «die allgemeine politische Lage in ihrer schwierigen und oft widerspruchsvollen Eigenart dem Oberhaupt der Gesamtkirche in seinen öffentlichen Kundgebungen pflichtgemäße Zurückhaltung auferlegt».[61]

Im Jahre 1940, als Hitler nur im Westen Krieg führte, störte es den Papst nicht, wenn seine Verhaltensnorm, «von der Uns keine Rücksicht irgendwelcher Art abbringen wird», als *Neutralität* bezeichnet wurde.[62] Zweieinhalb Jahre später, am Tage, an dem die Deutschen die Schlacht von Stalingrad verloren hatten, zog er den Ausdruck *Unparteilichkeit* vor, denn «Neutralität könnte im Sinne passiver Gleichgültigkeit verstanden werden, die dem Oberhaupt der Kirche einem solchen Geschehen gegenüber nicht anstünde. Unparteilichkeit besagt für Uns, Beurteilung der Dinge nach Wahrheit und Gerechtigkeit, wobei Wir aber, wenn es sich um öffentliche Kundgebungen Unsererseits handelt, der Lage der Kirche in den einzelnen Ländern alle nur mögliche Rücksicht angedeihen ließen, um den Katholiken dortselbst vermeidbare Schwierigkeiten zu ersparen...»[63]

Am 12. Mai 1942 wurde der Papst zum erstenmal über das System der *Massen*-Tötung (*uccisioni in massa*) von Juden aus Deutschland, Polen und der Ukraine unterrichtet.[64] Ende August 1942 schrieb ihm Erzbischof Scheptyckyj aus Lemberg, das deutsche Regime sei schlimmer als das bolschewistische; die Zahl der ermordeten Juden habe allein in der Ukraine 100000 überschritten.[65]

Am 18. September 1942 notierte der Staatssekretariats-Substitut Montini, der spätere Paul VI., nach einem Gespräch mit Graf Malvezzi, der als Beamter der italienischen Staats-Holding IRI im besetzten Osten gewesen war: Die Ermordung der Juden habe «abscheuliche und erschreckende Ausmaße und Formen angenommen».

Am 27. September überreicht der amerikanische Sonderbotschafter Taylor einen entsprechenden Bericht der Genfer jüdischen Palästina-Agentur. «Ich glaube, wir haben keine Informationen, die diese schwerwiegenden Nachrichten bestätigen. Oder?» fragt Kardinal Maglione. «Doch, es gibt die von Graf Malvezzi», antwortet Montini.[66]

Am 6. Oktober weist der Papst Monsignore Montini an, er möge als Antwort an die Amerikaner eine kurze Notiz vorbereiten, in der es heißt, «daß der Heilige Stuhl Nachrichten über eine strenge Behandlung der Juden erhielt, doch die Genauigkeit all dieser Nachrichten nicht überprüfen kann».[67]

Am 7. Oktober berichtet Pater Pirro Scavizzi, der als Militärgeistlicher einen Lazarettzug des Malteserordens mehrmals in den besetzten Osten begleitet hat, dem Vatikan: «Die Ausrottung der Juden durch Massentötungen ist fast total, ohne Rücksicht auf Kinder, nicht einmal auf Säuglinge…» Scavizzi hat 1964 erklärt, daß er dem Papst auch mündlich über die Verbrechen berichtet hat. «Ich sah ihn weinen wie ein Kind…»[68]

Am 10. Oktober überreicht Kardinal Maglione dem amerikanischen Geschäftsträger die vom Papst angeordnete Note mit der Bemerkung, der Heilige Stuhl wisse nichts Nachprüfbares, er nutze alle seine Möglichkeiten, «um die Leiden der Nichtarier zu mildern».[69]

Am 30. April 1943 nennt Pius XII. in einem Brief an den Bischof von Berlin den Grund seines Schweigens: *«Ad maiora mala vitanda»* – um größere Übel zu vermeiden. «Was Uns seit Jahr und Tag an Unmenschlichkeiten zu Ohren kommt, die ganz und gar außerhalb der ernsthaften Kriegsnotwendigkeiten liegen, wirkt nachgerade *lähmend* und schaudererregend.» Nur die «Flucht ins Gebet» gebe die Kraft, solchen Eindrücken «seelisch zu widerstehen». Nie sei der ehrliche Wille der Päpste, «in weittragenden und erschütternden Auseinandersetzungen unter den Mächten dieser Erde *allen* mit voller Unparteilichkeit zu begegnen, gleichzeitig aber auch die Belange der heiligen Kirche sorgsam zu wahren», einer solchen Belastungsprobe ausgesetzt gewesen wie jetzt.[70]

Die Verpflichtung, «sich in weltliche Machtkämpfe zwischen anderen Staaten nicht einzumischen», hatte der Vatikan 1929 im Lateranvertrag (Art. 24) übernommen. Entband sie ihn von jeder konkreten Äußerung auch dann, wenn der unmoralische Charakter bestimmter «Kampfhandlungen» der Mächte nur allzu deutlich war? Seit die Vatikanischen Archive aus dem Weltkrieg geöffnet wurden, kann die Meinung, es sei vorwiegend das antikommunistische antisowjetische Motiv gewesen, das den Papst zum Schweigen veranlaßt hat, als widerlegt gelten. Er hat zum Beispiel auch geschwiegen, als die Anti-Hitler-Koalition den Bombenterror gegen die Zivilbevölkerung zur systematischen Kriegswaffe entwickelte, als die Deutschen Norwegen angriffen, Dänemark besetzten, Jugoslawien überfielen, als die Sowjets die baltischen Staaten liquidierten, die Amerikaner Island besetzten, die Japaner aus heiterem Himmel Pearl Harbor attackierten.

«Ich fürchte, die Geschichte wird dem Heiligen Stuhl vorzuwerfen haben, er habe eine Politik der Bequemlichkeit für sich selbst verfolgt, und nicht viel mehr», schrieb Kardinal Tisserant, der Präfekt der Ostkirchen-Kongregation, schon im Juni 1940 in einem Privatbrief,[71] und er fügte hinzu: «Das ist äußerst traurig, vor allem wenn man unter Pius XI. gelebt hat… Unsere Oberen (*nos governants*) wollen die Natur des wahren Konflikts nicht begreifen, und sie bestehen hartnäckig darauf, sich einzubilden, es handle sich um einen Krieg wie in alten Zeiten...»

Doch auch als Pius XII. die «Natur des wahren Konflikts» deutlich, ja tief beunruhigt und erschreckend vor Augen hatte, hielt er sich zurück. Nicht aus Bequemlichkeit; die Position, die er mühsam und verkrampft zu halten suchte, während er bald zum antisowjetischen, bald zum antinazistischen Kreuzzugssegen aufgefordert wurde, war alles andere als bequem. Einfacher wäre es gewesen, sich auf die Seite des mutmaßlichen Siegers zu schlagen. Auch dabei konnte man sich allerdings schwer irren, wie die mehrmalige Wende des Kriegsglücks zeigte.

Auch wer nicht handelt, nicht Stellung bezieht, ist nicht gegen Irrtum gefeit. Vielleicht duldete der Papst eben deshalb während der ganzen Dauer des Zweiten Weltkriegs, daß Publikationsorgane, die der Kurie mehr oder weniger nahestanden, mit denen sie sich identifizieren, von denen sie sich aber auch distanzieren konnte, eine offenere, manchmal harte Sprache führten. Manche Nachkriegsautoren, die noch *vor* der vatikanischen Aktenveröffentlichung die Kritik an der päpstlichen «Unparteilichkeit» zurechtrücken wollten, stützten sich darauf.[72] So konnten harte antisowjetische und antifaschistische Urteile aus dem *Osservatore Romano* zitiert werden, die zum großen Teil aus eigener Initiative eines der Redakteure, des späteren langjährigen christdemokratischen Justizministers Italiens, Professor Guido Gonella, stammten. Der Vizedirektor des Blattes, Federico Alessandrini (in den siebziger Jahren Pressesprecher des Vatikans), attackierte unter dem Pseudonym *Rhenano* – in der Maske eines deutschen Mitarbeiters – die Nationalsozialisten. Und Radio Vatikan verteilte unter der Oberregie des Jesuitengenerals immer wieder so heftige Hiebe nach allen Seiten, daß der Papst – wie wir heute wissen – mehrmals zu bremsen für nötig fand.

Wie problematisch selbst solche nichtamtlichen Äußerungen blieben, zeigt ein Beispiel, das uns nach dieser Zwischenbetrachtung wieder unmittelbar zum Thema Ostpolitik zurückführt. Anfang 1941 hat der Weihbischof von Kaunas mehrmals auf direktem Postweg und auch auf vertraulichem Wege über die Berliner Nuntiatur darum gebeten, der Vatikansender

«...möge seine Samstagssendungen in litauischer Sprache einstellen; sie bringen uns nur Unglück und nützen nichts... Vor allem bitten wir, keine antibolschewistische Propaganda (Vorträge über Marxismus, Leninismus, Anekdoten usw.) in litauischer Sprache zu senden... Solche Sendungen reizen nur die staatlichen Behörden hier und schaden der schon bedrängten Kirche in Litauen sehr... Diese ‹Informationen› sind letztlich von der wahren, genauen Wirklichkeit sehr weit entfernt. Was wir erwarten, sind Meldungen aus der katholischen Welt, Erläuterungen der katholischen Lehre... Das, was bei uns geschieht, wissen wir...»[73]

Hitler läßt Rom in Rußland nicht «ernten»

Es war gerade eine Woche vergangen, seit die deutschen Armeen die Sowjetunion angegriffen hatten, unterstützt auch von slowakischen, ungarischen, rumänischen Divisionen und bald auch von einem italienischen Armeekorps, da notierte am 29. Juni 1941 Tardini im Vatikanischen Staatssekretariat:

> «Für den Heiligen Stuhl und für das Wohl der Seelen wäre es nicht nur notwendig, sondern dringend, daß jemand nach Rußland fährt, in die baltischen Länder und in die Ukraine. Wenn die Deutschen dort einmal endgültig eingedrungen sind, wird es unmöglich sein, daß sich in diese Gegenden ein Abgesandter des Heiligen Stuhls begeben kann. Deshalb ist es fast der einzige Weg, die italienischen (oder ungarischen) Truppen, die nach Osten marschieren, zu benutzen… Man muß sehr schnell machen, um keine Möglichkeit zu verlieren, die sich heute öffnet und die es vielleicht in Kürze schon nicht mehr gibt.»

Fünf Tage später sind die Vorbereitungen unter der Überschrift «Apostolat in Rußland» schon in vollem Gang. Kardinal Tisserant von der Ostkirchen-Kongregation und Jesuitengeneral Ledóchowski sind alarmiert. Man ist dabei, geeignete Priester auszusuchen und – unter Mitwirkung auch des Kapuziner- und Basilianergenerals – einen «Aktionsplan» auszuarbeiten. Der Papst selbst schaltet sich am 4. Juli ein; Ledóchowski gibt nach einem Gespräch mit ihm zu Protokoll, daß man «sehr vorsichtig sein muß, um nicht den Eindruck einer Verbindung der Priesterentsendung mit dem Einmarsch der Armee zu erwecken und um das patriotische Gefühl der Russen nicht zu verletzen.»[74]

Hatte der Vatikan also doch die Absicht, den Kriegsspuren Hitlers zu folgen? Im Westen tauchte sogar das Gerücht auf, der Vatikan habe ein «Geheimabkommen» dieser Art mit den Deutschen geschlossen; Kardinalstaatssekretär Maglione konnte dies schon im März 1942 gegenüber der britischen Regierung guten Gewissens dementieren.[75] Auch die heute vorliegenden deutschen Akten zeigen eindeutig, wie recht Monsignore Tardini hatte, als er von vornherein keine Hoffnung auf ein Entgegenkommen der Deutschen setzte.

Hitler war kein «Kreuzfahrer», und der Vatikan dachte nicht daran, Hitlers angeblichen «Kreuzzug» zu unterstützen. Aber dem stets pragmatischen Denken der Kurie und der Kirchenräson entsprach es, zumindest die Gelegenheit zu nutzen: Es wäre doch «ein Akt der Gerechtigkeit», wenn man zwanzig katholische Geistliche aus dem Baltikum ins besetzte sowjetische Gebiet einreisen ließe, nachdem doch dort ebenso viele orthodoxe zugelassen worden seien, gab Nuntius Orsenigo in Berlin dem Staatssekretär von Weizsäcker so eindringlich zu bedenken, daß dieser Erkundigungen im «Reichsministerium für die besetzten Ostgebiete» einzog.[76]

Dort kam er gerade an die «richtige» Adresse, denn Chef dieses neuen Ministeriums war – Alfred Rosenberg, der entschiedenste Feind des Christentums unter den nationalsozialistischen Spitzenfunktionären. Seine Ernennung hatte bereits im Vatikan «Bestürzung hervorgerufen», wie Botschafter Bergen berichtete.[77]

Schon am 16. Juli hatte Hitler bei einer Konferenz, an der auch Rosenberg teilnahm, festgelegt, daß «eine missionarische Tätigkeit [der Kirche] überhaupt nicht in Frage kommt»;[78] heftig hatte er gegen Franz von Papen gewettert, seinen ehemaligen Vizekanzler und Konkordatsunterzeichner, der (als Botschafter in Ankara in engem Kontakt mit dem dortigen Nuntius Roncalli, dem späteren Papst Johannes XXIII.) für eine Öffnung der katholischen Kirchen in der besetzten Sowjetunion plädiert hatte. Fünf Tage später wußte der Chef des Reichssicherheits-Hauptamts, Reinhard Heydrich, von einem «großangelegten» Plan des «deutschfeindlichen Kurienkardinals Tisserant» zu berichten. Heydrich hatte etwas davon erfahren, daß man den italienischen und anderen Verbündeten Feldgeistliche mit besonderem Auftrag mitgeben wollte:

«Diese Geistlichen sollen einerseits im besetzten russischen Gebiet den Boden für die vatikanische Arbeit vorbereiten, andererseits aber gleichzeitig das Gelände erforschen, um weitere Pläne für die vatikanische Auslandsarbeit ausarbeiten zu können.» Das langfristige Ziel sei, Deutschland mit katholischen Nationen einzukreisen und von Rußland aus «eine spätere Angriffsfront gegen den germanischen Raum vorzubereiten».[79]

So phantasievoll-grotesk die Schlußfolgerungen waren, so genaue Angaben hatte der deutsche Geheimdienst doch offenbar von einem Agenten im Vatikan über dessen Pläne erhalten. Mit einer ganzen Serie von Befehlen im August, September und November 1941 untersagte das Oberkommando der Wehrmacht den Feldgeistlichen «jegliche kirchliche Amtshandlungen oder religiöse Propaganda gegenüber der Zivilbevölkerung» und dieser sogar die Teilnahme an Feldgottesdiensten. Man müsse darauf achten, daß von den italienischen, ungarischen und slowakischen Militärkaplänen «nicht dieser oder jener katholische Geistliche im Lande hängenbleibt.» Die Gefahr sei, so hatte es im Memorandum des Reichssicherheits-Hauptamts geheißen, daß die Katholisierung Rußlands «auf eine Polonisierung hinausläuft» (!) und daß der Vatikan «im russischen Raum, der mit deutschem Blut erkämpft wird, zum eigentlichen Kriegsgewinnler wird».

Immerhin, soviel ideologische Hysterie war nicht ganz ohne Anlaß. Das Auswärtige Amt in Berlin erfuhr durch einen Referenten des Rosenberg-Ministeriums: «Vorübergehend hätten orthodoxe und katholische Geistliche mit *Genehmigung von Wehrmachtsstellen, die jedoch nicht zuständig gewesen seien*, in das besetzte russische Gebiet einreisen können. Auf Veranlassung des Ostministeriums seien diese Geistlichen wieder abgeschoben worden.» Das eigentliche Motiv dafür sei, daß «die Katholiken das frühere russische Gebiet nicht als Neuland bearbeiten sollen», doch sei es angebracht, dem Päpstlichen Nuntius «nicht den wirklichen Grund zu erkennen zu geben».[80] Diesem wurde vielmehr eingeredet, der Vatikan dürfe nur deshalb keine «Früchte ernten», weil er den antibolschewistischen Krieg nicht billige.[81]

Was aus dem «Tisserant-Plan» unter all diesen Umständen werden konnte, kann man sich vorstellen. Der Kardinal, der – als ehemaliger Offizier – bis an sein Lebensende eigenwillige Bravourritte liebte, hat nach eigenen späteren Angaben (gegenüber dem Historiker Graham SJ) im ganzen nur *acht* Priester des östlichen Ritus in die besetzten Sowjetgebiete entsenden können, und zwar getarnt als zivile «Dolmetscher» der italienischen Rußlandarmee. Nur fünf von ihnen sind wahrscheinlich überhaupt tätig geworden, doch auch sie konnten es nicht wagen, öffentlich auch nur die Messe zu lesen. Die uniformierten italienischen Armeegeistlichen wurden bald den gleichen Verboten unterworfen wie die deutschen. Sie mußten sich damit begnügen, vereinzelt fromme Bildchen zu verteilen, die auf russisch und ukrainisch im Auftrag des Vatikans gedruckt und auch den italienischen Soldaten mitgegeben worden waren.

Gewissen Erfolg hatte nur der rumänische Monsignore *Markus Glaser*, ein geborener Rußlanddeutscher, der rumänischer Staatsbürger war. Der rumänische Diktator Antonescu erlaubte ihm auf Bitte des Bukarester Nuntius, sich in der alten katholischen Kirche in Odessa niederzulassen. (Er starb 1950, nach Verhören durch rumänische Stalinisten, in einem Gefängnis in Jassy.) Natürlich hofften auch die Überlebenden der vatikanischen Ostpolitik der zwanziger und dreißiger Jahre aus ihrem baltischen Exil wieder in die Sowjetunion zu gelangen: Die Bischöfe *Sloskans* und *Matulionis* versuchten es Ende 1941 auf Anregung des Wilnaer Erzbischofs Jałbrzykowski, dem der Vatikan die kirchliche Jurisdiktion für Weißrußland übertragen hatte. Aber: «In der Praxis werden nur orthodoxe Geistliche (*sacerdotes schismatici*) dorthin gelassen. Im vergangenen Jahr wurden viele Priester, die ich in die Gegend von Minsk, Mogilew, Witebsk und Smolensk sandte, von der deutschen Zivilverwaltung wieder entfernt. In Minsk selbst gibt es über 17 000 Katholiken, in der Umgebung über 50 000... Zwei Geistliche, die dort tätig waren, wurden aus politischen Gründen an einen mir unbekannten Ort deportiert... Besser ist die Lage der Katholiken, die über dem Dźwina-Fluß leben, wo die Verwaltung nicht in zivilen, sondern in militärischen Händen liegt... Ein Beispiel ist der Jesuitenpater *Mirski*, der seinen Sitz bei der St.-Josefat-Kirche in Połock im Gebäude jenes Jesuitenkollegs hat, das die Orthodoxen mehr als hundert Jahre besetzt hatten... Von August bis Dezember 1941 wurden 6892 Personen getauft, 114 Ehen geschlossen und 39 Personen nach Vorbereitung vom Schisma der wahren Kirche zugeführt...»[82]

So heißt es in einem Bericht, den Jałbrzykowski am 14. Februar 1942 aus Wilna an den Kardinalstaatssekretär Maglione schrieb. Als der Brief viereinhalb Monate später auf Umwegen in Rom eintraf, war der eifrige polnische Erzbischof schon aus Wilna in ein Dorf verbannt. Den unbequemen Bischof Sloskans schoben die deutschen Behörden in ein Kloster nach Bayern ab. Matulionis wurde mit einem litauischen Bistum betraut und gelangte erst wieder in die Sowjetunion, als ihn die Stalinisten nach ihrer Rückkehr 1946 für zehn Jahre nach Sibirien schickten...

Erzbischof Scheptyckyj, der ukrainisch-katholische Metropolit, teilte im August 1941 dem Papst aus Lemberg mit, daß «wir die deutsche Armee, die uns vom bolschewistischen Regime befreite, unterstützen werden, bis diese den Krieg zu einem guten

Ende führt, das – Gott gebe es – ein für allemal den atheistischen und militanten Kommunismus überwindet». Doch bald mußte auch er feststellen, daß er bei den «Befreiern» auf keine Gegenliebe stieß. Schon im November deutete er an, daß «die Prüfungen noch lange nicht beendet sind» und daß die Möglichkeiten, «die getrennten Brüder der Großukraine in die Einheit der Kirche zu führen... fast Null» seien. Immerhin, wieder einmal glommen im Umkreis des Lemberger unierten Metropoliten die Funken der alten Missionshoffnungen auf. Sein bischöflicher Koadjutor Slipyj, den der Vatikan nur widerstrebend und provisorisch als «Exarchen der Großukraine» bestätigt hatte, schrieb am 12. April 1942 an Kardinal Tisserant nach Rom, die Verhältnisse in der Ukraine seien zwar überaus schwierig (*nimis difficiles*), dennoch sei es ihm gelungen, in Kiew zwei Pfarrpriester einzusetzen; er selbst versuche nach Kiew zu gelangen. Er gab es bald auf. Der «Exarch für Weißrußland», der Jesuit Antonin Niemancewycz, wurde schon bei seiner Ankunft in Minsk von der deutschen Polizei verhaftet und bald darauf erschossen. Gescheitert ist auch der Versuch Nicolas Czarneckyjs, des «Exarchen von Wolhynien», dorthin zu gelangen. Und Erzbischof Scheptyckyj mußte in einem Brief (vom 29./31. August 1942), der zu den erschütterndsten Dokumenten katholischer Kirchengeschichte gehört, dem Papst eingestehen, wie schrecklich er sich getäuscht hatte:

> «Heute ist sich das ganze Land einig, daß das deutsche Regime in einem vielleicht höheren Grade als das bolschewistische Übel, ja fast teuflisch ist. Seit einem halben Jahr ist kein Tag vergangen, an dem nicht die scheußlichsten Verbrechen begangen werden. Die Juden sind die ersten Opfer... Man setzt das bolschewistische Regime fort, verbreitet und vertieft es... Die Dorfbewohner werden wie Kolonialneger behandelt... Es ist einfach so, als ob eine Bande von Wahnsinnigen oder tollwütigen Wölfen sich auf das arme Volk stürzen würde... Man braucht viel freiwillig geopfertes Blut, um das durch diese Verbrechen vergossene zu sühnen. Eure Heiligkeit hat mir vor drei Jahren die Gnade eines Apostolischen Segens verweigert, durch den Sie mich zum Tode für das Heil meiner Diözese weihen sollten... Ich habe nicht darauf bestanden... Ich glaube, ich habe die beste und vielleicht einzige Gelegenheit dazu unter den Bolschewisten verloren... Diese drei Jahre haben mich gelehrt, daß ich eines solchen Todes nicht würdig bin...»[83]

Noch war der Lemberger Metropolit, der mit zitternder Hand diese Zeilen schrieb, nicht am Ende seines wechselvollen Lebens; doch in den zuletzt zitierten Dokumenten spiegelt sich etwas vom letzten Akt einer Tragödie, die unter der stolzen Überschrift «Missionierung Rußlands» 1917 mit der Illusion begonnen hatte, Lenins Revolution würde irgendwie einen Boden für die römische Kirche bereiten. Jetzt ging sie dem Ende entgegen – mit der Zerstörung einer anderen Illusion: Hitlers Raubkriegspolitik könnte Raum für religiöse Bekehrungen und Erneuerungen schaffen.

Stalin braucht die Religion – nicht Rom?

Schon am gleichen Tage, an dem die deutschen Armeen die Sowjetunion angriffen, wurden im Ural die beiden Jesuiten Nestrow und Ciszek (ein Russe und ein amerikanischer Pole) verhaftet. Sie hatten sich im Auftrag Scheptyckyjs mit falschen Namen und Papieren 1940 in Lemberg als Waldarbeiter anwerben lassen, um weit nach Rußland zu gelangen. Ihre Hoffnung, irgendwie seelsorglich arbeiten zu können, wurde bitter enttäuscht. Und nun saßen sie im Moskauer Lubianka-Gefängnis (gegenüber der St.-Ludwigs-Kirche), wo ihnen niemand glauben wollte, daß sie keine «deutschen Spione» waren. Und als der sowjetische NKWD sie endlich als «Spione des Vatikans» entlarvt zu haben glaubte, weil sie in der Tat geheime Seelsorge und Mission hatten betreiben wollen,[84] war die von Hitler bedrängte Kremlführung bereits dabei, ihrem neuen amerikanischen Verbündeten etwas einzureden, wovon dieser auch den Vatikan zu überzeugen suchte: Es herrsche in der Sowjetunion Religionsfreiheit, auch für Katholiken.

Wie sah es tatsächlich auf der anderen Seite der Kriegsfront im Osten aus? Mit einer Liste von schlichten Tatsachen hatte der Vatikan dem amerikanischen Sonderbotschafter Taylor am 20. September 1941 dargelegt, daß – entgegen den optimistischen Annahmen Präsident Roosevelts – die «antireligiöse Haltung der Bolschewiken bis vor wenigen Wochen» angedauert habe; es gebe in der ganzen Sowjetunion nur zwei geöffnete katholische Kirchen, in Leningrad und in Moskau, von denen letztere – obwohl sie gegenüber der Polizeizentrale liege – «innerhalb weniger Monate fünfmal durch nächtliche Diebstähle und gotteslästerliche Profanationen entweiht worden» sei.[85]

Taylor bat darauf seinen Kollegen Averell Harriman, der Ende September in Moskau eine Woche lang mit Stalin und Molotow über die amerikanische Kriegshilfe verhandelte, er möge eine Änderung der sowjetischen Religionspolitik herbeiführen (*to bring about a modification*). Harriman bemühte sich. «Alle stimmten wenigstens durch Kopfnicken zu», berichtete er telegrafisch an Roosevelt. Sowjetbotschafter Umanski habe sogar versichert, man werde die Restriktionen der Kultfreiheit «mildern». Umanskis weitere Zusage einer offiziellen Geste in dieser Richtung wurde eingehalten: Der Moskauer Regierungssprecher Salomon Abramowitsch Losowski stimmte am 4. Oktober Roosevelts Meinung zu, daß «das religiöse Element» in und außerhalb der Sowjetunion Bedeutung für die Widerstandskraft des Landes habe. Ein nicht gerade marxistisches Eingeständnis. Dennoch fuhr Harriman mit dem Eindruck aus Moskau ab, «daß die Sowjets uns mit Worten abspeisen... ohne jedoch ihre gegenwärtigen Praktiken wirklich zu ändern». Beim Abendessen im Kreml hatte Molotow den Botschafter vertraulich gefragt, ob Roosevelt als intelligenter Mensch wirklich so fromm sei... Aus Stalins Trinkspruch, in dem er sprichwörtlich «Gottes Hilfe» zitierte, zog allerdings niemand solchen Schluß...[86]

Harriman sprach vor seiner Abreise aus Moskau mit Pater Leopold Braun, dem amerikanischen Pfarrer von St. Ludwig; zwei Briefe, die ihm Braun mitgab (vom 3. und 5. Oktober 1941), wurden dem Vatikan aus Washington übermittelt. (Ihr Text ist erst 1978 aus dem Nachlaß Botschafter Taylors bekanntgeworden.) Braun notierte nach Jahren der nahezu totalen Unterdrückung erste Anzeichen einer «psychologischen Wende», wenn auch nur aus kriegsbedingtem Opportunismus, und schloß:

> «Ist das nicht der Augenblick zum Handeln? Um das Eisen zu schmieden, solange es heiß ist? Was ich im Sinn habe, ist der Vorschlag, über einen ‹modus vivendi› zwischen der Kirche und dieser Regierung zu verhandeln.»[87]

Braun, der immerhin seit acht Jahren in Moskau die Augen offenhielt, schildert in seinen (bisher unveröffentlichten, im Archiv seines Ordens in New York liegenden) Erinnerungen, warum er die Gelegenheit für günstig hielt: Manche orthodoxe Kirchen wurden geöffnet; den Deutschen warf die Sowjetpresse jetzt auch vor, «religiöse Denkmäler» zu zerstören; die Zeitschriften des Gottlosenverbandes (*Besboschnik, Antireligiosnik und Atheist*) stellten ihr Erscheinen ein; die *Prawda* erwähnte plötzlich unpolemisch religiöse Vorgänge; die Privatresidenz des deutschen Botschafters wurde dem Moskauer Metropoliten überlassen – sein Aufruf zum Widerstand, den die Russen enthusiastisch befolgten, hatte Stalin offensichtlich beeindruckt. Überhaupt schob sich jetzt das Nationale, Patriotische immer stärker vor das Marxistisch-Leninistische, und zwar in einem solchen Maße, daß der amerikanische Sonderbotschafter Taylor ein Jahr später den Vatikan überzeugen zu können glaubte, der Kommunismus sei überhaupt im Verschwinden («*communism, as such, is passing*»).[88]

Solcher Täuschung gab sich Pater Braun nicht hin, er sah durchaus das Opportunistische im Verhalten der Sowjets, aber er erkannte jetzt einen Vorgang, der schon lange Jahre – im Grund seit Stalins Sieg über Trotzki – begonnen hatte: die Entwicklung der Sowjetunion von der weltrevolutionären, internationalistischen zur «national-kommunistischen» russischen Großmacht. Und darin sah Pater Leopold Braun zumindest «eine günstige Chance» für den Vatikan, um direkte Schritte bei der Sowjetregierung zu unternehmen, einen neuen Versuch zu einem *modus vivendi* für die Katholiken.

Ob Stalins veränderte Haltung, seine kriegsbedingte Wende zur russischen Tradition, wirklich für den Vatikan einen Ansatzpunkt bot, war fraglich; denn die orthodoxe Kirche, die dadurch etwas Atemluft bekam, verstand sich nach wie vor als «antirömisch». Konnte Stalin also ein Interesse daran haben, sie mit «Katholischem» zu schrecken? Aber nicht diese Überlegung hielt den Vatikan zurück. Pius XII. und seine Kuriendiplomaten erkannten überhaupt nicht die Veränderung, und sie weigerten sich, ihre Tragweite auch nur zu testen. Pater Braun hatte dazu geraten, aber Monsignore Tardini schrieb das nur einem «nationalistischen Gefühl» des amerikanischen Geistlichen zu und seufzte in einer Aktennotiz:

> «Es ist ein Unglück, wenn die Missionare sich in politische Fragen einmischen!»[89]

So konnte auch der französische Dominikaner *Michel Florent*, der sich Mitte Dezember 1941 als «Vertreter General de Gaulles» in Moskau niederlassen wollte, auf wenig Verständnis rechnen. Er hatte seine Pfarrei in Leningrad verlassen müssen, als sich die Deutschen näherten. Jetzt hielt ihn der Vatikan von der Rückkehr in die Sowjetunion ab: «Die Guten werden Anstoß daran nehmen, einen Priester bei Stalin akkreditiert zu sehen; die Gegner Moskaus werden die Schuld dem Hl. Stuhl geben und ihn die Konsequenzen tragen lassen», befürchte Monsignore Tardini.[90] Später, im Juli 1942, bot sich die Vertretung des «Freien Frankreich» in Moskau dazu an, eine Annäherung zwischen dem Vatikan und dem Kreml zu vermitteln. Gab es dazu etwa von sowjetischer Seite eine Anregung?

Noch Jahrzehnte nach dem Zweiten Weltkrieg geisterte ein angeblicher «Brief Stalins an den Papst» durch manche Geschichtsbücher. Der Kremlherrscher habe Pius XII. Zusicherungen für die katholische Kirche gegeben und die Aufnahme von Beziehungen vorgeschlagen. Die Nachricht war am 3. März 1942 zum erstenmal von der italienischen Nachrichtenagentur «Urbe» (einem Anhängsel der staatlichen Agentur «Stefani») in die Welt gesetzt worden. Begierig griff sie die angelsächsische Presse auf (um Stalins guten Willen zu demonstrieren), aber auch die deutsche Presse (um den Papst ins Zwielicht zu bringen). Immerhin wurde die Kirche der unierten Katholiken in Kiew, die vor Ostern von den deutschen Besatzungsbehörden geschlossen worden war, auf Grund des «Stalinbriefs an den Papst» wieder geöffnet.[91]

Die Sowjets selbst schwiegen, der Vatikan dementierte nach allen Seiten und war – wie die internen Dokumente heute zeigen[92] – überzeugt, daß die Falschmeldung mit der Absicht lanciert worden war, die Kurie aus ihrer Reserve herauszulocken. Aber von wem? So gegensätzlich die Motive, so unterschiedlich konnten die Urheber sein. Ganz auszuschließen ist nicht einmal, daß jemand im Vatikan selbst das Gerücht der römischen Agentur zuspielte – sei es, um das Staatssekretariat zum Dementi zu veranlassen und die Sowjets von einem Schritt dieser Art abzuhalten, sei es mit der Absicht, Moskau einen Wink zu geben, daß eine sowjetische Initiative erwartet wurde.

Wie immer die Spekulation aussah, die dahintersteckte, der Vorgang paßte ins aktuelle Bild des Jahres 1942: Mußten die westlichen Alliierten nicht brennend an einem solchen Schritt Stalins interessiert sein? – Es gibt bis heute keine Hinweise darauf, daß sie ihn unmittelbar zu etwas Derartigem aufgefordert hätten. Stalin selbst, bedrängt von Hitlers Offensive, die im Sommer 1942 die Deutschen bis Stalingrad und zum Kaukasus verstoßen ließ, konnte nur *einen* Grund haben, Fühler zum Vatikan auszustrecken: Er war dabei, die katholischen Polen, die er 1939/40 in Gefangenenlager gesteckt oder hinter den Ural deportiert hatte, nun als Hilfsdivision auszurüsten. Der polnische Armeebischof Gawlina, der im Westen saß, rüstete sich im Frühjahr 1942 zu einer Reise in die Sowjetunion, um diese Truppen zu besuchen. (Von diesem seltsamen Ereignis wird im nächsten Kapitel zu berichten sein.)

«Der Vatikan wird von der sowjetischen Führung geschätzt wegen seiner moralischen Kraft», meinte Professor Stanisław Kot, ein polnischer Kulturhistoriker, der als

Botschafter der Londoner Exilregierung ein Jahr in Moskau zugebracht hatte. Auf der Rückreise begegnete er Anfang August 1942 in Teheran dem Apostolischen Delegaten Marina und teilte ihm diese Beurteilung wörtlich mit.[93] Kot gab auch den Rat: «Ich selbst nehme an, daß der Augenblick für eine Annäherung günstig wäre... Und wenn Sie mich fragen ‹wozu›, da es doch keine religiöse Freiheit gibt und der Priester praktisch am Rande der Gesellschaft leben muß, dann sage ich: Sie haben recht, aber die Mission der Kirche vollzieht sich oft unter größeren Schwierigkeiten, und wenn die Vertreter des Vatikans sich wirklich der Innenpolitik fernhalten (Stalin duldet nicht, daß sich irgend jemand in die inneren Angelegenheiten des Landes einmischt), dann wird man einen guten Schritt zum Wohle vieler Katholiken tun können, die dort leben...»

Ob Kots Bemerkungen auf sowjetische Sondierungsabsichten zurückgingen, läßt sich nicht sicher feststellen. Zur gleichen Zeit, im Sommer 1942, berichtete jedenfalls auch der Apostolische Delegat in Syrien, Leprêtre, die Sowjets hätten der französischen Vertretung (de Gaulles) in Moskau zu verstehen gegeben, es läge ihnen an einer Verständigung mit dem Vatikan. Der Moskauer Missionschef der Franzosen, Roger Garreau, bot sich sogar als Vermittler an. Für die römische Kurie war das – bei aller Skepsis – immerhin nachdenkenswert. Zum erstenmal entwarf Unterstaatssekretär Tardini eine Art Konzept. In einer Aktennotiz für den Papst schrieb er am 8. August 1942: Nach einer so langen Zeit der Verfolgung, der «fast völligen Zerstörung» des Katholizismus und «der immer wiederholten Bekräftigung des Atheismus als Grundprinzip des Kommunismus» wäre es vor allem anderen unerläßlich, «in der Praxis festzustellen, *wie* die religiöse Freiheit wirklich von der russischen Regierung respektiert und geschützt wird. Wenn eine solche entsprechende Testzeit (*periodo di esperimento*) verstrichen ist, könnte der Heilige Stuhl in Kenntnis der Sache seine Haltung entscheiden. Natürlich müßte eine solche Entscheidung – in sich selbst wie auch von außen betrachtet – allein durch übergeordnete religiöse Interessen motiviert sein und erscheinen, jedoch nicht durch politische Vorteile oder Gunsterweise.»[94]

Ganz ausgeschlossen war also ein *modus vivendi* mit Moskau nicht – und dies entsprach der Kontinuität vatikanischer Ostpolitik. Aber nicht die sowjetische *Bereitschaft* zu Zugeständnissen sollte getestet werden (wie es Pater Braun angeregt hatte), sondern der Test sollte darin bestehen, daß die Sowjets zuerst einmal *Beweise* guten Willens erbringen sollten – «Vorleistungen» würde man heute sagen. Freilich, dem übervorsichtigen Papst schien es geraten, sogar diese sehr reservierten Gedankengänge dem Apostolischen Delegaten in Syrien zur Weiterleitung nach Moskau nicht genau mitzuteilen; er ordnete an, ihm nur eine verkürzte Fassung als Direktive zuzusenden.

So war also ein Übereinkommen des Vatikans mit der sowjetischen Seite an der russischen Front sowenig in Sicht wie mit der deutschen. Aber auch hier lag es nicht nur an der betulichen «Überparteilichkeit» Pius' XII., sondern am Fehlen eines bereitwilligen, wohlgesinnten Partners. Oder war man in Moskau doch geneigt?

7. Aus Furcht vor Stalins Sieg kein Dialog 1944–1949

«Päpstliche Divisionen» und ein Priester bei Stalin

«Der Papst! Der Papst! Wie viele Divisionen hat er?» soll Stalin schon in den dreißiger Jahren einen französischen Regierungschef gefragt haben, und 1945 bei der Konferenz von Jalta wiederholte er die ironische Frage, die wohl zu seinen Lieblingssprüchen gehörte. 1942 jedoch, als die Deutschen 130 Kilometer vor Moskau standen, vom Don zur Wolga vorzustoßen begannen und die Sowjetunion sich nichts sehnlicher wünschte, als eine westalliierte «zweite Front» im Rücken Hitlers, da gab es in der Sowjetunion fast so etwas wie «päpstliche Divisionen»: Jene polnischen des Generals Władysław Anders, denen Stalin nicht nur 32 katholische Militärpfarrer, sondern sogar den Besuch eines mit päpstlichen Aufträgen und Vollmachten ausgestatteten bischöflichen Visitators zugestand:

Am 28. April 1942 betrat zum erstenmal seit Michel d'Herbignys letzter Moskaureise wieder ein katholischer Bischof die sowjetische Hauptstadt. Es war *Józef Gawlina*, der polnische Feldbischof, der aus London über Teheran angereist war. Einige Tage verbrachte er bei Pater Leopold Braun, dem einzigen katholischen Pfarrer Moskaus, dann informierte er sich in Kujbyschew (wohin die Regierungsstellen ausgewichen waren) über die Lage und ließ sich im Sommer für einige Monate in Jangi-Jul bei Taschkent nieder.[1]

Hier, in der usbekischen Hauptstadt, hatte der polnische General Anders seit bald einem Jahr sein Hauptquartier aufgeschlagen. Er war Anfang August 1941, wenige Tage nachdem der polnische Exilministerpräsident General Sikorski in London mit den Sowjets ein Abkommen unterzeichnet hatte, aus der Moskauer Lubianka entlassen und vom Gefangenen zum Verbündeten Stalins gemacht worden. General Sikorski hatte mit dieser schnellen, durch Hitlers Überfall auf Rußland möglich gewordenen Schwenkung für sein Land etwas kaum mehr Erhofftes erreicht: Nicht nur Zehntausende Kriegsgefangene wurden frei, auch fast 1,5 Millionen Polen, die in zwei großen Aktionen – 1939 und 1941 – aus Ostpolen in die Weiten der Sowjetunion zwangsdeportiert worden waren und in Straf- oder Arbeitslagern festgehalten wurden, durften nun aufatmen.[2] General Anders sollte sechs Divisionen mit fast 100000 Mann aufstellen, die er an der Seite der Sowjets einzusetzen versprach. Als sich Anders Anfang Dezember 1941 in Teheran mit Sikorski traf, benutzte der Päpstliche Delegat Marina die Gelegenheit, um sich auch nach der Militärseelsorge zu erkundigen.[3]

«Das machen wir ganz wie zu Hause», antwortete General Anders.

«Haben Sie das mit den sowjetischen Behörden vereinbart?» fragte Monsignore Marina.

«Das war nicht einmal nötig; niemand hat das je in Frage gestellt. Im übrigen, wir kämpfen zwar mit den Russen, aber bei uns ist alles polnisch: Sprache, Organisation, Religion; wir können unsere Religion in voller Freiheit und Unabhängigkeit ausüben. Es kommt sogar nicht selten vor, daß ich am Sonntag einen höheren russischen Offizier bei mir habe und mich für eine halbe Stunde entschuldigen muß, weil ich mit meinen Soldaten die Pflicht eines guten Christen erfülle; rücksichtsvoll gehen dann auch meine Gäste mit zur Messe…»

Bischof Gawlina, der am 7. Juni 1942 im Hauptquartier von Anders eintraf, kam mit der festen Absicht, auch die zivile Seelsorge für die polnischen Katholiken in der Sowjetunion zu regeln und zu sichern. Er brachte 50 Feldaltäre, 572 Bibeln, 53 500 Kreuze, 784 000 Heiligenbildchen und viel Geld mit.

Für die Polen war freilich zu diesem Zeitpunkt alles schon schwieriger geworden. Während die Sowjets ihren möglichst schnellen Einsatz an der zurückweichenden Front wünschten, hielt General Anders seine Armee in der Etappe mit der Begründung, die Aufstellung sei noch nicht abgeschlossen und er wolle seine Soldaten nur als einheitliches Armeekorps, nicht einzeln an verschiedenen Frontabschnitten einsetzen. Wahrscheinlich war das eher ein Vorwand; die Stimmung in der Anders-Armee war aus Kampfeslust gegen die Deutschen und Schadenfreude über die sowjetischen Niederlagen gemischt. Stalin, der die Polen nun auf geringere Verpflegungsrationen setzte (so wie die nichtkämpfenden Rotarmisten), sah am Ende gar nicht mehr so ungern, daß sich die unbequemen Verbündeten über Persien an die westliche Front gegen Hitler absetzen wollten. Schon im März verließen 44 000 Polen die Sowjetunion – viele von einem «wilden Haß» erfüllt, so berichtete der Päpstliche Delegat in Teheran, der ihnen begegnete.

Bischof Gawlina konnte gleichwohl am 1. Juli 1942 dem Kardinalstaatssekretär nach Rom berichten, daß es fürs erste gelungen sei, etwa die Hälfte der polnischen Priester aus sowjetischen Gefängnissen zu befreien, 107 von ihnen stünden der Familienseelsorge zur Verfügung. Man werde auch sie wahrscheinlich als Militärgeistliche deklarieren müssen. Einige seien bereit, auch nach dem Abzug der polnischen Armee als Priester in Rußland zu bleiben – «sub omni conditione» (unter jeder Bedingung).[4]

Der Bischof, der fast einen Monat lang zwischen Jangi-Jul und Samarkand umherreiste, spendete nicht nur 1100 Soldaten, sondern auch 1496 Kindern das Firmungssakrament. Er sah mit Staunen, daß es für die zwangsverschickten Polen sogar in der Sowjetunion jetzt Schulen mit Religionsunterricht gab, doch sein Fazit, das er – lateinisch – nach Rom schickte, war dies:

> «Nichtsdestoweniger ist die religiöse Lage so, wie sie dem Heiligen Stuhl erscheint (*talis qualem videt S. Sedis*). Die Orthodoxen erbitten von unseren Priestern die Taufe, die ihnen unsere Feldkapläne verweigern, damit nicht die religiöse Arbeit für die Katholiken

ganz unterbunden wird… Zur Beleuchtung der Lage möchte ich hinzufügen: NKWD-Beamte fragten mich, ob ich Jesuit sei und ob ich nur im Glauben oder auch in politischen Fragen dem Heiligen Vater verpflichtet sei. In der Stadt Kermin begrüßte mich ein Major des NKWD während eines Essens mit unseren Offizieren, indem er eine längere Ansprache hielt – aber vorher das Fenster schloß. Dennoch gab es am nächsten Tag unter den Einwohnern von Kermin viele Kommentare darüber, daß er mich mit ‹Wasze Preswiaszczenstwo› [Eure Durchlaucht] tituliert hatte. In anderen Orten verhielten sich die NKWD-Beamten korrekt, aber reserviert… Auf NKWD-Fragen, wann ich abzureisen gedächte, gebe ich nicht allzu klare Antworten. Ich will nämlich auch die Zivilbevölkerung aufsuchen, die weit außerhalb der Militärgebiete lebt.»

Nicht einen Augenblick scheint Gawlina daran gedacht zu haben, mit den Sowjets zu verhandeln. Der einzige vatikanische Auftrag, den er hatte und der solche Kontakte erforderlich gemacht hätte, betraf die Frage nach den italienischen und deutschen Kriegsgefangenen. Der Nuntius in Teheran, der Gawlina diese Instruktion überbrachte, bedauerte, daß er selbst nichts unternehmen könne, da er «keinerlei Beziehung zur sowjetischen Botschaft» habe; der polnische Gesandte, der seine sowjetischen Kollegen kenne, habe ihn jedoch entmutigt: «Lieber Monsignore, machen Sie sich keine Illusionen… Die Russen wissen selbst nicht, wie viele Gefangene sie haben…»

Der Apostolische Delegat in der Türkei, Angelo Roncalli (der spätere Papst Johannes XXIII.) ließ sich schon damals nicht davon abhalten, Kontakt «mit Leuten von beiden Ufern» zu suchen, in der Hoffnung, «daß mein kleines Schiffchen sich zwischen den gegensätzlichen Strömungen hält». Er besuchte am 22. März 1943 den sowjetischen Konsul Nikolas Iwanow in Istanbul und schlug ihm einen Austausch von Gefangenenlisten vor; der polnische Gesandte hatte den Kontakt vermittelt.[5] Aber schon einen Monat später schwand alle Hoffnung auf solche Verbindung. Die Entdeckung von Massengräbern in Katyn (bei Smolensk), wo Tausende von polnischen Offizieren, die 1939 in sowjetische Gefangenschaft geraten waren, ermordet wurden, führte zum Abbruch der Beziehungen zwischen der Londoner Exilregierung Polens und Moskaus. Was Bischof Gawlina zu installieren versucht hatte und was für die polnische Zivilbevölkerung im sowjetischen Usbekistan auch erstaunlich frei möglich gewesen war, brach jetzt zusammen: Nach dem Abzug der Anders-Armee fielen die Seelsorgemöglichkeiten auf den «normalen» Stand in Sowjetrußland zurück.

«Wir haben jetzt den Kampf gegen die Bolschewisten begonnen, und wir hoffen, daß wir den Vatikan an unserer Seite haben.» Diesen Ausspruch des polnischen Exilministerpräsidenten General Sikorski vom 16. Juni 1943 berichtete der Apostolische Delegat in Bagdad.[6] Sikorski war in den Irak geflogen, um die aus der Sowjetunion abgezogenen polnischen Truppen im Nahen Osten zu beruhigen und einsatzfähig zu machen. Nach dem «Fall Katyn» fürchteten sie, zum Sieg der Sowjets beizutragen, wenn sie gegen die Deutschen kämpfen würden. Sikorski war sogar gewarnt worden, daß er, der im Juni 1941 das polnisch-sowjetische Bündnis geschlossen hatte, unter seinen Landsleuten seines Lebens nicht sicher sein könne. Politisch war er auch jetzt noch überzeugt, daß Polen letztlich nicht *gegen* den Willen der Sowjetunion wieder-erstehen könne, denn Hitlers Niederlage war seit der Schlacht von Stalingrad nahezu sicher geworden. War also Sikorskis Bemerkung zum Delegaten des Vatikans eher eine taktische? Der Delegat antwortete auf den antisowjetischen Ausbruch Sikorskis ausweichend und sagte nur «moralisch Hilfe» zu.

Zweieinhalb Wochen später war Sikorski tot. Unter nie ganz geklärten Umständen stürzte sein Flugzeug auf der Rückreise vom Nahen Osten über Gibraltar ab. Kurz darauf, am 15. Juli 1943, wurden die westlichen Korrespondenten in Moskau in einen Fichtenwald am Ufer der Oka gebeten, wo 12 000 polnische Soldaten, frisch ausge-rüstet mit nationalen Uniformen und sowjetischen Waffen, vereidigt werden sollten: die «Kościuszko»-Division. Stalin hatte endlich «seine» Polen. Kommandeur war ein Oberst, der nicht mit der Anders-Armee abgezogen war, Zygmunt Berling. Politisch gab eine temperamentvolle Dame, Wanda Wasilewska, vom kommunistisch geführ-ten Moskauer «Bund polnischer Patrioten» den Ton an. Die beiden mißtrauten ein-ander, weil die Vorstellung eines sowjetfreundlichen, aber freien Polen, die der Oberst ehrlich hegte, für die Kommunistin nur Taktik war. Einig war man sich darüber, daß ohne Katholisches das Polnische nicht darzustellen war:

So begann die Vereidigungszeremonie zum Erstaunen aller fremden Gäste mit ei-ner feierlichen Messe unter freiem Himmel. Niemand wußte, daß Franciszek Kubsz, der junge polnische Priester, der sie zelebrierte, von sowjetischen Partisanen aus ei-nem Dorfpfarrhaus in Ostpolen entführt worden war. Zu seiner eigenen Überra-schung tat man ihm nichts zuleide, sondern beförderte ihn zum – polnischen Haupt-mann, wie es sich für einen Feldkaplan gehörte. Pfarrer Kubsz war es, der den Soldaten den Eid vorsprach, in dem sie für die Befreiung Polens zu kämpfen und – dem sowjetischen Verbündeten Treue zu halten versprachen...[7]

Vergebens hatte Alexander Serow (Spezialist für «Kirchliches» im sowjetischen Innenministerium) den Jesuiten Walter Ciszek, der in der Moskauer Lubianka gefan-gen saß, bearbeitet, er möge als Feldgeistlicher zur «Kościuszko»-Division gehen. Als Pole, Amerikaner und «Spion des Vatikans» hätte er – dachten die Sowjets – vielleicht die nötigen Verbindungen herstellen können... Aber Ciszek, mehr redlich als schlau, lehnte sogar das verlockende Angebot ab, nach «Rom zu gehen und ein Konkordat zwischen dem Papst und der Sowjetunion zu arrangieren». Das Funkgerät, das man ihm mitgeben wollte, machte ihn mißtrauisch...[8]

War Stalin überhaupt an einem ernsthaften Kontakt mit dem Vatikan interessiert? Je mehr sich seine Armeen 1943/44 Polen näherten, desto dringender stellte sich die Frage nach der Zukunft dieses katholischen Landes, das – darüber konnte in Moskau kein Zweifel herrschen – vom Vatikan stets als «Bollwerk» gegen den andersgläubi-gen oder ungläubigen Osten betrachtet worden war. Seinem nüchternen politischen Kalkül folgend, aber auch mit Rücksicht auf seine westlichen Verbündeten, hatte Stalin allen Grund, die «polnische Frage» vorsichtig anzupacken. Entschlossen, nie mehr ein sowjetfeindliches Polen zu dulden, mußte er versuchen, den Katholizismus zu «neutralisieren», ohne den Vatikan, der ohnehin nicht ansprechbar sein würde, zu engagieren. Deshalb wandte er sich *nicht*, wie es nahegelegen hätte, an Pater Leopold Braun, den einzigen wirklichen, wenn auch inoffiziellen Repräsentanten des Vatikans in Moskau, sondern er benutzte, nachdem Pater Ciszek sich geweigert hatte, einen anderen polnisch-amerikanischen Geistlichen, den ihm ein Zufall anbot:

Die Moskauer trauten ihren Augen nicht, als sie am 28. April 1944 die *Prawda* aufschlugen; da sah man ein Foto von Stalin und Molotow zusammen mit einem katholischen Priester, dem Pfarrer *Stanisław* Orlemański aus Springfield/Massachu-setts (USA), der gekommen sei, «um die Probleme der Polen und der polnischen Armee in der Sowjetunion zu studieren». Am Abend des gleichen Tages ließ sich der biedere Gemeindegeistliche von Radio Moskau interviewen: Er habe in Stalin nicht nur einen Freund gefunden, er müsse auch die «historische Feststellung machen, daß – wie die Zukunft zeigen wird – Stalin ein Freund der römisch-katholischen Kirche ist». Selbst wohlwollende Beobachter – wie etwa der britische BBC-Korrespondent in Moskau – hatten den Eindruck, daß Orlemański «entweder ein Einfaltspinsel oder ein Witzbold» war – im letzteren Fall jemand, der dem Kreml einen Schabernack spielte...[9]

In Wirklichkeit meinte es Orlemański ernst; der biedere Kleriker, dessen drei Brü-der auch katholische Pfarrer waren, war ganz arglos. Er hatte beim sowjetischen Generalkonsulat in New York ein Einreisevisum beantragt, um «die Religionsfrage in Polen» zu studieren. Darauf hatte Stalin ihn eingeladen, um mit ihm «über die Kirchenverfolgung in aller Welt» zu diskutieren. Am 17. April 1944 war Orlemański mit Zustimmung des amerikanischen Außenministers Cordell Hull über Alaska und Sibirien nach Moskau geflogen und hatte zweimal über zwei Stunden lang mit Stalin gesprochen. In einem Brief an Stalin hatte Roosevelt am 28. März die Ankunft Or-lemańskis als «privater Bürger» angekündigt – der Priester reiste also durchaus im Einverständnis mit dem Präsidenten. Und Stalin dankte sogar in einem Brief vom 6. Mai 1944 seinem «lieben Freund» Roosevelt für die Entsendung des Besuchers. Er hatte guten Grund, zufrieden zu sein, denn – kaum zurückgekehrt – gab Orlemański am 12. Mai in Detroit eine Pressekonferenz und erzählte, wie «offen und demokra-tisch» ihm Stalin begegnet sei. Er habe «von Mann zu Mann» mit dem Kremlherr-scher geredet und ihm klargemacht, daß die wichtigste Gegenwartsfrage die der Re-ligion sei. Darauf habe Stalin mit einer Frage geantwortet:

«Wie würden Sie dabei verfahren? Was würden Sie tun?»

Orlemański: «Meinen Sie, daß eine Zusammenarbeit mit dem Heiligen Vater, Papst Pius XII., beim Kampf gegen Unterdrückung und Verfolgung der katholischen Kir-che möglich ist?»

Stalin: «Ich glaube, daß das möglich ist.»

Orlemański: «Halten Sie es für zulässig, daß die Sowjetregierung eine Politik des Zwangs und der Verfolgung gegenüber der katholischen Kirche betreibt?»

Stalin: «Als ein Verteidiger der Gewissens- und Kultfreiheit betrachte ich eine solche Politik für unzulässig und ausgeschlossen.»

Überraschend schnell griff die *Prawda* am 14. Mai die Zitate Orlemańskis auf und quittierte auf diese Weise seine Aussagen. Aber auch das half dem armen Pfarrer aus Massachusetts nicht, im Gegenteil: Sein Bischof, Thomas O'Leary in Springfield, suspendierte ihn vom Pfarramt, verbannte ihn zur Buße in ein Kloster und dokumentierte so vor aller Welt, daß Stalin seine Zeit an einen Außenseiter verschwendet hatte. Aber der Kremlherrscher, dem durchaus andere vertrauliche und diplomatische Kanäle zur Verfügung standen, hatte ganz bewußt das propagandistisch wirksame, aber letztlich unverbindliche Gespräch mit dem ahnungslosen Pfarrer aus Amerika vorgezogen.

Stalin mußte nämlich Rücksichten nehmen; seit 1942 unterstützte ihn im «Großen Vaterländischen Krieg» die russisch-orthodoxe Kirche, der er 1943 erlaubt hatte, einen Patriarchen zu wählen. Dem Moskauer Patriarchat war nicht verborgen geblieben, welche – vom Vatikan geduldete – missionarische Ambitionen der Lemberger Metropolit Scheptyckyj verfolgte, der nun mit Furcht wieder die Rote Armee nahen sah.[10] Stalin war zwar nicht abgeneigt – und konnte es sich auch leisten –, der katholischen Kirche des *lateinischen* Ritus in Polen und im Baltikum gewisse Zugeständnisse in Aussicht zu stellen. In der Westukraine waren nach der sowjetischen Wiedereroberung sogar einige Kirchen des lateinischen Ritus geöffnet worden, und die Deutschen hatten, als sie das merkten, z.B. noch zwei Wochen bevor sie Minsk wieder den Sowjets überlassen mußten, dort noch einen polnischen katholischen Priester zugelassen.[11] Aber das Schicksal der katholischen *Ost*kirche des slawischen Ritus war schon besiegelt. Denn womit konnte Stalin die Kriegstreue der orthodoxen Kirche besser (und für ihn selbst billiger!) belohnen, als indem er ihr die Rückkehr der an Rom verlorenen Söhne in der Ukraine und in Weißrußland in Aussicht stellte? – Auch für Stalin, den «abgesprungenen» Seminaristen, galt die alte traditionelle Gleichung: katholisch = polnisch – und nichts anderes.

Daß jedoch der Vatikan nicht über die geplante Liquidierung der unierten Kirche in Osteuropa (die mit der Verschiebung des polnischen Staatsgebietes nach Westen einhergehen würde) verhandeln konnte, war dem Kreml ebenso klar, wie er auch längst erkannt hatte, daß der Papst die große Allianz gegen Hitler nicht gerade für eine «heilige» hielt. Die vatikanische Außenpolitik habe sich, weil sie den Faschismus unterstütze, den «Haß der italienischen Massen» zugezogen, schrieb die Moskauer *Iswestija* am 1. Februar 1944. Und im April – dem Monat der Orlemański–Reise! – erteilte die Zeitung des Moskauer Patriarchats dem Papst auch die theologische Absage: Die geistige Ehe zwischen Christus und seiner Kirche bedürfe keines vermittelnden Stellvertreters auf Erden…[12]

«Die Sowjets schonen – mit Rücksicht auf die Deutschen»

Als himmelblauer, reich bebilderter Prachtband von 457 Seiten erschien im August 1942 in Moskau ein Buch unter dem Titel «Die Wahrheit über die Religion in Rußland»;[13] als Herausgeber des in 50000 Exemplaren verbreiteten Bandes zeichnete das Moskauer Patriarchat. Im Vorwort schrieb der Metropolit Sergius, «nicht Verfolgung, sondern eher eine Rückkehr zur Zeit der Apostel» sei der Kirche in den 25 Jahren der Sowjetherrschaft beschieden gewesen.

Pater Braun berichtete dem Vatikan aus Moskau, daß das Buch ursprünglich in einem antireligiösen Verlagshaus hätte erscheinen sollen, dann aber im letzten Augenblick dem Patriarchat überlassen worden sei.[14] Es war – so stellte man im Vatikan fest – die erste Publikation der orthodoxen Kirche seit 1936 ihr armseliger Synodalkalender sein Erscheinen hatte einstellen müssen. Und es war das spektakulärste Zeichen dafür, daß Stalin sich entschlossen hatte, als Teil der nationalrussischen Tradition auch die Kirche zu seinem Verbündeten zu machen. So günstig sich das auf die Widerstandskraft der Sowjetunion gegen Hitlers immer noch vorrückende Armeen auswirkte, so guten Eindruck machte es im Westen, vor allem in Amerika – aber nicht im Vatikan.

Die «besondere Art», in der Stalin jetzt sich zum Protektor der alten Orthodoxie aufschwinge und zugleich den Panslawismus beschwöre, wecke auch «das traditionelle Mißtrauen gegen die Katholiken», berichtete aus Moskau Pater Braun, der gleichwohl einen Verständigungsversuch befürwortete. Aber die Vorstellung, daß es «jetzt einen Ansatz gebe, um Rußland mehr und mehr in die Weltfamilie der Nationen zurückzubringen», wie Präsident Roosevelts Sonderbotschafter Taylor bei seinem zweiten Besuch im Vatikan Ende September 1942 klarmachen wollte, stieß in der römischen Kurie auf tiefe Skepsis. Die Illusion der Amerikaner sei es, zu glauben, daß eine siegreiche kommunistische Regierung sich nach dem Krieg «wie ein zahmes Lamm» benehmen werde, notierte Monsignore Tardini. «Ich sagte das Taylor: Wenn Stalin den Krieg gewinnt, wird er der Löwe sein, der ganz Europa verschlingt…»[15]

Freilich, danach sieht es im September 1942 nicht gerade aus; noch stehen Hitlers Armeen im Kaukasus, bei Stalingrad. Botschafter Taylor versucht im Vatikan auch klarzumachen, daß Stalin den Krieg nie *allein* gewinnen wird, daß Amerika stärker denn je in Europa bleiben, die Dinge mit ordnen würde. Doch Tardini sieht bei den Amerikanern nur Unkenntnis, Naivität und «Nationalismus» am Werke… Im November 1942 allerdings zeichnet sich die Wende des Krieges ab: die deutsche Stalingradarmee ist eingeschlossen. Und jetzt scheint es dem Vatikan, daß sich seine schlimmsten Befürchtungen bestätigen könnten.

In der Weihnachtsbotschaft Pius' XII. von 1942 taucht plötzlich wieder das ominöse Wort «Kreuzzug» auf, ja es wird zu ihrem Zentralgedanken: Der Papst ruft auf zu einem «heiligen Kreuzzug für die Läuterung und Erneuerung der Gesellschaft», er spricht von «freiwilligen Kreuzrittern», die der «Finsternis der Gottesferne» den Kampf ansagen sollen. Das korrigierte Maschinenmanuskript dieser Papstansprache, das uns vielleicht hätte Deutungshinweise geben können, existiert im Vatikanarchiv nicht mehr[16] (Pius XII. ließ es wohl mit anderen wichtigen Notizen durch den Prälaten Kaas verbrennen). Natürlich benutzt der Papst das Wort «Kreuzzug» ohne aktuellen politischen oder gar militärischen Bezug, doch nicht von ungefähr findet sich in dieser Botschaft auch die Erinnerung, daß «die Kirche aus religiösen Motiven stets die verschiedenen Systeme des marxistischen Sozialismus verurteilt hat». Also doch eine Ermunterung der bei Stalingrad in Bedrängnis geratenen Deutschen?

Botschafter von Bergen versuchte das kurz darauf beim Neujahrsempfang im Vatikan herauszufinden: Er sprach den Papst auf die «weltgeschichtliche Bedeutung des deutschen Heldenkampfes im Osten», auf die «Lächerlichkeit der Stalinschen Verkündung der Religionsfreiheit» an, aber der Papst sagte dazu kein Wort; erst als er auf eine etwaige Bedrohung seiner eigenen Person angesprochen wurde, ließ er sich aus der Reserve herauslocken.

«Ausdrückliche Billigung sprach der Papst zu der Feststellung aus, die ich unter Anspielung auf das bekannte Freskogemälde in den Stanzen, Raffaels ‹Zurückweisung Attilas durch Papst Leo den Großen›, machte, daß Horden Stalins sicherlich nicht wie die Reiter Attilas an Rom vorbeiziehen, sondern weder die Peterskirche noch die Vatikanstadt verschonen würden…», so telegrafierte Bergen nach Berlin.[17]

Beim amerikanischen Vertreter rühmte sich der Papst hingegen, daß er nun doch auch etwas gegen die Nationalsozialisten gesagt habe. In der gleichen Weihnachtsbotschaft 1942 wagte es Pius in der Tat, davon zu sprechen, daß «Hunderttausende ohne wahre eigene Schuld, nur wegen ihrer Nationalität oder Abstammung dem Tode oder einem fortschreitenden Dahinsiechen überantwortet sind». Beim Namen nannte er die Verantwortlichen nicht – so wenig wie er sich, trotz seiner Besorgnis, in den folgenden Monaten dazu überreden ließ, etwas gegen die Sowjets öffentlich zu sagen.

Eine Woche nach der Kapitulation der deutschen Stalingradarmee, am 10. Februar 1943, rief der schweizerische Außenminister Pilet-Golaz den Nuntius in Bern zu sich, um ihm die Gefahr einer «Bekehrung Deutschlands zum Kommunismus» und der «Bolschewisierung Europas» auszumalen; die Neutralen, auch der Papst, müßten nun eilig versuchen, Frieden zu stiften. – «Der Heilige Stuhl wartet ab und achtet auf das, was geschieht…», notierte Monsignore Tardini an den Rand des Dokuments.[18]

Inzwischen war auch ein dramatischer Brief des ungarischen Ministerpräsidenten Miklos Kállay vom 24. Februar 1943 beim Papst eingetroffen. Kállay, der vergeblich versuchte, sein Land vom Bündnis mit Hitler zu lösen und noch rechtzeitig ins westliche Lager zu retten, sah ebenfalls die Gefahr einer «Russisch-Deutschen Kommunistischen Union», wenn der Bolschewismus über das «vom Kriege proletarisierte nationalsozialistische Deutschland hinwegbrandet». Seitenlang zitierte Kállay alle päpstlichen Äußerungen gegen den Kommunismus seit 1846, um Pius XII. zu überreden, er möge «geruhen, den Kampf gegen den Kommunismus fortzusetzen und…

seinen allmächtigen [!?] Einfluß geltend zu machen, damit der Kommunismus… wenigstens an den Grenzen der christlichen Staaten aufgehalten wird…» Kállay erinnerte sogar an die Erfahrungen, die Pacelli 1919 in München gemacht habe, mit dem – wie er meinte – «wahren Gesicht des Kommunismus». Der Papst ließ sich aber auch dadurch nicht zu einer Änderung seiner Haltung bewegen. Die Antwort, die er selbst am 7. März dem ungarischen Gesandten mündlich gab, ist vom Kardinalstaatssekretär Maglione aufgezeichnet worden. Sie enthält mit einer fast erschreckenden Deutlichkeit das Grundmotiv Pius' XII.:

> «…1. daß der Hl. Stuhl nicht die Augen schließt vor der bolschewistischen Gefahr… 2. daß er die Verurteilung des Bolschewismus öffentlich nicht erneuern könnte, ohne gleichzeitig von der in Gang befindlichen Verfolgung durch die Taten des Nazismus zu sprechen…»[19]

Hatte also die «Schonung» Hitler-Deutschlands eine Art Vorrang? Etwa aus Vorliebe des Papstes für die Deutschen? Seine Motive enthüllte der Papst, als ihn der ungarische Regierungschef selbst am 3. April 1943 in Rom besuchte. Im Vatikan gibt es darüber keine Aufzeichnung, wohl aber im «Nationalarchiv» in Washington, wo die (von amerikanischen Truppen erbeutete) Niederschrift Kállays nach der Privataudienz aufbewahrt wird (Hung. Coll. T 973/1/1-201; 1153 f.).

> «…Der Papst meint, daß trotz des Sowjetregimes die große Masse des russischen Volkes christlicher geblieben ist als die vergiftete Seele des deutschen Volkes… Deutschland hat in seinem Verhalten jede menschliche Art verloren, es hat totales Mißtrauen auf der Gegenseite erzeugt… Solange diese unmenschliche Tendenz andauert, sieht die Kirche keine Möglichkeit, zwischen den ‹Kriegführenden zu vermitteln›.»

Es gab aber noch ein ganz pragmatisches, sozusagen «moralisch-opportunistisches» Motiv: «Vergessen Sie nicht, daß es im deutschen Heer Millionen von Katholiken gibt!» sagte der Papst zu Eduardo Senatro, dem Berliner Korrespondenten des *Osservatore Romano*, und zog den Schluß: «Soll ich sie in Gewissenskonflikte stürzen? Sie haben einen Eid geleistet; sie schulden Gehorsam.»[20] Solche Katholiken gab es in der Tat in der Sowjetunion nicht, wohl aber unter ihren westlichen Verbündeten. Aus London zum Beispiel ließ sich der katholische Kardinalerzbischof Arthur Hinsley während der Schlacht um Stalingrad vernehmen:

«Nach Anordnung des Papstes beten wir öffentlich jeden Tag für Rußland. [Gemeint war die Anordnung Pius' XI. von 1930 beim ‹Gebetskreuzzug›.] Daß das russische Volk jetzt heroisch sein Land gegen die Schänder verteidigt, vermehrt die Inbrunst unserer Gebete.» Es müsse «jeden Tag für den Bolschewismus gebetet werden», verdrehte der deutsche Rundfunk Hinsleys Worte, und drei deutsche Bischöfe baten den Vatikan dringend um Klärung, da es «große Beunruhigung in katholischen Kreisen» gebe.

Schon hatte der Papst selber zur Feder gegriffen – *propter bonum animarum* (wegen des Wohls der Seelen) –, um die deutschen Katholiken zu besänftigen: Er und sein Vorgänger hätten «*den atheistischen Bolschewismus zu wiederholten Malen in unmißverständlicher Klarheit verworfen*»; ja der Papst berief sich dabei sogar auf seine Weihnachtsbotschaft von 1942. Kaum aber war diese Antwort nach Berlin abgegangen, traf aus Istanbul ein Telegramm des Nuntius Roncalli mit der Mitteilung ein, er habe aus einem Gespräch mit dem Sowjetvertreter gewisse Hoffnungen geschöpft, eine Liste italienischer Kriegsgefangener zu erhalten. Und sofort telegrafierte Pius an den Nuntius in Berlin, er möge den allzu scharfen antisowjetischen Abschnitt der Klarstellung durch folgenden abgeschwächten ersetzen: «Pius XI. und Pius XII. haben die gleiche Liebe und Sorge wie anderen Völkern und Ländern auch dem russischen Volk angedeihen lassen. *Im übrigen ist allen die Doktrin des Heiligen Stuhls über den atheistischen Kommunismus bekannt.*»[21]

So versucht Pius XII. mit allen diplomatischen Finessen, seinen moralisch-politischen Balanceakt zwischen den Fronten des Zweiten Weltkriegs durchzuhalten – als Zeichen gerechter Unparteilichkeit wenigstens nach *außen*. Heute jedoch, da wir aus publizierten Akten viel mehr auch über die *internen* Erwägungen der römischen Kurie wissen, ist deutlich, in welchem Maße diese Haltung nur eine majestätische Fassade ihrer tatsächlichen Ohnmacht, Ratlosigkeit und puren Angst war. – Erinnern wir uns an Monsignore Tardinis offenherzige Hoffnung von 1941, daß Hitler möglichst Stalin zuerst besiegen möge, um dann, möglichst geschwächt, selbst «schlagbar» zu sein. Der Vatikan hat auf diese erhoffte «Reihenfolge» nicht einseitig vertraut; er hat sich für alle Fälle – wie stets – auch nach Osten nicht alle Möglichkeiten verbaut. Doch die Ereignisse seit 1941 haben die stille Hoffnung, wie sie Tardini zu Papier brachte, zerstört: Hitler und nicht Stalin wird der Besiegte des Zweiten Weltkriegs sein; die deutsche Niederlage ist jetzt, 1943, fast mathematisch errechenbar. Aber wird Deutschland der einzige Besiegte bleiben – oder wird sich besagte Reihenfolge nun vielleicht umkehren lassen: Hitler geschlagen, Stalin geschwächt und schlagbar...?

An solche Überlegungen klammern sich manche Leute in Europa, besonders unter den «Neutralen». Der Vatikan gibt sich *dieser* Illusion keinen Augenblick hin. Er überschätzt im Gegenteil eher die Kraft der östlichen Großmacht nach dem ungeheuren Aderlaß. Kardinalstaatssekretär Maglione erklärt dem britischen Botschafter Osborne am 23. März 1943 «privat und als Geschichtsbetrachter» (*a titolo personale come studioso di storia*), daß jetzt

> «...die Gefahr einer russischen Hegemonie in Europa besteht, eine Vorherrschaft so schrecklich wie die deutsche, vielleicht noch mehr... Das bolschewistische Rußland hat politische Expansionsbestrebungen übernommen, die von den Zaren seit Peter dem Großen immer gehegt worden waren... Sie haben ihr ungeheures Land industrialisiert, sie besitzen alle Rohstoffe... Wenn sie die politische und wirtschaftliche Vorherrschaft in Europa gewännen, wäre das Gleichgewicht, das den Engländern in Europa so wertvoll war, zerstört, vielleicht für Jahrhunderte... Im Grunde muß das Britische Reich einen Block der Westmächte wollen, stark genug, um eine deutsche oder russische Hegemonie zu verhindern, ein wiederhergestelltes Frankreich, ein nicht geschwächtes Italien, ein ruhiges Spanien.»[22]

Aus der «Kirchturmperspektive» von St. Peter lassen sich solche Überlegungen leicht anstellen, wenn man – wie der Vatikan – jeder konkreten militärisch-politischen Entscheidung enthoben ist und keinen Krieg gewinnen muß. Aber, so läßt das britische Foreign Office dem Vatikan am 20. April 1943 darlegen, «die Wahl besteht *nicht* (wie uns einige glauben machen wollen) zwischen der Rettung der europäischen Kultur und einem ausschließlich russischen Sieg, zwischen einem christlichen und einem kommunistischen Europa, die Wahl besteht zwischen einer Naziherrschaft über Europa und einem gemeinsamen Sieg der vereinten Nationen... Der Endsieg wird nicht der eines einzelnen Alliierten, sondern aller Alliierter sein... Im übrigen wird Rußland eine lange Zeit des Wiederaufbaus und der Erholung benötigen... Es wird zweifellos große britische und amerikanische Armeen in Europa geben...»

«Es ist wahr..., daß der Kommunismus nicht der *einzige* Sieger wäre», antwortet Monsignore Tardini den Briten in einer Verbalnote vom 30. Mai 1943. «Trotzdem ist es begründet, zu befürchten, daß

a) der Krieg mit einem *vorwiegend* russischen Sieg in Europa enden wird und

b) daß das Ergebnis eine schnelle Verbreitung des Kommunismus in einem großen Teil Kontinentaleuropas und dort die Zerstörung der europäischen Zivilisation und christlichen Kultur sein wird...»

Im Vatikan meint man nämlich, so legt Tardini den Briten dar, daß die Alliierten nach einem Sieg in Europa ihre Hauptkraft zur Beendigung des Krieges im Fernen Osten verwenden werden (die schnelle Niederlage Japans durch den Abwurf der Atombombe von Hiroshima ist 1943 nicht vorhersehbar). Tardini hegt auch allen Ernstes eine Meinung, die sogar über Stalins Hoffnungen hinausgegangen sein dürfte: daß die militärische Widerstandskraft des russischen Volkes «die Arbeitermassen anderer Länder für den Kommunismus einnimmt», daß die Deutschen, Franzosen und Italiener «leichte Beute des Kommunismus sein werden» und daß «alle [?] Slawen natürlich Sympathie für Rußland und [?] den Kommunismus hegen».

Und wenn die Westalliierten alldem entgegenhalten, daß ihre Armeen ja in Europa bleiben werden, «dann muß man sich fragen, ob das der wahre Friede wäre, der nur auf der Furcht beruht, die der eine Verbündete dem anderen einflößt», heißt es ahnungsvoll am Ende der Verbalnote des vatikanischen Unterstaatssekretärs vom 30. Mai 1943. Der britische Geschäftsträger sei – so notierte Tardini später – von dieser Argumentation «betroffen» gewesen: «Er antwortete, daß die bewaffnete Macht Großbritanniens den *gegenseitigen Respekt* erleichtern würde. Ich hätte gerne geantwortet, daß solche Macht die Basis der *Furcht* und nicht des Respekts ist. Aber ich ließ es bleiben...»

Seit dieser vertrauliche Meinungsaustausch des Jahres 1943 aus der vatikanischen Aktenpublikation bekannt ist,[23] kann die lange – vor allem im Osten – verbreitete Legende als widerlegt gelten, die besagt, dem Vatikan sei es darum gegangen, die Westmächte zum militärischen Frontwechsel gegen die Sowjetunion und zur «Vorbereitung eines neuen Krieges» zu bewegen. So primitiv dachte niemand in der römischen Kurie. Trotz mancher Irrtümer seiner Lagebeurteilung sah vielmehr der Vatikan (durchaus richtig, wie wir heute wissen) den kommenden Streit zwischen den Siegern des Zweiten Weltkriegs voraus – und er fürchtete ihn. Und zwar ebensosehr wie das Vordringen des Kommunismus. In seiner Ratlosigkeit wußte der Papst auf diese Lage nur *eine* zwar schöne, aber schillernde Antwort: Frieden.

So wie Pius XII. 1939, als Hitler Stalin zum Komplizen seines Kriegsplans machte, eine Kriegs*verhinderung* – selbst auf Kosten der erpreßten Polen – für die einzige Rettung hielt, so glaubte er jetzt, eine möglichst schnelle Kriegs*beendigung* könnte das allzu weite Vorrücken des sowjetisch-kommunistischen Einflusses in die Mitte Europas vielleicht noch verhindern.

War der Papst also für einen «Sonderfrieden» des Westens mit Hitler-Deutschland und seinen Verbündeten? Seit ihrer Konferenz von Casablanca (Januar 1943) hatten die Westmächte Hitlers Parole vom «totalen Krieg» mit der Entschlossenheit zum «totalen Sieg» beantwortet. Ihre Forderung nach «bedingungsloser Kapitulation», die sich daraus ergab, hielt man im Vatikan für «praktisch unvernünftig», weil sie die Besiegten zu einem verzweifelten Widerstand ermuntere (Tardini).[24] Als Bischof von Rom und als Italiener hatte der Papst verständlicherweise besonderes Interesse, daß Italien, wo den Westalliierten im Sommer 1943 die Landung gelang, weitere Kriegsübel erspart würden. Die Gefahr, den Krieg vor der eigenen Tür zu erleben, ließ den Papst sogar für einen Augenblick aus seiner diplomatischen Reserve heraustreten: Er begünstigte den Sturz Mussolinis und den Frontwechsel Italiens. Die Besetzung Roms durch die Deutschen und die Bombardierung der Stadt durch die Westalliierten brachten ihn jedoch in neue Verlegenheiten und Ängste.

«Bitte, keine Reden!» bittet Tardini den bisherigen Staatssekretär im Berliner Auswärtigen Amt, Freiherrn von Weizsäcker, der am 5. Juli 1943 – anstelle des über zwanzig Jahre amtierenden Diego von Bergen – die deutsche Botschaft beim Vatikan übernimmt. Tardini gibt Weizsäcker den Text einer Rede zurück, die er zur Antrittsaudienz beim Papst halten soll; da ist vom «gigantischen Ringen» der Deutschen gegen den «die ganze Welt mit Zerstörung bedrohenden Bolschewismus» die Rede...[25] Das Privatgespräch mit Weizsäcker führt der Papst «mit einem Unterton von geistlichem Eifer, der nur bei der Behandlung der Bolschewistenbekämpfung in eine Anerkennung gemeinsamer Interessen mit dem Reich überging» – so jedenfalls berichtet der neue Botschafter nach Berlin.[26]

Weizsäcker wußte hinfort immer wieder «Antibolschewistisches» aus dem Vatikan zu berichten, denn auch ihm wurde nun das unterbreitet, was schon der englische Gesandte und der amerikanische Sonderbotschafter zu hören bekommen hatten. Weizsäcker selbst hoffte im stillen auf eine vatikanische Friedensvermittlung: «Wichtig ist mir aber nur, ob die Kurie vor Angst in ihrem Schneckenhaus bleibt oder es endlich einmal verläßt und ihre Stimme gegen die Flut vom Osten erhebt», schreibt er (privat an seine Mutter am 9. Januar 1944) und wünscht, daß der Vatikan aus dem «moralisch-politischen Nebel», in den er sich hülle, heraustrete.[27] Auch in seinen

Berichten nach Berlin suchte Weizsäcker den Gedanken einer vatikanischen Vermittlung schmackhaft zu machen, indem er die Kommunismusfurcht des Vatikans in angebliche Komplimente für «den deutschen Einsatz gegen Sowjetrußland» verpackte.

In Wahrheit lag dem Papst nichts an diesem ohnehin nutzlosen «Einsatz», sondern an der Idee eines «*Verständigungsfriedens*»: Die Anti-Hitler-Koalition sollte die Kriegsschuldfrage und die Wiedergutmachung ausklammern, Deutschland hingegen auf alle Eroberungen verzichten. Daß Hitler für einen solchen Gedanken nicht zu haben war, wußte der Papst genau; er rechnete jedoch damit, daß der «*maior et sanior pars*» (der größere und gesündere) Teil des deutschen Volkes zustimmen werde; so schrieb er an den Breslauer Kardinal Bertram am 6. Januar 1944, strich aber aus Vorsicht den Satz aus dem Briefentwurf.[28] Im Vatikan ahnte man nämlich etwas von der Widerstandsverschwörung, die gegen Hitler im Gang war. Der Papst hat sich in seinen schwachen Hoffnungen offenkundig an eine solche Möglichkeit geklammert, die – so meinte er – Deutschland den totalen Untergang oder eine Auferstehung von Stalins Gnaden ersparen konnte – diesem Deutschland, dem die romantisierende private Zuneigung Pius' XII. galt, das er aber auch als Politiker (übrigens ähnlich wie Stalin und im Unterschied zu Roosevelt!) für eine erhaltenswerte Kraft in der Mitte Europas hielt.[29]

Es war schon äußerst fraglich gewesen, ob die Alliierten einer deutschen Regierung *ohne* Hitler die bedingungslose Kapitulation erspart hätten. Nach dem Scheitern des Attentats auf Hitler am 20. Juli 1944 schwanden die Aussichten (die der Papst ohnehin als «äußerst gering» veranschlagt hatte) ganz dahin. Einen formellen Vermittlungsschritt hätte sich Pius XII. – getreu den Lateranverträgen – ohnehin nur auf Bitten mindestens eines der Kriegsgegner erlauben dürfen. Gab es aber solche Anregung?

Durch die 1974 veröffentlichten privaten Aufzeichnungen Weizsäckers aus seinem Nachlaß ist zum erstenmal Genaueres über einen späten, zaghaften, nachträglich widerrufenen Sondierungsversuch Berlins bekannt geworden:[30]

Reichsaußenminister Ribbentrop weist Weizsäcker im Februar 1945 an, dem Vatikan zur unverbindlichen Weitergabe an die Westalliierten die Idee nahezubringen, diese sollten sich gemeinsam mit Deutschland gegen den Kommunismus wenden: «Versäumt der Westen den Moment, dann Ostoption» – dann werde sich Deutschland freiwillig «bolschewisieren». Obwohl Weizsäcker selbst die Anregung für ein «Angstprodukt» hält, trägt er sie am 1. März 1945 (als die Rote Armee schon die Oder erreicht hat) in Privataudienz dem Papst vor. Anschließend notiert er: Pius XII. nahm «das alles auf und versicherte mich wiederholt seiner Liebe zum deutschen Volk, *ohne anzugeben, ob und was er tun könne*».

Da Weizsäcker ohnehin aus Berlin angewiesen war, den Vorstoß nicht als «Friedensdemarche» oder direkte Vermittlungsbitte erscheinen zu lassen, sah der Papst um so weniger Grund, tätig zu werden; überdies bestünden zwar zwischen den Sowjets und ihren Westalliierten Differenzen, «aber z.Z. nicht tiefgehende, jedenfalls keine solchen über den Kampf gegen Deutschland», sagte Pius XII. zu Weizsäcker. Und Tardini hatte dem Berliner Botschafter schon vorher die Grundsätze des Vatikans klargemacht:

«1. Er könne nichts tun, was verschärfend wirke;

2. er dürfe sich nicht als Förderer politischer oder militärischer Interessen bloß-stellen;

3. er dürfe sich nicht utopistisch gebärden.»

Was also blieb angesichts der unaufhaltsamen Ereignisse für den Vatikan noch zu tun? Nichts als moralische Appelle an die – jetzt ganz sicheren – Sieger: Rufe zum Verzicht auf Haß und Rache, zur Großzügigkeit, zu Schonung der nicht unmittelbar Schuldigen – Rufe, die sich sehr abstrakt ausnahmen im Europa des Jahres 1945…

Man mußte wohl im «elfenbeinernen Turm» des Vatikanpalastes, umgeben von einer scheinbar heilen Welt, die Zeit des Zweiten Weltkriegs verbracht haben, um der Predigt solchen Edelmuts politische Chancen zu geben. Der «Ozean von Blut und Tränen», die «unaussprechlichen Grausamkeiten», das «Bild der Hölle» – diese Wor-te, die der Papst in seiner Weihnachtsansprache von 1944 benutzte, waren aber keine abstrakten Metaphern, es war eine Wirklichkeit, neben der die kommunistische Ge-fahr – trotz all ihrer bekannten Schrecknisse – in den Augen der leidenden Zeitgenos-sen verblassen mußte. (Und eben dies war die Sorge des Vatikans!) Ein deutscher Diktator, niemand sonst, hatte diese Hölle entfesselt, aus deren millionenfach mor-denden Schlünden nun die Überlebenden wankten: Juden, Christen, Kommunisten, Antikommunisten… In diesem Krieg, aus dem sich Stalin hatte heraushalten wollen, um ihn die «Imperialisten» gegeneinander führen zu lassen, hatte die Sowjetunion die schwersten Opfer gebracht: 20 Millionen Tote.

War da im Augenblick des Sieges christliche Milde und Versöhnung zu erwarten – noch dazu, wenn die Aufforderung von einer Seite kam, die, obschon sie sich als höchste moralische Instanz verstand, nie ein offenes Wort gegen die Schuldigen ge-sprochen hatte?

Der Vorhang fällt in Osteuropa – noch nicht eisern

Im vollen Ornat, den wallenden Bart von weißen Chrysanthemen umgeben, lag der tote Erzbischof Andreas Graf Scheptyckyj in dem Sarg, den die Priester aus der St.-Georgs-Kathedrale in Lemberg (Lwów) trugen. Die galizische Metropole mit ihrem ukrainisch-polnisch-jüdisch-österreichischen Kolorit, diese Stadt, die so vieles erlitten und so wenig von dem verstanden hatte, was über sie hinweggegangen war, ehrte an diesem 5. November 1944 den Mann, in dessen Leben und Wirken sich ihr ganzes unglückliches Schicksal spiegelte.

Eine plötzliche Erkrankung an Masern, an der der Achtzigjährige vier Tage vorher starb, hat ihm die letzte Bitternis erspart. Ehe er die Augen schloß, konnte er sogar hoffen, er habe seiner Kirche wieder – vielleicht – eine gefährliche Wende der Zeitläufte überstehen helfen. Und wirklich: In dem Trauerzug, der nun durch die Hauptstraßen des von neuem sowjetisch gewordenen Lemberg zog, gingen nicht nur die Bischöfe des lateinischen und des östlichen Ritus, 150 Priester, 200 Theologiestudenten und Zehntausende von Gläubigen, auch die Sowjetbehörden waren vertreten – durch den ukrainischen Parteisekretär, einen gewissen Nikita Chruschtschow, von dem man zehn Jahre später noch manches hörte…

In einem lateinisch geschriebenen Brief, der in Moskau zur Post gegeben wurde, informierte Scheptyckyis Nachfolger, Erzbischof Slipyj, den Vatikan auch über den erstaunlichen Trauerzug – «mit Zustimmung der Sowjetregierung» (*annuente gubernio Sovietico*).[31] Kurz vor seinem Tode hatte nämlich Scheptyckyj die letzte seiner großen Drehungen versucht; noch im Sommer 1944, kurz vor dem sowjetischen Einmarsch in Lemberg, hatte er vor der Synode erklärt, seine Erzdiözese nähere sich «mit Riesenschritten» der größten Katastrophe ihrer Geschichte, und zwar «als Folge unseres eigenen Verhaltens» – so bekannte Scheptyckyj im Rückblick auf seine ursprüngliche Fehleinschätzung der Deutschen (deren ukrainische SS-Division «Galizien» nicht ohne kirchlichen Segen geblieben war). Jetzt aber, am 14. Oktober 1944, drei Monate nach dem sowjetischen Einmarsch, schreibt der Metropolit einen Hirtenbrief: «Jede Pfarrei möge für die Verwundeten und Kranken der Roten Armee mindestens 500 Rubel sammeln und bis zum 1. Dezember an das Metropolitan-Konsistorium senden, das sie dem Roten Kreuz weiterleitet.» Gleichzeitig schrieb Scheptyckyj einen Brief an – Stalin:

> «Die ganze Welt neigt ihr Haupt vor Ihnen… Nach dem siegreichen Vormarsch von der Wolga zum San haben Sie von neuem die westukrainischen Gebiete mit der Großukraine vereint. Für die Erfüllung jener testamentarischen Bitten und Wünsche des ukrainischen Volkes, das sich seit Jahrhunderten als *ein* Volk versteht und in einem vereinten Staat leben will, dankt Ihnen dieses Volk. Dies leuchtende Ereignis weckt auch in unserer Kirche wie im ganzen Volk die Hoffnung, daß sie in der UdSSR unter Ihrer Führung volle Freiheit der Arbeit und Entwicklung haben werden…»[32]

Auch Slipyj steuerte sofort einen *modus vivendi* an, dem die Sowjets (die Ruhe im Rücken ihrer zur Oder vorstoßenden Front brauchten) nicht abgeneigt waren. «Im Sinne des göttlichen Rechts mischt sich die Kirche nicht in politische, militärische und weltliche Dinge ein…», versicherte Slipyj in einem Brief an die Sowjetregierung und fügte gleich eine Wunschliste bei, in der auch der in der Sowjetunion verbotene Religionsunterricht an Schulen genannt war.

Würden sich also die taktischen Bedürfnisse Stalins mit dem taktischen Verhalten Slipyjs in Einklang bringen lassen? Eifrig hämmerte der neue Erzbischof den rechtsradikalen Partisanen (der ukrainischen Untergrundbewegung) das Gebot «Du sollst nicht töten» ein; sie überfielen nicht nur sowjetische Transporte, sondern «ermordeten bestialisch Tausende von polnischen Katholiken», wie der Bischof der ostpolnischen Diözese Łuck zwei Jahre später erst nach Rom berichten konnte.[33] Wiederum stießen also am Rande des großen Völkermordens, und durch dieses begünstigt, auch noch die regionalen Nationalismen aufeinander und verwirrten alle Zukunftsperspektiven bis heute…

Auch dem Bischof von Łuck, Adolf Szelażek, schien es zunächst, daß das sowjetische Verhalten der Kirche Freiheit in Aussicht stellte (…*multa signa videbantur ostendere plenam libertatem ecclesiae in Statu sovietico*). Dies ermutigte ihn sogar, drei Priester des lateinischen Ritus in die Ukraine nach Schitomir und Kamieniec zu schicken, in jene polnischen Diözesen also, die nach dem Ersten Weltkrieg sowjetisch geworden waren und deretwegen es in den zwanziger Jahren so manche Reibung gegeben hatte. Jetzt meinte der Bischof von Łuck, er könne – unter Berufung auf eine Abmachung mit dem Zaren von 1847 (!) – in der Ukraine wieder Fuß fassen.

«Ich konnte nicht vermuten, daß eine solche Delegation gegen die bolschewistischen Gesetze verstieß…», schrieb er später nach Rom.[34] Anfang Januar 1945 landeten die drei und er selbst im Gefängnis in Kiew. Während sein Domkapitel den gesamten Kirchenschatz (*omnia aurea et argentea utensilia*) über die neue polnisch-sowjetische Grenze am Bug nach Westen retten konnte, versuchten die Sowjets krampfhaft, politische Hintergedanken der bischöflichen Ukraineaktion aufzudecken. Sie argwöhnten natürlich auch, daß es Verbindungen zum polnischen antikommunistischen Untergrund gab, der zu dieser Zeit ebenso aktiv war wie der ukrainische (und beide kämpften auch noch gegeneinander!).

Der polnische («lateinische») Bischof aus Łuck ahnte freilich nicht, daß er auch seinen ukrainischen Amtsbrüdern des östlichen Ritus ins Gehege gekommen war. Erzbischof Slipyj, dessen feierliche Inthronisation störungslos verlaufen war, hoffte nämlich, daß die unierte Kirche dank ihres östlichen Ritus sich in der Sowjetukraine besser halten könnte als die lateinische. Er hatte sich beeilt, die noch von Scheptyckyj angeordnete Geldsammlung für die verwundeten Rotarmisten zu Ende zu bringen. Der Bruder Scheptyckyjs brachte zusammen mit zwei anderen Geistlichen 100 000 Rubel nach Moskau und war sehr enttäuscht, daß die Delegation nicht von Stalin selbst empfangen wurde; immerhin versicherte man ihnen im Kreml, wie sehr die Sowjetregierung den Beitrag Slipyjs zum Kampf gegen die ukrainische Untergrundbewegung schätze… Dennoch nahm die Delegation aus Moskau den Eindruck mit, daß eine mit Rom verbundene Kirche des östlichen Ritus den Sowjets doch unbequem war.[35] Warum?

«Jetzt, da durch Gottes Gnade sich das russische Land in seinen alten Grenzen wiedervereint hat, seid auch Ihr mit uns für immer vereinigt», schrieb der neue orthodoxe Patriarch Aleksij in einem besonderen Hirtenbrief vom März 1945, adressiert «an die Priester und Gläubigen der griechisch(!)-katholischen Kirche, die in den Westregionen der ukrainischen Sowjetrepublik leben».[36] Aleksij war anstelle des verstorbenen Sergius am 27. Februar 1945 feierlich – auch mit Stalins «Segen» – zum

Patriarchen von ganz Rußland gewählt worden. Jetzt belehrte er die ukrainischen Unierten, sie hätten – seit ihre Vorfahren sich dem Papst in Rom unterwarfen – zwar den orthodoxen Ritus bewahrt, doch dessen Geist, ja sogar die «apostolische Nachfolge» (Gültigkeit des Bischofsamts!) verloren. Mehr noch:

> «Schaut, liebe Väter und Söhne, wohin euch eure geistliche Leitung in diesen historischen Tagen gebracht hat... Der Herr hat klar die Waffen derer gesegnet, die sich gegen Hitler erhoben... Der Finger Gottes zeigt vor aller Welt auf diesen Kannibalen, dessen letzte Stunde sich nähert. Aber wohin haben euch der verstorbene Metropolit Andreas Scheptyckyj und seine nächsten Mitarbeiter geführt? Er hat euch dazu gebracht, euch dem Joch Hitlers zu unterwerfen, sie haben euch gelehrt, das Haupt vor ihm zu beugen. *Und wohin führt euch der Vatikan?* In seiner Weihnachts- und Neujahrsbotschaft sprach der Papst von Brüderlichkeit gegenüber den faschistischen Banditen, von Barmherzigkeit gegenüber Hitler, dem größten Übeltäter der Menschheitsgeschichte... Wir bitten euch also, Brüder, vereinigt euch im Geiste, im Frieden mit uns. *Brecht und löst die Verbindung mit dem Vatikan,* der euch mit seinen religiösen Irrtümern in die Finsternis und zum geistlichen Untergang führt, gegen die freiheitsliebende Menschheit...»

Nach dieser Epistel konnte man sich schon ausrechnen, was dann geschah: Am 11. April, kaum einen Monat vor Kriegsende, wurden Slipyj und vier andere ukrainische Bischöfe, die zur Abkehr von Rom nicht bereit waren, verhaftet; man durchsuchte ihre Residenz und fand – aus der Periode ihrer Illusionen – genug Material, das ausreichte, sie der «Kollaboration» mit der deutschen Besatzungsmacht anzuklagen. Im März 1946 wurde Slipyj zu langjähriger Zwangsarbeit verurteilt; erst siebzehn Jahre später befreite ihn Papst Johannes XXIII.

Einer der bekanntesten Theologen der unierten Kirche, *Gabriel Kostelnyk,* der schon 1925 in einer Festrede für den Metropoliten Scheptyckyj das Zwitterhafte der halb «lateinisch», halb «östlich» tendierenden Unionsideen Roms beklagt hatte,[37] schwang sich nun an die Spitze derer, die hofften, durch eine Trennung von Rom wenigstens die religiöse und pastorale Substanz ihrer Kirche erhalten zu können. Unter der massiven Beteiligung der Sowjetbehörden, die sich trotz ihrer Theorie von der «Trennung zwischen Kirche und Staat» wie zur Zarenzeit zu Vollstreckern orthodoxer Wünsche machten (weil es politisch opportun war), widerrief eine Synode der Unierten – ohne Bischöfe – im März 1946 die Union mit dem Papst. Genau 350 Jahre vorher war sie, so hieß es jetzt, «unter Druck und Gewalt im Interesse Polens» zustande gekommen – eine Behauptung, die auch nach Meinung katholischer Kirchenhistoriker «nicht völlig aus der Luft gegriffen» war.[38]

In der *Karpatenukraine,* die zur Tschechoslowakei gehört hatte und deren östlicher Teil nun der Sowjetunion angeschlossen wurde, war den einmarschierenden Sowjets ein besonders geschickter und gemäßigter katholisch-unierter Bischof, Theodor Romscha, begegnet; die Rote Armee war dort nicht nur vom Volk, sondern auch vom Bischof freundlich begrüßt worden und verhielt sich zunächst ebenso. Bischof Romscha trat sogar bei der Feier des Revolutionstages im November 1944 als Redner auf. Da die Sowjets dem erst kurz vorher eingesetzten Bischof politisch

nichts vorzuwerfen fanden, gelang es ihm zwei Jahre lang, dem Druck auf «Wiedervereinigung» mit den Orthodoxen (nach Lemberger Beispiel) zu widerstehen, bis er
im Oktober 1947 bei einem – wahrscheinlich inszenierten – Verkehrsunfall ums Leben kam. Erst im Februar 1949 wurde dann der endgültige Bruch mit Rom erzwun-
gen.[39]

Selbst in *Litauen*, wo beim Einmarsch der sowjetischen Truppen 1944 30 000 Männer als antisowjetische Partisanen in die Wälder gegangen waren, gab es zunächst
«eine kurze Periode bedingter Toleranz», wie sogar entschiedene Antikommunisten
einräumen. Das änderte sich erst, als sich die Bischöfe 1946 weigerten, jene Partisa-
nenbewegung zu verurteilen, die sich später offen rühmte, daß sie «kleinere Einheiten
der Roten Armee vernichtete, Depots und Warenvorräte zerstörte, sowjet-litauische
Opportunisten liquidierte, die Kollektivierung der Landwirtschaft bis 1951 verhin-
derte».[40]

Wenn sich also Stalin schon in den Gebieten, die mit Sicherheit in die Sowjetunion
einverleibt würden, einer abwartenden Vorsicht befleißigte und die katholische Kirche nicht sofort antastete, wie würde er sich dann erst in den Ländern verhalten, für
deren Selbständigkeit sich die westlichen Alliierten engagierten? In *Rumänien*, in
dessen Hauptstadt die Russen am 23. August 1944 einzogen, nachdem der König
selbst zu ihnen umgeschwenkt war, blieb die katholische Kirche mit ihren 1,2 Millionen Gläubigen des lateinischen und 1,5 Millionen Unierten des östlichen Ritus das
ganze Jahr 1944 unbehelligt. Dasselbe galt für die 57 000 Katholiken beider Riten in
Bulgarien, wo die Rote Armee Anfang September 1944 einrückte. Der Sekretär des
Päpstlichen Nuntius in Bukarest, Monsignore Guido del Mestri, und der Beauftragte
des Apostolischen Delegaten in Sofia, Monsignore Francesco Galloni, blieben auf
ihren Posten und haben berichtet – auch über die beginnende, von den Sowjets ge-
stützte Aktion der winzigen Kommunistischen Partei Rumäniens und Bulgariens, an
die Hebel des Staates zu gelangen.*

Was aber geschah in *Polen*, wo nun 22 Millionen Katholiken des lateinischen Ritus
unter sowjetische Kontrolle gekommen waren? Dem französischen General de Gaulle, der am 30. Juni 1944 den Papst aufsuchte, erzählte Pius XII. von «Geschehnissen
in Galizien, wo mit dem Einrücken der Roten Armee die Verfolgung der Gläubigen
und Priester begonnen hat».[41] In einer Aufzeichnung des Vatikans vom 24. Juli 1944,
die dem deutschen Botschafter Weizsäcker zugespielt wurde, heißt es hingegen, Polen
sei «als künftige Sowjetrepublik in Aussicht genommen…»[42] In Wirklichkeit besaß
der Vatikan «sichere Nachrichten» aus Polen schon seit langem nicht. Er wußte nicht,
daß die von der Weichsel zur Oder vorstoßenden Sowjets trotz vieler örtlicher Über-

---

* Von hier ab werden in diesem Buch – soweit nicht ausdrücklich dokumentarische Quellenangaben genannt sind – auch persönliche Mitteilungen zeitgeschichtlicher Augen- und Ohren-
zeugen verwendet, die der Verfasser befragte.

griffe darauf bedacht waren, die Kirche nicht anzutasten, und daß dies auch die Devise jener in Lublin gebildeten «vorläufigen Regierung» Polens war, in der polnische Kommunisten den Ton angaben, die genau wußten, wie schwach ihre Position im Lande war.

Der Krakauer Kardinal Sapieha war darüber genau so verwundert, wie es Erzbischof Slipyj gewesen war; nur drohte ihm – im Unterschied zu Slipyj – nicht das geringste. So wie er vorher Hitlers Generalgouverneur Frank empfangen (und demonstrativ mit trockenem Brot bewirtet hatte), so ließ er sich im Januar 1945 vom sowjetischen General Korawnikow die Aufwartung machen und hielt nicht mit seiner Verwunderung darüber zurück, «daß die Bolschewiken nicht alle Kirchen niederbrannten».

«Warum sollte man diesem ‹Krakauer Papst› nicht entgegenkommen, wenn das nichts kostet?» sagte General Korawnikow später.[43] «Der Besuch bei Sapieha war die Entthronung des reaktionären Aberglaubens.»

Hätte es nicht nahegelegen, daß sich der Vatikan selbst über die Lage in Polen Kenntnisse verschafft hätte? Immerhin gab es formell noch den Nuntius Cortesi, der freilich in Rom saß; er war durch einen Geschäftsträger vertreten – doch nicht in Warschau, sondern bei der polnischen Exilregierung in London. Nur sie, nicht das «Lubliner Komitee» wurde vom Vatikan anerkannt. «Es muß abgewartet werden, ob Amerika die Kraft haben wird, der Aufschluckung Polens in die große Sowjetunion Widerstand zu leisten», hieß es in der schon zitierten vatikanischen Aktennotiz vom 24. Juli 1944.[44]

Es gab nicht den geringsten Versuch, in diesem delikaten Augenblick von 1944 endlich doch Kontakt mit den Sowjets zu suchen, um – etwa in der Ukraine oder in Polen – das günstige Anfangsklima zu nutzen, um zu retten, was vielleicht zu retten war. Immerhin saß inzwischen ein sowjetischer Vertreter namens Miskiewitsch bei der Alliierten Kontrollkommission in Rom. Sein Zusammentreffen mit Bischof Alexander Ewreinow, dem Oberhirten der katholischen Exilrussen, der ein päpstliches Hilfswerk für sowjetische Kriegsgefangene in Italien leitete, verbreitete vorübergehend den Eindruck, als sei doch etwas im Gange. Doch Miskiewitsch sprach nur seinen höflichen Dank aus, und die Frage eines «Russicum»-Zöglings, ob er in die Sowjetunion gehen könnte, beantwortete er so: «Wenn Sie Ingenieur wären oder Arzt! Aber als Priester gibt es für Sie dort nichts zu tun.»[45]

«Gewisse Entwicklungen sind mit Interesse vermerkt worden; wir nehmen an, daß man gewisse Zeichen von Veränderung beobachten kann», kommentierte der Vatiksprecher Jacques Martin im Sommer 1944 die im Westen verbreiteten Berichte über die behutsame Religionspolitik der Sowjets. «Doch bis jetzt gibt es, genau gesagt, für den Vatikan keine neuen Fakten…»[46] Mit auffallender Ausführlichkeit dementierte der *Osservatore Romano* Mitte August 1944 (während die nichtkommunistische polnische Untergrundarmee [AK] mit ihrem Warschauer Aufstand die Hauptstadt noch vor dem Einmarsch der Sowjets selbst von den Deutschen zu befreien versuchte) Nachrichten über ein «Memorandum Marschall Stalins an den Papst».[47] Die britische Agentur Reuter hatte gemeldet, Stalin habe dem Papst zugesichert, daß Moskau nicht die Absicht habe, die sowjetische Gesellschaftsordnung anderswo einzuführen. Der Vatikan seinerseits sei sich darüber im klaren, «daß Polen nach dem Kriege enge Freundschaftsbeziehungen mit Rußland pflegen werden»; der Vorkriegsnuntius Cortesi werde sich alsbald nach Warschau begeben...

Warum dementierte die römische Kurie diese Berichte nicht nur pauschal, sondern zitierte sie zugleich ausführlich?

Pius XII. sah in diesem Sommer 1944 nur zwei Möglichkeiten: Entweder würden Polen und das übrige Osteuropa Sowjetrepubliken werden – mit allen hoffnungslosen Konsequenzen für die Kirche –, *oder* (und dies hielt er für weniger wahrscheinlich) der Westen würde nichtkommunistische Regime in diesen Ländern durchsetzen. Um dem Westen in diesem Sinne den Rücken zu stärken, glaubte der Papst demonstrieren zu müssen, daß er selbst an keinerlei Kompromiß mit Stalin dachte, ja daß er nicht einmal einen Nuntius nach Warschau schicken wollte.

Nachdem ein Versuch gescheitert war, als Inkognitobeobachter des Vatikans einen amerikanischen Prälaten nach Polen zu schicken, bat das Staatssekretariat schließlich Anfang 1945 die Briten, durch ihre Botschaft in Moskau diskret Erkundigungen über die Lage einzuholen, ohne die Russen selbst anzusprechen («*without approaching the Soviet authorities*»). So erfuhr man in Rom schließlich, wenn auch aus zweiter Hand, daß «die katholische Kirche in Polen sehr vorsichtig behandelt wird» und daß zum Beispiel der Krakauer Kardinal Sapieha inzwischen von dem «rot»-polnischen General Żymierski als beispielhafter Widerstandskämpfer gegen die Nazis geehrt worden sei (Rola-Żymierski, ein polnischer Vorkriegsgeneral, der sich den Kommunisten zur Verfügung stellte, wurde der erste Verteidigungsminister Nachkriegspolens).[48]

«Die Nachrichten, die den Heiligen Stuhl erreichen, sind alles andere als erfreulich», entgegnete Monsignore Tardini am 25. April 1945 auf diese Mitteilung der Briten. Er meinte wohl vor allem die Vorgänge in Lemberg. Denn aus Zentralpolen wußte man in Rom inzwischen, daß alle überlebenden Bischöfe auf ihre Sitze zurückgekehrt waren. Einer von ihnen, Włodziemierz Jasiński, der 73jährige Bischof von Lodz, der von den Deutschen verbannt und vom Papst hoch geehrt worden war, hißte ohne Aufforderung am 1. Mai 1945 sogar neben der nationalen die rote Fahne auf seiner Kathedrale...[49]

Auch solche Nachrichten gehörten natürlich für den Vatikan zu den unerfreulichen, obschon sie eine keineswegs hoffnungslose Lage signalisierten. Daß die provisorische Regierung in Warschau, in der die Kommunisten vier wichtige Ministerien besetzten, den Kardinalprimas August Hlond (der von den Amerikanern aus deutschem Gewahrsam befreit wurde) sofort zur Rückkehr nach Polen einlud, dürfte die römische Kurie ziemlich verwundert haben. Sie benutzte indes – wie wir noch sehen werden – diesen glücklichen Umstand, um sich selbst einen direkten Kontakt mit den neuen Herren der größten katholischen Nation Osteuropas zu ersparen...

Päpstlicher Irrtum und erste Folgen in Polen

Spätergeborene, die stets klüger sind als die Zeitgenossen, haben dem amerikanischen Präsidenten Roosevelt vorgeworfen, daß er im Februar 1945, als die Siegermächte auf der Krimkonferenz in Jalta den europäischen Kontinent unter sich teilten, der Sowjetunion allzu große Zugeständnisse gemacht habe; man hat den Papst gelobt, der davon abriet, als ihn der Präsidentenberater Hopkins auf der Reise nach Jalta Ende Januar besuchte.

Pius XII. hatte gar nicht so leicht reden, wie es scheint. So wie Roosevelt hatte auch er angesichts der Tatsache, daß Stalins Armeen schon in Westpolen und weit im Balkan standen, nur die Wahl zwischen Kompromissen oder – Krieg. Nur mit dem Unterschied, daß es für Roosevelt (auch wenn er politisch weniger naiv gewesen wäre) keine wirkliche Alternative gab; oder hätte er mit dem Mörder von Auschwitz gegen Stalin marschieren sollen?![50] Für den Papst hingegen, nach dessen Divisionen Stalin in Jalta nicht von ungefähr so spöttisch fragte, bedeutete «Krieg» keine blutige Alternative – abgesehen von möglichen Märtyrern, die theologisch besonders leicht verkraftet werden, wenn man selbst in sicherer Freiheit lebt. Der Papst konnte sich nur einem geistig-politischen Kirchenkampf stellen, und er war dazu bereit. Zwar suchte er diese Auseinandersetzung nicht, aber er wollte sie um den Preis von Zugeständnissen schon gar nicht dort vermeiden, wo er seine Kirche am stärksten und widerstandsfähigsten glaubte: in Polen.

Zweiundzwanzig Jahre später hat der «Außenminister» Papst Pauls VI., Monsignore Agostino Casaroli, rückblickend erklärt, der Heilige Stuhl habe 1945 «getreu seiner Tradition, keine Initiativen für einen Bruch zu ergreifen…, seine Vertreter nicht aus den Ländern zurückgezogen, die nun zum sozialistischen Raum gehörten, ja er tat alles Mögliche, damit diese dort weiter bleiben könnten».[51] Das ist formal richtig, und wir werden diese Seite des vatikanischen Verhaltens in Prag, Budapest, Bukarest, Sofia, Belgrad und Tirana noch zu betrachten haben. Nur Warschau erwähnte Casaroli in diesem Zusammenhang nicht, denn in der Tat brauchte Pius XII. dort den Abbruch der diplomatischen Beziehungen nicht zu vermeiden, denn – er stellte sie erst gar nicht her.

Die Entscheidung der Großmächtekonferenz von Jalta, die provisorische Warschauer Regierung mit Londoner Exilpolen «anzureichern» und dadurch demokratisch zu legitimieren, war ein wenig aussichtsreicher Kompromiß: der Papst vertraute ihm auch dann nicht, als am 21. März 1945 *Eduard J. Flynn*, der katholische Berater Roosevelts, direkt aus Jalta nach Moskau flog und dort mit Molotow über die sowjetisch-vatikanisch-polnischen Beziehungen sprach. Molotow versicherte, daß die Rote Armee die polnischen Katholiken «nicht belästige», aber er beklagte sich über den Vatikan, der sich «alles andere als neutral», nämlich stets antisowjetisch verhalten habe. Flynns Bericht über dieses Gespräch veranlaßte zwar den Vatikan in einem

Memorandum (das er den Amerikanern übermittelte), an die ganze Geschichte sowjetisch-vatikanischer Kontakte zu erinnern: vom Hungerhilfsabkommen 1922 über die Berliner Verhandlungen Pacellis bis zu den Sondierungen Roncallis in der Türkei.[52] Aber an eine Wiederaufnahme solcher Versuche dachte der Papst nicht. Seine Lagebeurteilung ging von zwei – scheinbar feststehenden – Faktoren aus:

> 1. Er war überzeugt, daß sich eine kommunistische Machtergreifung in Osteuropa genau nach dem gleichen revolutionären, radikal-antireligiösen Modell vollziehen würde wie nach 1917 in Rußland. Er erkannte nicht, daß Stalin trotz seiner imperialen Zarengelüste – oder gerade ihretwegen! – mehr an Sicherheit in seinem östlichen Vorfeld als an schneller Bolschewisierung lag, mehr an sowjetfreundlichen Nachbarn als an neuen Sowjetrepubliken. Was er Finnland zugestand, hätte er auch Polen erlauben können – solange die Zukunft Deutschlands noch offen blieb.
>
> 2. Er war sicher (und mit ihm dachten es viele Europäer in Ost und West), daß das Überleben des Kommunismus und der Sowjetunion im Zweiten Weltkrieg «ein freundliches und ordentliches Zusammenleben der Nationen in Europa unmöglich machen würde und daß man in nicht zu ferner Zukunft einem neuen, tragischen Krieg entgegengehen würde» (so notierte Monsignore Tardini schon 1943).[53]

In beiden Punkten irrte sich der Papst – wie viele seiner Zeitgenossen: Stalin, der die Kommunistische Internationale 1943 aufgelöst hatte, bediente sich zunächst der schillernden Formel «*Volksdemokratie*», die mit der *Diktatur des Proletariats* gemeinsam hatte, daß sich die Kommunisten durch Wahlen nicht mehr von der Macht verdrängen ließen, die aber Spielraum ließ für «nationale Wege», auch ideologisch abweichende Gruppierungen, und das sowjetische Staatsmodell nicht verbindlich machte – auch nicht gegenüber der Religion.[54] Erst als Stalin, von innenpolitischen Terrorbedürfnissen getrieben, aber auch von echter Furcht vor Amerikas Atombombe und der «Eindämmungspolitik» (*containment*), im Herbst 1947 die Kommunistische Internationale als «Kominform» wiederbelebte (gegen den Widerstand Titos und Gomułkas), erst als er so die «Volksdemokratie» zur leeren Formel und zum Instrument eines imperialen, expansiv gestimmten Konzepts machte, entstand Kriegsgefahr. Da aber das Atomzeitalter angebrochen war und die Großmächte eine militärische Konfrontation scheuen mußten, blieb es bei jenem «Gleichgewicht aus Furcht», wie es ähnlich Domenico Tardini schon 1942 vorausgesehen hatte. Nicht der Krieg der Waffen, sondern der «Kalte Krieg» begann.

Zweifellos war diese Entwicklung in den Entscheidungen der Siegermächte von Jalta und Potsdam, deren spektakulärste die Teilung Deutschlands und die Ost-West-Verschiebung Polens waren, schon angelegt. Daß die Vorsorge, die der Papst für seine pastoralen Interessen zu treffen hatte, dennoch von zunächst unrichtigen Voraussetzungen ausging, daß er sich nicht dem vorherrschenden Verbrüderungstrend der Sieger anschloß, lag diesmal nicht nur an seiner üblichen Vorsicht, sondern wohl auch an den Gewissensqualen, die ihm eben diese Vorsicht während des Kriegs bereitet hatte: Jetzt wollte er sich Hände und Mund freihalten, jedenfalls nicht durch vorzeitige Kompromisse festbinden lassen. Daß der Vatikan aber auch auf diese Weise – schon infolge seiner weltlichen Ohnmacht – auf die Trendlinie der Epoche geraten würde (so wie er sich einst der Rapallopolitik bediente, Hitlers Antikommunismus angeschlossen, dann jedoch der Kreuzzugsideologie versagt hatte), erscheint im Rückblick fast selbstverständlich. Den Akteuren des historischen Augenblicks war es kaum bewußt.

Nicht einen Nuntius also schickte der Papst nach Polen, sondern der polnische Kardinalprimas August Hlond kehrte am 20. Juli 1945 zurück – noch während die Gipfelkonferenz der Sieger in Potsdam im Gange war. Auf seiner Reise durch das kriegsverwüstete Europa gab ihm das Ehren- und Sicherheitsgeleit ein 34jähriger Kommunist, der in der neuen, nach rechts erweiterten «Regierung der Nationalen Einheit» in Warschau das Amt des Vizeverteidigungsministers bekleidete: Piotr Jaroszewicz, der 25 Jahre später als Regierungschef einen neuen Modus-vivendi-Versuch zwischen Kirche und Staat einleiten würde. Wir kennen nicht im einzelnen den Inhalt der Reisegespräche; 1970 jedenfalls berief sich Jaroszewicz bei seiner Begegnung mit Hlonds Nachfolger Kardinal Wyszyński darauf, daß er damals den Willen der Kommunisten bekundet habe, das Konkordat von 1925 strikt einzuhalten, daß jedoch andere «nichtkommunistische Antiklerikale» zum Bruch gedrängt hätten.

Das half wenig. Hlond war vom Papst für den «Ernstfall» ausgerüstet. In seinem Gepäck lag ein päpstliches Schreiben an die polnischen Bischöfe, für das Hlond selbst Formulierungen wie diese vorgeschlagen hatte: Es gelte, die Nation «vor dem Eindringen heimtückischer Theorien [Bolschewismus] zu retten». Der Papst hatte das – wie üblich – abgemildert und nur von «neuen Wahrheiten» geschrieben, durch die man sich nicht täuschen lassen dürfe.[55] Auch das war deutlich genug. Vor allem aber war Hlond mit jenen Spezialvollmachten für Bischöfe in kommunistischen Ländern ausgestattet, wie sie schon 1940 der Episkopat in den baltischen Staaten und in Ostpolen erhalten hatte. Hauptzweck war die Sicherung der Seelsorge auch unter den Bedingungen der Schikane und Unterdrückung, unter Umständen auch in der Illegalität. Hauptvoraussetzung dafür war die Sicherung der Sukzession von Bischöfen. Daher mußte es den örtlichen Vorsitzenden der jeweiligen Episkopate (wo es keinen Nuntius gab) vor allem ermöglicht werden, Bischöfe einzusetzen, wenn nötig ohne Rückfrage in Rom und mit geheimer Weihe. Zugleich mußten sie eine vertrauliche Liste von Nachfolgern (Administratoren, Generalvikaren) aufstellen, die sofort in Funktion treten konnten – auch im geheimen –, falls der eigentliche Amtsträger behindert oder verhaftet würde.

Der Vatikan griff also nach 1945 auf jenes Notstandsmodell zurück, das in den zwanziger und Anfang der dreißiger Jahre (vor allem von d'Herbigny) erprobt worden war. Es hatte sich damals nicht bewährt, weil es dilettantisch und zweigleisig gehandhabt worden war. Immerhin schien es nach dem Scheitern der Verhandlungen mit Moskau die einzige Alternative zu sein. War diese Methode nun nach dem Zweiten Weltkrieg noch von Nutzen? Jetzt galt es ja nicht, eine relativ kleine katholische

Minderheit zu schützen, sondern Millionen Katholiken in Osteuropa, darunter eine ganze katholische Nation wie Polen.

Gewiß, Kardinal Hlonds Vollmachten waren nicht nur für den Fall einer großen Kirchenverfolgung gemünzt; sie schlossen Verhandlungen zwischen Episkopat und Regierung nicht aus. Aber sie gingen zumindest von der Wahrscheinlichkeit einer Isolierung der polnischen Kirche von Rom aus; sie setzten auch voraus, daß eine kommunistische Regierung in Polen

1. die Kirche gewaltsam und total zum Verschwinden bringen wolle;
2. selbst nur von vorübergehender Dauer sein werde.

Vielleicht ahnte Kardinal Hlond, daß beide Voraussetzungen so nicht zutrafen; denn er nutzte seine ungewöhnlichen Vollmachten, die ihm die Heilige Kongregation für Außerordentliche Kirchliche Angelegenheiten am 8. Juli 1945 ausgestellt hatte, gleich nach seiner Ankunft in Polen nicht zu Vorsorgemaßnahmen gegen kommunistische Unterdrückung (die im Augenblick gar nicht dringlich waren), sondern – im Sinne nationalpolnischer Interessen.

Kaum war nämlich die Potsdamer Konferenz abgeschlossen, welche die «früher deutschen Gebiete» jenseits von Oder und Neiße Polen zusprach, da erließ Kardinal Hlond am 15. August 1945 Dekrete, durch die er fünf polnische Prälaten als Apostolische Administratoren in den Oder-Neiße-Gebieten einsetzte: Karol Milik in Breslau (Wrocław), Boleslaw Kominek in Oppeln (Opole), Adalbert Zink in Allenstein (Olsztyn), Andrzej Wronka in Danzig (Gdańsk) und Edmund Nowicki in Landsberg (Gorzów). Ausdrücklich berief sich Hlond dabei auf seine Spezialvollmacht (*facultas specialis*), die es ihm erlaubte, diese Administratoren mit den Rechten und Pflichten von residierenden Bischöfen (*iura et officia Episcopi residentialis*) auszustatten, einschließlich des Rechtes, die Firmung und niedere Priesterweihen zu spenden.[56]

Diesen Rechtsakt, der die polnische Kirchenverwaltung in den Oder-Neiße-Gebieten – schon zehn Tage nach Potsdam! – begründete, konnte sich Hlond als nationale, staatspolitisch wertvolle Tat zuschreiben, und sie wurde vom ganzen Lande auch so verstanden. Das Bemühen jedoch, sie zugleich auch als Anerkennung der neuen Lage durch den Vatikan darzustellen, mußte schon deshalb erfolglos bleiben, weil die römische Kurie sich aus allem völlig heraushielt und nicht einmal bereit war, die mit dem Segen aller Großmächte ausgestattete Warschauer Regierung völkerrechtlich anzuerkennen.

«La Polonia farà da sé – Polen erledigt seine Dinge selbst, hieß die römische Parole. Man hatte Hlond freie Hand gegeben; was er tat, war seine Sache. Der Heilige Stuhl hielt sich heraus – und isolierte sich auf diese Weise nicht nur selbst, sondern brachte dadurch (zum lebhaften Vergnügen aller antiklerikalen und kommunistischen Extremisten) die polnische Kirche ins Zwielicht und in Verlegenheit.

Und dies in einem Augenblick, da Millionen Polen nach fünfeinhalb Jahren grausamer Unterdrückung aufatmen konnten und in die Kirche strömten; in einem Augenblick, da Soldaten der Volksarmee in der Fronleichnamsprozession marschiert waren und der – nominell parteilose (in Wirklichkeit kommunistische) – Staatspräsident sich bei kirchlichen Zeremonien sehen ließ! – Nach kaum einem Monat kam die Quittung:

«…In Abwägung der Tatsache, daß der Apostolische Stuhl im Gegensatz zur Mehrheit der Staaten bisher die provisorische Regierung der Nationalen Einheit nicht anerkannt hat und daß infolgedessen zwischen ihr und dem Apostolischen Stuhl keine normalen diplomatischen Beziehungen bestehen, nimmt die Regierung der Nationalen Einheit die Nominierung Apostolischer Administratoren, die der Apostolische Stuhl am 15. August vornehmen ließ, nicht amtlich zur Kenntnis», hieß es in einer Warschauer Ministerratsentschließung vom 12. September 1945, die zugleich noch einen viel schärferen Schuß abgab:[57]

> «Die Regierung Polens stellt fest, daß das *Konkordat*, das zwischen der Republik Polen und dem Apostolischen Stuhl abgeschlossen wurde [1925], aufgehört hat, verpflichtend zu sein, da es vom Apostolischen Stuhl während der Besatzungszeit durch Rechtsakte des Apostolischen Stuhls, die im Gegensatz zu den Bestimmungen standen, einseitig gebrochen wurde.»

Als Begründung für diese Konkordatskündigung wurde die Einsetzung des *deutschen* Bischofs Splett und des *deutschen* Monsignore Breitinger als Administratoren in den polnischen Diözesen Chełm und Gnesen-Posen angegeben, die dem Art. 9 des Konkordats widersprochen habe. (Der Vatikan hatte diese Ernennungen 1940 – so wie 1945 die Einsetzung *polnischer* Administratoren in den Oder-Neiße-Gebieten – als pastorale Notlösung betrachtet.)[58] Vorsichtig und beruhigend fügte die Regierung jedoch ihrem Schlag gegen den Vatikan eine Versicherung bei:

> «Die Regierung der Nationalen Einheit erklärt, daß sie die Tätigkeit der katholischen Kirche so wie bisher nicht behindern wird, und sie versichert der katholischen Kirche weiterhin volle Freiheit ihrer Tätigkeit im Rahmen der bestehenden Gesetze.»

Dennoch war damit ein rechtloser Zustand – zumindest gegenüber dem Vatikan – entstanden. Noch war freilich nicht sicher, zu wessen Ungunsten er sich auswirken würde. Die Bedingung der staatlichen Mitbestimmung bei Bischofsernennungen (Art. 11) und der Loyalität der Priester gegenüber dem Staat (Art. 19), die das Konkordat enthalten hatte, war außer Kraft gesetzt; nie hatte die Kirche vor dem Kriege ihre Ämter so selbständig besetzen können wie jetzt in diesem konkordatslosen Zustand.[59] Der Protest, den der Papst in einem Brief an die polnischen Bischöfe erst am 17. Januar 1946 anmeldete, klang wohl deshalb ziemlich gelassen und herablassend: Er wolle die Vorwürfe «nicht widerlegen, denn sie sind nichtig und ungerecht»; die Konkordatskündigung habe ihn «mit Schmerz erfüllt, mit einem Bedauern, das der Abneigung würdig ist, mit dem einige Eurer Staatsmänner sich zu religiösen Einrichtungen und zum wesentlichen Wohl des eigenen Volkes verhalten».[60]

So ließ der Vatikan keine Bereitschaft zu Verhandlungen über eine neue rechtliche Fixierung der – noch keineswegs bedrängten – Lage der polnischen Kirche erkennen. Auch nicht, als Warschau einen unmittelbaren Sondierungsversuch unternahm: Der

Schriftsteller *Ksawery Pruszyński*, ein linksliberaler Katholik, der aus dem Westen nach Polen zurückgekehrt und in den diplomatischen Dienst der neuen Regierung eingetreten war, kam 1946 nach Rom. Um ihn zu «akkreditieren», gab Staatspräsident Bierut am 20. November 1946 ein Interview, in dem es hieß: «Ein neues Konkordat würde ohne Zweifel dazu beitragen, viele Dinge in Polen zu regeln.» Pruszyński traf sich bei einem privaten Essen mit Professor *Federico Alessandrini*, dem angesehenen Leitartikler des *Osservatore Romano*, doch dieser vermittelte ihn nicht weiter.

Es gelang Pruszyński auch auf anderem Wege nicht, zum Polenreferenten des Staatssekretariats, Monsignore *Antonio Samoré*, vorzudringen. Auf Umwegen gab man ihm vielmehr zu verstehen: Falls der Vatikan überhaupt je in Gespräche oder Verhandlungen einträte, «dann nicht mit Warschau, sondern mit Moskau…»[61]

Ähnlichen Bescheid bekam auch der Minister der Londoner polnischen Exilregierung, Władysław Folkierski, als er den Vatikan umgekehrt von Beziehungen zum neuen Warschauer Regime *abhalten* wollte. Pius XII. sagte ihm: «*Nicht um Polen geht es jetzt, mein Sohn, sondern um Rußland. Zu Rußland würden wir uns Beziehungen wünschen, doch Rußland will nicht…*» – Eine, wie wir wissen, nur halb richtige Feststellung, die freilich den erblassenden polnischen Minister zu der Antwort hinriß: «Gott gebe, daß wenigstens die Russen nicht wollen…!» (Vgl. den Brief des Papstberaters Gundlach im dokumentarischen Anhang.)

Mindszenty in Aktion – Enttäuschung mit Tito

«Barmherzigkeit des Herrn ist es, daß wir nicht ganz vernichtet sind! Die Nachricht, daß die russischen Truppen die Absicht hätten, die Kirchen zu vernichten, hat sich nicht bewahrheitet. Ja, wir haben sogar viele Aufmerksamkeiten der Befehlshaber gegenüber dem kirchlichen Leben wahrnehmen können. Unsere Kirchen stehen, und unbehindert werden Gottesdienste gehalten…»

So stand es in einem Hirtenbrief der ungarischen Bischöfe vom 24. Mai 1945, drei Monate, nachdem die Sowjets Budapest erobert hatten.[62] Verfasser des Briefes: József Mindszenty, seit einem Jahr erst Bischof von Veszprém. Drei Jahre vorher hatte er noch über die Bolschewisten geschrieben: «Mit solcher Kraft ist die Hölle noch niemals in den Kampf gezogen… Jeder Kompromiß gibt den Verfolgern neue Nahrung…»[63] In den letzten Kriegsmonaten war dieser Bischof von ungarischen Faschisten und deutschen Militärs ins Gefängnis gesperrt worden, weil er auf schnelle Kriegsbeendigung gedrängt hatte, nachdem er zuerst hatte «Widerstand nach beiden Seiten» organisieren wollen. Mindszentys Bischofsernennung war eine Kompromißlösung gewesen; Kardinalprimas Jusztinian Seredi hatte 1943 in einem Brief an Pius XII. Bedenken angemeldet: Mindszenty, seit 27 Jahren Kleinstadtpfarrer und ohne Universitätsbildung, habe zwar große organisatorische Talente, aber sein leidenschaftliches Temperament, das ihn daran hindere, Vorgesetzten genügenden Respekt zu erweisen, gegenüber Untergebenen jedoch allzu streng mache, lasse seine Ernennung in so schwierigen Zeiten riskant erscheinen...

Das war der Mann, den der Budapester Apostolische Nuntius, Angelo Rotta, dem Papst als Nachfolger des – im März 1945 gestorbenen – Fürstprimas von Ungarn empfahl. Der Nuntius hatte die Belagerung von Budapest und den Einmarsch der Russen erlebt; er hatte beobachtet, wie sich im sowjetisch besetzten Debrecen eine vorläufige Regierung unter dem – zu den Russen übergetretenen – General Miklos bildete, sogar mit einem katholischen Priester, István Balogh, im Kabinett. Der Sowjetmarschall Malinowski hatte zwei Jesuiten, die ihn aufsuchten und um Schutz der katholischen Organisationen baten, freundlich empfangen; bald nach der Besetzung Budapests hatte er einen katholischen Bauernkongreß erlaubt.[64] Bekannt war aber auch, daß mit den Sowjets jene ungarischen Kommunisten aus Moskau gekommen waren, die seit 25 Jahren – seit der mißglückten Räterevolution – auf ihre Stunde gewartet hatten. Zusammen mit dem übrigen Diplomatischen Korps, das noch bei der alten faschistischen Regierung Ungarns akkreditiert gewesen war, mußte Nuntius Rotta im April 1945 das Land verlassen – nicht ohne daß man ihm versicherte, wie gern man in Ungarn einen neuen Vertreter des Papstes sehen würde...

Im Vatikan wartete man einige Monate ab. In der Budapester Koalitionsregierung gab noch die Kleinbauernpartei den Ton an, die bald auch die (letzten) freien Wahlen gewinnen würde. Sie bedurfte einer geschickten maßvollen Rückenstärkung durch den ungarischen Katholizismus, wenn die Kommunisten, die sich Stück für Stück mit ihrer «Salami-Taktik» vordrängten, in Schranken gehalten werden sollten. War Mindszenty dafür der rechte Mann? Nicht wenige Monsignori im Päpstlichen Staatssekretariat bezweifelten es, weil sie Klugheit für die am schwächsten ausgeprägte Eigenschaft des Bauernbischofs hielten. Andere meinten, Ungarn sei ohnehin verloren; Mindszenty, als einziger erprobter Antifaschist und zugleich Antikommunist, sei für den «Endkampf» der rechte Mann.

Am 16. September 1945 ernannte ihn Pius XII. zum Fürstprimas auf den Sitz von Esztergom. Daß dies kein bloß formaler Titel sei, gab Mindszenty sofort der Regierung zu verstehen: «Der erste gemeinrechtliche Würdenträger des Landes steht seiner Heimat zu Diensten», telegrafierte er als Antwort auf den Glückwunsch der Regierung.[65] Nach dem ungarischen Gemeinrecht (ius communis) war der Primas Präsident des Staatsrats und dauerndes Mitglied des Oberhauses, praktisch der zweite Mann nach dem König (den es schon seit dem Ersten Weltkrieg nicht mehr gab). «Wir leben in einem rechtlosen Abgrund – aber der Fürstprimas steht auf seinem Posten!» rief Mindszenty in seiner Antrittspredigt und bezeichnete sich als «Pontifex, Brückenbauer und mit 900jährigen Rechten ausgestatteten ersten Würdenträger des Landes».[66] Fühlte er sich etwa als «Reichsverweser» der Monarchie – so wie der Admiral Horthy in der Zwischenkriegszeit? Am 1. November, kurz vor den Wahlen, ließ er einen Hirtenbrief verlesen, den die «Alliierte Kontrollkommission» (in der Russen,

Engländer und Amerikaner saßen) erst freigab, als ihre westlichen Mitglieder darauf
bestanden; Mindszenty gab den Worten des britischen Außenministers recht, «daß es
so aussieht, als ob in Ungarn eine totalitäre Tyrannei durch eine andere abgelöst
wurde»; heute wolle sie die Stimme bei den Wahlen erzwingen, «übermorgen führt
sie in den Krieg».[67]

Die Geschicke der katholischen Kirche in den Ländern des sowjetischen Macht-
bereichs *im einzelnen* zu schildern ist nicht das Thema dieses Buches; nur soweit sie
zum Verständnis der *vatikanischen Ostpolitik* bedeutsam sind, müssen die Ereignisse
des Kirchenkampfes immer wieder – und sei es nur in Stichworten – beleuchtet werden.[68] So würde es den Rahmen unserer Darstellung sprengen, wenn nun etwa der
verworrene politische Zustand des Nachkriegsungarn, auch der Zusammenprall zwischen der stalinistischen Machtambition und dem traditionellen Geltungsanspruch
der ungarischen Kirche (in Schule, Kultur, aber auch in der Landwirtschaft) analysiert
werden sollte. Wesentlich ist, zu erkennen, daß die Persönlichkeit des vom Vatikan
erwählten Fürstprimas den Prozeß kommunistischer Machtergreifung radikalisiert
und beschleunigt, indem sie der Linken, auch der nichtkommunistischen, viel mehr
Vorwände zur Eingrenzung der kirchlichen Position liefert, als dieser selbst im Augenblick lieb sein kann. Denn noch haben Ungarns Stalinisten vom Schlage des Má-
tyas Rákosi, die darauf brennen, das Kind mit dem Bade auszuschütten, kein Startzeichen aus Moskau erhalten …

Im Flugzeug der amerikanischen Mission, die ihm unentwegt versichert, daß Ungarn «nicht im Stich gelassen wird», fliegt Mindszenty am 30. November 1945 für
drei Wochen nach Rom. «Der Heilige Vater war sehr erfreut über die Nachricht, daß
Ungarn um die Wiederaufnahme diplomatischer Beziehungen zum Heiligen Stuhl
ersucht; noch mehr freute es ihn, daß ich dies im Auftrag der Regierung melden
konnte», sagte Mindszenty nach der Rückkehr in einem Interview für die katholische
Zeitung *Uj Ember*. In Wirklichkeit hatte er – wie er erst in seinen Memoiren 1974
verriet – dem Papst, der «sogleich die Rückkehr des Nuntius Angelo Rotta veranlassen wollte», davon abgeraten und ihn zum Abwarten veranlaßt. Dennoch verkündete
Mindszenty in dem Interview: «Die Antwort des Vatikans, die zustimmend war, habe
ich dem Herrn Ministerpräsidenten zur Kenntnis gebracht.»[69] Das ist zu dieser Zeit
Zoltán Tildy von der Kleinbauernpartei, ein reformierter Pfarrer; sein Stellvertreter
ist der Kommunist Rákosi. Aber macht es Mindszenty dem Regierungschef leicht?

Am Tage bevor er zum Kardinal erhoben wurde (24. Dezember 1945), rief er vor
Budapester Arbeitern: «Wie viele Machthaber haben auf dieser Erde schon ge-
herrscht: Cäsaren, Napoleon, Hitler, Mussolini – sie sind verschwunden! Und was
verschwindet alles!» Eine Woche später protestierte er in einem Brief an Tildy «kraft
der staatsrechtlichen Stellung, die dem ungarischen Fürstprimas zukommt», gegen
die Einführung einer republikanischen Verfassung und gegen «den Plan zur Aufhe-
bung des tausendjährigen ungarischen Königtums».[70]

Schon im Februar 1946 flog Mindszenty mit einem Flugzeug der amerikanischen

Luftwaffe wiederum für vier Wochen nach Rom, diesmal, um sein Kardinalsbirett entgegenzunehmen. Immer noch blieb die Frage diplomatischer Beziehungen in der Schwebe, «obwohl über die Form und die Person schon eine Vereinbarung getroffen wurde», wie Mindszenty später mitteilte.

In Wahrheit überzeugte Mindszenty durch seine Berichte in Rom den Papst davon, daß die Entsendung eines Nuntius nicht tunlich sei, und wahrscheinlich wünschte der Kardinal ohnehin, die Dinge in eigener Hand zu behalten. Schließlich hatte er auch der Regierung die Nuntiusfrage dadurch verleidet, daß er die Funktion eines solchen päpstlichen Vertreters der Öffentlichkeit – mit langen historischen Rückblenden – ausschließlich als eine solche der *innenpolitischen* Streitschlichtung darstellte. Nach der Erinnerung Mindszentys soll ihm der Papst schon bei der Überreichung des Kardinalsbiretts prophezeit haben, er werde unter den 32 Kardinälen «der erste sein, der das Martyrium erleidet». Was immer sich Pius XII. dabei gedacht haben mag, er hatte den neuen ungarischen Primas psychologisch richtig beurteilt... Und der Papst beschloß, sich selbst zunächst aus den ungarischen Angelegenheiten herauszuhalten.

Ganz anders stand es dagegen in *Jugoslawien*. Hier waren Titos Kommunisten ohne unmittelbare sowjetische Hilfe schon zur Macht gekommen und hatten das schwierige Erbe eines Vielvölkerstaats angetreten, dessen katholischer Teil – Kroatien – offen mit Hitler paktiert hatte. Tito hielt sich nicht an Stalins «volksdemokratische» Maßhaltetaktik, sondern begann sogleich eine eigenständige radikal-revolutionäre Kirchenpolitik, der es nur willkommen war, daß sie in Kroatien einem Teil des Klerus das Kainsmal der «Kollaboration mit dem Feind» aufdrücken konnte. Während des Zweiten Weltkrieges hatte die faschistische «Ustascha» des kroatischen Staatschefs Pavelic einen blutigen Religionskrieg gegen die orthodoxen Serben entfacht. Die Kirche und ihr Zagreber Erzbischof *Aloys Stepinac*, die aus nationalen Gründen mit dem Regime sympathisierten, versuchten zwar zu bremsen, der Vatikan warnte vor Zwangsbekehrungen von Orthodoxen, wie sie übereifrige Mönche betrieben. Aber die nationalen Leidenschaften, die so entfacht wurden, schlugen am Ende heftig zurück.[71] Im Vatikan sah man 1945 ein, daß es dringlich war, zu Tito Kontakt zu bekommen, um ihn zu besänftigen.

War es aber ein glücklicher Einfall, ausgerechnet einen Amerikaner als ersten Nuntius zu Tito zu schicken? Im Vatikan glaubte man, eine besonders geschickte Wahl in Monsignore *Joseph Patrick Hurley* getan zu haben – es war jener Bischof aus Florida, der sich 1941 zum Kummer seiner Amtsbrüder so heftig für amerikanische Hilfe an die Sowjetunion eingesetzt hatte. Schon am 22. Oktober 1945 traf Hurley in Belgrad ein und wurde von Tito freundlich empfangen. Sofort konfrontierte ihn der Staatschef aber auch mit einer Forderung: «Nehmt den Erzbischof Stepinac weg, holt ihn nach Rom, setzt einen anderen nach Zagreb, sonst werden wir ihn verhaften müssen», sagte Tito.

Der Papst lehnte dies ab, doch er vermied es, die Beziehungen zu Jugoslawien abzubrechen, auch dann, als Stepinac im Herbst 1946 verhaftet, am 13. Oktober als

erster Kirchenfürst Osteuropas vor Gericht gestellt und zu sechzehn Jahren Zwangs-
arbeit verurteilt wurde. Pius XII. begnügte sich damit, seine «große Trauer» über den
Prozeß auszudrücken und die Unschuld des Vatikans an den Zwangsbekehrungen in
Kroatien nachzuweisen.[72]

Der Bruch Titos mit Stalin (1948) und das amerikanische Wohlwollen für das
«nichtgebundene» Jugoslawien mögen diese Nachsicht gefördert haben. Um so größer war dann die Enttäuschung darüber, daß Titos Weigerung, sich in den Moskauer
«Ostblock» einzugliedern, keineswegs die erhofften, sondern eher paradoxe Folgen
hatte:

«Wir haben uns von Moskau getrennt, warum könnt ihr euch nicht von Rom
trennen?» fragte Tito Ende 1949 eine Gruppe von Priestern.[73] Zwar bot er im Sommer
1951 dem Vatikan die Freilassung von Stepinac unter der Bedingung an, daß der
Erzbischof das Land verlasse, und als der Papst das ablehnte, entließ er Stepinac
dennoch Ende 1951 aus der Haft und verbannte ihn in sein Heimatdorf. Doch die
Ankündigung des Papstes, Stepinac zum Kardinal zu erheben, empfand Tito dann als
«Provokation»: Am 17. Dezember 1952 mußte der Geschäftsträger der Nuntiatur in
Belgrad, Monsignore Silvio Oddi, endgültig die Koffer packen: Tito brach die Bezie-
hungen zum Vatikan ab. Aber auch jetzt war der Papst noch bereit, Titos «verletzende
Sprache verzeihend zu überhören», so sagte er vor den Kardinälen am 12. Januar
1953.

Jeder andere Staat hätte seinen Vertreter ohnehin längst abberufen, schrieb der
Osservatore Romano am 2. Januar 1953 und erklärte die «unendliche Langmut» des
Vatikans so: Die Existenz diplomatischer Beziehungen habe «einen *modus vivendi*»
ermöglichen sollen, sobald die unumgänglichen Voraussetzungen dazu durch einen
Akt guten Willens oder die Einsicht geschaffen worden wären». Daß Belgrad nun
«den Faden zerschnitten» habe, sei «ganz unnötig…».

Diese Begründung klingt erstaunlich, wenn man weiß, wie gering der Vatikan
selbst am Ende des Zweiten Weltkriegs die Aussicht auf einen *modus vivendi* mit den
Kommunisten veranschlagte und wie wenig Neigung er zum Dialog mit ihnen ver-
spürte. Jugoslawien mag da – wegen seiner bald spürbaren Distanz von Moskau – eine
Ausnahme gebildet haben.

Übrigens auch *Albanien*: Regierungschef Enver Hodscha bat im März 1945, als der
Apostolische Delegat in Tirana, Monsignore Leone Nigris, nach Rom reiste, «in seinem Namen den Heiligen Vater zu grüßen und ihm seine Bewunderung für sein
menschenfreundliches Werk auszudrücken».[74] Nigris kam dann allerdings nicht einmal dazu, den Gruß zu erwidern; Hodscha ließ ihn bei seiner Rückkehr am 24. Mai
1945 nur noch in Tirana landen und – wies ihn mit dem nächsten Flugzeug aus.
Albanien, das sich viel später erst von Moskau löste und sich – auf den Spuren Mao
Tse-tungs – schließlich zum «ersten total von Religion befreiten Staate der Welt»
proklamierte, gab damit schon ein Zeichen gewisser Selbständigkeit.

Denn 1944 bis 1947/48 lag fast allen nach Moskau orientierten Regierungen Osteuropas noch daran, ein gewisses Maß religiöser Toleranz zu zeigen und womöglich mit dem Vatikan ins Gespräch zu kommen. Die Sowjetregierung selbst hat bis 1947 immer in Rom wieder sondiert; zwei ungarische Geistliche mit Vatikanpässen reisten mehrmals zwischen Moskau und Rom hin und her (wie der französische Pater Jean de Matha berichtet, der 1947–1949 als Nachfolger Pater Brauns Pfarrer der Moskauer St.-Ludwigs-Kirche war.)[75] Angeblich sollen dabei die sowjetischen Diplomaten Puschkin und Ossukin eine «Rahmenvereinbarung» vorgeschlagen haben, der entsprechende Abkommen mit den «Volksdemokratien» folgen sollten. Ein weiterer Versuch wurde von Berlin aus gestartet: *Josef Müller* («Ochsensepp»), der Gründer der bayerischen CSU, vermittelte auf Bitten des Sowjetgenerals *Leonid Georgiev* 1946 ein Gespräch zwischen dem Berliner Generalvikar *Prange* und dem Sowjetdiplomaten *Smirnow*. Müller selbst trug Pius XII. in Privataudienz ein Verständigungsangebot vor, von dem der Papst – laut Müller – sagte; daß es «ernsthafter Nachprüfung wert» sei.[76]

Sondierungen gab es auch über den späteren Bischof von Meißen, *Heinrich Wienken* (1883–1961), der in den ersten Nachkriegsjahren bei 35 Begegnungen zuerst mit dem sowjetischen General Tschuikow, dann mit dessen politischen Beratern, Oberst Tulpanow und dem späteren Hochkommissar Semjonow, für die katholische Kirche in aller Stille wesentliche Sicherungen aushandelte, die ihr bis zum Ende der DDR blieben: Nicht nur die Beibehaltung des Religionsunterrichts und die Möglichkeit, Priester auszubilden, auch öffentliche Prozessionen und Wallfahrten, ein katholischer Buchverlag (St. Benno in Leipzig) sowie der nie abreißende Kontakt mit Rom und vor allem die ungefragte Pfarrer- und Bischofsernennung gehörten zu diesen Absprachen, die Wienken erreichte. Er besaß dazu ausdrückliche Vollmachten des Vatikans, der sich jedoch selbst jeden Kontakt versagt.[77] Auf sowjetischer Seite bestand damals noch ein Interesse, gerade in dem – noch nicht ganz geteilten – Deutschland eine relativ tolerante Religionspolitik zu demonstrieren und die katholische Minderheit in ihrer Besatzungszone auch ein wenig gegen die protestantische Mehrheit auszuspielen und zu begünstigen.

Solche Ansätze scheiterten im übrigen Osteuropa bald nicht nur an der Skepsis und Gesprächsunlust des Vatikans, sondern vor allem an Stalins Entschluß, nun doch die schnelle Sowjetisierung Osteuropas einzuleiten. Ihr Instrument sollte das «Kommunistische Informationsbüro» (Kominform) sein, in dessen Maske er die alte Internationale wiederbelebte. Wie Ende der zwanziger Jahre benutzte Stalin nun (wenn auch angesichts der amerikanischen «Eindämmungs»-Politik mit mehr Überzeugungskraft) das Gespenst *äußerer* Bedrohung, um die Zügel nach innen anzuziehen – diesmal innerhalb des Gürtels seiner Satellitenstaaten. Zum «verschärften Klassenkampf» gehörte wiederum auch die Auseinandersetzung mit Religion und Kirche. Allerdings: was in der Union der Sowjetrepubliken möglich gewesen war, ließ sich in Ländern mit überwiegend westlicher Tradition nicht einfach so wiederholen, wie Stalin – und der Vatikan dachten.

8. Auf «Kaltem-Krieg»-Kurs: Wieder Geheimbischöfe 1949–1955

Der Fall Schubert und Rumäniens Tragödie

Gebeugt, mit eingefallenen Wangen, schwer atmend, wenn die Erinnerung an das Erlittene seine Stimme fast erstickte – so fand der Autor dieses Buches nach einer fast detektivischen Suche am 1. Juli 1965 in dem kleinen rumänischen Dorf Timisul de Sus (Obertömösch) einen 75jährigen Mann, der einen abgetragenen Anzug mit dunklem Hemd trug. An seiner Hand mit den Schwielen eines Schwerarbeiters glänzte ein goldener Bischofsring: *Joseph Schubert*, Rumäniendeutscher, Apostolischer Administrator von Bukarest, Titularbischof von Ceramussa. Sein Name war niemals im *Annuario Pontificio* vermerkt und nur ein einziges Mal im *Osservatore Romano*: als er am 23. Februar 1969, einen Monat vor seinem Tode, zum ersten- und letztenmal vom Papst empfangen wurde. – Das Schicksal Bischof Schuberts soll hier nach seiner eigenen Schilderung als Beispiel für einen breiteren historischen Befund beschrieben werden.[1]

«Ich habe Ihnen etwas Wichtiges mitzuteilen», sagte der Päpstliche Nuntius, Bischof Gerald Patrick O'Hara, als ihn der Bukarester Dompfarrer Schubert – von argwöhnischen Sicherheitspolizisten beschattet – am 30. Juni 1950 aufsuchte. Der Nuntius blickte auf die Uhr: «Noch heute abend, sagen wir: in zwei Stunden, werde ich Ihnen die Bischofsweihe erteilen.»

Schubert erbleichte: «Aber Exzellenz! Schon meine Ernennung zum Apostolischen Administrator von Bukarest im Mai wurde mit der Regierung nicht vereinbart; wenn jetzt die Behörden von der Bischofsweihe erfahren – und es kann ihnen doch nicht verborgen bleiben! –, komme ich ins Gefängnis!»

Der Nuntius, ein handfester amerikanischer Bischof, den man direkt aus seiner Diözese Savannah (Georgia) ins ferne Rumänien versetzt hatte,[2] schaute den Dompfarrer verwundert an; dann sagte er, um einen feierlichen Tonfall bemüht: «Dann gehen Sie eben als Bischof ins Gefängnis – die Kirche braucht überall Glaubenszeugen!»

So wurde der Pfarrer Joseph Schubert in der Bukarester Nuntiaturkapelle heimlich zum Bischof geweiht – wie vor ihm sechs andere katholische Geistliche Rumäniens.

Schon eine Woche später reiste O'Hara, von der Presse als «geistlich verkleideter

Spion» beschimpft, jedoch dank diplomatischer Immunität ganz unbehelligt, für immer aus Rumänien ab. Die Regierung hatte ihn in einem Prozeß, der gegen seinen Kraftfahrer inszeniert wurde, beschuldigt, «militärische Informationen» zu sammeln. Daran war, wie man heute feststellen kann, nur dies richtig: Aus der katholischen Geistlichkeit des Landes (alle Katholiken waren Ungarn oder Deutsche) gingen immer wieder der Nuntiatur Berichte zu über Behinderungen, Schikanen und Verhaftungen – auch von Übergriffen der sowjetischen Truppen, die sich noch in Rumänien aufhielten. Der Nuntius pflegte solche Meldungen, aus denen sich natürlich auch Schlüsse über Stationierungsorte ziehen ließen, seinen amerikanischen Landsleuten in der «Alliierten Kontrollkommission» weiterzuerzählen. Diese Kommission und die Nuntiatur waren selbstverständlich von Horchern umgeben.

Der Kalte Krieg zwischen Ost und West war in diesem Augenblick auf einem Höhepunkt angelangt (am 25. Juni 1950 hatte der «heiße» Koreakrieg begonnen). Nirgendwo in Osteuropa betrieb Stalin die Sowjetisierung eines Landes so radikal wie in Rumänien, nirgendwo fand er unter den einheimischen Kommunisten so fanatische, teils hysterische, teils zynische Handlanger, wobei untergründig auch schon die Keime der späteren «Ketzerei» in der Ära Ceausescu gelegt wurden.[3] Die Atmosphäre des Polizeiterrors begünstigte zugleich Einschüchterung und Druck auf die nationalen Minderheiten des Landes – und das heißt auch: auf die nicht-orthodoxen Religionsgemeinschaften. Der rumänisch-orthodoxen Kirche gelang es unter ihrem schlauen Patriarchen Justinian Marina, durch absolute, demonstrative Loyalität gegenüber dem neuen Regime dessen Antireligiosität zu «unterlaufen». Gleich zu Anfang verbündete sie sich zu diesem Zweck mit den Kommunisten gegen den «fremdländischen» Katholizismus. Nach dem sowjetischen Beispiel in der Ukraine wurden so auch in Rumänien 1948 die 1,5 Millionen Katholiken des östlichen (rumänischen) Ritus mit Hilfe heftigen Polizeidrucks wieder mit der orthodoxen Kirche vereinigt – genau 250 Jahre, nachdem ihre Union mit Rom unter dem sanfteren Druck des Habsburger-Reiches zustande gekommen war. Von fünf ihrer widerstrebenden Bischöfe starben vier im Gefängnis, der fünfte, Juliu Hossu, 1970 in einem orthodoxen Kloster; nach seinem Tode ehrte ihn Papst Paul VI. mit der Kardinalswürde…

Um die Liquidierung der katholischen Unierten zu erleichtern, kündigte Rumänien am 17. Juli 1948 das alte Konkordat (von 1927), das ihre Existenz gesichert hatte. Voraus ging eine Kampagne gegen den Vatikan, «dessen imperialistische Tätigkeit wohlbekannt ist» (Parteichef Gheorghiu-Dej). Am 4. August 1948 erließ die Regierung ein Religionsdekret, das einen für die 1,2 Millionen ungarischen und deutschen Katholiken des lateinischen Ritus schwerwiegenden Artikel 41 enthielt: «Keine Kultgemeinschaft kann vom Ausland her über Gläubige des rumänischen Staates Jurisdiktion ausüben.» Jede Kultgemeinschaft habe dem Kultusministerium ein entsprechendes Statut über ihre Tätigkeit zur Genehmigung vorzulegen.

Das sowjetische Modell der zwanziger Jahre wird sichtbar. Wie einst Bischof Cieplak, so versuchen nun die katholischen Bischöfe Rumäniens ein annehmbares Statut mit der Regierung auszuhandeln. Scheinbar sind sie in einer bessere Lage als damals Cieplak, denn es gibt noch immer einen Nuntius in Bukarest, der helfen und zumindest versuchen könnte, auch mit Rom einen tragbaren Text abzustimmen. Aber das Fatale ist, daß dieser Gesandte des Papstes nicht nur ungeschickt ist; er ist mit Instruktionen ausgestattet, die auf die gleiche doppelgleisige Methode hinauslaufen, die wir aus den zwanziger Jahren kennen, als Pacelli in Berlin mit den Sowjets verhandelte und zugleich d'Herbigny in Moskau geheime vollendete Tatsachen schaffen sollte.

War es schon nicht klug, auf den delikaten Posten in Bukarest – mitten im Kalten Krieg – einen Amerikaner als Nuntius zu setzen, so zeigt sich O'Hara nun an der eigentlichen diplomatischen Tätigkeit ziemlich uninteressiert. Ein mühsam von den zum Teil schon amtsbehinderten Bischöfen ausgehandeltes Statut für die katholische Kirche, das die Regierung mit geringen Abänderungen hinnehmen will, verwirft der Nuntius. Artikel 1 dieses Statuts hätte immerhin bestimmt, daß die katholische Kirche «ihre Tätigkeit gemäß ihren Dogmen, Rechtsvorschriften und Traditionen in Übereinstimmung mit den Landesgesetzen ausübt»; der Artikel 2, daß «der Papst ihre höchste Autorität in Sachen des Glaubens, der Sitte und der geistlichen Jurisdiktion» ist; Artikel 13, daß die Ernennung von Bischöfen «dem Heiligen Stuhl zusteht auf Vorschlag der katholischen Kirche Rumäniens und auf Grund einer Zustimmung der rumänischen Regierung».

Hätte man auf dieser Basis nicht wenigstens versuchen können, die stalinistische Periode zu überleben? Im Vatikan sah man in diesem Statut nur das «raffinierte Instrument zur Unterwerfung der Kirche».

Oder gab es noch eine Alternative? Pius XII. meinte sie zu sehen. Er ließ den Nuntius O'Hara nicht einen *modus vivendi*, sondern eine – Katakombenkirche vorbereiten. Innerhalb einiger Monate ernannte O'Hara insgeheim zwanzig Apostolische Administratoren, er erstellte Listen von Ersatzmännern, die er für würdig hielt, einander als *Ordinarii substituti* nachzufolgen, wenn der jeweilige Vorgänger ins Gefängnis käme. An Stelle der verhafteten fünf unierten Bischöfe weihte er sechs Geheimbischöfe, die schon zwei Monate später alle verhaftet waren[4] (fünf von ihnen, die überlebten, wurden nach 18 Jahren Gefängnis 1964 freigelassen und lebten dann in abgeschiedenen Dörfern ohne priesterliche Funktion).

Für die lateinische Kirche weihte O'Hara außer Schubert auch den Pfarrer *Adalbert Boros* aus Temeschvar zum Geheimbischof. Pfarrer Joseph Schubert stand an erster Stelle der Nuntiaturliste für die (lateinische) Diözese Bukarest, deren Erzbischof Cisar[5] resigniert hatte und auf ein Dorf verbannt war. Schubert hatte sich diese Ehre verdient, weil er die kompromißlose Haltung des Nuntius unterstützte – auch gegen manche Mitglieder der bischöflichen Kurie. Zur äußeren Bedrängnis kamen – wie so oft – interne Intrigen im Klerus, Meinungsverschiedenheiten, die mit moralischem Pathos hochgespielt und von den Kommunisten entsprechend benutzt wurden. Erst seine geheime Bischofsweihe versetzte Schubert in Zweifel, ob die Aktion

Nikolai Podgorny bei *Papst Paul VI.* am 30. 1. 1967, die Privataudienz für den sowjetischen Staatspräsidenten war der erste Besuch des Oberhauptes eines kommunistischen Staates.

«Geheimbischof» Joseph Schubert. Nach 13 Jahren Gefängnis am 23. Februar 1969 bei Papst Paul VI., 6 Wochen vor seinem Tode

des Nuntius, überhaupt das kompromißlose Verhalten, ganz richtig sei. Nach der Abreise des Nuntius sah er sich immer mehr isoliert, und was er befürchtet hatte, geschah auch schon ein halbes Jahr später:

Am 17. Februar 1951 wurde Schubert in Bukarest, Boros in Temeschvar verhaftet. Ihnen wie allen Priestern, die auf der Nuntiaturliste standen, wurde der Prozeß gemacht. Als «Vatikanspion» verurteilte man Schubert sogar zum Tode. Dann begnadigte man ihn zu lebenslänglicher Haft; jahrelang wurde er mißhandelt, in Ketten gelegt, zu schwersten Arbeiten gezwungen. Erst als sich das rumänische Regime Anfang der sechziger Jahre zu ändern begann, wurde er etwas milder behandelt und schließlich nach *dreizehn* Jahren, im Juli 1964, zum Zwangsaufenthalt in jenes Dorf entlassen, wo ihn der Verfasser bald darauf als einen gebrochenen Mann fand.

«Hätte ich gewußt, was ich heute weiß, daß nämlich anderswo, in Polen, in Ungarn, Kompromisse versucht wurden! Hätte mir der Heilige Vater nur ein kleines Zeichen gegeben!» sagte Schubert bitter. Immer wieder hatte man ihm Loyalitätserklärungen zur Unterschrift vorgelegt, in denen er staatsbürgerliche Treue geloben und versprechen sollte, sich allein in religiösen und moralischen Fragen nach vatikanischen Richtlinien zu orientieren. Er hatte das stets abgelehnt, obwohl man ihm den erzbischöflichen Stuhl von Bukarest anbot, dessen rechtmäßiger Administrator er nach vatikanischer Auffassung ohnehin war.

Aber vielleicht war es wenigstens für Bischof Schuberts Seelenfrieden ein Glück, daß er diesen Stuhl nie mit Genehmigung der rumänischen Regierung bestieg. Den anderen Prälaten, die auf der besagten Nuntiaturliste gestanden hatten, wurde das in Rom böse angekreidet: Der erste war Monsignore *Traian Jovanelli* gewesen (Nr. 3 auf der Liste des Nuntius). Er war kurz nach der Verhaftung Schuberts 1951 aus dem Gefängnis freigelassen worden und konnte sein Amt in der erzbischöflichen Kurie antreten, nachdem er die erwünschte Loyalitätserklärung unterschrieben hatte. Später folgte ihm Pfarrer *Franz Augustin* (Nr. 5 auf der Nuntiaturliste), der unter der gleichen Bedingung dem Gefängnis entkam. Beide galten für den Vatikan als Abtrünnige. Noch 1965 wurde *Petru Plesca*, der (jetzt schon im Einverständnis mit der Regierung) in Rom zum Bischof geweiht wurde, von vatikanischen Prälaten mißtrauisch befragt, warum er denn nie im Gefängnis gewesen sei…

Wer freikam, mußte den Kommunisten einen Preis bezahlt haben – so lautete noch lange die gängige Meinung in der römischen Kurie, aber auch in Rumänien selbst: Man mußte schon – wie der ungarische Bischof *Aaron Marton* im rumänischen Alba Iulia – auf einem weißen Pferd durch die Lande geritten sein (was niemand verbieten kann) und der Regierung auch sonst allerlei legalen Schabernack angetan haben, wenn man nach einer Begnadigung durch den Staat bei den eigenen Gläubigen und in Rom noch Gnade finden wollte. Das begann sich erst seit Johannes XXIII. und dem Zweiten Vatikanischen Konzil langsam zu ändern. Selbst der pfiffige Franz Augustin, der seine Dompfarre in Bukarest (mit Seelsorge, Religionsunterricht und besserem Kirchenbesuch als in irgendeiner Pfarrkirche Roms!) über die bösesten Zeiten gerettet hat, obwohl (oder weil) er Abgeordneter im rumänischen Parlament wurde, bekam 1964 in Rom einen päpstlichen Segen. Er finanzierte dem aus Bukarest verbannten Bischof den Lebensunterhalt und wurde als Ordinarius-Substitut geduldet. Sein Traum vom erzbischöflichen Stuhl ging freilich nie in Erfüllung…

Joseph Schubert jedoch, der Standhafte, den man sinnlos (auch für die Seelsorge ganz nutzlos) einer dreizehnjährigen Gefängnishaft aussetzte, ohne jemals etwas für seine Befreiung zu unternehmen, konnte am Ende die Welt und seine Kirche nicht mehr verstehen. Als ihm Monsignore Giovanni Cheli vom Vatikanischen Staatssekretariat nach Gesprächen mit dem Kirchenamt in Bukarest 1966 das Angebot überbrachte, Erzbischof der Hauptstadt zu werden – und zwar zusammen mit Franz Augustin als Generalvikar –, da antwortete er: «Lieber lasse ich mich totschlagen als mit diesem…!» – Fast zwanzig Jahre kommunistischer Terror und verfehlte Vatikanpolitik hatten die Atmosphäre auch innerkirchlich verkrampft und vergiftet.

Bischof Schubert ist am 4. April 1969 in München gestorben und in der Frauenkirche begraben worden. Todkrank erst durfte er Anfang 1969 Rumänien verlassen. Am 8. Februar kam er nach Rom. Zwei Wochen wartete er, bis ihn Paul VI. umarmte – jener Papst, der als Monsignore Montini Anfang der fünfziger Jahre «Prostaatssekretär für die Ordentlichen Angelegenheiten der Kirche» geworden war. Wie wenige andere kannte Montini die Versäumnisse, durch die Pius XII. den osteuropäischen Katholizismus in eine Sackgasse geraten ließ, die den Stalinisten das Spiel nur allzu leicht gemacht hat. «Die einzige von Rom anerkannte Haltung ist die von Monsignore Schubert», schrieb Domenico Tardini (der Sekretär für Außerordentliche Angelegenheiten im Staatssekretariat) noch am 10. Mai 1951 den zweifelnden Bukarester Domkapitularen, als Schubert schon drei Monate im Gefängnis saß und kein anderer rumänischer Bischof mehr in Freiheit war. Jene «Haltung» – ehrenwert und gehorsam – hat freilich auch jenen im Westen, die mit frommem Schauer von der «Schweigenden Kirche im Osten» sprachen, ein Alibi ihrer eigenen politischen Bequemlichkeit geliefert…

Der Papst redet – Budapest und Prag verstummen

Hat der Papst zu alldem wiederum geschwiegen? Hat er seine durch fünf Kriegsjahre so peinlich gewahrte Zurückhaltung («um Schlimmeres zu vermeiden») im Blick auf das Osteuropa der fünfziger Jahre weiter gewahrt?

Keineswegs. Als ob er sich von langen Gewissensskrupeln befreien wollte, fand er nun starke, scharfe Worte. Sie wirkten – gerade weil er die Kriegsverbrechen stets nur vorsichtig umschrieben oder mit Schweigen bedacht hatte – seltsam proportionslos und legten die Frage nahe: Ob denn nun jene Regel, wonach laute Kampf- und Protestrufe den Gläubigen nur noch größere Drangsal eintrügen, plötzlich nicht mehr stimmte? Pius XII. mag das selbst empfunden haben, doch er kehrte die Fragestellung um, als er im Oktober 1947 sagte:

> «Das, was nach Meinung von vielen eine Pflicht der Kirche war und was sie von ihr in ungebührlicher [!] Weise forderten, ist heute, nachdem diese Leute an die Macht gekommen sind, in ihren Augen ein Verbrechen und eine verbotene Einmischung in die inneren Staatsangelegenheiten: Wir meinen den Widerstand gegen ungerechten Gewissenszwang durch totalitäre Systeme und deren Verurteilung in aller Welt...»[6]

Damit hatte der Papst zwar auf den Widerspruch der anderen aufmerksam gemacht, seinen eigenen jedoch nicht gelöst. Er, der Vorsichtige, nahm nun gegen die neuen Regime in Osteuropa kaum mehr ein Blatt vor den Mund. Er unterschied «zwischen den Völkern, die oft jeglicher Freiheit beraubt sind, und den Systemen, welche sie regieren»; er bescheinigte aber auch den «sogenannten orthodoxen» Kirchen «knechtische Abhängigkeit» von den Kommunisten (Weihnachtsbotschaft 1948).[7] Auf eine fast manichäische Weise begann er ein zeitgeschichtliches Bild vom Kampf zwischen Gut und Böse zu entwerfen, in dem es auf der einen Seite nur die «Guten im Tugendglanze» gab, auf der anderen nur die «Machenschaften des höllischen Feindes».[8]

Den gefangenen ukrainischen Bischöfen ruft er zu: «Wenn ihr jetzt in Ketten seid, so reden diese klarer und lauter und verkünden Christus.»[9] Die rumänischen Bischöfe tröstet er, als alle schon eingekerkert sind: «Gedenket, daß eurer im Jenseits ein Lohn wartet... Wisset, daß mit Uns alle Katholiken flehentlich zu Gott beten, er möge eure Leiden schnell beenden... Fahret lieber fort, Verbannung und Kerker zu ertragen, als daß ihr euren Glauben verleugnen und die starken Bande, die euch mit dem Heiligen Stuhl verbinden, lösen oder lockern würdet.» Jetzt, da es zu spät ist, beteuert der Papst in Richtung Rumänien, daß die Katholiken «in der Ehrfurcht gegenüber der staatlichen Autorität und im Gehorsam gegen die Gesetze niemandem nachstehen, sofern diese nicht etwas verlangen, was dem Naturrecht, dem göttlichen und kirchlichen Recht widerspricht».[10]

In Ungarn, wo die Kommunisten 1948 die legale politische Opposition erdrosseln und die Alleinherrschaft antreten, fühlte sich Kardinal Mindszenty als letztes Haupt eines – auch politisch gemeinten – Widerstands. Der Papst pries Ungarn am 30. Mai 1948 als «wetterharte Eiche, die nichts entwurzeln kann»; der Glaube stärke die Ungarn gerade dann, «wenn die Feinde des Namens und der Herrschaft Gottes euch mit List und Betrug nachstellen».[11]

Die Verstaatlichung der überwiegend kirchlichen Schulen wurde zur Kraftprobe; der Episkopat bat die Regierung um die Einsicht, «daß eine endgültige Regelung dieser so wichtigen Frage unter den jetzigen Umständen ohne die Intervention des Heiligen Stuhls nicht möglich ist». Parteichef Rákosi – Ungarns «Stalin» –, der nicht zu Unrecht in dem streitbaren Kardinal seinen einzigen gefährlichen Gegenspieler sah, wollte diesen ausschalten: Am 26. Dezember 1948 ließ er Mindszenty verhaften, was der Papst schon eine Woche danach als eine «ruchlose Dreistigkeit» anprangerte.

Besonders erbittert reagierte Pius XII. auf das unseriöse Manöver Rákosis, der drei Tage nach der Verhaftung Mindszentys bekanntgab:

1. habe der Kardinal sich schon als Spion und Verschwörer bekannt (was nicht stimmte);

2. wünsche die Regierung ein Abkommen mit dem Vatikan zu schließen;

3. sollten Ungarns Bischöfe sofort Verhandlungen aufnehmen.

«Laßt euch nicht durch jenen trügerischen Schein von Wahrheit, mit dem man täuschend und verlockend die Herzen zu ködern versucht, vom rechten Wege abbringen», warnte der Papst die Bischöfe Ungarns in einem öffentlichen Schreiben.[12] Und der *Osservatore Romano* nannte es (am 2. Januar 1949) unvorstellbar, wie sich nach Mindszentys Behandlung noch ein Abkommen zwischen Ungarn und dem Vatikan verwirklichen ließe.

Am 8. Februar, drei Tage bevor der Schauprozeß[13] gegen Mindszenty in Budapest mit einem Urteil auf lebenslängliche Haft endet, weist der Papst (in einer Ansprache vor Kurienkardinälen) auf die «verfängliche Schlauheit» der Anklagen und auf den gebrochenen Zustand des geständigen Kardinals hin, was «ohne geheime Einwirkungen, die zu nennen nicht angeht» (eine Anspielung auf Drogen), kaum denkbar wäre.[14]

Kein Zweifel, die Rachgier Rákosis und seiner Moskauer Auftraggeber hat den Kardinal unmenschlich getroffen; ebenso gewiß ist, daß der Kardinal nicht – wie ihm die Anklage mit teils absurden Übertreibungen, teils gefälschten Beweisen vorwirft – auf Anweisung des Vatikans seine politische Opposition betrieb. Mindszenty hat es auf seine ganz eigene halsstarrig-naive und weltfremde Weise getan – so wie es manche Prälaten der römischen Kurie schon von Anfang an von ihm befürchtet hatten. Er hat auf die Möglichkeit einer weltpolitischen Wende, auf eine «Rettung durch Amerika» gehofft, und er hat die Tatsache, daß der Papst nicht mehr – wie zur Kriegszeit – schwieg, als Bestätigung betrachtet. Es sei, so versicherte der Papst nun,

> «…ganz wahrheitswidrig, wenn im Verlauf dieses Prozesses behauptet wurde, daß der Apostolische Stuhl aus Machtwillen Befehle und Direktiven gegen die Republik Ungarn und ihre Leiter erteilt habe… Jedermann weiß, daß sich die katholische Kirche nicht von irdischen Beweggründen leiten läßt, daß sie *jede Regierungsform zuläßt*, sofern sie nur den göttlichen und menschlichen Rechten nicht widerspricht…»[15]

Kardinal Mindszenty jedoch, der sich auch als staatlicher Würdenträger betrachtete, hatte durchaus auch «irdische Beweggründe», die er mit den religiösen identifizierte. Aus Scheu vor Mitverantwortung hatte es ihm der Vatikan tatsächlich weitgehend überlassen, den kirchenpolitischen Kurs in Ungarn zu bestimmen. Pius XII. hatte jedoch durch seine öffentlichen Reden zwischen 1945 und 1948 das *allgemeine* Klima dieses Kurses mitgeprägt. So flammende Worte, wie sie der Papst *nach* dem Urteil gegen Mindszenty am 20. Februar 1949 auf dem Petersplatz an das römische Volk richtete,[16] hatte man bei keinem Terrorurteil der Jahre 1939 bis 1945 aus seinem Munde gehört. Sie entsprachen jetzt nicht nur der Linie seiner Nachkriegspolitik, sie verrieten zugleich auch, wie sehr ihn der alte «Schweigekomplex» quälte, wie sehr dieses Trauma das Verhalten des Papstes bestimmte:

> «Römer! Die Kirche Christi mischt sich nicht in rein politische oder wirtschaftliche Fragen ein, sie kümmert sich nicht um den Streit über Nutzen und Schaden der einen oder der anderen Regierungsform… Nur zu gut bekannt ist jedoch, was der totalitäre, antireligiöse Staat von der Kirche als Kaufpreis für seine Toleranz… fordert: eine Kirche, die schweigt, wenn sie verkünden müßte; …eine Kirche, die der Vergewaltigung der Gewissen nicht widersteht und die wohlbegründeten Rechte und die wahre *Freiheit des Volkes nicht in Schutz* nimmt; eine Kirche, die sich mit entehrender Knechtsgesinnung in die vier Wände ihrer Gotteshäuser einschließt… Könntet ihr euch einen Nachfolger Petri vorstellen, der sich solchen Forderungen beugen würde?»

Viermal wiederholte Pius XII. dann wie ein Volksredner auf dem Petersplatz die Frage: «Darf, kann der Papst schweigen?» Und das Echo der Menge, das schrille «Nein», das ihm entgegenschallte, mag ihn gestärkt, aber von seinem Trauma kaum befreit haben…

Für Osteuropas Stalinisten waren solche Wort jedenfalls Öl ins Feuer, mit dem sie den Kirchenkampf weiter anheizen konnten. Doch nicht genug: Am 1. Juli 1949 ließ der Papst durch das Heilige Offizium (die einstige Inquisition, heute Glaubenskongregation genannt) in kirchenrechtlicher Form zum erstenmal in diesem Jahrhundert einen Bannstrahl gegen Mitglieder, Förderer und Anhänger kommunistischer Parteien, ja bloße Leser ihrer Zeitungen, schleudern – so jedenfalls wurde das Dekret von der damaligen antikommunistischen *und* kommunistischen Propaganda lauthals ausgelegt.

Bei genauerem Hinsehen gibt es in dem Dokument allerdings genaue Unterscheidungen: Die «bewußte und freiwillige» *Mitgliedschaft* in kommunistischen Parteien, ihre Unterstützung sowie die Lektüre und Verbreitung ihrer Druckerzeugnisse wird mit dem *Ausschluß von den Sakramenten* bestraft; die Strafdrohung der *Exkommunikation* wegen Glaubensabfalls (Apostasie) gilt hingegen ausschließlich für jene «Gläubigen» (!), die sich zur Doktrin des materialistischen und antichristlichen Kommunismus bekennen (*fedeli che professano la dottrina del comunismo materialista e anti-christiano*).

Nun konnte man sich fragen, was dies denn für «Gläubige» sein sollen, die sich als *Antichristen bekennen* und gleichwohl dem Kirchenausschluß noch irgendwelche Bedeutung zumessen?! Im Grunde sprach dieses Antikommunismus-Dekret eine ganz selbstverständliche, nichts Neues besagende Feststellung aus. Dies hat Erzbischof Casaroli, der «Außenminister» Papst Pauls VI., 23 Jahre später in einem Vortrag sogar delikat zu verstehen gegeben.[17]

So stumpf das Dekret als theologisch-kirchenrechtliches Instrument war (selbst der italienischen KP hat es nur sehr kurze Zeit Kopfzerbrechen bereitet), so scharf wirkte es als politische Waffe in Osteuropa. Den Kirchengegnern erlaubte es, indem sie es vergröberten, die staatsbürgerliche Loyalität der Katholiken anzuzweifeln und den Klerus vor die peinliche Frage zu stellen, ob er nicht überhaupt ein Feind allen «sozialistischen Aufbaus», ja jeglicher praktischen Zusammenarbeit zum Wohl der Allgemeinheit sei.

Der Papst hatte mit dem Dekret jene zwitterhafte Kollaboration von gutmeinenden oder nur anpassungswilligen Gläubigen treffen wollen, die als «Friedensfreunde», «Fortschrittliche Katholiken» und «Friedenspriester» unter kommunistischer Regie die geistigen Fronten mehr verwirrten als überbrückten. Er hatte wohl auch gedacht, durch eine scharfe kirchenrechtliche Grenzziehung die Bischöfe in Osteuropa von – wie er meinte – zu weitgehenden Abmachungen abhalten zu können. In Wirklichkeit versetzte er den Klerus in Osteuropa (soweit es sich nicht um Geistliche handelte, die eine totale Konfrontation und das Martyrium suchten) in größte Verlegenheit. Das römische Dekret beschleunigte sogar in Polen und Ungarn den Versuch der Bischöfe, nun schnell zu retten, was noch zu retten sein könnte. Nur in der *Tschechoslowakei* war es sogar dafür schon zu spät…

Ein Zufall, aber für die Prager Kommunisten ein Glücksfall war es, daß das Antikommunismus-Dekret am 13. Juli, nämlich genau an dem Tage bekanntgegeben wurde, als der letzte Vertreter des Vatikans gezwungen wurde, aus Prag abzureisen: «Am Abend jenes Tages, an dem [Monsignore Gennaro] Verolino das Land, das er für den Bürgerkrieg vorbereiten wollte, für immer verlassen hat, wurde durch den Vatikansender ein Dekret verkündet, das die katholischen Kommunisten [sic!] und jene, die mit ihnen zusammenarbeiten, mit Exkommunikation bedroht… Zweifellos wird jeder, der die Anordnungen des Vatikans durchführt, zum Verräter an Staat und Volk», so verkündete der ČSR-Justizminister Čepicka,[18] Schwiegersohn jenes Staatspräsidenten Klement Gottwald, der noch ein Jahr vorher Wert darauf gelegt hatte, daß der Erzbischof von Prag ein «Tedeum» zu seiner Amtsübernahme anstimmte…

Nie in der Zwischenkriegszeit waren die Beziehungen zwischen der Tschechoslowakei und dem Vatikan so gut gewesen wie unmittelbar nach 1945. Vielen, selbst im Vatikan, schien es möglich, daß Stalin die starken demokratisch-westlichen Traditionen dieses Landes achten müsse. Die große Kommunistische Partei, die mitregierte, hatte freilich Chancen, sogar legal zur Macht zu kommen. Am 13. Mai 1946 wurden die Beziehungen zum Vatikan wiederhergestellt; Erzbischof Saverio Ritter kam als Nuntius nach Prag. Der Papst ernannte in kluger Voraussicht einen antinationalsozialistischen Widerstandskämpfer, der drei Jahre in deutschen KZs zugebracht hatte, zum neuen Erzbischof von Prag: *Josef Beran*: Ein kommunistischer Innenminister heftete Beran schon bei der Amtseinsetzung einen Verdienstorden an die Soutane.

Politisch-psychologisch vorbelastet war die Lage in der *Slowakei*, die 1939–1944 eine Republik von Hitlers Gnaden gewesen war – mit dem katholischen Priester Josef Tiso als Staatspräsidenten.[19] Unter antikommunistischen Vorzeichen hatte Tiso Hitlers Ausrottungspolitik gegen die Juden kräftig unterstützt. Er ließ sich dabei auch nicht vom Vatikan stören, der seinen Nuntius in Bratislava zwar protestieren ließ, aber kirchendisziplinarisch gegen Tiso nichts unternahm.

«Daß der Heilige Stuhl *Hitler* nicht anhalten kann, verstehen alle, aber daß er einen *Priester* nicht bremsen kann – wer kann es begreifen?» notierte 1942 Monsignore Tardini mit einem unverkennbar kritischen Seitenblick auf seinen «Chef», den Papst.[20] In einem gemeinsamen Hirtenbrief der slowakischen Bischöfe waren die Juden als volksschädliche Christusmörder dargestellt worden; ihre unveränderte Haltung habe man «in der blutigen Christenverfolgung in Rußland und Spanien gesehen, bei der die Juden einen wichtigen Anteil hatten», dennoch dürfe man nicht vergessen, «daß auch die Juden Menschen sind...»[21] Einen der slowakischen Bischöfe, *Jan Vojtaššák* von Zips, hielt auch der Nuntius für einen «großen Chauvinisten», weil dieser Oberhirte Humanität gegenüber Polen und Juden als «fast sündhaft» bezeichnet hatte (*humanitas nostra esset fere peccaminosa*).[22]

Und dieser Vojtaššák war der erste katholische Bischof, der schon im April 1945 – auf Veranlassung des slowakischen Nationalrats-Vorsitzenden, des antiklerikalen Kommunisten Gustav Husák – ins Gefängnis gebracht, aber mit Rücksicht auf die Stimmung der Bevölkerung wieder freigelassen wurde. Nach einigen Jahren machte man beiden – Vojtaššák und Husák (dem späteren Parteichef der ČSSR) – den Prozeß: für die Stalinisten gab es kaum einen Unterschied. Ihnen war, nachdem sie im Frühjahr 1948 die Alleinherrschaft angetreten hatten, jeder Vorwand recht, um die Kirche als solche zu schlagen.

Mußte man nicht gerade deshalb vermeiden, ihnen Vorwände zu liefern? Das war die Frage, die sich dem Vatikan wie überall, so auch in der Tschechoslowakei stellte, ohne daß es ihm gelang, eine schlüssige Antwort zu geben. Erzbischof Beran war zu Verhandlungen bereit; aber er wollte und *durfte* sie nicht führen ohne Mitwirkung des Heiligen Stuhls, der – anders als in Budapest und Warschau – in Prag durch einen Nuntiaturgeschäftsträger vertreten war. Im Februar brachen die Gespräche ab, weil es die Regierung ablehnte, den päpstlichen Vertreter zu beteiligen, und weil sie nicht nur auf einem Treueid der Bischöfe bestand, dessen Text dem Papst unannehmbar schien, sondern auch noch eine Rehabilitierung des Geistlichen Josef Plojhar verlangte, der ohne kirchliche Erlaubnis Gesundheitsminister geworden war (und mit seiner pseudo-katholischen «Volkspartei» die Kommunisten unterstützte). Hatte der Vatikan nicht auch den Priester Tiso für die slowakischen Faschisten tätig sein lassen...? hieß es nun anzüglich.

«Der Vatikan im Dienste der amerikanischen Reaktion», lautete der Titel einer amtlichen Broschüre in der Slowakei; eine Kampagne gegen den Nuntiaturgeschäftsträger begann. Natürlich entging es der Geheimpolizei nicht, daß Monsignore Verolino, ein agiler Neapolitaner, im Lande bei den Bischöfen umherreiste und sie mit jenen Vollmachten für die Bildung einer Ersatz- und Untergrund-Hierarchie ausstattete, wie wir sie aus anderen Ländern schon kennen. Kaum aber war Verolino ausgewiesen und das vatikanische Antikommunismus-Dekret verkündet, da konnten die tschechischen Stalinisten die letzten Rücksichten fallenlassen: Fast alle Bischöfe wurden in den fünfziger Jahren verhaftet und durch Kapitel- oder Generalvikare ersetzt, die der Staat auswählte (einige von ihnen ließen sich kaufen oder erpressen, andere taten mit, um die Seelsorge zu retten). Erzbischof Beran, dem man einen Prozeß nicht zu machen wagte, verschwand vierzehn Jahre lang, interniert in Dorfpfarrhäusern und Klöstern. Mönche, Nonnen, Theologiestudenten sperrte man zu Hunderten in «Konzentrationsklöster» und «Umerziehungslager». Es waren Aktionen, in denen sich ein Gemisch von stalinistischem und hussitischem Fanatismus mit landesüblichem Übereifer entlud.[23]

Und zugleich kamen die von Rom vorgesehenen Notmaßnahmen in Gang:

Im tschechischen Gebiet erhielt der Prager Kaplan *Kajetan Matousek* Mitte September 1949 eine geheime Bischofsweihe; er entzog sich einige Zeit der Verhaftung nur dadurch, daß er keinen Gebrauch von ihr machte. «Sie sind doch nicht Bischof geworden, um sich zu verstecken», sprach ihn eines Tages ein Jesuitennovize an, der vierzig Monate in einer Strafkompanie der Armee hinter sich hatte. Matousek erteilte ihm geheim die Priesterweihe. Bald wurde Matousek «enttarnt» und durfte nur als Pfarrer tätig sein. *Ladislav Hlad* aus Pilsen, seit seiner Geheimweihe zum Bischof verhaftet, konnte nach über zehn Jahren Gefängnis nur in einem Altersheim Pfarrer sein. *Karel Otčenasek* wurde im April 1950, damals dreißig Jahre alt, in Hradec Králové heimlich zum Bischof geweiht. Kurz darauf verhaftet, blieb er über zehn Jahre im Gefängnis, dann arbeitete er als Milchkutscher; 1967 wurde ihm die Seelsorge wieder erlaubt, doch nur als Pfarrer. Nur *František Tomašek*, 1949 geheim geweiht, kurz in einem Straflager, dann als Pfarrer tätig, konnte mit staatlicher Genehmigung 28 Jahre später Erzbischof von Prag, ja Kardinal werden. In der Slowakei wurde *Pavel Hnilica*, ein Jesuit, Geheimbischof und gab die Weihe 1951 an den Jesuiten Jan Korec weiter, der gleich darauf für sieben Jahre eingekerkert wurde, während Hnilica die Nerven verlor, sich – zum Mißvergnügen seiner Oberen – über die «grüne Grenze» nach Rom absetzte. Korec wurde 24 Jahre später, nach dem Ende des Kommunismus, Bischof von Nitra und Kardinal. Dem Jesuiten *Peter Dubovsky*, der – 40jährig – als Bauarbeiter in Prag 1961 zum Bischof geweiht wurde, dann sechs Jahre im Gefängnis verbrachte, wurde erst in den siebziger Jahren erlaubt, als Dorfpfarrer tätig zu sein; seit 1990 ist er Weihbischof in Banska Bystrica. Am 16. August 1968, während des «Prager Frühlings», konnte der Verfasser vertraulich mit Dubovsky, der damals als Büroangestellter arbeitete, in seiner privaten Einzimmerwohnung sprechen. Der Geheimbischof äußerte sich dabei kritisch und skeptisch über den Aufbau einer Untergrundkirche. Sie hätte, so sagte er, nur Sinn gehabt, wenn kommunistische Herrschaft in Osteuropa nur ein Jahrzehnt gedauert hätte.

«Selbst für diesen Fall war jedoch der Versuch mehr als zweifelhaft», sagte der Bischof. «Denn man unterschätzte die Findigkeit der Polizei, aber auch das Risiko, das für jene entstand, die ohne amtliche Erlaubnis tätig werden, also Priester weihen, Firmungen spenden mußten, wenn sie ihre bischöfliche Funktion überhaupt erfüllen sollten. Man hat uns nach 1945 und besonders nach 1949 vom Westen her unentwegt

Hoffnung auf Freiheit gemacht – nicht nur ‹Radio Freies Europa›, auch der Vatikansender –, ohne natürlich je zu sagen, wann und wie das geschehen würde. Viele Leute
hier glaubten, was ihnen auch die offizielle Propaganda der Partei einredete: ein Krieg
zwischen den USA und der Sowjetunion sei unvermeidlich. Und manche hofften
sogar darauf.»

Aus dem 1978 veröffentlichten Nachlaß des amerikanischen Sonderbotschafters
Myron Taylor wurden (siehe Anhang) Dokumente bekannt, die diesen Eindruck ost-
europäischer Prälaten bestätigten: «Nur eine militärische Niederlage der Sowjets könne ihre Länder retten», so hatte der päpstliche Nuntius in Paris, Roncalli (der spätere
Papst Johannes XXIII.), von diesen gehört, darüber am 24. Mai 1949 Taylor erzählt
und hinzugefügt: «Ich bin ein Mann des Friedens, und es ist schrecklich, daß man so etwas sagen muß.» Der Papst selbst hatte allerdings in einem vertraulichen Memorandum an US-Präsident Truman am 19. Juli 1948 den Amerikanern geraten, den Sowjetblock sich selbst zu überlassen, das westliche Europa zu stabilisieren und «ruhig
abzuwarten, bis innere Kräfte Rußland aus seiner Selbstisolierung herausführen».

«Der römische Papst wird als Feind eures Volkes hingestellt», klagte Pius XII. am
28. Oktober 1951 in einer Botschaft an die tschechoslowakischen Katholiken.[24] «Man
geht soweit, ihn anzuklagen, er bereite einen neuen, schlimmeren Krieg vor, während
er sich… keine Gelegenheit entgehen läßt, den Frieden zu fördern. Keiner von euch,
geliebte Brüder und Söhne, verliere den Mut!» rief ihnen der Papst zu und stellte
ihnen für ihre Treue die Bewunderung aller Welt in Aussicht, «wenn einmal *die Irrtümer niedergezwungen* sind und der Kirche die geschuldete Freiheit wiedergegeben
ist…»

Abkommen in Polen und Ungarn: «Verderbliche Zugeständnisse»

Mehr als durch kommunistische Schikanen und «administrative Maßnahmen», die
am starken Katholizismus *Polens* eher abprallten, fühlten sich die polnischen Bischöfe 1949 durch den Mindszentyprozeß in Budapest, durch die radikale antivatikanische Kampagne in Osteuropa und nicht zuletzt durch den antikommunistischen
Bannstrahl des Vatikans vom Juli aufs höchste alarmiert. In der Warschauer Regierung gaben jetzt die Kommunisten allein den Ton an; die Stalinisten waren gerade
dabei, den «nationalen Abweichler» Władysław Gomułka zu Fall zu bringen.

Die weitgehenden päpstlichen Vollmachten Kardinal Hlonds, die sich auch auf
Verhandlungen mit der Regierung erstreckten, waren nach dessen Tode, Ende 1948,
auf den neuen, erst 47jährigen Primas, Erzbischof Stefan Wyszyński, übergegangen.
Er sei «kein Politiker, kein Diplomat», sondern Seelenhirte, hatte Wyszyński gleich
zu Anfang beteuert. Doch eben deshalb hielt er das römische Dekret, auf das sich die

Kirchengegner nun mit Wonne stürzten, pastoral betrachtet für eine Torheit, und er entschloß sich – da der Vatikan ohnehin die Kirche in Polen sich selbst überlassen hatte – zu einer Rettungsaktion auf eigene Faust. Eile tat not, da sich die Regierung bereits anschickte, eine Art «patriotische» Bewegung unter den Priestern ins Leben zu rufen, die den Episkopat isolieren sollte.

Wyszyński rühmte sich später, daß er und die polnischen Bischöfe das «große Risiko» gewagt hätten, die Regierung «mit einem ungeheuren Trumpf angesichts der Weltmeinung auszustatten»: sie hätten sich «nicht auf ausländische Erfahrungen» gestützt und «nicht zu früh» einen Mangel an gutem Willen bei den Kommunisten vorausgesetzt (*Brief an Staatspräsident Bolesław Bierut vom 8. Mai 1953*). Der Mut Wyszyńskis und seine Kalkulation des Risikos entsprang in Wirklichkeit keiner sehr optimistischen, sondern einer eher pessimistischen Lageeinschätzung. Jedenfalls aber war die Vereinbarung, die zur Überraschung der Welt, vor allem aber auch des Papstes, am 14. April 1950 von den bischöflichen und staatlichen Mitgliedern einer sogenannten «Gemischten Kommission» unterzeichnet wurde, ein Ereignis «ohne Präzedenzfall», wie Wyszyński mit Recht schrieb.

Während in Rumänien, Ungarn und der Tschechoslowakei Bischöfe und Priester ins Gefängnis gingen, weil sie sich weigerten, der kommunistischen Obrigkeit Loyalitätserklärungen zu geben oder sich wenigstens politisch vom Vatikan zu distanzieren, unterschrieb der polnische Episkopat nach nur kurzen Verhandlungen und ohne unmittelbaren Druck Sätze wie diese:[25]

> «Der Grundsatz, daß der Papst die einzige und höchste Autorität der Kirche ist, bezieht sich auf Fragen des Glaubens, der Moral und der kirchlichen Jurisdiktion; in anderen Bereichen läßt sich der Episkopat von der polnischen Staatsräson leiten.» (*Art. 5*)
> «Ausgehend vom Prinzip, daß die Mission der Kirche in verschiedenen gesellschaftlich-wirtschaftlichen Systemen, die von weltlichen Mächten eingerichtet werden, verwirklicht werden kann, klärt der Episkopat den Klerus auf, daß er sich dem Aufbau des Genossenschaftswesens (*spółdzielczość*) *im Dorf nicht widersetzt, da sich jedes Genossenschaftswesen im Grunde auf die ethische Basis der menschlichen Natur stützt, die auf freiwillige soziale Solidarität gerichtet ist und das Gemeinwohl zum Ziel hat.*» (*Art. 6*)
> «Getreu ihren Grundsätzen wird die Kirche jedes antistaatliche Auftreten verurteilen und sich vor allem jeder Ausnutzung religiöser Gefühle für antistaatliche Zwecke entgegenstellen.» (*Art. 7*)

Die Gegenleistungen des Staates bestanden darin, daß er den Religionsunterricht in den Schulen, die Existenz der Katholischen Universität in Lublin, die bestehenden katholischen Vereine, Pilgerfahrten und Prozessionen, Militär- und Krankenhausseelsorge und vor allem die «freie Tätigkeit» der Ordensgemeinschaften (die gerade in der Tschechoslowakei und in Ungarn ganz liquidiert wurden) nicht anzutasten versprach.

Mit Rücksicht auf die Formulierung der päpstlichen Vollmachten, die der Primas besaß, nannte man die Übereinkunft offiziell weder «Vertrag» noch «Abkommen», sondern «Verständigung» (*porozumienie*). Wenn man bedenkt, daß Pius XII. noch sieben Monate vorher die polnischen Bischöfe mit dem Psalmspruch zu trösten versuchte, «daß auch in Zukunft die Wege der Gottlosen im Verderben enden und ihre Pläne zuschanden werden»,[26] kann man sich vorstellen, mit welchem Unbehagen der Papst diese Vereinbarung zur Kenntnis nahm. Zumal er selbst nicht gefragt worden, aber in einem entscheidenden Punkt des Papiers angesprochen war und sozusagen die Rechnung dieses *modus vivendi* mit bezahlen sollte. Da hieß es nämlich:

> «Ausgehend von dem Grundsatz, daß die wiedergewonnenen Gebiete [die ehemals deutschen hinter Oder und Neiße] einen unabtrennbaren Teil der Republik bilden, wendet sich der Episkopat an den Apostolischen Stuhl, damit die kirchlichen Verwaltungen, die mit den Rechten von residierenden Bischöfen ausgestattet sind, in ordentliche Bischofssitze umgewandelt werden.» (*Art. 3*)

Dies war der Punkt, an dem die polnischen Stalinisten jederzeit wieder den Hebel ansetzen und dem Episkopat Nichterfüllung des Abkommens vorwerfen konnten; denn sie wußten nur zu gut, daß Pius XII. nicht daran dachte, den nationalen Wünschen Polens entgegenzukommen, seine Rücksichtnahme auf die Wähler des katholischen deutschen Kanzlers Konrad Adenauer aufzugeben, überhaupt endgültige Regelungen *vor* einem (in weiter Ferne liegenden) Friedensvertrag zu treffen. Schon am 1. März 1948 hatte der Papst zur Empörung auch des katholischen Polens die Zwangsaussiedlung von Millionen Deutschen aus den Oder-Neiße-Gebieten nicht nur als politisch unvernünftig bezeichnet, sondern den Wunsch ausgesprochen, daß «das Geschehene rückgängig gemacht wird – soweit es sich noch rückgängig machen läßt».[27] Seit die Warschauer Regierung sich geweigert hatte, die von Kardinal Hlond eingesetzten fünf Apostolischen Administratoren in den Oder-Neiße-Gebieten «zur Kenntnis zu nehmen», hatte sie nicht aufgehört, auf eine endgültige Regelung zu drängen; jetzt machte ihr der Episkopat eine Zusage – doch Rom blieb scheinbar taub.

Schon im Sommer 1950 nahm die Regierung dies zum Vorwand, um das Abkommen zu durchlöchern. Am 26. Januar 1951 schlug sie zu: Alle fünf Administratoren wurden aufgefordert, ihre Sitze zu verlassen. Regierungsbeamte erschienen mit dem kanonischen Rechtskodex unter dem Arm und forderten die zuständigen Domkapitel auf, *Kapitelsvikare* zu wählen. Obwohl es sich in der Mehrzahl um Priester handelte, die mit der Regierung eng zusammenarbeiteten, anerkannte Primas Wyszyński ihre Wahl, um eine Spaltung der Kirche zu vermeiden. Und – er fuhr eilends nach Rom, um Pius XII. umzustimmen.

Zweimal im Abstand von zwei Wochen empfing der Papst den polnischen Primas im April 1951 in Privataudienz. Der Papst behandelte ihn hoheitsvoll-kühl und ließ sich nur durch Untertöne anmerken, wie sehr ihn das Abkommen von 1950 schockiert hatte. Vier Wochen lang versuchte Wyszyński die komplizierte Lage Polens (mit einem starken Katholizismus und einem sehr schwachen Kommunismus in einem übermächtig sowjetisch beherrschten «Lager») der römischen Kurie zu erläutern. Es gab Verständnis, aber mehr Skepsis und am Ende nur ein halbes Entgegenkommen des Papstes: Die fünf Administratoren in den Oder-Neiße-Gebieten wurden zu Titularbischöfen ernannt.

Vergebens versuchte dann Wyszyński dem polnischen Staatschef Bierut – in einem langen Gespräch am 12. Mai 1951 – diese kleine Lösung als einen großen Schritt zur endgültigen Anerkennung der Oder-Neiße-Grenze durch den Vatikan schmackhaft zu machen. Die entscheidende Stimme kam aus Moskau, wo die *Prawda* am 17. Juli 1951 schrieb:

«... Der Papst handelt weiter durch seine Doppelagenten. Seine Polenpolitik ist ausschließlich von der Sicht der amerikanischen Imperialisten, die nach Weltherrschaft streben, bestimmt... Der Vatikan spricht sich heftig für die Wiederbewaffnung und die Rückkehr des faschistischen Regimes in Westdeutschland aus... Gehorsam den Wünschen Pius' XII. hat der Episkopat dem Vertrag Polens mit der DDR, in dem die Oder-Neiße-Grenze anerkannt wird, nicht zugestimmt. *Die Reise Wyszyńskis hat nichts daran geändert... Die Clique, die die katholische Kirche in Polen lenkt, folgt ganz und gar der Linie des Vatikans, der ein Feind des Friedens und der Demokratie ist...*»

Wir haben diese Stilblüte stalinistischer Publizistik ausführlich zitiert, weil sie zugleich eine Instruktion für die polnischen Kommunisten darstellte. Jetzt brach der Kirchenkampf in Polen erst wirklich los, wenn er auch nie jene Heftigkeit erreichte wie in der ČSR, Ungarn und Rumänien. Aber auch jetzt war Wyszyński – dessen Erhebung zum Kardinal Ende 1952 von den Kommunisten als Provokation empfunden wurde – noch realistisch genug und vermied das, was in der Tendenz vatikanischer Politik gelegen hätte, nämlich die von der Regierung 1951 abgelehnten Titularbischöfe geheim zu weihen. Das geschah sehr viel später, lange nach der Verhaftung Wyszyńskis (1953). Erst im Herbst 1954 wurden die Bischöfe *Edmund Nowicki* (später in Danzig/Gdańsk), *Theodor Bensz* und *Bolesław Kominek* (später Kardinal in Breslau/Wrocław) geheim, doch ohne böse Folgen geweiht – als es nämlich nach Stalins Tod schon weniger gefährlich geworden war.

«Noch wütet der Kampf... Die mächtige Jungfrau [Maria] und Siegerin über die höllischen Mächte wird euch zu herrlichen Siegen führen...» Mit solchen Tönen meinte der Papst (in einem Apostolischen Schreiben vom 1. September 1951)[28] der polnischen Kirche zu «helfen», nachdem er ungewollt einiges dazu beigetragen hatte, daß die Stalinisten den Kompromißversuch Wyszyńskis aus einem historischen Beweis guten Willens zu einem Instrument gegen die Kirche umfunktionieren konnten.

Die unguten Erfahrungen Wyszyńskis sowohl mit polnischen Kommunisten als auch mit römischen Prälaten bilden die wichtigste psychologisch-historische Wurzel seiner späteren, immer mehr gewachsenen Streitlust. Sie hat freilich bei extremen Bedrohungen Polens – wie 1956, 1970 und 1981 – stets wieder der versöhnlich-diplomatischen, von Staats- und Kirchenräson diktierten Haltung Platz gemacht.[29] Und darin vor allem unterschied sich Wyszyński immer vom ungarischen Kardinalprimas Mindszenty. Anders als Wyszyński, der während seiner Internierung (1953–1956) nie Gefängnismauern gesehen hat, nie mißhandelt und nie gerichtlich verurteilt wurde, war Mindszenty tief gedemütigt, gequält und isoliert worden.[30] Sein kirchendiplomatisches Geschick hätte allerdings auch bei relativer Handlungsfreiheit kaum ausgereicht, um Wagnisse zu versuchen, wie sie Wyszyński mit dem Abkommen von 1950, aber auch später immer wieder unternahm.

Das Beispiel Wyszyńskis ermutigte eineinhalb Jahre nach dem Mindszentyprozeß den Erzbischof *Jószef Grösz*, den neuen Vorsitzenden des *ungarischen* Episkopats, einen ähnlichen Versuch zu unternehmen. Er besaß wie der Primas von Polen formell die nötigen Vollmachten des Vatikans; so wenig wie jener holte er vorher die ausdrückliche Zustimmung Roms ein. Da der Papst nichts Konkretes unternahm, um *politisch-diplomatisch* der Kirche Ungarns beizustehen, ja durch sein Antikommunismus-Dekret von 1949 eher das Gegenteil bewirkt hatte, handelten die Bischöfe ohne ihn. Sie «wollten zu einem Zeitpunkt der Not und der Isolierung nur retten, was noch rettbar schien», schrieben sie später an den Kulturminister Jószef Darvas.[31]

Die Lage war in Ungarn ungleich bedrohlicher und drückender als in Polen. Seit dem Mindszentyurteil war die Kirche immer mehr diskriminiert. Mitte Juni vertrieb man über Nacht Tausende von Ordensleuten aus ihren Klöstern. Dennoch – ja eben deshalb – unterzeichnete Grösz am 15. August 1950 mit Kulturminister Darvas ein Abkommen. Es unterschied sich von dem polnischen nicht nur dadurch, daß es viel unkonkreter und kürzer war, sondern vor allem durch eine viel geringere Ausgewogenheit zwischen kirchlichen und staatlichen Zusicherungen. Der Heilige Stuhl, überhaupt die Beziehung zum Papst, war nicht einmal erwähnt. Grösz konnte dem Abkommen nur einen einseitigen Begleitbrief beigeben, in dem die Bischofskonferenz erklärte, «daß sie durch dieses Abkommen in keiner Weise eine Schädigung der Rechte des Heiligen Stuhls beabsichtige…»[32]

Die Bischöfe anerkannten jetzt ausdrücklich die neue Verfassung der Volksrepublik, verurteilten jede Staatsfeindlichkeit und forderten die Gläubigen auf, «mit allen Kräften» den Fünfjahresplan zu unterstützen, auch die Kollektivierung der Landwirtschaft. Außenpolitisch versprach der Episkopat, «die Friedensbewegung zu unterstützen», Kriegshetze und eine Anwendung der Atombombe zu verurteilen.

Die Regierung versprach, was ohnehin in der Verfassung stand (und was deshalb im polnischen Abkommen gar nicht erwähnt war): freie Kultausübung. Kein Wort von Religionsunterricht, jedoch – als Pflaster – die Rückerstattung von *acht* (der mehr als 3000) verstaatlichten katholischen Schulen sowie finanzielle Zuschüsse für die Kirche (was die polnische gar nicht nötig hatte). Nur in jenen acht Schulen blieb die Tätigkeit von Ordensleuten erlaubt – sonst kein Wort vom Schicksal der 53 katholischen Orden, die buchstäblich am Tage nach Unterzeichnung des Abkommens durch Regierungsdekret aufgelöst wurden (während das polnische Abkommen in Art. 19 den Orden «völlige Freiheit» zusicherte).

Kein Wunder, daß der Vatikan über diese Vereinbarung noch unglücklicher war als über die polnische. Freilich, irgendeine Alternative, einen praktischen Ausweg – oder auch nur den Versuch dazu – hatte der Heilige Stuhl den bedrängten Bischöfen nicht anzubieten. Ein Originaldokument, dessen voller lateinischer Text hier wiedergegeben wird, bestätigt dies auf eine fast dramatische Weise.

Im Vatikan hatte man zunächst die Nachricht über das Abkommen gar nicht glauben wollen. Erst als der ungarische Episkopat auf Umwegen davon Mitteilung machte, ließ der Papst am 9. Oktober 1950 durch den Staatssekretariats-Substituten, Monsignore Angelo Dell'Acqua, einen Brief schreiben (Nr. 6990/50) und über die italienische Botschaft in Budapest Erzbischof Grösz zustellen:

SEGRETERIA DI STATO
DI
SUA SANTITÀ

X.6990/50

E. AEDIBUS VATICANIS, die 9 Octobris 1950.

Exc.me ac Rev.me Domine,

Per nuntios radiophonico invento ac diurnis vulgatos, Apostolica Sedes didicit Episcopos istos Conventionem cum Hungariae Moderatoribus iniisse.

Initio rei - ex quibusdam saltem eius adiunctis - nihil veri inesse aestimatum est. At ipsa nuntiis postmodum acceptis pro dolor confirmata est.

Doleo quippe tecum communicare id maeroris haud mediocris causam Augusto Pontifici attulisse. Quod te istosque locorum Ordinarios aegritudine, non tamen stupore, afficere profecto poterit.

Etenim, ceteris, quae considerari possent, omissis, notum est publicas definire ac moderari rationes, quae Ecclesiae cum variis intercedunt Nationibus ad Sedem spectare Apostolicam. Agitur siquidem de Pactionibus, quae ad Ecclesiae vitam regendam sese referunt in Natione universa, quarum effectus in Ecclesiae condiciones aliarum quoque Nationum recidunt, et, quod pluris est, res indultas ab ecclesiastica potestate non paucas continere solent: quae omnia auctoritatem dioeceseon Praesulum propriam, uti liquet, excedunt.

Verum quidem est - juxta relatos in diurnis nuntios - te in epistula Cultui, ut aiunt, ac Publicae Institutioni praeposito Administro missa, occasione confectae Pactionis, exceptionem interposuisse, quoad jus Sanctae Sedis, cum scribebas: "Episcoporum Collegium animadvertere cupit Pactionem hanc nullum afferre praejudicium Sedis Apostolicae juribus rationes definiendi inter Ecclesiam et Statum". At non videtur exceptionem huiusmodi peculiari consideratione dignam haberi, quandoquidem in cunctis ephemeridibus ac diurnis hungaricis Conventionem nulli subiectam esse dilatoriae condicioni asseritur; quod negatum fuisse ab ecclesiastica potestate ista helo non constat.

Exc.mo ac Rev.mo Domino
MATKO JOSEPHO GROSZ
Archiepiscopo Colocensi
                    COLOCIAM

SEGRETERIA DI STATO
DI
SUA SANTITÀ

– 2 –

Quodsi vero ea, quae Pactione continentur, examinantur, haud minus gravibus animadversionibus locus fit. Ibi equidem onera non levia imponuntur eaque talia ut difficulter cum Ecclesiae doctrina et normis componi possint.

Praeterea Conventio aliquem secum fert assensum violentae et arbitrariae universarum paene Societatum Religiosarum suppressioni, quae in rem a publica civili potestate jam adducitur. Pro perniciosis hisce concessionibus ab Episcopis factis, reipublicae Moderatores non aliud indulgent nisi vagam promissionem libertatem observandi religiosam – ceterum Constitutione ipsa declaratam – ac spondent sese ecclesiasticae potestati restituturos catholicas scholas octo, quae tamen munera sua difficile obire poterunt, ut res postularet.

Vix autem recolere expedit Sanctitatem Suam probe intellegere quibus difficultatibus ac minis Ecclesiae vita istic subdatur. At eae praemissarum animadversionum vim haud minuunt.

Pastoralem sollicitudinem ante oculos habens Beatissimus Pater, qua antehac isti sacrorum Antistites non caruere, eos iterum iterumque hortatur, ut vigili studio sacrosancta Dei animorumque jura tueantur; assidue reminiscantur praeclara Episcoporum Hungariae superiorum aetatum facinora. Omni virium contentione curent, ut secum et cum Jesu Christi Vicario conjuncti permaneant, simulque Clerum suum fidelesque doctrina et exemplis confirment.

SEGRETERIA DI STATO
DI
SUA SANTITÀ

– 3 –

. Sacris istis Praesulibus, Clero, Religiosis Sodalibus fidelibusque universis Augustus Pontifex Apostolicae Benedictionis robur amantissimo corde impertit, in auspicium divinae opis, qua recreati, valeant ardua sua munera explere intaminatumque posteris transmittere fidei thesaurum, quo tam gloriosus Hungariae jam evasit populus.

Haec tibi dum refero, Sacram Amulam deosculor, meque profiteor

Excellentiae Tuae
addictissimum

Sac. Angelinm Dell'Acqua
Subsecretarium

«…Es tut mir leid, Dir mitzuteilen, daß [die Nachricht von dem Abkommen] dem Hohen Pontifex keinen geringen Kummer verursacht hat. Das werden Du und die örtlichen Ordinarien mit Wehmut, wenn auch nicht mit Staunen zur Kenntnis nehmen. Auch wenn man nämlich von anderem absieht, was zu bedenken wäre, ist bekannt, daß es dem Apostolischen Stuhl zusteht, die politischen Grundsätze (*rationes publicas*), die zwischen der Kirche und den verschiedenen Nationen bestehen, zu definieren und ins Lot zu bringen (*moderari*). Zudem wenn es sich um Verträge handelt, die sich auf die Leitung des Kirchenlebens der Nation in ihrer Gesamtheit beziehen und die auch auf die kirchlichen Verhältnisse in anderen Nationen zurückwirken, ja – was noch mehr ist – nicht weniges zu enthalten pflegen, was die kirchliche Obrigkeit bewilligt: All das überschreitet – wie klar ist – die eigene Kompetenz der Diözesanvorsteher (*auctoritatem dioeceseon Praesulum propriam, uti liquet, excedunt*)…»

Solche kritischen Belehrungen aus Rom dürften auch Erzbischof Wyszyński und der polnische Episkopat zu hören bekommen haben, nachdem sie ihr Abkommen vom April 1950 geschlossen hatten. Die ungarischen Bischöfe aber wurden nun besonders gerügt, weil sie keine Klausel, die sich auf den Vatikan bezogen hätte, in den Vertrag eingebaut und weil sie die willkürliche Liquidierung der Ordensgemeinschaften praktisch hingenommen hatten: Die Gegenleistungen der Regierung entsprächen keineswegs diesen «verderblichen Zugeständnissen», schrieb Dell'Acqua.

«Seine Heiligkeit kann – woran man wohl kaum zu erinnern braucht – sehr wohl die Schwierigkeiten und Bedrohungen des kirchlichen Lebens dort verstehen. Aber dies mindert nicht den Nachdruck des erwähnten Tadels…» Dennoch sei «der Pontifex Maximus mit Herz und Sinn dem geliebten ungarischen Volk nahe… und er erteilt den Bischöfen, dem Klerus, den Ordensleuten und allen Gläubigen den Apostolischen Segen…»

Dieses Dokument ist nur deshalb bekanntgeworden, weil es schon weniger als ein Jahr später den ungarischen Stalinisten dazu diente, den Mann vor Gericht zu stellen, der ihnen im Vertrag von 1950 so weit entgegengekommen war: Erzbischof Grösz. Unter dem Bezug des Ledersofas seiner Bibliothek fand die Polizei zusammen mit 2500 Dollar (Hilfsgeldern aus Rom) das Schreiben Dell'Acquas. (Die Echtheit dieses 1951 von der Budapester Regierung veröffentlichten Briefs ist dem Verfasser am 17. September 1974 vom Archiv des Vatikanischen Staatssekretariats bestätigt worden.)

«Sogar Ihr geheucheltes Abkommen hat man also verurteilt!» rief der Staatsanwalt am 22. Juni 1951 und hielt dem angeklagten Erzbischof triumphierend diesen Brief aus Rom entgegen.[33] Die Regisseure des Prozesses schienen nicht zu bemerken, daß dies schlecht zur Behauptung ihrer Anklage paßte: der Episkopatsvorsitzende sei eine Marionette des Vatikans und habe in dessen Auftrag (natürlich zusammen mit der US-Botschaft und – Tito!) ein «Komplott zum Sturz der volksdemokratischen Regierung» vorbereitet…

Die fünfzehnjährige Zuchthausstrafe für Grösz ist fünf Jahre später aufgehoben worden, ja die Regierung des Nationalkommunisten und Antistalinisten Imre Nagy anerkannte Grösz wiederum als Vorsitzenden des Episkopats. Inzwischen freilich war die katholische Kirche in Ungarn organisatorisch dezimiert, gedemütigt und eingeschüchtert. Die wenigen noch freien Bischöfe, die meist nicht nur politisch, sondern auch kirchlich resigniert hatten, saßen weiterhin in ihren feudalen Residenzen, umsorgt von staatlichen Kontrolleuren, umgeben auch von einem Prunk, der inmitten ihrer sozialen Umwelt und angesichts ihrer wirklichen Ohnmacht ganz surrealistisch wirkte.

1955 war Grösz einige Monate lang zusammen mit dem – inzwischen vom Gefängnis in Hausarrest entlassenen – Kardinalprimas Mindszenty im Schloß Almássy interniert. Mindszenty sprach sich mit Grösz – auch schriftlich – aus, obwohl ihr Kontakt behindert wurde. Wie Grösz später in Privatgesprächen berichtete, machte ihm Mindszenty heftige Vorwürfe wegen des Abkommens von 1950. Noch in seinen Memoiren, in denen er Grösz Güte und Treue zubilligt, warf der Kardinal seinem Amtsbruder «zauderndes Verhalten» vor. Mindszenty hat – wie man aus seinen Memoiren 1974 zum erstenmal erfuhr (*Seite 331–335*) – im Sommer 1956 ein Angebot der Regierung abgelehnt: Er weigerte sich, auf seinen Sitz Esztergom zurückzukehren, weil er fürchtete, daß die Kommunisten ihn «halb und halb als einen der Ihren» betrachten würden, und weil er «die Erniedrigung Esztergoms» nicht betrachten wollte, die er darin erblickte, daß die Stadt ihren Rang als Komitatshauptort verloren hatte. Wäre Mindszenty damals – Monate vor dem ungarischen Aufstand – an die Spitze des Episkopats getreten (wie der freigelassene polnische Primas Wyszyński), hätten die folgenden Ereignisse vielleicht einen anderen Lauf genommen und Mindszenty hätte wie Grösz nie ins Exil zu gehen brauchen. Vorausgesetzt freilich, Mindszentry hätte wie Grösz den eigenen Stolz hintangestellt und wäre zum Einlenken bereit gewesen...

Grösz hatte gewiß keine guten Erfahrungen mit Kompromissen gemacht – aber was war eigentlich die Alternative? fragte er sich und den Primas. Und was war die eigentliche Aufgabe der Kirche: Seelsorge oder politischer Widerstand? Oder war beides gar untrennbar geworden, wenn der Kampf «um die Seelen» auf politischem oder gar – wie von den Stalinisten – auf polizeilichem Felde ausgetragen wurde? War aber den Gläubigen gedient – die das Evangelium hören und die Sakramente empfangen wollten –, wenn sich ihre Hirten kompromißlos der atheistischen Staatsgewalt auslieferten? War es heroischer, wenn der Hirt sich von den Wölfen fressen ließ und ihnen so die Herde überantwortete – oder wenn er, sich selbst verleugnend, mit den Wölfen heulte, um die Herde zu retten?

Auf derartige Fragen, in einem ungarischen Schloß – umstellt von Polizisten – erwogen, gab auch die Bibel (Joh 10, 11–18) keine ganz schlüssige, zeitlose Antwort; zumal die Botschaft des Evangeliums stets auch für solche Menschen galt, «die nicht aus dieser Herde sind». Und weil das Leben ja auch nur eingesetzt werden sollte, «um es wiederzugewinnen»...

Eindeutig kompromißlos hatten die Päpste jedenfalls seit 1917 diese Fragen nie beantwortet. Und Pius XII., der vorsichtig-ängstliche Diplomat auf dem Papstthron, der nach 1945 seine Skrupel durch laute Kampfrufe übertönen zu müssen glaubte, wäre der letzte gewesen, der «Kompromißlosigkeit» – soweit es sich nicht um kirchliche Doktrin handelte – zum Generalrezept kirchenpolitischen Handelns erhoben hätte.

Stalin und der Westen hatten es ihm leichtgemacht, sich dem allgemeinen Trend des Kalten Kriegs anzuschließen – so wie sein Vorgänger, Pius XI., in den zwanziger und dreißiger Jahren anderen politischen Strömungen gefolgt war. Nach Stalins Tod (1953), als Mitte der fünfziger Jahre eine neue, auf andere Art schwierige Periode im Ost-West-Verhältnis begann, begann jedoch auch dieser Papst den veränderten Wind zu nutzen und behutsam nach neuen Ufern Ausschau zu halten.

9. Mühsame Wende zur Koexistenz
1955–1964

Erkundung ohne Auftrag:
Marcel Redings Moskaureise

«Nach Moskau wollen Sie reisen?» Der Jesuitenpater Robert Leiber, einer der engsten Mitarbeiter Pius' XII., den keine Rangliste des Vatikans je verzeichnet hat, runzelte nachdenklich die Stirn. Vor ihm stand Marcel Reding, ein katholischer Theologe aus Luxemburg, Professor für Moraltheologie in Graz. Reding war an diesem Junitag des Jahres 1955 während der «Kulturtage» in Florenz von dem rührigen christdemokratischen Bürgermeister Giorgio La Pira mit Leiber zusammengebracht worden, um seinen – für damalige Zeit – ganz unerhörten Plan vorzutragen:

Reding hatte von der Sowjetbotschaft in Wien eine Regierungseinladung nach Moskau erhalten. Man sei, so sagte Botschaftsrat Kudriazew, auf Reding aufmerksam geworden, weil er sich als erster eher konservativer katholischer Theologe im Westen für ein «Gespräch» mit der Sowjetunion eingesetzt habe. Auch sei in Moskau notiert worden, daß Reding von seinem Kollegen Professor Josef Lenz (Trier) mit einem Schaf verglichen wurde, das sich zum Tiger begeben wolle, «um mit diesem, während es verspeist wird, Tischgespräche zu beginnen».[1] Kudriazew meinte, Reding sollte sich selbst davon überzeugen, daß es in Moskau keine Kannibalen gebe…

Der politisch nie hervorgetretene Theologe hatte am 5. Dezember 1952 in seiner Antrittsvorlesung in Graz, die bald auch kirchliche Druckerlaubnis erhielt, Karl Marx mit Thomas von Aquin verglichen. Dabei war er zu der überraschenden Feststellung gelangt, daß es zwischen beiden Denkern so «tiefe Analogien» (nämlich aristotelische) gebe, daß beide miteinander hätten ins Gespräch kommen können…

«Warum können wir es nicht?» fragte Reding und meinte, «bei aller Widersprüchlichkeit von Kommunismus, Sozialismus und Christentum» sollte ein «menschliches Gespräch» möglich sein.[2] Das sei «naiver Optimismus», hatte Professor Lenz geantwortet, und Reding hatte erwidert, man müßte «wenigstens versuchen, das Los unserer Brüder auf unsere Art, ohne Preisgabe eines Buchstabens der christlichen Lehre, zu erleichtern». Diese Theologendebatte lag schon mehr als zwei Jahre zurück. Wie kam es, daß sie 1955 aktuell wurde?

Redings Thesen waren keineswegs neuartig. Schon im Frühjahr 1952 hatte der österreichische Jesuit Gustav A. Wetter formale «innere Berührungspunkte» zwischen Sowjetphilosophie und katholischem Denken entdeckt, und sein deutscher Ordensbruder Klemens Brockmöller hatte daraus ein Jahr später einen Schluß gezogen, den Wetter – als Professor an der Päpstlichen Universität in Rom – vermied: «Hätte der heilige Paulus so viele Anknüpfungspunkte im Gedankengut des damaligen Heidentums gefunden, hätte er nicht gezögert, sie für die christliche Botschaft zu nutzen»; je klarer der Gegensatz zum Kommunismus sei, desto mehr öffne sich auch «der Weg zu einer verstehenden Begegnung, zwar nicht unter den Systemen, sondern unter den Menschen dieser Systeme».[3]

Das alles hätte kaum anders denn als graue Theorie gewirkt, wäre nicht Stalin im März 1953 gestorben und damit eine neue Phase in der Geschichte des Sowjetkommunismus eingeleitet worden.

«Der Kampf gegen die religiösen Vorurteile muß heute als ideologischer Kampf zwischen einer wissenschaftlich-materialistischen und einer antiwissenschaftlich-religiösen Ideologie angesehen werden, …wobei die Gefühle der Gläubigen und des Klerus nicht verletzt werden dürfen. Unterdrückungsmaßnahmen schaden den Zielen der Kommunistischen Partei und führen letzten Endes dazu, daß sich Vorurteile festsetzen…» So stand es am 11. November 1954 in einer Erklärung des Zentralkomitees der sowjetischen Kommunisten.

Im Vatikan horchte man auf; zuerst sprach man abschätzig von «Propaganda», dann schon hellhöriger von einer «Pendelbewegung».[4] Der wiederbelebte Leninsche Slogan von der «friedlichen Koexistenz» mit den kapitalistischen Ländern, der nun weltpolitisch die Phase militärischer Entspannung einleitete, markierte den beginnenden Übergang vom «Kalten Krieg» zu einem «Kalten Frieden», der auch die inneren Verhältnisse im Sowjetimperium nicht unberührt ließ: Unbeweglich Eingefrorenes fing zu tauen an, ohne daß die Zielrichtung des Bewegten genau erkennbar wurde. Wie stets rüstete man sich im Vatikan diskret und beweglich für *alle*, auch etwaige neue Möglichkeiten. Mit seinem diplomatischen Gespür, aber auch mit jener Vorsicht, auf die er sich immer zurückzuziehen pflegte, wenn ihm der Ausgang einer Sache ungewiß schien, nahm Pius XII. das Stichwort «Koexistenz» jetzt auf seine Weise auf.

Seit sich in Ost und West *atomare* Mächte gegenüberstanden, waren die beiden Befürchtungen, die man im Vatikan 1943/44 gehegt hatte, gegenstandslos geworden: Weder der dritte Weltkrieg noch der Rückzug der USA aus der Welt- und Europapolitik waren wahrscheinlich. Koexistenz war also – zumindest aus Furcht – unumgänglich geworden. Reichte dies aber, so fragte der Papst in seiner Weihnachtsbotschaft von 1954, zum wirklichen Frieden? Und er antwortete:

«Um diese Erwartung zu rechtfertigen, muß es irgendwie [!] eine *Koexistenz in der Wahrheit* sein. Doch läßt sich aus der Wahrheit eine Brücke zwischen diesen beiden getrennten Welten nur errichten, wenn sie sich auf die in der einen und der anderen Welt lebenden *Menschen* stützt, nicht aber auf Regierungsformen oder gesellschaftliche Systeme…»[5] Sieben Monate später kam es jedoch auf der ersten Ost-West-Gip-

felkonferenz in Genf zu einer ersten Annäherung der Regierungen, wenn auch nicht
der Regierungs*formen*. Die neue sowjetische Führung lud den katholischen deutschen Kanzler Adenauer, den sie für ihren gefährlichsten Gegner in Europa hielt,
Anfang Juni nach Moskau ein – und schon am 27. Juni, drei Tage bevor Adenauer die
Einladung annahm (nachdem er sich Mitte Juni die Zustimmung der USA geholt
hatte), veränderte Pius XII. seine Tonart noch mehr:

> «Der echte christliche Abendländer hegt gegenüber den Völkern des Ostens, die im
> Machtbereich der mit Staatsgewalt ausgerüsteten materialistischen Weltanschauung leben,
> Gedanken des Friedens und der Liebe. Wenn die Frage der Koexistenz die Geister unent-
> wegt bewegt, so können Wir eine Art von Koexistenz rückhaltlos bejahen: Die gläubigen
> Abendländer beten gemeinsam mit jenen jenseits des Eisernen Vorhangs, die noch ihre
> Hände zu Gott erheben – und es sind nicht wenige –, daß wir alle eins werden in der vollen
> Freiheit…»[6]

Das war in der Sache nichts eigentlich Neues, es wirkte nur in der damaligen, noch
von der Endphase der Stalinepoche geprägten Ost-West-Atmosphäre neuartig, zumal
sich der Papst zugleich von der Welt, «die man die freie zu nennen pflegt», etwas
distanzierte. Die alte, nur verschüttete Linie der «Unparteilichkeit» wurde wieder
zaghaft sichtbar gemacht. Und eben in diesen Junitagen 1955 trat der Grazer Professor Reding mit seinem Moskaureiseplan an Pater Leiber heran.

Als «Privatsekretär» Pius' XII. wußte Pater Leiber wie kaum ein anderer, daß den
Papst jetzt immer mehr die Frage aufwühlte, wie es «in dieser Welt des Kommunismus, Amerikanismus und Nationalismus» mit der übernationalen Kirche weiterge-
hen sollte. Gewohnt, fast mehr mit dem Kopf seines hohen Chefs als mit seinem
eigenen zu denken, glaubte Leiber etwas von einer «Wende» zu ahnen, die notwendig
werden würde: Die Kirche würde – wie alle Welt – in diesem Jahrhundert und vielleicht auch noch im nächsten *mit* dem Kommunismus *innerhalb* seiner Strukturen
leben müssen. Sie würde sich sogar beeilen müssen, einen Modus praktischen Zusam-
menexistierens mit den Kommunisten zu finden, ehe es zu spät sein würde – ehe den
Millionen Katholiken im Osten die religiöse Atemluft ganz abgeschnitten würde…[7]

Das waren Überlegungen, die über jene des Papstes hinausgehen mochten, doch
Robert Leiber kannte nicht nur das furchtsame Wesen des Papstes, das sich mit zu-
nehmendem Alter immer mehr in herablassende Unnahbarkeit hüllte, sondern er
hatte als stiller Beobachter auch Merkzeichen innervatikanischen Wandels registriert.
Zum Beispiel ein hintergründiges Tauziehen im Kurienapparat, wie es stets einsetzt,
wenn ein Pontifikat zu Ende geht. Da hatten der Substitut Dell'Acqua und der Mai-
länder Erzbischof Montini (den Pius XII. aus der Kurie entfernt hatte) dem Soziali-
stenchef und Stalinpreisträger Pietro Nenni gewisse wenn auch ganz unverbindliche
Erkundungsbitten auf eine Reise nach Moskau mitgegeben. Nicht aus Geschwätzig-
keit, sondern mit Überlegung hatte Robert Leiber diesen Sachverhalt – von dem auch
der Papst wußte, ohne widersprochen zu haben – dem Korrespondenten der «Frankfurter Allgemeinen Zeitung» in Rom erzählt; und dies, obwohl Leiber voraussah, daß

der Vatikan bald schon mit Rücksicht auf Italiens Christdemokraten ein Dementi verbreiten würde…

Was also konnte Leiber dem Grazer Professor Reding antworten? Würde er ihn abhalten von der Moskaureise? «Zwischen 1945 und 1949 haben die Russen fünfmal wegen Aufnahme diplomatischer Beziehungen sondiert, und jedesmal hat der Heilige Stuhl seine Bereitschaft bekundet, doch die Sowjets ließen nichts mehr hören», sagte Leiber zu Reding und erinnerte zugleich an die jahrelangen, ergebnislosen Gespräche, die der Papst noch als Nuntius Pacelli in Berlin bis Ende 1927 mit den Sowjets geführt hatte. «Man verkennt diesen Papst, wenn man glaubt, daß er jemals eine Tür ganz zuschlagen wollte. Er hat die Möglichkeit von Verhandlungen, wenn sie sich boten, niemals ausgeschlagen. Falls die Russen wirklich wieder verhandeln wollen, können sie das auf diplomatischem Wege wissen lassen.»

«Heißt das, daß ich die Reise unterlassen sollte?» fragte Reding.

«Das will ich nicht sagen!» zog sich Leiber zurück. «Fragen Sie das Staatssekretariat!»

Auch dort wollte man Reding keine klare Antwort geben. Als der österreichische Vatikanbotschafter vermittelnd nachfragte, verwies man im Vatikan auf den Ortsbischof Redings, den Grazer Ordinarius Schoiswohl. Und dieser gab dann schließlich nach diskreter Rückfrage in Rom die Erlaubnis – Monate später.

Als Reding am 16. Dezember 1955 nach Moskau fliegt, ist für eine solche ganz unverbindliche Erkundung das Klima von beiden Seiten schon zubereitet: Der Papst hat am 7. September vor einem internationalen Historikerkongreß in Rom an die Konkordatspolitik der Kirche erinnert, die immer nur darauf gerichtet sei, «juristische Sicherheit und notwendige Unabhängigkeit» für ihre Mission zu schaffen. Am nächsten Tag beginnt Konrad Adenauers spektakuläre Reise in die Sowjetunion. Kurz darauf, am Sonntag, dem 11. September, kniet der deutsche Kanzler in der Moskauer St.-Ludwigs-Kirche, wo der polnische Pfarrer Buturowicz die Messe liest. Adenauer ahnt nicht, daß es die gleiche Kirchenbank ist, in der 19 Jahre vorher ein anderer deutscher katholischer Kanzler, Josef Wirth, der Messe eines von Eugenio Pacelli geheim geweihten Bischofs beigewohnt hatte…

«Die Religion in Sowjetrußland sei so gut wie ausgemerzt… Man dürfe sich hierüber keiner Täuschung hingeben», ließ sich Adenauer erzählen.[8] Eine geschickte Kremlregie sorgte jedoch dafür, daß am gleichen Sonntagmorgen – 11. September 1955 – zum erstenmal nach dem Kriege in Sowjetlitauen zwei katholische Bischöfe geweiht werden durften. Der Vatikan hatte – als Test – vier Monate vorher, und zwar sofort nach dem österreichischen Staatsvertrag (der das erste außenpolitische Zugeständnis der Sowjets an den Westen markierte) der Wiener Sowjetbotschaft zwei Bischofsernennungen zugeleitet und formell um Zustimmung gebeten.[9] Wieder folgte die vatikanische Ostpolitik der westlichen auf dem Fuße…

Neugierig und höflich wurde Marcel Reding am 17. Dezember 1955 in Moskau empfangen. Der für die nicht-orthodoxen Religionsgemeinschaften damals zuständige Vizeminister Igor Poljanski im «Rat für die Kulte» ließ es sich nicht nehmen, den katholischen Theologieprofessor auf der vierzehntägigen Flugreise selbst zu begleiten: zuerst nach Etschmiadsin zum Oberhaupt der armenischen Kirche, dann nach Leningrad zur einzigen katholischen Kirche der Newa-Metropole. Am Weihnachtsmorgen zelebrierte Reding (in Anwesenheit Poljanskis und des sowjet-litauischen Regierungschefs!) eine Messe im litauischen Wilna und besuchte den neugeweihten Bischof Julian Steponavicius.[10] In einer dreieinhalbstündigen Diskussion versuchte er, vier Professoren der Moskauer «Akademie der Wissenschaften»[11] von seiner These zu überzeugen, daß der Atheismus im dialektischen Materialismus nur politisch bedingt, aber nicht systemnotwendig sei.[12]

An solchen philosophischen Brückenschlägen war jedoch Redings letzter und wichtigster Gesprächspartner wenig interessiert: Anastas Mikojan, damals Erster Stellvertretender Ministerpräsident der UdSSR und Mitglied des Parteipräsidiums. Er empfing Reding am 28. Dezember zu einem fast einstündigen Gespräch. Der Grazer Professor sagte ihm, daß er keinen vatikanischen Auftrag habe, doch mit Wissen seiner kirchlichen Oberen gekommen sei, um mit Atheisten zu diskutieren, die religiöse Lage zu studieren und ganz privat zu erkunden, «ob ein *modus vivendi* zwischen Vatikan und Kreml überhaupt denkbar wäre». Auf dieses Stichwort schien Mikojan gewartet zu haben. Er versicherte (wie Reding erst elf Jahre später mitteilte),[13] daß...

«...die Sowjetunion bestrebt sei, mit allen friedliebenden Organisationen, auch mit den Kirchen, Kontakte zu pflegen. Korrekte Beziehungen zwischen der UdSSR und dem Heiligen Stuhl seien aber nur möglich, wenn die Kirche sich nicht in politische Angelegenheiten einmische. Die Einzelregelung eines *modus vivendi* müsse in Verhandlungen mit Poljanski erfolgen...»

Das klang sehr unbestimmt, und der Theologieprofessor war auch diplomatisch nicht so erfahren, um eine Präzisierung zu erreichen. Der Bericht, den Reding nach seiner Rückkehr im Januar 1956 (über Bischof Schoiswohl) dem Vatikanischen Staatssekretariat zuleitete, bot also seinen Kritikern und den Gegnern jedes Dialogs Angriffsflächen. Reding selbst verhielt sich still und diskret. Auch als ich ihn Ende Februar 1956 in Graz aufsuchte, schwieg er sich über den Inhalt seines Gesprächs mit Mikojan aus. Dennoch wirkte mein Bericht, den ich damals über Redings Reise in der *Frankfurter Allgemeinen Zeitung* (FAZ) veröffentlichte, auf manche vatikanischen Kreise geradezu aufreizend.

Der *Osservatore Romano* hatte schon im Dezember sehr erregt auf einen FAZ-Artikel geantwortet, in dem ich Zeichen einer katholischen «Wende zur Koexistenz» feststellen zu können glaubte (ohne damals schon jene Hintergrundkenntnisse zu besitzen, die im vorliegenden Buch ausgebreitet sind). Jetzt, im März 1956, spitzte Federico Alessandrini, stellvertretender Direktor des Vatikanblatts, von neuem die Feder: Er verglich die Reise Redings, den er – ohne Namensnennung – als einen «theologische Studien pflegenden Katholiken (*catolico, cultore di studi teologici*) bezeichnete, mit jenem kuriosen amerikanisch-polnischen Pfarrer Orlemański, der im Mai 1944 von Stalin empfangen worden war. Der Leitartikel des Vatikanblatts beharrte darauf, daß das Gespräch mit den Kommunisten auch nach Chruschtschows Abrechnung mit Stalin (Februar 1956) unmöglich bleibe; außerdem weise nichts darauf hin, daß die Sowjetregierung an einem Konkordat interessiert sei. Solche Abmachungen seien zwar auch mit totalitären Staaten nicht grundsätzlich ausgeschlossen, doch würde dies «bedeuten, daß ein solcher Staat dem eigenen Totalitarismus eine Grenze steckt».[14]

Natürlich hatte die römische Kurie verstanden, daß den Sowjets jetzt an «irgendeiner» Anknüpfung lag. Deshalb war Alessandrini aus dem Staatssekretariat auch angewiesen worden, verpackt in seine Polemik die sachlichen Grundbedingungen jeder konkordatären Annäherung einfließen zu lassen. Die Redingreise galt freilich nicht als ausreichendes Indiz für seriöse Absichten der Sowjets. Vor allem fürchtete der Papst, daß im westlichen Katholizismus Verwirrung entstehen würde, wenn Moskaus Koexistenzparole, in der sich Ideologisches und Machtpolitisches unklar mischten, allzu plötzlich Bastionen unterhöhlen würde (in denen man sich so bequem eingerichtet hatte – die «Brüder im Osten» dem Schweigen überlassend…)

Noch während Reding in Wilna vor tränengerührten Katholiken die Christmette zelebrierte, legte der Papst in seiner Weihnachtsbotschaft von 1955 ein neues Kabinettstück seiner politisch-theologischen Equilibristik vor: Er verurteilte wieder einmal «den Kommunismus als gesellschaftliches System», warnte aber zugleich den Westen vor einem nur «auf der Verteidigung einer inhaltslosen Freiheit beruhenden Antikommunismus» und vor einer «*unterschiedslosen* Koexistenz mit *allen* um *jeden* Preis» – als ob für eine *solche* Koexistenz irgend jemand in Ost oder West je plädiert hätte!

Die Schwierigkeit, in die er sich so manövrierte, dürfte dem Papst bewußt geworden sein, als Radio Moskau ihn schon am nächsten Tag – lobte. Natürlich nicht wegen seiner Äußerungen über den Kommunismus, die man in Moskau schweigend überging, sondern weil er in der gleichen Weihnachtsbotschaft zum erstenmal vor den Schrecken eines Atomkriegs und vor weiteren Atomversuchen gewarnt hatte.

Dialogansätze, Rückschlag in Ungarn – und Polens Alleingang

War die ganze Entstalinisierung, die im Februar 1956 mit dem XX. Parteitag begann, nur eine Finte, hinter der sich das «unverändert brutale Gesicht» Moskaus verbarg? Oder war es der Anfang vom Ende des Kommunismus? Diese Fragen waren im Westen – und auch im Vatikan – während des ganzen Jahres 1956 heiß umstritten. Und als am Ende dieses ereignisreichen Jahres die Rote Armee den Aufstand der

Ungarn niedergeschlagen hatte, fühlten sich jene, denen der «Kalte Krieg» genaueres Nachdenken abgewöhnt hatte, in ihrer Meinung von der ganz unveränderten Natur des Sowjetkommunismus bestätigt. Sie sahen nicht, daß Ungarns Tragödie, die Polen nur knapp erspart blieb, nichts anderes war als die erste Reaktion auf die Wandlungen, die mit dem Ende der Stalinepoche begonnen hatten.

Hoffnungen, Fehleinschätzungen, Unsicherheiten – all das spiegelt sich auch im Verhalten des Vatikans 1956. Hatte der *Osservatore Romano* im März das Fehlen «auch nur irgendeiner Geste» gegenüber dem Heiligen Stuhl beklagt und die Freilassung vor allem der gefangenen osteuropäischen Kirchenfürsten verlangt, so zeigte sich das Vatikanblatt dennoch unbeeindruckt, als im April – im Zeichen einer rasch fortschreitenden innenpolitischen Lockerung – Erzbischof Grösz nicht nur aus der Haft entlassen, sondern von der Budapester Regierung sofort wieder als Vorsitzender der ungarischen Bischofskonferenz anerkannt wurde; er wolle nicht nur regierungsloyal sein, sondern sich auch «entsprechend den Absichten des Heiligen Vaters Pius XII. für den Frieden einsetzen», äußerte Grösz in der ungarischen Presse: es war ihre erste positive Äußerung über den Papst seit Jahren.

Im Mai ließ die kommunistische *Unità* in Rom den neuen litauischen Bischof *Petras Mazelis* zu Wort kommen: Er stehe in Briefverbindung mit dem Vatikan, meine jedoch, daß künftig die Beziehungen zwischen dem Heiligen Stuhl und der Sowjetunion durch ein Konkordat «oder auf sonst irgendeine Weise» geregelt werden könnten. – «Irgendwie» suchte Moskau tatsächlich Kontakt, obwohl das Echo aus dem Vatikan nicht einladend klang. Denn kaum hatte in Polen die antistalinistische Gärung einen Siedegrad erreicht, der am 28. Juni zu einem blutigen Aufstand in Posen führte, wandte sich der Papst schon am nächsten Tag mit einem Apostolischen Schreiben direkt an die Völker Osteuropas und erinnerte sie an die – siegreichen Türkenkriege:

> «…Heute werdet Ihr wiederum aufs traurigste und kummervollste heimgesucht… Es geht um Euer ewiges Heil, das heute infolge der zunehmenden Verwegenheit der Atheisten in schwerer Gefahr ist. Wenn jedoch in diesem geistigen Kampf jeder einzelne treu und tapfer kämpft, wird es niemals Besiegte, sondern immer nur ruhmwürdige Opfer geben können… Es kann vorkommen, daß einige den Mut verlieren, im Eifer erlahmen und – was noch verhängnisvoller ist – meinen, man müsse die Lehre Christi mildern, und, wie sie sagen, der neuen Zeit und den örtlichen Verhältnissen anpassen…»[15]

Gemeint waren vor allem *politisch* kollaborierende katholische Gruppen, wie etwa die polnische «Pax»-Bewegung, die dem Vatikan schon jahrelang ein Dorn im Auge gewesen war, (ein Dekret des Heiligen Offiziums setzte ein Buch des Pax-Vorsitzenden Boleslaw Piasecki 1955 auf den Index der verbotenen Bücher).[16]

Moskau ließ sich dennoch nicht abhalten, Verbindung mit dem Vatikan zu suchen. Aber wozu? Im Juli und August hatte der römische Sowjetbotschafter Bogomolow schon beim Päpstlichen Nuntius für Italien, Fietta, vorgefühlt. Dann hatte sein Vertreter Poschdajew um eine Unterredung mit Monsignore Fietta gebeten. Der Papst zögerte. Dem Botschafter hätte der Nuntius – als Doyen des Diplomatischen Korps – die Begegnung nicht verweigern können, doch einen Geschäftsträger mußte er nicht empfangen. Aber der diplomatische Verstand in Pius XII. überwand die Abneigung. Am 21. August 1956 überreichte Poschdajew in der Nuntiatur Abrüstungsvorschläge, wie sie die Sowjetregierung damals allen Staaten zustellte. Man hoffe, daß auch «der Vatikanstaat» seinen Beitrag zu diesem Friedenswerk leiste, hieß es. Doch Fietta hatte den Auftrag, keinen Zweifel zu lassen, daß der Papst nicht nur einen Zwergstaat ohne Rüstung, sondern eine Weltkirche repräsentiert: Er wies auf «die ernste religiöse Lage in der Sowjetunion» hin und auf die «notwendige Sicherung der religiösen Freiheit». Poschdajew hörte höflich zu – und schwieg.

Dem Papst gab diese Begegnung, die manchen Spekulationen Auftrieb gab, neuen Anlaß zu einer lauten Demonstration: Zehn Tage später warnte er den 77. Deutschen Katholikentag in einer Radiobotschaft nach Köln «vor dem Trugbild einer falschen Koexistenz».[17] Die Kirche stehe «unter der gefährlichsten Verfolgung, die je über sie hingegangen ist»; daß es zwischen ihr und den Atheisten zum «Zusammenstoß» gekommen sei, darauf dürfe sie sogar «mit Recht stolz sein».

Ob er solchen Stolz tatsächlich auch jenen 28 000 DDR-Katholiken anempfehlen wollte, die damals noch fast ungehindert nach Köln reisen konnten? Noch gab es in Berlin keine Mauer; noch würde der Sowjetblock weitere fünf Jahre mit einer relativ offenen DDR-Grenze leben müssen, und «Ostdeutschland» – wie man im Vatikan zum Mißvergnügen Bonns *und* Ostberlins die DDR damals nannte – galt in der römischen Kurie als die «große Ausnahme»: nirgendwo im Osten war die katholische Kirche bislang so wenig behindert worden wie dort. War es also sehr klug, gerade das gesamtdeutsche Katholikentreffen in Köln mit kämpferischen Rufen zu belasten?

Der Papst hatte diesen Einwand durchaus bedacht; er war gerade gegenüber Ostberlin bislang behutsam verfahren. Zum 80. Geburtstag hatte er im März 1956 ein Glückwunschschreiben des Stellvertretenden Ministerpräsidenten der DDR, des Ost-CDU-Chefs Otto Nuschke, erhalten – als einzige Gratulation eines östlichen Staatsmannes. Nuschke (1883–1957) war ein evangelischer Christ, der seit 1945 in aller Stille für die Kirchen viel getan hatte. Die Redakteure des *Osservatore Romano* staunten nicht wenig, als sie durch eine eigenhändige Notiz des Papstes angewiesen wurden, ein Dankschreiben Mons. Dell'Acquas an Nuschke zu drucken und damit dem Briefwechsel offiziellen Charakter zu geben. Da wurde auf Nuschke der Segen Gottes herabgerufen: «Er möge Sie erleuchten und stärken zu vollem Einsatz, daß auch in Ihrem ihm teuren Lande die Gesetze Gottes und der Kirche anerkannt werden und Schutz finden.»[18]

Ganz in diesem – wie er meinte – diplomatisch ausgewogenen Sinne verstand der Papst aber auch seine Botschaft an den gesamtdeutschen Katholikentag in Köln: Die scharfe Abgrenzung gegen das System des politischen Atheismus, das – wenn man nach Polen und Ungarn blickte – scheinbar in eine Krise geraten war, diente als Hintergrund dafür, den Kommunisten die Bedingungen eines *modus vivendi* mitzuteilen:

«Die katholische Kirche nötigt niemanden, ihr zuzugehören. Sie verlangt jedoch für sich
die Freiheit, nach ihrer Verfassung und ihrem Gesetz im Lande zu leben, ihre Gläubigen
betreuen und die Botschaft Jesu Christi offen verkünden zu können. Dies freilich ist ihre
unabdingbare Grundlage für jede ehrliche Koexistenz. Inzwischen kämpft sie weiter –
nicht auf dem Felde der Politik und Wirtschaft, wie man ihr immer wieder fälschlich
nachgesagt hat, sondern mit ihren eigenen Waffen: der Standhaftigkeit ihrer Gläubigen,
dem Gebet, der Wahrheit und der Liebe…»

Diese Papstrede vom 2. September 1956 war nichts anderes als ein wohlverpacktes
Waffenstillstandsangebot, das ganz Osteuropa unterbreitet wurde – nicht aus Schwäche, sondern kalkuliert für den Fall, daß der Gegner wider Erwarten weich werden
sollte. Eine Woche vorher hatten in Częstochowa eine Million Polen mit 34 Bischöfen
friedlich, doch unüberhörbar für die Freilassung ihres Primas demonstriert. In Ungarn überschwemmte eine Welle kommunistischer Selbstkritik das Land. Am 12.
September trat in Königstein/Taunus einer der engsten Berater des Papstes und Mit-
verfasser vieler Redetexte Pius' XII., der Jesuit Professor Gustav Gundlach, vor dem
«Kongreß Kirche in Not» auf und überraschte seine militant antikommunistischen
Zuhörer:

«Glauben Sie nicht, daß die Kirche ins Koexistenzproblem von den Journalisten
hineingezogen wird! Sie steht durch ihre Natur mitten drin!» sagte Gundlach und
polemisierte sowohl gegen jene, die «den Petersplatz als Roten Platz aufziehen»
möchten, wie gegen jene, die der Kirche «eine gewisse römische Schläue und Wen-
digkeit, von der man nicht weiß, wohin sie geht», zuschrieben. In Wirklichkeit gehe
es weder um ein «Weichwerden» noch um einen Kreuzzug, den der Papst «niemals
weder veranlassen wollen, noch segnen» werde, sondern um dies:

«Die Kirche wird unter *allen* Umständen *alle* Möglichkeiten suchen, um ein Minimum
von Seelsorge in Gebieten zu sichern, wo heute keine ist. Und sie wird *alle* Wege gehen,
die dies einigermaßen sicherstellen. Sie wird *alle* Wege suchen, um der Seelen willen, die
der Lehre entbehren, der Sakramente; aber das ist kein inneres Hineingehen und Hinüber-
wechseln zum Kommunismus… In allen Zeiten hat die Kirche in schwierigsten Lagen
versucht, zu retten, was zu retten ist, Wege zu gehen, die überhaupt noch gangbar
sind…»[19]

Solche «komplizierte Unterscheidungslehre» des Begriffs «Koexistenz» sei, so hielt
damals der katholische Publizist Otto Rögele dem Papstberater Gundlach entgegen,
«schwerlich allen unseren Intellektuellen klarzumachen, von der absoluten Unmöglichkeit, sie… für das einfache Volk darzulegen, ganz zu schweigen».[20] – Nicht um
doktrinäre Unterscheidungen ging es indessen, sondern unter ihrem feingesponne-
nen Netz sah man das pragmatische Grundmuster aller vatikanischen «Politik» gegenüber dem Osten durchschimmern. Daß ein Mann wie Gundlach gerade Mitte
September 1956 den Blick darauf richtete (ohne damit etwas ganz Neues kundzutun),
lag nur daran, daß das Kirchenvolk – auch das intellektuelle – im Getümmel des
Kalten Kriegs dieses Grundmuster aus den Augen verloren hatte.

Jetzt aber mußte man die westlichen Katholiken auf eine neue Lage vorbereiten, die sich anzukündigen schien. Denn sechs Wochen später kehrten Kardinal Wyszyński nach Warschau, Kardinal Mindszenty frei nach Budapest zurück. Nicht daß man im Vatikan in hochgestimmten Optimismus verfallen wäre, als Ende Oktober 1956 in Polen Władysław Gomułka und in Ungarn Imre Nagy – zwei verfemte «nationale» Kommunisten – das Ruder ergriffen. Aber der Papst zögerte nicht, alle diese Ereignisse in aller Öffentlichkeit als «Vorzeichen für die friedliche Neuordnung beider Staaten auf Grund gesünderer Prinzipien und besserer Gesetze» zu begrüßen[21] – und zwar am 1. November. Am Abend dieses Tages teilte Nagy im Rundfunk mit, daß die Sowjettruppen (die vor dem blutigen Volksaufstand zurückgewichen waren) zum zweitenmal auf Budapest vorrückten und daß Ungarn aus dem Warschauer Pakt austrete.

Um 20.24 Uhr – kaum eine halbe Stunde nach Nagy – trat Kardinal Mindszenty ans Mikrofon des Senders Budapest und wußte nichts Besseres, als anzukündigen: Er informiere sich jetzt, wie der Weg zu einer «fruchtbaren Entwicklung» gefunden werden könne, und in zwei Tagen werde er dann über den Rundfunk «einen persönlichen Aufruf an die Nation richten über den Weg der Lösung».[22] Das war ein Signal für den Vatikan, am Morgen des 2. November eilends den Nuntiaturrat Corrado Bafile aus dem Staatssekretariat nach Budapest in Marsch zu setzen, damit er auf Mindszenty mäßigend einwirkt. Immerhin hatte sich der polnische Kardinal Wyszyński an diesem 2. November in seiner ersten Predigt mit einem Aufruf zur allumfassenden gegenseitigen Liebe begnügt.[23] Würde sich Mindszenty in diesem Sinne beraten lassen und auf jedes politische Wort verzichten? Monsignore Bafile kam nur noch bis zur österreichisch-ungarischen Grenze, wo bereits der Präsident des «Päpstlichen Hilfswerks», Prälat Ferdinando Baldelli, vergebens mit dem Kommandeur einer sowjetischen Panzereinheit verhandelt hatte. Niemand wurde mehr nach Budapest durchgelassen, schon gar nicht ein Vatikandiplomat.

Sowjetpanzer stehen am Abend des 3. November zwölf Kilometer vor Budapest. Gegen 18 Uhr sagt Mindszenty zu dem deutschen Bundestagsabgeordneten Hubertus Prinz zu Löwenstein:[24] «Seid stark, seid bereit! Sonst könnte Ungarns Schicksal morgen eures sein. Moskau schreckt vor keiner Gewalttat zurück… Nur größere Macht kann vor ihm schützen.» Zwei Stunden später – und acht Stunden bevor sowjetische Kanonen das Feuer auf Budapest eröffnen! – spricht der Kardinal im Rundfunk[25] und verlangt «die [sofortige] Wiederherstellung der Freiheit des christlichen Religionsunterrichts sowie die Rückgabe der Institutionen [und Gesellschaften] der katholischen Kirche, darunter auch der katholischen Presse». Im Ton eines Regierungsprogramms fordert er «neue, vor jedem Mißbrauch gesicherte Wahlen, an denen sich jede Partei beteiligen kann». Das 1945 aufgezwungene Gewaltregime sei von der Nation «hinweggefegt» worden; seine «Erben sollten sich keinen weiteren Beweis dafür wünschen». (Diesen Nachsatz, den die Tonbandaufnahme enthält, ließ Mindszenty in seinen Memoiren aus…) Fünfmal apostrophiert der Kardinal polemisch diese «Erben»: die Regierung des Kommunisten Nagy (die schon am nächsten Tag nicht mehr amtieren wird). Die Schuldigen des gestürzten Regimes seien gerichtlich zur Verantwortung zu ziehen, «individuelle» Racheakte müßten hingegen vermieden werden, sagt der Kardinal und beteuert zugleich: «Wir sind neutral, wir geben dem russischen Reich keinen Anlaß zum Blutvergießen… Wir wünschen mit den großen Vereinigten Staaten von Amerika und mit dem mächtigen russischen Reich Freundschaft.» Die Sowjetführer belehrt er, «das wir das russische Volk weit mehr achten würden, wenn es uns nicht unterjocht». Er zweifelt selbst, ob der Kreml, der sein Imperium gefährdet sieht, besänftigt werden kann; dennoch empfindet er nicht, daß seine Rede in diesem Augenblick nur wie Öl im Feuer wirken kann.[26]

Freilich, auch ein Kardinal, dem die Tugend der Weisheit geläufiger gewesen wäre, hätte das Feuer nicht mehr löschen können – so räsoniert man im Vatikan. Der Papst, der vor seiner engsten Umgebung keinen Hehl daraus macht, daß er Mindszentys Verhalten für unklug hält, äußert sich auch erstaunt, als der ungarische Primas schon am Tage nach seiner flammenden Rede nicht wiederum zum Märtyrer werden will, sondern (in einer menschlich verständlichen Reaktion) vor den Sowjettruppen in die naheliegende amerikanische Gesandtschaft flieht, mit der zu «konspirieren» ihn die Kommunisten stets verdächtigt hatten.

Da alle Welt – sogar ein Teil der kommunistischen – ihrer Empörung über die Sowjetunion Luft macht, beeilt sich auch Pius XII., um nicht dem alten Vorwurf des Schweigens ausgesetzt zu werden: In Ungarn sei «mit fremden Waffen dem blutenden Volk aufs neue die Knechtschaft auferlegt worden», klagt er in einer Kurz-Enzyklika schon am 5. November 1956,[27] und fünf Tage später – in einer Rundfunkbotschaft an die Gläubigen der ganzen Welt – bebt die Stimme des Achtzigjährigen: «Kann die Welt diese Brüder dem Schicksal einer erniedrigenden Sklaverei überlassen?» Der Papst fordert jetzt sogar «einen festen öffentlichen Pakt», der ungerechte Angreifer in die «Wüste der Isolierung» schicken, doch zugleich zu «milderen Entschlüssen» bewegen soll.[28]

«Würden Wir schweigen, so müßten Wir das Gericht Gottes wohl viel mehr fürchten!» rechtfertigt er sich in seiner Weihnachtsbotschaft (1956) gegen den Vorwurf, zur Versteifung der Fronten beizutragen. Zu diesem Zeitpunkt scheint die Ost-West-Entspannung auf unabsehbare Zeit wieder vom Rückfall in den Kalten Krieg abgelöst zu werden; das Prestige Moskaus, ja des Weltkommunismus hat einen Schlag erlitten – aber auch die Illusion, daß eine westliche Großmacht bereit wäre, etwas anderes als den *Status quo* der Demarkationslinien von 1945 zu garantieren. Dieser zwiespältige Sachverhalt (der das Ost-West-Verhältnis schon bald wieder auf den Koexistenzkurs zurückführt) spiegelt sich in den heftigsten politischen Emotionen, die sich Pius XII. öffentlich je erlaubt hat:[29]

> «Wir, als Haupt der Kirche, haben es ebenso wie in früheren Fällen vermieden, die Christenheit zu einem *Kreuzzug* aufzurufen. Wir können jedoch volles Verständnis für die Tatsache verlangen, daß, wo Religion ein lebendiges Erbe der Väter ist, die Menschen den Kampf, der ihnen vom Feind zu Unrecht aufgezwungen wird, auch als einen Kreuzzug

auffassen... Wir sind überzeugt, daß auch heute gegenüber einem Feind, der entschlossen ist, allen Völkern so oder so eine besondere und unerträgliche Lebensform aufzuerlegen, nur der einhellige und starke Zusammenhalt aller, die die Wahrheit und das Gute lieben, den Frieden retten kann und wird.»

So eindeutig hatte sich der Papst noch nie mit dem westlichen Bündnis identifiziert. Christen dürften auch nicht, mahnte er, eine «Vernebelungstaktik» begünstigen, die unter dem Namen «Dialog» laufe. «Wozu miteinander reden ohne gemeinsame Sprache?»

Wer aber daraus den Schluß ziehen wollte, es seien alle Brücken abzubrechen, der verkannte wiederum die «Natur der Kirche» (Gundlach) und das pragmatische Grundkonzept aller vatikanischen Ostpolitik. Der Pacelli-Papst, für den die Mündigkeit der einfachen Laien und selbst der «niederen Kleriker» kaum mehr als theologische Arabeske sein konnte, untersagte nur ihnen den Dialog, er reservierte ihn hingegen für die hohe Diplomatie der Staaten – und der Kirche:

> «Es sei aber gut..., die gegenseitigen Beziehungen aufrechtzuerhalten, so bemerkt man. Doch dafür genügt völlig das, was die verantwortlichen Männer von Politik und Staat an Kontakten und Beziehungen für nötig befinden, um den Frieden der Menschheit zu erhalten, nicht besonderer Interessen wegen. Und es genügt, *was die kirchliche Autorität durchführen zu müssen glaubt, um die Anerkennung der Rechte und der Freiheit der Kirche zu erhalten.*»

Mit dem letzten Satz war beiläufig die Formel geprägt, die es erlauben würde, dem *polnischen* Weg, den Ende 1956 Kardinal Wyszyński mit dem Kommunisten Gomułka beschritt, einen gemessenen Segen zu erteilen. Denn während die römische Kurie gerade wieder auf vollen Kalten-Krieg-Kurs ging, kam es in Polen am 7. Dezember 1956 zu einer neuen Verständigung (*porozumienie*) zwischen Staat und Kirche:

Das Kommuniqué einer gemeinsamen Kommission von Episkopat und Regierung[30] knüpfte – ohne es ausdrücklich zu nennen – an das alte durchlöcherte Abkommen von 1950 an. Die Regierung, die alle verurteilten Geistlichen freiließ, versprach, «Hindernisse aus dem Wege zu räumen, wie sie in der früheren Periode bei der Verwirklichung des Grundsatzes der vollen Freiheit des religiösen Lebens auftraten»; die Bischöfe versicherten ihre «volle Unterstützung (*pełne poparcie*) für die von der Regierung unternommene Arbeit zur Stärkung und Entwicklung Volkspolens, zur gewissenhaften Einhaltung der Gesetze Volkspolens und zur staatsbürgerlichen Pflichterfüllung». Unter anderem wurde jetzt ein Dekret von 1953, das die Besetzung aller kirchlichen Ämter von staatlicher Genehmigung abhängig gemacht hatte, durch ein neues ersetzt, in dem sich der Staat nur noch ein zeitlich und sachlich begrenztes Einspruchsrecht sicherte;[31] die Regierung stimmte nun endlich der Einsetzung jener fünf Titularbischöfe in den Oder-Neiße-Gebieten zu, deren Ernennung Kardinal Wyszyński schon 1951 dem zögernden Papst als halbe Lösung abgerungen hatte.

Wieder – wie 1950 – war also eine kirchliche Vereinbarung mit Kommunisten ohne Rückfrage beim Vatikan zustande gekommen. Als direkten Verhandlungspartner hat-

te Wyszyński sogar jenen Bischof Michał Klepacz aus Łódz beauftragt, der am Tage
der Verbannung des Kardinals 1953 als neuer Episkopatsvorsitzender die Innenmini-
steriums-Obristin Luna Brystigerowa (die ihm die Bestätigung der Regierung überbrachte) freundlich mit einer Flasche Wein bewirtet hatte…

Klepacz hatte damals der Regierung einen Treueid geleistet, den der Vatikan als
«objektiv ungültig» bezeichnete.[32] Auch nach dem neuen Dekret hatten Diözesanbi-
schöfe «feierlich» Treue zur Volksrepublik und ihrer Rechtsordnung zu geloben
(Art. 6). Und am 15. Januar 1957 ließ Wyszyński sogar die katholischen Bürger zur
Teilnahme an den *Wahlen* für die kommunistische Einheitsliste Gomułkas auffordern
(die allerdings zum erstenmal auch acht dem Kardinal nahestehende Katholiken der
«Znak»-Gruppe enthielt). Wie war dies mit dem ominösen römischen Dekret von
1949 gegen Zusammenarbeit mit Kommunisten noch in Einklang zu bringen?

Dem Vatikan war die Peinlichkeit, aber auch die unvermeidliche Opportunität des
Vorgangs bewußt. Der *Osservatore Romano* hatte schon vorgebeugt: Die Unterdrückung der Kirche könne «in gewissen Ländern weniger schwer als anderswo»
sein, wenn sich nämlich – wie in Polen – der moralische Widerstand der Katholiken
stärker erweise als der entgegengesetzte Wille; «der Kommunismus schreibt sich dies
dann als Verdienst zu, was in Wirklichkeit seine Niederlage ist…»[33] Solche Deutung
sollte sich 30 Jahre später bewahrheiten, aber sie erleichterte jetzt natürlich keineswegs die Position des polnischen Kardinals.

Wyszyński beeilte sich denn auch nicht, nach Rom zu reisen – und der Vatikan vermied es, ihn schnell zu rufen. Erst fünf Monate später machte er sich auf den Weg. Auf
dem römischen Bahnhof begrüßte ihn der Botschafter der Volksrepublik und – ein damals drittrangiger Kurienbeamter. Eine bange Woche lang ließ der Papst den Warschauer Kardinal warten: Inzwischen erhielt Wyszyński anonyme Briefe, die ihm vor-
warfen, den «kompromittierten» Łódzer Bischof Klepacz mitgebracht zu haben; nur
deshalb zögere der Papst, ihn zu empfangen. Doch Wyszyński hatte bewußt nicht nur
den Posener Erzbischof Baraniak, den die Stalinisten besonders übel behandelt hatten,
nach Rom mitgenommen, sondern auch Klepacz und den Episkopatssekretär Bischof
Choromański. Für ihre Kompromißhaltung wollte der Kardinal selbst «die volle Verantwortung» übernehmen; durch sie nämlich sei, erklärte er dem Staatssekretariat,
während der Internierung des Primas «die Einheit der Kirche gewährleistet worden».

Endlich, am 14. Mai, wurden die polnischen Bischöfe beim Papst vorgelassen, der
die Verzögerung mit einem Besuch des französischen Staatspräsidenten entschuldigte
(der schon drei Tage zurücklag). Auch jetzt hatte Pius XII. nur 15 Minuten Zeit. Er
bemühte sich um formelle Herzlichkeit für Wyszyński, umarmte Baraniak als «lieben
Sohn und Märtyrer», behandelte Klepacz und Choromański jedoch mit spürbarer
Kühle.[34] Öffentlich bekam Wyszyński, dem formlos der Kardinalshut überreicht
wurde, kein ehrendes Wort zu hören. Einziges Zeichen eines leicht verbesserten Klimas war, daß bei seiner Abreise immerhin Monsignore Dell'Acqua, der Substitut des
Staatssekretariats, am Bahnhof erschien…

Am Tage der Papstaudienz Wyszyńskis hatte Pius XII. eine sehr gezielte Enzyklika veröffentlicht. Sie war einem Heiligen gewidmet, dem wir in diesem Buch schon begegnet sind: *Andrzej Bobola*. Der 300. Todestag dieses polnischen Rußlandmissionars, den die orthodoxen Kosaken erschlugen (und dessen Reliquien Lenin dem Papst unter einer Bedingung überließ, die man in Rom nicht einhielt), bot dem Papst Anlaß, um Polen wieder einmal auf die Rolle einer «Vormauer der Christenheit» zu verweisen: Je verwegener die Feinde Gottes seien, desto mutiger müsse man ihnen «durch Wort und Schrift und gutes Beispiel» entgegentreten. Ausdrücklich mahnte er den polnischen Episkopat zur Tapferkeit – freilich zu einer solchen, «die mit Klugheit, Scharfsinn und Weisheit» verbunden ist…[35]

Der «polnische Sonderfall», wie man ihn nun in Rom nannte, war also mit Vorbehalt hingenommen. Schwieriger war das im Falle *Ungarns*. Hier versuchte der Antistalinist János Kádár, von aller Welt als «Überläufer» verschrien, aus den Trümmern des blutigen Herbstes von 1956 zu retten, was unter sowjetischer Kontrolle noch zu retten war: um eben dies mühte sich nun von neuem auch Erzbischof Grösz. Ende Mai 1957 versuchte er, die diskreditierte «Friedenspriester»-Organisation unter dem neuen Namen «Opus Pacis» aus der allzu engen ideologischen Bindung an die Kommunisten zu lösen und zu neutralisieren, indem er selbst mit allen Bischöfen der Vereinigung beitrat. Ein Dekret des Vatikans untersagte am 7. September dem Klerus Ungarns jede politische Betätigung; im März 1958 exkommunizierte das Heilige Offizium die Geistlichen Horvath, Mate und Beresztoczy, weil sie gleichwohl Parlamentsabgeordnete blieben. Aber das hinderte weder Grösz noch später dessen Nachfolger Erzbischof Hamvas, immer schützend die Hand über die gemaßregelten Kleriker zu halten.

War das Ungehorsam gegen Rom? Nachgiebigkeit aus bloßer Furcht oder auch aus pastoraler Überzeugung? Pius XII. mußte in seinem letzten Lebensjahr mit Widerwillen erkennen, daß der Bannstrahl – überhaupt jedes herkömmliche kirchendisziplinarische Mittel – immer weniger den Situationen entsprach, mit denen es die katholische Kirche in dieser Epoche zu tun hat. Der Kommunismus – als ideologische wie politische Macht – entzog sich immer mehr der eindeutigen Definition. In *Moskau* sprach der sowjetische Außenminister Gromyko am 11. Januar 1958 vor italienischen Kommunisten von «Übereinstimmung» mit dem Vatikan in «verschiedenen Fragen des Friedens»; darauf ließen sich «nützliche», ja «offizielle» Beziehungen aufbauen trotz ideologischer Unterschiede. In *Peking* dagegen bildete sich zur gleichen Zeit eine «Patriotische Katholikenvereinigung», die den Vatikan als «Handlanger des amerikanischen Imperialismus und der Aggression» beschimpfte.

Nach der Vertreibung oder Verhaftung aller ausländischen Bischöfe standen die wenigen einheimischen Oberhirten *Chinas* vor der Wahl, ob sie sich dem Diktat der Regierung oder dem Verbot des Vatikans beugen sollten, das ihnen untersagte, neue Bischöfe ohne römische Ernennungsbulle zu weihen. Nicht im sowjetisch beherrschten Europa, sondern unter den 4 Millionen Katholiken Chinas kam es daraufhin zum

ersten und einzigen offenen Akt des Ungehorsams eines ganzen Episkopats gegenüber Rom: 30 chinesische Bischöfe wurden 1958 unter Mißachtung kanonischer Vorschriften geweiht – davon drei am 9. Oktober, dem Todestag Pius' XII.[36]

War das wirklich ein modernes «Schisma»? In seiner letzten, am 9. September
veröffentlichten Enzyklika bezichtigte Pius die «falschen Hirten» Chinas des Hoch-
muts und des Aufruhrs gegen päpstliche Autorität. Er konnte zwar nicht leugnen,
daß die Bischofsweihen – von römisch anerkannten Oberhirten vollzogen – im sakramentalen Sinne gültig waren, aber er nannte sie «unerlaubt, das heißt sündhaft und
sakrilegisch», ja ein «schweres Verbrechen», das mit der «dem Apostolischen Stuhl
besonders (*specialissimo modo*) vorbehaltenen Exkommunikation», also dem Kirchenausschluß sowohl der Geweihten wie der Weihenden zu bestrafen sei.[37]

So war ein Verdammungsurteil gegen bedrängte Bischöfe der eigenen Kirche die
letzte Tat des Pacelli-Papstes – das äußerste Symbol für die Ohnmacht und das Scheitern seiner widerspruchsvollen Pastoralpolitik gegenüber den kommunistischen
Mächten.

Zwölf Jahre später, 1970, flog ich als einer der journalistischen Begleiter Pauls VI.
dem chinesischen Festland bei Hongkong entgegen und fragte, während der Papst an
behutsamen Worten für China feilte, den begleitenden Kardinal Tisserant, was man
im Vatikan heute von jenen «unkanonisch» geweihten Bischöfen halte. «Wir wissen
nichts von ihnen – aber wir betrachten sie als Glieder der Kirche…», sagte Tisserant.
Inzwischen war die kleine katholische Kirche Chinas im Schweigen versunken, und
in Rom hatte ein «undiplomatischer» Papst, Johannes XXIII., den Versuch eines
Dialogs mit der modernen Welt, auch mit der östlichen, begonnen…

Ohne Diplomatie: Papst Johannes,
Chruschtschow und die Cousins-Vermittlung

«Besser als eine Ohrfeige, nicht wahr?» sagte der Papst zu seinem Sekretär Loris
Capovilla, als er das Schreiben gelesen hatte, das ihm am 25. November 1961 auf den
Tisch gelegt wurde. Es stammte vom sowjetischen Botschafter in Italien und lautete:

> «Nach einer Anweisung, die ich von Herrn Nikita Chruschtschow erhalten habe, bitte
> ich, Seiner Heiligkeit Johannes XXIII. aus Anlaß seines 80. Geburtstages meine Gratula-
> tion auszusprechen mit dem aufrichtigen Wunsch für gute Gesundheit und Erfolg bei
> seinem edlen Bemühen zur Stärkung und Festigung des Friedens in der Welt durch Lö-
> sung der internationalen Probleme durch freimütige Verhandlungen.»

«Etwas bewegt sich in der Welt… Wir haben heute ein Zeichen der göttlichen Vorsehung erhalten!» bemerkte der Papst später, nachdem er sich zum Gebet zurückgezogen hatte. Und am 27. November schickte er den Nuntiaturrat Mario Cagna in die
römische Sowjetbotschaft mit einer Antwort:

«Seine Heiligkeit Papst Johannes XXIII. dankt für die Glückwünsche und übermittelt seinerseits dem ganzen russischen Volk seiner herzlichen Wünsche für Entwicklung und Festigung des allgemeinen Friedens durch günstige Verständigungen in humaner Brüderlichkeit. In diesem Sinne erhebt er inbrünstige Gebete.»[38]

Dies war der Beginn einer Übergangsphase vatikanischer Ostpolitik, die ganz vom persönlichen religiös-menschlichen Stil des Mannes geprägt war, der zwar als Diplomat den beiden Pius-Päpsten gedient, doch von den Kurienprälaten immer als etwas naiv, als «sonderbarer Heiliger» belächelt worden war.

Als das Kardinalskollegium den 77jährigen Angelo Giuseppe Roncalli 1958 überraschend zum Nachfolger Pius' XII. wählte, waren sich alle bewußt, daß nun ein gemäßigtes Klima in der römischen Kurie entstehen würde, eine mildere Luft, in der viele Monsignori aufatmen durften. Doch eben deshalb erwartete niemand von Johannes XXIII. einen epochemachenden Anstoß zur Kirchenreform oder gar einen Wechsel im Verhalten zur kommunistischen Welt. Noch als der neue Papst im Januar 1959 das Zweite Vatikanische Konzil ankündigte, waren ostpolitische Neuerungen kaum im Blickfeld; der Papst hatte sich mehrmals in üblicher, wenn auch – seiner Eigenart entsprechend – behutsamer Weise gegen den Kommunismus geäußert. Tatsächlich war das, was dann geschah, nicht Ergebnis einer ausgeklügelten Diplomatie oder kirchenpolitischen Planung; es war Ausdruck spontaner Entschlüsse. Sie kamen aus einer fast «unpolitischen» Einstellung, in der sich Gottvertrauen, Weltfrömmigkeit und Bauernschläue verbanden.

Johannes XXIII. begann vatikanische Ostpolitik auf eine Weise zu betreiben, die in manchem an den mystisch gestimmten Dilettantismus d'Herbignys erinnert.

Nicht doktrinäre Abgrenzung, sondern Hinwendung zu einer Welt, deren friedliche Einheit sich als christliche verwirklichen müsse – das war der Sinn, den Johannes dem Konzil geben wollte. Das Mittel hieß «aggiornamento»: die kirchliche Verkündigung sollte «auf den Stand des Tages gebracht» werden. Nicht im Sinne einer hörigen Anpassung an das Moderne, Gängige, sondern als aufmerksames Hinhören. Aus einer «streitenden» sollte eine mehr «dienende, liebende Kirche» werden – auch im Dialog mit Nicht-Katholiken, mit Nicht-Christen, mit Nicht-Gläubigen. So sollte das Konzil die Universalität der katholischen Kirche auf einer erneuerten, breiteren Basis bekräftigen. Eine «Utopie», so mochte es den bloßen Heilsmittelverwaltern scheinen. Doch, wie so oft, war es gerade der utopische Anstoß, der die historische Wirklichkeit in Bewegung setzte, auch in Richtungen, die weder vorhersehbar noch geplant waren.

Die Gründung eines «Sekretariats für die Einheit der Christen» unter der Präsidentschaft des Bibelexperten (und früheren Beichtvaters Pius' XII.) Augustin Bea SJ war 1960 der Auftakt einer Bemühung, die «getrennten» Kirchen, vor allem die orthodoxen, für das Konzil zu erwärmen. Eine erste Einladung Kardinal Beas an das Moskauer Patriarchat stieß auf – wenn auch freundlich formulierte – Ablehnung. Die Sozialenzyklika *Mater et Magistra*, mit der Johannes im Mai 1961 an die Lehren seiner Vorgänger anknüpfte, ohne sich jedoch mit Sozialismus und Kommunismus auseinanderzusetzen, signalisierte den neuen, unpolemischen, aber auch nicht-intellektuellen Stil des Papstes. Sein Ruf zum Frieden, sein Appell an alle Regierenden, sich «der furchtbaren Verantwortung vor der Geschichte und, was noch wichtiger ist, des Gerichtes Gottes» bewußt zu sein (10. September 1961), stieß plötzlich auf Interesse in Moskau.

«Es geht nicht um die Furcht vor dem Gericht Gottes, an den ich als Atheist nicht glaube, aber wir begrüßen einen Aufruf zu Verhandlungen im Interesse des Friedens, gleich woher er kommt. Werden eifrige Katholiken wie John F. Kennedy, Konrad Adenauer und andere auf die Warnung des Papstes hören?» So sagte der sowjetische Parteichef Chruschtschow in einem Interview für die *Prawda* am 21. September. Er, der die Welt mit einer sprunghaften, bald offensiven, bald umarmungsfreudigen Politik in Atem hielt, scheute sich nicht, auch dem römischen Papst Komplimente zu machen, wenn es propagandistisch nutzbar war. Außerdem besaß Chruschtschow ein Gespür für verwandte bäuerliche Mentalitäten, auch dafür, daß in Rom plötzlich kein «Ideologe», sondern ein Mann des «gesunden Menschenverstandes» auf dem Papstthron saß.

So kam es im November, am Geburtstag des Papstes, zu jenem seltsamen Grußaustausch, den man in weiten katholischen Kreisen als «plumpes Täuschungsmanöver» abtat (KNA, 20. Januar 1962). Noch war nicht sichtbar, daß der «ungläubige Bauer» in Moskau von einem anderen, gläubigen beim Wort genommen und nicht so billig davonkommen würde. «Ein Zeichen der Vorsehung…!» hatte Johannes zu seinem Sekretär gesagt. War das vielleicht gar Vorzeichen jener großen Perspektive, die «Bekehrung Rußlands» hieß – so meditierte der Papst. Das Stichwort «Fatima» geisterte durch seine Gedanken, doch er tat es ab; so wie er Anfang 1960 eine Bitte des Bischofs von Leiria in Portugal verwarf und dessen Brief dem Heiligen Offizium mit der Auflage geschickt hatte, ihn für immer in den Akten zu versenken.

(Der Brief hatte die dritte Weissagung enthüllt, die drei Hirtenkindern von Fatima bei einer angeblichen Marienerscheinung 1917, kurz vor der russischen Revolution, zuteil geworden war. 1942 war die «Höllenvision» von Fatima veröffentlicht worden, in der die Madonna befahl, «Rußland meinem Unbefleckten Herzen zu weihen»; es werde sich dadurch «bekehren»; andernfalls werde Rußland «Kriege und Kirchenverfolgungen hervorrufen» und «mehrere Nationen» würden vernichtet. Pius XII. – auf seine Neutralität bedacht – weihte 1942 das *ganze* Menschengeschlecht» und erst 1952 «die Völker Rußlands dem Unbefleckten Herzen der jungfräulichen Gottesmutter», wobei er sich aber vom Kreuzzugsgedanken distanzierte.)[39]

Für Papst Johannes war «Bekehrung» nicht eine simple «Rückkehr in den Schafstall des römischen Hirten»; *conversio* bedeutete für ihn eine Umkehr (*metanoia*) zum Besseren, die auch die katholische Kirche selbst mitzuvollziehen hatte, und zwar vor allem im mystisch-metaphysischen Sinne, nicht nur im kirchenpolitischen. So verwandelte Johannes – fast unbewußt – die traditionelle Vorstellung von der «Bekehrung Rußlands», die ihm durchaus nahelag, in ein zugleich ökumenisches und «pazifistisches» Unternehmen: Der Friede zwischen den getrennten Kirchen sollte auch menschliche Brücken schlagen helfen, über die ideologisch und machtpolitisch bedingten Gräben hinweg, die Ost und West trennten; er sollte letztlich auch den Katholiken im Osten mehr Atemluft verschaffen.

Im August 1962 traf Monsignore Jan Willebrands, der Sekretär des vatikanischen «Einheits»-Sekretariats, in *Paris* und kurz darauf Kardinal Tisserant in *Metz* ganz vertraulich mit Erzbischof Nikodim, dem Leiter des Außenamtes der russisch-orthodoxen Kirche, zusammen. Zum erstenmal nach Jahrzehnten sprach man sachlich miteinander. Es wurde deutlich, daß der Kreml einer Beobachterrolle des Moskauer Patriarchats beim Konzil aus Gründen der politischen Optik zustimmen würde, wenn der Vatikan garantieren könnte, daß die große Kirchenversammlung nicht zum antisowjetischen Forum würde. Und das Moskauer Patriarchat hatte – über theologische Bedenken hinweg – die Chance erkannt, Kontakte zur Welt, zur westlichen, aufzunehmen.

Konnte der Vatikan die gewünschten Garantien bieten? Und in welcher Form? Eine protokollarische Schwierigkeit ergab sich für den Papst dadurch, daß er die Einladung an *alle* orthodoxen Kirchen über den Patriarchen von Konstantinopel, Athenagoras, leiten wollte, da diesem der – freilich nur formelle – Ehrenprimat in der Orthodoxie zusteht. Athenagoras wiederum hatte Rücksicht auf die Haltung der russischen Kirche zu nehmen – nicht nur weil sie die größte, sondern weil sie in ihren Entschlüssen die *unfreieste* aller orthodoxen war. Dadurch – und nicht, wie später behauptet wurde, durch ein Intrigenspiel des Moskauer Patriarchats oder verzögerte Telegramme[40] – ergab sich, daß Athenagoras vier Tage vor Konzilsbeginn, am 8. Oktober 1962, eine Entsendung von Beobachtern nach Rom ablehnte, weil er aus Moskau keinen Bescheid erhalten hatte. Erst zwei Tage später nämlich, am 10. Oktober, erhielt der Heilige Synod in Moskau die Genehmigung des Kreml – so spät, daß erst am 12. Oktober, am Tage nach Konzilsbeginn, seine beiden Beobachter (Erzpriester Witalij *Borowoi* aus Leningrad und Wladimir *Kotljarow*) nach Rom fliegen konnten.

Chruschtschow war natürlich nicht unzufrieden darüber, daß bei der ersten Konzilssession auf diese Weise Moskau eine Art «Alleinvertretung» der Orthodoxie ausüben konnte. Aber nicht das interessierte ihn eigentlich (und schon gar nicht, ob die theologische Annäherung zwischen Katholiken und Orthodoxen über Moskau oder über Konstantinopel vor sich ginge), entscheidend war für ihn nur, ob die Neutralisierung des katholischen Antisowjetismus auf dem Konzil zu erreichen war. Und solche Sicherheit hatte Monsignore Willebrands keineswegs bieten können, als er vom 27. September bis 4. Oktober 1962 zum erstenmal nach Moskau gekommen war, um die Konzilsvorstellungen des Papstes zu erläutern und politische Bedenken zu besänftigen. Daß der Papst den Konzilvätern nicht «den Mund verbinden» konnte, wenn das Konzil seine kollegiale Funktion erfüllen sollte, verstand man im Moskauer Patriarchat, weniger im Kreml. Als Willebrands am 4. Oktober nach Rom zurückflog, war noch immer nichts entschieden; Willebrands hatte jedoch zugesagt, vom Vatikan eilends eine besondere Einladung für die russischen Konzilsbeobachter zu erwirken, in der Zusicherungen schriftlich fixiert sein würden. Am 6. Oktober schickte Willebrands aus Rom telegrafisch die Einladung, nachdem Kardinal Bea schon zwei Tage vorher brieflich die Möglichkeiten der politischen Enthaltsamkeit des Konzils umschrieben hatte.

All dies aber konnte das Moskauer «Amt für Kultangelegenheiten» von seinem Mißtrauen nicht befreien. Drei Vorgänge jedoch stimmten die Funktionäre kurz vor Konzilsbeginn um und machten die Entsendung der Beobachter möglich:

1. *Eine politische Geste*: Der Papst empfing am 8. Oktober sechzehn polnische Bischöfe,[41] denen – zu diesem Zeitpunkt als ersten aus dem Ostblock – nach längerem Tauziehen zwischen Kardinal Wyszyński und der ängstlich nach Moskau schielenden Regierung eine Reise zum Konzil erlaubt worden war. Früher als die Presse, die erst am 13. Oktober davon erfuhr, erhielt man in Moskau die Nachricht, daß bei dieser Gelegenheit der Papst in seiner – sonst ganz unpolitischen – Ansprache beiläufig von «den nach Jahrhunderten wiedergewonnenen Westgebieten» (*ziemiach zachodnich, po wiekach odzyskanych*) gesprochen hatte, also die Nachkriegsgrenze an Oder und Neiße bestätigt zu haben schien.

2. *Ein vertrauliches Dokument*, das einen Begriff von Veränderungen im katholischen Antikommunismus vermittelte, gelangte in diesen Tagen (vielleicht absichtlich lanciert) nach Moskau: eine Eingabe des in Ostberlin residierenden Kardinals Bengsch an eine der Vorbereitungskommissionen des Konzils. Der Kardinal lehnte eine ausdrückliche Verurteilung des Kommunismus ab. Er warnte davor, Ausdrücke wie «Furcht vor den Sowjets» oder «Eiserner Vorhang» in Konzilsdokumenten zu benutzen und bat, überhaupt «von der Kirche des Schweigens zu schweigen» (Wortlaut dieses Dokumentes im Anhang)

3. *Eine weltpolitische Krise*: Chruschtschow hatte durch Stationierung von Raketenbasen in Kuba, also in Reichweite der USA, akute Spannung provoziert. Die Welt steuerte in den Tagen des Konzilsbeginns auf einen Krieg zu, da sich die westliche Großmacht zum Präventivschlag zu rüsten schien. Dem Kreml jedoch war nicht entgangen, daß sich Papst Johannes jeder «Kriegshysterie» verschloß und auch dem Rat, das Konzil zu verschieben. (In seiner Eröffnungsansprache am 11. Oktober polemisierte der Papst gegen «Unheilspropheten, die immer Unglück ankündigten, als ginge gleich die Welt unter».)

Zwei Wochen später schon war Johannes XXIII. an einer delikaten Vermittlungsaktion beteiligt. Da die «klassische» Diplomatie in der Kubakrise zu versagen schien, traten «Außenseiter» in Aktion: Präsident John F. Kennedy telefonierte am Abend des 23. Oktober, nachdem er die Blockade Kubas angeordnet hatte, mit einem alten Bekannten, dem links-pazifistischen, konfessionslosen Verleger der *Saturday Review*, *Norman Cousins*, der gerade in Andover (Maryland) an einer Tagung amerikanischer und sowjetischer Intellektueller teilnahm; beteiligt war an dieser Begegnung ein belgischer Dominikanerpater, *Felix Morlion*, der Beziehungen zum Vatikan hatte. Kennedy bat nun Cousins, mit den Russen zu reden, von denen zwei, wie man wußte, mit Chruschtschow gut bekannt waren, und auch Pater Morlion hinzuzuziehen, um eine Vermittlungsaktion des Papstes in Gang zu bringen.[42]

Als Morlion in Rom anrief, hörte er, daß man im Vatikan bereits tätig war. Am Morgen des 24. Oktober ließ der Papst in der amerikanischen und in der sowjetischen Botschaft seinen Friedensappell überreichen: «Wir flehen alle Regierenden an, vor dem Schrei der Menschheit nach Frieden nicht taub zu bleiben… die Verhandlungen wiederaufzunehmen… Gespräche auf allen Ebenen und zu jeder Zeit in Gang zu bringen, zu begünstigen und zu akzeptieren, ist eine Regel der Weisheit und Klugheit…»

«Diese Botschaft war der einzige Hoffnungsschimmer», sagte Chruschtschow später.[43] Am 26. Oktober 1962, als Chruschtschow sich zum Abzug seiner Raketen aus Kuba bereit erklärte, druckte die Moskauer *Prawda* den Friedensappell des Papstes. War also der Vatikan doch nicht der «warme Leichnam, den keine Zaubersprüche mehr lebendig machen», wie ihn die *Komsomolskaja Prawda* noch am 13. Oktober zur Konzilseröffnung bezeichnet hatte? Jetzt lobte man jedenfalls den «Realismus des Papstes in der Friedensfrage».

War dieser Augenblick für die Kirche im Osten zu nutzen? Der Papst meinte es, aber er vertraute sich nicht der «erprobten» Kuriendiplomatie an. Wichtig war ihm, vor allem die beiden Moskauer Beobachter, deren Berichte aus Rom gewiß auch im Kreml gelesen wurden, günstig zu stimmen. Wie vorauszusehen war, gab es Hindernisse: Schon auf der dritten Konzilssitzung, am 20. Oktober, forderte der kanadisch-ukrainische Bischof Hermaniuk eine Erklärung für die «verfolgte, schweigende Kirche», wovon freilich in der gleichen Sitzung der ungarische Bischof Hamvas abriet, weil das «einige Regierungen irritieren und so die Lage der Kirche, die eben Anzeichen der Besserung zeigt, verschlechtern könnte».[44] Mitte November kritisierte eine Erklärung von fünfzehn ukrainischen Exilbischöfen «mit Bitterkeit» die Anwesenheit orthodoxer Beobachter aus Moskau und forderte die Freilassung des Metropoliten Josef Slipyj, «des einzigen Überlebenden von elf Mitgliedern des ukrainischen Episkopats, die in kommunistischen Gefängnissen starben».

«Das [Konzils-]Sekretariat bedauert diese Erklärung um so mehr, als sie dem Geist der mit den Beobachtern gepflogenen und noch im Gang befindlichen Kontakte widerspricht; es kann sich von ihr nur distanzieren», erklärte Monsignore Willebrands am 24. November.[45] An diesem Tage verhandelte jedoch Kardinal Gustavo Testa mit den beiden Moskauer Gästen, deren ikonenhafte Unbewegtheit manche Konzilsväter fast unheimlich berührte, bereits über den «Fall Slipyj». Hätte man nicht den Auftritt der Exilukrainer vermeiden können, wenn die Sowjetunion eine kirchenpolitische Geste gegenüber dem Vatikan gemacht hätte – wenigstens durch Freilassung Slipyjs? So gab Testa zu bedenken.

Borowoi und Kotljarow wollten die Sache in Moskau zur Sprache bringen, wenn sie Anfang Dezember zurückreisten. Inzwischen erschien in Rom auch Norman Cousins, der Amerikaner, der sich schon in die Kubavermittlung eingeschaltet hatte, und bot seine guten Dienste an. Er sprach mit Kardinal Tisserant und Monsignore Dell'Acqua, an die er durch Pater Morlion empfohlen war. «Man legte mir vatikanische Lageanalysen vor und bat mich zugleich, auch meine eigene Meinung in Moskau zu sagen», berichtete Cousins später.[46]

«Ich bin kein offizieller Bote und vertrete niemanden.» Mit diesen Worten betrat Cousins am 13. Dezember 1962, um 11.30 Uhr, das Arbeitszimmer Nikita Chruschtschows im Kreml. Das über dreistündige Gespräch, das sich dann entwickelte – mit vielen weitschweifigen Plaudereien des Parteichefs –, ist einem zwanzigseitigen Bericht zu entnehmen, den Cousins dem Päpstlichen Staatssekretariat erstattet hat.[47] Hier ein Auszug:

> Chruschtschow: «Was der Papst für den Frieden getan hat… wird in die Geschichte eingehen.»
> Cousins: «Aber das, was eine sowjetische Zeitung schrieb – daß der Papst dem Westen, dem Antikommunismus den Rücken gekehrt habe – ist eine Entstellung…»
> Chruschtschow: «Das weiß ich… Ich kann den Papst nicht bekehren… Ich selbst war in meiner Jugend religiös, Stalin war sogar im Priesterseminar… Wogegen wir dann gekämpft haben, das war nicht die Religion als solche, sondern eine besondere Lage, in der es viel Politik gab… und andere Dinge… sehr kompliziert. Die Popen waren keine Gottesdiener, sondern Gendarmen des Zaren… Jetzt respektieren wir die Kirche und haben ein besonderes Regierungsamt für sie… Es liegt mir daran, dem Papst zu versichern, wie klar es mir ist, daß er seine Kirche nicht für Politik ausnützen lassen will.»

Unverblümt fragte Cousins den Parteichef, ob die Sowjetunion sich Beziehungen zum Vatikan wünsche, zum Beispiel nicht-offizielle; Chruschtschow bejahte und stimmte einer Zusammenfassung des Gesprächsergebnisses durch Cousins in fünf Punkten zu:

> «1. Die Sowjetunion schätzt die Vermittlung des Papstes, und Chruschtschow stimmt zu, daß es nicht nur um eine nützliche Vermittlung im letzten Augenblick einer Krise geht, sondern um eine beständige Arbeit des Papstes für den Frieden.
> 2. Chruschtschow bestätigt, daß er eine *Verbindungslinie (communication-line)* mit dem Heiligen Stuhl durch *private Kontakte* wünscht.
> 3. Chruschtschow anerkennt, daß die Kirche das Prinzip der Trennung von Kirche und Staat in verschiedenen Ländern respektiert.
> 4. Chruschtschow anerkennt, daß die Kirche aus dem Gesichtspunkt der höheren Werte des Lebens allen Menschen dienen will und sich nicht nur für Katholiken interessiert.
> 5. Chruschtschow anerkennt, daß der Papst großen Mut hatte, zu handeln wie er es tat, da er weiß, daß der Papst die gleichen Probleme im Innern der Kirche hat wie er, Chruschtschow, sie innerhalb der Sowjetunion hat.»

Mit der diplomatischen Lupe betrachtet, nahm sich dieses Ergebnis bescheiden aus: seine Dimension gewann es erst, wenn man es an den vorangegangenen drei Jahrzehnten sowjetisch-vatikanischer «Beziehungen» maß. Cousins versuchte deshalb am Ende des Gesprächs, auch Konkretes zur Sprache zu bringen, zum Beispiel die Frage des Religionsunterrichts und der religiösen Literatur.

«Ich werde die Frage prüfen lassen», antwortete Chruschtschow.

«Wäre es nicht gut, dem Papst ein Zeichen guten Willens in der Frage der Religionsfreiheit zu geben, zum Beispiel durch Freilassung Bischof Slipyjs?» fragte Cousins.

Chruschtschow: «Ich entsinne mich des Falls... aber ich weiß nicht, wo er ist und ob er noch lebt.»

Cousins: «Man hat mir versichert, daß man seiner Freilassung keine Publizität geben wird.»

Chruschtschow: «Ach, das wird einen riesigen Gestank geben! Aber ich werde die Sache prüfen lassen, und wenn es eine Garantie gibt, daß man keinen politischen Fall daraus macht, schließe ich eine Freilassung nicht aus. Ein Feind mehr in Freiheit macht mir keine Angst...»

Gerührt hielt Papst Johannes eine Woche später, am 19. Dezember 1962, eine Karte mit handschriftlichen Weihnachtswünschen Chruschtschows in Händen – sie war Cousins «Ausweis» für die Authentizität seines Berichts aus dem Kreml. Das Staatssekretariat entwarf einen diplomatisch-förmlichen Dank, doch Johannes beharrte auf *seinem* menschlich-zupackenden und frommen Stil: Er spickte die Antwort, die der kroatische Jesuitenpater Stefan Schmidt am 22. Dezember in die römische Sowjetbotschaft trug, mit herzlichen Worten – und lateinischen Bibelzitaten...

Sein Gefühl trog den Papst nicht: Eben dadurch, daß er sich wie ein schlichter Pfarrer verhielt, flößte er Vertrauen ein und hielt den empfindlichen Anfangskontakt von Prestige- und Protokollklippen fern. Das war, 35 Jahre nach den letzten Gesprächen Eugenio Pacellis mit den Sowjets, die einzige Methode, die vielleicht der Kirchendiplomatie den Weg öffnen konnte...

Die «Askese» des Konzils und Slipyjs Befreiung: Schritte aus den «Katakomben»?

In einem Moskauer Hotelzimmer rangen Anfang Februar 1963 zwei Priester um eine Lösung: der Abgesandte des Papstes, Monsignore Willebrands, und Bischof Slipyj, der Lemberger Metropolit der katholischen Ukrainer des östlichen Ritus. Nach siebzehn Jahren Gefängnis, Lager und sibirischer Verbannung hatte man ihn auf Wunsch Johannes' XXIII. «begnadigt», doch in der Mitteilung, die der römische Sowjetbotschafter über den italienischen Ministerpräsidenten Fanfani dem Vatikan hatte zugehen lassen, hieß es ausdrücklich, man habe «nichts gefunden, was Slipyjs Vergehen gegen das sowjetische Volk milder betrachten ließe». Nicht einmal eine Propagandawirkung erhoffte sich der Kreml von der Freilassung, sondern er fürchtete nur das, was Chruschtschow drastisch «Gestank» genannt hatte: Man hoffe, daß Slipyj «nicht zum Schaden der Interessen der Sowjetunion benutzt werde», hieß es in der Note.

Doch Slipyj wollte keine Gnade, sondern Recht, und er wollte auch das Land nicht verlassen. Dreißig Jahre vorher hatte sich Bischof Sloskans mit ähnlichen Argumenten dagegen gewehrt, mit gefangenen lettischen Kommunisten ausgetauscht zu werden. Doch nun ging es nicht um einen Austausch, sondern um einen neuen Ansatz vatikanischer Ostpolitik. Der Symbolwert der sowjetischen Geste, an den der Papst glaubte, wäre entleert worden, wenn Slipyj sich geweigert hätte, für immer nach Rom zu reisen. – Das uralte Dilemma zwischen dem Lebensbedürfnis der Kirche und dem Zeugnis derer, die für sie leiden, blieb unlösbar.

Slipyj wollte wenigstens noch einmal von seiner Bischofsstadt Lemberg (Łwów) Abschied nehmen. Man einigte sich auf einen Kompromiß: die Eisenbahnreise nach Wien und Rom führte über Lemberg. Als der Metropolit durch das D-Zug-Fenster seine Stadt segnete, wußte er noch nicht, was ihn sieben Jahre später zu einem bitteren Ausspruch veranlassen würde, daß nämlich die Papstkirche dabei war, ihre jahrhundertealte Vorstellung von «Rechtgläubigkeit» zu revidieren: Die Unionsidee im Sinne von Bekehrung der Orthodoxen, jene Vorstellung, durch die die katholische Kirche nur immer wieder (und mit tragischen Folgen) in die nationalistischen Auseinandersetzungen Osteuropas verstrickt worden war, wurde allmählich zu den historischen Akten gelegt. Die Herausforderung durch den östlichen Staatsatheismus und die späte Entdeckung der Toleranz, eines lange verschmähten westlich-liberalen Produkts, hatten bewirkt, daß die Solidarität aller Christen über das bloß konfessionelle Interesse langsam die Oberhand gewann. Ob Gläubige in Lemberg religiöse Atemluft hatten, wurde die Hauptfrage – nicht, welchem Patriarchen, dem römischen oder dem Moskauer, sie untertan waren.

Mehr intuitiv als bewußt stieß Papst Johannes seine Kirche auf diesen Kurs. Ja, er selbst, der weder die dreifache Papstkrone noch seine lebenslangen Vorstellungen einfach abgelegt hatte, sträubte sich fast gegen die Konsequenzen dessen, was er – zum stillen Entsetzen der Kurienbürokratie – in Bewegung setzte. Bezeichnend dafür war der Verlauf eines Besuches, den ihm zusammen mit der Tochter Chruschtschows dessen Schwiegersohn *Alexej Adschubej* (Journalist und politischer Reisender von kurzlebiger Berühmtheit) am 7. März 1963 abstattete. Da es die erste Papstaudienz für einen prominenten Kommunisten war, erregte das Ereignis die italienische Innenpolitik, wo Wahlen bevorstanden, und verursachte entsprechenden Unmut im Vatikanischen Staatssekretariat: Die Prälaten widersetzten sich mit Erfolg der späteren Anregung des Papstes, doch einfach das Protokoll des Gesprächs zu veröffentlichen, wie es der Dolmetscher Pater Alexander Kulik aufgezeichnet hatte – dann werde man schon sehen, meinte der Papst, daß nichts Schlimmes geschehen sei. Natürlich hätte das Protokoll neuen Staub aufgewirbelt, aber man hätte ihm auch entnehmen können, wie der Papst vor dem politisch springenden Punkt ausgewichen war. Hier die entscheidende Stelle in Pater Kuliks Bericht:[48]

«Herr Adschubej sagte, daß diese Audienz eine historische sei: so wie Herr Chruschtschow als Reformator der kommunistischen Welt betrachtet werde, so der Papst als Erneuerer der katholischen Welt. Und hier fragte er den Heiligen Vater, ob Seine Heiligkeit es nicht für opportun hielte, *diplomatische Beziehungen* zwischen der Sowjetunion und dem Vatikan aufzunehmen. Darauf habe der Heilige Vater geantwortet: Gott in seiner Allmacht hat sieben Tage gebraucht, um die Welt zu erschaffen; Wir, die Wir viel weniger mächtig sind, dürfen die Dinge nicht überstürzen, müssen behutsam vorgehen (*dolcemente andare*), in Etappen, die Geister vorbereiten. Gegenwärtig würde ein solcher Schritt falsch verstanden.»

Die oft und rührselig beschriebene Szene, in der Johannes der Tochter des Moskauer Parteichefs einen Rosenkranz schenkte, bildete nur den entsprechenden Hintergrund einer Pastoraldiplomatie, deren taktische Finesse paradoxerweise darin bestand, daß sie mehr auf göttliche Fügung vertraute als auf politische Instrumente und religiöse Doktrin.

Das gilt auch für die berühmt gewordene Enzyklika «*Pacem in Terris*», mit der Papst Johannes am 11. April 1963 Beifall aus ganz Osteuropa erhielt, obwohl sie ausschließlich Gedanken enthielt, die in der katholischen Kirche längst von anderen Päpsten und Theologen vorgedacht, wenn auch nicht immer in den Vordergrund gerückt gewesen waren: die Unterscheidung zwischen dem «Irrtum» und den «Irrenden», zwischen den Ideologien und ihrer «durch veränderliche Umstände» wandelbaren Praxis; die bedingte Möglichkeit einer Zusammenarbeit und eines Dialogs mit den Irrenden; die Erkenntnis, daß auch im Irrtum «etwas Gutes» stecken kann. Neu war daran nur die schlichte, gemeinverständliche, ganz unpolemische Sprache, in die die Enzyklika gefaßt war; neu war die weltweite, über die politischen Trennungslinien hinwegreichende Wirkung, die sie ausübte. Vor allem deshalb, weil in dieser Enzyklika das persönliche Charisma eines friedfertigen Menschen glaubhaft spürbar wurde.

Damit aber ebnete Papst Johannes nun auch der herkömmlichen vatikanischen Diplomatie wieder Wirkungsmöglichkeiten. Sie zeitigte Mitte 1963, vor Beginn der zweiten Konzils-Session, erste Ergebnisse: Nach Erkundungsreisen des Wiener Kardinals Franz König nach Ungarn und Polen (im April und Mai) flog zum erstenmal *Agostino Casaroli* (seit März 1961 Unterstaatssekretär des Papstes) nach *Budapest* und befreite durch Verhandlungen am 9. Mai 1963 vier Bischöfe vom Zwangsaufenthalt; dann reist er nach *Prag*, um erste Kontakte anzuknüpfen. Zum erstenmal kamen Bischöfe oder Bistumsverwalter aus fast allen osteuropäischen Ländern zum Konzil, und endlich – nach achtzehn Jahren – begann der Vatikan wieder den Kontakt mit Priestern und Gläubigen in diesen Ländern herzustellen, konnte er wieder am Ort Kenntnisse für personelle und pastorale Entscheidungen sammeln. Millionen Katholiken wurden nicht mehr als Anhänger oder «Agenten» des «feindlichen Vatikans» abgestempelt und behandelt, auch wenn ihre staatsbürgerliche Gleichberechtigung keineswegs hergestellt war.

Als Papst Johannes im Juni 1963 starb («zu spät», wie konservative Zyniker, «zu früh» wie progressive Träumer in seiner Umgebung meinten), da hatte er durch sein kurzes Pontifikat die notwendige Brücke geschlagen zwischen zwei Perioden vatikanischer Ostpolitik: jener Pius' XII., die von diplomatischen Koexistenzversuchen bis zur scharfen Auseinandersetzung reichte, und jener *Pauls VI.*, der die letzte festgefahrene «Wende» Pius XII. in einem neuen diplomatischen Ansatz wiederaufnahm und in einer veränderten Welt weiterführte.

Giovanni Battista Montini, der im Juni 1963 als Sechsundsechzigjähriger zum Papst gewählt wurde, kannte den Apparat und die Funktionsweise der römischen Kurie ungleich besser als sein Vorgänger: Er war über drei Jahrzehnte lang unmittelbarer Zeuge und Mitwirkender der Diplomatie beider Pius-Päpste gewesen. Ihre Ostpolitik kannte Paul VI. also aus der Sicht der «Werkstatt»: Er hatte des elften Pius’ temperamentvolle, wechselhafte Entschlüsse erlebt und des zwölften Pius’ «eschatologisch» überhöhte diplomatische Balancekünste bewundert – zuerst 1923 einige Monate als Attaché in der Warschauer Nuntiatur, dann 1924–1954 in der «zweiten Sektion», sozusagen dem Innenministerium des Staatssekretariats, ab 1937 als Substitut, ab 1952 als Prostaatssekretär. Aus nächster Nähe sah er, wie zwei Päpste mit Hilfe der «ersten Sektion» (dem Quasi-Außenministerium der Kurie), die zuletzt Domenico Tardini leitete, der kommunistischen Welt begegneten. «Im Schatten Tardinis», wie sein Freund Jean Guiton die Position Montinis delikat umschrieben hat, wuchsen allmählich in ihm leise Zweifel, ob den 70 Millionen Katholiken im Osten mit der Waffe des Bannstrahls noch gedient war, wie sie Pius XII. nach dem Zweiten Weltkrieg benutzte, als die Stalin-Epoche zu Ende ging.

Diese stillen Zweifel waren schließlich auch die Pius’ XII. gewesen. Aber: «Es gibt keine leichte Lösung für das, was von Natur schwierig ist; wenn man zerrissen ist, muß man es aus Liebe ertragen, zerrissen zu sein», sagte Montini am 8. September 1950 zu Guiton. Und vor der Päpstlichen Akademie gab Montini 1951 der Diplomatie der Kirche vor jener der Staaten (obwohl «die eine wie die andere scheitern kann») den Vorzug, «daß sie von einer ideellen Ordnung ausgeht und eine solche anstrebt: die universale Brüderlichkeit der Menschen».[49]

Diplomatie war und blieb für Montini auch als Papst ein pastorales Instrument, auch und gerade gegenüber dem Osten, wo es nach mancherlei Katastrophen oft nur noch galt, «zu retten, was zu retten ist».

Sowenig Pius’ XII. Antikommunismus je «bedingungslos» war, so wenig auch Pauls VI. Versuch, mit kommunistisch regierten Staaten zu einem *modus vivendi* für die Katholiken zu gelangen. Eine der Grundbedingungen blieb die Unmöglichkeit «ideologischer Koexistenz». Gleich zu Beginn seines Pontifikats und noch bevor er im Herbst 1963 das Zweite Vatikanische Konzil fortsetzte, warnte Papst Paul vor dem Mißverständnis – das der Stil seines Vorgängers gefördert haben konnte –, daß die Kirche ihr Urteil über weitverbreitete Irrtümer ändere, «etwa über den marxistischen Atheismus». Diesen verglich der Papst sogar mit einer «ansteckenden tödlichen Krankheit». Heilmittel gegen sie zu suchen bedeute, sie «nicht nur theoretisch, sondern praktisch zu bekämpfen, auf die Diagnose die Therapie folgen zu lassen, auf die doktrinäre Verurteilung die heilende Nächstenliebe…»[50] Um Abgrenzung gegen «Kirchenleute, die ihre Methoden ändern, um sich dem Geist der Zeit anzupassen», sorgten sich zur gleichen Zeit auch die Moskauer Kommunisten: Iljitschew, der Leiter der «Ideologischen Kommission» der KPdSU, nannte am 25. November 1963 «die Hierarchen der katholischen Kirche» unter jenen, deren friedfertige, realistische Haltung «zu einer gewissen, wenn auch zeitweiligen Festigung der Positionen der Kirche führten»; in Wilna habe der Dekan der Kathedrale sogar behauptet, der Moralkodex der Kommunisten gründe in der Bibel... Iljitschew forderte eine Belebung der atheistischen Erziehung und Propaganda.[51] Die Sowjet-Kommunisten begannen also die ideologischen Folgen der Entspannung, die sie militärisch und politisch nötig hatten, zu fürchten.

Eben dies aber war für Paul VI. ein Grund mehr, nicht dem theoretischen Dialog, der zu dieser Zeit modisch wurde, den Vorrang zu geben; schon gar nicht durften die praktisch-pastoralen Aktionen der Kirche durch doktrinäre Polemik behindert werden. – Als zwei Jahre später, im Herbst 1965, das Konzil zu seiner letzten Session zusammentrat, verlangte eine Eingabe von 297 der über 2000 Konzilsväter, daß das sogenannte Schema 13, das sich mit der «Kirche in der modernen Welt» befaßte, auch das «Problem des Kommunismus» behandeln müsse – damit das Konzil nicht des Schweigens bezichtigt werde, «so wie zum Beispiel heute, sicher zu Unrecht, Pius XII. gegenüber den Opfern des Nazismus».[52] 209 Abänderungsvorschläge verlangten sogar eine ausdrückliche *Verurteilung* des Kommunismus. Doch die Konzilskommission verwarf alle diese Anträge auf *direkte Anweisung* Pauls VI.,[53] der damit 251 Neinstimmen in der Schlußabstimmung über das Schema in Kauf nahm.

Um allen Mißdeutungen vorzubeugen, hatte sich der Papst kurz vor Beginn dieser letzten Konzilsperiode in die römischen Domitilla-Katakomben begeben, wo einst die Kirche «nicht laut und offensiv», sondern «arm, demütig, fromm, unterdrückt und heldenhaft» die negativen Kräfte der Welt herausgefordert habe. So sagte der Papst und fügte dann diese programmatischen Sätze hinzu:

> «Der Heilige Stuhl vermeidet es, einen berechtigten Ruf des Protestes und Bedauerns häufiger und heftiger zu erheben – nicht weil er die Wirklichkeit der Dinge verkennt oder vernachlässigt, sondern aus einem Gedanken christlicher Geduld und *um nicht größere Übel zu provozieren*. Er ist stets bereit zu ehrlichen und würdigen *Verhandlungen*, zum Verzeihen des erlittenen Unrechts, bereit auch, in die Gegenwart und Zukunft zu schauen und nicht auf die jüngste schmerzliche Vergangenheit, wenn immer er wirksamen Zeichen guten Willens begegnet.»[54]

In dieser Katakombenansprache, die auf altbekannte Positionen der beiden Pius-Päpste zurückgriff, war das Grundkonzept der Ostpolitik Pauls VI. enthalten. Sie richtete sich nach einer veränderten Welt, deren Frieden auf einem bald mehr, bald weniger entspannten atomaren Gleichgewicht beruhte. Katholiken in kommunistischen Ländern hatten – so schien es – für den Rest des 20. Jahrhunderts mit dieser Realität zu rechnen. Die unerwartete «Wende» kam erst 25 Jahre später... Zum Ende des Konzils hatten 89 Bischöfe aus Osteuropa nach Rom – und wieder zurück in jene Länder reisen können, wo ihre Lage so verschiedenartig war, wie sich «der» Kommunismus in Osteuropa darbot.

Monsignore Agostino Casaroli unterzeichnet mit dem ungarischen Kirchenminister
József Prantner das erste Abkommen, 1964 in Budapest

Erzbischof Hamvas († 1968), Vorsitzender der Ungarischen Bischofskonferenz,
mit dem exkommunizierten Vorsitzenden der «Friedenspriester», *Beresztóczy*
(in der Mitte Kirchenminister *Prantner*)

Mit diesem Osten begann Paul VI. Mitte der sechziger Jahre den diplomatischen Dialog: «Nicht überall; nicht überall in denselben Formen und mit gleicher Stetigkeit; nicht immer von Ergebnissen gekrönt. Nirgendwo leicht. Aber nunmehr entschlossen und mit einer – so könnte man sagen – schwerlich wieder umkehrbaren Bewegung» (Casaroli).[55]

10. Verhandeln statt Verdammen: Rückkehr zur ostpolitischen Tradition 1964–1978

Teilabkommen mit Ungarn und Mindszentys «Aufstand»

Schüchtern widerstrebend ließ sich Monsignore Agostino Casaroli ein Glas in die Hand drücken, um – wie es internationalem Protokoll entspricht – mit seinem Partner, dem ungarischen Kirchenamtschef, József Prantner, anzustoßen. Es war nicht vieles, über das sich der «Außenminister» des Papstes mit dem kommunistischen Minister geeinigt hatte, aber es bedeutete viel: die erste schriftliche Abmachung, die der Vatikan mit einer kommunistischen Regierung seit dem Hungerhilfsabkommen von 1922 traf, wurde an diesem 15. September 1964 in Budapest unterzeichnet. Freilich, man hatte absichtlich vermieden, das Papier als «Abkommen» zu bezeichnen, es hieß «Akte mit beigefügtem Protokoll» und – es wurde im Wortlaut nicht veröffentlicht. Warum?

In fünf Gesprächsrunden hatte man seit Mai 1963 abwechselnd in Rom und Budapest verhandelt und schon bald festgestellt, «daß es mehrere Punkte gibt, in denen eine völlige Einigung zwischen den Partnern aus prinzipiellen und anderen Gründen nicht möglich ist».[1] Nach gutem diplomatischem Brauch strebte man daher eine *Teil*einigung an; Casaroli nannte sie *«intesa pratica»* (praktische Verständigung), wohl in Anspielung auf jene «intesa semplice» (einfache Verständigung), mit der sich im Vorkriegsungarn 1927 der Staat ein weitgehendes, auf «königliches Patronat» zurückgehendes Vorschlagsrecht bei der Ernennung von Bischöfen gesichert hatte (der Papst hatte damals nur aus der Regierungsnamensliste auswählen dürfen). Die Kommunisten, obschon monarchischen Bräuchen abhold, hatten in Dekreten von 1951 und 1957 Bischofsernennungen von ihrer «vorherigen Zustimmung» abhängig gemacht, außerdem einen Treueid auf Staat und Verfassung verlangt, in dessen Text die religiöse Funktion des Vereidigten nicht einmal erwähnt war.

Dies war der Punkt, an dem Casaroli einhakte – zum nicht gelinden Staunen seiner Partner, die zunächst nicht glauben wollten, daß für den Vatikan ein Eid nicht nur eine formale und auch nicht nur politisch relevante Sache ist. Man einigte sich auf die Einfügung einer Klausel in den Eid, die das Treuegelöbnis auf das im religiösen Amtsverständnis Verantwortbare eingrenzte: «…wie es einem Bischof oder Priester geziemt» (*sicut decet Episcopum vel sacerdotem*). Auf dieser Basis vereinbarte man dann mühsam eine Prozedur, die einen Kompromiß zwischen «freier Ernennung» und

«Ernennung mit vorheriger Zustimmung» darstellte: Bischofsernennungen sollten künftig jeweils zwischen Regierung und Heiligem Stuhl in direkten Gesprächen ausgehandelt werden. Eine praktische Erprobung des Verfahrens ergab gleichzeitig, daß der Vorsitzende des Episkopats, Bischof Hamvas (zum Erzbischof von Kalocsa ernannt), *fünf neue Bischöfe* – die ersten seit vierzehn Jahren – weihen konnte, von denen drei der Regierung mehr, zwei andere weniger genehm waren; alle aber wurden vom Vatikan aus guter Kenntnis und guten Gewissens ernannt.

Die «Zusicherungen», die der Vatikan erhielt, waren, wie Casaroli freimütig schon gleich nach der Unterzeichnung zugab, «sicher noch weit davon entfernt, dem Verlangen des Heiligen Stuhls und den Notwendigkeiten des katholischen Lebens zu entsprechen». Das betraf vor allem die Handlungsfreiheit der Bischöfe, aber auch die Frage der aufgelösten Orden und des Religionsunterrichts, der – im Unterschied zur sowjetischen Gesetzgebung – in Ungarn auf Antrag der Eltern auch in Schulen möglich, doch nicht unbehindert blieb. Wichtig war, daß nun das – von der Regierung finanzierte – Päpstliche Ungarische Institut in Rom (*Pontificio Istituto Ecclesiastico Ungherese*) wieder dem Episkopat unterstellt wurde und von diesem (aus Ungarn) entsandte Theologiestudenten aufnehmen durfte – künftige Prälaten, von deren Qualitäten sich der Vatikan nun aus der Nähe ein Bild machen konnte.

Casaroli sprach von einer «Basis für zukünftige Fortschritte». Sie ließen allerdings auf sich warten. Nicht zuletzt, weil die Budapester Regierung, die – noch kurz vor Chruschtschows Sturz und mit dessen ausdrücklichem Einverständnis – vorgeprellt war, «kalte Füße» bekam, als 1965/66 in Polen der Kirche-Staat-Streit aufflammte und 1967/68 in der Tschechoslowakei der Entspannungsdialog unkontrollierbare Formen anzunehmen schien. Im Schatten der Prager Ereignisse kam es jedoch zu neuen Sondierungs- und Verhandlungsrunden, als im März 1968 Monsignore Luigi Bongianino, im September Monsignore Giovanni Cheli sich längere Zeit in Ungarn umsehen konnten und Minister Prantner mit seinem Stellvertreter Imre Miklos im Oktober selbst nach Rom reiste.

Wenn immer die vatikanischen Unterhändler weiteres Entgegenkommen forderten, vor allem auf dem Gebiet pastoraler Möglichkeiten, stießen sie auf den Einwand: Vieles könnte noch geregelt werden, aber das Haupthindernis sei die ungeklärte *Mindszenty-Frage*. Fünfzehn Jahre schon saß der streitbare Kardinalprimas, der so viel gelitten und so wenig gelernt hatte, in der amerikanischen Botschaft in Budapest, seinen unfreiwilligen Gastgebern eine Last. Ungarns Kommunisten, seit Jahrzehnten gewöhnt, die politische Bedeutung von Religion, Kirche und Klerus maßlos zu überschätzen, verkündeten zwar stets, Mindszenty sei im Lande längst vergessen. Aber die ungarische Regierung selbst glaubte daran nicht. Statt durch eine ehrliche historisch-juristische Rechenschaftslegung den «Fall» selbst politisch zu neutralisieren, erwartete sie vom Vatikan eine «Lösung», die – wie immer sie ausfallen würde – den vergessenen Fall Mindszenty nur neu aufwärmen konnte.

Der damalige ungarische Außenminister Janos Peter, ein ehemaliger reformierter

Bischof, besuchte am 17. April 1971 den Papst. Vierzig Minuten dauerte das französisch geführte Gespräch unter vier Augen. Peter sagte offen, daß das «Problem Mindszenty» beseitigt werden müsse, wenn die katholische Kirche in Ungarn mehr Freiheit erwarten wolle. Als Paul VI. dennoch Zweifel am wirklichen Gewicht des Problems anmeldete, meinte der Minister, das objektive Gewicht von Problemen ergebe sich zuweilen aus ihrer subjektiven Einschätzung… Begünstigt wurde der ungarische Druck auf den Vatikan allerdings auch durch den – schließlich fast ultimativen – Wunsch der US-Regierung, ihren unbequemen Botschaftsgast nach fünfzehn Jahren loszuwerden.

Der Wiener Kardinal König hatte schon seit 1963 im Auftrag des Vatikans fast regelmäßig ein- oder zweimal im Jahr mit Mindszenty in der Budapester US-Botschaft mühsame Gespräche geführt und – wie auch Casaroli 1964 – warnende Monologe des Primas angehört. 1967, als der neue US-Botschafter *Hillenbrand* nach Budapest kam (nachdem die US-Gesandtschaft zehn Jahre lang nur von einem Chargé d'Affaires geleitet worden war), betrachtete Mindszenty diese Rangerhöhung der amerikanischen Vertretung als eine persönliche Kränkung und kündigte an, er werde sein Asyl verlassen und sich von den ungarischen Kommunisten verhaften lassen. Dies konnte im letzten Augenblick nur dadurch verhindert werden, daß der Vatikan Kardinal König mit einem dringenden Gegenbefehl nach Budapest schickte: König reiste dabei «inkognito» – mit einem vatikanischen Paß, der auf «Monsignore Finke» (den Mädchennamen seiner Mutter) ausgestellt war… Nun, am 25. Juni 1971 erschien Monsignore *Cheli* vom Vatikanischen Staatssekretariat. Er war begleitet von Monsignore *Zágon*, einem ungarischen Kurienprälaten. Mindszenty selbst hat in seinen 1974 erschienenen Memoiren beschrieben, wie drei Tage lang versucht wurde, ihn zur Ausreise aus Ungarn zu bewegen. Die Regierung war bereit – wie die Sowjets im Falle Slipyj –, durch eine formelle «Begnadigung» des Kardinals diese Ausreise ungehindert zu ermöglichen. Man hatte, was dem Kardinal verborgen blieb, eine komplizierte Vereinbarung getroffen, nach der Mindszenty zunächst auch noch in Rom formell Erzbischof von Esztergom bleiben und erst dann von diesem Amt entbunden würde, wenn Ungarn seine Abreise aus Budapest und vor allem sein Schweigen (das eine Bedingung war) honoriert haben würde.[2]

Die allzu klug eingefädelte Lösung funktionierte jedoch schon deshalb nicht, weil sie eine wirkliche Einsicht des fast 80jährigen Kardinals in die übergeordneten pastoralpolitischen Absichten des Vatikans voraussetzte. Doch Mindszenty beharrte darauf, sich als antibolschewistisches Widerstandssymbol zu verstehen und seine seelsorgliche Funktion vor allem darin zu sehen. Er weigerte sich, ein Protokoll zu unterschreiben, das in vier Punkten unter anderem seinen Verzicht auf Erklärungen festlegte, «welche die Beziehungen des Apostolischen Stuhls zur ungarischen Regierung stören könnten». Obwohl er bereits dem Papst geschrieben hatte, er wolle «das schwerste Kreuz» auf sich nehmen und Ungarn verlassen, erbat er sich von neuem Bedenkzeit und gab seinerseits Bedingungen zu Protokoll, zum Beispiel: daß nur der

Vatikan entscheiden dürfe, welche seiner etwaigen Äußerungen «schädlich» sein könnten... Da er das Protokoll selbst nicht unterschrieb, fühlte sich die römische Kurie dann auch nicht daran gebunden.

Einen ersten Begriff von dem, was geschehen würde, bekam man, als Mindszenty nach seiner Ankunft in Rom – am 28. September 1971 – vom Papst selbst ehrenvoll in die Sixtinische Kapelle zur Eröffnung der Bischofssynode geleitet wurde: Beiläufig wollte man ihn mit dem (seit 1969) amtierenden Vorsitzenden des ungarischen Episkopats, József Ijjas, bekannt machen, doch Mindszenty verweigerte dem Bischof die Hand. Ijjas brach in Tränen aus. Ohne ihn eines Blickes zu würdigen, sagte Mindszenty nur: «Beten Sie für Ungarn!»

Gespräche mit dem ukrainischen Kardinal Slipyj, der sich erbittert als ohnmächtiger «Gefangener» der Kurie fühlte, bestärkten Mindszenty in dem Entschluß, der vatikanischen Aufsicht möglichst schnell zu entrinnen. Die Exkommunikation von drei priesterlichen Parlamentsabgeordneten in Budapest wurde am 15. Oktober, knapp drei Wochen nach Mindszentys Abreise, aufgehoben, und dem ungarischen Episkopat wurde anheimgestellt, die politische Tätigkeit von Geistlichen künftig selbst zu bewerten; offenkundig war das Teil der Abmachung mit der Regierung. Das erzürnte Mindszenty noch mehr. Jetzt bestand er auf seiner Absicht, sich in Wien niederzulassen – gegen den dringenden Rat der Kurie, die sich jedoch scheute, den Kardinal festzuhalten.

Am Morgen seiner plötzlichen Abreise, die er schon deshalb nicht aufschieben wollte, weil es der Jahrestag des ungarischen Aufstands war (23. Oktober), lud ihn der Papst noch im letzten Augenblick zu seiner Morgenmesse. Zuerst unter vier Augen, dann in Gegenwart von Monsignore Zágon soll Paul dem Kardinal zugesichert haben, er werde ihn *immer* als Erzbischof von Esztergom und Primas von Ungarn *betrachten* (nach anderer Version: Er werde Primas *bleiben*).[3]

Mit dieser Zusage war gemeint, daß Esztergom zu Lebzeiten Mindszentys nur mit einem Apostolischen Administrator besetzt bliebe – wie es auch geschah. Ob freilich Mindszenty der Titel von Esztergom, des Bischofssitzes, dem er seit 23 Jahren fern war, formell erhalten blieb, hing davon ab, wie er sich verhalten würde. Der Papst hatte ausdrücklich von «Einschränkungen» gesprochen, aber Monsignore Zágon hatte dies dem Kardinal (der kaum Latein verstand) nicht übersetzt – aus Rücksicht...

Überhaupt war es eine aus Scheu, Ärger und Respekt gemischte Unsicherheit des Vatikans, die seine Haltung im Fall Mindszenty kennzeichnete. So war es gekommen, daß zwar der ungarischen Regierung garantiert worden war, Mindszenty werde sich politisch zurückhalten, daß man es jedoch nicht wagte, auch dem Kardinal dieses Versprechen eindeutig abzunehmen. Das «Hindernis Mindszenty» war so nicht etwa beseitigt, sondern erst wirklich errichtet worden und lieferte der Budapester Regierung einen Vorwand, weitere Normalisierungsschritte zu verzögern. Mindszenty selbst äußerte sich von Wien aus in dem Sinne, in dem er auch auf der Veröffentlichung seiner Memoiren bestand: Der Zustand der Kirche in Ungarn sei ohnehin so fatal, daß man «kaum mehr Wesentliches zerstören» könne. Daß der Kirchenbesuch in Ungarn besser war als in Rom, nahm er nicht zur Kenntnis. Hinter sich sah er sozusagen die Sintflut…

Um so erstaunlicher war, daß es den vatikanischen Unterhändlern dennoch gelang, am 25. Februar 1972 vier weitere Bischofsernennungen zu vereinbaren und einen schon 1951 geweihten Bischof (Mihály Endrey) von zehnjähriger Amtsbehinderung zu befreien. Zum erstenmal durfte sogar eine ungarische Pilgergruppe von 300 Personen nach Rom reisen. In den elf ungarischen Diözesen, von denen Ende der fünfziger Jahre die Mehrheit keinen Bischof mehr hatte, waren nun alle wenigstens mit Weihbischöfen und Apostolischen Administratoren, einige auch mit ordentlichen Residenzbischöfen besetzt. Sie waren keineswegs «meistens aus den Reihen der Friedenspriester», wie Mindszenty in seinen Memoiren meinte. Keiner von ihnen war allerdings ein «politisierender» Priester – sei es im kommunistischen oder antikommunistischen Sinne. Einer der zuletzt ernannten, László Lékai, war sogar ein alter Freund und Sekretär Mindszentys aus seiner Bischofszeit in Veszprem, ein Geistlicher, von dem Mindszenty selbst zu einem Vertrauten sagte, daß er der «einzige echte» Bischof sei.

Lékai fiel dann Ende 1973 die Aufgabe zu, nach Wien zu reisen und Mindszenty anzuflehen, er möge im Interesse der ungarischen Gläubigen auf seinen erzbischöflichen Stuhl – oder auf die Veröffentlichung seiner Memoiren, am besten aber auf beides – verzichten. Der Kardinal lehnte das eine wie das andere ab. Schon im Sommer hatte ihm der Papst, der das Manuskript gelesen, es aber nicht verworfen hatte, die Folgen einer Memoirenveröffentlichung zu bedenken gegeben. Päpste wie Pius XI. oder Pius XII. hätten in solchem Fall jede weitere Diskussion abgeschnitten und den widerstrebenden Kirchenfürsten herrisch zum Schweigen gebracht. Nicht so Paul VI.: Geduldig, gequält, unsicher versuchte er Mindszenty brieflich zu überzeugen. Fünf Wochen lang gab ihm der Kardinal nicht einmal Antwort.[4] Im November 1973 war der neue ungarische Kirchenamtschef, Imre Miklos, in Rom gewesen; dann hatten sich die Monsignori Poggi und Sodano noch einmal in Ungarn umgesehen: Die Lage hatte sich keineswegs ganz befriedigend entwickelt, es gab Behinderungen, vor allem des Religionsunterrichts in den Städten, aber das Erreichte, die hierarchische Absicherung der Seelsorge und das positiv veränderte Klima für die Gläubigen, die sich immerhin weniger diskriminiert fühlten – das war wichtig und auch stabil genug, um es nicht einfach wieder aufs Spiel setzen zu lassen.

Nachdem Mindszenty am 8. Dezember einen Rücktritt rundweg abgelehnt hatte, teilte ihm der Papst – noch immer in schonenden Worten – mit, daß er selbst ihm die Verantwortung abnehmen und den Sitz von Esztergom für «vakant» erklären werde. Am 7. Januar 1974 weigerte sich der Kardinal brieflich, die «durch Erpressung erzwungene» päpstliche Entscheidung hinzunehmen. Daß ein Papst sich erpressen lasse – dies hatte in diesem Jahrhundert noch kein katholischer Bischof zu behaupten oder gar nach Rom zu schreiben gewagt. Und noch immer verlor Paul VI. nicht seine christliche Geduld. «Wir verneigen Uns in tiefem Respekt vor Dir», schrieb er am 30. Januar an Mindszenty, kündigte ihm jedoch die bevorstehende Publikation der Entscheidung an.[5]

Gleichwohl zögerte der Papst noch immer, die Amtsenthebung auszusprechen. Nicht vor einer neuen Rückäußerung des Kardinals sollte sie veröffentlicht werden und schon gar nicht vor oder während einer Reise, die Casaroli Anfang Februar nach Polen antrat, wo es der Vatikan mit einem ähnlich eigenwilligen, doch sehr viel klügeren und elastischeren Kardinal zu tun hatte. Dann aber geschah etwas, das den Geduldsfaden des Papstes doch reißen ließ: Am 5. Februar 1974 richtete Mindszenty durch die Wiener «Katholische Presse-Agentur» einen «Aufruf an die Welt». Anlaß war der 25. Jahrestag seiner Verurteilung im Budapester Schauprozeß. Der Aufruf, in deutscher Sprache gefaßt, erhob nicht nur Anklage gegen die Verantwortlichen der stalinistischen Justizkomödie von 1949, sondern sprach von Ungarn als einem Land, das «nur im *Zerrbild* der alten Jaltaabkommen und der *neuen Wiener Rüstungskonferenz*» frei gewesen sei. Gemeint war offenkundig die seit 1973 in der Hauptstadt des neutralen Österreich tagende Ost-West-Konferenz über eine ausgewogene Rüstungsbeschränkung (MBFR).

Es war nicht die erste politische Entgleisung des Kardinals in Wien, doch es war die für den Papst peinlichste, weil sie nicht nur die Vatikanbeziehungen zu Ungarn störte, sondern die Beteiligung der päpstlichen Diplomatie an den Bemühungen um europäische Sicherheit (z. B. bei den Helsinkikonferenzen) in schiefes Licht rückte. Jetzt zögerte Paul nicht mehr: Noch am gleichen 5. Februar, einige Stunden nachdem die Fernschreiber Mindszentys Aufruf verbreitet hatten, folgte die Nachricht aus dem Vatikan, Mindszenty sei seines erzbischöflichen Stuhls in Esztergom enthoben. Ein neuer Erzbischof wurde nicht ernannt – so wie es Mindszenty zugesichert war. Die Budapester Regierung aber hatte der Einsetzung eines Apostolischen Administrators in Esztergom zugestimmt: jenes Bischofs Lékai, der einmal Sekretär von Mindszenty gewesen war…

In den Mindszentymemoiren, die Anfang Oktober 1974 erschienen, las sich vieles natürlich anders. Doch auch sie ließen ungewollt erkennen, daß der Vatikan keine «Vorleistung» an die ungarischen Kommunisten erbracht hatte, daß es der vatikanischen Ostpolitik nur gelungen war, die Folgen einer im Grunde mißlungenen Bereinigung des «Falles Mindszenty» im letzten Augenblick wenigstens abzumildern.

«Wer gegenüber dem Papst nicht gehorsamen Sinnes ist (*non est in oboedienti animo*), sondern gegen ihn aufsteht, wird zum Stein des Anstoßes für jene, denen das Evangelium verkündet wird. In unserem Lande sind die Hindernisse für die Verkündigung der Frohbotschaft groß. Um so weniger darf man die Glaubwürdigkeit der Kirche untergraben… Unsere Synode möge endlich jene zum Schweigen bringen, die – durch Reden und mit der Feder – der Evangelisierung Ungarns schaden», so sagte Erzbischof Ijjas im Namen der ungarischen Bischofskonferenz am 14. Oktober 1974 vor der römischen Synode. Er gab zugleich bekannt, daß die Budapester Regierung

– wie ihm gerade die Botschaft in Rom mitgeteilt habe – endlich den Religionsunterricht für Jugendliche zweimal wöchentlich in Kirchen erlaube. Bis dahin war Religion nur als Freifach auf Antrag der Eltern in der Grundschule (durch staatlich besoldete Lehrer) unterrichtet worden; die Neuregelung erleichterte nun den Entschluß der Eltern, ihre Kinder zum Unterricht zu schicken, ohne behördliches Mißfallen zu erregen. Allerdings blieb die Erlaubnis auf Kinder bis zu zwölf Jahren begrenzt.

Immerhin war dies das erste Zeichen sachlichen Entgegenkommens in einer Frage, die Casaroli zehn Jahre lang bei den Gesprächen mit Ungarn immer wieder zur Sprache gebracht hatte und die für Kommunisten (seit dem sowjetischen Verbot des Religionsunterrichts in den zwanziger Jahren) stets besonders delikat blieb. Mußten etwa erst Mindszentys Memoiren erschienen sein, um Budapest zu einer – im Westen lange montierten – «Gegenleistung» für die Abberufung des Kardinalprimas zu veranlassen? Lange schien es, als würde Ungarn umgekehrt die Mindszentymemoiren als Vorwand benutzen, um weiteres Entgegenkommen zu verweigern. Doch schließlich schienen die Budapester Kommunisten zu erkennen, daß sie es auch ihren eigenen Torheiten zuzuschreiben hatten, wenn mit dem schwierigen Kardinal der Schatten ihrer eigenen, historisch-moralisch nie ganz bewältigten stalinistischen Vergangenheit gegen sie aufgestanden war. Ein Jahr nach Mindszentys Amtsenthebung stimmten sie nach zwei Verhandlungsrunden mit dem Vatikan (im November 1974 und im Januar 1975) weiteren Normalisierungsschritten zu:

Am 10. Januar 1975 konnte der Papst fünf Apostolische Administratoren in Ungarn zu Residenzbischöfen und vier Priester zu Weihbischöfen neu ernennen. Zum erstenmal waren damit seit dem Abkommen von 1964 neun der elf Diözesen Ungarns wieder mit ordentlichen Bischöfen besetzt (zwei Bistümer – Esztergom und Györ – wollte der Vatikan selbst nur mit bischöflichen Administratoren besetzen). Kennzeichnend war, daß zwei der vier neugeweihten Oberhirten als besonders regierungsfreundlich galten (ohne daß es Grund gab, an ihrer Kirchentreue zu zweifeln). Bedeutsam war die nach langer Vakanz erreichte Wiederbesetzung des Bistums Hajdudorog und des Exarchats Mikolc, wo 270 000 unierte Katholiken des östlichen Ritus leben (die Unierten wurden in Ungarn nicht – wie in der Ukraine und in Rumänien – von Rom zwangsgetrennt). Als besondere Geste der Regierung wirkte die Erhebung des zwanzig Jahre amtsbehinderten, 1972 nur als Administrator eingesetzten Bischofs *Endrey* zum Residenzbischof von Vac, was seiner völligen Rehabilitierung gleichkam.

Als Kardinal Mindszenty Anfang Mai 1975 gestorben war, setzte der Vatikan durch, daß nicht Ijjas, der Vorsitzende der Bischofskonferenz, den erzbischöflichen Stuhl von Esztergom bestieg, sondern Mindszentys einstiger Sekretär: der 65jährige *László Lékai*. Im Mai 1976 erhob ihn der Papst zum Kardinal – Ungarn hatte wieder einen würdigen, freilich friedfertigen Primas, und alle elf Bischofssitze des Landes waren mit romtreuen Bischöfen besetzt. Dies also war zehn Jahre nach der ersten vatikanisch-ungarischen Abmachung der wirkliche Zustand einer Kirche, von der

Kardinal Mindszenty (in einer von der *Frankfurter Allgemeinen Zeitung* veröffentlichten, im Buch freilich abgemilderten Fassung seiner Memoiren) behauptet hatte,
es sei daran «kaum mehr Wesentliches zu zerstören». Anfang 1975 war mit Hilfe der
vatikanischen Diplomatie auch eine Vereinbarung zwischen Episkopat und Regierung erreicht worden, die die Wiedereinführung des Religionsunterrichts in den einzelnen ungarischen Pfarreien ermöglichte, begrenzt jedoch auf 160 Kinder zwischen
6 und 14 Jahren, einmal sonntags und einmal an einem Werktag. 1977 gelang es, diese
Begrenzungen weiter aufzulockern. Imre Miklos erklärte die Periode der «Konfrontation» für beendet und schrieb, es sei «notwendig, zwischen den beiden Partnern,
Kontakte zu schaffen, die kein Abgehen von ihren Grundsätzen erfordern, sondern
eine offene Debatte erlauben, die Respekt für die gegenseitigen Standpunkte zeigt»
(*Uj Ember*, 20. März 1977). Bald darauf erlaubte die Regierung zum erstenmal nach
dreißig Jahren einen gemeinsamen «ad limina»-Besuch von elf ungarischen Bischöfen
in Rom.

Niemand im Vatikan machte sich darüber Illusionen, daß es auch die relative
Schwäche des ungarischen Katholizismus war (seine traditionelle Staatsverbunden-
heit und seine Anfälligkeit für Säkularisierungstendenzen), die es den ungarischen
Kommunisten erleichterte, zunehmende Toleranz gegenüber der Kirche mit nur we-
nig gelockerter Kontrolle zu verbinden. Nicht ein überall gültiges Modell konnten
deshalb die Staat-Kirche-Beziehungen in Ungarn werden, jedoch das bezeichnendste
Beispiel für den relativen Erfolg einer realistischen, geduldigen Ostdiplomatie des
Vatikans.

In diesem Sinne begrüßte am 9. Juni 1977 «der Heilige Vater in Privataudienz
Herrn János Kádár, den ersten Sekretär des Zentralkomitees der Sozialistischen Ar-
beiterpartei Ungarns, in Begleitung seiner Gattin, Frau Maria Kádár, und zahlreicher
Persönlichkeiten...», wie es in der vatikanischen Protokollmitteilung hieß. Es war
dies – wie der Papst in seiner Ansprache zu Kádár sagte – «gleichsam der Endpunkt
eines langsamen, aber ununterbrochenen Prozesses, der im Laufe der letzten 14 Jahre
den Heiligen Stuhl und die Volksrepublik Ungarn nach einer langen Periode der
Distanz und der Spannungen, deren Echo noch nicht ganz verklungen ist [!], allmählich einander angenähert hat».

«Du wirst sehen, daß ich recht behalten werde!» So hatte Mindszenty 1970 zu
Casaroli gesagt – wie dieser am 9. Februar 1990 berichtete, als er nach der großen
Wende den Schlußstrich unter die Vergangenheit ziehen konnte. «Im höheren, sozusagen meta-historischen Sinne» habe der ungarische Kardinal tatsächlich recht behalten, sagte Casaroli in Budapest. Gleichwohl sei es aus pastoralen Motiven «notwendig
gewesen, Entscheidungen zu treffen», die auch Papst Paul VI. «durchlitten» habe.

Mindszenty, der im österreichischen Mariazell bestattet worden war, konnte im
Mai 1991, sechzehn Jahre nach seinem Tod, in der Kathedrale von Esztergom beigesetzt werden. Im August 1991 ehrte ihn hier Johannes Paul II. Es war freilich kein
zufälliges Versehen, daß der polnische Papst im vorbereiteten Text seiner Predigt

zunächst Mindszenty nicht einmal erwähnt hatte. Erst als Journalisten im Papstflug-
zeug auf das Versäumnis hinwiesen, fügte der Papst noch sieben Zeilen förmlich-
frommen Erinnerns hinzu...

Verständigung mit Tito:
Modell oder «Sonderfall»?

In seinem geistlichen Testament hat der kroatische Kardinal Stepinac, der 1960 –
verbannt von seinem Sitz – als Dorfpfarrer starb, versichert, er wäre stets bereit gewesen, auf seine Erzdiözese Zagreb zu verzichten, «wenn dies eine Verbesserung des
Loses der Kirche in Jugoslawien bedeuten konnte. Aber weder ich noch der Episkopat sind autorisiert, Abkommen zu schließen: dies kommt den Staatsbehörden und
dem Heiligen Stuhl zu».[6]
Als zehn Jahre später, 1970, der erste Botschafter Jugoslawiens dem Papst sein
Beglaubigungsschreiben überreichte, sagte er: «In einem multinationalen und mehr-
konfessionellen Lande wie Jugoslawien... wurden die ökumenischen Ideen des Zweiten Vatikanischen Konzils mit lebhaftem Interesse und breiter Beteiligung aufgenommen. Diese Ideen haben in großem Maße den Prozeß der Normalisierung der
Beziehungen zwischen Kirche und Staat ermutigt...»[7]
Es war am 26. Juni 1964 – zur gleichen Zeit, als sich in Budapest schon das Teilab-
kommen zwischen dem Vatikan und Ungarn abzeichnete –, als die ersten Verhandlungen zwischen Unterstaatssekretär Casaroli und dem jugoslawischen Botschafter
in Rom begannen. Im Ostblock neigte sich damals die Chruschtschowära dem Ende
zu, und in Jugoslawien erinnerte man sich wieder jenes Grundsatzes, den Edvard
Kardelj, der Ideologe des Titoismus, schon 1953 aufgestellt hatte: «Wir Kommunisten
sind Atheisten, aber der Atheismus ist nicht unsere Religion, und deshalb sind wir
nicht religiös intolerant.» In diesem Sommer 1964 versuchte der italienische KP-Chef
Togliatti – kurz vor seinem Tode – die Sowjetführer zu überzeugen, daß «die alte
atheistische Propaganda völlig unbrauchbar» sei. Wenn die Kommunisten das Reli-
gionsproblem nicht anders als bisher stellten, werde man ihre «ausgestreckte Hand
gegenüber den Katholiken als bloß zweckbedingte Geste und fast als eine Heuchelei
auffassen» (*Jalta-Memorandum*). Nirgendwo war das Echo solcher Überlegungen
stärker als in Jugoslawien. Tito war bereit, durch einen formellen Friedensschluß mit
dem Vatikan den 6,2 Millionen überwiegend kroatischen Katholiken, fast einem Drittel der Bürger seines Landes, gewisse Garantien zu geben. Er hoffte dadurch auch die
stets untergründig schwelenden nationalen Spannungen besänftigen zu können, zumal die serbisch-orthodoxe Kirche der katholischen weniger ablehnend gegenüber-
stand, seit Paul VI. auch mit dem ökumenischen Patriarchen Athenagoras den Frie-
denskuß getauscht hatte (Januar 1964).[8]

Dennoch stießen die Verhandlungen zunächst auf Schwierigkeiten – ähnlich wie in Ungarn. In insgesamt 38 Verhandlungstagen bei vier Begegnungen in Rom und Belgrad (in fast zwei Jahren) ging man jedoch pragmatisch einen umgekehrten Weg als bei den Verhandlungen mit Ungarn: Nicht die *Prinzipien* der Beziehungen wurden ausgeklammert, sondern die *Detailfragen* (wovon es freilich nicht sehr viele gab; alle Diözesen waren z. B. mit Bischöfen besetzt). Obwohl schließlich eine Verständigung zustande kam, wurde sie nicht in die Form eines Konkordats oder eines *modus vivendi* gegossen, da die jugoslawische Seite meinte, eine formelle vertragliche «Sonderregelung» mit einer einzelnen Konfession widerspräche dem religiösen Gleichberechtigungsgrundsatz der Verfassung.

Das «Protokoll» (siehe Text im Anhang), das im April 1966 fertiggestellt wurde, konnte erst am 25. Juni in Belgrad von Agostino Casaroli und Milutin Moraca, dem Präsidenten des Bundesausschusses für Religiöse Angelegenheiten, unterzeichnet werden. Die jugoslawischen Bischöfe, die vom Vatikan während der Verhandlungen kaum konsultiert wurden (während die Belgrader Regierung den orthodoxen Synod auf dem laufenden hielt), fühlten sich nicht nur übergangen, sondern gekränkt: Erzbischof Franjo Šeper von Zagreb, der am 26. Mai nach Rom eilte, beschwor den Papst vor allem, die – wie er meinte – auf eine Unterstellung hinauslaufende Formulierung aus dem Protokoll zu nehmen, in der «der Heilige Stuhl jeden Akt des politischen Terrors oder ähnliche kriminelle Formen der Gewalt, gleich wer sich ihrer bedient», verurteilt (Art. II. 2). Titos Regierung war es nämlich nach den Kriegserfahrungen darauf angekommen, daß der Vatikan für alle Zukunft nationalistischen Exzessen auch im Klerus einen Riegel vorschob, überhaupt dessen Entpolitisierung garantierte. Die Gegenleistung bestand darin, daß Belgrad dem Vatikan die Ausübung seiner Jurisdiktion nicht nur in strikt kirchlich-religiösen, sondern auch in «geistigen Fragen» – im weiteren Sinne – zugestand.

Der Papst hielt Šepers Einwänden entgegen, daß gerade dieses Abkommen die Kirche auch gegen falsche politische oder kriminelle Verdächtigungen absichere, indem es jeden solchen Vorwurf an die *kirchliche* Gerichtsbarkeit («Maßnahmen, die das kanonische Recht für solche Fälle vorsieht») verweist. Gleichwohl war nicht auszuschließen, daß bei noch längerem Verhandeln manche Formulierungen noch hätten abgemildert werden können. Zumal jener mächtige Mann, dem es aus national-serbischen Gründen besonders darum ging, den katholisch-kroatischen Nationalismus einzudämmen, sechs Tage nach Unterzeichnung des Protokolls als «nationalistischer Zentralist» gestürzt wurde: Alexander Rankovic, Titos zweiter Mann und Rivale.

Doch gerade der Sturz Rankovic', der danach einsetzende Teilabbau von Polizeistaatsmethoden in Jugoslawien und die weitere Öffnung des Landes nach Westen (die Anfang der siebziger Jahre wieder abgebremst wurde) haben es ermöglicht, daß sich die Vereinbarung schließlich bewährte. Da das Oberhaupt der katholischen Kirche zum erstenmal die «Trennung von Kirche und Staat», die von den Päpsten stets grundsätzlich verworfen wurde, in einer völkerrechtlichen Vereinbarung widerspruchlos «zur Kenntnis» nahm, war eine Voraussetzung entstanden, die es auch Kommunisten erleichtern konnte, mit dem Trennungsprinzip Ernst zu machen, etwa in dem Sinne wie es der italienische KP-Chef Luigi Longo im Januar 1966 formulierte: «Wie wir den konfessionellen Staat ablehnen, so sind wir gegen den Staatsatheismus, dagegen, daß der Staat irgendeiner Ideologie, einem religiösen Glauben ein Vorrecht einräumt.»[9]

Für regierende Kommunisten, die ihr Machtmonopol ideologisch rechtfertigen mußten, blieb dies aber schwierig praktizierbar. Auch in Jugoslawien sah Bischof Franic von Split voraus, daß «die Durchführung des Abkommens kurvenreich sein wird».[10] Daß die katholische Kirche in Jugoslawien freier und aktiver wurde, ja in einem Maße, das die Kommunisten später wieder beängstigen würde, war schon bald zu bemerken.[11] Es wurde begünstigt durch den Austausch diplomatischer Vertreter: Erzbischof Mario Cagna kam als Apostolischer Delegat nach Belgrad, Vjekoslav Cvrlje als Gesandter zum Heiligen Stuhl. Cagna reiste emsig umher und begann – nicht immer zum Vergnügen der Bischöfe – im Sinne des Abkommens auf die kroatische Kirche einzuwirken. Vor allem versuchte er, den Eifer Kardinal Šepers zu bremsen, der die Möglichkeiten der Kirche im öffentlichen Leben noch zu erweitern suchte.[12] Nach den ungarischen Erfahrungen und auch im Blick auf das, was sich um die Jahreswende 1967/68 in der Tschechoslowakei zusammenbraute, riet der Vatikan zu Vorsicht. Und so war es kein Zufall, daß das untergründige Tauziehen zwischen römischer Kurie und Episkopatsvorsitzendem am 8. Januar 1968 mit der Berufung Šepers nach Rom als Präfekten der Glaubens-Kongregation endete – genau drei Tage bevor der jugoslawische Ministerpräsident Mika Spiljak dem Papst einen offiziellen Besuch abstattete. Spiljak versicherte dem Papst, «daß die Menschen zugleich gute Gläubige und gute Bürger ihres Landes sein können»; Paul VI. sprach vom Wert der Religion für das Staatswohl[13] – eine Thematik, die so zum erstenmal im Gespräch mit einem Kommunisten «auf höchster Ebene» öffentlich angeschnitten wurde. Zwei Jahre später, am 15. August 1970, waren die Beziehungen soweit gediehen, daß sich beide Seiten zu «regulären» diplomatischen Beziehungen entschlossen: Monsignore Cagna wurde zum Pronuntius,[14] Cvrlje zum Botschafter ernannt, und der Vatikan erklärte:

> «Die Kirche verlangt keine Privilegien, aber sie braucht – und das verlangt sie – den unabdingbaren Lebensraum zur Ausübung ihrer Aufgabe. Diplomatische Beziehungen zwischen dem Heiligen Stuhl und Regierungen haben den Zweck, die Freiheit und Zusammenarbeit – im Respekt für die gegenseitigen souveränen Rechte – für das Gesamtwohl der Völker zu sichern. Aber es ist klar, daß dies um so wirksamer gelingt, desto größer die Möglichkeiten des Heiligen Stuhls sind, die er auf dem ihm eigenen religiöskirchlichen Gebiet hat.»

Mit diesem Kommentar[15] war das jugoslawische Beispiel für den Gebrauch kommunistischer Länder empfohlen; doch in Wirklichkeit machte sich die römische Kurie keine Illusionen darüber, daß Jugoslawien ein «Sonderfall» blieb. Tito allein unter allen kommunistischen Diktatoren hatte mit der Trennung von Kirche und Staat, die überall in den Verfassungen stand, weitgehend Ernst gemacht. Zwar kam die Auseinandersetzung zwischen Partei und Kirche auch in Jugoslawien nie ganz zur Ruhe. Doch entzündeten sich fast alle Konflikte mehr an nationalen als an weltanschaulichen Differenzen. Und was das Bedeutsamste war: Niemals seit dem Bruch Titos mit Stalin (1948) war es in Jugoslawien zu Eingriffen in die *inner*kirchliche Verfassung gekommen. Selbst dem – ein Jahr nach dem Bruch mit dem Vatikan erlassenen – Religionsdekret vom 22. Mai 1953 bescheinigte der *Osservatore Romano*, daß es «nicht sehr fern vom bürgerlichen Laizismus» sei.[16] Prostaatssekretär Tardini hätte darin sogar Ansatzpunkte zu Verhandlungen gesehen, wenn nicht 1953 gerade die antivatikanische Polemik (wegen des «Falles Stepinac») hohe Wellen geschlagen hätte. Die jugoslawischen Kommunisten beanspruchten damals wie auch später keine Mitsprache bei der kirchlichen Ämterbesetzung, sie hatten kein Bedürfnis nach Treueiden, sondern forderten vom Klerus nur Loyalität wie von anderen Staatsbürgern. Auch die Neufassung des Religionsgesetzes, im März 1965, die den «Mißbrauch von Religion», der bis dahin sehr dehnbar gedeutet werden konnte, auf sechs klar beschriebene Tatbestände eingrenzte,[17] blieb auf dieser Linie der Nichteinmischung in das innerkirchliche Leben und seine Verwaltung.

In diskreten Kontakten konnte der päpstliche Vertreter in Belgrad seinen Einfluß auf diese Kirchengesetze geltend machen und auch dem lokalen Episkopat den Rücken stärken – wie zum Beispiel dem Zagreber Erzbischof *Kuharic*, der seine Kritik an einem Gesetzesentwurf sogar in der kommunistischen Zeitung *Vjesnik* (18. März 1977) veröffentlichen konnte, so daß das seit 17. April 1978 gültige Kirchengesetz für das katholische Kroatien ausgesprochenen Kompromißcharakter hatte und sogar in der heiklen Frage des Religionsunterrichts liberaler war als das Bundesgesetz von 1953.

Das bedeutete aus der Sicht des Vatikans zu wenig, wenn man es mit Ländern verglich, wo Staat und Kirche freundlich verbunden lebten, es war aber sehr viel, wenn man es an den Verhältnissen in anderen kommunistisch regierten Ländern maß oder gar am benachbarten *Albanien*, wo *Enver Hodscha* 1967 alle Kirchen schließen ließ und die Religion für «total liquidiert» erklärte (was 1976 sogar im Artikel 37 der neuen Verfassung Albaniens verankert wurde). «Der» Kommunismus, von dem sich die Pius-Päpste noch ein einförmiges Bild machen konnten, existierte längst nicht mehr. Kommunist war Enver Hodscha, der an der Sorbonne in Paris Philosophie studiert hatte. Kommunist war Josip Broz Tito, der einstige Kominternagent, der am 29. März 1971 mit Frack und Zylinder, begleitet von seiner schwarz verschleierten Gemahlin, den Vatikanpalast betrat, um Paul VI. seine Aufwartung zu machen. Sehr viel war in den Ansprachen des jugoslawischen Staatschefs und des Papstes von der internationalen Politik und vom Frieden in der Welt die Rede, doch wenig von Religion und Kirche – in Titos Ansprache buchstäblich nichts...

Abwartende Kontakte mit Bukarest und Sofia

Ohne formelle Verhandlungen, nur durch persönliche Kontakte verbesserte sich die Lage in einem anderen Lande, das – obschon Teil des Sowjetblocks – in den sechziger Jahren begann, eigene Wege zu gehen, und sich in manchem der jugoslawischen Position annäherte: *Rumänien*. Hier blieb freilich – wie in der Sowjetunion – ein Haupthindernis jeder vatikanischen Bemühung das Schicksal der Unierten. Der Versuch, sie vor der völligen Aufsaugung durch die rumänische Orthodoxie zu bewahren, war ebenso gescheitert wie die Sicherung der lateinischen Kirche durch Geheimbischöfe. Als der Wiener Kardinal König auf Einladung des Patriarchen Justinian im November 1967 eine erste Sondierungsreise nach Bukarest unternahm, hoffte er das Klima dadurch zu verbessern, daß er die Uniertenfrage nicht zur Sprache brachte. Als er jedoch Jahre später die Annahme einer zweiten Einladung nach Bukarest an den Hinweis knüpfte, er könne diesmal das Problem nicht mehr ausklammern, verzichtete man in Rumänien auf seinen Besuch…

Allerdings schienen Rumäniens Kommunisten – seit Nicolae Ceausescu den Stalinismus sowjetischer Prägung durch eine national gefärbte Diktatur ersetzt hatte – die Uniertenfrage gelassener zu betrachten. Ministerpräsident Maurer ließ sich von einem Besuch bei Paul VI. am 24. Januar 1968 nicht dadurch abhalten, daß der Papst Anfang Dezember 1967 den in ein orthodoxes Kloster verbannten unierten Bischof Hossu öffentlich ehrte. Maurer kündigte dem Papst jedoch an, daß Rumänien «aus eigener Souveränität» gute Beziehungen zu allen Religionsgemeinschaften herstellen wolle; man wisse die verständigungsfreundliche Haltung des Vatikans zu schätzen, und dies werde auch den Katholiken Rumäniens zugute kommen. Einen Monat später, am 29. Februar 1968, empfing Ceausescu alle «Kultvorsteher» des Landes, darunter auch den römisch-katholischen Bischof von Alba Iulia, Aaron Marton, der siebzehn Jahre lang in Hausarrest gelebt hatte. In einer Rede versprach Marton, die Gläubigen «zur Erfüllung ihrer staatsbürgerlichen Pflichten anzuhalten». Erst zwei Jahre später jedoch ließ man ihn nach Rom reisen, und erst vier Jahre später, am 13. Februar 1972, gab das rumänische Kirchenamt zum erstenmal die ausdrückliche Erlaubnis zu einer Bischofsweihe: *Antal Jakab*, ein Priester, der sieben Jahre im Gefängnis gewesen war, wurde in Rom geweiht und zum «Koadjutor» Martons mit dem Recht zur Nachfolge bestimmt, die er nach dessen Tod 1980 antrat – bis zur Wende 1990. Dagegen war ein Versuch, sozusagen im «Handstreich» auch die Diözese Jassi mit einem Bischof zu besetzen, mißglückt: Der Priester *Petru Plesca* war im Dezember 1965 bei einem Besuch in Rom öffentlich zum Bischof geweiht, das rumänische Kirchenamt jedoch erst nachträglich verständigt worden; es verweigerte Plesca die rechtliche Anerkennung, ließ ihn jedoch pastoral wirken. Bischof *Adalbert Boros* (1951 geheim geweiht) durfte nach Rom reisen, doch in seinem rumäniendeutschen Bistum Temeschvar (Timişoara) nur als Hilfskaplan tätig sein, seit er aus dem Gefängnis entlassen war.

Der polnische *Kardinalerzbischof Bolesław Kominek* († 1974)
in seiner Residenz in Breslau

In bedrückenden Verhältnissen lebte der bulgarische Bischof
Simeon Kokov, der apostolische Administrator von Süd-Bulgarien

Zwar gab der Bukarester Kirchenamtschef *Dumitru Dogaru*, ein Kommunist, der gerne philosophierte und über seine fromme Mutter sprach, immer wieder zu verstehen, daß er mit dem Vatikan verhandeln wolle. Doch in Rom zögerte man. Der Versuch, vorher mit der rumänischen Orthodoxie die Uniertenfrage zu klären, führte nicht weiter. Monsignore Willebrands traf sich 1970 vertraulich mit Patriarch Justinian (in Köln). Ende 1971 konnte der Münchener Kardinal Döpfner als Gast Justinians in Bukarest nur das Klima verbessern, und auch der Besuch einer rumänischen Patriarchatsdelegation beim Papst brachte keine sachlichen Fortschritte.

Als Staatschef Ceausescu am 26. Mai 1973 während seines Italienbesuchs auch vom Papst empfangen wurde, schien etwas in Bewegung zu kommen. Man vereinbarte, Verhandlungen aufzunehmen. Im Dezember flog der neue «Reise-Nuntius» Luigi Poggi, der den allzu energischen Ostdiplomaten Monsignore Cheli abgelöst hatte, nach Bukarest zu einer UNESCO-Tagung, die beiläufig Gelegenheit zu Gesprächen mit Dogaru bot. Noch immer war viel Mißtrauen zu spüren. Selbst die Einfuhrerlaubnis für 500 Priesterbreviere wurde als Staatsproblem hin- und hergewendet: Warum sie in Deutschland gedruckt seien und nicht im Vatikan, der sie sende?

Erst im Januar 1975 reiste Sondernuntius Poggi zu ersten offiziellen Verhandlungen nach Bukarest, die im Oktober 1976 und im Juli 1977 fortgesetzt wurden, doch erst unter dem neuen «polnischen» Papst im Juli 1979 zu einer Einigung zu führen – schienen. Zu diesem Zeitpunkt gelang es, den Entwurf eines «Statuts» für die lateinische Kirche Rumäniens auszuarbeiten, in dem *nicht* (wie die Regierung stets verlangt hatte) jener Artikel 47 des staatlichen Religionsgesetzes von 1947 erwähnt war, der die Ausübung «ausländischer» Jurisdiktion auf rumänischem Gebiet untersagte. Doch der Schein trog. Nicht nur die Entwicklung in Polen Anfang der achtziger Jahre blockierte die Unterzeichnung, vor allem auch die Unierten-Frage, auf die der neue orthodoxe Patriarch Justin (der nach dem Tod Justinians 1977 mit aktiver Beteiligung des Regimes eingesetzt wurde) noch empfindlicher reagierte.

Ein ähnlicher Befund ließ auch *Bulgarien* am Rande der ostpolitischen Bemühungen des Vatikans bleiben. Für die winzige Minderheit von etwa 50 000 Katholiken, deren Priester Ende der fünfziger Jahre ausnahmslos im Gefängnis waren, wirkte die konziliare Wende, die Johannes XXIII. (einst Delegat in Sofia) herbeiführte, vor allem aber der Friedensschluß Pauls VI. mit den Patriarchen von Konstantinopel und Moskau, fast wie eine Erlösung. Ihr prominentester Bischof, *Evgen Bossilkow*, der 1952 als «Vatikanspion» zum Tode verurteilt, dessen Hinrichtung jedoch nie bekanntgegeben wurde, konnte den Gefängnissen der bulgarischen Stalinisten nicht mehr lebend entkommen. *Kyril Kurteff*, der Exarch der bulgarischen Unierten, die nur ihrer Bedeutungslosigkeit wegen (kaum 5000 Gläubige, überwiegend in Dörfern an der griechischen Grenze) einer Liquidierung nach sowjetischem und rumänischem Beispiel entgingen, kehrte Ende der fünfziger Jahre nach Sofia zurück; er konnte mit Rom in Verbindung treten. Im Dezember 1960 erhielt er die Genehmigung, den Kapuzinermönch *Simeon Kokoff* zum Bischof für die Gläubigen des lateinischen Ritus zu weihen und als Generalvikar in Plovdiv einzusetzen.

Kokoff zog in die Sakristei der «Katherale» von Plovdiv. Nach langen Gefängnisjahren war er tief verbittert und resigniert. Auch die Möglichkeit, am Zweiten Vatikanischen Konzil teilzunehmen, hatte seine Abneigung gegen alle kirchlichen Neuerungen nicht gemindert. Eine Annäherung an die Orthodoxen, deren Patriarch mit dem neuen wie mit dem alten Staat zusammenarbeitete, lehnte Kokoff ab. Eben diese konservative Haltung ließ ihn jedoch der Regierung bequemer erscheinen als den damaligen Apostolischen Administrator von Plovdiv, *Bogdan Dobranow*, einen jüngeren, modernen und aktiven Priester, von dem die Regierung auch wußte, daß er eine geheim vollzogene Bischofsweihe besaß. Wie so oft in der Enge bedrückender Verhältnisse brachen auch noch persönliche Animositäten zwischen den Prälaten aus. Für den Vatikan aber war jetzt nur wichtig, die überlebende Hierarchie – zumal in einer so winzigen, schutzlosen Kirche, wie es die katholische in Bulgarien ist – vom Anschein der Illegalität zu befreien. Am 27. April 1965 ernannte die römische Ostkirchen-Kongregation Bischof Kokoff zum Apostolischen Administrator für Südbulgarien und enthob Dobranow dieses Amtes. Für Kenner der örtlichen Lage klang es freilich wie Hohn, wenn es im Brief der Kongregation an Dobranow (*Prot. Nr. 100/49*) hieß, er dürfe sich «an jeden beliebigen Ort begeben, bis er wieder im Weinberg des Herrn Verwendung finde».

Die Entfernung Dobranows, dem die Behörden ohnehin keine bischöfliche Wirkungsmöglichkeit ließen, war der Preis dafür, daß im September 1965 in Sofia der 49jährige Assumptionistenpater *Dimitrow Stratiew* die Genehmigung erhielt, zum Bischof geweiht zu werden. Nach langen Gefängnisjahren empfahl er sich nicht nur durch Loyalität, sondern auch durch gute Beziehungen zum bulgarischen Patriarchen. Die Nachfolge des fast achtzigjährigen Exarchen Kurteff war ihm zugesichert; als dieser im März 1971 starb, übernahm Stratiew ohne Schwierigkeiten das Amt und konnte auch zu den römischen Bischofssynoden reisen.

Nachdem im August 1974 auch Bischof Kokoff gestorben war, widerfuhr dem Vatikan ein unerwarteter Glücksfall: Der bulgarische Partei- und Staatschef *Todor Schiwkow* besuchte während seines Staatsbesuchs in Italien am 27. Juni 1975 Papst Paul VI. und fragte beiläufig, ob der Vatikan «Wünsche in Bulgarien» habe. Mit diktatorischer Geste, die ihn wenig kostete (angesichts der bedeutungslosen katholischen Minderheit) stimmte er diskussionslos der Ernennung von zwei Bischöfen zu: für Nordbulgarien (Ruse/Nikopolis) *Vasco Seirecov* (der schon 1977 starb, doch 1979 durch *Samuel Dschundrin* ersetzt werden konnte, der 1952–1964 als Spion im Gefängnis gesessen hatte); für Südbulgarien (Plovdiv) Bogdan Dobranow, dem so späte Gerechtigkeit zuteil wurde. Ein Jahr später konnte Agostino Casaroli zum erstenmal fast alle katholischen Gemeinden Bulgariens besuchen (4.–6. November 1976). Der neue Papst, Johannes Paul II., zu dessen ersten Besuchern aus dem Osten Bulgariens Außenminister *Petar Mladenov* gehörte, bestätigte diesem am 14. Dezember 1978 in einer Begrüßungsrede (die gegen alles übliche Protokoll vom Vatikan publiziert wurde): «… den Fortschritt, der erreicht wurde, indem der katholischen Kirche in Bulgarien Gelegenheit gegeben wird, ihre Mission zu erfüllen…»

«Retten, was noch zu retten ist»: Tauziehen mit Prag

Außer den unsichtbaren Horchern – den Mikrofonen – in den Wänden des Zimmers im Prager «Alcron»-Hotel vernahm niemand das leise Stöhnen des alten Mannes. Er beugte sich über ein Papier, das ihm ein anderer, jüngerer Mann vorgelegt hatte, der einige Tage vorher unauffällig aus Rom gekommen war: Monsignore Agostino Casaroli. An diesem Nachmittag des 17. Februar 1965 begegnete er zum erstenmal dem Erzbischof von Prag, Josef Beran, der seit sechzehn Jahren seine Residenz auf dem Hradschin nicht betreten durfte. Von einem Internierungsort zum anderen geschleppt, war Beran im Oktober 1963 begnadigt, aber nicht freigelassen worden. Casaroli hatte schon bei seinem ersten verschwiegenen Besuch in Prag, im Mai 1963, um Erleichterungen für Beran gebeten und Papst Johannes (wenige Tage vor dessen Tod) die Nachricht überbringen können, daß wenigstens einige Kleriker zum Konzil nach Rom reisen konnten – nicht aber Beran. Im Januar 1965, fast zwei Jahre später, hatte ihn in einem Einschreibebrief aus Rom die Nachricht erreicht, daß ihn Paul VI. zum Kardinal ernannt habe. Beamte des Prager Innenministeriums, die kurz darauf in Berans Internierungsort Radvanov bei Tabor auftauchten, sagten ihm nur, Kardinalsernennungen interessierten – im Unterschied zu Bischofsernennungen – die Behörden nicht. Als Beran vier Wochen später nach Prag gerufen wurde, um sich unbeachtet von der Öffentlichkeit mit Monsignore Casaroli zu treffen, hatte der päpstliche Unterhändler schon langwierige Verhandlungstage im Prager Kirchenamt hinter sich.

Es war ein seltsames «Gespräch» von Stummen, das an diesem Februar in dem Prager Hotelzimmer geführt wurde. Um den polizeilichen Lauschern in der Wand keine Aufschlüsse zu geben, formulierte Casaroli seine Mitteilungen schriftlich, und Beran schrieb seine Antworten auf das gleiche Blatt dazu.

Casaroli unterbreitete Beran im Auftrag des Papstes zwei Möglichkeiten zur Auswahl, von denen die eine mit der tschechoslowakischen Regierung ausgehandelt war:

1. Beran konnte unbehelligt nach Rom reisen, seinen Kardinalshut entgegennehmen, am Konzil teilnehmen und formell auch seinen Erzbischofstitel von Prag bis an sein Lebensende behalten; er würde allerdings niemals mehr nach Prag zurückkehren dürfen. Seine seit sechzehn Jahren verwaiste Diözese würde jedoch einen Bischof als Apostolischen Administrator erhalten, den der Heilige Stuhl ausgewählt hatte: František Tomašek, der seit Jahren nur noch als Dorfpfarrer hatte tätig sein dürfen. Kapitelsvikar Stehlik würde abtreten, abgefunden mit der Domprobstei.

2. Beran konnte diese Lösung ablehnen, und alles würde so bleiben wie bisher. Der Heilige Vater würde dies bedauern, da die Verhandlungen mit der Regierung äußerst schwierig seien und ein erstes, wenn auch noch so bescheidenes, Ergebnis vielleicht Möglichkeiten für weitere Schritte öffnen könnte. Doch Beran könnte mit dem vollen Verständnis des Papstes rechnen, wenn er es vorziehen würde, in der Tschechoslowakei unter den bisherigen Umständen zu bleiben.

Beran erbat sich Bedenkzeit; mehrere Stunden rang er allein mit dem Entschluß. Dann schrieb er sein «Placet» für die Lösung Nr. 1 auf Casarolis Papier mit der Bemerkung: Wichtiger sei es für die Erzdiözese Prag, endlich wieder einen in Rom und Prag anerkannten Bischof zu erhalten und von Stehlik befreit zu werden. Er sei bereit, das schwere Opfer auf sich zu nehmen. Am übernächsten Tag, dem 19. Februar 1965, flog er zusammen mit Casaroli nach Rom. Beide hatten noch einen Tag abgewartet, um gewiß zu sein, daß die Prager Regierung ihre Zusage einhalten würde: Tatsächlich leistete Bischof Tomašek am 18. Februar bereits den vorgeschriebenen Treueid und zog ins Erzbischöfliche Palais in Prag ein. Noch während Casaroli und Beran auf dem Wege nach Rom waren, gab die Četeka-Agentur die Abreise des Kardinals und die Ernennung Tomašeks bekannt.

Kardinal Beran hat später, 1968, diesen Vorgang ziemlich anders dargestellt – so als habe ihn die Prager Regierung (oder gar der Vatikan) zur Abreise überlistet, indem sie ihm eine Rückkehr nach drei Wochen in Aussicht gestellt und dann behauptet hätte, er bleibe auf eigenen Wunsch im Ausland.[18] Von einem solchen «Wunsch» konnte natürlich keine Rede sein, hingegen von einem eigenen Entschluß. Dieser war ihm wie dem Vatikan erleichtert worden, weil der Prager Kirchenamtschef, Karel Hrůza, zum erstenmal öffentlich Verhandlungen mit dem Vatikan über «offene Fragen», auch die Besetzung vakanter Bischofssitze, in Aussicht stellte.[19]

Es dauerte freilich noch über ein Jahr, bis vertrauliche gelegentliche Kontakte zu geheimen Sondierungsgesprächen führten. Die Lage in der Tschechoslowakei, mit der Casaroli konfrontiert wurde, bot sich nahezu hoffnungslos dar: Das mißlungene Experiment der Geheimbischöfe hatte nach zwanzig Jahren Stalinismus nur Trümmer hinterlassen. In weiten Landesteilen gab es keine Seelsorger mehr. Die restliche Kirchenverwaltung stand unter direkter Staatskontrolle – so total wie nirgendwo in Osteuropa. Verängstigte, ohnmächtige, oft kirchlich wie moralisch diskreditierte Kapitelvikare hielten kaum mehr als einen äußeren Schein aufrecht. Manche, wie etwa Stehlik in Prag oder Oliva in Leitmeritz, versicherten dem Heiligen Stuhl auf Umwegen ihre Loyalität, ohne noch Glauben zu finden. Den Priester Josef Plojhar (gest. 1981), der zwanzig Jahre lang Gesundheitsminister war und nicht einmal verhindern konnte, daß Sterbenden in staatlichen Krankenhäusern geistlicher Beistand verweigert wurde, verband mit Rom nichts mehr als sein «römischer Kragen» und eine «renaissancehafte» Lebensführung…

Auf dem 2. «Kongreß der Friedensbewegung katholischer Priester» spielte Plojhar im November 1966 auf die Geheimgespräche mit dem Vatikan an und forderte, die von der Regierung eingesetzten Kapitelvikare zu Bischöfen zu ernennen. Als Casaroli daraufhin mit dem Abbruch der Gespräche drohte, machte der Regierungsvertreter Hrůza einen Kompromißvorschlag: Drei von sechs unbesetzten Bistümern könne der Vatikan mit Priestern eigener Wahl besetzen, wenn er in den anderen die Regierungsvorschläge annehme. Casaroli wollte den Kandidaten «auf den Zahn fühlen». In Prag wurden ihm Gespräche unter vier Augen ermöglicht, in Leitmeritz wurden sie im letzten Augenblick unterbunden (weil – was Casaroli nicht ahnen konnte – der Kapitelvikar Oliva auch den Kommunisten nicht mehr unverdächtig war...). Der Bischof von Leitmeritz, Stefan Trochta, war 1953 zu 25 Jahren Gefängnis verurteilt worden (unter anderem als «Vatikanspion»). 1960 begnadigt, arbeitete er als Bauschlosser, nach einem Herzinfarkt lebte er als Rentner in einem Heim. Ihm, der wie Parteichef Novotný schon in Hitlers Konzentrationslager Mauthausen nur knapp dem Tode entkommen war, wollte Prag wieder eine Diözese zugestehen – aber nicht jene von Leitmeritz, wo der Bischof populär war, und nicht ohne den «Preis» unzumutbarer anderer Bischöfe.

An diesem Punkt brach Casaroli im Juli 1967 die Vorverhandlungen ab. Wer jedoch angenommen hatte, der Vatikan habe nur «bessere Zeiten» abwarten wollen, habe also auf jene dramatischen Veränderungen spekuliert, die 1968 den «Prager Frühling» einleiteten, irrte sich. In der römischen Kurie wußte man nur zu gut, daß auch eine liberale «Konjunktur» kurzlebig sein konnte. Ein «humanisierter» Kommunismus, wie er unter Parteichef Alexander Dubček heraufdämmerte, würde jenen Säkularisierungsprozeß noch beschleunigen, der in der ČSSR ohnehin weit fortgeschritten war: Schon vor 1948 waren fast 30 Prozent der Bürger konfessionslos gewesen.

Nicht die Kirche, sondern das staatliche Kultusamt ließ am 18. März 1968 zum erstenmal verlauten, auch die Gläubigen des Landes müßten jetzt echte Gleichberechtigung erhalten. Am 20. März schrieb der Prager Administrator, Bischof Tomašek, einen Hirtenbrief: «Wir wollen keine Privilegien, wir rufen mit gutem Gewissen nach unseren Rechten in der demokratischen Gesellschaft.» Am 22. März trat Minister Plojhar – «reinen Herzens», wie er beteuerte – von seinen Ämtern zurück, und Kirchenamtschef Hrůza versprach, «nicht einzugreifen»; am 26. März wurde er durch die tolerante kommunistische Religionssoziologin Erika Kadlecowa ersetzt. Sie erklärte am 8. April der Agentur «Četeka»: «Es ist schwierig, Verhandlungen mit dem Vatikan vorauszusagen, doch wie bei uns, so sind auch im Vatikan wesentliche Änderungen erfolgt...»

Mit Staunen vernahm Bischof Tomašek, als er Ende April 1968 für zwei Wochen nach Rom kam, daß man sich im Vatikan keineswegs beeilte, das «heiße Eisen» anzufassen, geschweige denn zu schmieden. Die Parole im Vatikan hieß: Abwarten. Maßgebende Prälaten und auch der Papst selbst rechneten damit, daß die Sowjetunion die Entwicklung in der ČSSR nicht hinnehmen würde. Auch dem Drängen der Prager Katholiken, Kardinal Beran möge nun schnell zurückkehren, gab der Vatikan nicht nach; eine schwere Erkrankung Berans, Anfang August, erleichterte es, den

Kardinal zurückzuhalten. Bischof Trochta jedoch war Anfang August auf seinen Sitz in Leitmeritz zurückgekehrt, und er drängte nun Prag zum Verhandlungsangebot. Der Vatikan nannte schließlich einen Termin – im Oktober.

Zögern und Vorsicht lohnten sich zunächst. Nach der sowjetischen Augustintervention (der die Dubček-Führung für die Gnadenfrist eines halben Jahres entkam) blieb die Kirche fast unangetastet, doch den Oktobertermin mit dem Vatikan ließ man stillschweigend verstreichen. «Wir sehen mit Freude eine gewisse Besserung der Lage der katholischen Kirche in der Tschechoslowakei heraufdämmern», sagte der Papst vor slowakischen Pilgern am 13. November 1968, nachdem Bischof Tomašek wieder nach Rom gekommen war, um Verhandlungen in Gang zu bringen. Doch die Spannungen in Prag ließen den Vatikan weiter zögern. Als die Selbstverbrennung Jan Palachs Mitte Januar 1969 einen Höhepunkt verzweifelter Erregung in der ČSSR signalisierte, wandte sich der 80jährige Kardinal Beran aus Rom an seine Prager Diözesanen mit einer Botschaft, die der *Osservatore Romano* am 26. Januar auf der ersten Seite veröffentlichte:

> «Ich weine mit euch… Der zu euch spricht, hat, wie ihr wißt, selbst viel gelitten. Aber es ist der Augenblick gekommen, das Vergangene zu vergessen. Verzehren wir unsere geistigen Energien nicht im Haß, sondern richten wir sie auf die Eintracht, die Arbeit, den Dienst an unseren Brüdern, auf ein neues Aufblühen unseres Landes! Erhebet die Herzen: im Schweigen und in der Hoffnung sei eure Stärke!»

Dieser letzte Hirtenbrief Berans vor seinem Tode (Mai 1969) war anders getönt als das, was der ungarische Kardinal Mindszenty 1956 hatte hören lassen… Als es im Februar 1969 für kurze Zeit schien, daß sich die Dubček-Führung doch halten könnte, glaubte der Papst die Gelegenheit nutzen zu müssen; vor tausend slowakischen Pilgern sprach er zum erstenmal seine Wünsche an die Regierung aus: «Nicht Anspruch auf Privilegien, sondern legitime Ausdehnung natürlicher Rechte: gute Bischöfe ohne ungebührliche Restriktionen, Seminare, Orden, katholische Presse, Religionsunterricht… Der bisher gezeigte gute Wille ist ein gutes Vorzeichen», meinte Paul VI. am 12. Februar. Auch der dramatische Führungswechsel in Prag, der im April mit Gustav Husák einen slowakischen Kommunisten an die Macht brachte, der – selbst Opfer des Stalinismus – die Reformbewegung zu retten versprach, ließ die Hoffnung noch nicht sinken. Man wußte, daß Husák zwar antiklerikal gesinnt war, aber eine Normalisierung zwischen Kirche und Staat befürwortete. Daß im September 1969 Karel Hrůza, der alte Kirchenamtschef, an die Spitze dieser Behörde zurückkehrte, doch gleichzeitig vor katholischen Bischöfen erklärte, er sei zu seiner Haltung in den sechziger Jahren von seinen Vorgesetzten «praktisch genötigt worden»,[20] ließ noch keine eindeutigen Schlüsse zu.

Erst über ein Jahr später, am 13. Oktober 1970, erschien Hrůza in Rom, um den seit drei Jahren abgerissenen Verhandlungsfaden mit dem Vatikan wiederaufzunehmen. Zusammen mit Botschaftsrat Alois Tychy und dem slowakischen Kirchenamtschef Karol Homola begegnete er in der italienischen Nuntiatur (also nicht im Vatikan) dem päpstlichen «Außenminister» Casaroli und dessen Ostexperten Giovanni Cheli und Angelo Sodano. Gegenüber den mißtrauischen Sowjets hatten sich die Prager Unterhändler abgedeckt: In einer Moskauer Zeitschrift legte Hrůza eine Art Sündenbekenntnis ab, denunzierte die Kirchenamtsleitung der Dubček-Periode, grub alte Vorwürfe gegen den Vatikan aus, ja behauptete sogar, daß sich «Papstaudienzen in Rom gewöhnlich von selbst in antitschechoslowakische Demonstrationen verwandeln».[21]

Der Vatikan hatte jetzt nicht so sehr mit einem Machtausch der kommunistischen Dogmatiker zu rechnen als mit ihrem seit 1968/69 schwer angeschlagenen Selbstbewußtsein. Ihr politischer Ohnmachtskomplex setzte sich in irrationale Furcht vor einer Kirche um, die in Wahrheit nicht nur politisch, sondern nicht selten sogar religiös resigniert hatte, da ihre äußere Struktur nahezu zerschlagen oder zerbröckelt war.

In Böhmen waren 1970 von 2175 Pfarrstellen 1239, also mehr als die Hälfte, unbesetzt; der Priesternachwuchs, 1968 noch einmal kurz aufgefrischt, war durch «Numerus clausus» in den beiden einzigen Seminaren von neuem begrenzt. Der überalterte Restepiskopat war fast ausgestorben. Seit Juni 1971 gab es in der Slowakei keinen, seit Juni 1972 in den tschechischen Diözesen nur noch zwei amtierende Bischöfe, denen jede Tätigkeit außerhalb ihrer Bistümer untersagt war. Dreiundzwanzig Jahre lang war kein Bischof öffentlich geweiht worden, und der Zeitpunkt war abzusehen, an dem es in der ČSSR überhaupt keinen mehr geben würde, der Priester weihen und das Firmungssakrament spenden konnte.

Dies war die Lage, die entstanden war, als Karl Hrůza vom 13. bis 16. November 1972 nach achtzehn Monaten Unterbrechung die Verhandlungen mit Casaroli in Rom wiederaufnahm. Anders als in Ungarn oder gar in Polen galt es in der Tschechoslowakei nur noch, «zu retten, was zu retten ist» – so formulierte es der Papst. Er war sich bewußt, daß es in der ČSSR nicht wenige Gläubige und Priester gab, die sich auf den Standpunkt stellten: «Besser gar kein Bischof als einer mit dem Segen des kommunistischen Staates!»[22] Verbittert und isoliert in einer religiös weitgehend indifferenten Umwelt (die auch politisch nur noch Lippenbekenntnisse ablegte), übersahen diese Katholiken etwas Wesentliches: daß es dem historischen Lebens- und Überlebensprinzip ihrer Kirche, vor allem aber ihrem Selbstverständnis von hierarchischer Struktur, apostolischer Nachfolge und Weitergabe sakramentaler Vollmachten widersprechen würde, wenn sie die einzige Möglichkeit, die ihr die Prager Kommunisten nun – aus Prestigegründen – boten, rundweg ausgeschlagen hätte. Denn die einzige Alternative, die Einsetzung von Geheimbischöfen, war von zweifelhaftem Wert.

So kam es, daß sich Hrůza und Casaroli bei der zweiten Gesprächsrunde dieser Verhandlungsphase – vom 11. bis 16. Dezember 1972 – auf vier Bischofskandidaten einigten, von denen nicht alle dem Vatikan ohne Vorbehalt akzeptabel erschienen. Ein besonders problematischer Fall war der des vorgesehenen Apostolischen Administrators von Olomouc (Olmütz), *Josef Vrana*. Er war seit 1971 Präsident des tschechischen Landesverbandes der regierungsgelenkten Priestervereinigung «Pacem in terris» und als Kapitelvikar im Klerus sehr umstritten. Mitte Februar 1972 war er nach Rom gekommen, um Akten für einen Seligsprechungsprozeß des 1923 verstorbenen Olmützer Erzbischofs Antonin Stojan zu übergeben. Im Vatikan benutzte man die Gelegenheit, um in langen Gesprächen Vranas innere Einstellung und seine priesterlichen Qualitäten zu erkunden; auch Erzbischof Tomašek, der sich gleichzeitig in Rom aufhielt, wurde konsultiert. Es war also keineswegs so, daß der Vatikan sich nicht genaue Gewißheit über die bischöflichen Kandidaten verschafft hätte. Casaroli bestand auch auf einer vertraulichen Begegnung mit den anderen.

Am 15. Januar 1973 reiste Monsignore Giovanni Cheli in die Tschechoslowakei, um mit allen vier Prälaten in unkontrollierter Umgebung längere Gespräche unter vier Augen zu führen; außerdem zog Cheli weitere Erkundigungen bei vertrauenswürdigen Geistlichen ein. Die römische Kurie überzeugte sich, daß es sich um kirchlich-religiös und moralisch einwandfreie Priester handelte, die allerdings der Meinung waren, daß unter den gegebenen Umständen ein im wesentlichen auf staatsbürgerlicher Loyalität begrenztes politisches Engagement unumgänglich sei, wenn die Kirche in der ČSSR ihrer – von atheistischen Parteifanatikern betriebenen – Isolierung nicht selbst Vorschub leisten und so die Reste ihrer Seelsorgemöglichkeit einbüßen wolle.

So ernannte der Papst Ende Februar 1973 die drei slowakischen Geistlichen *Július Gábris*, *Jan Pastor* und *Jozef Feranec* zu Titularbischöfen und Apostolischen Administratoren der verwaisten Diözesen von Trnava, Nitra und Banská Bystrica, Josef Vrana zum Titularbischof und Administrator in Olomouc – ihn mit der Einschränkung «*ad nutum sanctae sedis*» (was eine etwaige Abberufung kirchenrechtlich erleichtern konnte). Die Prager Regierung hatte zugestimmt, daß Vrana sein Amt bei «Pacem in terris» niederlege; sie hatte nach einigem Zögern auch die Bedingung Roms angenommen, daß die vier Bischofsweihen in der Tschechoslowakei von einem Vertreter des Papstes vorgenommen würden, um so vor den ČSSR-Katholiken die Zuständigkeit und Verbindung mit Rom zu dokumentieren.

Tausende von Menschen knieten vor der Kathedrale in Nitra (Slowakei), als Agostino Casaroli am 3. März zum erstenmal in bischöflichen Gewändern in einem kommunistischen Lande auftrat; feierlich weihte er die drei slowakischen Bischöfe, dann reiste er mit diesen nach Olmütz, wo er am 4. März – assistiert von den Bischöfen Trochta und Tomašek – auch dem umstrittenen Josef Vrana die Mitra aufsetzte und den Bischofsring, ein Geschenk des Papstes, überreichte. In seiner Predigt an die neuen Oberhirten schärfte ihnen Casaroli mit Zitaten aus den Konzilsdekreten beschwörend die religiösen Pflichten eines Bischofs ein: «Seid Zeugen des Glaubens und der Liebe auch gegenüber der menschlichen und staatlichen Gesellschaft!» Noch nie war die pastorale Absicht und Funktion vatikanischer Ostpolitik so sichtbar demonstriert worden wie in diesem Augenblick, als der päpstliche Spitzendiplomat sein priesterliches, bischöfliches Amt dort ausübte, wo man ein Vierteljahrhundert lang versucht hatte, die katholische Kirche von ihrem römischen Zentrum abzuschneiden und der Auszehrung zu überantworten.

Casaroli gab sich keiner Täuschung hin, auch nicht über das Risiko, das der Vatikan eingegangen war. «Viele Probleme blieben noch ungelöst», sagte er nach einem zweistündigen Gespräch mit dem Vizeministerpräsidenten Matej Lucan am 5. März in Prag. Am gleichen Tage konnte er zwar in Leitmeritz Bischof Trochta die Erhebung zum Kardinal mitteilen und ihn nach Rom einladen, aber er hörte auch von dem Unbehagen, das die «katholischen Inszenierungen» in Nitra und Olmütz den ängstlichen kommunistischen Dogmatikern bereitet hatten.

Vom neuen Bischof Vrana vernahm man bald, daß er am 8. März vor der «Pacem in terris»-Vereinbarung gesprochen und ihr seine «weitere volle Unterstützung» zugesagt habe. War er also nicht – wie versprochen – vom Vorsitz dieser Organisation zurückgetreten? Bei den Verhandlungen hatte man sich auf die Ausweichformel geeinigt, daß Vranas Amt bei «Pacem in terris» mit seinem Bischofsamt unvereinbar sei, weil diese Organisation sich nur auf einen Teil des Klerus stütze, der Bischof aber «Vater und Hirte *aller* Gläubigen und Priester sein muß». Hatte Vrana diese Vereinbarung gebrochen? Ende März erst teilte er telefonisch nach Wien mit, daß er auf der Sitzung vom 8. März tatsächlich seinen Rücktritt erklärt hatte; die ČSSR-Presse hatte dies jedoch vertuschen müssen[23] – so sehr glaubten die tschechoslowakischen Kommunisten die Folgen einer kirchenpolitischen Entspannung fürchten zu müssen, an der sie zugleich – nicht minder ängstlich – interessiert waren und blieben.

Das zeigte sich wiederum, als der Prager Unterhändler Karel Hrůza Mitte September 1974 nach Rom kam, um eine neue Verhandlungsphase zu beginnen. Nach dem Tode Kardinal Trochtas im April (wenige Stunden nach einer heftigen Auseinandersetzung des schwer Herzkranken mit dem nordböhmischen Parteisekretär Dlabal) waren von den 13 Bischofsitzen in der ČSSR sieben ganz verwaist. Selbst eine Einladung der Prager Regierung an Casaroli, die dieser zögernd annahm (Februar 1975), galt nur dem «Vatikanstaat», nicht der Kirche. Ebensowenig brachte eine Reise von Nuntius Poggi nach Prag im Sommer 1976 etwas in Gang. Erst als die Prager Bürgerrechtsbewegung mit ihrer «Charta 77» die Aufmerksamkeit der Welt auf die Freiheitsbegrenzungen, auch die religiösen, in der ČSSR lenkte, erwachte wieder ein freilich zwiespältiges Interesse der tschechoslowakischen Regierung. Karel Hrůza beteuerte in der KPČ-Zeitung *Rude Pravo* (23. Februar 1977), daß in der ČSSR die «Religionsfreiheit garantiert» sei, und beschuldigte zugleich Radio-Vatikan, an «diffamierenden Kampagnen» teilzunehmen; er gab zu, daß die Partei «eine entschiedene Aktion unternehme, um die Überbleibsel der Religion zu eliminieren… Gibt es also Motive, daß die Gläubigen nicht an der Realisierung der Politik unserer Partei teilnehmen?» fragte Hrůza mit einem kaum zu übertreffenden Zynismus. Er bildete gleichwohl das paradoxe Startzeichen zu Entspannungsgesten:

Zum erstenmal, nach dreißig Jahren, konnte der Papst am 18. März 1977 fünf ČSSR-Bischöfe zum *gemeinsamen* «ad limina»-Besuch in Rom begrüßen und ihre

Arbeit würdigen «unter den besonderen Bedingungen, die Uns und Euch bekannt sind». Dies bedeutete um so mehr, als Hrůza aus Furcht vor jedem gemeinsamen Auftreten der Bischöfe sogar die Bildung einer tschechoslowakischen Bischofskonferenz verboten hatte. Jetzt stimmte die Prager Regierung zu, daß Bischof Tomašeks Kardinalsernennung (die der Papst schon früher «in pectore», also geheim, vorgenommen hatte) Anfang Juni 1977 veröffentlicht wurde. Die ČSSR-Botschaft in Rom gab sogar am 27. Juni einen Empfang für den neuen Prager Kardinal, dem Parteichef Husák in einem Glückwunschschreiben versicherte: «Ich bin interessiert am positiven Verlauf der Verhandlungen, die unser Staat mit dem Heiligen Stuhl führt.» Ein Satz, dem freilich auch in den nächsten Jahren keine Fakten folgten.

John Bukovsky (SVD), ein amerikanischer Ordensgeistlicher slowakischer Herkunft, der in diesen Jahren einer der engsten ostpolitischen Mitarbeiter Casarolis geworden war, konnte im Sommer 1977 mehrere Wochen lang durch sechs der acht tschechoslowakischen Diözesen reisen, die ohne Bischöfe waren. Der päpstliche Vertreter wurde zwar ständig durch Polizei beschattet, doch wurde ihm ermöglicht, unkontrollierbare Gespräche mit dem Klerus zu führen: schriftliche Antworten auf schriftliche Fragen brachte er in seinem Diplomatengepäck nach Rom. Er begegnete 170 Priestern, darunter auch in der ČSSR lebenden «Geheimbischöfen»; fast ausnahmslos alle waren mit den Personen und mit der Tätigkeit der Bischöfe, die der Vatikan 1973 ernannt hatte, einverstanden und nur ein Drittel von ihnen äußerte Kritik an der Ostpolitik des Vatikans.

Bukovsky sprach auch mehrere Stunden mit dem «prominentesten», aber dubiosesten Gegner dieser Politik: dem bei Brno lebenden *Felix Davidek*. Er hatte einer großen Zahl von *verheirateten* Männern verschiedenster Berufe und auch *Frauen* die Priesterweihe gespendet – sakramental gültig, doch im Widerspruch zum kanonischen Recht.

Der Prager Regierung war dies von Anfang an nicht verborgen geblieben; sie benutzte Davideks «Dissidenten»-Kirche als Instrument, um Mißtrauen und Spaltungstendenzen im «offiziellen» Klerus zu fördern, seine Loyalität anzuzweifeln und den Vatikan zur Intervention in einer Affäre zu veranlassen, die unter den repressiven Umständen der ČSSR-Kirchenpolitik nicht wirklich zu klären war.

Bis zu seinem Tod (1988) schickte Davidek Tätigkeitsberichte in lateinischer Sprache nach Rom; seine Ferien pflegte er in Begleitung seiner Generalvikar*in* – der Sowjetunion zu verbringen…[24]

Belastet von derlei Widersprüchlichkeiten blieben alle Gesprächskontakte zwischen Vatikan und Prag. Nach einer Verhandlungsrunde im September 1977 wurde es wenigstens möglich, Kardinal Tomašek, der bisher nur als «Apostolischer Administrator» tätig gewesen war, formell zum Erzbischof von Prag zu ernennen und die – seit 1928 versprochene! – eigene Kirchenprovinz in der Slowakei zu errichten. Dann stockten die Gespräche wieder fast zwei Jahre lang, blieben aber auch dann erfolglos. Vorwürfe und Versprechungen der Prager Regierung wechselten sich ab, ohne daß eine Entkrampfung auch nur denkbar erschien.

«Sichern, was stark ist»: Geduld mit Polen

Der Papst traute seinen Ohren nicht, als er am 13. November 1965, am Ende des Zweiten Vatikanischen Konzils, 38 polnische Bischöfe empfing und Kardinalprimas Stefan Wyszyński mit milder, fester Stimme ein Fazit zog, das nicht nur protokollarische Formen sprengte, sondern kaum verhüllte Kritik erkennen ließ:

> «Uns ist bewußt, daß es sehr schwierig, aber nicht unmöglich sein wird, die Beschlüsse des Konzils in unseren Verhältnissen zu verwirklichen. Deshalb bitten wir den Heiligen Vater um eines: um völliges Vertrauen zum Episkopat und zur Kirche unseres Landes. Unsere Bitte mag sehr dreist erscheinen, aber die Beurteilung unserer Lage aus der Ferne ist schwierig. Alles, was sich im Leben unserer Kirche ereignet, muß vom Standpunkt unserer Erfahrungen bewertet werden… Wenn uns etwas schmerzt, dann vor allem der *Mangel an Verständnis* bei unseren Brüdern in Christus. Wenn uns etwas kränkt, dann nur der *Mangel an Vertrauen*, den wir manchmal fühlen trotz der Treuebeweise zur Kirche und zum Heiligen Stuhl, die wir erbracht haben, indem wir die *Angebote eines leichten, bequemen Lebens ablehnten…*»

Paul VI., der kühl und formell antwortete, er zweifle nicht, daß die Konzilsbeschlüsse auch in Polen «gern und tatkräftig» und auch «zum Nutzen der staatlichen Gemeinschaft» (*in civilis etiam societatis utilitatem*) verwirklicht würden, ließ nur seine, nicht Wyszyńskis Rede in der Vatikanzeitung publizieren.[25] Er konnte sich nicht ganz erklären, was den Warschauer Kardinal zu diesem Auftritt veranlaßt hatte. War es das Gefühl der Isolierung, in die der polnische Episkopat auf dem Konzil geraten war, weil er die traditionelle Gestalt und Ausdrucksweise der Kirche für widerstandsfähiger gegen den Staatsatheismus hielt als konziliare Neuerungen und versöhnliche Dialogbereitschaft? – Seit Ende der fünfziger Jahre, als klar wurde, daß der «Nationalkommunismus» Polens im Schatten Moskaus keine «zweite Etappe» erleben würde, war der Kompromiß, den Wyszyński mit dem Parteichef Gomułka geschlossen hatte, immer fragwürdiger geworden. Der Streit nahm nicht die dramatischen Formen der stalinistischen Jahre an, sondern wurde als Politik gegenseitiger Nadelstiche ausgefochten, mit der die Kirche ihre politische, die Partei ihre geistige Ohnmacht kompensierte.[26] Da die Gomułka-Führung nicht einmal zu hoffen wagte, Polens mächtigen Katholizismus durch atheistische Frontalangriffe mürbe zu machen, begnügte sie sich mit bald zaghaften, bald hektischen und hinterhältigen Versuchen, eine Säkularisierung der Gesellschaft – auch mit Hilfe altmodisch-antiklerikaler Affekte – in Gang zu setzen. Koexistenzverhalten würde, so glaubte Wyszyński, diesen Prozeß nur begünstigen, offener Streit – freilich nie weiter als bis an den *Rand* des Bruchs! – würde hingegen das katholische Bewußtsein wach und widerstandsfähig halten.

Diese Taktik wurde durch zwei Umstände begünstigt: durch das Fehlen einer klaren kirchenpolitischen Konzeption Gomułkas und durch das Zögern des Vatikans, Polens nationale Forderungen in den Oder-Neiße-Gebieten (in denen sich Kommunisten und Katholiken einig waren) kirchenrechtlich zu sanktionieren. Freundliche

Worte von Papst Johannes änderten diese Lage so wenig wie eine unverbindliche Andeutung über «Konkordatsmöglichkeiten», die Gomułkas engster Mitarbeiter Zenon Kliszko bei einem Vortrag in Rom im Dezember 1962 machte.

Für die vatikanische Ostpolitik war und blieb Polen daher ein ganz andersartiges, viel weniger dringendes Problem als etwa die Tschechoslowakei oder Ungarn. In Polen brauchte man keine Rettungsaktionen zu unternehmen. Hier ging es allenfalls um den rechtzeitigen Einbau solider juristischer Sicherungen, um völkerrechtliche Garantien eines Zustands, den sich die katholische Kirche nirgendwo sonst im sowjetischen Machtbereich auch nur erträumen konnte: ein intakter Episkopat von über 70 Bischöfen, kein Priestermangel, keine Einschränkung der Orden, fast unkontrollierter Religionsunterricht in 17000 katechetischen Punkten, über 30 Priesterseminare, eine Katholische Universität in Lublin...

In der römischen Kurie neigte man jedoch auch zu der Meinung, daß die Taktik des Warschauer Kardinals nur noch auf kürzere Sicht Erfolg haben würde; daß – langfristig betrachtet – die Spannung und der «Kleinkrieg» zwischen Staat und Kirche die Gläubigen nicht aufmuntern, sondern ermüden, ja für jene Säkularisationsprozesse mürbe machen würde, die auch ohne Kommunisten in einer wachsenden Industriegesellschaft in Gang kommen. Deshalb bekam Wyszyński schon während des Konzils Ratschläge des Vatikans zu hören, die ihn zu Versöhnlichkeit mahnten. Und deshalb war man im Vatikan auch sehr froh, als man im Herbst 1965 von einem bevorstehenden spektakulären Schritt des polnischen Episkopats erfuhr: einem Brief an die deutschen Bischöfe, der zum erstenmal nach den Schrecken des Zweiten Weltkriegs eine Brücke zu den deutschen Nachbarn zu schlagen versuchte. Öffnete sich auf diese Weise vielleicht ein Weg, der es auch dem Vatikan ermöglichen würde, durch eine endgültige Regelung der Oder-Neiße-Kirchenverwaltung mit der Warschauer Regierung ins Gespräch zu kommen?

Paul VI. wußte nicht, daß sich Kardinal Wyszyński am gleichen Tage, an dem er so kühne Worte vor dem Papst gesprochen und sich sozusagen das Recht zum «Familienstreit» vorbehalten hatte, entschloß, jenen versöhnlichen Brief an die deutschen Bischöfe zu unterschreiben, dessen Entwurf er lange nur mit größter Skepsis betrachtet hatte. Bischof Bolesław Kominek (Breslau/Wrocław), ein gescheiter, friedfertiger, wenn auch politisch wenig erfahrener Geistlicher, der ebenso polnischer Patriot wie deutschfreundlicher Schlesier war, hatte den Urtext – auf deutsch – verfaßt. Er hatte sich in Rom mit deutschen Bischöfen beraten in der Hoffnung auf eine positive Antwort. Kominek hatte auch den einzigen kommunistischen Pressevertreter Polens beim Konzil, Ignacy Krasicki – einen Vertrauensmann der Behörden –, ständig auf dem laufenden gehalten, ja ihm rechtzeitig einen Text überreicht – in der Annahme, die Warschauer Regierung werde sich äußern, falls ihr etwas mißfalle.

Krasicki schickte den Text zwar nach Warschau, aber nicht als vertrauliche Erkundigung Komineks, sondern als «Geheimdokument», das er sich auf Umwegen, ohne Wissen der Bischöfe, beschafft habe. Die Wirkung war fatal: Gomułka, aus dem Innenministerium entsprechend informiert, argwöhnte sofort, daß ihm die Kirche «die Deutschlandpolitik aus der Hand nehmen» wolle, und wartete nur noch die Antwort des deutschen Episkopats ab, von der er fast sicher sein konnte, daß sie in der Oder-Neiße-Frage kein entscheidendes Entgegenkommen zeigen würde.[27]

Inzwischen hörte Kominek in Rom aus dem Munde seines Mittelsmannes Krasicki immer nur das eine: Warschau habe nichts gegen den Bischofsbrief einzuwenden. Da Kominek bis zuletzt fürchtete, der weniger deutschfreundliche Wyszyński könnte das schöne Projekt wieder fallenlassen, verschwieg er dem Kardinal, daß er die Warschauer Regierung schon informiert hatte. Kominek ahnte nicht, daß er dabei selbst irregeführt war. Wyszyński hingegen meinte, die Kommunisten wüßten von nichts; mit schärferem politischem Blick begabt als Kominek, hatte Wyszyński erkannt, daß diese «Botschaft an die deutschen Brüder im Hirtenamt» viele Formulierungen enthielt, die als politische Fußangeln wirken würden, wenn man sich ihnen nicht mit frommer Unschuld, sondern – wie die Warschauer Kommunisten – mit kritischem Mißtrauen nähern würde. Wyszyński kannte die Mentalität seines Warschauer Gegenspielers (aber auch die seiner deutschen Amtsbrüder) gut genug, um sich ausrechnen zu können, daß die plötzliche Veröffentlichung des Briefwechsels auf Gomułka wie ein Donnerschlag wirken würde: Die Folge konnte nur eines jener «Gewitter» sein, die Kardinal Wyszyński immer wieder für geeignet hielt, die Atmosphäre im Sinne der Kirche zu «reinigen» und die Kommunisten daran zu erinnern, daß sie eine regierende Minorität blieben.

So erwähnte Wyszyński den ominösen Brief mit keinem Wort, als er am Tage vor der Veröffentlichung dem polnischen Botschafter in Rom einen Höflichkeitsbesuch abstattete. Der Kardinal schwieg auch gegenüber dem Vatikan, wo niemand ahnte, daß sich statt einer westdeutsch-polnischen Annäherung (die der Ostpolitik des Vatikans nützen konnte) nun neuer Streit zwischen Kirche und Staat in Polen abzeichnete.

Das Jahr 1966, das tausendjährige Jubiläum der Christianisierung und der Staatsgründung Polens, begann also im Zeichen eines dramatischen Konkurrenzstreits der beiden Mächte. Wieder einmal, wie so oft in den vorangegangenen fast vier Jahrzehnten, erwies sich Polen, die größte katholische Nation im Osten, als «Bollwerk» – freilich nicht so sehr der römischen Kirche, sondern eigener Nationalinteressen im Spannungsfeld zwischen Russen und Deutschen. Im Januar 1966 wurde Kardinal Wyszyński der übliche Diplomatenpaß zu einer Reise nach Rom verweigert. Eine Papstreise zur Tausendjahrfeier nach Częstochowa, 1965 noch viel beredet, war unmöglich geworden. Kardinal Wyszyński war darüber weniger traurig als die meisten katholischen Polen. Er allein beherrschte nun – mit der Würde eines Päpstlichen Legaten ausgestattet – die Tausendjahrfeierlichkeiten, die Glaubensdemonstrationen von Millionen Polen; er allein bestand die neue Kraftprobe mit dem Staat – und er allein schloß dann auch wieder den nächsten formlosen vorläufigen Waffenstillstand.

Eine Analyse der Ereignisse, die der Papst Ende 1966 erstellen ließ, zeigte deutlich, daß die von Pius XII. 1945 bezogene Linie – nämlich Polens Kirche sich selbst zu überlassen – im Interesse der *Gesamt*politik des Heiligen Stuhls gegenüber dem Osten dringend revidiert werden mußte: Gewiß konnte sich die Kurie angesichts der Stärke des polnischen Katholizismus weiterhin den «Luxus des Abwartens» leisten, aber nicht den des Nichtstuns. Gewiß konnte und wollte die Kurie niemals den polnischen Episkopat umgehen, übergehen oder sich gegen diesen ausspielen lassen, aber sie durfte auch nicht länger auf aktive Beteiligung an der Regelung polnischer Kirchenfragen verzichten.

Dies war der Ausgangspunkt einer neuen Phase, die 1967 nach dem Abklingen des «Tausendjahrstreits» mit drei Erkundungsreisen Agostino Casarolis begann: Vom 14. Februar bis 7. März, vom 13. bis 25. März und vom 29. März bis 6. April 1967 fuhr Casaroli fast sechs Wochen lang kreuz und quer durch Polen, sprach mit allen Bischöfen, auch mit dem Krakauer *Karol Wojtyla* (der kurz darauf im Juni 1967 zum Kardinal erhoben wurde), besuchte Kirchen und Klöster in Stadt und Land, sprach mit Vertretern aller katholischen Laiengruppen, sogar mit dem umstrittenen «Pax»-Vorsitzenden Piasecki. Die Regierung, der daran gelegen war, daß sich der Vatikan endlich – nach 28 Jahren – wieder selbst ein unmittelbares Bild der Lage machen konnte, ließ Casaroli ungehindert seine Reiseroute wählen und unkontrollierbare Gespräche führen. Sie selbst suchte – von Höflichkeitskontakten abgesehen – noch kein Gespräch. Die Nervosität des Kardinalprimas, die Casaroli durch freundlichste Versicherungen nur mit Mühe besänftigte, war schon deshalb grundlos.

Mit Staunen fand Casaroli, daß die Kirche Polens in einem noch kräftigeren Zustand war, als er vom Hörensagen erwartet hatte. Der Heilige Stuhl habe «keine Eile», erklärte er offen bei einem seiner Zwischenaufenthalte in Rom. Die Probleme, um die es ging, nahmen sich im Verhältnis zu jenen in anderen Ostblockländern minimal aus: Kirchenbau, Kirchenpresse, größere Publikationsfreiheit und öffentliche Wirkungsmöglichkeit, Sicherung der Kirche als Person des öffentlichen Rechts, Erleichterung der Genehmigungsprozedur bei Bischofsernennungen, Rückgabe des Kircheneigentums in den Oder-Neiße-Gebieten (wo es als «ehemals deutsches» verstaatlicht war).

An der Spitze der ungelösten Fragen stand jedoch nach wie vor die Bestätigung der Oder-Neiße-Grenze durch eine entsprechende neue Festlegung der Bistumsgrenzen, durch Ernennung von residierenden Bischöfen. Seit im Dezember 1966 in Bonn die Große Koalition aus Christdemokraten und Sozialdemokraten entstanden war, die in ihrer Regierungserklärung zum erstenmal nicht mehr «die Grenzen von 1937» reklamierte, sondern Verständnis für «gesicherte Grenzen» Polens bezeugte, entstand auch für den Vatikan die Aussicht, sich des leidigen Problems zu entledigen:[28] Behutsam, aber beharrlich begann er Bonns «neue Ostpolitik», die sich langsam abzeichnete, für sich zu nutzen – ähnlich wie er in den zwanziger Jahren der deutschen Rapallopolitik gefolgt war.

Da Gomułka zu den neuen Tönen aus Bonn noch kein Vertrauen faßte und immer noch eher an eine stille «Konspiration» zwischen Vatikan und «Bonner Revisioni-

Der sowjetische Außenminister *Andrej Gromyko* wurde von *Papst Paul VI.* am 27. 4. 1966 in Privataudienz empfangen. In der Mitte der sowjetische Botschafter beim Vatikan, *Nikita Ryjow*

Audienz bei *Papst Paul VI.* von l. n. r. *Prälat Josef Glemp, Kardinal Karol Wojtyla, Prälat Hieronim Gozdziewicz, Kardinal Stefan Wyszynski.* Überreichung eines Geschenkes: Die «Schwarze Madonna» von Tschenstochau

Papst Johannes Paul II. mit dem bulgarischen Außenminister *Mladenov*, der ihm am 14. 12. 1978 eine Ikone der bulgarischen Nationalheiligen Kyrillos und Methodios überreichte

sten» glaubte, andererseits jedoch auch die Kurie nur «schrittweise» vorzugehen gedachte, kam es zu neuen Reibungen. Brüsk untersagte Gomułka im April 1967 einen
schon in allen Einzelheiten zwischen der polnischen Botschaft und dem Staatssekretariat vorbereiteten Besuch des polnischen Staatsratspräsidenten Edward Ochab bei
Paul VI. – und dies, obwohl zwei Monate vorher schon der sowjetische Präsident
Podgorny eine spektakuläre Papstaudienz absolviert hatte. Anlaß des polnischen Ei-
gensinns war eine – Bildunterschrift im *Osservatore Romano*, die aus Unkenntnis
polnische Empfindlichkeiten verletzte… Seinerseits beleidigt, verschob der Papst einen Schritt, mit dem er Ochab hatte entgegenkommen wollen: Erst einen Monat
später, am 28. Mai 1967, wurde die Ernennung von vier polnischen Apostolischen
Administratoren in den Oder-Neiße-Gebieten publiziert.[29]

Das war, genau betrachtet, nicht mehr als die päpstliche Bestätigung eines Rechts-
aktes, den Kardinal Hlond schon 1945 kraft seiner besonderen Vollmachten aus eigener Initiative vorgenommen hatte. Die Warschauer Regierung quittierte den Schritt
ohne besondere Begeisterung; das «Haupthindernis» war nicht beseitigt. Und es sollte noch weitere fünf Jahre dauern, bis es tatsächlich aus dem Wege geräumt war.

Bei den Unruhen, die im Dezember 1970 mit dem Sturz Gomułkas endeten, bewies
Kardinal Wyszyński wieder einmal, daß er im äußersten Fall stets daran mitwirken
würde, das Land (und auch das Regime) vor der Katastrophe zu bewahren; der neue
Parteichef Edward Gierek ließ dem Primas durch den Ministerpräsidenten Jaroszewicz am 3. März 1971 die Anerkennung seiner «patriotischen Haltung» aussprechen.
Da inzwischen durch den Grenzvertrag zwischen Bonn und Warschau (Dezember
1970) auch das letzte Hindernis für die kirchliche Oder-Neiße-Regelung beseitigt
war, schien der Augenblick für Verhandlungen endlich gekommen. Wyszyński hatte
von Jaroszewicz ein hartes Urteil über die konzeptionslose Kirchenpolitik Gomułkas
gehört und die Versicherung erhalten, die neue Führung wolle im «Dreitakt» – zusammen mit Vatikan *und* Episkopat – vorankommen.

Aber das war noch ein weiter Weg. Die erste Verhandlungsrunde, zu der Vizeminister Aleksander Skarżyński, der langjährige Chef des staatlichen Kirchenamtes
(*Urząd Wyznań*), nach Rom kam, erbrachte vom 27. bis 30. April 1971 nicht mehr
als einen Austausch von Meinungen und Wunschlisten. Untergründig spürten die
vatikanischen Unterhändler, daß auch die Kirchenpolitik Giereks noch keine klare
Konzeption besaß und unter parteiinternem, aber auch sowjetischem Druck stand.
Im Sommer 1971 erbrachte Gierek ohne Verhandlungen eine Vorleistung guten Willens: Er gab das Kircheneigentum in den Oder-Neiße-Gebieten zurück. Am 10. Oktober 1971 unterbreitete Minister Skarżyński in einer Rede öffentlich zwei Punkte
eines Grundsatzkompromisses, der über alle bisherige kommunistische Kirchenpolitik hinausging und der Kirche eine *Dauer*-Existenz zusagte:

«a) Die Kirchen-Behörde, der Episkopat, muß – in Übereinstimmung mit dem vom Konzil unterstrichenen, jenseits politischer Systeme liegenden (*ponadustrojowym*) Charakter
ihrer religiösen Mission – konsequent die sozialistische Gesellschaftsordnung unseres

Landes, die politische Orientierung Volkspolens als unantastbare, patriotisch übergeordnete Wirklichkeit anerkennen (*uznać*).
b) Der Volksstaat wird den *dauerhaften* Charakter der religiösen Tätigkeit der Kirche achten (*szanować*) und den sozialen Wert ihrer Erziehungsfunktion bei gläubigen Menschen schätzen.»[30]

Skarżyński selbst, dem ein römischer Schneider in letzter Minute einen Frack anmaß, saß am 17. Oktober 1971 im Petersdom, fast in einer Reihe mit polnischen und deutschen Bischöfen, und nahm an der Seligsprechung des polnischen Auschwitz-Märtyrers Maksymilian Kolbe teil. Nach einer anschließenden kurzen Begegnung mit dem Papst lud der Kirchenamtschef Casaroli zu einer neuen Gesprächsrunde nach Warschau. Auch sie brachte jedoch zwischen dem 10. und 17. November keine wirklichen Fortschritte. Nicht nur weil man sich an Details festhakte (Wehrdienst für Theologen, Kirchenbau, Schulreform, Steuermodus usw.) und Kardinal Wyszyński – der sich gleichzeitig zur Bischofssynode in Rom aufhielt – sorgsam darauf achtete, daß die Kurie «festblieb»; auch weil inzwischen der sowjetische Nachbar Polens über manche Anzeichen Warschauer Eigenwillens (ein Kommunist bei einer Seligsprechung!) aufgeschreckt war und mit traditionellem Mißtrauen reagierte.

Geduldig wartete die Kuriendiplomatie ab. Aber sie war auch – wie stets – bereit, durch schnelles Zupacken Situationen zu nutzen, wenn weiteres Abwarten die Position verschlechtern kann: Kaum hatte in Bonn der Bundestag am 3. Juni 1972 den Grenzvertrag mit Polen ratifiziert und der deutsche Kardinal Julius Döpfner durch eine Rede am 13. Juni («ungewollt», wie er später versicherte) die Kurie ermutigt, handelte der Vatikan: Bischof Dąbrowski, der Sekretär des polnischen Episkopats, der am 5. Juni die Mitteilung der Warschauer Regierung nach Rom gebracht hatte, die Bildung der neuen Diözesen in Koszalin (Köslin) und Szczecin (Stettin) sei «noch nicht aktuell», erschien am 20. Juni beim römischen Botschafter Polens und kündigte die seit 27 Jahren verlangte und erwartete Entscheidung des Vatikans an.

Formal konnte die einmonatige Einspruchsfrist, die sich die Warschauer Regierung für die Neubildung von Diözesen seit 1956 vorbehalten hatte, kaum eingehalten werden. Aber war das nun so wichtig? Polens Botschafter in Rom glaubte es nicht; um so überraschter war er selbst, als er am 27. Juni dem Päpstlichen Staatssekretariat mitteilen mußte, die Regierung wünsche über die Neubildung zweier pommerscher Bistümer noch zu verhandeln. Wollte sie etwa – wofür es Anzeichen gab – zur Beruhigung der Sowjets auch gleichzeitig die kirchliche Neuregelung an Polens Ostgrenze erreichen?[31]

Paul VI. befahl den diplomatischen Handstreich: Am 28. Juni 1972 wurden sechs polnische Oberhirten in den Oder-Neiße-Gebieten zu Residenzbischöfen ernannt, die Bistumsgrenzen zwischen Polen und der DDR neu gezogen. Der polnischen Regierung blieb gar nichts anderes übrig, als gute Miene zu machen, obwohl sie sich «überfahren» fühlte.

Erst drei Monate später, im Oktober 1972, konnten die Bischöfe der neuen pommerschen Diözesen Szczecin-Kamień und Koszalin-Kolobrzeg feierlich in ihre Kathedralen einziehen – hochgeehrt auch von den lokalen Behörden. Die Verstimmung Warschaus über den Vatikan wirkte jedoch nach. Außerdem: Worüber sollte noch verhandelt werden? Die großen greifbaren Probleme waren aus dem Wege geräumt, alle Bischofssitze besetzt, offene lokale Wünsche und Streitfragen (Kirchenbau, Schulreform usw.) waren eher Sache von Regierung und Episkopat. Mit dem Vatikan blieb nur Grundsätzliches zu regeln – und eben dies war für die Kommunisten das Heikelste: etwa der Rechtsstatus der Kirche. Die Warschauer Staatsführung war sich nicht schlüssig, ob es von Vorteil sein würde, wenn dergleichen für die künftige «sozialistische» Verfassung des Landes, die in Arbeit war, schon definiert wäre. Im Vatikan hatte man – wie stets, wenn es um Polen ging – keine Eile; zumal man wußte, daß das jugoslawische Modell einer Grundsatzvereinbarung in Polen schon deshalb nicht wiederholbar war, weil sich hier eine geschlossene katholische Gesellschaft als Staatsnation verstand, der Episkopat als Wächter dieser Vorstellung...

Nach einem Jahr des Abwartens begegneten sich Erzbischof Casaroli und der Außenminister Polens, Stefan Olszowski, Anfang Juli 1973 bei den Vorbereitungsgesprächen für die Europäische Sicherheitskonferenz in Helsinki (KSZE). Der Vatikan benutzte dieses Forum, auf dem ihn manche zunächst mit Staunen auftreten sahen, auf ähnliche Weise wie der Westen: Das Interesse der Sowjets, den Status quo in Europa durch Entspannung sicherer zu machen, ermöglichte es, in eine Ost-West-Deklaration auch das Element der Religionsfreiheit – einschließlich des freien Austausches «religiöser Information» – so einzufügen, daß der Wortlaut sogar über die sowjetische Verfassungswirklichkeit hinausging. Die Verhandlungen boten dem Vatikan zugleich Gelegenheit, mit führenden östlichen Politikern offiziöse Kontakte zu pflegen. In Helsinki verabredete Casaroli mit Olszowski einen neuen Gesprächsanlauf.

Mit gefalteten Händen, geneigtem Haupt und sichtlich beeindruckt von einem Erlebnis, das er sich vielleicht in seiner Jugend als Meßdiener, aber nicht als Kommunist hatte träumen lassen, stand Minister Olszowski am 12. November 1973 vor dem Papst. Eine kirchenbeflissene Dame aus dem Warschauer Innenministerium, Oberst Józefa Siemaszkiewicz, die als Fachberaterin den Minister begleitete, blieb vor der Tür, als Paul VI. sich mit Olszowski in die Privatbibliothek zurückzog, wie es bei solchen Audienzen üblich ist. Die Atmosphäre war so herzlich, das Beredete – ohne jedes kritische Wort über den polnischen Episkopat – so konkret, daß Olszowski kurz darauf vor der Presse verkündete, sein Besuch beim Papst habe «historische Bedeutung» (*znaczenie historyczne*). Die Ausarbeitung eines *modus vivendi* habe begonnen; man werde einen «breiten Kreis» von Problemen zu prüfen haben und sie «in Gesprächen mit dem Apostolischen Stuhl *und* der Kirche in Polen lösen»; man sei dabei «nicht weit vom Finale». Die Normalisierung der Beziehungen – «die wir institutionalisieren möchten» – sei «natürlich die Prämisse für einen Besuch des Heiligen Vaters in Warschau». Wann? «Ich bin kein Prophet...»[32]

Und doch hatte sich Olszowski in seiner Prognose etwas übernommen. Als auf seine Einladung Casaroli drei Monate später, am 4. Februar 1974, nach Warschau flog – zum erstenmal als offizieller Gast einer kommunistischen Regierung –, wußte er schon, daß greifbare Ergebnisse noch immer nicht zu erwarten waren. Olszowskis römische Pressekonferenz hatte sowjetisches «Stirnrunzeln» erzeugt und dogmatische Antiklerikale in der polnischen Parteiführung erzürnt. Der polnische Botschafter in der italienischen Hauptstadt antwortete wenige Tage vor Casarolis Reise auf die Frage, ob man in Warschau jetzt eine klare kirchenpolitische Konzeption besitze, mit einem schlichten «Nein».

Zugleich sorgte Kardinal Wyszyński mit bewährter Doppelstrategie für eine entsprechende Zubereitung des Klimas für den Warschaubesuch Casarolis. Obwohl ihm der Papst im voraus mitteilen ließ, was er auch Olszowski gesagt hatte («ohne Einverständnis des Episkopats werden wir nicht entscheiden»), glaubte Wyszyński vorbeugen zu müssen: «Es können sich günstige politische Situationen ergeben, aber das bedeutet nicht, daß unsere Unruhe schwindet…, denn die Kirche kennt keine Erholungspause», so predigte der Kardinal. Vor einer geschlossenen Priesterversammlung erinnerte er im Dezember 1973 daran:

> «1949 ergriffen wir die Initiative zu Gesprächen mit den Staatsbehörden, was in der später geschlossenen Verständigung seinen Ausdruck fand. Wenn sie keine Früchte trug, ist das nicht die Schuld der Kirche. Es bleibt eine historische Tatsache, daß der polnische Episkopat als erster zur Begegnung schritt und damals von niemandem verstanden wurde, sogar in Kreisen katholischer Länder gab es Kritik. Heute hält man diesen Weg für positiv und nützlich für den Staat… Es zeigt sich, daß die Haltung des Episkopats von Anfang an genau jene war, die Ende 1973 die Regierung bezog…»

Wollte Wyszyński damit dem Vatikan klarmachen, daß er auch jetzt die Verständigung – so wie 1950 – lieber allein, ohne den Vatikan betrieben hätte? Es klang so; der Kardinal wollte aber auch kein Hemmschuh sein. So tat er, was freilich seine Mitsprache, die ihm der Papst zugesichert hatte, unmöglich zu machen schien: Er reiste nach Gnesen ab, kurz bevor Casaroli in Warschau eintraf. –

Eine Ehrenkompanie war aufmarschiert; etwas mühsam schmetterte eine Militärkapelle die päpstliche Hymne in den grauverhangenen Warschauer Wintertag. Kommunistische Offiziere salutierten, und der «Außenminister» Pauls VI. bekreuzigte sich, indes zwei uniformierte Militärpfarrer seinen Kranz mit der weißgelben Schleife zum Grabmal des Unbekannten Soldaten trugen. Doch Gast und Gastgeber konnten sich an der versöhnlichen Symbolik solcher Szene nicht recht erbauen. Beide hatten mit einem «großen Bruder» zu rechnen: mit einem Kardinal in Gnesen und mit einem Parteichef im Kreml. Man müsse «die oberflächlichen und die tieferen Ursachen» der bestehenden Schwierigkeiten ergründen, sagte Casaroli in seiner ersten Tischrede; es gelte, sie zu überwinden «oder wenigstens zu verhindern, daß sie dauerhaft werden, sich verschärfen oder zu unheilbaren Konflikten führen». Damit war der begrenzte Zweck vatikanischer Polenpolitik umrissen. Casaroli versuchte aber auch, seinen

Gastgebern klarzumachen, daß das «Hauptmotiv» der päpstlichen Rufe nach Frieden und Sicherheit (die stets kommunistischen Beifall fanden) immer die «wirkliche und vollständige Normalisierung der Beziehungen zwischen Kirche und Staat ist».

Eben dieses Motiv aber versuchte nun Olszowski wenigstens nach außen hin zu verwischen: In ganz anderem Ton als bei seinem Rombesuch sprach er in seinen Tischreden fast ausschließlich vom europäischen Frieden, von der Koexistenz zwischen den Staaten. Nur mit drei dürren Sätzen erwähnte er den positiven Beitrag, den die «ganze Kirche» für das Wohl des Landes leiste – und nannte als erstes Beispiel ausgerechnet die vom Episkopat und Vatikan am meisten beargwöhnte «Pax-Vereinigung», die sich seit 25 Jahren besonderen sowjetischen Wohlwollens erfreute. Kein Wort vom Gegenstand der Gespräche, keine optimistischen Ankündigungen, kein Hinweis mehr auf den zweiten Gesprächspartner, den Episkopat. Die «Institutionalisierung» der Beziehungen schrumpfte im Kommuniqué auf «ständige Arbeitskontakte» zusammen.

Casaroli verstand. «Ich glaube, Herr Minister, daß ich eine gemeinsame Position vertrete, und ich zweifle nicht, auch dem Gedanken des polnischen Episkopats Widerhall zu geben, wenn ich sage, daß gewiß *nicht Eile* die gemeinsame Arbeit beherrschen wird, aber auch *kein Verzögern*, das nachteilig für die erwünschten Verständigungen wäre...» So sagte Casaroli in seiner Tischrede im Schloß Jablonna, wo er das protokollarische Essen für seine Gastgeber gab. Für den Kardinalprimas, der sich ausdrücklich geweigert hatte, mit Ministern seines Landes am gedeckten Tisch zu sitzen, und nur den Episkopatssekretär entsandte, war das alles Grund genug zur schnellen Rückkehr nach Warschau: Die Regie des zweiten Teils von Casarolis Warschaubesuch übernahm jetzt Wyszyński. Aus dem Regierungsgästehaus zog Casaroli ins Erzbischöfliche Palais – vom Protokollchef der Regierung bis ans Tor geleitet. Am 7. Februar abends zelebrierte Wyszyński mit dem päpstlichen Abgesandten gemeinsam eine Messe in der überfüllten Warschauer Kathedrale. Von der Kanzel kommentierte er das Ereignis auf seine Weise:

> «Die heutige Lage ist um vieles schwieriger denn je... Sie erfordert die Kenntnis der gegenseitigen Standpunkte... und den Vergleich (*porównanie*) der beiden unterschiedlichen Ansichten; jener, welche die polnische Nation vertritt, die in ihrer überwältigenden Mehrheit gläubig ist, von Bischöfen und Priestern durch die Jahrhunderte geführt, und jener neuen Weltanschauung, die ohne das Evangelium, ohne Hilfe der Kirche erziehen will. Gibt dieser Vergleich ein solides Ergebnis? Es scheint, daß das viel Zeit braucht. So wie die Kirche bisher der Nation gedient hat, sogar mit Einfluß auf das politische Leben – obschon das nicht ihre Hauptaufgabe ist, sondern eher ein Neben-Einfluß – ...so müssen wir unseren Standpunkt deutlich zum Ausdruck bringen, und das tun die polnischen Bischöfe. Das gleiche wünscht der Heilige Vater, indem er seine Vertreter entsendet, um in Gesprächen mit den staatlichen Repräsentanten die Position der Kirche in unserem Vaterland so darzulegen, damit sie gebührend verstanden wird. Vielleicht kommen gewisse Verständigungen voran... Aber eine wirkliche Normalisierung muß durch eine Anerkennung der eigenständigen, wesentlichen Verkündigungsmission erfolgen. Das ist das beständige Bemühen des Heiligen Stuhls... Wie viele Gespräche führte ich mit dem Hei-

ligen Vater, wie viele mit den Staats- und Parteibehörden (das ist nicht alles bekannt, aber es sind historische Fakten) – beim Papst fand ich immer Verständnis. Und aus diesem Verständnis für die Lösung schwieriger Dinge ergibt sich auch die hohe Mission unseres lieben und teuren Gastes Erzbischof Casaroli. Wir müssen sein Bemühen, voll Geduld und Geschicklichkeit, schätzen und daran denken, daß er mit dem Willen des Heiligen Vaters hierher kam. Wir müssen also vertrauen und beten...»[33]

Diplomatisch verpackt gab Wyszyński seine Vorbehalte und seine Skepsis zu erkennen, doch ohne eine Sperrposition zu beziehen. Darin unterschied sich sein Verhalten ganz wesentlich von dem des ungarischen Primas Mindszenty, dessen Amtsenthebung durch den Papst zwei Tage vorher in Rom bekanntgegeben worden war. Für Casaroli kam diese Nachricht überraschend. Er fürchtete, daß man – wie es in der Weltpresse geschah – einen unmittelbaren Bezug zu seiner Warschauer Mission herstellen würde. Schon deshalb vermied er es sorgsam, auf Wyszyńskis hintergründige Ermahnungen zu antworten, sondern begnügte sich in seiner Ansprache vom Altar der Warschauer Kathedrale mit pastoralen, ganz unpolitischen Bemerkungen; den Zweck seines Aufenthalts, die Gespräche mit der Regierung, erwähnte er nicht einmal. Nur *ein* Wort ließ einen Stachel erkennen: Der Papst brauchte nicht nur Zuneigung und Gebet, «sondern vor allem Gehör und *Gehorsam*». Die polnische Übersetzung konnte den Gläubigen das zweite harte Wort (*ubbidienza*) ersparen, denn der Primas verstand Italienisch...[34]

Aber auch die Warschauer Regierung vermochte nicht so leicht über ihren Schatten zu springen. Als Vizeaußenminister Józef Czyrek fünf Monate später mit Casaroli in Rom über die «ständigen Arbeitskontakte» verhandelte, stimmte er zunächst einem gemeinsamen Kommuniqué zu, in dem vom «Fortschritt der gegenseitigen Beziehungen» die Rede war, von «Informationen», die Czyrek dem Vatikan gegeben habe; über Probleme der Normalisierung, aber auch über den «Willen, die Gespräche mit dem polnischen Episkopat fortzusetzen». Dieses Kommuniqué war am 6. Juli 1974 abends bereits veröffentlicht, als die polnische Botschaft in Rom – auf Grund eines Telegramms aus Warschau – den Vatikan bitten mußte, den Text wieder zurückzuziehen und durch eine lakonische 20-Zeilen-Notiz zu ersetzen.[35] Warum?

Weil Warschau sich davor hüten mußte, den (für die Sowjets so schwer verständlichen) Eindruck zu erwecken, als regle es «innere Angelegenheiten» in Absprache mit dem Ausland (d.h. dem Vatikan). Dies um so mehr, als durchgesickert war, daß Kardinal Wyszyński den Vatikan veranlaßt hatte, für die geplanten «Arbeitskontakte» als päpstlichen Vertreter den Sekretär des polnischen Episkopats, Bischof Dąbrowski, vorzuschlagen. Zwar einigte man sich schließlich darauf, Luigi Poggi, den neuen Päpstlichen «Reise-Nuntius», mit einem Dauervisum für Polen auszustatten, während Polen in seiner römischen Botschaft einen speziell bevollmächtigten Diplomaten, Kazimierz Szablewski, stationieren würde, doch die Bekanntmachung schob man noch hinaus. Einseitig gab Warschau Ende September 1974 die Ernennung Szablewskis bekannt – kurz vor einer USA-Reise Parteichef Giereks, der in einem *Time-*

Interview beteuerte: «Die katholische Kirche ist eine wesentliche und positive Kraft in Polen.»

Es bedurfte noch eines zweiten Besuchs von Minister Czyrek im Vatikan (5. und 6. November 1974), um die «ständigen Arbeitskontakte» durch Ernennung der beiden Delegationsleiter zu formalisieren und schließlich Anfang 1975 langsam in Gang zu bringen. Kardinal Wyszyński, der sich in Rom aufhielt, wurde vom Papst selbst informiert, freilich nicht ganz beruhigt… Noch war nicht gewiß, ob das «Dreiecksgespräch» funktionieren würde. «Wir warten jetzt auf den Episkopat… Es gibt keinen Grund zu Nervosität und scharfen Worten», sagte Parteichef Edward Gierek am 20. November 1974 vor polnischen Journalisten.

Nur wenig vorher, am 1. Oktober, hatte hingegen Kardinal Wyszyński in einem Geheimbericht vor der 4. Bischofssynode in Rom erklärt: «Es ist unmöglich, die Inhaber der Macht davon zu überzeugen, daß der Kampf gegen die Religion keine direkte, sondern eine indirekte Folgerung aus der marxistischen Doktrin ist.» Als Mittel kirchlicher Selbstbehauptung in Polen nannte der Kardinal an erster Stelle die Unterbindung «unfundierter theologischer Meinungen» und die «Konservierung traditioneller Kultformen». Auch in Polen gelte es, «zu retten, was zu retten ist», meinte er, um dann gleichwohl festzustellen: «All das erlaubt es uns, das Evangelium in breiterem Umfang zu verkünden als vor dem Kriege.» Der vatikanischen Ostpolitik aber riet Wyszyński, sie solle «Elemente eindeutigen christlichen Bekennermuts» in ihre Diplomatie einführen: «Diplomatie darf die Evangelisierungsarbeit nicht behindern.»[36]

In den folgenden Jahren wich diese reservierte Haltung des Kardinals gegenüber der vatikanischen Diplomatie einem positiveren Urteil; so konnte die polnische Bischofskonferenz Anfang Juli 1977 zum erstenmal offiziell feststellen, daß die alljährlichen wochenlangen Aufenthalte des päpstlichen Sondernuntius Poggi in Warschau die Regelung offener Fragen zwischen Staat und Kirche «vorwärtsbringe», wobei Poggi «strikt mit dem Episkopat zusammenarbeite». Dazu trug bei, daß der Vatikan die ebenso feste wie vermittelnde Haltung Wyszyńskis abstützte; sie bewährte sich wieder einmal, als im Sommer 1976 dramatische Arbeiterunruhen die Regierung in Bedrängnis brachten und eine neue Periode der Instabilität Polens einleiteten.

Höhepunkt dieser Phase im Auf und Ab der Beziehungen war die erste persönliche Begegnung zwischen Kardinal Wyszyński und Parteichef Edward Gierek am 29. Oktober 1977, bei der – wie es im gemeinsamen Kommuniqué hieß – «Meinungen über die wichtigsten Angelegenheiten von Nation (!) und Kirche ausgetauscht wurden, welche für die Einheit der Polen beim Streben nach dem Wohlergehen der Volksrepublik große Bedeutung haben». Dieses Zitat nahm Paul VI. in einer Ansprache auf, als er am 1. Dezember 1977 Gierek in Privataudienz im Vatikan empfing. Der Parteichef versicherte dem Papst, daß die «patriotische Einheit jenseits doktrinärer Unterschiede» für Polen nicht nur ein «historischer Imperativ» sei, sondern sogar «das höchste Gut». Das klang vielversprechend – doch: die Kirche stehe in Polen aus eigener Kraft, nicht dank «dieser oder jener politischer Verträge», so hatte Wyszyński am 10. November 1977 vor emigrierten polnischen Priestern in Rom erklärt. Doch eine Globalabmachung – sei es mit dem Vatikan, sei es mit dem Episkopat – konnte sich auch Gierek letztlich nicht leisten.

Dann aber geschah etwas, womit niemand je gerechnet hätte: Ein Pole wurde Papst. Am 16. Oktober 1978 wählten die Kardinäle der römischen Kirche den Krakauer Erzbischof *Karol Wojtyla* zum Nachfolger der beiden schnell nacheinander verstorbenen Päpste Paul VI. und Johannes XXIII.

Schon in den ersten Monaten des neuen Pontifikats wurde spürbar, daß sich das bisher stets komplizierte «Dreiecksverhältnis» Episkopat-Regierung-Vatikan im Falle Polens verändern würde. Dieser «polnische» Papst konnte noch weniger als jeder vorangegangene gegen den Episkopat ausgespielt werden, aber auch der Kardinalprimas konnte nicht mehr am Verständnis des Vatikans für polnische Kirchenprobleme zweifeln und die kirchenpolitische Linie allein bestimmen. *Johannes Paul II.* aber zeigte schon bei seiner Amtseinführung am 22. Oktober seinen eigenen zupackenden Stil: «Reißt für Christus die Türen auf! Seiner erlösenden Macht öffnet die Grenzen der Staaten, die wirtschaftlichen wie die politischen Systeme. Habt keine Angst!» Die geistige Herausforderung solcher Sätze war um so weniger zu überhören, als sie zum erstenmal in der Geschichte vom staatlichen Fernsehen Polens weit über dessen Grenzen hinaus, bis nach Weißrußland und Litauen, direkt ausgestrahlt wurden; ja der Papst fügte polnische, russische und litauische Grußworte hinzu.

So hatte also «der Sozialismus der Polnischen Volksrepublik in dreißig Jahren als einzige Weltsensation – einen Papst produziert», scherzte bitter Moskaus Botschafter in Rom, *Rischow*, der (wie auch andere Ostblockbotschafter) von seiner Regierung zur Teilnahme an der Amtseinführungs-Messe des polnischen Papstes entsandt worden war.

Mehr denn je seit 1917 war nun, in der Ära eines polnischen Papstes, der sowjetische Begriff von «Katholisch» auf «Polnisch» fixiert (wie in diesem Buch immer wieder sichtbar wurde). Daher mußte vatikanische Ostpolitik, obwohl sie sich um Polen am wenigsten pastoral zu kümmern brauchte, gerade dort wie nirgends sonst ihre Bereitschaft zum *modus vivendi* in den Augen Moskaus glaubwürdig zu machen versuchen.

Später Start nach Ostberlin

Galt dies nicht auch für ein Nachbarland Polens, in dem eine katholische Kirche – keineswegs stark, sondern von jeher in der Diaspora lebend – unter die Herrschaft deutscher Kommunisten geraten war? Den 1,4 Millionen Katholiken der DDR und ihren Bischöfen blieb größerer Streit mit dem Regime erspart. Die tieferen Gründe dafür zu untersuchen ginge über die Thematik dieses Buches hinaus; sie waren mit der Gesamtproblematik der allmählichen Teilung Deutschlands verknüpft. Erst seit diese durch innerdeutsche Regelungen formalisiert wurde und dadurch die Einheit einer deutschen Bischofskonferenz auch fiktiv nicht mehr zu halten war, ergab sich für den Vatikan die Notwendigkeit, die Regierung in Ostberlin als unmittelbaren Partner anzusprechen. Bis dahin hatten sich die improvisierten Abreden, die Bischof *Wienken* nach 1945 getroffen hatte, als dauerhaft erwiesen. Bischofsernennungen nahm die DDR-Regierung widerspruchslos zur Kenntnis, auch wenn sie ihr mit der Formel jenes Reichskonkordats von 1933 präsentiert wurden, das die DDR für sich als nicht verpflichtend betrachtete (was sie jedesmal höflich und formell notifizierte). Das Klima war auch in Perioden von Spannung durch die korrekte Kühle eines im Grunde «nichtpolitischen», nur pastoral orientierten Geistlichen bestimmt:

Kardinal *Alfred Bengsch* (1921–1979), der wenige Tage nach dem Mauerbau 1961 von Papst Johannes XXIII. zum Berliner Bischof bestimmt worden war, ließ sich weder zu «fortschrittlichen» Bekenntnissen drängen (die ihm manche Ost-CDU-Katholiken nahelegten) noch zur Kollision mit dem Staate, die manche Westberliner Katholiken von ihm gewünscht hätten. Da für ihn – wie er sagte – «Prestige keine geistliche Kategorie» war, fiel ihm die (meist reibungslose) Distanz von den Kommunisten leichter als anderen Kirchenfürsten Osteuropas (vgl. seine Konzils-Erklärungen im Anhang). Vom Vatikan bekam er auch für sein Verhalten stets volle Rückendeckung. Als eher konservativer Theologe hielt er auch wenig vom «Lokalkirchenkult»: Man rede viel vom römischen Zentralismus, «aber es besteht die Gefahr, daß ein neuer nationaler Zentralismus entsteht», sagte er vor der römischen Bischofssynode in Rom 1969.

Daß Bengsch durch eine Begegnung zwischen dem päpstlichen «Außenminister» Casaroli und dem SED-Politbüromitglied Werner Lamberz (am 24. Januar 1973) dennoch etwas unangenehm überrascht wurde, lag nicht zuletzt daran, daß dieses römische Ereignis im westdeutschen Katholizismus mit exzessiven Deutungen versehen wurde. Häufigere Reisen nach Rom und Gespräche mit dem Papst und seinen Diplomaten ließen jedoch Bengsch eine sehr viel verständnisvollere Position beziehen, als er dies (vor allem im Westberliner Teil seiner Diözese) zu erkennen gab. Die Konsequenz, die der Vatikan dann am 23. Juli 1973 aus dem Inkrafttreten des Grundvertrags zwischen Bonn und Ostberlin zog, wurde mit Bengsch lange vorberaten: Die Ernennung von «permanent eingesetzten» Apostolischen Administratoren (*can. 315 des Kirchenrechtskodexes*) in Erfurt, Magdeburg und Schwerin löste diese Pastoralbezirke von ihren bisherigen westdeutschen Diözesen los und entsprach so nicht nur den Wünschen der DDR-Regierung, sondern auch pragmatischen Pastoralbedürfnissen der Kirche. Nicht zuletzt begünstigte sie Bengschs Neigung, «seine» Kirche von «theologischen Moden des Westens» abzuschirmen, seinen Klerus mit noch festerer Hand zu regieren und zu bestimmen, was den DDR-Katholiken frommt. Hinderlich konnte ihm dabei allerdings ein Päpstlicher Pronuntius werden, dessen Entsendung die DDR-Regierung bei formlosen Kontakten mit dem Vatikan in Belgrad, Helsinki und Genf zeitweilig mit Eifer betrieb. Dem Vatikan lag zwar daran, seine Ostpolitik auch gegenüber der DDR zu aktivieren, um den relativ günstigen *Status quo* für die dortigen Katholiken mindestens abzusichern. Doch so wenig wie im Falle Polens eilte es der Kurie – jedenfalls viel weniger als ihr westdeutsche Kritiker in den siebziger Jahren nachsagten. Auch weniger als der DDR-Regierung, die vom Bedürfnis nach internationaler Anerkennung getrieben war. Besonders Lamberz (der 1978 bei einem Flugzeugabsturz starb) betrieb die Annäherung an den Vatikan. Am 17. April 1975 ließ er auf privatem Weg dem päpstlichen «Außenminister» Casaroli schriftlich mitteilen, die DDR sei dringend an Verhandlungen interessiert und bereit, über Wünsche des Vatikans «entgegenkommend» zu verhandeln. Als Beweis guten Willens nannte Lamberz das «bewußte Schweigen» der Ostberliner Regierung zum Hirtenbrief der DDR-Bischöfe vom 17. November 1974, in dem diese energisch das atheistische Erziehungsmonopol des Staates kritisiert hatten.[37]

Doch sogar eine Reise in die DDR, die Casaroli auf Einladung von Außenminister *Oskar Fischer* vom 9. bis 15. Juni 1975 unternahm, hatte keinen beschleunigenden Effekt. Im Unterschied zum Warschauer Kardinal war der Ostberliner Kardinal Bengsch darauf bedacht, an den Kontakten Casarolis mit der Regierung möglichst unbeteiligt zu bleiben und «das Politische» ganz der vatikanischen Diplomatie zu überlassen. Umgekehrt wurde Casaroli durch die verständnislose Reaktion westdeutscher Kirchenkreise dazu bewogen, eine möglichst weitgehende Beteiligung Bengschs zu demonstrieren. So mußte Bengsch nicht nur seine Wohnung für ein Abendessen zur Verfügung stellen, zu dem Casaroli seinen Gastgeber Fischer lud, sondern auch zum erstenmal mit einem kommunistischen Minister speisen... (Vgl. Casarolis Tischreden im Anhang)

Casaroli versäumte es nicht, seinen Gesprächspartnern eine lange Liste kirchlicher Wünsche vorzulegen und auch zu verstehen zu geben, daß die weitgehende Autonomie, die den Kirchen in der DDR praktisch gewährt wird, auch einer vertraglichen Sicherung bedürfte, wie sie in der DDR-Verfassung vorgesehen ist (Art. 39). Konkrete Ergebnisse erzielte Casaroli jedoch nicht. Das «gemessene Vertrauen» (*misurata fiducia*), das er nach der Rückkehr in Rom bekundete, stützte sich auf Versicherungen des Ministerpräsidenten Horst Sindermann in einer «freundlichen Diskussion»: die DDR-Regierung werde wie bisher ihre «konstruktive Politik in Kirchenfragen» auf der Basis der Verfassung fortsetzen. (*ADN am 10. Juni 1975*) Daß hier aus vatikanischer Sicht keine dringlichen Probleme vorlagen, realisierte Casaroli, als er dann in Begleitung von Bengsch katholische Gemeinden in Ostberlin, Dresden und Erfurt besuchte und ein lebendiges kirchliches Leben vorfand.

Erst am 25. September 1976 dekretierte die vatikanische Bischofskongregation die Bildung einer selbständigen «Berliner Bischofskonferenz» der DDR-Oberhirten. Zum erstenmal begründete der Vatikan bei dieser Gelegenheit öffentlich einen seiner ostpolitischen Schritte, um der Kritik zuvorzukommen: es gelte, «die pastoralen Umstände zu berücksichtigen, die in der DDR beträchtlich verschieden» von jenen seien, mit denen die (West)-Deutsche Bischofskonferenz zu tun habe, in der die ostdeutschen Bischöfe bisher ihre Erfahrungen und Meinungen nicht direkt hätten einbringen können. Doch beabsichtige der Heilige Stuhl keineswegs, sich damit «in ungelöste Fragen zwischen den zwei deutschen Staaten, wie etwa die nationale Frage, einzumischen».[38]

Das Prestige-Interesse der DDR an einer kirchlichen Neuregelung war zu diesem Zeitpunkt geringer geworden; es schwand (durch ihre allgemeine völkerrechtliche Anerkennung) immer mehr und damit die Neigung zu besonderen Gegenleistungen. Das wurde auch deutlich, als DDR-Außenminister Fischer am 28. Oktober 1978 in den Vatikan kam. Zufällig als erster Besucher aus dem Sowjetblock beim neuen polnischen Papst. Kurz vorher, im August 1978, war der erste bei der italienischen Regierung akkreditierte DDR-Botschafter Klaus Gysi aus Rom abberufen worden. Da Gysi, der sich als geistreicher Intellektueller und toleranter Agnostiker zu geben wußte («Woher wissen meine Genossen Atheisten das so genau?»), immer wieder auch informelle Kontakte zu Casaroli gepflegt hatte, schien dieser Draht durch seine Rückkehr nach Ostberlin abgebrochen. Und dies in einem Augenblick, da Casaroli Kardinalstaatssekretär eines polnischen Papstes wurde, der mit seiner ersten Polenreise 1979 den «Ostblock» zu bewegen begann. Eben deshalb aber ernannte die DDR-Regierung nun ihren «Rom-Experten» Gysi im November 1979 zum «Staatssekretär für Kirchenfragen»; er war es, der in seinen neun Amtsjahren mit Schläue darauf hinwirkte, daß aus Reibungen keine Zusammenstöße wurden. Er brachte es auch zustande, daß aus der Vatikanvisite des DDR-Staatsratsvorsitzenden Erich Honecker – während seines Staatsbesuchs in Italien – mehr als eine protokollarische Formalität wurde.

Am 24. April 1985 betrat Honecker auf rotem Teppich den päpstlichen Palast. Schon vorher hatte er Casaroli wissen lassen, daß er nicht nur den Souverän des Vatikanstaates besuchen, sondern – anders als bisherige kommunistische «Rompilger» – auch das Kirchenoberhaupt beehren wolle. Ohne Dolmetscher sprach Honecker dann fast eine halbe Stunde lang mit Johannes Paul II. «privat» unter vier Augen.

Den Papst überraschte es, zu hören, daß Honecker aus katholischer Familie im Saarland stammte, sein Vater im katholischen Vereinswesen engagiert war und daß es allein die katholische Gemeinde gewesen war, die Honeckers Familie in den Jahren unterstützte, als er in Hitlers Zuchthaus saß. Und noch mehr staunte der Papst, als ihm der Partei- und Staatschef der DDR ein ebenso frommes wie wertvolles Geschenk überreichte: eine antike Madonna, ein Meisterwerk von Johann Joachim Kändler (1706–1775), dem Schöpfer des Meißner Porzellans…

Sowjetisch-vatikanisches «Tauwetter»

Achtzehn Jahre vorher war zum erstenmal ein Wagen mit dem roten Hammer- und Sichel-Stander im Damasushof des Vatikans vorgefahren: am 30. Januar 1967. Der Mann mit dem Orden eines Helden der Sowjetunion am schwarzen Anzug, der wenige Minuten später dem Papst begegnete, war ein Staatsoberhaupt, doch er wurde nach einem vereinfachten Protokoll empfangen, weil es seit fünfzig Jahren keine diplomatischen oder offiziellen Beziehungen zwischen seinem Lande und dem Heiligen Stuhl gab. Gleichwohl kam es nun zu der vorgesehenen Begegnung zwischen dem Heiligen Vater Paul VI. und Seiner Exzellenz Herrn *Nikolai Podgorny*, dem Vorsitzenden des Präsidiums des Obersten Sowjets der UdSSR. So las man auf der ersten Seite des *Osservatore Romano* unter der nichtssagenden Überschrift «Unsere Informationen».

Zu den Eigenheiten dieser Audienz gehörte es, daß der Papst mit dem Sowjetpräsidenten am Schreibtisch und nicht vom Thronsessel aus sprach; daß dem Kettenraucher Podgorny Zigaretten angeboten wurden (mit Schrecken flüsterten es sich kuriale Höflinge zu!); daß man sich – um die gegenseitige Verlegenheit zu überbrücken – banale Artigkeiten sagte. So als der Papst seinem Besucher eine Gedenkmünze zum 75. Jahrestag der Enzyklika *Rerum Novarum* überreichte: «Wir haben sie prägen lassen zum Andenken an ein Dokument, das dem Schicksal der Arbeiter gewidmet war. Wir lieben die Arbeiter!» sprach der Papst. – «Wer liebt sie nicht?! Wir alle sind ja Arbeiter!» sprach der Sowjetpräsident…

Doch der tschechische Pater Stefan Olšr vom päpstlichen «Russicum» hatte als Dolmetscher auch einiges Konkrete zu übersetzen. «Im Laufe der Unterredung, in der Fragen der Erhaltung des Friedens und der Entwicklung besserer Beziehungen zwischen den Völkern ausführlich berührt wurden, hat der Heilige Vater den Präsidenten Podgorny auch auf Probleme des religiösen Lebens und der Anwesenheit der katholischen Kirche auf dem Gebiet der Sowjetunion hingewiesen», so umschrieb das Kommuniqué das delikate Thema, dem Podgorny jedoch – höflich auswich.

War diese Begegnung, auf die viele Zeitgenossen wie auf ein – im Guten oder Bösen – umstürzendes Ereignis starrten, ein politischer Durchbruch, eine Farce – oder keines von beidem? Zeigten «die Häuptlinge der sowjetischen Revisionistengruppe ein verstärktes Interesse an Pilgerfahrten zum Vatikan», weil sie «dem Kapitalismus und seinem Kapital die Tür öffnen» wollten? So meinte die chinesische Agentur «Hsinhua» am Tage nach Podgornys Papstaudienz. Die sowjetische Agentur «Nowosti» erinnerte dagegen (am 17. Januar 1967) an vergangene Zeiten: an das Pizzardo-Tschitscherin-Gespräch in Rapallo, an die Kontakte Pacellis in Berlin.

Es gebe nach dem Kalten Krieg nun einen Fortschritt, «nicht weil die päpstlichen Wachen Hellbarden haben, es scheint vielmehr, daß das mor·''·he Prestige des Vatikans in vielen Ländern, insbesondere in jenen, in denen die Katholiken die Mehrheit der Bevölkerung bilden, sowie gewisse Veränderungen im Vatikan in Rechnung gestellt wurden», schrieb die Moskauer Agentur.

So gewiß es war, daß der Papst die Entkrampfung des Ost-West-Gegensatzes für seine Kirche im Osten zu nutzen suchte, so sicher war auch, daß die Sowjets sein weltweites Ansehen, seine Rufe zum friedlichen Ausgleich von Konflikten in ihr politisches Kalkül einbezogen – ohne daß sich beide Seiten «ideologischen» Illusionen hingaben. Kühl pragmatisch, ganz auf Sicherung ihres Imperiums bedacht, wie die Sowjetführung unter Leonid Breschnew vorging, ließ sie sich auf keine halbprivaten Kontakte und Abmachungen ein, wie sie Chruschtschow zur Zeit Johannes' XXIII. improvisiert hatte. Auch die künstliche Unterscheidung zwischen dem Vatikanstaat- und dem Kirchenoberhaupt interessierte sie wenig. Als Außenminister Andrej Gromyko im Frühjahr 1966 nach Rom kam, rätselte die Öffentlichkeit lange herum, ob und wie er dem Papst seine Aufwartung machen werde. Dabei war die Audienz vom 27. April 1966 ganz formell vorbereitet worden, nachdem der Minister am 4. Oktober 1965 schon in New York dem Papst vorgestellt worden war; dort hatte er den Friedensappell Pauls VI. vor den Vereinten Nationen öffentlich mit Beifall bedacht. Gromyko zögerte nicht, in seiner römischen Pressekonferenz vom Papst als «Oberhaupt der katholischen Kirche» (und nicht als Souverän des Vatikanstaats) zu sprechen, aber er weigerte sich, Auskunft über die Gesprächsergebnisse zu geben. Er hätte sonst verraten müssen, was der Chefredakteur des *Osservatore Romano* (am 1. Mai 1966) nur sehr indirekt andeutete, als er die Papstaudienz Gromykos mit einem auf Moll gestimmten Kommentar begleitete:

> «Es ist gerade die Traurigkeit und – man könnte sagen – Unaufhebbarkeit bestimmter Situationen und Ideologien, die zu einer geduldigen, fast heroischen Suche nach anderen und neuen Lösungen, und sei es auf einer unendlichen Leiter, veranlaßt.»

Gromyko hatte sich nämlich mit freundlichster Miene als «nicht zuständig» erklärt, als ihn der Papst in dem 45-Minuten-Gespräch um Erleichterung für die Katholiken in der Sowjetunion bat. Manche Beobachter glaubten später, es habe den Sowjetminister vielleicht verstimmt, daß Paul VI. just am Tage vor Gromykos Besuch erklärt hatte: «Die Kirche steht der *chinesischen* Revolution nicht feindlich gegenüber; sie ist bereit, die Leistung der gegenwärtigen historischen Phase zu verstehen...» Andere wähnten gar, der Papst habe damit die verfeindeten kommunistischen Mächte gegeneinander ausspielen wollen. Ihm war es jedoch darum gegangen, gerade in diesem Augenblick seine «unparteiische» Position zu unterstreichen. Er wußte zu dieser Zeit noch nicht, daß Mao Tse-tungs «Kulturrevolution» dabei war, die katholische Kirchenorganisation in China, auch jene, die sich als «Nationalkirche» zu retten versucht hatte, vollständig zu vernichten. Gromyko andererseits wußte genau, daß der Vatikan von Peking noch weniger zu erwarten hatte als von Moskau. Sein Besuch beim Papst hatte zunächst keinen anderen Zweck, als zur politischen «Neutralisierung» der römischen Kurie beizutragen, an der den Sowjets schon im Blick auf das immer wieder unruhige Polen lag.

Mehr als vier Jahre später, am 14. November 1970, betrat Gromyko wiederum die päpstlichen Gemächer; diesmal zu einem eineinhalbstündigen Gespräch. Auch diese zweite Begegnung mußte der *Osservatore Romano* gegen Mißdeutungen verteidigen: «Anzunehmen, daß die Begegnung mit einem Sowjetminister bedeute, mit dem atheistischen Materialismus einen Vergleich zu schließen, hieße einen moralischen und geistigen Wankelmut zu unterstellen, der wider die Natur des Heiligen Stuhls wäre.» – Immerhin hatte sich Gromyko diesmal nicht für unzuständig erklärt, sondern (so wie Podgorny 1967) schweigend zugehört. Nach weiteren dreieinhalb Jahren besuchte Gromyko am 21. Februar 1974 zum drittenmal den Papst, der ihn fast wie einen alten Bekannten begrüßte. Wieder begann Paul VI. nach einem weltpolitischen Überblick jenes Thema anzuschneiden, bei dem sich der Sowjetminister stets taub gestellt hatte: die Lage der Katholiken in der Sowjetunion. Nun endlich versprach Gromyko wenigstens, die Bitten und Anregungen an die zuständige Stelle in Moskau wohlwollend weiterzuleiten. Und dies wiederholte sich bei Gromykos viertem Besuch im Vatikan, am 28. Juni 1975.

Es war ein winziger unverbindlicher Schritt, fast nichts, wenn man es mit jenen hochgespannten Erwartungen verglich, die vor allem von den Gegnern der vatikanischen Ostpolitik gerne als Maßstab benutzt wurden.

Solche Erwartungen aber hat es im Staatssekretariat keinen Augenblick gegeben, auch wenn «Hoffnung» – als christliche Tugend verstanden – zu ihrem diplomatischen Rüstzeug gehört. Wirkliche Fortschritte waren auch nicht an spektakulären Ereignissen wie Gromykovisiten zu messen, sondern an jenen langsamen, mühsam erzielten Veränderungen, die sich meist in der Stille vollzogen – je eher, desto weniger von ihnen die Rede war. Und dies galt besonders für das Gebiet der Sowjetunion. In den zehn Jahren zwischen 1964 und 1974 konnten in den baltischen Ländern, in denen die kirchliche Hierarchie nahezu ausgestorben war, für sieben Diözesen immerhin *sechs* neue Bischöfe eingesetzt werden – nicht geheim, sondern mit stillschweigender oder ausdrücklicher Billigung Moskaus, mit dessen römischer Botschaft seit dem ersten Gromykobesuch ständige Gesprächskontakte bestanden.

Der Vatikan hatte es abgelehnt, jene drei baltischen Kapitelvikare als Bischöfe einzusetzen, die zur zweiten Konzilssession zum erstenmal nach Rom reisen durften; doch am Ende der dritten Konzilssession, als es gelungen war, einige Personalkenntnisse zu gewinnen, wurde am 18. November 1964 der Lette *Vaivods* in Rom zum Bischof geweiht (für Riga), nach Ende der vierten Konzilssession am 5. Dezember 1965 der Litauer *Matulaitis-Labukas* (für Kaunas), der dann in Litauen – mit römischer und sowjetischer Genehmigung – am 25. Februar 1968 den Priester *Pletkus* (für Telšiai) und am 21. Dezember 1969 die Priester *Povilonis* und *Kriksciunas* (für Vilkaviškis und Panéžys) zu Bischöfen weihen konnte. Die Ernennung des 38jährigen Kriksciunas war um so erstaunlicher, als er seine Studien in Rom absolviert hatte und erst Mitte der sechziger Jahre nach Litauen zurückgekehrt war. Povilonis erhielt die Genehmigung, obwohl er 1962 wegen «illegalen Kirchenbaus» zu einer mehrjährigen Gefängnisstrafe verurteilt worden war. 1973 konnte der Vatikan den 64jährigen Povilonis sogar zum Nachfolger (*coadiutor cum iure successionis*) des inzwischen 80jährigen Matulaitis-Labukas bestimmen. Am 10. November 1972 erhielt auch der 77jährige lettische Bischof Vaivods (Riga) einen Weihbischof mit Nachfolgerecht: den 64jährigen Rektor des Rigaer Priesterseminars *Zondaks*. Der päpstliche «Außenminister» Casaroli selbst zelebrierte diese Bischofsweihe in den Grotten der römischen Peterskirche, assistiert von den Bischöfen Vaivods und Matulaitis-Labukas, die zwischen 1964 und 1976 elfmal nach Rom reisen und so unmittelbare Verbindung mit der westlichen Zentrale ihrer Kirche halten konnten.

All dies wäre ohne die Lockerung der Ost-West-Spannungen und die daran anknüpfende Ostpolitik Pauls VI. undenkbar gewesen. Doch es hielt sich in engen Grenzen: Nach wie vor blieben drei baltische Bischöfe amtsbehindert und konnten nur als Dorfpfarrer wirken (Sladkevicius, Steponavicius, Dulbinskis). Die Zahl der Priester in Litauen (für 2,3 Millionen Katholiken) schrumpfte von 1460 (1944) auf 750 (1978), vor allem durch Überalterung des Klerus und durch die behördlich verordnete Aufnahmebegrenzung im einzigen Priesterseminar Litauens in Kaunas: Sie war 1950 auf 75 Seminaristen festgesetzt, bis 1966 auf 25 herabgesetzt worden. Wachsende Unruhe unter der katholischen Bevölkerung, die sich 1972 nach der Selbstverbrennung eines jungen Katholiken dramatisch zuspitzte, wurde durch antireligiöse Schikanen (vor allem gegen den Kommunionunterricht für Kinder), aber auch durch verletztes Nationalgefühl ausgelöst und drückte sich schließlich in einem von 17000 Litauern unterschriebenen Protestbrief an den Generalsekretär der Vereinten Nationen aus. «Nicht reparabler Schaden kann durch administrative Eingriffe entstehen, die die Gefühle der Gläubigen verletzen... Es ist nicht ihre Schuld, daß sie den Glauben ererbt haben», mahnte am 1. August 1972 sogar das Parteiorgan *Sowjetskaja Litwa*. Eine katholische Geheimzeitung (*Kronaka* Nr. 4/72) gab zu erkennen, daß es den Kommunisten gelungen war, auch Mißtrauen zwischen Gläubigen und manchen Bischöfen zu säen, über deren Treue «der Vatikan getäuscht» worden sei. Nationale und religiöse Gefühle verbanden sich zu explosiver Mischung, von der sich die Sowjetmacht schon 1944/45 bedroht gefühlt hatte.

Etwas ruhiger entwickelte sich die Lage in *Lettland*, hier war die Zahl der Priester von 120 (1944) auf 132 (1971) gestiegen, obschon die Zahl der Katholiken – durch Flucht und Deportationen – von 476000 auf 265000 gesunken war. Der Bischof von Riga, dem ein Priesterseminar mit 18 Studenten genehmigt war, konnte die katholischen Pfarreien in Leningrad, ja sogar im georgischen Tiflis mit lettischen Priestern besetzen, außerdem vier Pfarreien in der Ukraine (wo die Sowjets keine polnischen Geistlichen wünschten). Achtzig Priester, meist polnische, hielten sich in Weißrußland; sie waren aber, soweit sie zur Diözese Pinsk gehörten, seit 1945 ohne Bischof, soweit sie den Diözesen Minsk und Mogilew unterstellt waren, sogar seit Ende der zwanziger Jahre. Da hier nicht einmal ein Minimum an Priesternachwuchs gesichert war, versuchte der Vatikan, die Lage mit einer direkten diplomatischen Aktion in Moskau zu verbessern:

Ein förmlicher Beitritt des Heiligen Stuhls zum Atomsperrvertrag zwischen den Großmächten, der Anfang März 1970 in Kraft getreten war, bot dem Papst die Gelegenheit, seinen «Außenminister» Agostino Casaroli zum erstenmal nach Moskau zu entsenden; er hinterlegte dort – ebenso wie es gleichzeitig die Apostolischen Delegaten in Washington und London taten – die vatikanische Unterschrift, um den Friedenswillen des Papstes zu dokumentieren. Das Erscheinen Casarolis in Moskau versetzte die Sowjets in Verlegenheit; sie wußten nur zu gut, daß ihn nicht Atomwaffen interessierten… Einem päpstlichen Abgesandten, der sich am 25. Februar 1971 im Kreml unter ein Leninbild setzte, um zusammen mit dem sowjetischen Vizeaußenminister *Semjon Kosirew* den Vertragsbeitritt zu unterzeichnen, konnte man Gesprächswünsche schlecht abschlagen.

In der westlichen Presse wurde später behauptet, Casaroli habe sich vergeblich um ein Gespräch mit Gromyko bemüht; doch mit dem «unzuständigen» Außenminister hatte Casaroli ja schon zweimal in Rom (1966 und 1970) geredet. Jetzt ging es darum, endlich einen Kontakt mit den «Zuständigen» herzustellen – zum erstenmal seit d'Herbignys Moskaureise von 1926. Nach einer stillen Messe in der St.-Ludwigs-Kirche, wo er der Schicksale gedachte, die hier begonnen hatten, fuhr Casaroli zum «Präsidenten des Rates für Religiöse Kulte beim Ministerrat der UdSSR», *Wladimir Kurojedow* (der 1966 Karpow abgelöst hatte). Auch *Piotr W. Makarzew*, zuständig für die «nicht-orthodoxen Kulte», saß an der anderen Seite des Tisches, als Casaroli und sein Begleiter, Monsignore *Achille Silvestrini*, behutsam ihre Wünsche und Angebote ausbreiteten:

Einsetzung eines Bischofs in der weißrussischen, ehemals polnischen Diözese Pińsk und eines – bei der Sowjetregierung oder beim orthodoxen Patriarchat – akkreditierten Päpstlichen Delegaten mit Bischofsrang in Moskau; mit ihm könnten alle offenen Fragen des religiösen Lebens der Katholiken laufend beredet und Mißverständnisse geklärt werden. Der Vatikan seinerseits wäre später bereit, die Grenzen der Diözesen Wilna, Lwów und Pińsk an die seit 1945 bestehende sowjetisch-polnische Grenze anzupassen.

Casarolis Gesprächspartner antworteten kühl mit jenem alten Argument, das Pacelli schon 45 Jahre vorher von Tschitscherin gehört hatte: Dergleichen könne der Sowjetstaat nur aus eigener Souveränität, «im Rahmen der Gesetze», ohne Einmischung von außen, regeln. Casaroli gab zu bedenken, daß die kommunistischen Regierungen Ungarns und Polens das Recht des Vatikans, sich um die Ordnung der Bistümer zu kümmern, grundsätzlich nie bestritten hätten. Doch das beeindruckte Kurojedow und Makarzew wenig; die Kategorien ihres Denkens über «Kirche» glichen dem traditionellen der Zarenzeit. Katholiken gebe es eigentlich nur in den baltischen Republiken, und dort gebe es ja Bischöfe und auch zuständige Genossen, meinten sie. Erst als sie hörten, daß es in Polen bischöfliche Administratoren für Teile der Diözesen Pińsk (in Drohiczyn am Bug), Wilna (in Bialystok) und Łwów-Lemberg (in Lubaczów) gebe, erwachte ihre Aufmerksamkeit, ohne daß sie das Thema zu vertiefen wünschten. Immer wieder hörte Casaroli, wie sehr man die loyale Haltung der orthodoxen Kirche, wie sehr man auch die Annäherung zwischen dem Papst und dem Moskauer Patriarchen schätze...

«Nach fünfzig Jahren des Monologs sind wir zum Gespräch übergegangen», sagte Casaroli später an diesem Tage im Hotel «Sowjetskaja». Mehr denn je waren ihm aber auch die historisch-psychologischen Barrieren deutlich geworden. Hier hatte man es nicht mit einem hussitischen Erbe zu tun wie in Prag, nicht mit einem «josephinischen» wie in Budapest, nicht mit dem Nationalkatholizismus Polens oder dem Nationalkommunismus Jugoslawiens; wirkliche Fortschritte setzten hier das Ende der nachstalinschen Bürokratie voraus, vor allem aber eine Verständigung mit der russischen Orthodoxie – ohne missionarische Erwartungen.

Auch ohne Hoffnung auf Rückkehr der katholischen Ukrainer? Unausgesprochen stand diese letzte Frage hinter allen Gesprächen. Das Trauma von 1945, als die Sowjetkommunisten Zwangsvollstrecker der Orthodoxie geworden waren und die ukrainischen Unierten von Rom getrennt hatten, war noch nicht geheilt. Auch nicht für die Sowjets, die es an die stets neuralgischen nationalen Probleme in ihrem Vielvölkerstaat erinnerte.

Sollte das Brustkreuz des verstorbenen Patriarchen Alexíj, das sein Nachfolger *Pimen* durch Casaroli dem Papst schickte, Vorzeichen einer Versöhnung auch in dieser Frage sein? Alexíj hatte 1945 in der Ukraine die Kirchenunion von Brest (1596) für nichtig erklärt; Pimen bestätigte nun diesen Akt von neuem, als er von der allrussischen Synode Anfang Juni 1971 in Sagorsk zum Patriarchen gewählt wurde. Das war dem Kardinal Willebrands, der die römische Kirche bei den Feierlichkeiten in Sagorsk als Beobachter vertrat, zunächst aus sprachlichen Gründen entgangen. «Wir können diese These nicht teilen», wandte er später immerhin ein,[39] auch wenn er nicht unmittelbar protestierte. Gleichwohl erhob Kardinal Slipyj, der im römischen Exil lebende Erzbischof von Lviv (Lemberg), während der Bischofssynode von 1971 dieses Vorfalls wegen bittere Vorwürfe.

Noch einmal erstand in dieser Synodenrede Slipyjs vom 23. Oktober 1971 das tragische Schicksal des osteuropäischen Katholizismus im Spannungsfeld nationaler, religiöser und ideologischer Konflikte. Slipyj grollte allen – den Russen, den Polen, den Kommunisten und dem Vatikan: «Die katholischen Ukrainer werden von niemandem verteidigt... Jetzt werden sie wegen der diplomatischen Verhandlungen als unbequeme Zeugen vergangener Übel beiseite gelassen», sagte Slipyj und meinte, daß die mächtige Stimme der Synode den Verfolgten neue Kraft zum «Ausharren bis zum Endsieg» einflöße. «Denn die Welt möge zugrunde gehen, aber Gerechtigkeit muß sein!» (*Siehe Faksimile Seite 343*)

Dies mochte der eindrucksvoll-schmerzliche Nachruf auf eine Welt sein, die – wie in diesem Buch gezeigt wurde – schon mit den frommen, abenteuerlichen Illusionen des Metropoliten Scheptyckyj untergegangen war; aber es konnte nicht zum Leitwort einer Pastoralpolitik werden, die dem Rettbaren nur noch gerecht werden konnte, indem sie das anscheinend Unrettbare verloren gab.

> Finem impono ne Ecclesia silentii nimium loquatur. Attamen vox potens Synodi elata in favorem et defensionem eorum, qui persecutionem patiunt.as passi sunt ac pariter orationes pro luctantibus inter vitam et mortem fusae, novam vim ad perseverandum usque ad victoriam finalem infunderunt. Nam pereat mundus, sed fiat iustitia !

Unter den 1,5 Millionen Exilukrainern, die in den USA, Kanada und in Westeuropa leben, regte sich aus nationalen, aber auch religiösen Motiven immer wieder die Forderung, der Papst möge Kardinal-Erzbischof Slipyj zum *Patriarchen* der Ukraine ernennen und damit ein Zeichen für eine «zum Tode verurteilte Kirche» setzen. Dreimal hat Paul VI. dies abgelehnt, 1971 und 1975 in Briefen an Slipyj, am 14. Dezember 1976 bei einer Audienz für den Kardinal und sechs ukrainische Erzbischöfe.

Wo immer es risikolos möglich war, verschwieg der Vatikan die Unierten keineswegs. So war es zum Beispiel gelungen, den bulgarischen Parteichef *Schiwkoff* bei seinem Papstbesuch am 27. Juni 1975 zu einem Kommuniqué zu veranlassen, in dem von «Problemen der Katholiken beider Riten» (also auch der – in Bulgarien freilich nicht verbotenen – Unierten) die Rede war. Bei der Belgrader KSZE-Folgekonferenz erinnerte der vatikanische Vertreter Silvestrini am 7. Oktober 1977 an «einige offene Wunden, die wir geheilt sehen möchten. Dies ist der Fall für die katholische Kirche bei einigen Gemeinschaften des östlichen Ritus…»

Auch Papst Johannes Paul II., von dem Kardinal Slipyj am 3. November 1978 erneut die «Anerkennung als ukrainischer Patriarch» forderte, ja sogar eine Revision des «auf falsche Voraussetzungen gestützten» Dialogs mit dem Moskauer Patriarchat («*Kultura*», *Paris, Nr. 12/78*) – auch dieser Papst «aus dem Osten» blieb vorsichtig. Die Wiederherstellung der Unierten Kirche in der Ukraine war – wie es 1990 geschah – nur durch Machtveränderungen denkbar. Darauf politisch hinzuarbeiten, hielt Johannes Paul II. wie sein Vorgänger für ebenso unrealistisch wie unmoralisch. Deshalb strebten sie eine Überwindung des Unrechtes in einem breiteren Sinne an: durch Anknüpfen an das gemeinsame Interesse *aller* Christen, auch der russischen Orthodoxen, an einer allgemeinen Wiederherstellung religiöser Freiheit. Diese war für Katholiken des östlichen Ritus in der Ukraine genauso wichtig wie für die Orthodoxen, in deren wenigen offenen Kirchen immerhin auch Katholiken religiöse Zuflucht finden konnten. War die Zukunft der katholischen Kirche in der Sowjetunion nicht untrennbar verknüpft mit der Zukunft von Religion überhaupt im Sowjetstaat?

In solchen Überlegungen wurzelte die Politik der *ökumenischen* Annäherung des Vatikans an das *Moskauer Patriarchat*. Auch sie kam nur mühsam voran.

Ein verändertes Klima ließen einzelne Vorgänge erkennen, die von der breiteren Öffentlichkeit fast unbemerkt blieben; so etwa, wenn Professor *Eduard Huber* von der römischen Gregoriana, ein bayerischer Jesuit, schon 1965, dann wieder 1968/69 über vierzehn Monate lang in Moskau über wissenschaftlichen Marxismus arbeiten konnte; oder wenn Professor *Gustav A. Wetter*, der sich an der gleichen päpstlichen Universität seit Jahrzehnten mit russischer und sowjetischer Philosophie beschäftigte, im September 1973 zum erstenmal nach Moskau fahren und während eines wissenschaftlichen Symposions mit einem öffentlichen Vortrag auftreten durfte. Mehrmals konnte das römische «Russicum», das für die Sowjets jahrzehntelang nur als «Spionage- und Diversionszentrale» gegolten hatte, junge orthodoxe Theologen von der Leningrader Geistlichen Akademie als offizielle Studiengäste beherbergen. Im Juli 1975 besuchte der Metropolit von Leningrad, *Nikodim*, den Papst, im Oktober 1976 Kardinal Willebrands den Metropoliten *Juvenaly* in Moskau und den armenischen «Katholikos» *Vasgen* I. in Etschmiadsin. 1977 und 1982 vertrat der Jesuitenpater *John Long* den Vatikan «als Beobachter» bei der «Weltkonferenz religiöser Friedenskräfte». Anfang Juli 1977 war der Jesuitengeneral *Arrupe* Gast des Moskauer Patriarchats und durfte zu seiner Überraschung während eines Gottesdienstes predigen. Am 27. Mai 1978 überbrachte Erzbischof *Ramon Torrella Cascante*, der Vizepräsident des vatikanischen Sekretariats für christliche Einheit, in Sagorsk eine Grußbotschaft des Papstes (als «Bischof von Rom») zum 60. Jahrestag der Wiederherstellung des Moskauer Patriarchats. Und als Papst Paul VI. Anfang August 1978 gestorben war, eilte Metropolit Nikodim aus Leningrad nach Rom, um nicht nur an den Begräbnisfeierlichkeiten, sondern – im Auftrag des Moskauer Patriarchen – auch an der Amtseinsetzungs-Messe des neuen Papstes Johannes Pauls I. (Luciani) teilzunehmen. Dabei sah man Nikodim plötzlich auf den überraschten Kardinal Slipyj zugehen und diesen unversöhnlichsten Opponenten römisch-russischer Annäherung öffentlich umarmen. Es war ein tragisches Symbol der Ohnmacht solcher Geste, daß dann der erst 49jährige Nikodim während eines offenherzigen, seelsorglichen

Gesprächs mit Johannes Paul I., von einem Herzinfarkt getroffen, buchstäblich in den Armen des römischen Papstes starb...

Wer die vorangegangene Geschichte kennt, die in diesem Buch dargestellt wurde, vermag die Bedeutung solcher Einzelsymptome einer Wandlung zu ermessen. Hält man sich gar die jahrhundertalte Kluft zwischen Rom und Moskau vor Augen, werden selbst bescheidene theologische Debatten zu Ereignissen: die erste im Dezember 1967 in Leningrad, wo am Ende der Metropolit Nikodim an Bischof Willebrands Messe in der einzigen katholischen Kirche der Stadt («Notre Dame de Lourdes») teilnahm; die zweite 1970 in Bari (Italien), wo Nikodim am Grabe des legendären, den östlichen und westlichen Christen gleich vertrauten heiligen Nikolaus die Liturgie zelebrierte. Erst bei der dritten Begegnung jedoch – 1973 in Sagorsk bei Moskau – gelang es, eine schmale Brücke zu bauen, die bei der vierten Zusammenkunft in Trient (1975) kaum verbreitert wurde.

Phantastische Spekulationen wurden an das von beiden Kirchen in Sagorsk unterzeichnete Kommuniqué geknüpft, das der *Osservatore Romano* am 16. Juni 1973 publizierte: Es sei damit die «praktische Zusammenarbeit zwischen der Sowjetunion und dem Vatikan beschlossen» worden, ja es markiere eine «Hinwendung Roms zum russisch-modellierten Sozialismus». (So R. Raffalt, «Wohin steuert der Vatikan?», München, 1974.) In Wahrheit war das Dokument vom Vatikan weder vorbereitet noch vor der Unterzeichnung mit dem Vatikan abgesprochen worden. Es war das Ergebnis einer ohne Simultanübersetzung in verschiedenen Sprachen geführten Debatte, das der Jesuitenpater John Long zusammen mit einem der russischen Teilnehmer mühsam, zu Papier brachte. Religiös ergab sich zwar mehr Übereinstimmung denn je, politisch jedoch – auch in Fragen der kirchlichen Soziallehre – einigte man sich nur auf den *kleinsten* denkbaren Nenner:

«Eine Anerkennung der Tatsache, daß es in vielen Teilen der Welt eine starke Tendenz zu *gewissen Formen von ‹Sozialismus›* gibt. [Man beachte die Anführungszeichen an dem ominösen Wort!] Die Teilnehmer der Gespräche hatten *verschiedene Auffassungen* von der Natur dieser Tendenzen und dem Grad dieser Werte – dies war auch nicht Diskussionsgegenstand –, aber sie fanden Übereinstimmung darin, daß es in diesen Tendenzen *positive Aspekte* gibt, welche die Christen anerkennen und zu verstehen versuchen müssen.» Daß der Mensch die Welt – «die nach dem Ebenbild Gottes geschaffen wurde» – sich untertan machen und verwandeln müsse, sei legitim, aber: «Die Christen reduzieren den Menschen und das Weltall nicht einfach auf den sichtbaren Aspekt.»

Binsenweisheiten also, die es der orthodoxen Seite erlaubten, ein Minimum von Distanz zum herrschenden Atheismus zu demonstrieren, der katholischen Seite ein Minimum von Annäherung an eine Gesellschaftsordnung, deren Definition aber offen blieb. Was der Papst selbst von «Sozialismus» hielt, hatte er ein Jahr vorher in einem Lehrschreiben zum 80. Jahrestag der Enzyklika «*Rerum Novarum*» deutlich gesagt («*Octagesima Advenians*» vom 14. *Mai 1971*):

«Zwischen den verschiedenen Arten (*inter varios modos*) von Sozialismus... sind Unterscheidungen zu machen, die eine sichere Auswahl (*certa selectio*) bestimmen... Wenn man im Marxismus auch verschiedene Aspekte unterscheiden kann, so wäre es trügerisch und gefährlich, das innere Band zu vergessen, das diese Aspekte eng verbindet, und die Elemente marxistischer Analyse zu übernehmen, ohne ihre Beziehung zur Ideologie zu erkennen... Der Christ kann niemals Anhänger ideologischer Systeme werden, die seinem Glauben und seinem christlichen Menschenbild widersprechen...» Diese Linie Pauls VI. ist trotz vieler Unsicherheiten und utopischer Ansätze, die sein Pontifikat in einer Epoche innerkirchlicher Krise bestimmten, stets klar geblieben: Sie war vorgezeichnet in einer Enzyklika «*Ecclesiam Suam*» (1964), in der er die «gottesleugnerischen Systeme» verurteilte, aber den Dialog auch dort bejahte, wo er «sehr schwierig, um nicht zu sagen unmöglich ist». Er hatte auch in seiner bedeutendsten Sozialenzyklika «*Populorum Progressio*» (1967), die radikaler denn je das katholische Engagement in einer reformbedürftigen Welt unterstrich, diese Grundlinie nicht verleugnet: «Alles soziale Handeln setzte eine Lehre voraus. Der Christ aber kann kein System annehmen, dem eine atheistische und materialistische Philosophie zugrunde liegt.»

Damit zog Paul VI. auch seiner nach Osten gerichteten Pastoralpolitik bei ihrem pragmatischen Vorgehen eine unübersteigbare Grenze; sie wurde im Verhältnis zur Sowjetunion am deutlichsten sichtbar und wirksam. Denn nirgendwo sonst im Sowjetblock blieb die Existenz von Religion und Kirche – auch bei loyaler Koexistenz mit der Verfassungswirklichkeit – so in Frage gestellt wie im Sowjetstaat selbst. Gemessen an diesem Tatbestand blieb alles ökumenische Bemühen, alle katholisch-orthodoxe Annäherung, so wichtig sie als Mittel der Selbstdarstellung gegenüber dem Staat blieb, kaum mehr als der Strohhalm einer Hoffnung.

Nirgendwo wie hier in der Sowjetunion stellte sich dem Vatikan auch die Grundfrage: Wie sich die Prinzipien des *Friedens* und der *Gerechtigkeit* politisch vereinbaren lassen, ohne daß eines dem anderen geopfert wird. Die Politik Pauls VI. hat beharrlich versucht, dieses Dilemma zu überbrücken. Denn – wie sein «Außenminister» Casaroli Ende Oktober 1974 sagte – «vollständige Gerechtigkeit in den Nationen und zwischen ihnen ist in Wirklichkeit unmöglich ohne eine Friedenssituation», aber Frieden ohne Gerechtigkeit «trägt den Keim seiner Zerstörung in sich». In konkreten Augenblicken jedoch stelle sich, sagte Casaroli, dieses Problem bisweilen in einer Form, «die zu nicht leichten praktischen Entscheidungen zwingt».[40]

Behutsam folgte der Vatikan – wo immer es möglich war – der Ostpolitik westlicher Staaten: der deutschen, der amerikanischen, der französischen, ohne daß er sich ein starres Verhaltensschema verordnete und ohne daß er seine Aktivität je von bloßer Erfolgskalkulation abhängig machte. «Hier zählen nicht Jahre und Jahrzehnte», meditierte Casaroli. «Die römische Tradition, ‹in Jahrhunderten zu denken›, hat nichts von ihrem Erfahrungswert verloren... Der Heilige Stuhl erhebt in diesem Bereich keinerlei Anspruch auf Unfehlbarkeit; er hat nur Anspruch darauf, daß man ihm glaubt, er setze alles daran, um auf Grund der Wirklichkeit, wie sie ist, zu handeln, das Tragbare und das nicht mehr Tragbare, das Verzichtbare und das Unverzichtbare in christlicher Klugheit abzuwägen...»[41]

Die elastische, von Fall zu Fall korrigierbare, doch prinzipiell abgegrenzte Linie der vatikanischen Ostpolitik in den siebziger Jahren läßt sich in vier Thesen definieren:

1. Klassische Konkordatspolitik ist kein Modell mehr für Vereinbarungen mit kommunistischen Regierungen, denn sie würde ein größeres Maß von gegenseitiger Anpassung voraussetzen, als für beide Seiten wünschbar ist. Die klare Abgrenzung von Kirche und Staat, die – einvernehmliche – Trennung der Sphären ist vorzuziehen.

2. Teillösungen, auch solche, die nicht schriftlich fixiert werden oder nur Testcharakter haben, sind – weil sie Konkretes bewirken können – Globalabmachungen vorzuziehen, die viel schwerer zu erreichen sind und dann meist allzu labil bleiben. Deshalb sind diplomatische Beziehungen weder als erster Schritt anzustreben noch als letzter Schritt unumgänglich. Sowenig jedoch der Vatikan bestehende diplomatische Beziehungen jemals abbrach, sowenig verweigert er sie Staaten, die sie wünschen.

3. Nicht Prestigepositionen, nicht politische Resistenz oder Kollaboration muß abgesichert werden, sondern praktische Seelsorge. Sie schließt nicht nur *Kult*-, sondern *Bekenntnis*- und *Lehr*freiheit ein. Da die Sicherung des Menschenrechts auf Religionsfreiheit (in diesem Sinne) nur in einer friedlichen Welt möglich ist, wird die Teilnahme des Vatikans an Ost-West-Entspannungsversuchen zu einer Voraussetzung seiner Ostpolitik und ihrer Glaubwürdigkeit.

4. Vorrang hat – theoretisch – das Verhältnis zur Sowjetunion, obschon es am schwierigsten zu regeln ist. Nur wenn in Moskau die Einsicht Boden gewänne, daß eine Kirche, deren Oberhaupt im Ausland residiert, kein innenpolitischer Störungsfaktor sein muß (auch kein nationaler), daß sie vielmehr den inneren Frieden stärkt, wenn man sie selbst in Frieden läßt – nur dann würde Moskau auch den Staatsführungen seiner osteuropäischen Verbündeten die Genehmigung für weitergehende, stabilere Regelungen geben.[42]

11. Der Papst aus Polen: Kontinuität, Konflikt und Wende 1978–1991

Im Bund mit Casaroli: Die erste Heimatreise

Es war eine spontane, fast sentimentale Geste voll hintergründiger Bedeutung: das Fernsehen übertrug sie an jenem 10. Juni 1979 in alle Welt: ein römischer Papst, *Johannes Paul II.*, und ein kommunistischer Staatschef, *Henryk Jablonski*, umarmten sich zum Abschied auf dem Flughafen bei Krakau. Gewiß, es waren zwei Polen, die sich da begegneten, aber auch zwei Welten. «Von diesem Augenblick an wird nichts mehr so sein, wie es war», flüsterte auf der Pressetribüne Mieczysław Rakowski, Chefredakteur der «Polityka» und später letzter kommunistischer Parteichef Polens... 12 Jahre vorher, 1966, hatte die Warschauer Regierung einen Papstbesuch verhindert. Jetzt sagte der Staatsratspräsident, daß die Stationen dieser neuntägigen Papstreise, «in den Herzen aller Polen bleiben werden». Die Ehrengarde einer Armee des Sowjetblocks senkte ihre Fahne vor dem römischen Pontifex...

Die Wahl eines Bischofs aus dem Osten zum Papst, wie sie die Welt 1978 überraschte, hätte zur Zeit des Kalten Krieges der fünfziger Jahre zweifellos eine Verhärtung aller staatlich-kirchlichen Beziehungen, ja eine Verschärfung der Repression bedeutet; doch nach den Jahren der vorsichtigen Pastoraldiplomatie Pauls VI. lag darin eine Chance. Sie war nicht zuletzt eine Folge jenes «von der Konferenz für Europäische Sicherheit und Zusammenarbeit (KSZE) geschaffenen günstigeren Klimas» – das der Vatikanvertreter Mons. *Silvestrini* am 7. Oktober 1977 beim Belgrader KSZE-Folgetreffen festgestellt hatte.[1] Von der Vorbereitungsphase bis zur Schlußakte vom August 1975 hatte sich der Vatikan, vor allem sein «Chefdiplomat» Casaroli, aktiv in die Helsinki-Konferenz eingeschaltet. Der damalige UNO-Generalsekretär meinte sogar: «Ohne Casaroli wären wir nicht in Helsinki angekommen.» Gelungen war es der vatikanischen Diplomatie, wichtige Formulierungen über die Menschenrechte, zumal über die Religionsfreiheit, dem Sowjetblock abzuringen – Formulierungen, gegen die sich Moskau nicht so gewehrt hätte, wenn sie von bloßem «Papierwert» gewesen wären (wie westliche Skeptiker glaubten). Dabei konnte sich der «Heilige Stuhl» – als Völkerrechtssubjekt wie als religiöse Instanz – wie nie zuvor zwischen gegnerischen ideologischen Lagern als Faktor und Vermittler friedlichen Ausgleichs glaubhaft machen. Und ohne solche Atmosphäre, die entschärfend auf die

Der sowjetische Außenminister *Andrej Gromyko* besuchte *Papst Johannes Paul II.* und *Kardinal Casaroli* am 24. 1. 1979 im Vatikan

Papst Johannes Paul II. grüßt die Fahne der Ehrenkompanie der polnischen Volksarmee bei der Ankunft in Warschau am 2. Juni 1979. Rechts mit Blumen *Kardinal Wyszynski*

Im Schloß Belvedere in Warschau empfing am 17. Juni 1983 der polnische Ministerpräsident General *Wojciech Jaruzelski Papst Johannes Paul II.* (links Kardinalprimas Glemp)

Ost-West-Trennungslinie wirkte, hätte das Kardinalskollegium der römischen Kirche 1978 kaum riskieren können, einen Bischof aus einem Land inmitten des Sowjetblocks zum Papst zu wählen.

Johannes Paul II. ließ von Anfang an keinen Zweifel, daß sein persönlicher, unkonventioneller Stil, in dem er schon am Tage seiner Amtseinführung (22. Oktober 1978) alle Welt, auch die anwesenden kommunistischen Regierungsvertreter,[2] aufrief, ohne Angst die «Grenzen der Staaten, der wirtschaftlichen und politischen Systeme» für Christus zu öffnen, die bisherige Ostpolitik des Vatikans nicht etwa verleugnete, sondern fortsetzte – «im Geiste des Dialogs, den die großen Vorgänger, deren Name ich trage, begannen» (Telegramm des Papstes vom 17. Oktober 1978 an die polnische Staats- und Parteiführung). Bestätigt wurde diese Kontinuität und ihr neuer Impuls vor allem durch zwei markante Vorgänge:

1. die Ernennung Agostino Casarolis, des «Architekten» der Ostpolitik *Pauls VI.*, zum Kardinalstaatssekretär, und Achille *Silvestrinis*, des engsten Mitarbeiters *Casarolis*, zu dessen Nachfolger als Sekretär des «Rates für die öffentlichen Angelegenheiten der Kirche» (des Außenministeriums der römischen Kurie);

2. die Reise des Papstes durch Polen (2.–9. Juni 1979), ein Ereignis mit unabsehbaren, auch langfristigen Wirkungen auf die Zukunft der Religion in Osteuropa, auf die Ost-West-Beziehungen und die (von diesen stets abhängige) vatikanische Ostdiplomatie.

> In Tschenstochau stellte der Papst am 4. Juni 1979 Hunderttausenden von Gläubigen *Casaroli* als einen Mann vor, «der die Wege nach Polen, die Wege von Rom zum ganzen europäischen Osten, kennt» und dieser «großen und schwierigen Aufgabe im Auftrag des Heiligen Stuhls diente und dient».[3] Am 9. Juni rief der Papst – mit einer bislang einmaligen Geste – Casaroli ans Fenster des Vatikanpalastes, um gemeinsam mit ihm den Jubel der Römer nach der Rückkehr von seiner triumphalen Polenreise entgegenzunehmen. Damit war eine ostpolitische Linie bekräftigt, deren grundsätzliche Richtigkeit der neue Papst nach dem Studium der internen Akten erkannt hatte. Gemeinsam mit Casaroli hatte er den Antwortbrief an die polnische Führungsspitze entworfen, als diese (nach längerem Tauziehen wegen des Programms) endlich den Papst in seine Heimat einlud:
>
> «…die Motive des Friedens, des Zusammenlebens und der Zusammenarbeit zwischen Völkern und *Systemen* sind mir besonders nahe», schrieb er am 8. März 1979. «Ich wünsche mir, daß mein Besuch in der Heimat zur Stärkung der inneren Einheit meiner geliebten Landsleute beiträgt und auch zur Fundierung des Bewußtseins für den Platz, den die polnische Nation in der großen Familie der Völker der modernen Welt einnimmt. Ich vertraue schließlich, daß die Reise der weiteren Entwicklung der Beziehungen zwischen Staat und Kirche dient…»

Dabei war sich der Papst durchaus bewußt, was er seinen kommunistischen Gastgebern zumutete, aber auch was er selbst riskierte. Noch am Ende der Reise, als er sich seines Erfolgs sicher glaubte, sagte er:

> «Der Besuch eines Papstes in Polen… war sicher ein Akt gewissen Mutes von beiden Seiten. In unseren Zeiten braucht man jedoch gerade einen solchen Akt des Mutes. Manchmal muß man es wagen, in eine Richtung zu gehen, in die bisher noch niemand ging. Unsere Zeiten haben ein ungeheures Bedürfnis nach solchem Zeugnis, das dem

Willen zur Annäherung zwischen den Völkern und Systemen als *unerläßlicher Bedingung des Friedens in der Welt* Stimme verschafft.» *(Ansprache vom 9. Juni 1979)*[4]

Seine Entschlossenheit, für solche Öffnung auch das «bewährte Mittel» der Diplomatie und Verhandlung einzusetzen, hatte der Papst schon bei seinen ersten Begegnungen mit dem diplomatischen Korps des Vatikans (am 20. 10. 1978 und am 12. 1. 1979) bekundet: Diplomatische Beziehungen «im Zeichen der Höflichkeit, Diskretion und Loyalität» seien «nicht notwendig ein Ausdruck der Billigung dieses oder jenes Regimes – das ist nicht meine Sache – und auch nicht Ausdruck der Billigung aller seiner Handlungen», es gehe vielmehr um den «Willen zum Gespräch» mit den politisch Verantwortlichen. Der Heilige Stuhl sei «bereit, sich jedem Land oder Regime zu öffnen», auch «den Veränderungen der Realität sowie den gewandelten gesellschaftlichen Auffassungen in den verschiedenen Staaten Rechnung zu tragen». Vatikanische Diplomatie, die der Religions- und Gewissensfreiheit zu ihrem Recht verhelfen will, versuche dies «in Übereinstimmung mit den jeweiligen Bischöfen, mit dem Klerus und den Gläubigen». Dabei gebe es zwar «großenteils befriedigende Ergebnisse, aber es fällt schwer, bestimmte Ortskirchen, bestimmte Riten nicht zu erwähnen, deren Lage, was die Religionsfreiheit betrifft, viel zu wünschen übrig läßt, wenn man sie nicht überhaupt als beklagenswert bezeichnen muß.»

Solch abgewogener, differenzierender Lagebeurteilung entsprachen die ostpolitischen Schritte der ersten Monate des neuen Pontifikats. Als Papst *Wojtyla* am 24. Januar 1979 den sowjetischen Außenminister, Andrej *Gromyko*, zu einem fast zweistündigen Gespräch empfing (dem längsten der fünf Vatikanbesuche *Gromykos* seit 1966), war er sich bewußt, welche Schlüsselfunktion diese Begegnung haben konnte. Da «katholisch» und «polnisch» für Rußland, für das sowjetkommunistische wie für das zaristisch-orthodoxe Imperium, immer schon identisch gewesen waren und eine Art «Sicherheitsrisiko» bedeutet hatten, mußte die Wahl eines Polen zum Papst in Moskau ernste Besorgnis wecken. Um so mehr, als eine Polenreise *Johannes Pauls II.* unvermeidlich erschien und der neue Pontifex in seiner Amtseinführungspredigt (die am 22. Oktober auch vom polnischen Fernsehen weit nach Osten ausgestrahlt wurde) Grußbotschaften auf russisch, litauisch und ukrainisch übermittelt hatte. Obschon der neue Papst so unbefangen und direkt wie keiner seiner Vorgänger die Probleme der etwa fünf Millionen Katholiken in der Sowjetunion (sogar der dort lebenden Polen) zur Sprache brachte, hinterließ er bei *Gromyko* – wie dieser östliche Diplomaten wissen ließ – einen «vernünftigen, ausgeglichenen» Eindruck.

Vor allem gelang es dem Papst, der mit *Gromyko* russisch sprach, deutlich zu machen, daß er Patriotismus von Nationalismus, Prinzipienfestigkeit von Intoleranz abzugrenzen wußte und Menschenrechte wie religiöse Interessen nur in einer friedlichen, nicht in einer konfliktgeladenen Welt gewahrt sieht. Jetzt, da ein Pole im Vatikan regiere, gebe es «keinen russischen Komplex mehr» – so begründete der Papst Anfang Mai in einem Privatgespräch seine Entschlossenheit, die Ostpolitik *Pauls VI.* und *Casarolis* mit verstärkter Energie fortzusetzen. Gemeint war ein «Komplex» doppelter Natur: sowohl die Rücksichtnahme des Vatikans auf Polen, die stets – vor allem seit dem 19. Jahrhundert – alle päpstlichen Bemühungen um einen pastoralen «Modus vivendi» mit dem russischen Reich behindert hatte, als auch umgekehrt die Befürchtung der Polen (auch der polnischen Kirche), daß Rom über ihre nationalen Interessen hinweg, ja auf deren Kosten den Ausgleich mit Rußland suchen könnte. Über jede solche Befangenheit kann sich in der Tat ein polnischer Papst, der seine gesamtkirchliche Aufgabe sieht, hinwegsetzen.

Dies zeigte sich auch bei dem ersten Gespräch Papst *Wojtylas* mit dem ukrainischen Kardinal Josif *Slipyj*, dem Großerzbischof von Lemberg (der seit 1963 im Vatikan lebte). Am 3. November 1978 hatte Slipyj an den Papst als «Slawen» appelliert, der wissen müsse, daß «Ukrainer und Polen einen gemeinsamen Feind haben, der heute Moskau ist... Polen wissen, wie Russen Verträge schließen und wie sie ihr Wort halten».[5] *Slipyj* forderte die Revision des «auf falschen Grundlagen beruhenden Dialogs mit der russisch-orthodoxen Kirche» und die Bildung eines «ukrainischen Patriarchats». In einem Gespräch mit *Slipyj* am 20. November lehnte der Papst – wie schon sein Vorgänger – beide Forderungen des Kardinals ab, deren Erfüllung den Katholiken ganz Osteuropas schaden, aber auch die schmale Öffnung nach «Westen» versperren würde, die sich die russische Orthodoxie in fünfzehn Jahren geschaffen hatte.

Johannes Paul II. wollte kaum vernarbte Wunden nicht aufreißen, er fühlte sich aber auch souverän genug, sie nicht in Vergessenheit geraten zu lassen. So schrieb er am 19. März 1979 an *Slipyj* einen Brief, in dem er – bei aller Achtung vor «dem Leid und Unrecht», das der Kardinal erleben mußte – an den «ökumenischen Geist» appellierte, der die katholischen Ukrainer ebenso wie die orthodoxen («auf deren Traditionen und Frömmigkeitsformen der Heilige Stuhl mit höchster Verehrung blickt») beseelen müsse; im übrigen sei an die UN-Menschenrechtserklärung von 1948 zur Religionsfreiheit zu erinnern.[6]

Ohne «russischen Komplex», doch zugleich als «erster slawischer Papst», der allen Völkern des Ostens, «die man im Westen so oft vergessen hat», Stimme verschafft und «die geistige Einheit des christlichen Europa», seine «großen Traditionen von West und Ost», sichtbar macht (Predigt in Gnesen am 3. Juni 1979) – so wollte *Johannes Paul II.* seine Polenreise zum ersten, ja wichtigsten Test seiner Ostpolitik machen. Konnte dies gelingen? Emotionen, die diesen Papst gerade als Polen bei seiner «Heimkehr» bestürmen mußten, erhöhten das Risiko. Manche Anspielung seiner Predigten (wie etwa – am 2. Juni – auf die «verbündeten Mächte», die den Warschauer Aufstand 1944 im Stich ließen) wirkten in diese Richtung, aber auch ein gewisser religiöser Integralismus und ein – zuweilen an General *de Gaulles* Europavision erinnerndes[7] – patriotisch-religiöses Sendungsbewußtsein Papst *Wojtylas* schien an polnischen «Messianismus» anzuknüpfen (der im 19. Jahrhundert antirussisch gestimmt war). Mit solchen Tönen konnte der Papst allerdings die gläubigen Massen nicht nur mobilisieren, sondern auch dirigieren und disziplinieren. Er selbst verordnete sich, von *Casarolis* diplomatischer Umsicht unterstützt, immer wieder sorgsame Korrekturen und Einschübe, die vor Mißverständnissen bewahren sollten. So wenn er am 9. Juni vor Millionen Zuhörern in Krakau versicherte: «Es gibt keinen Imperialismus der Kirche» oder wenn er in Auschwitz am 7. Juni von seiner Hochachtung vor den Opfern von Menschen «verschiedener Ideologien, nicht nur Gläubiger» sprach und an den Anteil des russischen Volkes «am letzten schrecklichen Krieg um die Freiheit der Völker» erinnerte und seine Landsleute aufforderte, allen Menschen und jedem Volk brüderlich zu begegnen.[8]

Die – nicht nur ideologische – Herausforderung, die in dem Ereignis der Polenreise als solchem für Moskau steckte, war gleichwohl nicht zu vermeiden. Doch gerade deshalb auch setzte Papst *Wojtyla* gleichsam alles auf die «polnische Karte». Daß Religion ein Faktor der Stabilität, der staatsbürgerlichen Solidarisierung und Aktivierung – also «Stimulans» statt «Opium» – sein kann, wenn man sie nur selbst in Ruhe läßt; daß die Kirche «mit jedem Arbeitssystem zur gemeinsamen Verständigung kommen will», wenn man ihr nur erlaubt, «zum Menschen von Christus zu reden» (Predigt vor Arbeitern der Lenin-Hütte in Nowa Huta am 9. Juni) – dies mußte, falls es sich überhaupt für Moskauer Begriffe beweisen ließ, dort gezeigt werden, wo es wie nirgendwo sonst politisches Gewicht gewinnen konnte: in Polen.

Im kirchen- und ostpolitisch bedeutsamsten Dokument dieser ersten Polenreise, der Ansprache vor dem polnischen Episkopat in Tschenstochau am 5. Juni,[9] forderte der Papst die – zum Teil überraschten – Bischöfe auf, in obigem Sinne ihren eigenen Beitrag zur ostpolitischen Strategie des Vatikans zu leisten. Hatten der polnische Episkopat und sein Kardinalprimas, Stefan *Wyszyński*, bisher dazu geneigt, an römischer Sachkompetenz im Osten zu zweifeln und die Beziehungen zwischen Kirche und Staat in Polen vorwiegend als eigene Angelegenheit zu betrachten, so pochte nun ein Papst, dem die Kenntnis Polens nicht abzusprechen ist, auf seinen Primat. Neunmal unterstrich er – auch gegenüber innerkirchlichen Kritikern, die der vatikanischen Ostpolitik eine «Überschätzung von Strukturen» vorwerfen – die entscheidende Bedeutung der «hierarchischen Verfassung und Struktur» der römischen Kirche:

> «Nur wenn wir uns dieses richtige Bild der Kirche und in ihrer organischen Gesamtgestalt das des Heiligen Stuhles vor Augen halten», so belehrte der Papst die Bischöfe, «können wir in richtiger Weise die Bedeutung einer Sache ermessen, die seit einer Reihe von Jahren in Polen *neue Aktualität* gewonnen hat, nämlich die Normalisierung der Beziehungen zwischen Kirche und Staat.» Polens Episkopat habe schon vieles in dieser Richtung unternommen, «er darf nicht aufhören, diese für die heutige Kirche wichtigen Initiativen zu ergreifen», mahnte der Papst, bemerkte aber auch: «Wir sind uns bewußt, daß dieser Dialog nicht einfach sein kann, weil er sich zwischen zwei diametral entgegengesetzten Weltanschauungen vollzieht.»

Und eben dies machte gerade hier diesen Versuch auch problematisch. Es war ein Unternehmen mit hohem Einsatz, dessen Risiken der Papst ebenso sah wie die möglichen Chancen.

Zwischen Rom und Moskau:
Das Scheitern der «Solidarność»

«Dieser polnische August wäre nicht möglich gewesen ohne einen Polen auf dem Stuhl Petri», schrieb einer der engsten Freunde Johannes Pauls II., *Jerzy Turowicz* aus Krakau, als 1980, zwei Monate nach dem Aufbruch der polnischen Erneuerungsbewegung, die erste unabhängige Gewerkschaft in einem kommunistisch regierten Land entstanden war.[10] Die «Solidarność» war zwar nicht ein Werk der Kirche und des Papstes, sondern Produkt einer inneren Krise des Systems, aber der polnische Katholizismus, noch selbstbewußter geworden durch seinen Papst, war zu ihrem Geburtshelfer und Paten geworden.

Zwei Tage bevor Kardinal Wyszyński am 23. Oktober 1980 nach Rom reiste, einigte er sich bei seiner ersten Begegnung mit dem neuen Parteichef *Kania* darüber, daß «die konstruktive Zusammenarbeit zwischen Staat und Kirche den Interessen der Nation dient und daher fortgesetzt wird für Polens Wohl und Sicherheit». Der Papst, der sich öffentlich Zurückhaltung auferlegte, übermittelte am 8. November durch Wyszyński an die Solidarność-Führung die dringende Bitte um «große Geduld und großes Maßhalten». Dies dürfte wesentlich dazu beigetragen haben, daß das dramatische Tauziehen um die Form der gerichtlichen Registrierung von «Solidarność» am 10. November mit einem Kompromiß endete, der jedoch die Gewerkschaft voll legalisierte.

Fast wie ein Staatsbesuch wurde dann am 15. Januar 1981 in Rom die Spezialaudienz des Papstes für *Lech Wałesa* und sein Führungsteam zelebriert. Der Papst rühmte die «Reife» seiner Landsleute, ja seine eigene «diskrete Art», in der er die Krise aus der Ferne begleitet hatte. Die Legalisierung von «Solidarność» erlaubte ihm nun, die Erneuerungsbewegung offen zu umarmen und zugleich zu versuchen, sie – mit vatikanisch-diplomatischer Methodik – zu bändigen und abzusichern:

> «Es gibt nicht – weil es auch nicht geben darf – einen Gegensatz zwischen dieser Art autonomer gesellschaftlicher Initiative von Arbeitern und der Struktur eines *Systems*, das sich auf die menschliche Arbeit als Grundwert des Staats- und Gesellschaftslebens beruft… Die Bemühung dieser Herbstwochen war und ist gegen niemanden gerichtet… Die Aktivität von Gewerkschaften hat *keinen politischen Charakter*, sie darf niemandem als Werkzeug dienen, keiner politischen Partei… Möge euch stets der gleiche Mut begleiten, der am Anfang eurer Initiative stand, aber auch die gleiche Besonnenheit und Mäßigung…»[11]

Der Machtzerfall der Partei, begleitet vom totalen Vertrauensschwund der Regierten und von zunehmenden wirtschaftlichen Katastrophenzeichen, ließ jedoch ein politisches Vakuum entstehen, dessen Anziehungskraft auf *Solidarność* von Monat zu Monat stärker wirkte. Immer neu aufflammende Konflikte, Streiks und Zusammenstöße, auch unverkennbare Provokationen, verschärften die Polarisierung. Die Vermittlungsbemühungen des Primas wurden schwieriger. Als «Solidarność» für Ende März einen Generalstreik ausrief, wagte Johannes Paul II. einen riskanten Schritt. In einem Telegramm an Wyszyński teilte er am 28. März mit, aus allen Teilen Polens erreichten ihn Stimmen breiter Arbeitermassen, die «ihren Willen zum Arbeiten und nicht zum Streiken unterstreichen». Das Attentat auf den Papst (13. Mai) und Wyszyńskis Tod (28. Mai) drohten den mäßigenden Einfluß der Kirche zu schwächen. Einen Augenblick lang schien es, als würde mit dem Primas, an dessen Bahre Katholiken und Kommunisten trauerten, eine Epoche zu Grabe getragen. Der Aufruf des Papstes zu dreißigtägiger Trauer und «nationaler Meditation» zeitigte keine spürbare Beruhigung im Lande. Der neue Primas, Erzbischof *Józef Glemp*, von Wyszyński selbst als Nachfolger empfohlen, war entschlossen, auf dessen vermittelndem Kurs weiterzugehen, aber die Autorität seines Vorgängers hatte er erst zu erwerben. Um so dringender versuchte die Parteiführung, kirchliche Unterstützung gegen eine weitere Radikalisierung zu gewinnen. Die Idee einer neuartigen «Front der Nationalen Verständigung» wurde nun mit wechselndem Inhalt hin- und hergewendet. Stundenlang versuchte Außenminister *Józef Czyrek* am 13. Oktober in Castel Gandolfo, den von den Attentatsfolgen kaum genesenen Papst von der Notwendigkeit einer *direkten* politischen Zusammenarbeit zu überzeugen (während am gleichen Tage die Moskauer *Prawda* zum erstenmal «reaktionäre katholische Geistliche» beschuldigte, hinter der «polnischen Konterrevolution» zu stehen). Primas Glemp, der vom 16. bis zum 21. Oktober nach Rom kam, war mit dem Papst einig, daß sich die Kirche keinesfalls unmittelbar politisch engagieren dürfe. Gleichwohl setzten sich am 4. November Glemp, Wałęsa und Jaruzelski zum ersten Mal gemeinsam an den Verhandlungstisch. Aber der Schein trog. Radikale Kräfte beider Seiten steuerten auf eine Kraftprobe zu.

Der Militärstreich vom 13. Dezember 1981, von Jaruzelski als «kleineres Übel» betrachtet, von der verbitterten Nation jedoch als schreckliche Enttäuschung erlebt, war für die vatikanische Diplomatie ein lange befürchteter, für den Papst selbst ein eher unerwarteter Schock. Kardinalstaatssekretär Casaroli, der sich zufällig in den USA aufhielt, sprach am 15. Dezember mit dem Präsidenten Reagan und riet von vorschnellen Reaktionen ab. Dem sowjetischen Parteichef Breschnew in Moskau überreichten am 15. Dezember zwei Professoren der «Päpstlichen Akademie der Wissenschaften» eine von dieser erarbeitete Erklärung für atomare Abrüstung, die alsbald mit sowjetischem Lob für die «Friedenspolitik des Vatikans» bedacht wurde. Nach Warschau aber entsandte der Papst am 18. Dezember den Sondernuntius Poggi, der General Jaruzelski einen dramatischen Brief des Papstes überreichte.

Pan Prezes Rady Ministrów
Polskiej Rzeczypospolitej Ludowej
Generał Armii
Wojciech Jaruzelski
Warszawa

Wydarzenia ostatnich dni, wiadomości o zabitych
i rannych Rodakach w związku ze stanem wojennym wprowa-
dzonym od 13 grudnia, nakazują mi zwrócić się do Pana
Generała z usilną prośbą i zarazem gorącym wezwaniem

o zaprzestanie działań, które przynoszą z sobą
rozlew polskiej krwi.

W ciągu ostatnich zwłaszcza dwu stuleci Naród
Polski doznał wiele krzywd, rozlano też wiele polskiej
krwi, dążąc do rozciągnięcia władzy nad naszą Ojczyzną.

Ostatnia wojna i okupacja przyniosła stratę oko-
ło sześciu milionów Polaków, walczących o własną i nie-
podległą Ojczyznę.

W tej perspektywie dziejowej nie można dalej roz-
lewać krwi polskiej: nie może ta krew obciążać sumień
i plamić rąk Rodaków.

Zwracam się więc do Pana, Generale, z usilną prośbą i zarazem gorącym wezwaniem, ażeby sprawy związane

z odnową społeczeństwa, które od sierpnia 1980 r. były załatwiane na drodze pokojowego dialogu, wróciły na tę samą drogę. Nawet jeżeli jest ona trudna, nie jest niemożliwa.

Domaga się tego dobro całego Narodu.

Domaga się tego również opinia całego świata, wszystkich społeczeństw, które słusznie wiążą sprawę pokoju z poszanowaniem praw człowieka i praw narodu.

Ogólno-ludzkie pragnienie pokoju przemawia za tym, ażeby nie był kontynuowany "stan wojenny" w Polsce.

Kościół jest rzecznikiem tego pragnienia.

Zbliżają się Święta Bożego Narodzenia, które od tylu pokoleń łączyły wszystkich synów i córki naszego Narodu przy opłatku wigilijnym.

Trzeba uczynić wszystko, ażeby tegorocznych Świąt Rodacy nie musieli spędzać pod grożbą śmierci i represji.

Zwracam się do Pańskiego sumienia, Generale, i do sumień wszystkich tych ludzi, od których zależy w tej chwili decyzja.

Watykan, dnia 18 grudnia 1981 r.

Jan Paweł pp. II

Ps. Ten sam apel przekazuję równocześnie na ręce P.Lecha Wałęsy, Przewodniczącego "Solidarności",
a także na ręce Prymasa Polski Księdza Arcybiskupa Józefa Glempa dla całego Episkopatu Polski oraz Kardynała Franciszka Macharskiego, Metropolity Krakowskiego.
O niniejszej interwencji powiadomię równocześnie Przedstawicieli Rządów.

Der Papst appelliert an das Gewissen des Generals Jaruzelski

Übersetzung:

Herr Vorsitzender des Ministerrats der Polnischen Volksrepublik, Armee-General Wojciech Jaruzelski, Warschau.

Die Ereignisse der letzten Tage, die Nachrichten über getötete und verwundete Landsleute im Zusammenhang mit dem am 13. Dezember eingeführten Kriegszustand gebieten mir, mich an Sie, Herr General, mit der dringenden Bitte und zugleich mit der inständigen Aufforderung zu wenden, mit Handlungen aufzuhören, die das Vergießen polnischen Blutes zur Folge haben.

Im Laufe besonders der letzten zwei Jahrhunderte hat Polen viel Unrecht erlebt, wurde auch viel polnisches Blut vergossen, indem man danach trachtete, die Macht über unser Vaterland auszudehnen.

Der letzte Krieg und die Besetzung brachten den Verlust von etwa sechs Millionen Polen, die um ein eigenes und unabhängiges Vaterland kämpften.

In dieser geschichtlichen Perspektive darf man nicht weiter polnisches Blut vergießen: dieses Blut darf nicht auf dem Gewissen von Landsleuten lasten und ihre Hände beflekken.

Ich wende mich also an Sie, General, mit der dringenden Bitte und zugleich mit der inständigen Aufforderung, damit das, was mit der Erneuerung der Gesellschaft verbunden ist und seit August 1980 auf dem Wege friedlichen Dialogs geregelt wurde, auf diesen gleichen Weg zurückkehre. Selbst wenn es schwierig ist, unmöglich ist es nicht.

Das Wohl der ganzen Nation erfordert dies. Es verlangt dies auch die gesamte Weltmeinung, alle Völker, die zu Recht die Sache des Friedens mit dem Respekt vor den Rechten des Menschen und den Rechten der Nation verbinden.

Der allgemein-menschliche Wunsch nach Frieden spricht dafür, den «Kriegszustand» in Polen nicht fortzusetzen.

Die Kirche ist Sprecher dieses Wunsches.

Es naht das Heilige Weihnachtsfest, das seit so vielen Jahrhunderten alle Söhne und Töchter unserer Nation vereint bei der Oblate des Heiligabends.

Man muß alles tun, damit die Landsleute die diesjährigen Feiertage nicht unter der Drohung von Tod und Repression verbringen müssen.

Ich wende mich an Ihr Gewissen, General, und an das Gewissen all jener Leute, von denen in diesem Augenblick die Entscheidung abhängt.

Vatikan, am 18. Dezember 1981   Johannes Paul PP. II

PS Diesen gleichen Appell übersende ich zu Händen von Herrn Lech Wałesa, dem Vorsitzenden von *Solidarność*, und auch zu Händen des Primas Erzbischof Józef Glemp für den ganzen Episkopat Polens sowie an Kardinal Franciszek Macharski, den Krakauer Metropoliten.

Von der vorliegenden Intervention verständige ich gleichzeitig die Vertreter der Regierungen.

Der General hatten den Text schon vorher fernschriftlich aus Rom erhalten und zunächst dessen Annahme verweigert, weil in der ursprünglichen (in Abwesenheit Casarolis formulierten) Fassung des Briefs ein indirekt-kritischer Hinweis auf die Sowjets enthalten war. Auf diesen verzichtete der Papst, aber nicht auf das – diplomatisch ungewöhnliche – «Postskriptum», mit dem er an alle Welt appellierte...

Die lange und höfliche Antwort Jaruzelskis, die erst drei Wochen später, am 9.

Januar 1982 telegrafisch nach Rom übermittelt wurde, konnte sich darauf berufen, daß größeres Blutvergießen vermieden worden war; die allgemeinen Absichtserklärungen des Generals ohne konkrete Zusagen bestätigten im Vatikan jedoch den Eindruck, daß es Jaruzelski nicht am Willen, aber an politischer Kraft zu einem Kompromiß mit der Nation fehlte. Wenn sich der Papst bereits am 22. Dezember für eine Lösung «in gegenseitiger Zusammenarbeit (*collaborazione*) zwischen Behörden und Bürgern» aussprach und wenn er sich am 1. Januar 1982 zum erstenmal ausdrücklich wieder für *Solidarność* einsetzte, dann waren dies die beiden unerläßlichen, doch – nach allem, was geschehen war – schwer miteinander zu vereinbarenden Voraussetzungen.

Die Kirche selbst konnte sich gegenüber dem Regime nicht zum Bürgen einer Gewerkschaftsbewegung machen, auf deren politisches Profil sie schon vor dem 13. Dezember nur begrenzten Einfluß gehabt hatte. Der Papst, der am 13. Januar 1982 begann, jeden Mittwoch bei der Generalaudienz die polnische Lage in der Form eines Gebetes zu kommentieren, äußerte sich immer mehr beunruhigt und ratlos. Am 3. Februar flehte er die Madonna von Tschenstochau in fast verzweifeltem Ton an, den Polen einen Weg zur Freiheit zu öffnen: «Zeig uns, daß es den Weg gibt! Lehre uns, wie man ihn geht!»

Am nächsten Tag flog Primas Glemp nach Rom; aus seinen Gesprächen mit dem Papst ging ein Vorschlag zu einem neuen Gesellschaftsvertrag (*ugoda społeczna*) hervor, den die Bischofskonferenz am 27. Februar dem Land unterbreitete:

> «…Partner der Übereinkunft sind die regierende Macht und glaubwürdige Vertreter der organisierten gesellschaftlichen Gruppen. Nicht fehlen kann unter ihnen die Vertretung der zeitweilig suspendierten Gewerkschaften, auch die *Solidarność*, die breite gesellschaftliche Zustimmung hat… Der Sinn für Realismus und Besonnenheit erfordert von uns, daß wir uns nicht der Parole ‹Alles oder Nichts› ergeben, vielmehr systematisch, beständig und schrittweise vorgehen. Das verlangt von uns, das Problem der Arbeit für das Gemeinwohl zu überdenken, unbesonnene Kollektivreaktionen zu vermeiden, aber auch Nüchternheit bei individuellen Bedürfnissen… Wir sind uns darüber im klaren, daß sich eine wirksame Erfüllung der Aufgaben sowohl durch die Staatsmacht wie durch die Gesellschaft *gegenseitig bedingt*…»

In den folgenden Wochen zitierte Johannes Paul II. – in polnischer Sprache – immer wieder aus diesem Dokument als einem «Programm des Lebens» (so am 17. März). Vor der KSZE-Nachfolgekonferenz in Madrid meldete sich der Vatikanvertreter, Erzbischof *Silvio Luoni*, mit einer Erklärung:

> «…Zwischen gegensätzlichen Nationalismen und Imperialismen erwies sich das polnische Problem stets als sehr wichtiger Faktor… Als Unterzeichner der Schlußakte [von Helsinki] haben wir uns alle verpflichtet, miteinander die universale Bedeutung der Grundrechte und Freiheiten des Menschen zu verkünden und sie zu respektieren… Das polnische Volk hat ein Recht zu erwarten, daß diese Philosophie zu seinen Gunsten angewendet wird und zur Überwindung der Gegensätze führt, deren Gegenstand und Opfer es nur allzu oft gewesen ist…» (Rede vom 12. Februar 1982)

Konnte etwa der Teufelskreis, in dem sich Regime und Nation gegenseitig belagerten, durchbrochen werden, wenn man den Polen die versöhnliche Perspektive eines neuen Papstbesuchs eröffnete? Am 8. Juni lud die Bischofskonferenz – überraschend für die Regierung – den Papst präzise für den *August* nach Polen ein: dies werde «die Einheit der Polen untereinander vergrößern sowie die Gemeinschaft zwischen den Völkern stärken», erklärten die Bischöfe. Die Regierung reagierte – aufgeschreckt auch durch neue Zwischenfälle – am 13. Juni 1982 mit einem PAP-Kommuniqué. Es vermittelt Aufschlüsse auch für die Debatten der folgenden zwölf Monate um eine Papstreise:

> «…Der Papst wird als Pole ein herzlich begrüßter Gast in seiner Heimat sein. Jedoch Termin und Programm des Besuchs bedürfen, wie in jedem Staat, einer unerläßlichen Vereinbarung zwischen der Regierung der Polnischen Volksrepublik, dem Heiligen Stuhl und dem Episkopat Polens.»

«Wir brauchen den Papst, damit er uns Hoffnung gibt», predigte Primas Glemp am 29. Juni in Koszalin (Köslin), bevor er Anfang Juli wiederum nach Rom reiste. Indessen machte sich neue nervöse Kritik aus Moskau bemerkbar: *TASS* und *Iswestija* übernahmen heftige Vorwürfe gegen Papst und Polens Kirche aus der slowakischen «*Pravda*» (Bratislava). Johannes Paul II. reagierte am 14. Juli, indem er auf Polens sechs Millionen Kriegsopfer hinwies: «Niemand darf das vergessen, auch nicht andere: ob nahe oder fern.» Als gelte es darauf beruhigend zu antworten, genehmigte Moskau gerade jetzt dem Papst die Ernennung von zwei Bischöfen in Sowjetlitauen…

Der Warschauer Militärrat jedoch bemühte sich nun in einer fast dramatischen Aktion, den Papst von seinen Reiseabsichten abzubringen und die Auswirkungen zu begrenzen: Für den 22. Juli wurde eine Lockerung des Kriegsrechts und die Entlassung eines Großteils der Internierten in Aussicht gestellt; zugleich appellierte der eilends nach Rom entsandte Außenminister Józef Czyrek am 20. Juli 65 Minuten lang an den «Realismus» des Papstes und – fand mehr Gehör als neun Monate vorher. Behutsam teilte Primas Glemp am nächsten Tag mit, «der Heilige Vater selbst» habe über eine Verschiebung seiner Reise bis 1983 entschieden…

Dennoch – oder auch deshalb? – vertiefte sich der «Abgrund zwischen Regierenden und Regierten», so mußte die Bischofskonferenz am 26. August feststellen. Noch einmal warnte sie in einem Memorandum an Jaruzelski und rief zu «gegenseitigen Konzessionen» auf. Warnend sagte Primas Glemp eine Reise nach Rom ab – und eine Begegnung mit Jaruzelski. «Der Heilige Stuhl und die Kirche in Polen haben getan, was in ihren Kräften stand, damit es zu dieser Verletzung der Menschenrechte nicht komme», versicherte der Papst am 10. Oktober und wandte sich an eine Warschauer Regierungsdelegation (die zur Heiligsprechung des Auschwitz-Märtyrers Maksymilian Kolbe nach Rom gekommen war): «Meine Nation verdient es nicht, zu Tränen der Verzweiflung getrieben zu werden.»

War also alle Bemühung der Kirche gescheitert? «Der Christ verzweifelt niemals… Die *Solidarność* als Organisation existiert nicht mehr, aber das Solidaritäts*gefühl*

bleibt», predigte Glemp am 16. Oktober. «Aber niemand darf von der Kirche verlangen, daß sie vom Wege des Friedens abweicht… Wir gehen den Weg, den uns der
Heilige Vater lehrt», so Glemp am 7. November in Lublin – am Tage bevor er sich
doch wieder eineinhalb Stunden mit General Jaruzelski an den Verhandlungstisch
setzte, um einen Generalstreik abzuwenden. Zwei Tage später war Lech Wałesa ein
freier Mann – doch ohne Gewerkschaft. Einen Monat später wurde das Kriegsrecht
suspendiert. Gleichsam «auf Bewährung» wurde den zornig-resignierten Polen ein
Besuch des Papstes für den Juni 1983 in Aussicht gestellt.

«Wir schätzen den Beitrag des Christentums zu unserer nationalen Identität und
Kultur, zu unseren ethischen Werten… Für die Kirche gibt es einen ehrenvollen Platz
im Leben der sozialistischen Gesellschaft.» Solche Sätze, die Jaruzelski am 9. Oktober
1982, am Tage nach der Solidarność-Liquidierung, sprach, hatte kein kommunistischer Parteichef je über die Lippen gebracht. Konnte so eine Verständigung «trotz
allem», wie der General sagte, doch noch zustande kommen?

Zweite Polenreise –
zwischen Vorsicht und Kühnheit

Die polnische Erneuerungsbewegung, die von der ersten Heimatreise des Papstes
ihren stärksten Impuls erhalten hatte, durch das Kriegsrecht 1981 jedoch an die Grenze des im Sowjetblock Möglichen gestoßen war, blieb untergründig lebendig. Das
psychisch-soziale Trauma ihres Scheiterns, das sie selbst, aber auch das immer schwä-
chere Regime verunsicherte, versuchte Johannes Paul II. durch eine zweite Polenreise
(16.–23. Juni 1983) zu heilen.

Das kommunistische Staatsoberhaupt, Henryk Jabloński, hatte schon in seiner
Einladung an den Papst vom 19. März, die eine Frucht monatelanger Programmver-
handlungen gewesen war, die Aussicht eröffnet, daß der Besuch der «begonnenen
nationalen Verständigung» dienen könnte. *Jaruzelski* selbst hatte am 5. Juni im Gespräch mit Kardinalprimas Józef *Glemp* in diesem Sinne Weichen gestellt für eine
«Pilgerfahrt der nationalen Hoffnung» (so der Episkopat). Noch sechs Wochen später, am 21. Juli, meinte der General in einem Interview für das amerikanische Fernsehen (ABC) eine scheinbar positive Bilanz ziehen zu können: Er rühmte den Papst als
«großen polnischen Patrioten», dessen Besuch zur erfolgreich bestandenen «Reife-
prüfung» für Kirche, Staat und Nation geworden sei. Trotz verschiedener «ideolo-
gisch-philosophischer Standpunkte» habe er mit dem Papst «konstruktive Gespräche
vor allem in der Sorge um größeres Verständnis und harmonische Zusammenarbeit
zwischen Staatsmacht und Gesellschaft» geführt, sagte er.[12]

War dies Zweckoptimismus? Zweimal, am 17. Juni offiziell in Warschau und am
22. Juni halbprivat in Krakau (auf «Vorschlag der kirchlichen Seite»), war der Papst

Begegnung auf dem Flughafen mit *Henryk Jabłoński*,
Vorsitzender des Staatsrates im Juni 1983

Die zweite Reise des Papstes nach Polen im Juni 1983. *Johannes Paul II.* am jüdischen
Getto-Denkmal in Warschau

dem General begegnet; beide Männer hatten danach zu erkennen gegeben, daß sie sich besser als erwartet verstehen, wenn auch nicht verständigen konnten. Bezeichnend war, daß der Papst dabei über die Lage seiner Kirche kaum ein Wort zu verlieren brauchte, während es *Jaruzelski* war, der ihren «besonderen Platz» in Polen würdigte und im Privatgespräch eine gesetzliche Absicherung ihres Status in Aussicht stellte. Der Verlauf des Besuchs hatte diese Frage zunächst noch offen gelassen.

Zum ersten Mal in der Geschichte kommunistischer Machtbehauptung sah sich ein Parteichef zu dem Versuch veranlaßt, seine Politik vor einem Papst öffentlich zu rechtfertigen. Die Ausrufung des Kriegsrechts sei «eine schwierige, aber notwendige Entscheidung in extremis» gewesen; es gebe «Zeiten, in denen man vieles opfern muß, um alles zu retten», so zitierte *Jaruzelski* den amerikanisch-polnischen Freiheitshelden *Tadeusz Kościuszko* und versicherte, daß «das Werk der Reform und Erneuerung im gesellschaftlichen, staatlichen, wirtschaftlichen Leben rechtlich und faktisch unumkehrbar» sei. Eben darauf versuchte dann der Papst in siebentägiger Wanderpredigt vor Millionen seiner Landsleute das Regime festzulegen:

> «…daß die Grundsätze, die so mühsam in den Augusttagen 1980 erarbeitet wurden und in die Abkommen eingingen, zur Wirksamkeit gebracht werden» (im Schloß «Belvedere» am 17. Juni); «…daß nichts von dem, was daran wahr und gerecht war, verlorengeht; daß die Nation, die zu Recht ihre Hoffnung an jene Erneuerung knüpft, den Mut zum gesellschaftlichen Dialog wiederfindet…» (in Tschenstochau am 19. Juni); «…daß allen Arbeitern Polens das Gefühl des Sinns ihrer Arbeit zurückgegeben wird» (in Kattowitz am 20. Juni); «…daß der Mensch durch seine Arbeit nicht entfremdet, nicht versklavt wird, daß sie ihm hilft, in Wahrheit und Freiheit menschenwürdig zu leben» (in Nowa Huta am 22. Juni); «…daß die Schwierigkeiten allmählich überwunden werden… daß die Staatsmacht unter den genannten Bedingungen dem polnischen Staat, der Polnischen Volksrepublik, den verdienten Platz unter den Nationen Europas und der Welt sichert» (vor dem Rückflug nach Rom am 23. Juni).

Stets die zwiespältigen Folgen seines ersten Heimatbesuchs von 1979 vor Augen, bewegte sich der Papst auf dem schmalen Grat zwischen einer Vorsicht, die vor der Verbreitung falscher Hoffnungen bewahrt, und einer Kühnheit, die den Enttäuschten neuen Mut macht. Der für Kommunisten schwer erträgliche Grundton eines charismatischen Volkstribunen fehlte auch jetzt so wenig wie die nationalreligiöse Romantik. Doch beides war spürbar gedämpft durch das geschärfte Bewußtsein der «sehr schweren geopolitischen Lage» Polens (so in Tschenstochau am 19. Juni); es war ausbalanciert auch durch den internationalen Prestigegewinn, den der Papstbesuch als solcher der Jaruzelski-Regierung verschaffte, und – nicht zuletzt – durch das Auftreten des Pontifex in den Oder-Neiße-Gebieten, «die nach vielen Jahrhunderten wieder Teil des polnischen Staates wurden» (so *Johannes Paul II.* am 21. Juni in Breslau, wo er zugleich – auf deutsch – das Wort «Versöhnung» über die Grenze rief).[13]

Unvermeidlich war gleichwohl, daß die neue Kraftdemonstration des polnischen Katholizismus vor dem Hintergrund der tiefen Krise des Landes die geistige, aber auch politische Ohnmacht dessen sichtbar machte, was vom politischen System des Landes noch übriggeblieben war. Nicht nur Regierungssprecher *Urban* mußte beteuern, daß der Besuch weder den «Idealen des Sozialismus» noch der «Zusammenarbeit mit unseren Verbündeten» schade, auch ein – in dieser Form beispielloses – «Kommuniqué» des vatikanischen Pressesprechers (datiert vom Annaberg am 21. Juni) versuchte nervös und krampfhaft zu beschwichtigen:

> «In einigen internationalen Informationsmedien sind Versuche festzustellen, die Reise und die Worte des Papstes auf der Basis eines Inhalts und von Absichten politischen Charakters zu interpretieren: nichts widerspricht mehr den Absichten des Heiligen Vaters...»

Die Vorstellung, es sei möglich, auf «das Politische» einzuwirken und ihm gleichzeitig zu entkommen, ließ auch den Schlußakzent der Reise, die Begegnung des Papstes mit *Lech Wałesa*, mißverständlich erscheinen. So «privat» sich am 23. Juni das Gespräch vollzog, das *Johannes Paul II.* gegen heftiges Widerstreben der Regierung durchsetzte, so folgenlos mußte es bleiben, nachdem *Jaruzelski* dem Papst am Tage vorher klargemacht hatte, daß er den Vorsitzenden der verbotenen «Solidarność» niemals mehr als Verhandlungspartner akzeptieren könne – und dürfe.

> «Noch einmal verläßt Lech Wałesa die Szene. Wir können sagen, daß er seinen Kampf verloren hat... Manchmal ist das Opfer unbequemer Personen notwendig, damit ein höheres Gut für die Allgemeinheit daraus entstehen kann... Ehren wir das Opfer Wałesas...»

Diesen Nachruf widmete dem Arbeiterführer am 24. Juni der Vizedirektor des vatikanischen *Osservatore Romano, Virgilio Levi,* der aus der Umgebung des zurückgekehrten Papstes entsprechend informiert, jedoch nicht autorisiert worden war. Deshalb sofort seines Postens enthoben, konnte sich *Levi* ein halbes Jahr später gleichwohl bestätigt sehen; er habe ja *Wałesas* Abgang nicht gewünscht, sondern nur eine Tatsache festgestellt: «Auch der Papst, der *Wałesa* zu seinem Gesprächspartner machte, war nicht imstande, ihm den Status eines Gesprächspartners der Regierung zurückzugeben.»[14]

Der Papst habe in Polen zwar «einen realen Weg zur Verbesserung der Lage gezeigt», doch sei – so stellte die Bischofskonferenz am 25. August 1983 resignierend fest – «die Chance einer authentischen nationalen Verständigung, die dieser Besuch bot, nicht genutzt worden». Erfolglos seien auch die Versuche des Episkopats geblieben, gegen die Sondergesetze, die am 22. Juli das Kriegsrecht abgelöst hatten, Einspruch zu erheben.

Auch der Papst vermied in den folgenden Monaten, die polnische Krise zu kommentieren. Die «Gemeinsame Kommission» von Regierung und Episkopat beschränkte sich am 26. September in Warschau auf die Notiz, daß sich die Kirche-Staat-Beziehungen «unabhängig von entstehenden Meinungsverschiedenheiten» in Einzelfragen grundsätzlich «günstig» entwickelten («befriedigend» hieß es im ersten Textentwurf). Da der Kommunismus in Polen «kein vorübergehendes kurzfristiges

Phänomen» sei, müsse die Kirche ihren Dialog mit dem Regime aufrechterhalten, sagte Primas *Glemp*, aus Rom kommend, am 7. November in einem Vortrag in Mailand, nachdem er in einem Interview für die Vatikanzeitung[15] alle Versuche, die Kirche in den Kampf gegen politische Strukturen zu verwickeln, als «sehr gefährlich» zurückgewiesen hatte. In seiner Weihnachtsbotschaft[16] zog Primas *Glemp* ein ebenso nüchternes wie ernüchterndes, ja für viele schockierendes Fazit:

> «Der unchristliche Slogan ‹je schlechter, desto besser› führt zum Selbstmord. Wir verstehen, daß das Wort ‹Versöhnung›, das seinen vollen Sinn verloren hat, heute kein Programm enthält. Gleichwohl muß man Polen retten. Man darf nicht das spärliche Gewand, das die Blößen des Vaterlandes bedeckt, zerreißen.»

Dritte Polenreise – und Perestrojka

Monika, die 23jährige Tochter des Generals Jaruzelski, trug den protokollarischen schwarzen Schleier, als sie am 13. Januar 1987 ihren in ziviles Grau gehüllten Vater zum «Heiligen Vater» begleitete – so titulierte der Staats- und Parteichef den polnischen Papst. Freilich erst, als nach dieser Privataudienz, nach einem 70-Minuten-Gespräch, das Eis gebrochen, wenn auch nicht getaut war…

«Zwei Polen» müßten sich doch immer verstehen, wenn es um ihr Land und Europa gehe, sagte der General, und der Papst erwartete von dem Besuch «die erwünschten Ergebnisse». Eines der Resultate war ein halbes Jahr später die vierte Heimatreise Johannes Pauls II.; sie stand bereits – wenn auch unausgesprochen – im Zeichen der Veränderungen, die Michail Gorbatschow (seit 1985 Parteichef in Moskau) im Sowjetimperium eingeleitet hatte. Auch eine religiöse «Perestrojka» lag in der Luft.

Nur so konnte geschehen, was sich ein Josef Stalin nicht einmal in seinen Alpträumen hätte vorstellen können: ein riesiges Kreuz vor jenem Warschauer Kulturpalast, den er den polnischen Kommunisten geschenkt hatte, und davor ein römischer Papst, der vor Millionen frommer und begeisterter Gläubiger die christliche Botschaft gegen «programmierten Atheismus» setzte und sich dabei auf die Kirchen in aller Welt, auch «in den Gebieten des großen Rußland» berief.

Diese Schlußszene am 14. Juni 1987, dem letzten Tag der dritten Polenreise Johannes Pauls II., hätte weniger dramatisch gewirkt, wenn ihr nicht Tage vorausgegangen wären, während deren der Papst – nach einem anfangs eher behutsamen Auftreten – immer mehr als messianischer, nicht nur moralischer Erwecker seiner Nation predigte. Gewiß lag ihm vor allem daran, seine Landsleute aus Passivität und Resignation aufzurütteln. Was er dabei in den Ostseestädten hervorrief, erinnerte an die Stimmung, die Anfang der achtziger Jahre als direkte Folge seines ersten Besuchs von 1979 entstanden war und schließlich eine Massenbewegung ausgelöst hatte. Sie war von dem gleichen General Jaruzelski niedergeschlagen worden, der jetzt bei der Begrüßung des Papstes versicherte: «Alles, was in der Protestwelle der achtziger Jahre echt, verantwortlich und im polnischen Interesse war, findet heute seinen Platz im sozialistischen Leben.»

Eben dies bezweifelten aber die meisten Polen. Nicht nur im organisierten politischen, auch im psychologischen «Untergrund» einer frustrierten, grollenden Apathie lebte eine jener romantisch-utopischen Hoffnungen weiter, mit denen diese Nation immer schon ihre Leiden kompensieren mußte. Sie hieß nun schon seit Jahren *Solidarność*.

Und gerade diese Parole gab der Papst jetzt so aus, als sei «Solidarität» nur ein philosophisch-moralischer Wertbegriff ohne politische Brisanz. Auf «neue Weise» müsse man das Wort aussprechen, sagte er in Gdingen; sein ewiger Sinn bestehe darin, Menschen zu vereinen, nicht zu entzweien: «Kann unsere Welt weiterbestehen, wenn ein System das andere, ein Mensch den anderen bekämpft?» Auch gegen Rüstungswettlauf, Krieg und kollektive Selbstzerstörung müsse man die Solidarität eines jeden mit jedem gegen das Prinzip «Alle gegen alle» mobilisieren, so dozierte er vor seinen Landsleuten, die schon in Gdingen nur das heraushörten, was sie selbst bei jenem Wort bewegte.

Da mochte «solidarność» im päpstlichen Redetext klein geschrieben sein, um es nicht mit der verbotenen Gewerkschaft zu identifizieren. Bei den Menschen konnte (und sollte) es nicht anders als in Großbuchstaben ankommen, erst recht, als ihr Papst es noch deutlicher in Danzig aussprach, wo siebzehn Jahre vorher Polizei auf Arbeiter geschossen hatte und wo 1980 die Solidarność entstanden war.

«Die Arbeiter haben ein Recht auf Selbstverwaltung..., auf unabhängige, autonome Gewerkschaften, wie es gerade hier in Danzig unterstrichen wurde.» Minutenlang applaudierten Hunderttausende, in der ersten Reihe Lech Wałesa, der «Nobelpreisträger», wie ihn der Vatikansprecher delikat titulierte. Dann der unzweideutige Satz, der wie ein Windstoß die Menschenmenge bewegte: «Die Danziger Abkommen, die in der Geschichte Polens als Ausdruck wachsenden Bewußtseins der Arbeiter verzeichnet sind, bleiben immer als Aufgabe zu verwirklichen.»

Noch in Gdingen hatte sich der Papst demonstrativen Beifall verboten, und im südpolnischen Tarnow, wo er an die Bauern-Solidarność erinnerte, versicherte er abweichend vom vorbereiteten Text: «Ein Papst kann darüber nicht schweigen, auch wenn er kein Pole wäre, und um so weniger, wenn er ein Pole ist.»

In Danzig jedoch überließ er sich ganz seinen Emotionen: «Das, was hier in Danzig an der Ostseeküste geschah, hat große Bedeutung für die menschliche Arbeit, für die Solidarität, für alles, was für euch, für das Land so wichtig ist», improvisierte er nach der Messe, immer wieder von Solidarność-Sprechchören unterbrochen. «Ich bitte euch sehr, daß das Gebet der einzige Ausdruck dessen sei, was wir manifestieren wollen..., so wie damals in der Danziger Werft, in jenen entscheidenden Tagen. Heute wiederholen wir diese Tage in gewissem Sinn... Möge es bis zum Schluß ein Tag des Gebetes bleiben, damit nichts den besonderen Charakter, den eure Sache verdient, stört – nichts und niemand... Ich bete für jene, die Opfer dafür gebracht haben, daß das Leben der Arbeiter menschenwürdiger wird, damit sich das Gesicht unserer polnischen Erde erneuert – so wie ich es auf dem Siegesplatz in Warschau (1979) sagte, als ich den Heiligen Geist bat, herabzusteigen und das Antlitz dieser Erde zu erneuern... Ich bitte euch, solidarisch zu sein in dieser Weitsicht. Man muß in die Zukunft schauen und die Kräfte, Leib und Seele, für die Zukunft sparen...»[17]

Diese Zukunft hatte nicht nur in Polen, sondern auch in der Sowjetunion schon begonnen. Der Grundsatz, «am Gegner nicht zu zweifeln», den Papst *Johannes Paul II.* schon zu Beginn seines Pontifikats als ebenso diplomatische wie christliche Voraussetzung aller vatikanischen Ostpolitik verkündet hatte,[18] erwies sich angesichts der Veränderungen in Osteuropa auf unerwartete Weise bekräftigt. Die Wende in der sowjetischen Religionspolitik signalisierte Michail *Gorbatschow* bei seiner unerwartet herzlichen Begegnung mit dem Papst. Am 1. Dezember 1989, am Vortag der Malta-Gipfelkonferenz, betrat er als erster sowjetischer Parteichef zum «offiziellen Besuch» den Vatikan; nach einem fast eineinhalbstündigen Gespräch lud er den Papst in die Sowjetunion ein, kündigte einen «offiziellen Status» der sowjetisch-vatikanischen Beziehungen an und sagte in seiner Ansprache:

«Menschen vieler Konfessionen – Christen, Moslems, Juden, Buddhisten und andere – leben in der Sowjetunion und haben alle das Recht, ihre geistlichen Bedürfnisse zu befriedigen. In Kürze wird in unserem Land ein Gesetz über die Gewissensfreiheit verabschiedet werden... Den Problemen zwischen dem Staat und den verschiedenen Kirchen begegnen wir im Geiste des Humanismus und der Demokratie im Rahmen unserer Perestrojka.» Noch genauer hatte *Gorbatschow* am 30. November in seiner Rede auf dem römischen Kapitol die Trennung von Kirche und Staat neu interpretiert: «Wir gehen jetzt davon aus, daß der Glaube eine Gewissensfrage ist, in die sich niemand einmischen darf, und daß die moralischen Werte, welche die Religion erarbeitet hat und mit sich bringt, der Sache der Erneuerung in unserem Land dienen können und schon dienen.»[19]

Der Papst, der unter vier Augen mit *Gorbatschow* auch konkrete Fragen zur Sprache gebracht hatte, vermied es, seine Wünsche öffentlich zu präzisieren; er bekundete sein «größeres Vertrauen in die Zukunft der Glaubensgemeinschaften», auch der Katholiken aller Riten, begrüßte die «vielversprechenden, langsam gereiften Zeichen der Zeit» und wünschte *Gorbatschow* «den Segen des Allmächtigen Gottes». Radio Vatikan nannte das Ereignis «einen magischen Augenblick der Geschichte...» Er war langsam, ohne politische Zauberkünste herangereift.

Noch im Sommer 1987 konnte in der litauischen Sowjetrepublik das 600-Jahre-Jubiläum christlicher Präsenz nur in begrenztem Rahmen, spürbar behindert durch die Behörden, begangen werden; die Teilnahme eines vatikanischen Abgesandten oder gar des Papstes selbst, die – zur Besänftigung nationalreligiöser Gemüter – zeitweilig in Aussicht gestellt worden war, wurde vom Moskauer Kirchenamt mit der Begründung verweigert, der Vatikan habe die sowjetischen Grenzen im Baltikum – also die Annexion von 1940 – nicht anerkannt.

Während seines offiziellen Italienbesuches wurde der Generalsekretär
des ZK der SED und Vorsitzender des Staatsrates der DDR,
Erich Honecker, von *Papst Johannes Paul II.* am 24. 4. 1985
zu einer Audienz im Vatikan empfangen

Der sowjetische Staatschef *Michail Gorbatschow* wurde am 1. Dez. 1989
im Vatikan von *Papst Johannes Paul II.* zu einer Privataudienz begrüßt

Von *Gorbatschow* selbst war zum Thema Religion bis dahin nur ein Ruf zu atheistischer «Wachsamkeit» im islamischen Taschkent bekannt geworden, der offenbar durch politische Befürchtungen ausgelöst war und nur von der lokalen Parteizeitung notiert wurde.[20] Eine «neuartige Koexistenz» mit den Religionsgemeinschaften und die Vermeidung von «Fehlern der Vergangenheit» kündigte Konstantin *Chartschew*, der Vorsitzende des «Rates für Religiöse Angelegenheiten beim sowjetischen Ministerrat», zum erstenmal an, als er Ende August 1987 an einer Konferenz in den Vereinigten Staaten teilnahm.[21] Religion lasse sich weder administrativ liquidieren noch ideologisch vereinnahmen, schrieb *Chartschew* dann im Januar 1988 in der Moskauer Regierungszeitung und kündigte eine gesetzlich verankerte «neue Auslegung des Prinzips der Gewissensfreiheit» an; gleichzeitig versicherte er in einer Zuschrift an eine katholische Monatszeitschrift in Rom, die Aktivität seiner Behörde müsse «von allen Resten des Bürokratismus gereinigt» werden.[22]

Solche Äußerungen, aber auch kleine Gesten – wie etwa der Vatikan-Besuch des Chores der Roten Armee, der am 20. Februar 1988 vor dem Papst ein «Ave Maria» anstimmte – wurden von der päpstlichen Diplomatie zwar aufmerksam registriert, doch so wenig überschätzt wie etwa der Auftritt des Moskauer Staatszirkus, der im März 1987 vor *Johannes Paul II.* artistische Kunststücke vorgeführt hatte. Der Verdacht, daß es sich nur um taktisch-klimatische Veränderungen handeln könnte, lag nahe, weil die sowjetische Agentur *Nowosti* noch am 21. Januar 1988 dem Papst vorwarf, er habe bei seiner dritten Polen-Reise im Juni 1987 durch seine Begegnung mit Lech *Wałesa* und durch die Seligsprechung einer von zaristischen (!) Soldaten geschändeten Nonne nationalistische und antisozialistische Gefühle angestachelt.

Andererseits hatte *Johannes Paul II.* vor der Auslandspresse in Rom am 17. Januar 1988 die «volle Wahrheit» zur Bedingung einer vatikanischen oder gar seiner persönlichen Teilnahme an der Moskauer Tausendjahrfeier der Christianisierung Rußlands und der Ukraine gemacht. Auch den – für die sowjetischen Kommunisten wie für die Russisch-Orthodoxe Kirche – wundesten Punkt berührte er dabei: das Problem der 1946 durch *Stalin* und das Moskauer Patriarchat zwangsweise aufgelösten «unierten» ukrainisch-katholischen Kirche des östlichen Ritus, die – wie der Papst sagte – «praktisch im Untergrund lebt und deren Treue zu Rom uns verpflichtet». Ihren Gläubigen widmete der Papst am 14. Februar 1988 eine Botschaft, die jedoch alle historisch-politischen Klippen sorgsam umging:

Jene Union von Brest, die 1596 die Ukrainer mit der römischen Kirche verbunden hatte, sei «gegen niemanden gerichtet» gewesen und müsse auch heute kein Hindernis des ökumenischen Dialogs mit den orthodoxen Brüdern sein, so argumentierte der Papst.[23] Noch zwei Jahre vorher hatte Kardinal *Myroslav Lubachivsky*, seit dem Tod Slipyjs 1984 römisches Oberhaupt der ukrainischen Unierten, in einer Streitschrift heftig in Frage gestellt, ob es «wirklich Rußland» war, das im Jahre 988 christianisiert wurde. Der Kardinal hatte dem Moskauer Patriarchat sogar das Recht abgesprochen, dieses Jubiläum zu feiern, das eigentlich ein ukrainisches sei.[24] Päpstlicher Autorität war es dann gelungen, den eigenwilligen Kardinal und nominellen Großerzbischof von Lviv (Lemberg) noch rechtzeitig zum Einlenken zu bewegen: «Im Geiste Christi reichen wir unsere Hand des Verzeihens, der Versöhnung und der Liebe dem russischen Volk und dem Patriarchat von Moskau...», erklärte *Lubachivsky* am 6. November 1987. Erst danach wurde es dem Papst erleichtert, das kirchengeschichtlich so heikle Jubiläumsthema am 25. Januar 1988 – schon drei Wochen vor seinem Brief an die ukrainischen Katholiken – in einem Schreiben an die orthodoxen Russen aufzugreifen und über die – wie er schrieb – «jahrhundertelangen Mißverständnisse» hinwegzuheben:

Eine «schrittweise Rückkehr zur Eintracht» könne sich «besonders heute nur positiv auf die orthodoxen und katholischen Erben der Taufe von Kiew auswirken» und auch einen günstigen Einfluß auf jenen Entspannungsprozeß im gesellschaftlichen Leben (*in rei civili*) ausüben, der in allen, die für friedliches Zusammenleben in einer Welt arbeiten, so «große Hoffnung erweckt».[25]

Mit dieser unverkennbaren Anspielung auf die Perspektiven der «*Perestrojka*» verband der Papst einen Appell zur Vereinigung Europas, dessen westliche und östliche Kulturformen so zusammengehörten «wie die beiden Lungen eines Organismus». Mit keinem Wort war in dem Schreiben vom atheistischen Marxismus die Rede, vor dem der Papst noch 1986 in einer Enzyklika ausdrücklich als einem «finsteren Zeichen des Todes am Horizont unserer Epoche» gewarnt und dessen politische Realisierungen die vatikanische Glaubenskongregation noch 1984 als «Schande unserer Zeit» bezeichnet hatte.[26] In seiner Mitte Februar 1988 veröffentlichten Sozialenzyklika bezog *Johannes Paul II.* gleiche Distanz zum «liberalistischen Kapitalismus im Westen» wie zum «marxistischen Kollektivismus im Osten»; ihre gemeinsame «Tendenz zum Imperialismus» empfahl er durch menschliche Solidarität zu überwinden.[27] Zur gleichen Zeit beklagte allerdings die sowjetische Agentur TASS, daß Radio Vatikan unter den Völkern der Sowjetunion «Haß und Zwietracht» säe, weil der Sender einen Aufruf litauischer Katholiken zum 70. Jahrestag der litauischen Unabhängigkeitserklärung (16. Februar 1988) verbreitet hatte. Doch zwei Monate später erhielten gleichwohl sechs katholische Bischöfe Litauens die Erlaubnis, nach Rom zu reisen; der Papst empfing sie am 18. April 1988 mit einer Ansprache, die auch an die Moskauer Kirchenpolitik adressiert war:

«Winde der Erneuerung scheinen in Eurer Gesellschaft zu wehen und erwecken in Millionen Männern und Frauen große Erwartungen. Da möchte man sogleich hoffen und wünschen, daß – wenigstens soweit man dies verlangen kann – diese Erwartungen der Brüder und Schwestern in Litauen und auch anderswo, die so ehrlich ihren religiösen Glauben bekennen, nicht enttäuscht und irregeführt werden.»[28]

Als *Gorbatschow* wenig später, am 29. April, den russisch-orthodoxen Patriarchen *Pimen* im Kreml empfing, ließ der Parteichef zum erstenmal klar erkennen, daß er die christlichen Tausendjahrfeiern als Gelegenheit benutzen wollte, um für seine Reformpolitik die Sympathien der Gläubigen – und nicht nur der orthodoxen – zu gewinnen: «Korrigiert werden die Fehler, die in den dreißiger und den folgenden Jahren gegenüber der Kirche und den Gläubigen begangen wurden», sagte der Parteichef. «Gegenwärtig wird ein Gesetz über die Gewissensfreiheit erarbeitet, in dem auch die Interessen der religiösen Organisationen ihre Berücksichtigung finden werden… Die Gläubigen sind sowjetische Menschen, Werktätige und Patrioten, und es ist ihr gutes Recht, ihre Überzeugungen würdig zum Ausdruck zu bringen. Perestrojka, Demokratisierung und Offenheit gelten auch für sie, und zwar in vollem Maße und ohne jede Einschränkung.»[29] Im Vatikan wurde dies als ein Signal verstanden; erst jetzt nahm der Papst die schon länger vorliegende Einladung des Moskauer Patriarchats an und gab am 5. Mai 1988 die Entsendung einer 16köpfige Delegation – darunter drei Kurienkardinäle – bekannt, «in der Hoffnung, daß die Feierlichkeiten zur Morgenröte eines neuen Tages in der Geschichte der Kirche Christi werden können», wie das römische Kommuniqué formulierte.

So konnte Kardinalstaatssekretär Agostino *Casaroli* der nur einmal (1971 zur Unterzeichnung des Atomsperrvertrags durch den Vatikan-Staat) in Moskau gewesen war, nach siebzehn Jahren wieder die sowjetische Hauptstadt unter ganz neuen Voraussetzungen betreten. Beim Festakt im Moskauer Bolschoitheater trat *Casaroli* am 10. Juni mit einer Ansprache auf, die als «diplomatisches Meisterstück» die sowjetischen Zuhörer aufhorchen ließ. Denn der Kardinal verstand es, in philosophischem Stil und psychologisch geschickt, die kirchlichen Wünsche einem atheistischen Publikum verständlich zu machen:

Es sei «natürlich, daß diejenigen, welche die Sicht des Glaubens nicht teilen, das Faktum des Christentums anders beurteilen als Gläubige, für die Jesus das Licht der Welt ist». Das Christentum stehe «in sehr deutlichem Gegensatz zum modernen Denken», gab er zu, aber «…das ‹Faktum› der Religion und besonders des Christentums ist immer eine unbestreitbare Aktualität. Es drängt sich unausweichlich der Aufmerksamkeit des Historikers auf, und es kann von niemandem vernachlässigt werden, der die Verantwortung trägt, sich mit der Realität im täglichen Leben der Völker und ihren Zukunftsaussichten auseinanderzusetzen. Der Realismus des Staatsmannes erfordert es. Und der Respekt vor dem Menschen gebietet es. Die Zeitläufe haben dazu geführt, immer mehr die Autonomie des einzelnen im Bereich seines innersten Gewissens anzuerkennen und ihn vor Zwängen zu schützen, die versuchen, die legitimen Äußerungen des religiösen Gewissens und seine entsprechende Anwendung zu behindern oder zu begrenzen.»

Deutlich, doch ohne direkt davon zu sprechen, verwies *Casaroli* die Ideologie eines staatlich verordneten Atheismus in eine überholte Vergangenheit, indem er an den Grundsatz des 16./17. Jahrhunderts erinnerte, wonach der Landesherr die Konfession seiner Untertanen bestimmte («*Cuius regio eius religio*»). Davon sei doch die «moderne Welt immer mehr abgerückt». Auch «in der Gesellschaft, die aus der Oktoberrevolution 1917 hervorging», finde nun das christliche Jubiläum «öffentliche und positive Anerkennung», und dies lasse bei aller Skepsis «nach den früheren Erfahrungen» jetzt doch hoffen, «daß ein neuer Atem die gesamten Beziehungen des sowjetischen Staates zur Religion im allgemeinen bewegt und auch das bevorstehende Gesetz über die Gewissensfreiheit».[30]

Damit hatte sich der päpstliche Chefdiplomat weitere Türen geöffnet. Noch am Abend des selben 10. Juni 1988 konnten die Kardinäle *Casaroli* und Johannes *Willebrands* in ihrem Moskauer Hotel mit Gläubigen der illegalen ukrainisch-katholischen Kirche, sogar mit zwei «Geheimbischöfen» zusammentreffen. *Casaroli*, entschlossen, die Gelegenheit zu nutzen, daß *Gorbatschow* selbst ihn am 13. Juni empfing, überreichte nun dem Parteichef einen Brief des Papstes mit einem beigelegten «Memorandum». Es erinnerte an alle jene Probleme der katholischen Kirche in der Sowjetunion (Bischofsernennungen, Religionsunterricht, Legalisierung der «Unierten»), über die das Sowjetregime niemals auch nur hatte verhandeln wollen, seit 1927 die letzten Geheimkontakte in Berlin abgebrochen worden waren. Jetzt im Gespräch mit *Casaroli* stimmte *Gorbatschow* dem Vorschlag zu, «reguläre Kontakte» zu pflegen, auch wenn man «philosophische Positionen unterschiedlicher Grundlage» habe. *Casaroli* empfand die Atmosphäre der Begegnung so positiv, daß sie «erlaubte, Dinge zu sagen, die sonst vielleicht weniger angenehm geklungen hätten», jedenfalls sei «eine Brücke, die siebzig Jahre überwölbt», geschlagen worden.[31]

Die Antwort aber, die *Gorbatschow* auf das päpstliche Memorandum zugesagt hatte, ließ noch vierzehn Monate auf sich warten; erst am 24. August 1989 wurde sie im Vatikan überreicht. «Höflich und herzlich» charakterisierte man in der römischen Kurie das Schreiben, in dem sich die nicht geradlinige, doch zielstrebige Entwicklung spiegelte. Inzwischen hatte *Gorbatschow* auf der 19. Unions-Parteikonferenz, über der er den Vatikan durch den sowjetischen Botschafter in Italien, *Nikolai Lunkow*, am 11. Juli 1988 offiziell unterrichten ließ, vor «geringschätzigem Verhalten gegenüber der geistigen Welt der Gläubigen» und vor «jeder Art administrativem Druck» zur Durchsetzung des Atheismus gewarnt und wiederum das neue Religionsgesetz angekündigt. Kirchenminister *Chartschew* hatte Anfang Januar in einem Interview für die Zeitschrift *Ogonjok* gedrängt, man müsse «so schnell wie möglich die Gesetzgebung von 1929 loswerden», denn lokale Behörden provozierten auf deren Grundlage nach wie vor die Gläubigen. Am 9. Januar 1989 hatte die Sowjetunion beim KSZE-Folgetreffen in Wien jahrelange Widerstände aufgegeben und die Verabschiedung eines Schlußdokuments ermöglicht, das zum Thema Religionsfreiheit nahezu den ganzen Zehn-Punkte-Vorschlag übernahm, den der Vatikan zwei Jahre vorher (30. Januar 1987) in Wien vorgelegt hatte; der päpstliche Außenminister, Erzbischof *Angelo Sodano*, würdigte nun die erzielten Fortschritte, die «den Verantwortlichen der europäischen Nationen Ehre machen».[32]

Mühsam kam die Übertragung der vereinbarten Prinzipien auf die sowjetische Wirklichkeit in Gang; eines der Haupthindernisse blieb das Legalisierungs-Problem der ukrainisch-katholischen Kirche, an deren Schicksal auch *Sodano* in Wien wieder erinnert hatte. Entwürfe für das neue «Gesetz über die Gewissensfreiheit», die im

Frühjahr 1989 den Kirchenleitungen in der Sowjetunion bekanntgemacht wurden, übernahmen zum Teil fast wörtlich Wiener KSZE-Texte, stießen jedoch auf Einwände und Bedenken der Ideologie-Kommission der Partei.[33] Minister *Chartschew*, der auch die Vorrangstellung der orthodoxen Kirche angetastet und deren innerkirchliche Demokratisierung angeregt hatte, wurde im Mai 1989 plötzlich abgesetzt; in einem Interview für *Ogonjok* beklagte er sich im Oktober bitter über die Widerstände des Parteiapparats.

Noch Anfang Mai war dem Pariser Kardinal *Jean-Marie Lustiger*, der auf Einladung des Moskauer Patriarchats Leningrad, Litauen und Lettland besuchte, ein Abstecher in die ukrainische Hauptstadt Kiew verweigert worden, weil es dort «keine Katholiken» gebe; am 19. Mai jedoch empfing der neue Kirchenminister *Christoradnow* selbst eine Abordnung ukrainisch-katholischer Priester, unter ihnen drei «Geheimbischöfe», und bat um Geduld. Im Sommer 1989 machten die ukrainischen Unierten durch kaum behinderte Massen-Gottesdienste «für die Opfer des Stalin-Terrors» von sich reden; der orthodoxe Kiewer Metropolit *Filaret* warf ihnen deshalb antirussischen Nationalismus vor, während der persönliche Referent des Moskauer Kirchenministers, *Jurij Smirnow* am Rande einer Moskauer Tagung des Weltkirchenrats zum erstenmal die Möglichkeit in Aussicht stellte, daß sich nach Verabschiedung des neuen Religionsgesetzes die katholisch-ukrainischen Gemeinden wie alle anderen registrieren lassen könnten. Eben dies hat dann *Gorbatschow* selbst am 1. Dezember 1989 «privat» dem Papst zugesagt.

Dennoch dauerte es weitere zehn Monate, bis das neue, scheinbar revolutionäre Religionsgesetz am 15. Oktober 1990 in Kraft trat; stolz meldete es der seit dem 17. Juni in Rom residierende erste Botschafter der «Russischen Föderation», *Jurij Karlov*. Doch inzwischen war das Gesetz schon nahezu belanglos geworden; die politische und kirchliche Wirklichkeit, die ihm vorauseilte, hatte es überholt.

In kaum zwei Jahren konnte der Papst alle verwaisten Bischofssitze Osteuropas mit Priestern seiner Wahl besetzen, von Litauen bis Bulgarien, von Weißrußland bis Sibirien; sogar in Albanien, wo jede religiöse Betätigung total verboten gewesen war, gab es seit Herbst 1991 einen Nuntius (den indischen Titularerzbischof *Ivan Dias*). Was jahrzehntelang unmöglich oder nur in mühsamen Verhandlungen vorangekommen war, gelang nun wie in mühelosem Sprung.[34]

POLEN:
Nach achteinhalbjährigen Verhandlungen der «Gemischten Kommission» von Episkopat und Regierung kam am 4. April 1989 ein gemeinsam vereinbarter Gesetzentwurf zum Verhältnis Staat und Kirche zustande – am Tage vor dem Abschluß der Gespräche am «Runden Tisch», die in Polen die politische Wende einleiteten. Im Vatikan wußte man es zu schätzen, daß das neue Gesetz, das die Kirche als Person des öffentlichen Rechts etablierte, allen ihren Aktivitäten freie Entfaltung sicherte und die Neutralität des Staates «in Sachen der Religion und der (auch ideologischen)

Wartende Zuschauer beim ersten Besuch von *Papst Johannes Paul II.*
in der Tschechoslowakei, Prag, am 21. April 1990

Papst Johannes Paul II. und Staatspräsident *Lech Wałesa* nach der «Wende»
im Schloß Belvedere in Warschau am 8. Juni 1991

Überzeugungen» (Artikel 10) proklamierte, noch von der kommunistisch geführten Regierung dem Parlament vorgelegt und noch vor dem politischen Erdrutsch der Juni-Wahlen am 17. Mai (bei nur zwei Gegenstimmen) verabschiedet werden konnte. Ministerpräsident *Mieczysław Rakowski*, der bald schon dem Katholiken *Mazowiecki* weichen mußte, rühmte vor der Abstimmung «den großen Polen auf dem päpstlichen Thron» als Garanten einer weiteren günstigen Entwicklung.

Sie sollte mit der Unterzeichnung einer konkordatsähnlichen Abmachung (*konvencja*) abgeschlossen werden. Beides, Konvention und Kirchengesetz, war ursprünglich zu einem «Paket» verschnürt; es wurde jedoch angesichts des politischen Wandels in Polen gelockert. Am 11. April 1989 schrieb der Papst an Kardinal *Glemp*, er sei bereit, schon vor der Unterzeichnung der Konvention volle diplomatische Beziehungen mit der Volksrepublik aufzunehmen, da dies der Souveränität des Staates dienen würde, die auf den vollen Rechten seiner Gesellschaft gründet – ein Hinweis auf die bevorstehende Wende. So wurde am 17. Juli ein Botschafter ernannt: für kurze Zeit noch der bisherige kommunistische Gesandte *Jerzy Kuberski*.[35] Er begleitete am 20. Oktober den neuen katholischen Regierungschef Mazowiecki zum Papst, der in dieser Audienz – sechs Wochen vor dem Gorbatschow-Besuch im Vatikan – das Zeichen einer «historischen Evolution der Welt» erkannte. Drei Tage danach wurde in Warschau das staatliche Kirchenamt als Relikt einer vergangenen Epoche aufgelöst...

UNGARN:
Schon fünf Monate vorher, am 15. Juli 1989, war in Budapest die staatliche Kirchenbehörde geschlossen worden. «Nach den schweren Irrtümern der Religionspolitik, die bis zu antireligiösen Verbrechen gingen», müßten nun große Schritte zur Verselbständigung der Kirchen folgen, sagte der letzte kommunistische Regierungschef *Miklos Nemeth*.[36] Am 24. Januar 1990 verabschiedete das noch nicht frei gewählte Parlament bei nur einer Gegenstimme (und elf Enthaltungen) ein Gesetz, in dem es heißt: «Wer die Gewissensfreiheit oder die freie Ausübung der Religion mit Gewalt oder Bedrohung einschränkt, begeht ein Verbrechen.» Zwei Monate später ernannte der Papst den italienischen Titularerzbischof *Angelo Acerbi* zum Nuntius in Budapest.

TSCHECHOSLOWAKEI:
Im Sommer 1989 konnten erstmals nach sechzehn Jahren vier von elf lange vakanten Bistümern mit Bischöfen besetzt werden. In Umkehrung der Tatsachen schrieb dies der letzte kommunistische Parteichef des Landes noch am 14. Juni einer «flexibleren Haltung des Vatikans» zu,[37] mit dem im Herbst Verhandlungen aufgenommen wurden, während Bürgerdemonstrationen bereits die politische Wende erzwangen. Der Umschwung vollzog sich so plötzlich und radikal, als seien vierzig Jahre Kirchenkampf nur eine beiläufige Laune des Regimes gewesen. In wenigen Wochen verschwanden alle Kirchenaufsichtsbehörden. Im Sommer 1990 kam Erzbischof *Giovanni Coppa* als Nuntius nach Prag. Ex-Parteichef Husak wurde – todkrank – katholisch.

RUMÄNIEN:

Als einziger kommunistischer Staatschef hatte der Bukarester Diktator Ceausescu 1978 keine Delegation zur Amtseinführung Johannes Pauls II. nach Rom geschickt. Hatte er geahnt, wie «gefährlich» ihm der polnische Papst werden konnte? Zwei Monate nach Ceausescus Sturz, im Februar 1990, reiste der vatikanische Sondernuntius Colasuonno durch Rumänien und erkundete die Lage im «oft buchstäblich aus Katakomben auferstandenen» Klerus. Am 14. März 1990 konnte der Papst aus der Liste von Kandidaten, die der Nuntius vorbereitet hatte, zwölf Bischöfe, darunter fünf für die wieder legalisierte «unierte» katholische Kirche des östlichen Ritus, ernennen. Allerdings kündigte sich auch das Wiedererwachen alter Spannungen mit der rumänischen Orthodoxie an. Pater John Bukovsky S.V.D., der Amerikaner slowakischer Herkunft, der viele Jahre als Begleiter päpstlicher Ostdiplomaten (Casaroli, Poggi, Colasuonno) Osteuropa bereist hatte, wurde im Sommer 1990 zum Nuntius auf dem immer noch schwierigen Posten Bukarest ernannt und mit der Würde eines Titularerzbischofs ausgezeichnet.

LITAUEN:

Schon Ende April 1988 konnte Erzbischof Sladkevičius nach 19 Jahren Verbannung auf seinen Amtssitz in Kaunas zurückkehren. Bald darauf zum Vorsitzenden der Bischofskonferenz und Kardinal ernannt, meinte er durch einen schnellen Papstbesuch, um den er bat, die bedrohte neue Unabhängigkeit des Landes sichern zu können. Doch der römische Pontifex hielt sich zurück (erst für 1993 plante er eine Litauenreise) und riet zu Mäßigung des politischen Tempos. So auch der 78jährige Erzbischof Steponavičius, der nach 28 Jahren Hausarrest und Verbannung nach Vilnius (Wilna) zurückkehren konnte. Anfang Oktober 1991 reiste Erzbischof Bačkis (der in Litauen geborene päpstliche Nuntius in den Niederlanden) durch die drei baltischen Republiken, mit denen der Vatikan nun diplomatische Beziehungen aufnahm.

Papst und Perestrojka – Ende gut, alles gut? «Der Vatikan ruft nicht mehr zu Kreuzzügen auf, und wir werden Religion nicht mehr als Opium abqualifizieren», schrieb die Moskauer *Komsomolskaja Prawda* am 21. November 1989, inmitten der großen Wende nach dem Fall der Berliner Mauer. Doch das Schlußkapitel des historischen Dramas, das in diesem Buch aufgezeichnet ist, war noch nicht geschrieben.

12. «Ostpolitik» am Ziel – und Anfang
Fazit und Ausblick 1990–1992

«Die Gegenwart ist beladen mit Vergangenheit
und geht mit der Zukunft schwanger.»
Leibniz

Der Freiheitsdurst, der Mauern einstürzen ließ, sei auch dem «Aufkeimen jener geduldigen Aussaat, die man vatikanische Ostpolitik nennt», zuzuschreiben. So sagte Johannes Paul II. im Januar 1990 und betonte: Diese Diplomatie habe stets nur einem pastoralen Auftrag und «keinerlei politischen Zielen» gedient.[1]

Keinerlei? Der Nachsatz verriet etwas vom schillernden, mit bewegter Kirchengeschichte belasteten Politikbegriff der römischen Kurie. Das Wort «Politik» war schon immer und bleibt auch in der postkommunistischen Epoche belastet vom Selbstverständnis einer Institution, die ihre Mission nicht *von* dieser Welt herleitet, doch *in* ihr wirksam sein will. Religion also nur als Inspiration des menschlichen und so auch des politischen Handelns? Oder doch auch als Rezept für praktische Politik? Als christliches, katholisches, wenn nicht gar nationalreligiöses – etwa «polnisches» – Muster? Neue «Ostpolitik» also im Sinne von *«Neuevangelisierung»*?

Dieses Stichwort gewann für den Vatikan, für die Zentrale einer *über*nationalen Weltkirche, schon deshalb besondere Brisanz, weil die befreiende Wende in Osteuropa weniger ein religiöses als ein nationales, ja nationalistisches Erwachen (auch religiös verbrämt) zum Vorschein brachte. Deshalb formulierte die Sondersynode der katholischen Bischöfe Europas im Dezember 1991 in ihrem vom Papst gebilligten Schlußdokument: «Die Kirche muß sich hüten, bei der Erfüllung ihres Grundauftrages an frühere, überholte Formen anzuknüpfen... Die Unterscheidung, wenn auch nicht Trennung von religiöser und politischer Ordnung trägt zum menschlichen Fortschritt bei.» Doch nicht nur auf klerikalistischen Eifer verzichtete diese Synode, auch auf klare pastoral-strategische Richtlinien. In dieser Zurückhaltung spiegelte sich aber nicht nur Verlegenheit, sondern auch die Erkenntnis einer neuen Realität, in welcher der alte Gegner im Osten abhanden und neuer Konfliktstoff – mit alten Wurzeln! – zum Vorschein kam.

Casaroli hatte 25 Jahre vorher sein «Prinzip Hoffnung» so begründet: «Kommunisten sind auch Menschen, und Menschen ändern sich.» Das bedeutet auch, daß ihre Probleme sich nur ändern, nicht verschwinden. So war die Geschichte, auch die der vatikanischen Ostpolitik, nicht am Ende, sondern in einer neuen Phase angelangt.

Da betrat der Papst im Frühjahr 1990 zum erstenmal die «postkommunistische» Szenerie: auf einer kurzen Reise in die *Tschechoslowakei* (21./22. April) trat er nicht als Triumphator, eher als Warner auf. Die Einheit eines «christlichen Europa», die er beschwor, sah er von den – nun westlichen – Ansteckungsgefahren, von praktischem Materialismus und religiösem Indifferentismus bedroht: «Äußere Freiheit ohne innere Befreiung erzeugt nur Chaos.» Vom 1. bis 9. Juni 1991 wurde der Papst auf seiner vierten *Polen*reise mit einem zwar freien, nun aber auch seiner nationalreligiösen Harmonie beraubten Land konfrontiert; mit einer Kirche, die ihre Rolle als gesellschaftlicher Kristallisationspunkt, überhaupt als Machtfaktor immer mehr verliert. Hatte sich bislang angesichts ihrer Stärke vatikanische Ostpolitik so wenig um Polen zu kümmern brauchen, daß es aus konservativer Sicht geradezu als «Missionsmodell für die Welt» erschien, war es nun zum Problemfall geworden und selbst offenbar einer «Neuevangelisierung» bedürftig.

Durch dieses Polen, in dem – laut Meinungsumfragen – dreiviertel der Bevölkerung den Einfluß der Kirche für allzu groß halten, die Hälfte ihn aber dennoch nicht begrenzt sehen möchte (!), reiste Johannes Paul II. nicht etwa als «fäusteballender Kreuzzugspapst» (wie Hans Küng schrieb), sondern bekümmert, verunsichert und schwankend zwischen der Freude über die demokratische Wende und dem Schrecken vor deren Preis. Auch pluralistische Staaten könnten doch nicht auf moralische Normen in Gesetzgebung und öffentlichem Leben verzichten, rief er. Doch der Balanceakt zwischen dem «Ja» zu Demokratie und dem Beharren auf katholischer Doktrin gelang ihm nicht von ungefähr nur in seiner Rede vor dem Diplomatischen Korps am 8. Juni 1991 in Warschau:

«...Neben den Grundwerten – wie ideologischer Neutralität des Staates, Menschenwürde, Vorrang der Person vor der Gesellschaft und Achtung demokratischer Rechtsnormen – muß man heute, im Osten wie im Westen, auch eine Vision Europas als eines geistig-materiellen Ganzen erarbeiten, in dem Vorurteile und historische Ängste, übertriebener Nationalismus und Intoleranz überwunden sind.»

Das klang nicht katholisch-fundamentalistisch; auch nicht so wie manches, was polnische Bischöfe bald darauf im Wahlkampf hören ließen, als sie – erfolglos – für katholische Parteien und einen katholischen Staat warben. Und der Papst akzentuierte es noch stärker, als er bald darauf (vom 13.–16. August 1991) nach *Ungarn* reiste. Gerade hier, wo vatikanische Ostdiplomatie in den sechziger Jahren ihre ersten Ansatzpunkte gefunden hatte, erwies sich, daß die Wiederherstellung der äußeren kirchlichen Strukturen allein keinen religiösen Aufbruch bedeutet. Auch wenn der Papst bei seinem Ungarnbesuch – im Schatten des gleichzeitigen Moskauer Putschversuchs – wie ein Schutzheiliger gefeiert wurde: Er machte sich selbst und er predigte keine Illusionen. In seiner Ansprache an die ungarischen Bischöfe, die alten und die neu ernannten, warnte er am 20. August 1991 vor «fatalistischem Pessimismus» wie vor «Nostalgie nach vergangenen Zeiten» und sagte: «Die Erscheinung des ungarischen Bischofs an der Schwelle zum dritten Jahrtausend ist viel bescheidener als jene der prunkvollen Bischofsgestalten auf dekorativen Ölgemälden». Aus der Not, ein Missionsland geworden zu sein, wollte der Papst die Tugend eines missionarischen Aufbruchs machen, die «Suche nach verlorenen Schafen»; der Klerus solle seine Kräfte nicht «in der Verwaltung der Strukturen verzehren», sondern auch «den Kontakt mit der Arbeiterklasse fördern»...

So groß die integralistische, fundamentalistische Versuchung – und damit auch die restaurative – für den osteuropäischen Katholizismus geworden war, so sehr wurde man sich ihrer im Vatikan als Gefahr bewußt. Sie konnte mit römischem Rückhalt schon deshalb viel weniger rechnen, als manche Vatikankritiker meinten, weil von den «guten alten Zeiten» mehr Ungutes als Gutes zum Vorschein kam: vor allem Ressentiments – nationalistische, antisemitische, antiprotestantische, klerikale wie antiklerikale, die oft einander bedingen. Was Józef Tischner, ein Krakauer Theologe, als «spirituelles Defizit» sogar im polnischen Katholizismus diagnostizierte, wurde in anderen Ländern noch dramatischer sichtbar. So sehr, daß Francesco Colasuonno, der als vatikanischer Reisediplomat in den achtziger Jahren um mehr Freiheit für die Gläubigen gerungen hatte und am 15. März 1990 erster Nuntius in Moskau geworden war, einem geistlichen Kollegen im Vatikan die bange Frage stellte: «Vielleicht haben wir in all den Jahren für ein Phantom gekämpft?»

Seit Anfang 1990 war der Vatikan nun in der Ukraine mit den Spannungen und Konflikten von *vier* untereinander konkurrierenden Kirchen konfrontiert: der ukrainisch-katholischen (unierten), der römisch-katholischen (de facto polnischen), der russisch-orthodoxen (Moskau unterstellten) und der ukrainisch-orthodoxen, «autokephalen» (von Moskau getrennten). Verworren und verwirrend war das Knäuel der Streitpunkte – vom Kircheneigentum bis zur Vergangenheitsbewältigung. Eine Viererkommission, in der 1990 der 80jährige niederländische Kardinal Willebrands den Vatikan vertrat, stieß immer wieder auf Mauern des Mißtrauens. Einmal verließ der 84jährige Erzbischof Sterniuk die Sitzungen, weil der Vatikan «allzu kompromißbereit gegenüber den Orthodoxen» sei. Sein 30 Jahre jüngerer Weihbischof Woronski meinte gar: «Diese Kommission hat mehr Schaden angerichtet als der sowjetische KGB in 44 Jahren...»

Immer wieder versuchte der Papst die Gemüter zu besänftigen, auch indem er 1991 die ukrainischen Bischöfe nach Rom rief – und zugleich zehn frühere Geheimbischöfe, darunter Sterniuk und Woronski, in ihren Ämtern bestätigte. Ihr Unmut wurde jedoch wieder aufgerührt, weil der Papst – zum Ausgleich, wie er wohl meinte – für die «lateinische» Kirche in der Westukraine fünf Bischöfe ernannte, natürlich polnischer Nationalität wie die meisten Gläubigen dieser Kirche. Nun entstand innerkatholischer Streit zwischen Klerikern der beiden Riten. Ein rechtsradikales Blatt aber argwöhnte «ein Komplott zwischen Rom und Moskau» – weil ja das Moskauer Patriarchat ebenso wie der Vatikan daran interessiert sei, den polnischen Nationalkatholizismus gegen den ukrainischen zu aktivieren... Doch auch dieser Verdacht wurde durch einen fast gegenteiligen verdrängt. Denn nach der Rückkehr aus dem Exil verlangte nun Großerzbischof Lubachivsky erst recht für sich die Patriarchenwürde – zur Empörung des Moskauer orthodoxen Patriarchen und zum Ärger des römischen («polnischen») Papstes. Als Mitte Mai 1992 in Lemberg (Lviv) die Synode der ukrainisch-katholischen Kirche zusammentrat – zum erstenmal seit 1946 –, kam der neue päpstliche Nuntius, Antonio Franco, aus Kiew und mahnte die Lemberger Synodenväter: die Ukraine sei für die Ökumene der «Prüfstand des guten Willens zum Dialog, von katholischer wie von orthodoxer Seite». Doch wiederum erhob die Synode in einer Botschaft an den Papst die – auf Moskau provokativ wirkende – Forderung, die ukrainisch-katholische Kirche als eigenes Patriarchat anzuerkennen.

Das Dilemma, nationalreligiösen Eifer behutsam und doch scharf genug zu bremsen, ohne Vertrauen bei den eben befreiten Gläubigen zu verlieren, bedrängte den Vatikan auch im neuen Rußland und anderen Ländern der GUS. Nach einer Erkundungsreise, die der Moskauer Nuntius Colasuonno zu den Katholiken in Rußland, Sibirien und Kasachstan unternahm (von denen die meisten Polen und Deutsche sind, die Stalin verschleppen ließ), errichtete der Papst im April 1991 drei «Apostolische Administraturen» – nicht Bistümer! – mit Bischöfen in Nowosibirsk, Karaganda und auch in Moskau, also auch vor der Tür des russischen Patriarchen. Hier etablierte sich als «Administrator für das europäische Rußland» der Titular-Erzbischof Tadeusz Kondrusiewicz – ein 46jähriger Pole, der in Weißrußland geboren ist, in Leningrad als Architekt arbeitete, in Litauen Theologie studierte und in Rom die Bischofsweihe erhielt. Für die Gläubigen – auch die Andersgläubigen, von denen sich nun nicht wenige zur katholischen (Wieder)-Taufe drängten – war nun Kondrusiewicz der «Bischof von Moskau». Zum Ärger des orthodoxen Patriarchen, bei dem der Bischof erst nach Monaten – vom Vatikan ermahnt – einen Vorstellungsbesuch machte…

Patriarch Aleksij II., seit 1990 im Amt und seit den sechziger Jahren auch ökumenisch aktiv, beschuldigte im Herbst 1991 den Vatikan der «religiösen Wilderei» in einem Revier, in dem «für die Glaubensverbreitung allein [!] die russisch-orthodoxe Kirche die Verantwortung trägt». Die Verstimmung wirkte sich zunehmend auf das Verhältnis der gesamten Orthodoxie zur römischen Kirche aus. So haben fast alle orthodoxen Kirchen, auch der Heilige Synod der russischen, die vatikanische Einladung, eine Gastdelegation zur Europäischen Bischofssynode im Dezember 1991 nach Rom zu entsenden, abgelehnt. Dort trat als ihr einziger Sprecher der griechische Metropolit Spyridon auf und beschuldigte in Anwesenheit des Papstes die katholische Kirche einer «fortschreitenden Entfernung von der Linie des Zweiten Vatikanischen Konzils». Er fügte hinzu: «Wir Orthodoxen haben den Eindruck, daß die exkommunistischen Gebiete von unseren katholischen Brüdern als Missionsland betrachtet werden.» Ursachen der Spannung lägen in «gewalttätiger Intoleranz und Schaffung paralleler kirchlicher Strukturen».

Bei dieser anachronistisch anmutenden Konkurrenz zwischen Christen stieß das historisch verwurzelte territorial-exklusive Kirchenverständnis der Orthodoxie mit dem universalkirchlich-katholischen Anspruch und lokalkirchlichem Expansionsdrang zusammen: Wozu, so fragte das Patriarchat, brauchen 300 Katholiken in Nowosibirsk einen eigenen Bischof – und Rom antwortete, daß es in ganz Sibirien, für das der Bischof zuständig ist, noch (oder schon) 40 000 gibt. Wozu werden in polnischen Seminaren Priester für Rußland ausgebildet? fragte man in Moskau und ignorierte, daß es in Rußland noch kein Seminar gab.

Im Klima nationaler Empfindlichkeiten – auch der beschriebenen urkainisch-russischen – verstärkte jeder, auch ungewollte Mißton das Mißtrauen. Hemmend machte sich auch bemerkbar, daß der neue vatikanische Kardinalstaatssekretär *Angelo Sodano*, Casarolis Nachfolger, nicht die subtil-diplomatische Sprache seines Vorgängers spricht. Als Sodano vor der Bischofs-Synode im Dezember 1991 auf die orthodoxen Vorwürfe antwortete, ging er nicht auf die historisch-psychologischen Hintergründe des Streits ein, sondern begnügte sich damit, durch Zahlen und Fakten zu begründen, daß die katholische Neuorganisation in Osteuropa «nicht die geringste Absicht der Proselytenmacherei», also des Seelenfangs, habe: «Ihr einziges Motiv ist pastoral.»

Eben dies jedoch wurde nicht nur von den osteuropäischen, sondern von allen orthodoxen Kirchen weiterhin angezweifelt. Beim gesamt-orthodoxen Treffen in Istanbul beharrten die Kirchenoberhäupter am 15. März 1992 auf dem Vorwurf des katholischen Proselytismus «mit Methoden, die seit Jahrzehnten von allen Christen verurteilt und verworfen worden sind». Verschärft wurde der Ton auch durch Interventionen des serbischen und des griechischen Metropoliten, die dem Papst verübelten, daß er sich beim blutigen Zerfall Jugoslawiens in seinen Friedensrufen für die Kroaten und Bosniaken auszusprechen schien. Der griechische Primas Seraphim hatte in einem von der serbischen Presse begrüßten Interview sogar von einer «Verschwörung des Papstes» gesprochen und die Unierten als dessen «Trojanisches Pferd» bezeichnet.

Zwar kam es Anfang März 1992, zwei Wochen vor einem orthodoxen Gipfeltreffen in Genf, noch einmal zu einem langen Gespräch zwischen einer vatikanischen Delegation, geführt vom Präsidenten des Einheitssekretariats, Kardinal Cassidy, und Vertretern des Moskauer Patriarchats, geleitet von Metropolit Kyrill; dabei versprach man einander, sich künftig vor Beginn neuer Pastoralaktionen zu konsultieren. Aber Mitte 1992 hatte sich das Gesamtklima so verschlechtert, daß ein Abbruch des Dialogs drohte. Acht der vierzehn orthodoxen Kirchen verweigerten ihre Teilnahme an einem theologischen Gespräch, das am 17. Juni in einem libanesischen Kloster hätte beginnen sollen. Es wurde bis «spätestens Juni 1993» verschoben…

Vor diesem Hintergrund, den die sozialen, wirtschaftlichen, politischen, aber auch moralischen Zerfallssymptome in Osteuropa weiter verdüsterten, wurde die von Rom ausgegebene Parole «Neu-Evangelisierung» mehr zum Notruf als zum Marschsignal. Mochte auch das große Aufatmen nach der Befreiung die osteuropäischen Katholiken und ihren Klerus zu einem Übereifer beflügeln, der – im Hochgefühl, eine Weltkirche und «Rom» hinter sich zu wissen – Orientierungsängste kompensiert, im Vatikan selbst nahmen Skepsis, Sorge und Verlegenheit zu. Nicht von ungefähr schrieb der Papst in seiner Sozialenzyklika «Centesimus Annus» am 1. Mai 1991, es sei eine «unhaltbare Behauptung, daß die Niederlage des sogenannten realen Sozialismus als einziges Modell wirtschaftlicher Organisation den Kapitalismus übrigläßt». Denn die Krise des Marxismus beseitige noch nicht Ungerechtigkeit und Unterdrückung in der Welt...

...Auch nicht die kirchliche und konfessionelle Problematik, so muß man hinzufügen. Denn jenseits alles Politischen und zugleich inmitten einer politischen Kultur, die sich in Osteuropa nur langsam und mühsam bildet, zahlt nun auch dort die Papstkirche den Preis von Freiheit und Normalität in einer pluralistischen Gesellschaft. Das heißt konkret, daß sie auch dort mit allen Elementen von Glaubens- und Kirchenkrise konfrontiert wird, die von Westen nach Osten übergreifen. Pastorale Diplomatie bisherigen Stils, so unerläßlich sie in anderen Bereichen bleibt, erweist sich da als ebenso machtlos wie Dekrete vatikanischer Kongregationen. Symptomatisch dafür ist die – teils peinliche, teils sinnlose – innerkirchliche Debatte über ehemalige osteuropäische Geheimbischöfe, Untergrundpriester (und -priesterinnen), deren Tragik sich bürokratischem wie dogmatischem Zugriff entzieht...

Der Weg vom Notfall zum Normalfall ist auch für den Vatikan in Osteuropa nicht nur mit guten Vorsätzen, mehr noch mit bitteren Erfahrungen gepflastert. Freilich hat «Rom», historisch betrachtet, einen sehr langen Atem. Auch weil katholische im Unterschied zu kommunistischen Päpsten nie das Paradies auf dieser Erde in Aussicht stellen mußten.

Dokumentarischer Anhang

1. Das Geheimabkommen von 1922

Nach siebzig Jahren, 1992, wurde der russische Text im AVP-Archiv in Moskau zugänglich (Fond 98/6/4). Eine befindet sich – durch Brandspuren beschädigt – in den Akten des deutschen Auswärtigen Amtes (PAAA, Geheimakten 320/3, 4, Rußland, Pol. 16/Nr. K 105 166 bis 68); sie ist vom geistlichen Konsultor der deutschen Vatikanbotschaft, Monsignore Steinmann, der sie sich beschaffte, im Juli 1922 nach Berlin geschickt worden. Die folgende (eigene) deutsche Übersetzung stützt sich auf eine Kopie des französischen Textes im Gehrmann-Nachlaß (Archiv des SVD-Generalrats, Rom).

ABKOMMEN (accord) ZWISCHEN DEM HEILIGEN STUHL UND DER REGIERUNG DER SOWJETS ÜBER DIE ENTSENDUNG VON BEVOLLMÄCHTIGTEN (agents) DES HEILIGEN STUHLS NACH RUSSLAND.

§ 1 Die Abgesandten (envoyés) des Hl. Stuhls werden nicht Angehörige von Nationen oder politischen Formationen sein, die Sowjetrußland feindlich gesinnt sind.

§ 2 Die Abgesandten werden sich eidlich verpflichten, jegliche politische Betätigung zu unterlassen, die mittelbar oder unmittelbar, innerhalb Rußlands wie im Ausland, gegen die bestehende Regierung gerichtet ist.

§ 3 Unter Ausschluß jeder politischen Propaganda werden die Abgesandten des Hl. Stuhls volle Freiheit haben, sich der Wiederherstellung der Bevölkerung (relèvement du peuple) zu widmen durch Verteilung von Lebensmitteln an Hungernde. (*Gestrichen im ursprünglichen Entwurf*: durch Landwirtschafts-Handwerks-Schulen usw. sowie durch moralische und religiöse Erziehung.)

§ 4 Die Namen der Abgesandten des Hl. Stuhls, mit dem Lebenslauf eines jeden, werden vorher durch Vermittlung der Delegation in Rom der Regierung zur Begutachtung vorgelegt.

§ 5 Die zugelassenen Abgesandten des Hl. Stuhls werden sofort in dem Ort, wo sie ihre Tätigkeit auszuüben wünschen, mit den Zivilbehörden Kontakt aufnehmen und diesen die Möglichkeit einer wirksamen Kontrolle geben.

§ 6 Die Abgesandten des Hl. Stuhls werden ihre Tätigkeit in Übereinstimmung mit den in Rußland geltenden Gesetzen und Anordnungen ausüben.

§ 7 Der Wirkungskreis der Abgesandten des Hl. Stuhls wird vorher durch eine Verständigung zwischen dem Hl. Stuhl und der russischen Delegation in Rom festgelegt, und er kann in der Folge im Einvernehmen mit den örtlichen Sowjetorganen abgeändert werden.

§ 8 Alle nach Rußland zugelassenen Abgesandten des Hl. Stuhls werden den Schutz der Gesetze und der Behörden genießen. Sie erhalten das unbegrenzte Recht der Ortsveränderung (déplacement), vorbehaltlich der Einhaltung der vorausgehenden Paragraphen.

§ 9 Die Regierung behält sich das Recht vor, die Rückberufung eines jeden Abgesandten des Hl. Stuhls zu fordern, wenn sie feststellt, daß seine Tätigkeit den Interessen des Staates entgegensteht.

§10 Abgesandte des Hl. Stuhls, die Rußland zu verlassen wünschen oder deren Anwesenheit für unerwünscht erachtet wird, werden instandgesetzt, das russische Gebiet frei zu verlassen, sofern sie nicht ein im Strafgesetzbesuch vorgesehenes Verbrechen begangen haben.

§11 Die Regierung verpflichtet sich, den zu karitativen Zwecken nach Rußland gekommenen Abgesandten des Hl. Stuhls kostenlos Wohnungen und Diensträume zu beschaffen und den anderen die Miete von Wohnungen und Werkstätten zu erleichtern.

§12 Verladung und Transport der Gegenstände, die für die notleidende Bevölkerung bestimmt sind, werden auf russischem Gebiet auf Staatskosten durchgeführt.

§13 Durch Zusatzartikel werden Rechte und Privilegien der Abgesandten des Hl. Stuhls genauer geregelt; sie müssen in ihren Grundlinien den Rechten und Privilegien der Missionen des Herrn Nansen und des Deutschen Roten Kreuzes entsprechen.

§14 Ausgefertigt in zwei Exemplaren und unterzeichnet von den bevollmächtigten Vertretern des Hl. Stuhls und der Sowjetregierung in Rom:

Vatikan, 12. März 1922   gez. *Pietro Kardinal Gasparri*
                                   gez. *Worowski, Vertreter der Republik Rußland.*

2. Die «Rapallo-Konzeption» des Vatikans

Die folgende Aufzeichnung des Geistlichen Konsultors an der deutschen Botschaft beim Heiligen Stuhl, Monsignore *Johannes Steinmann*, sandte Botschafter Diego von Bergen «mit der Bitte um vertrauliche Behandlung» am 30. März 1922 dem Legationsrat im Auswärtigen Amt, *Ago von Maltzan*, der sich bei der internationalen Konferenz in Genua aufhielt und einer der Hauptinitiatoren des Rapallovertrags zwischen Deutschland und der Sowjetunion wurde (Quelle: PAAA IV, Ru, Pol. 16, Band 1, Dokument Nr. K 480 041–53 – Auszug –):

«Der Plan einer systematischen Missionierung Rußlands ist wohl mehr der hiesigen [vatikanischen] Initiative zu verdanken als der des Erzbischofs von der Ropp. Wie bekannt, schließt der hiesige Plan Franzosen und Polen aus. Letztere müssen hiervon Kenntnis erhalten haben und versuchen nun – anscheinend durch Ropp – den ganzen Plan im Vatikan zum Scheitern zu bringen, was ihnen vorübergehend auch gelungen ist. Der Vatikan überzeugte sich indessen bald, daß die Pläne Ropps utopistisch seien, mit dem Erfolge, daß, wie vertraulich bemerkt wurde, ‹Ropp in voller Wut aus dem Vatikan gelaufen sei›. Interessant ist das Urteil des hiesigen russischen Vertreters über Ropp: ‹Ropp ist ein schlauer Kerl, dem man schwer beikommen kann, da er sich keineswegs als Pole, sondern als Russe gebärdet, und peinlich darauf bedacht gewesen ist, seine russische Staatsangehörigkeit nicht zu verlieren. Aber sein ganzer Plan heuchelt zwar rein katholisch zu sein, ist aber in den Augen der Bolschewiken rein polnisch. Er will Herausgabe der katholischen Schulen, Bibliotheken, Kirchengüter pp., die aber gar nicht als katholische, sondern als polnische Institute konfisziert sind und bleiben.›

Bisher hat die Congregatio pro ecclesia orientali Pläne für Rußland nur auf dem Papier geschmiedet (– vgl. die s.Zt. vertraulich mitgeteilten Richtlinien –), d.h. eigentlich nur die Orden für die Missionierung von Georgien und Rußland bestimmt und diesen den ukrainisch-unierten Ritus (Basilianer, Uniaten) vorgeschrieben. In Georgien soll auch schon ein apostolischer Delegat, angeblich ein Dominikaner, residieren; aber die eigentliche Missionierung ist noch nicht in Angriff genommen, noch viel weniger in Groß-Rußland selbst, welches jetzt, wie gesagt, der Staatssekretarie unterstellt ist, der das Verdienst zukommt, durch die von mir im Interesse des Deutschtums angeregten Verhandlungen mit der sowjetischen Vertretung die Möglichkeit einer Missionierung von Groß-Rußland geschaffen zu haben.

Nach vorstehenden Mitteilungen, die als zuverlässig gelten können, müssen die Informationen des Herrn Dr. Roth bewertet werden. Um noch einige Punkte hervorzuheben, so ist es unrichtig, daß das polnische Kolleg aufgehoben ist. Neben dem polnischen besteht hier auch ein ruthenisches Kolleg. Daß P. Genocchi der ukrainisch-unierten Missionierung im Sinne des Erzbischofs Szeptycki sehr sympathisch gegenübersteht, ist sicher. Interessant ist es, daß derselbe wegen der oben erörterten Gründe von den Polen aus Ostgalizien nicht heraus- und von den Russen in die Ukraine nicht hineingelassen ist. Er befindet sich gegenwärtig hier in Rom. Ich glaube nicht, daß der ehemalige Kardinal Ratti jetzt noch den Polen besonders sympathisch gegenübersteht. Er ist Italiener und will der Papst aller Katholiken sein, am meisten derer, die Not leiden. Darum geht ihm auch Rußlands Not entschieden sehr zu Herzen. Daß übrigens eine Missionstätigkeit von Polen aus unter Geheimhaltung vor den russischen Behörden und dem päpstlichen Stuhle durchaus denkbar ist, will ich nicht ableugnen; ich glaube aber versichern zu dürfen, daß, falls eine solche besteht, die Staatssekretarie und auch die Congregatio pro ecclesia orientali derselben durchaus fern steht, ja sie sogar ausdrücklich mißbilligen würde, um mit den Bolschewisten nicht in Differenzen zu geraten.

Die sowjetischen Behörden, möchte ich noch hinzufügen, glauben, daß der von ihnen sehr gefürchtete orthodoxe Patriarch Tychon bereits jetzt wegen Anerkennung des päpstlichen Primats mit dem Heiligen Stuhle unterhandle. Das stimmt nicht, wäre auch zu früh; denn es wäre ein Willkürakt der orthodoxen kirchlichen Behörde, dem das Volk vorläufig feindlich gegenüberstehen würde. Später allerdings, wenn sich die katholische Kirche durch ihre Caritas in Rußland das Volk erst geneigt gemacht haben wird, ist es durchaus nicht ausgeschlossen, daß ein solcher Schritt, als vom Volke selbst gewünscht und als ein erworbenes Recht der katholischen Kirche von ihm empfunden, erfolgen wird mit begründeter Aussicht auf dauernden Bestand.

Zum Schluß darf ich über den gegenwärtigen Stand des vom Heiligen Stuhle im Einvernehmen mit der hiesigen Sowjetvertretung geplanten Unternehmens noch folgendes berichten:

Die seinerzeit erwähnte Vereinbarung hat mit der Modifikation, daß die Worte ‹Membres des missions› ersetzt werden durch die Worte ‹délégués du S. Siège› [nicht ganz korrekt; im Vertragstext heißt es ‹envoyés›] und die eigentliche Schultätigkeit, welche Monopol des Staates ist, von der Tätigkeit der Delegierten ausgeschlossen bleibt, die Zustimmung der Moskauer Regierung gefunden, nachdem der Vatikan auf Wunsch vorher die Erklärung abgegeben hatte, daß die beim Heiligen Stuhle noch vorhandene frühere zaristische Vertretung die gegenwärtige Regierung Rußlands nicht vertrat. Darauf ist der Vertrag zwischen dem Heiligen Stuhle und der russischen Vertretung beiderseits unterzeichnet worden. Außerdem hat der hiesige sowjetische Vertreter Vorowsky dem Heiligen Stuhle ein Schriftstück übergeben, in welchem demselben Landkonzessionen zugesichert werden. Der Heilige Stuhl beabsichtigt, hiervon vorerst keinen Gebrauch zu machen. Des weiteren sind die Lebensläufe der als Delegierte des Heiligen Stuhles reisenden Patres – 3 Steyler Missionäre, 3 Salesianer und 3 Jesuiten, von denen die ersteren wegen ihres rein deutschen Charakters unsere besondere Beachtung verdienen – vom Vatikan der russischen Vertretung eingereicht und von dieser nach Moskau telegraphiert, von wo in den nächsten Tagen die Zustimmung erwartet wird. Alsdann werden die Pässe ausgestellt, und sämtliche 9 Patres begeben sich zusammen nach Noworossijsk, wo bereits seitens der russischen Regierung Vorbereitungen zum Empfang und zur Weiterleitung der päpstlichen Delegierten nach Samara getroffen werden. Die päpstlichen Delegierten, welchen der Heilige Stuhl vorläufig 1½ Millionen Lire zur Verfügung stellen wird, gehen nach neuester päpstlicher Anordnung vorläufig nur als «esploratori» (Kundschafter) zu lediglich karitativen Zwecken ohne Missionierungsaufgaben nach Rußland. Dies ist der Grund, warum der Heilige Stuhl von dem russischen Konzessionsanerbieten vorläufig keinen Gebrauch machen will und seinen Delegierten verboten hat, auf Konzessionssuche auszugehen. Er will, daß sich die Russen davon überzeugen, daß die Kirche nicht aus egoistischen Gründen, sondern aus christlicher Liebe handelt und weit entfernt ist, Wohltätigkeit in Ausbeutung ausarten zu lassen.

Falls die Berichte der Delegierten für das eigentliche Missionsunternehmen günstig lauten, dann wird sich der Papst mit einem Aufruf an die Gläubigen der ganzen Welt zu Gunsten Rußlands wenden. Aber schon jetzt wendet sich der Heilige Stuhl an alle Bischöfe, die Jesuiten an ihre reichen amerikanischen Niederlassungen, in der richtigen Erkenntnis, daß die russische Mission auch eine große Geldfrage ist. Im Zusammenhang hiermit sei erwähnt, daß die amerikanische Hilfsmission für Rußland, in der sich der Jesuitenpater Walsh als Weltpriester befindet, schon über 20 Millionen Lire ausgegeben hat. Der Jesuitengeneral P. Ledóchowsky hat diesen Pater, der durch seine russischen und sprachlichen Kenntnisse wertvolle Dienste leisten kann, dem Heiligen Stuhle uneingeschränkt zur Verfügung gestellt, und es ist nicht ausgeschlossen, daß derselbe in dem Departement der päpstlichen Staatssekretarie für Rußland, welches der Heilige Stuhl in Anbetracht der Wichtigkeit der Sache schaffen will, Verwendung finden wird.

Im deutschen Interesse wären unsererseits die Steyler Missionäre zu unterstützen. Die Steyler Missionäre sind eine 1875 von dem deutschen Pater Jansen gegründete fast nur aus Deutschen und Holländern bestehende Missionsgesellschaft, welche ihr Mutterhaus in Steyl in Holland hat und in ihren in Deutschland gelegenen Häusern ca. 1200 deutsche Studenten zählt...»

Botschafter von Bergen schreibt im Begleitbrief zu dieser Aufzeichnung Monsignore Steinmanns, die finanzielle Förderung der Steyler Mission werde gegeben sein,

«...wenn seitens der Missionäre von den von der russischen Regierung angebotenen Konzessionen Gebrauch gemacht werden kann. Das wird aber nur durch Beteiligung kapitalkräftiger deutscher Finanzkreise an dem katholischen Missionsunternehmen möglich sein. Wie ich höre, ist der Direktor der Deutschen Orientbank A.G., Dr. Alexander, schon von einem hier wohnenden Deutschen, Herrn Dr. jur. von Braun, der lange Zeit in Rußland sich aufgehalten hat und bei dem ganzen von der Kurie beabsichtigten Missionsunternehmen eine wichtige beratende Rolle spielt, dafür interessiert worden.»

Maltzan reichte den Bericht Steinmanns erst am 25. April 1922, neun Tage nach Abschluß des Rapallovertrages und zwei Wochen vor der Begegnung Pizzardo – Tschitscherin, an das Auswärtige Amt in Berlin weiter mit der Bemerkung: «Eine entsprechende Fühlung ist von den Russen mit hiesigen katholischen maßgebenden Kreisen aufgenommen worden.»

3. Das Ende des Dialogs 1927

Dieser Bericht des deutschen Botschafters in Moskau, Graf Brockdorff-Rantzau, über ein Gespräch mit dem sowjetischen Außenkommissar Tschitscherin entstand nach dem Abbruch der diplomatischen Beziehungen zwischen England und der Sowjetunion und nach der letzten Begegnung zwischen Tschitscherin und Nuntius Pacelli in Berlin. Entsprechend der Anregung des Botschafters wurden nur die zwei mit eckigen Klammern [ ] versehenen Absätze des Berichtes dem Päpstlichen Nuntius Pacelli mündlich verlesen (Original im Politischen Archiv des Auswärtigen Amtes, Bonn, Büro Reichsminister, Kurie 70, Bd. 2, K 012051–55).

TELEGRAMM (GEH. CH. V.)
Moskau, den 29. August 1927 – 12 Uhr 57 Min.
Ank. " 29. " 21 Uhr 40 Min.

Nr. 1009 v. 28. 8.

GEHEIM!

Der Hirtenbrief des Metropoliten Sergius (Tel. Nr. 981 v. 19. 8.) gab mir Gelegenheit, Tschitscherin zu fragen, ob diese ostentative Loyalitätserklärung des orthodoxen Kirchenfürsten etwa mit der vom Volkskommissar mir gegenüber unlängst erwähnten Annäherung zwischen Vatikan und der britischen Regierung zusammenhänge. Tschitscherin erwiderte bezeichnenderweise, «er halte es nicht für ausgeschlossen». Als ich bemerkte, man werde im Auslande die Erklärung des Metropoliten voraussichtlich als nicht ganz «freiwillig» bezeichnen, entgegnete Tschitscherin, ohne sich bezüglich dieses Punkts näher zu äußern, die Entwicklung der orthodoxen Kirche habe hier unter dem Regime der Sowjetregierung drei Phasen durchgemacht. Die erste falle in die Zeit der Konferenz von Genua. Damals habe Pius XI. mit den Machthabern in Moskau in der Hoffnung, daß diese die orthodoxe Kirche «zertrümmern» würden, geliebäugelt und sich der Erwartung hingegeben, daß die römische Kirche die hier enttäuschten Gläubigen zu sich hinüberziehen werde. Die Zeit der günstigen Beziehungen zwischen Vatikan und Sowjetregierung sei aber nur von kurzer Dauer gewesen, denn bald habe die zweite Phase begonnen, in der der Jesuitenpater Walsh eine lebhafte Tätigkeit entwickelt hätte. Die Emigranten seien damals tatsächlich in großer Zahl zum katholischen Glauben übergetreten, Walsh sei die Aufgabe zugefallen, zwischen ihnen und den in Rußland verbliebenen Angehörigen der orthodoxen Kirche den Verkehr zu vermitteln, besonders durch reichliche Geldspenden. Man habe in Rom gehofft, auf diese Weise einen engen Kontakt zwischen den Emigranten und ihren in Rußland verbliebenen Familienangehörigen herzustellen, um dadurch diese der katholischen Kirche zuzuführen.

Der Rückhalt, den der Vatikan an den Emigranten hatte, habe aber nachgelassen, als die Sowjetregierung sich entschloß, weniger rigoros gegen die orthodoxe Kirche innerhalb der Union vorzugehen.

Meiner Bemerkung, ich habe das schroffe, oft abstoßende Vorgehen gegen das religiöse Empfinden des Volkes, das ich in den ersten Jahren meiner hiesigen Tätigkeit beobachtete, wenig politisch gefunden, stimmte Tschitscherin zu und fortfuhr, die dritte Periode habe nunmehr begonnen. «Die orthodoxe Kirche sei hier jetzt auf ihre eigenen Füße gekommen», der Vatikan könne sich infolgedessen nicht mehr wie früher auf die konvertierten Emigranten stützen und habe die Hoffnung aufgegeben, durch sie die «verlorenen Schäflein» wieder zu gewinnen. Der Volkskommissar erklärte, unter diesen Umständen habe der Vatikan sich anscheinend entschlossen, zu den schärfsten Mitteln überzugehen; nachdem er eingesehen habe, daß die Sowjetregierung seine Geschäfte nicht besorge, versuche er jetzt, sie politisch zu bekämpfen. So sei auch die Annäherung an die britische Regierung zu erklären.

Als ich einwarf, vielleicht könne ein gewisses Entgegenkommen hiesiger Regierung dem Heiligen Stuhl gegenüber der Annäherung zwischen Rom und London den Boden entziehen, erwiderte der Volkskommissar ohne jede Gereiztheit [die Sowjetregierung sei nach wie vor bereit, mit dem Vatikan zu verhandeln; sie beabsichtige allerdings nicht, ein Konkordat abzuschließen, sei aber nicht abgeneigt, ein «Zirkular» mit Rom zu vereinbaren, durch das die rechtliche Stellung der katholischen Kirche innerhalb der Union geregelt und sichergestellt würde. In dieser Richtung hätten bereits früher ernsthafte Verhandlungen stattgefunden. Vor etwa einem Jahr habe Brodovsky dem Nuntius Pacelli gewisse, allerdings nicht weitgehende Mitteilungen in diesem Zusammenhang gemacht; eine Antwort aus Rom ausstehe aber noch, obgleich Pacelli ihm bei seiner letzten Anwesenheit in Berlin zugesagt habe, auf die Beantwortung der russischen Mitteilungen in Rom nachdrücklich hinwirken zu wollen. Daß die russische Regierung, wenn sie während beinahe eines Jahres überhaupt keiner Antwort gewürdigt werde, von sich aus nicht versuchen könne, neue Verhandlungen anzuknüpfen, liegt auf der Hand].

Meine Mitteilung, daß führende deutsch-katholische Kreise über die Beziehungen der Sowjetregierung zum Vatikan beunruhigt seien (dortseitiges ganz geheimes Schreiben vom 20. August Nr. IV Ru. 5169), sind auf Tschitscherin nicht ohne Eindruck geblieben. Soweit ich zu beurteilen vermag, war der Volkskommissar bei der Besprechung des Verhältnisses zum Vatikan von seinem Standpunkt aus bemüht, sachlich zu sein; es liegt mir fern, anregen zu wollen, daß unsererseits auf den Heiligen Stuhl eingewirkt wird, die ausstehende Antwort an die Sowjetregierung zu erteilen und so die Möglichkeit zu erneuten Verhandlungen zu schaffen. Ich halte es nicht für ausgeschlossen, daß man römischerseits weitere Verhandlungen mit der Sowjetregierung überhaupt für aussichtslos erachtet, und habe es immer abgelehnt, ungebeten Ratschläge zu erteilen; am wenigsten verspüre ich die Neigung, dem Heiligen Stuhl zur Nachgiebigkeit oder gar Versöhnlichkeit zu raten. [Ich erachte es aber für meine Pflicht, die Lage tunlichst objektiv zu schildern, wie ich sie hier sehe, und da muß ich wahrheitsgemäß betonen, daß ich bei Tschitscherin eine Animosität dem Vatikan gegenüber nicht gefunden, vielmehr den Eindruck erhalten habe, daß er, und zwar nicht aus Furcht vor der Annäherung zwischen Rom und London oder angesichts des Bruchs mit England, Verhandlungen mit dem Vatikan zwecks endgültiger rechtlicher Regelung der Stellung der katholischen Kirche in der Union keineswegs abgeneigt ist.]

Ob und inwieweit von vorstehenden Mitteilungen dem Nuntius Pacelli oder der Botschaft am Vatikan streng vertraulich Kenntnis zu geben der Sache förderlich sein kann, darf ich dortseitigem Ermessen überlassen; Vorsicht ist jedenfalls geboten. Meines Erachtens kann nach Lage [des] Falls unter allen Umständen nur eine auszugsweise mündliche Mitteilung an den Nuntius bzw. an den Vatikan durch unsere Botschaft in Frage kommen. Ich glaube mich zu diesem Urteil berechtigt, nachdem ich seit Übernahme des Postens in Moskau trotz mancher Enttäuschungen an einer Verständigung zwischen der Sowjetregierung und dem Vatikan zu arbeiten unablässig bemüht bin, um einen für die hier schwer bedrängte katholische Kirche wenigstens erträglichen modus vivendi zu schaffen. *Rantzau*

4. Der Vatikan und der Kalte Krieg

Die folgenden zwei Dokumente befinden sich im Nachlaß des US-Sonderbotschafters *Myron C. Taylor* (Nr. 320 und Nr. 335), den der italienische Historiker Ennio Di Nolfo publiziert hat («*Vaticano e Stati Uniti 1939–1952, Milano, 1978*).

Pius XII. an US-Präsident Truman am 19. Juli 1948:

«...Es ist nunmehr allgemein bekannt, daß die christliche Kultur heute mehr denn je in ihrer zweitausendjährigen Geschichte bedroht ist. Das politische, wirtschaftliche und soziale Leben des Westens ist unterminiert, und wenn es einstürzen würde, wären Chaos und Sklaverei die Folgen. Und es ist auch allgemein bekannt, daß vor allem von der Außenpolitik der USA der Ausgang des fatalen Kampfs abhängt zwischen dem, was eine freie Welt bleibt, und dem gottlosen Totalitarismus. Wie Eure Exzellenz kürzlich sagte: ‹Die Trennung besteht nicht zwischen der Sowjetunion und den Vereinigten Staaten, sondern zwischen der Sowjetunion und dem Rest der Welt.› ...Es ist wichtig, daß Amerika die Stabilität und die friedliche Entwicklung Europas als ein Ziel versteht, das als solches verfolgt werden muß, und nicht als Mittel, um die Macht des modernen Rußland zu begrenzen. Was immer in Rußland geschieht, das Wohl der Welt erfordert es, daß Europa sich auf festen und gesunden Grund stützt. Wenn aber Russland sich aus eigenen Gründen entschließt, sich zu isolieren, könnten Amerika und ein freies, erholtes Europa gut daran tun, diesen Umstand zu akzeptieren und ruhig zu warten, bis innere Kräfte Rußlands es aus seiner Isolierung herausführen...»

Bericht Taylors über ein Gespräch mit Nuntius Roncalli (dem späteren Johannes XXIII.) in Paris am 24. Mai 1949:

«...In bezug auf die Sowjets und die internationale Lage insgesamt sagte der Nuntius, daß die Spannung ohne Zweifel nachgelassen hat und die Dinge besser aussehen. Dennoch äußerte er seine Überzeugung (wobei er bat, nicht zitiert zu werden), daß der Krieg unvermeidlich sei und daß genauso wie in den Tagen des Dschingis Khan seine moderne Entsprechung nur mit Stärke besiegt werden kann. Der Nuntius sagte, daß alle katholischen Prälaten, die sich jenseits des Eisernen Vorhangs befinden und die er im letzten Jahr gesehen hat, in der Meinung übereinstimmen, daß ihre Länder nur durch eine militärische Niederlage der Sowjets gerettet werden könnten: ‹Ich bin ein Mann des Friedens, und es ist schrecklich, so etwas sagen zu müssen›...»

Den folgenden Brief schrieb *Prof. Gustav Gundlach* SJ, der engste Berater *Pius XII.* am 21. November 1948 aus Rom an *Prof. Ulrich Noack* (Würzburg), der ihm seinen Plan einer Neutralisierung Deutschlands zugesandt hatte (Text aus «Nauheimer Protokolle», Würzburg 1950).

«...Ich glaubte auch in Ihrem Sinne zu handeln, wenn ich das Skriptum auch einer sehr hohen Stelle hier zuleitete. Selbstverständlich ist Ihr ganzer Plan unter hiesigen kirchlichen Gesichtspunkten nicht ohne Bedenken und bedeutet gerade auf diesem Gebiet größte Opfer, wie ja die kirchlichen Ereignisse in Rumänien und in der Ukraine schon anzeigen... Sie werden sagen, man soll Verhältnissen nicht nachweinen, die endgültig erledigt sind. Aber vom kirchlichen Gesichtspunkt aus wird es immer ausgeschlossen bleiben, einen positiven Akt des Verzichts auf die Christen jener Gebiete zu setzen, auch nicht um einer Friedensordnung willen. Dies bedeutet nicht, daß man um der Christlichkeit jener Völker willen seitens der Kirche keinen Frieden mit Moskau will oder gar den Krieg. Dies wäre sicher nicht richtig. Die Kirche, die wegen eines modus vivendi mit einem Hitler verhandelt hat, würde auch bei einigermaßen gegebenen Garantien auch mit einem Stalin um einen modus vivendi verhandeln, selbst wenn ganz Nordamerika sich darob entsetzen würde...»

5. Kardinal Bengsch: Schweigen von der «Kirche des Schweigens»!

Das hier (in Übersetzung aus dem lateinischen Wortlaut) publizierte Dokument wurde auf der 6. Sitzung der Zentralkommission zur Vorbereitung des Zweiten Vatikanischen Konzils, die vom 3. bis 4. Mai 1962 in Rom tagte, vom damaligen Oberhirten von Berlin, Alfred Bengsch vertraulich vorgelegt. Es bezieht sich auf das Kapitel 6 des mit «Seelsorge im Besonderen» (*De Animarum Cura in Particulari*) überschriebenen Teils II des Schemaentwurfs über die Bischöfe und ihre pastoralen Pflichten (vgl. «*Praecipuae de animarum cura questiones*», *propositum a Commissione de episcopis et de Dioeceseon regimine, Typis Polyglottis Vaticanis*, MCMLXII).

Erzbischof Alfred Bengsch   Rom, 4. Mai 1962

Bemerkungen
zur Behandlung des Schema-Dekrets, das die «Kommission über die Bischöfe und die Diözesan-Regierung» zum Thema «Seelsorge für vom Kommunismus angesteckte Christen» (*De cura pro christianis communismo infectis*) vorgelegt hat.

Nicht einverstanden (Non placet)

Gewiß hat die Kirche das Recht und die Pflicht, mit offenen Worten jedwede Irrlehre, besonders den atheistischen Kommunismus zu verdammen. Darüber hinaus muß besonders bekräftigt werden, daß – ebenso wie die gesamte Kirche die Gefahr des Kommunismus für die Welt mit wachem Gewissen vor Augen hat – auch die Absicht der hochwürdigsten Väter, die dieses Schema vorgelegt haben, lobenswert ist.

Trotzdem will ich in aller Kürze darlegen, warum mir, der ich als Erzbischof mein Amt in Ostdeutschland, also unter der Herrschaft der Kommunisten ausübe, das vorgelegte Schema nicht zusagt.

1. Sehr gut wird im Schema gesagt: die Tätigkeit der Kirche muß unbedingt vom politischen oder ökonomischen Antikommunismus klar unterschieden werden, denn der Kommunismus ist auch in den Gebieten, in denen er offizielle (*publica*) Ideologie ist, nur eine Erscheinungsform des Atheismus oder Materialismus. Es gibt nämlich sehr viele, welche die – kurz: kommunistisch – genannte Ideologie, also den sogenannten Dialektischen Materialismus, nur sehr wenig angenommen haben, dennoch aber Anhänger eines praktischen oder liberalen Materialismus sind.

Wenn aber nun die Heilige Synode bei dieser Sachlage einzig und allein nur gegen den Kommunismus in feierlicher Weise auftritt, so dürfte es nahezu unmöglich sein, daß sie, wie im Schema so gut gesagt wird, einen so schweren Geisteskampf erfolgreich bestehen kann. Die Kommunisten würden leicht die für sie willkommene Gelegenheit haben, die Worte des Konzils in ihrer Propaganda zu mißbrauchen, und den Unerfahrenen beweisen, daß die Kirche politische Aktionen betreibe. Ich schlage daher vor, *jede* materialistische Ideologie zu verdammen, die sich – unter dieser oder jener Erscheinungsform – fast im ganzen Erdkreis eingeschlichen hat und nicht in das Leben des Christen einzudringen bemüht.

Die Beschaffenheit des Materialismus scheint mir nämlich fast völlig unabhängig zu sein von Staats- oder Nationalitätengrenzen. Wie ich es des öfteren im westlichen Teil meiner Diözese, das heißt also im politisch freien Teil der Stadt Berlin, feststellen konnte, wirft der Materialismus oder Liberalismus ebenso wie im Kirchenregiment auch in den Fragen der Schulen oder Wissenschaften eine Unzahl von Schwierigkeiten auf.

2. Die Würde des Konzils erfordert es, daß das Schema sich nicht gewisser Ausdrücke und Worte bedient, welche auf politischem Gebiet oder im Sprachschatz der Massenmedien häufiger – und dort mit Recht – verwendet werden:

«Furcht vor der ‹Sowjetischen Macht›»

«Freie Nationen»

«Haß des Kommunismus»

«Eiserner Vorhang».

3. Der Artikel III über die «Kirche des Schweigens» müßte *gänzlich getilgt* werden. Es hilft dies nämlich den Bischöfen und Gläubigen, die unter der Herrschaft der Kommunisten leben, nicht nur in keiner Weise, sondern bringt mit absoluter Sicherheit neue Bedrückungen und gibt den Kommunisten Gelegenheit und Anlaß, den Kampf gegen die Kirche neu zu eröffnen. Darüber hinaus werden die Bischöfe, die ihr Amt in Gebieten ausüben, die unter der Herrschaft der Kommunisten stehen, und nur zu einem Teil wahrscheinlich am Konzil teilnehmen können, nach ihrer Rückkehr in ihre Diözesen neue Schwierigkeiten haben. Ganz gewiß werden die Bischöfe und die Gläubigen, die in den Gebieten der Kommunisten leben, dankbar sein für jede Hilfe, die ihnen von der Kirche geleistet worden ist. Der vorgelegte Artikel über die Kirche des Schweigens bietet solche Hilfe nicht; er wird die Verfolgung nur verschärfen. Der Ausdruck «Kirche des Schweigens» ist nur bedingt zutreffend in bezug auf die Freiheit von Publikationen oder der Propaganda in anderen Gegenden des Erdkreises. Die Kirche schweigt aber dennoch keineswegs überhaupt, sondern führt ihren geistigen Kampf durch Predigen und Lehren bis zum heutigen Tage. Es würde in diesem Kampf um ein Be-

trächtliches besser helfen, wenn die Kirche in anderen Nationen von der *Kirche des Schweigens schweigen* würde.

So bin ich – in meinem Gewissen gebunden – zu dem oben zum Ausdruck gebrachten «non placet» gekommen.

a) Die Vorschläge des Schemas müssen nicht unbedingt durch ein Dekret des Konzils in der Kirche verbreitet werden; sie können auf einem anderen Wege gelehrt werden, der den Feinden der Kirche nicht so offen die Methode offenbart, mit der die Kirche diesen ihren schlimmsten Widersacher bezwingen will.

4. Sind zwei Schemata über die Seelsorge und den Kommunismus nötig? Ich vermag nicht einzusehen, warum in dieser Frage, die von so großer Bedeutung ist, die Vorschläge von zwei Kommissionen nicht koordiniert worden sind. Das von der Kommission über «die Disziplin des Klerus und des christlichen Volkes» vorgelegte Schema erscheint mir weit besser, weil es die pastorale Ausrichtung klarer herausstellt, Ausdrücke aus dem politischen Gebiet vermeidet und nicht so sehr den Kommunismus, sondern auch andere Irrtümer unserer Zeit verurteilt. Darum wird es – nach einer gewissen Vervollkommnung – auch für die Seelsorge in den Gebieten, die unter der Herrschaft der Kommunisten stehen, eine Hilfe sein können. gez. + A

6. Die jugoslawisch-vatikanische Verständigung von 1966 (Eigene Übersetzung)

PROTOKOLL

der Gespräche zwischen Vertretern der Sozialistischen Bundesrepublik Jugoslawien und den Vertretern des Heiligen Stuhls.

In der Absicht einer Regelung der Beziehungen zwischen der Sozialistischen Bundesrepublik Jugoslawien (SBJ) und der Katholischen Kirche haben Vertreter der SBJ und des Heiligen Stuhls vom 26. Juni 1964 bis 7. Juli 1964 in Rom, vom 5. bis 23. Januar und vom 29. Mai bis 8. Juni 1965 in Belgrad und vom 18. bis 25. April 1966 wieder in Rom Gespräche abgehalten.

I.

Im Rahmen der allgemeinen Probleme, die Gegenstand der Diskussion waren, haben die Vertreter der SBJ folgenden Standpunkt der jugoslawischen Regierung vorgetragen:

1. Die Grundsätze, auf die sich die Regelung der Rechtsposition der Religionsgemeinschaften in der SBJ stützt, garantiert von der Verfassung und den Gesetzen der SBJ, sind folgende: Gewissensfreiheit und Bekenntnisfreiheit; Trennung von Kirche und Staat; Gleichheit und Gleichberechtigung aller Religionsgemeinschaften; Gleichheit der Rechte und Pflichten aller Staatsbürger unabhängig von ihrem religiösen Bekenntnis oder Ritus; Freiheit, Religionsgemeinschaften zu gründen; Anerkennung der Rechtspersönlichkeit von Religionsgemeinschaften.

Im Rahmen dieser Grundsätze garantiert die SBJ der Katholischen Kirche in Jugoslawien die Freiheit bei der Ausübung ihrer religiösen Funktionen und religiösen Riten. Die entsprechenden gesellschaftlich-politischen Organe (Gemeinden, Distrikte, Länder, Bund) sichern allen Bürgern ohne jeden Unterschied die beständige Verwirklichung der Gesetze und anderen Rechtsnormen auf dem Gebiet der Achtung der Gewissens- und Bekenntnisfreiheit, wie sie durch die Verfassung der SBJ garantiert ist.

Die Regierung der SBJ ist bereit, Fälle, die der Heilige Stuhl ihr im Zusammenhang damit zu unterbreiten für nötig hält, in Betracht zu ziehen.

2. Die Regierung der SBJ anerkennt die Kompetenz des Heiligen Stuhls bei der Ausübung

seiner Jurisdiktion über die Katholische Kirche in Jugoslawien in geistigen Angelegenheiten sowie in kirchlichen und religiösen Fragen, soweit sie nicht im Gegensatz zur inneren Ordnung der SBJ stehen. Den Bischöfen der Katholischen Kirche in Jugoslawien wird auch für die Zukunft die Aufrechterhaltung von Kontakten mit dem Heiligen Stuhl ermöglicht und zugesichert, vorausgesetzt, daß diese Kontakte einen ausschließlich religiösen und kirchlichen Charakter haben.

Der Heilige Stuhl, der seine Forderungen, die er im Laufe der Diskussion über eine vollständige Regelung der Beziehungen zwischen der Katholischen Kirche und der SBJ erhoben hat, aufrechterhält, nimmt den Standpunkt der Regierung der SBJ, wie er in Punkt 1 und 2 dieses Protokolls niedergelegt ist, zur Kenntnis.

II.

Im Rahmen der allgemeinen Probleme, die Gegenstand der Diskussion waren, haben die Vertreter des Heiligen Stuhls folgenden Standpunkt des Heiligen Stuhls vorgetragen:

1. Der Heilige Stuhl bekräftigt den Grundsatz, daß die Tätigkeit katholischer Priester bei der Erfüllung ihrer geistlichen Pflichten sich im religiösen und kirchlichen Rahmen zu halten hat und daß sie in Konsequenz dessen ihre religiösen und kirchlichen Funktionen nicht für Zwecke mißbrauchen dürfen, die in ihrer Wirkung politischen Charakter haben.

Der Heilige Stuhl ist bereit, Fälle, auf welche die Regierung der SBJ seine Aufmerksamkeit in dieser Beziehung richtet, in Betracht zu ziehen.

2. Der Heilige Stuhl mißbilligt und verurteilt – in Übereinstimmung mit den Grundsätzen der katholischen Moral – jeden Akt politischen Terrors oder ähnlicher krimineller Formen von Gewalt, gleich wer sich ihrer bedient. Sollte die Regierung Jugoslawiens feststellen, daß katholische Geistliche an solchen für die SBJ schädlichen Aktionen teilnehmen, und es für notwendig halten, die Aufmerksamkeit des Heiligen Stuhles darauf zu lenken, ist der Heilige Stuhl bereit, das Beweismittel in Betracht zu ziehen und eventuell die entsprechenden Maßnahmen zu ergreifen, die für solche Fälle das kanonische Recht vorsieht.

Die Regierung der SBJ, die ihre Forderungen, die sie im Laufe der Diskussion über eine vollständige Regelung der Beziehungen zwischen der Katholischen Kirche und der SBJ erhoben hat, aufrechterhält, nimmt den erklärten Standpunkt des Heiligen Stuhls, wie er in Punkt 1 und 2 erklärt ist, zur Kenntnis.

III.

Beide Seiten drücken ihre Bereitschaft aus, sich auch in Zukunft, wenn immer sie es für nötig halten, in allen Fragen zu konsultieren, welche die Beziehungen zwischen der SBJ und der Katholischen Kirche betreffen.

IV.

Die Regierung der SBJ ist zur Erleichterung weiterer gegenseitiger Kontakte bereit, den Aufenthalt eines Apostolischen Delegaten in Belgrad zu ermöglichen, der gleichzeitig die Funktion eines Gesandten bei der Regierung ausüben wird. Ihrerseits behält sich die Regierung das Recht vor, ihren Gesandten beim Heiligen Stuhl zu ernennen.

Der Heilige Stuhl ist seinerseits bereit, einen Gesandten der Regierung der SBJ zu empfangen und seinen Apostolischen Delegaten nach Belgrad zu entsenden.

Gegeben in Belgrad am 25. Juni 1966 in zwei Originaltexten in serbo-kroatischer und italienischer Sprache, wobei beide Texte als gleich authentisch gelten.

Für die Regierung dgr SBJ
gez. Milutin Moraca

Für den Heiligen Stuhl
gez. Agostino Casaroli

7. *Der Vatikan und die DDR*

Auszüge aus dem Text der Tischrede von Erzbischof *Agostino Casaroli* bei einem Essen, das DDR-Außenminister *Oskar Fischer* am 9. Juni 1975 in Ost-Berlin zu Ehren des vatikanischen Gastes gab: (Ital. Text vgl. «Civiltà Cattolica» v. 5. 7. 1975)

«Der Heilige Stuhl glaubt als eine ausschließlich moralische Kraft seinen wertvollen, wenn auch bescheidenen Beitrag zur Sache des Friedens leisten zu können. Um aber mitzuarbeiten bei der Bekämpfung des Mißtrauens zwischen den Völkern und Mächten, braucht er seinerseits das ehrliche Vertrauen der einen und der anderen, damit seine beständigen Appelle zum Respekt der Gesetze und der Moral im Inneren der Völker und in den internationalen Beziehungen besser aufgenommen werden… Daraus erklärt sich die Öffnung des Heiligen Stuhls zum Dialog mit jenen, die ihn wünschen, was natürlich nicht bedeutet, daß der Heilige Stuhl die ideologischen und doktrinären Divergenzen übersieht oder unterschätzt oder daß er es hinnimmt, wenn besonders die Lebensfragen der Kirche und der Katholiken in jenen Ländern ungelöst bleiben, mit denen er den Dialog über Probleme des Friedens und der internationalen Zusammenarbeit aufnimmt. Der Heilige Stuhl ist vielmehr überzeugt: Je größer seine Glaubwürdigkeit sein wird auf dem Gebiet, für das er unmittelbar verantwortlich ist, um so größer wird seine Autorität in der Welt der Gläubigen und Nichtgläubigen sein und um so wirksamer

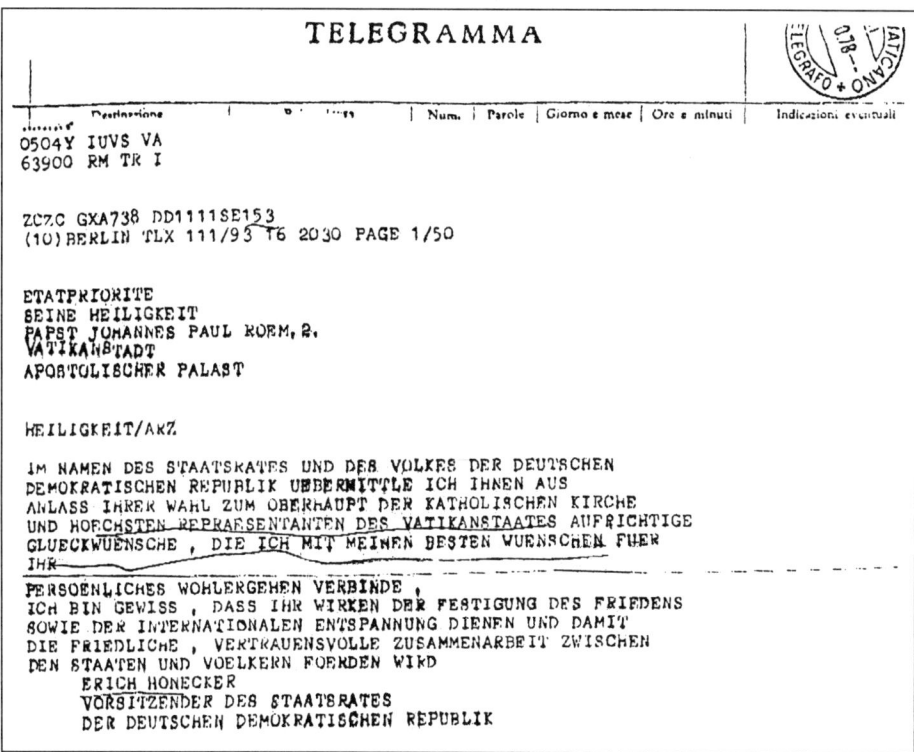

Faksimile des Glückwunsch-Telegramms
Erich Honeckers zur Papstwahl (19. Oktober 1978):

seine Aktion als moralischer Faktor auf dem Gebiet des Friedens und der Zusammenarbeit zwischen den Völkern...»

Auszüge aus dem Toast Erzbischof Casarolis bei einem Essen, das er für den DDR-Außenminister Fischer am 10. Juni 1975 im erzbischöflichen Haus in Ost-Berlin gab in Anwesenheit von Kardinal Bengsch, Bischof Schaffran (Meissen) und Bischof Braun (Magdeburg):

«Die Erfahrung zeigt: je größer der technische Fortschritt ist, um so notwendiger wird es, die moralischen Strukturen zu konsolidieren, die allein dem Fortschritt eine humane Dimension geben können. In den Sozialbeziehungen bestehen diese moralischen Strukturen in der Ablehnung des Egoismus, im Geist menschlicher Solidarität, im Respekt vor der gleichen Würde, der Rechte, der legitimen Interessen und der Freiheit der Individuen und der Völker. Ohne diese Voraussetzungen wird der materielle, technologische, wissenschaftliche und sogar der kulturelle Fortschritt nicht nur zum Vorteil der einen Seite ohne den entsprechenden Vorteil der anderen (ja zu ihrem Nachteil, was moralisch unzulässig ist), sondern erregt und nährt Reaktionen des Aufruhrs, welche die Basis sozialer Konflikte und Kriege bilden...

Vertrauliche Mitteilung des SED-Politbüromitglieds Werner Lamberz von 17. April 1975 an den Vatikan – «Außenminister» Agostino Casaroli:

1. Die DDR möchte auf diesem Wege dem Hl. Stuhl zur Kenntnis geben, daß sie bereit ist, durch eine offizielle Einladung an Mons. Casaroli nach Ostberlin die Initiative zu Verhandlungen zu ergreifen.

2. Die DDR sieht in solchen Verhandlungen jedoch nur dann einen Sinn, wenn ihr auf dem gleichen Wege durch den Hl. Stuhl in zwei Punkten Zusicherungen gemacht werden:
   a. daß beim Abschluß der Verhandlungen die Ordinarienkonferenz in eine «Bischofskonferenz der DDR» umbenannt wird,
   b. die Apostolischen Administratoren in Erfurt, Magdeburg und Schwerin zu Residenzialbischöfen ernannt werden.

3. Die DDR erklärt sich ihrerseits bereit, die Verhandlungen mit dem Ziel zu führen, daß sie den gegenwärtigen Status quo der katholischen Kirche in der DDR schriftlich garantieren wird. Die DDR ist bereit, über alle Wünsche des Hl. Stuhls entgegenkommend zu verhandeln: sie hat nicht die Absicht, in die inneren Angelegenheiten der kath. Kirche – wie etwa die Frage von Bischofsernennungen – einzugreifen. Die DDR hat auch nicht die Absicht, den gegenwärtigen Status der Diözese Berlin anzutasten oder zum Verhandlungsgegenstand zu machen.

4. Die Verhandlungen könnten zügig geführt und relativ schnell zum Abschluß gebracht werden. Sie weist auf Beweise ihres guten Willens hin: ihr bewußtes Schweigen zum Hirtenbrief der DDR-Bischöfe vom 17. November 1974 und die Einreisebewilligung für Kardinal Döpfner.

5. Der Hl. Stuhl wird gebeten, der DDR auf dem gleichen inoffiziellen Wege innerhalb von fünf Wochen mitzuteilen, ob er auf der Basis der vorstehenden Punkte zu Verhandlungen bereit wäre: zu einem späteren Zeitpunkt wäre es aus internen Gründen den Befürwortern einer Verständigung mit dem Hl. Stuhl kaum mehr möglich, aktiv zu werden.

Anmerkungen

1. Mißverständnisse: Rußlandmission und Revolution, 1917–1922

1 Ein Augenzeugenbericht von Zofja Licharewa in der polnischen Jesuitenzeitschrift *Oriens*, Krakau, August–September 1935, S. 104.

2 Zitiert von Gervais Quenard in den *Pages d'Archives*, einer internen Publikation des Assumptioniste-nordens (Augustiner), Paris 1955.

3 Eduard Freiherr von der Ropp (1851–1939), geb. in Liksna. Konvertit. Pfarrer in Libau (Litauen), 1902 Bischof von Tiraspol, 1904 von Wilna, 1905 Duma-Abgeordneter, 1907 verbannt, 1917 Bischof von Mogilew, ab 1920 im Exil in Warschau; er starb dort kurz vor Beginn des Zweiten Weltkriegs.

4 Scheptyckyj (1865–1944) stammte aus polnischem Adel (sein Bruder war polnischer General), bekann-te sich jedoch zum ukrainischen Volkstum. 1900 Erzbischof von Lemberg (polnisch Lwów, ukrainisch Lviv) und Metropolit von Halič und Kamieniec für etwa fünf Millionen unierte Ruthenen (Ukrainer) im österreichischen Galizien. Nach dem russischen Einmarsch (3. September 1914) wurde er verhaftet und in ein Kloster verbannt, 1917 freigelassen. In Lemberg, das seit 1918 zu Polen gehörte, 1939 sowjetisch, 1941 deutsch besetzt wurde und seit dem 27. Juli 1944 zur Sowjetunion gehört, starb er am 1. November 1944. (Vgl. «Morality an Reality. The Life and Times of Andrei Sheptytskyi» ed. Paul R. Magocsi, Canadian Institute of Ukrainian Studies, Edmonton, 1989.)

5 Leonid Feodorow (1879–1936). Aus russischer Familie stammend, konvertiert 1902 in Rom zur katho-lischen Kirche, tritt in den Studitenorden ein. 1917 Exarch der russischen Katholiken ohne Bischofs-rang (lt. Annuario Pontifico von 1930: als Generalvikar für die Katholiken des slawisch-byzantinischen Ritus dem Erzbischof von Mogilew unterstellt). 1923–1926 im Gefängnis und Straflager, dann Zwangs-aufenthalt und sibirische Verbannung, gestorben am 7. März 1936. (Biographie von Paul Mailleux SJ: Exarch Leonid Feodorov, Bridgebuilder between Rome and Moscow, New York 1964; siehe auch *Oriens*, Krakau 1935.)

6 Der polnische Prof. Stanislaw Trzeciak in der Krakauer *Czas*, Nr. 336/1921.

7 Lenin: Ausgewählte Werke in 12 Bänden, Wien-Moskau, Bd. 11, S. 397 ff.

8 Sammlung der Gesetze und Verordnungen der Arbeiter- und Bauernregierung Nr. 18 (zit. nach N. Struve: Die Christen in der UdSSR, Main 1965, S. 461).

9 Text siehe Struve, S. 374. Hier auch eine genaue Darstellung der Lage der orthodoxen Kirche zu diesem Zeitpunkt.

10 Resolution der 5. Sitzung der staatlichen Erziehungskommission vom 24. April 1918 (siehe *Iswestija* vom 5. September 1918).

11 Dies und die folgende Darstellung der Vorgänge um Ropp stützt sich vor allem auf die «Kronika archidyecezji mohylowskiej», die sich im Cieplak-Archiv der «Roman Catholic Union» in Chicago befindet. (Siehe auch James Zatko SVD: Descent into Darkness, Notre Dame/Indiana, USA, 1965.)

12 Siehe Wilhelms Memoiren: Ereignisse und Gestalten (1922), S. 255.

13 Bayerisches Geheimes Staatsarchiv (BStA), München, Faszikel 967 (Bayer. Gesandtschaft beim Päpstl. Stuhl); siehe auch *Bayerischer Kurier*, 13. Mai 1919.

14 BStA, Fasz. 967, Päpstl. Stuhl, Berichte Nr. 139 und 169.

15 Mitgeteilt von Bischof Michel d'Herbigny in einer Rede vor dem «Circolo di Studi sull'Oriente cristiana» in Palermo am 14. März 1930. Gegenüber Gervais Quenard, dem Generaloberen des Assumptionistenordens, äußerte sich Pius XI. (Ratti) später «plus d'une fois» (mehr als einmal), daß er lieber nach Kiew und Charkow als nach Polen gegangen wäre (*Pages d'Archives*, No. 11, 1959, S. 381).

16 So will es, laut Ludwig von Pastor (Tagebücher, S. 818) der belgische Botschafter Beyens während einer Papstaudienz (am 27. September 1924) verstanden haben. Eduard Winter (Die Sowjetunion und der Vatikan, Bd. 3, S. 23), zitiert diese Stelle falsch und schreibt, Ratti habe mit Lenin zweimal «telefoniert».

7 So Kardinal Gasparri im Herbst 1916 zu Roman Dmowski (Polityka polska i odbudowa panstwa, Warschau 1925, S. 208). Vgl. auch Andrzej Micewski: Roman Dmowski, Warschau 1971, S. 227f.

18 Gasparri sagte zu Ludwig von Pastor, der Friede von Versailles und von St- Germain werde «zehn Kriege im Gefolge haben» (Tagebücher, S. 681), und am 13. Mai 1921 sagte der Kardinalstaatssekretär zum bayerischen Gesandten, Polen sei nur lebensfähig, wenn es sich auf seinen östlichen *oder* westlichen Nachbarn stütze. Da Hilfe von Osten nicht zu erwarten sei, sei es töricht, die Brücken nach Westen abzubrechen, «Polen werde dafür einmal schwer büßen müssen, wenn Deutschland sich wieder erholt habe» (BStA, Fasz. 980, Päpstl. Stuhl).

19 Ks. Jan Gnatowski: Z Polski do Rzymu – Papiez Pius XI., S. 82–84 (eine wahrscheinlich 1923 edierte hymnische Ratti-Biographie); unsachlich-kritisch dagegen die Biographie von Jaroslaw Jurkiewicz: Nuncjatura Achillesa Ratti w Polsce, Warschau 1953. Das sog. «Wunder an der Weichsel», die Rettung Warschaus vor der Roten Armee, die Gnatowski dem durch Ratti repräsentierten göttlichen Beistand zuschreibt, führt Jurkiewicz – in stalinistischer Auslegung – auf die «Verräter» Trotzki und Tuchatschewski zurück.

20 Pers. Mitteilung von Professor Federico Alessandrini, Vatikan (siehe auch Curzio Malaparte: Technique du coup d'Etat, 1931). – Zu Isaak Babel siehe: Budjonnys Reiterarmee, dtv-Ausgabe, München 1961, S. 10.

21 Rede Lenins auf dem I. Allrussischen Arbeiterinnenkongreß am 19. November 1918 (zit. nach Schachnowitsch, S. 540). Vgl. auch die Aufzählung von Gewalttätigkeiten in einer Warnung des Justizkommissariats vom Dezember 1918 (in: Woprossij istorij, Moskau, V, 1958, S. 16–20).

22 Zitiert nach Schachnowitsch (S. 528), der jedoch die Antwort Lenins an den Vatikan verschweigt.

23 Der Telegrammwechsel wurde im *Osservatore Romano* vom 2. April 1919 in vollem Wortlaut gedruckt. Eduard Winter spricht fälschlich von einem nur «kurzen Hinweis», S. 27; die sowjetische Aktenpublikation von 1958, aus der Winter zitiert, läßt Tschitscherins grotesk-geschmacklose Bemerkungen über die Öffnung der Reliquienschreine weg und enthält zahlreiche Übersetzungsfehler.

24 Mit «Tschechoslowaken» sind Angehörige einer aus ehemaligen österreichisch-ungarischen Kriegsgefangenen gebildeten «Tschechoslowakischen Legion» gemeint, die in Sibirien gegen die Bolschewiki kämpfte. – Admiral A. W. Koltschak (geb. 1874, hingerichtet 1920) bildete in Sibirien, General A. A. Denikin (geb. 1872, gest. 1947 in den USA) in Nordkaukasien «weiße» antibolschewistische Armeen. S. Petljura (geb. 1879, ermordet in Paris 1926) führte 1919 die Unabhängigkeitsbewegung und eine antikommunistische Armee der Ukrainer.

25 Siehe Schluß der Anmerkung 26.

26 Siehe *Osservatore Romano* vom 28. Dezember 1919. Die in der Literatur verbreitete Version, daß Ropp gegen den Mitarbeiter Lenins, Karl Radek, ausgetauscht wurde (der seit Januar 1919 in Berlin im Gefängnis saß), wird durch die Akten nicht bestätigt. Sie ist auch unwahrscheinlich, da Radek erst im Dezember 1919 im Austausch gegen deutsche «Agenten» freigelassen wurde. Auch eine andere Annahme von Schachnowitsch (S. 528) ist falsch; danach wurde Ropp gegen eine Gruppe Kommunisten ausgetauscht, die in Polen verhaftet worden waren und beim Grenzübertritt von polnischen Truppen «heimtückisch ermordet» worden seien. Dieser Vorfall ereignete sich jedoch fast ein Jahr früher, im Januar 1919, und betraf eine sowjetische Rotkreuzdelegation, die zunächst in Warschau interniert war, abgeschoben werden sollte, dann aber auf ungeklärte Weise – durch Grenzpolizisten oder Banditen? –

erschossen wurde (siehe Kowalski: Zarys Historii Polskiego Ruchu Robotniczego, Warschau 1962, S.117–118, und Adam Krzyżanowski, Dzieje Polski, Paris 1973, S.57).

27 Der Berichterstatter des Vatikanblatts meint auch, von Ropp gehört zu haben, daß er in der Nacht vom 20. zum 21. Mai 1919 hätte erschossen werden sollen. Aber die zitierte «Kronika» der Erzdiözese Mogilew, die jede Einzelheit der Haftzeit Ropps verzeichnet, weiß davon nichts.

28 Siehe *Schlesische Volkszeitung* vom 8. März 1921.

29 Siehe Zatko, a.a.O., S.82–88.

30 Siehe auch Seite 19 ff.

31 Feodorows Brief an Lenin vom 30. März 1919 und die Antwort bei Bontsch-Brujewitsch: Isbranje sotschinenja, Bd.1, 1959, S.351ff. – Feodorows Brief an den Papst bei Mailleux, a.a.O., der Brief Budkiewicz' an den Nuntius bei Zatko, a.a.O., S.199/120.

32 Erklärung des Volkskommissariats für Justiz der Ukrainischen Räterepublik (zit. bei Codevilla: Stato e Chiesa nell'Unione Sovietica, S.116).

33 Siehe *Prawda* vom 21. April 1921 (zit. bei Schachnowitsch, a.a.O., S.544).

34 Siehe *Oriens*, Krakau, Mai–Juni 1935, S.105. Laut Großer Sowjetenzyklopädie, Bd.XVI, «Hunger», sind damals zwei Millionen Menschen verhungert.

35 Nansen-Hauptmann-Gorki: Rußland und die Welt, Berlin 1922. In dieser Publikation veröffentlichte Nansen, der als Hochkommissar des Völkerbunds für Flüchtlinge die erste Hungerhilfsaktion organisierte, zum erstenmal erschütternde Fotos aus dem Katastrophengebiet. Die ausführlichste Bilddokumentation über die Hungerkatastrophe in *Orientalia Christiana* Nr.14, April–Mai 1925. – Michel d'Herbigny SJ: L'Aide Pontificale aux Enfants affamés de Russie. Diese Schrift wurde auch in russischer Sprache herausgegeben, übers. von Serge Wolkonski.

36 Wacław Worowski, geb. 1871, in Lausanne am 10. Mai 1923 von russischem Emigranten ermordet (sein Denkmal in Moskau). Zu Worowskis Persönlichkeit siehe D. Shub: Lenin, Wiesbaden 1948, S.82f. und 311/312.

37 Zugänglich ist in Rom u.a. das Archiv des Generalats der «Societas Verbi Divini» (SVD), des sog. Steyler Missionsordens. Einer Quellensammlung des Ordenshistorikers P. Johann Kraus, die einer Arbeit über die Beteiligung des Ordens an der Hungerhilfe diente, verdanke ich für dieses Buch viele Hinweise: Im Auftrag des Papstes in Rußland, Veröffentlichungen des Missionspriesterseminars St. Augustin, Siegburg 1970. Aus diesem Archiv konnten für das vorliegende Buch weitere wichtige Dokumente ausgewertet werden, wofür ich P. Bornemann zu danken habe. Sehr aufschlußreich sind die Berichte der Deutschen Botschaft beim Hl. Stuhl, die im Politischen Archiv des Auswärtigen Amtes in Bonn (PAAA) zugänglich sind.

38 Wilhelm von Braun (geb. 1883) hatte mehrere Geschwister, war also nicht Alleinerbe (laut «Gotha» v. 1934). Er war Konvertit u. zeitweilig Novize in den Benediktinerklöstern Niederaltaich u. Cava, wo sich alte Mönche noch 1976 an ihn erinnerten; auch daran, daß er ein Foto besaß, das ihn mit Lenin zeigte. B. war seit 1913 mit Pizzardo befreundet. 1935 wurde er wegen § 175 (Homosexualität) ins Konzentrationslager Dachau eingeliefert, 1941 starb er im KZ Buchenwald nach Mißhandlungen (Angaben aus dem Nachlaß B.s im Besitz der Familie).

39 Johannes Steinmann (geb. 1870 in Breslau, gest. 1940 in Brixen/Bressanone). 1921–1940 geistlicher Konsultor bei der deutschen Vatikanbotschaft.

40 Giuseppe Pizzardo (1877–1970) wurde 1930 Titularerzbischof, 1937 Kardinal; er war fast 50 Jahre lang in mehreren Kongregationen, vor allem auch im Staatssekretariat des Vatikans, tätig.

41 Siehe die Berichte des in die Verhandlungen eingeschalteten Generalprokurators Carl Friedrich im SVD-Archiv, Rom (Kraus, a.a.O., S.21–24).

42 Kopie des mit «conditions» überschriebenen und von Pizzardo gezeichneten Textes im SVD-Archiv, Rom (Gehrmann-Nachlaß); siehe Kraus, a.a.O., S.190.

43 Siehe Kraus, a.a.O., S.24/25.

44 Siehe Pastor, a.a.O., S.711 und S.717. – Am 29. Dezember 1921 sagte Benedikt XV. zu Pastor, dem

österreichischen Gesandten beim Hl. Stuhl: «Jetzt frage ich Sie als Historiker der Kirche: Halten Sie es nicht für providentiell, daß statt des Luther-Jubiläums das protestantische Kaisertum zusammengestürzt ist?»

45 Mitteilung Bischof d'Herbignys SJ in einer Ansprache in Palermo am 14. März 1930 (gedruckt vom «Circolo di Studi sull'Oriente cristiana», S. 15).

46 Dies und die folgende Darstellung stützt sich vor allem auf zwei ausführliche, vertrauliche Berichte Steinmanns (vom 23. März 1922 und vom 18. Mai 1923) an Staatssekretär Ago von Maltzan im Auswärtigen Amt, Berlin; siehe PAAA, Abt. IV, Rußland; Pol. 16, Bd. 1, K 480 041–53, und Bd. 4, K 480 211.

47 Siehe Nino Lo Bello: Die Milliarden des Vatikan, Wien 1970, S. 61. Die Angabe erscheint um so glaubhafter, als Lo Bello sonst eher dazu neigt, die Finanzkraft des Vatikans zu überschätzen.

48 Text des Dekrets vom 26. Februar 1922 bei W. C. Einhardt: Religion in Soviet Russia, London 1929, S. 46. – Eine offizielle sowjetische Publikation gab offen zu, daß man mit der Zwangsablieferung wertvoller Kultgeräte der Religion «einen letzten Schlag» versetzen und nicht nur Geld zum Getreidekauf gewinnen wolle (siehe V. Let Wlastji Sowjetow, Moskau 1922, S. 292).

49 Das Abkommen wird – ohne Datum und Inhalt – im Osservatore Romano kurz erwähnt (7. April 1922), mit Datum in der «Großen Sowjetenzyklopädie» unter dem Stichwort «Gasparri» (Bd. X, 261).

50 Einsicht in den Text des Memorandums von Brauns verdankt der Verfasser dem Archiv des SVD-Generalats, Rom (ein kurzer Hinweis darauf bei Kraus, a.a.O., S. 35 Anm.). – Dr. Erich Alexander (geb. 1880) war auch Mitglied der Deutschen Orientgesellschaft.

51 Siehe die gründliche Monographie von Dr. G. Gerschuni: Die Konzessionspolitik Sowjetrußlands, Berlin 1927. – Auf dem Rätekongreß von Arsamas rief ein Bauer: «Verkauft unser Mütterchen Rußland nicht gegen Konzessionen» (Gerschuni, S. 51).

52 Diego von Bergen (1872–1944) war seit 1919 Gesandter, von 1921 bis April 1943 Botschafter des Deutschen Reiches beim Vatikan.

53 Edmund Walsh (1885–1956), seit 1918 Professor in Georgetown (USA). In der dortigen katholischen Universität befindet sich sein Nachlaß.

2. Auf Rapallokurs: Koexistenzversuche, 1922–1924

1 Siehe die Schilderung Erzbischofs Sígnorís gegenüber einem Korrespondenten des Corriere della Sera (30. April 1922) und in einem Brief Sígnorís vom 23. April 1922 an Monsignore Roncalli (den späteren Papst Johannes XXIII.), zitiert bei Giancarlo Zizola: L'Utopia die Papa Giovanni, Assisi 1973, S. 176/177.

2 Zur Persönlichkeit Josef Wirths (1879–1956) siehe Thomas A. Knapps biographisches Porträt in: Zeitgeschichte in Lebensbildern. Aus dem deutschen Katholizismus des 20. Jahrhunderts, Mainz 1973 (S. 160 ff.). Zur Geschichte des Rapallovertrags siehe F. A. Krummacher und Helmut Lange: Krieg und Frieden – Geschichte der deutsch-sowjetischen Beziehungen, München 1970, S. 126 ff.

3 Siehe Ernesto Buonaiuti: La Chiesa e il Communismo, Mailand 1945, S. 13. – Bounaiuti (1881–1946) war als katholischer Theologe führender Vertreter des italienischen «Modernismus». 1908 zum Priester geweiht, war er bis 1921 Professor für Kirchengeschichte in Rom und mit Kardinal Gasparri (dessen Äußerung «wörtlich» wiederzugeben er versichert) befreundet. 1924 wurde Buonaiuti aus der Kirche ausgeschlossen (exkommuniziert).

4 Die «ernstesten Befürchtungen», die Kardinal Gasparri gegenüber dem österreichischen Gesandten Ludwig von Pastor über den Rapallovertrag am 1. Mai 1922 äußerte, bezogen sich darauf, daß die kirchlichen Belange in diesem Vertrag, wie überhaupt auf der Genuakonferenz, noch nicht berücksichtigt waren.

5 Zu Pastor siehe Hof- und Staatsarchiv, Wien, Päpstlicher Stuhl, Kurie 87, Z 113, Nr. 260.

6 So der Schriftsteller Dimitri S. Mereschkowkij (1865–1941) in einem offenen Brief an den Papst am 7.

Mai 1922, in dem auch davon die Rede war, daß nun «die Hände, die die heilige Hostie berühren, die blutigen Hände von Mördern schütteln» (Graham, a. a. O., S. 456).

7 *Ordine Nuovo*, 15. Mai 1922, Nr. 134 (siehe Togliatti: Opere, Bd. I, S. 137).

8 Im *Osservatore Romano* vom 15./16. Mai 1922 der französische Originaltext des Memorandums.

9 Dies und die folgende Darstellung stützt sich auf den Bericht von Ago von Maltzan (PAAA, Abt. IV; Rußland, Pol. 16, K 480058) sowie auf ein Privatschreiben Monsignore Steinmanns an Reichskanzler Wirth vom 18. Mai 1922 (im Wirth-Nachlaß im Bundesarchiv, Koblenz). Siehe auch H. Graf Kessler: Tagebücher, Wiesbaden 1961, S. 317, wo ein Bericht Maltzans zitiert wird.

10 Georgij Wassiljewitsch *Tschitscherin* (1872–1936), Sohn eines aristokratischen Großgrundbesitzers, 1904 Sozialdemokrat, 1905–1907 als Emigrant in Berlin und München, 1914 in England, 1917 Bolschewik, 1918–1930 sowjetischer Volkskommissar für Auswärtiges. Maxim Maximowitsch *Litwinow* (1876–1951), Bolschewik seit 1903, Emigration in der Schweiz, 1918–1920 diplomatischer Vertreter in London, 1921–1930 stellvertretender Volkskommissar des Äußeren, 1930–1939 Volkskommissar des Äußeren, 1941–1943 Botschafter in Washington.

11 Graham, a. a. O., S. 453, und *Katholische Kirchenzeitung*, Salzburg, Nr. 20/1922.

12 Struve, a. a. O., S. 38.

13 Französischer Originaltext des Briefwechsels siehe *Osservatore Romano* vom 18. Juni 1922. Gasparri benutzt die Anrede V. S. = Vossignoria = Euer Wohlgeboren.

14 Die Originale beider Briefe sowie eines Dankschreibens von Wirth an den Papst vom 1. Juni 1922, die bisher unbekannt waren, sind mir aus dem Wirth-Nachlaß (der sich jetzt im Bundesarchiv Koblenz befindet) zugänglich gemacht worden. Das Papstbild, mit der auf Rapallo bezogenen Widmung, pflegte Wirth später solchen Gesprächspartnern zu zeigen, die ihn als «allzu links» oder gar als «Salonbolschewiken» beargwöhnten. (Das Bild verschwand, nachdem die deutsche Gestapo 1940 – als sich Wirth in die Schweiz zurückzog – seine Pariser Emigrantenwohnung durchsuchte.) Der innenpolitische Kurs Wirths mißfiel dem Vatikan; als der Kanzler nach der Ermordung des Reichsaußenministers Rathenau den rechtsradikalen Rapallogegnern im Reichstag zurief: «…dieser Feind steht rechts», kritisierte Kardinal Gasparri diese Formulierung (siehe Bericht Pastors im HStA-Wien, Päpstl. Stuhl/K 82/Nr. 302).

15 Chiffretelegramm Botschafter von Bergens vom 9. August 1922 (PAAA, Abt. IV, Rußland, Pol. 16, Bd. 2, Nr. 97). Bericht des Generalvikars Budkiewicz aus Petrograd an den Päpstlichen Nuntius in Warschau vom September 1922. Wortlaut bei Zatko, a. a. O., S. 196 ff.

16 Siehe auch den Bericht des Moskauer Korrespondenten des *Berliner Tageblatts*, Paul Scheffer, vom 17. Dezember 1922: «Eine riesenhafte Ausfegung… zehntausende von Kisten voll von Kirchenkostbarkeiten… In der Provinz… wurde vieles… sinnlos an Ort und Stelle zerstört… Über dem Schicksal dieser unendlich vielen Dinge liegt strenge Dunkelheit…» (P. Scheffer: Augenzeuge im Staate Lenins, München [Piper] 1972, S. 129 f.). Bis Mitte 1923 waren nur 700000 Goldrubel aus dem Verkauf der Kirchenschätze dem Außenhandel zugeführt (siehe I. Frohberger: Sturm über Rußland, Köln 1930, S. 22).

17 Siehe Michel d'Herbigny: L'Aide Pontificale aux Enfants affamés de Russie, *Orientalia Christiana*, Vol. IV–1, Rom 1925, S. 27.

18 Am 4. Juni 1922 hatte die *Prawda* das erste Bulletin über Lenins fortschreitende tödliche Krankheit veröffentlicht.

19 Dies und das folgende nach Briefen der Patres Eduard Gehrmann (15. Juli 1922) und Heinrich Pöping (14. August 1922) zit. bei Kraus, a. a. O., S. 37–41.

20 Das Apostolische Schreiben wurde erst am 26. Juli 1922, dem Tag der Abreise der Hilfsmission, im *Osservatore Romano* veröffentlicht.

21 Siehe Kraus, a. a. O., S. 177/178. Allerdings ist zu berücksichtigen, daß zu dieser Zeit, besonders in Deutschland, die Inflation die finanziellen Möglichkeiten stark begrenzte.

22 Siehe Abschlußbericht Gehrmanns für die Deutsche Botschaft in Moskau vom 23. Juli 1924 (PAAA, Abt. IIb, Vatikan, Pol. 3, K 624559–K 624569).

23 So das katholische Zentrumsorgan *Germania* vom 27. Juni 1924.

24 Eine Kopie der mit «Declaration» überschriebenen Vollmacht befindet sich im PAAA, Geheimakten 320/3, 4/Rußland, Pol. 16, Rel. u. Kirchenwesen, K 105 169.

25 Telegramm Botschafter von Bergens vom 9. August 1922 (PAAA, Abt. IV A, Rußland, Pol. 16, Bd. 2).

26 Siehe Nr. 34/1923 der Parteizeitung *Krasni Krim*.

27 Bericht des bayerischen Gesandten Otto Ritter von Groenesteyn aus seiner Papstaudienz am 14. Februar 1923 (BStA, Fasz. 991, Päpstl. Stuhl).

28 Siehe Kraus, a. a. O., S. 95–100.

29 Siehe Zatko, a. a. O., S. 147–149.

30 Siehe McCullagh: The Bolshewik Persecution of Christianity, London 1924 (deutsche Ausgabe: Paderborn 1926); Joseph Ledit: Archbishop Cieplak, Montreal, o. D.; Zatko, a. a. O., Mailleux, a. a. O.

31 Siehe Feodorows Brief an Erzbischof Scheptyckyj nach Lemberg vom 7. März 1923 (zit. in: *Oriens*, Krakau, Mai/Juni 1935). Siehe auch S. 425, Anm. 5.

32 Siehe Zatko, a. a. O., S. 148. Text des Begnadigungserlasses bei McCullagh, a. a. O., S. 144, sowie *Iswestija* vom 30. März 1923. Vgl. J. Ledit, «Archbishop John Cieplak», Montreal, 1963.

33 Siehe *Iswestija* Nr. 62/1923. Der *Osservatore Romano* zitierte am 14. April 1923 diesen Artikel Marchlewskis und versicherte, der Hl. Stuhl wolle sich «nicht im geringsten in Dinge einmischen, die ihn nichts angehen»; ihm liege nur daran, seine Hilfsaktion für das hungernde Rußland fortzusetzen. – Marchlewski, geb. 1865, Vater polnischer Kaufmann, Mutter die westfälische Offizierstochter Auguste von Rückersfeld. Marchlewski starb 1925 in Bogliasco/Italien.

34 Dieser Meinung ist auch McCullagh, der den Prozeß in Moskau selbst erlebte (a. a. O., S. 114 und 117). Lenin war seit dem 3. März 1923 durch seinen dritten Schlaganfall arbeitsunfähig. – Sikorskis Rede in der Senatssitzung vom 27. März 1923 (Sprawozdanie stenogr. XVII, 1923, S. 2–4). Sowjetischer Gesandter in Polen war der ehemalige Fürst Obolenski.

35 Der französische Text dieser Anweisung in einem Telegramm Botschafter von Bergens vom 9. April 1923 (PAAA, Abt. IV, Rußland, Pol. 16, Bd. 2, Tel. Nr. 34).

36 Gasparri zum bayerischen Gesandten Ritter am 12. April 1923 (BStA, Fasz. 991, Päpstl. Stuhl, Bericht Nr. 23) und am 13. April 1923 zu Pastor (HStA. Wien, Päpstl. Stuhl, K 87, Bericht Nr. 442).

37 Brief Cieplaks an die Päpstl. Hilfsmission in Moskau am 19. Dezember 1922 (Cieplak-Archiv).

38 Am 18. Mai 1923 an Maltzan (PAAA, Abt. IV, Rußland, Pol. 16, Bd. 3, Nr. K 480211). Die folgende Schilderung der Konferenz im Vatikan vom 4. Mai 1923 folgt im wesentlichen diesem Bericht (siehe auch Kraus, a. a. O., S. 99/100).

39 Pers. Brief Wirths an Maltzan vom 17. Juli 1923 (Kopie im Besitz des Autors). Das Zitat Gasparris gibt Wirth wörtlich in französischer Sprache wieder. Wirth habe sich bei diesem Rombesuch «rechts gegeben», berichtet der bayerische Gesandte Ritter (BStA, Fasz. 991, Päpstl. Stuhl, Bericht Nr. 133). Ritter zitiert aber auch eine römische Äußerung Wirths: «Der deutsche Arbeiter wird noch einmal der Großindustrie eine furchtbare Rechnung präsentieren.»

40 Ulrich Graf von Brockdorff-Rantzau (1869–1928), Jurist, vor dem Ersten Weltkrieg Botschafter in Kopenhagen, 1919 vier Monate lang Reichsaußenminister; er trat zurück, um den Versailler Vertrag nicht unterzeichnen zu müssen. Reichskanzler Wirth nennt in einer Aufzeichnung vom 4. Juli 1942 Rantzau den «merkwürdigsten Mann, der mir je begegnete». Rantzau habe sich ausbedungen, als Botschafter nicht «den Scheißkerlen» vom Auswärtigen Amt unterstellt zu werden und dem Reichspräsidenten (Ebert) direkt berichten zu dürfen; er habe «wie der Stier von Uri» geschrien: Er gehe nach Moskau, um «Rache für Versailles» zu nehmen. – Nach einer Mitteilung von Rantzaus pers. Referenten Andor Hencke (vom 16. März 1974) bewunderte Rantzau den Vatikan, weil dort noch «Zucht und Ordnung» herrsche, und wünschte sich, eines Tages Botschafter beim Hl. Stuhl zu werden. (Siehe auch E. Stern-Rubarth: Graf Brockdorff-Rantzau, 1929, und H. Helbig: Die Moskauer Mission des Grafen B.-R. in: Forschungen zur osteuropäischen Geschichte, Bd. 2, Berlin 1955.)

41 Walsh-Memorandum vom 23. Juni 1923 (A. E. S., Vatikan; Kopie im Gehrmann-Nachlaß im SVD-Ar-

chiv, Rom). P. Eduard Gehrmann (geb. 1888 in Ostpreußen) 1925–1945 Nuntiatursekretär in Berlin, 1950 Krankenhausseelsorger in Siegburg/Rheinland, gest. 1960.

42 Zit. bei Kraus, a.a.O., S.133.

43 Manche russischen Angestellten der Vatikanmission, aber auch von ihr betreute Russen wurden wegen «unproletarischer Herkunft» beargwöhnt und diskreditiert; die Geheimpolizei (GPU) kontrollierte die Mission ständig. Sehr anschaulich schildert dies die damalige Sekretärin der Mission, die ehemalige Fürstin Natalia Wolkonska, die später den deutschen Journalisten Paul Scheffer heiratete und unter Pseudonym ihre Memoiren veröffentlichte (Natalia Petrova: Twice born in Russia. My life before and in the Revolution, New York 1930, S.168ff.). – Wie andererseits Walsh die Hungerhilfe im Sommer 1923 einstellte, ergibt sich aus Statistiken, die ein – auf Gehrmanns Angaben gestützter – Bericht der Deutschen Botschaft in Moskau enthält (PAAA, Abt. IIb, Vatikan, Pol.3, Bd.3, K 624559 – K 624569).

44 Zit. bei Kraus, a.a.O., S.102, Anm.40.

45 Brief vom 20. September 1923 (Gehrmann-Nachlaß im SVD-Archiv, Rom).

46 Kraus, a.a.O., S.127, findet das «merkwürdig» und erkennt nicht die Taktik Walsh'.

47 Bericht Rantzaus vom 26. November 1923 (PAAA, Abt.3, IV A, Rußland, Pol.16, Bd.3 K 480263). In diesem Bericht wird auch die folgende Äußerung Tschitscherins wiedergegeben.

48 Bericht des SVD-Generalprokurators Friedrich vom 15. November 1923 aus Rom nach Steyl (SVD-Archiv, Rom).

49 Siehe Anm.47. – Es ist wahrscheinlich, daß Rantzaus «sichere Quelle» Pater Gehrmann war, der aus seinem «sachlichen Gegensatz» zu Walsh keinen Hehl machte (siehe Kraus, a.a.O., S.116) und mit Rantzau, der ihm sogar bei der Abfassung von Berichten nach Rom half, eng verbunden war (Mitteilung des Rantzau-Referenten Andor Hencke vom 16. März 1974).

50 Bericht Bergens vom 3. Dezember 1923 (PAAA, Abt.IV A, Rußland, Pol.16, Bd.3, K 480268/69).

51 Bericht Rantzaus vom 7. Dezember 1923 (PAAA, Ab.IV A, Rußland, Pol.16, Bd.3, K 480278). Der Moskauer Botschafter fügt hinzu, er sei dabei «weit entfernt, mich zum Anwalt [der] Sowjetregierung machen zu wollen».

52 Bericht Gehrmanns nach Steyl vom 24. November 1923 (Gehrmann-Nachlaß im SVD-Archiv, Rom).

53 Der Reliquienschrein wurde bis 1938 in der römischen Jesuitenkirche «Il Gesù» aufbewahrt, wo sich bis heute ein Reliquienrest (der rechte Arm) befindet. 1938 wurde Bobola vom Papst heiliggesprochen, seine Gebeine nach Warschau übergeführt, wo sie heute in einer Kapelle der Jesuiten in der nach dem Heiligen, benannten Straße (Ulica Sw. Boboli, Mokotów) beigesetzt sind (siehe auch Louis J. Gallagher SJ und Paul V. Donovan: The Life of Saint Andrew Bobola of the SJ, Martyr, Manchester/USA 1939, und Kraus, a.a.O., S.82).

54 Schachnowitsch bemerkt rückblickend: «Als sich die Volksmassen von der Kirche abwandten, bestand bei ihnen in den Jahren 1922 bis 1928 ein großes Interesse an Fragen der Religion» (a.a.O., S.554).

55 Siehe Schachnowitsch, a.a.O., S.562/563, und John Shelton Curtiss: Die Kirchen in der Sowjetunion (1917–1956), Boston 1953 (München 1957, S.194ff.).

56 Zit. bei S. Shub: Lenin, S.439.

57 Hinweise auf Viktor Bede, geb. 1869, verdanke ich Prof. Federico Alessandrini (Vatikan) sowie einem Bericht des deutschen Vatikanbotschafters von Bergen vom 15. August 1929 (PAAA, Abt.II, Vatikan–Rußland, Pol.3, Bd.2). – Bedes erster anonymer Artikel erschien im Osservatore Romano vom 23. August 1924: «Pensieri di Lenin sul cattolicesimo», der zweite als Antwort auf zahlreiche, wohl auch kritisch-skeptische Zuschriften am 24. September 1924: «Il problema russo nel pensiero di Lenin». Daß Bede damals im Vatikan Vertrauen genoß, zeigt seine Position im Vorbereitungskomitee für das Heilige Jahr 1925, in das ihn Mons. Nogara, der Generalsekretär des Obersten Missionsrates (Consiglio Superiore Generale della Pontificia Opera della Propagazione della Fede), berief. Bede starb ca. 1930 in San Remo (vgl. Hudal, Röm. Tagebücher, 1976, S.159f.

58 Zu diesen Ereignissen siehe Giorgio Pini: Geschichte des Faschismus, Berlin 1941, S.198ff. – Alcide De Gasperi: Lettere sul Concordato, Brescia 1971, S.198 – L'Unità vom 18. Februar 1974.

59 Bericht Bergens vom 3. Dezember 1923 (PAAA, Abt. IV A, Rußland, Pol. 16, Bd. 3, K 480268/69), Bericht Pastors vom 14. Dezember 1923 (HStA–Wien, K 87/Z 172/Nr. 579 sowie Z 177/Nr. 587). Siehe auch Bericht der *New York Times* vom 30. Dezember 1923 aus Warschau.

60 P. Eduard Gehrmann, geb. 1888 in Ostpreußen, gest. 1960 in Siegburg/Rhld. 1922–1924 Rußland, 1925–1945 Sekretär der Vatikanischen Nuntiatur in Berlin, 1950–1960 Krankenhausseelsorger.

61 Zit. bei Kraus, a. a. O., S. 123.

62 Instruktion des Volkskommissariats des Inneren vom 22. Dezember 1923, Nr. 461, und «Authentische Interpretation» desselben vom 16. März 1924, Nr. 18711 (siehe Codevilla, a. a. O., S. 238).

63 Bericht vom 3. Dezember 1923 (siehe Anm. 59).

64 Bericht Ritters vom 13. November 1923 (BStA, Fasz. 991, Päpstl. Stuhl).

65 Siehe Pastors unter Anmerkung 59 zitierte Berichte sowie sein Bericht vom 15. Februar 1924 (HStA–Wien, K 87/Z 21 – Nr. 615).

66 Brief an Msgr. Pizzardo vom 12. Januar 1924; zit. bei Kraus, a. a. O., S. 139.

67 So urteilt Kraus, a. a. O., S. 138.

68 Konsistorialansprache vom 23. Mai 1923 (zit. bei Graham, a. a. O., S. 460).

69 Siehe die vertraulichen Mitteilungen von Giulio Roi SJ an Botschafter Brockdorff-Rantzau vom 31. Juli 1924 (PAAA, Büro Reichsminister, Kurie Bd. 2, D 701938–39) und den Bericht der Deutschen Botschaft beim Hl. Stuhl vom 10. Februar 1925 (PAAA, Abt. IIb, Päpstl. Stuhl, Pol. 3, Bd. 1, L 233247/48). Vgl. auch Bericht des österr. Gesandten beim Hl. Stuhl vom 25. Februar 1924 (HStA–Wien, K 87/Z 21/Nr. 615).

70 Gehrmann in einem Brief nach Steyl vom 13. Januar 1924; die Instruktionen an G. in einem Telegramm vom 4. Januar 1924 (PAAA, Abt. IV A, Rußland, Pol. 16, Bd. 3, K 480292).

71 Giulio Roi, geb. 1870 in Vicenza, gest. 1924 in Brescia, war Rektor des Jesuitenkollegs in Mailand, später in Gorizia (Görz) und Modena. Sein Nachlaß ist, wie auch der anderer Rußlandmissionare des Jesuitenordens, bis heute nicht zugänglich. Roi hat sich dem deutschen Botschafter in Moskau als künftiger Delegat zu erkennen gegeben (siehe Brockdorff-Rantzaus Bericht vom 31. Juli 1924, siehe oben Anm. 69).

72 Zum österreichischen Gesandten Ludwig von Pastor (siehe dessen Bericht vom 15. Februar 1924 HStA–Wien, K 87/Z 21/Nr. 615).

73 Vgl. Berichte Friedrichs vom 21. Februar 1923 und Gehrmanns vom 19. Juli 1924 (SVD-Archiv, zit. bei Kraus, a. a. O., S. 117) sowie die Berichte der deutschen Botschafter beim Hl. Stuhl vom 28. Juni 1924 (PAAA, Abt. IV A, Rußland, Pol. 16, Bd. 4, K 480355) und der Deutschen Botschaft in Moskau vom 31. Februar 1924 (PAAA, Büro Reichsminister, Kurie 70, Bd. 2, D 701938).

74 Zum deutschen Botschafter Brockdorff-Rantzau am 31. Januar 1924.

75 Vgl. Kraus, a. a. O., S. 145 und 161.

76 Das Folgende ist einem Bericht des SVD-Generalprokurators in Rom, Friedrich, vom 24. März 1924 entnommen.

77 Siehe PAAA, Büro Reichsminister, Kurie 70, Bd. 2, D 701897.

78 Dies und das Folgende nach einem Bericht Brockdorff-Rantzaus vom 31. März 1924 (PAAA, Büro Reichsminister, Kurie 70, Bd. 2, D 701903/04).

79 Brief nach Steyl vom 7. April 1924.

80 Telegramm vom 22. April 1924. Das Auswärtige Amt leitete es wahrscheinlich nicht nach Moskau weiter und notierte an den Rand: «Hier unbekannt, welcher Braun gemeint ist und ob Weitergabe daher unbedenklich.» (Braun war niemals in der Hilfsmission tätig.)

81 Bericht Brockdorff-Rantzaus vom 16. April 1924 (PAAA, Büro Reichsminister, Kurie 70, Bd. 2, D 701915).

82 Vgl. Lionel Kochan: Rußland und die Weimarer Republik, Düsseldorf 1955, S. 94.

83 Die Komintern in Moskau unterstützte zu dieser Zeit die irischen Nationalisten gegen England. Karl Radek hat die Hintergründe der Cieplak-Freilassung dem deutschen Botschafter geschildert (sieh des-

sen Bericht vom 16. April 1924). Im Gespräch mit dem Botschafter hatte Tschitscherin schon am 31. März eine Freilassung Cieplaks in Aussicht gestellt (vgl. die Berichte D 701 903 und D 701 916 im PAAA, Büro Reichsminister, Kurie 70, Bd. 2).0000000

84 Gehrmann meldete dies am 31. Mai telegrafisch dem Vatikan, bat jedoch die Mitteilung geheimzuhalten (PAAA, Büro Reichsminister, Kurie 70, Bd. 2, D 701 932).

85 Zum österreichischen Gesandten Pastor (HStA–Wien, K 87/Z 39/Nr. 662).

86 Das folgende Faksimile befindet sich im PAAA, Abt. IV, Rußland, Pol. 16, Bd. 3.

87 Siehe PAAA, Abt. IV, Rußland, Pol. 16, Bd. 4, K 480350.

88 Kraus, a.a.O., S. 155.

89 Im Gespräch mit dem österreichischen Gesandten Pastor (siehe dessen Bericht im HStA–Wien, K 87/Z 2/Nr. 773 vom 25. Januar 1925).

90 Vgl. Franciszek Rutkowski: Arcibiskup Cieplak, Warschau 1934, S. 334/335.

91 Vgl. den Brief Gehrmanns vom 19. Juli 1924.

92 Siehe Kraus, a.a.O., S. 167–71.

93 Telegramm Gasparris an Roi (PAAA, Abt. IV, Rußland, Pol. 16, Bd. 4, K 480355).

94 Bericht Brockdorff-Rantzaus vom 31. März 1924 (PAAA, Abt. IIb, Pol. 3, Bd. 1, D 701 938). – Pacelli war am 25. Juli von München nach Berlin gereist, um mit Brodowski zusammenzutreffen.

95 Bericht des bayerischen Gesandten Ritter vom 12. April 1924, dem man im Vatikan versichert, Pacelli verhandle in Berlin nur über das Verbleiben der Mission und über «einen Bischofssitz in Rußland»; von «Annäherung könne keine Rede sein» (BStA, Fasz. 997, Päpstl. Stuhl, Nr. 114).

96 Der Bericht, den Brockdorff darüber gab, trägt die Nr. D 701 903), unterschlägt jedoch die hier wiedergegebene Richtigstellung Gasparris vom *25. April* 1924 (PAAA, Abt. IV A, Rußland, Pol. 16, Bd. 3, K 480348).

97 So Francis McCullagh, der den Cieplakprozeß in Moskau erlebt und die Nöte der Katholiken untersucht hat: The Bolshewik Persecution of Christianity, London 1924, S. 322.

98 Vgl. Zatko, a.a.O., S. 183.

99 Vgl. den Bericht Brockdorff-Rantzaus vom 6. November 1924 (PAAA, Büro Reichsminister, Kurie 70, Bd. 2, D 701 957) und Kraus, a.a.O., S. 180.

100 Vgl. PAAA, Abt. IV, Rußland, Pol. 16, Bd. 4, K 624573.

3. Auf doppeltem Geleise: Vertrauliche Kontakte und Geheimbischöfe, 1924–1926

1 So Ludwig von Pastor in einem Gesandtschaftsbericht vom 3. Juli 1924 (HStA–Wien, Päpstl. Stuhl, Z 92).

2 Vgl. Brief Gehrmanns aus Rom vom 30. September 1924 (zit. bei Kraus, a.a.O., S. 183).

3 Der *Osservatore Romano* meldete an diesem 2. Oktober 1924 weder die Audienz noch die Rückkehr der Rußlandmission, sondern nur die Tatsache, daß die Mission am 18. September aus Rußland abgereist sei.

4 So zum bayerischen Gesandten Ritter am 13. Oktober 1924 (BStA, Fasz. 997).

5 Der Brief Fedukiewicz', datiert vom 9. September 1924, wurde am 16. November 1924 in der Parteizeitung *Kommunist* gedruckt. Das deutsche Generalkonsulat in Charkow hielt ihn für «wenn nicht diktiert, so doch in seinem ganzen Inhalt beeinflußt» von der Politischen Polizei (vgl. PAAA, Abt. IV A, Rußland, Pol. 16, Bd. 4, K 624 626–29). Die Authentizität des Briefs wird jedoch dadurch bestätigt, daß Fedukiewicz nach Verbüßung einer Gefängnisstrafe von acht Monaten sich «aus Reue über den Brief» durch Selbstverbrennung tötete (Bericht des Generalkonsulats Charkow vom 3. Mai 1925).

6 Im SVD-Archiv Rom befindet sich eine für die Papstaudienz vorbereitete Stichwortnotiz Gehrmanns: «Tschitscherins Auftrag A. Wortlaut B. Meine Schwierigkeiten».

7 Winter, a.a.O., S.79, behauptet, daß Gehrmann nur einen solchen *politischen* Bericht geschrieben, ja «die Aufgabe» gehabt habe, derartiges Material aus Rußland zu übermitteln. In Wahrheit gibt es (im PAAA, im SVD-Archiv und im Vat. Geheimarchiv) zwei weitere Abschlußberichte Gehrmanns (der eine 33, der andere 23 Seiten lang), die mit ausführlichen Details und Statistiken die Rußlandhilfe behandeln.

8 Vgl. dazu Ruth Fischer: Von Lenin zu Mao, Düsseldorf 1956, S.27–29. Nach der Niederlage der deutschen KP 1923 sei die Kommunistische Internationale in eine Sackgasse geraten; Stalin kämpfte um die Macht sowohl gegen Links- wie Rechtsabweichungen, d.h. «gegen die Mehrheit der alten bolschewistischen Kader». In der Außenpolitik waren die «Rechten» für eine gemäßigte Politik gegenüber den kapitalistischen Ländern, die «Linken» glaubten noch an die Weltrevolution. «In der Innenpolitik waren sich beide Richtungen in vielem jedoch einig.»

9 Vgl. Aufzeichnung von Legationsrat Meyer-Rodehüser vom 31. Januar 1925 (PAAA, Abt.IIb, Vatikan, Pol.3, Bd.4, Vat.96).

10 Vgl. Kraus, a.a.O., S.185/186. – Wilhelm Schmidt (1868–1954) ist der Schöpfer der Theorie eines Ur-Monotheismus bei den Naturvölkern; er interessierte sich für den kommunistischen Atheismus und die Rußlandmission, vgl. sein unter dem Pseudonym «Austriacus Observator» verfaßtes Buch: Germanentum, Slaventum, Orientvölker und die Balkanereignisse, Kempten 1917, und F. Bornemann in der Zeitschrift *Anthropos*, Nr. 49/50, 1954/55. – Berücksichtigt man diesen Hintergrund der Entstehung des Gehrmann-Memorandums, erscheint die Meinung Winters (a.a.O., S.80), Gehrmann habe ein «Konzept des dreißigjährigen Krieges (!) des Vatikans gegen die Sowjetunion» entwickelt, besonders absurd.

11 Vgl. Pastor: Tagebücher, S.850, Eintragung vom 5. Januar 1925. – Francesco Ragonesi (1850–1931) war mit Pastor befreundet; Raffael Merry del Val (1865 bis 1930) war ein spanischer Kurienkardinal.

12 Telegramm Brockdorff-Rantzaus vom 6. November 1924 (PAAA, Abt.IV, Rußland, Pol.16, Bd.1, D 701957).

13 ‹Acta Apostolicae Sedis›, Vol. XVI (1924), S.494/495.

14 Vgl. Pastor: Tagebücher, S.804.

15 Als Marx im April 1925 in Rom vom Papst empfangen wurde, bekam er deshalb Vorwürfe zu hören; er rechtfertigte sich in einem Brief vom 18. Juli 1925 an Pius XI. (Kopie im Besitz des Verf.): «Die Deutsche Zentrumspartei hat in der politischen Zusammenarbeit mit der Sozialdemokratie niemals einen Idealzustand gesehen… Brechen die bürgerlichen Parteien zu früh alle Verbindungsbrücken zu dieser Massenpartei ab, so wird der Prozeß der Entradikalisierung unterbrochen und die Sozialdemokratie aufs neue stärker an die Seite des kommunistischen Radikalismus gedrängt…»

16 Diese Schilderung und die Zitate stützen sich auf einen Brief Gehrmanns nach Steyl vom 7. Februar 1925 (vgl. ‹In Verbo Dei›, Festschrift zum 50jährigen Bestehen des Missionspriesterseminars St. Augustin, Siegburg 1960, S.167–194, eine Studie von Johann Kraus über Gehrmanns Wirken in der Berliner Nuntiatur).

17 Die folgende Darstellung stützt sich auf eine Aufzeichnung des Berliner Auswärtigen Amtes auf Grund der Mitteilung einer Vertrauensperson des Nuntius (Gehrmann?) vom 28. Februar 1925 (PAAA, Abt.IV, Rußland, Pol.16, Bd.3, L233249) sowie auf einen Bericht der Deutschen Botschaft in Moskau vom 10. Februar 1926 (PAAA, Abt.II, Vatikan 153, K011983–84) und pers. Mitteilungen aus dem Archiv des Päpstlichen Staatssekretariats vom 3. Dezember 1973.

18 So schildert ihn auf Grund eigener Begegnungen z.B. J. M. Bonn (vgl. dessen Autobiographie: So macht man Geschichte, München 1953).

19 Siehe die Äußerungen von P. Leiber SJ, zit. von Tadeusz Breza: Das Eherne Tor, München 1960, S.82/83. Nach pers. Mitteilung von H. J. Fischer (Collegium Germanicum) bestätigte Leiber – kurz vor seinem Tode – die Zitate Brezas.

20 Vgl. Wiesław Mysłek: Kosciól katolicki w Polsce, Warschau 1966, S.28–33, und Franz Manthey: Polnische Kirchengeschichte, Hildesheim 1965, S.259/260.

21 Siehe Pastor: Tagebücher, S.618 und S.830.

22 Diese und die folgenden, freilich nur fragmentarischen Einzelheiten der Verhandlungen von 1925 stützen sich auf pers. Mitteilungen aus dem Archiv des Päpstlichen Staatssekretariats vom 3. Dezember 1973, auf einen Bericht Botschafters Brockdorff-Rantzau vom 10. Februar 1926 (PAAA, Abt.II, Vatikan 153, K011983–84) und ein Telegramm des AA-Referenten Köpke vom 16. Februar 1926 an Brockdorff-Rantzau, in dem er auch Pacellis «wärmsten Dank für bisherige und weitere Vermittlung» mitteilt (PAAA, Abt.II, Vatikan 153, K011985/86).

23 Lunatscharski (1875–1933) war ein für moderne Musik, Malerei und Literatur aufgeschlossener Marxist. 1906–1911 schrieb er in Italien sein Werk «Sozialismus und Religion». Lenin diskutierte mit ihm und Maxim Gorki auf der Insel Capri über die «Gottbildnerei». Noch 1925 bedauerte Lunatscharski, daß der «Sozialismus nur verstohlen einige Elemente der Gesinnung und des Weltempfindens der großen Idealisten aufgenommen hat» (vgl. Schachnowitsch, a.a.O., S.435, 442 und 607). Vgl. auch eine Würdigung Lunatscharskis im *Osservatore Romano* vom 8. April 1973.

24 Die Szene ist von d'Herbigny in allen Einzelheiten beschrieben worden in ‹L'Aspect Religieuse de Moscou en Octobre 1925› (*Orientalia Christiana*, Nr.20, Rom 1926, S.222–231). Erste Veröffentlichung in *Etudes* vom 5. und 20. Dezember 1925. Deutsche Ausgabe: Kreuz unter dem Sowjetstern, Illertissen 1926.

25 Michel d'Herbigny, geb. 1880 in Lille, gest. 1957 in Aix-en-Provence, widmete sein erstes Werk der kaiserlichen Universität in Sankt Petersburg: Un Newmann Russe, Vladimir Soloviev 1853–1900 (ed. Beauchesne, Paris 1911). Als theologischer Schriftsteller war d'Herbigny sehr produktiv; ein Verzeichnis von 1930 zählt 19 Buchtitel auf. Zu seiner dreibändigen «Theologie der Offenbarung» hatte Kardinal Mercier von Mecheln (Brüssel) das Vorwort geschrieben.

26 La Tyrannie Soviétique et la Malheur Russe, Paris 1923, S.2.

27 Am 28. Mai 1923 berichtete der deutsche Vatikanbotschafter, daß d'Herbigny in München bei Nuntius Pacelli gewesen sei, um über die russische Emigrantenseelsorge zu reden.

28 Vgl. Alexander Solschenizyn: Der Archipel Gulag, Bern 1974, S.332ff.

29 So heißt es in einem Bericht der Deutschen Botschaft in Moskau vom 23. Januar 1926 (PAAA, Abt.II, Vatikan 84, L233323).

30 D'Herbigny: ‹L'Aspect…›, a.a.O., S.189.

31 D'Herbigny: ‹L'Aspect…›, a.a.O., S.221.

32 D'Herbigny: ‹L'Aspect…›, a.a.O., S.244/245. «Wir brauchen die katholische Mystik», sagte ein Teilnehmer zu d'Herbigny, während ein anderer gegen Wwedenskis Darlegungen protestierte: «Das ist katholisch, nicht orthodox.» Als d'Herbigny am 30. Oktober 1925 in Paris dem Erzbischof Cieplak davon erzählte, erinnerte sich dieser: «Ja, schon in den Jahren vor meinem Prozeß hat Wwedenski die häufige Kommunion empfohlen» (die bei den Orthodoxen unüblich ist).

33 Vgl. Bericht der Deutschen Botschaft in Moskau vom 23. Januar 1926 (L233324/25).

34 In ihrer Zeitung schrieben sie: «Professor d'Herbigny, Direktor des Ost-Instituts in Rom, erwies dem Heiligen Synod einen ungeheuren Dienst; nachdem er in Moskau im Oktober 1925 mit dem speziellen Ziel erschienen war, die Verbindung mit dem Tychonanhang anzuknüpfen, stellte er sich auf die Seite der Erneuerer.» (Vestnik Sw. Syn. 1926, Nr.6.)

35 Vgl. *Pages d' Archives* des Augustiner-Assumptionistenordens, Nouvelle Série, No.3, Dezember 1955, S.41.

36 D'Herbigny: ‹L'Aspect…›, a.a.O., S.272/73.

37 Vgl. *Völkischer Beobachter*, München, vom 10. Dezember 1925, wo es von d'Herbigny heißt, er verstehe von den russischen Verhältnissen «so viel wie ein Polarbewohner von der chinesischen Grammatik» (Chefredakteur des NSDAP-Blattes war der baltendeutsche «Rußlandexperte» und Ostideologe Alfred Rosenberg).

38 Im Gespräch mit dem bayerischen Gesandten Ritter (vgl. dessen Bericht vom 13. April 1924 [BStA, Fasz.997, Päpst. Stuhl]).

39 Vgl. Memoirenfragmente in *Pages d'Archives*, Nouvelle Serie, No. 3, Dezember 1955, S. 40.

40 Gemeint ist die geheime Zusammenarbeit zwischen Reichswehr und Roter Armee zur Umgehung der Rüstungsbegrenzungen, die Deutschland im Versailler Friedensvertrag auferlegt waren; offenkundig war der Vatikan über diese von Reichskanzler Wirth und General von Seeckt in Gang gesetzte Zusammenarbeit informiert (vgl. auch Krummacher-Lange, a.a.O., S. 185 ff., und Lionel Kochan, a.a.O., S. 85 ff.).

41 Vgl. PAAA, Büro Reichsminister, Kurie 70, Bd. 2, Nr. K 011983–87.

42 Vgl. ‹Annuario Pontificio› 1930, S. 322.

43 Informationen über die Vorgänge vom 20. und 27. März 1926 verdankt der Verf. einer pers. Mitteilung von P. Martini aus dem Geheimarchiv des Päpst. Staatssekretariats vom 3. Dezember 1973.

44 Die Darstellung der zweiten Rußlandreise d'Herbignys stützt sich – soweit nicht andere Quellen zitiert werden – auf d'Herbignys eigenen Bericht ‹Paques 1926 en Russie Soviétique›, Paris 1926; deutsch: ‹Seelsorgefahrten in Rußland›, Illertissen 1929. In diesem Bericht werden allerdings wesentliche Vorgänge – so die Bischofsweihen – verschwiegen. Benutzt wurde ein solche Lücken schließendes Fragment bisher unveröffentlichter Memoiren von d'Herbigny ‹Soixante ans Jesuite›, 1955, sowie Erinnerungen von P. Gervais Quenard: Hier, Paris 1955, S. 116–126. Vgl. *Pages d'Archives*, Nouvelle Serie, No. 3, Dezember 1955, und Nr. 11, Oktober 1959, sowie ‹Annuario Pontificio› 1925 und 1930. (Vgl. auch Paul Lesourd «Le Jesuit Clandestin», Paris, 1976 u. Tretjakewitsch, «Bishop Michel d'Herbigny», Würzburg 1990.)

45 Bericht vom 6. Juni 1926 (PAAA, Büro Reichsminister, Kurie 70/Bd. 2, Nr. D 702058–61).

46 Pers. Information aus dem Archiv des Päpst. Staatssekretariats.

47 Vgl. Brockdorff-Rantzaus Bericht vom 11. August 1926 (PAAA, IIb, Päpst. Stuhl–Rußld., Pol. 3, Bd. 1, Nr. L 233345–46) und Bergens Bericht vom 16. Juni 1926 (Nr. 233337–38). Siehe auch Curtiss, a.a.O., S. 218. Schmidowitsch war kein Beamter des Außenkommissariats, wie Winter behauptet (a.a.O., S. 89/90), und d'Herbigny hat auch Schmidowitsch' Bemerkung nicht als «freie Bahn für seine kirchlichen Aufbaupläne» verstanden, wie Winter – allerdings nur in seiner für den Westen bestimmten Darstellung, nicht in der Ostberliner Fassung – schrieb (vgl. Rom und Moskau, Wien 1972, S. 319).

48 Vgl. Dekret des Justizkommissariats vom 22. August 1922, Nr. 512, und des Innenkommissariats vom 17. Februar 1925 (zit. bei Codevilla, a.a.O., S. 136/137).

49 «St. Louis des Français», 1833 erbaut auf Grund eines Ukas der Zarin Katharina II. von 1789, war bis 1990 die einzige römisch-katholische Kirche in Moskau.

50 Alice Ott (1886–1969), eine Elsässerin, war 25 Jahre lang Sakristanin von St. Ludwig in Moskau; 1947 verhaftet und nach Sibirien verbannt, wurde sie 1959 rehabilitiert und auf Grund einer Intervention de Gaulles bei Chruschtschow 1960 nach Frankreich entlassen. – Bergera, später Artillerie-General (gest. 1930 in einer Nervenheilanstalt in Palermo), wurde 1928 nach seiner Rückkehr aus Moskau von Pius XI. empfangen, um über die Lage in der Sowjetunion zu berichten.

51 Vgl. Bessedowsky: Oui, j'accuse, Paris 1930, S. 138 ff. (deutsch: Den Klauen der Tscheka entkommen, Leipzig 1930). – Bessedowsky ist ein Ende der zwanziger Jahre nach Westen «abgesprungener» Sowjetdiplomat.

52 Träger der ‹Mologa› waren die ‹Rhein-Elbe-Union› und die badische Holzfabrik ‹Himmelsbach›, an der Wirth beteiligt war. Die ‹Mologa› war mit Nutzholzgewinnung in den Waldgebieten bei Leningrad beschäftigt.

53 Rückblickender Bericht Brockdorff-Rantzaus vom 6. Juni 1926 (PAAA, Büro Reichsminister, Kurie 70, Bd. 2, Nr. D 702058–61).

54 Diese und alle weiteren Einzelheiten der 3. Rußlandreise d'Herbignys (auch alle wörtlichen Zitate) sind – soweit nicht andere Quellenhinweise gegeben werden – seinem Bericht entnommen, der in *Etudes* (Paris) vom 5. Juli 1927 publiziert wurde (deutsche Fassung in: Seelsorgefahrten in Rußland, Illertissen 1929, S. 91 ff.).

55 Laut Bericht der Deutschen Botschaft in Moskau vom 11. August 1926 (PAAA, Abt. IIb, Päpstl. Stuhl-

Rußld., Pol. 3, Bd. 1, L 233344). – Skalski (geb. 1877) stammte aus dem polnischen Kleinadel in der Ukraine.

56 Bericht des Konsuls Dienstmann (PAAA, Büro Reichsminister, Kurie 70, Bd. 2, K 01001).

57 Bericht Heys vom 11. August 1926 (PAAA, Abt. IIb, Päpstl. Stuhl–Rußld., Pol. 3, Bd. 1, L 233344–46).

58 Telegramm Botschafters Brockdorff-Rantzau aus Berlin an seinen Vertreter Hey in Moskau (PAAA, Abt. IIb, Päpstl. Stuhl-Rußld., Pol: 3, Bd. 1, L 233351).

59 Bericht Heys siehe Anm. 57.

60 Das Weihedatum Maleckis und auch anderer Geheimbischöfe ist im ‹Annuario Pontificio› von 1930 (wo ihre Namen zum erstenmal genannt wurden) falsch angegeben; die richtigen Datumsangaben sowie weitere von d'Herbigny nicht berichtete Einzelheiten verdanke ich Mitteilungen von Bischof Boleslas Sloskans (Louvain).

61 Barthelemy, geb. 1888, dessen Bischofswürde vom Papst am 10. 11. 1952 anerkannt wurde, war autorisiert, seinen Übertritt zur katholischen Kirche auf Dauer geheimzuhalten. Er traf mit d'Herbigny zusammen und stand auch später mit ihm in einem durch Neveu und die französische Botschaft in Moskau vermittelten Briefwechsel; am 6. Februar 1934 wurde Barthelemy verhaftet und am 31. Juli 1935 hingerichtet (vgl. *Pages d'Archives*, Nouvelle Série, No. 3, Dezember 1955, S. 49).

62 Den Hinweis auf diese dritte Begegnung zwischen d'Herbigny und Schmidowitsch vom 28. August 1926 verdanke ich einer Mitteilung aus dem Archiv des Vatikanischen Staatssekretariats vom 3. Dezember 1973. (P. Martini).

63 Die Originale der vier Dokumente befinden sich im Neveu-Nachlaß (‹Archivio dei Padri Assunzionisti›, Rom). Den Einblick verdanke ich Prof. A. Wenger, A. A.

64 ‹Consolanti solennitá a Mosca› (vgl. *Osservatore Romano* vom 7. September 1926).

65 Vgl. Lesourd a. a. O., S. 125 – Ledóchowski hatte durch eine Intervention beim Papst im Juni 1923 auch verhindert, daß Pater Edmund Walsh (der damals seinen Moskauaufenthalt für einige Wochen unterbrach und nach Rom kam) zum Bischof geweiht wurde (siehe Louis J. Gallagher: Father Edmond Walsh, S. 46/47). Wahrscheinlich hatte Pius XI. auch, um Einwänden Ledóchowskis zuvorzukommen, die Bischofsweihe d'Herbignys nicht in Rom, sondern in Berlin durch Pacelli vornehmen lassen.

66 D'Herbigny: Seelsorgefahrten…, a. a. O., S. 104.

67 PAAA, Büro Reichsminister, Kurie 70, Bd. 2, K 012004/05.

68 Radio Vatikan hat zwei Jahrzehnte später, am 23. Juni 1946, zur Frage der Bischofsweihen in Rußland von 1926 erklärt: «Sie wurden geheimgehalten, bis es später gewiß war, daß die Sowjetbehörden davon wußten» (zit. in: *Tablet*, London, am 13. Juli 1946).

69 Der in Anm. 67 zitierte Bericht Botschafters von Bergen weist ausdrücklich auf Pater Gehrmann als Initiator hin. – Vgl. auch Gehrmanns Promemoria für Pizzardo, zit. bei Kraus, a. a. O., S. 184.

70 Vgl. *Pages d'Archives*, Nouvelle Série, No. 11, Oktober 1959, S. 373.

71 Zum Generalsuperior der Assumptionisten, Gervais Quenard, siehe *Pages d'Archives*, a. a. O., S. 371.

72 *Osservatore Romano* vom 20. November 1926 («Un grande sogno svanito»).

73 Die Datumsangabe und eine knappe Beschreibung des Dokuments verdanke ich einer Mitteilung aus dem Archiv des Vatikanischen Staatssekretariats vom 3. Dezember 1973 (P. Angelo Martini).

74 Pers. Mitteilung aus dem Vatikanischen Staatssekretariat. Vgl. ‹Traduction des Documents Officiels du Commissariat du Peuple à la justice› (NKWD, 5. Sektion) in: *Orientalia Christiana*, Nr. 18, 1925.

75 Vgl. Bericht Brockdorff-Rantzaus vom 29. August 1927 (PAAA, Büro Reichsminister, Kurie 70, Bd. 2, K 012053).

76 Laut pers. Mitteilung Andor Henckes, des pers. Referenten von Brockdorff-Rantzau, vom 16. März 1974 äußerte sich Tschitscherin mehr als einmal empört über d'Herbignys «Hintertüraktion».

77 P. Giduljanow: Odelenie cerkwi od gosudarstwa, Moskau 1926 (IX, 6).

78 Das Seminar war auf Initiative und durch Verhandlungen des Moskauer Bischofs der Lutheraner, Meyer, ohne Mitwirkung deutscher amtlicher Stellen eingerichtet worden.

79 Schweigl, geb. 1894 in Flauring, gest. 1964 in Frascati, hatte über «Das Soviet-Ehe-Projekt» promoviert

(vgl. *Orientalia Christiana* Nr. 26, 1926), war später im ‹Collegium Russicum› und an der ‹Gregoriana› in Rom als Professor tätig und ist der Verfasser zahlreicher sowjetologischer Arbeiten. – Ledit, geb. 1898 in Montreal, war bis in die fünfziger Jahre «Curator für die russische Mission» des Jesuitenordens. In den dreißiger Jahren gab er in Rom die antikommunistischen *Lettres du Rome* heraus. Am 14. Juni 1974 konnte der Verf. in Rom ein Gespräch mit ihm führen.

80 Bericht Ritters vom 14. November 1926 (BStA, Fasz. 1005, Päpstl. Stuhl, Nr. 127).

81 Vgl. die Berichte des deutschen Generalkonsuls Dienstmann in Odessa vom 30. Oktober 1926, des deutschen Geschäftsträgers Hey in Moskau vom 30. Oktober 1926 und des deutschen Generalkonsuls Walther in Leningrad vom 5. Februar 1927 (PAAA, Abt. IIb, Päpstl. Stuhl-Rußld., Pol. 3, Bd. 1, L 33360, L 33357, 133368).

82 Schweigl in: *Civiltà Cattolica* vom 21. Februar 1948, S. 243.

83 Siehe Aufzeichnung des Gesandtschaftsrats von Tippelskirch vom 27. April 1927 (PAAA, Abt. IIb, Päpstl. Stuhl-Rußld., Pol. 3, Bd. 1, L 233385).

84 Zit. bei Mailleux SJ: Entre Rome et Moscou, Paris 1966, S. 101. – Ledit und Schweigl reisten allerdings nicht «in Zivil», sondern trugen katholische Priesterkleidung («Clergyman»); sie fielen freilich so erst recht auf, weshalb sich Schweigl mit einem Zylinder (!) tarnte (so erinnerte sich der 1974 verstorbene P. Amann SJ in Rom an eine Erzählung Schweigls).

85 Dies und der folgende Auszug aus dem Verhör ist dem «Diario» (Tagebuch) von Sloskans entnommen, Eintragung vom 17. September 1927 (Manuskript in der Bibliothek des ‹Päpstlichen Instituts für Östliche Studien – Pontificio Istituto Orientale›, Rom).

4. Vom Ende des Dialogs zum «Kreuzzug», 1927–1932

1 Ernst Graf von Rantzau (1869–1930), der Zwillingsbruder des Botschafters, war Vortragender Rat im ehem. Ministerium des königl. Hauses Hohenzollern und damals in der Vermögensverwaltung des im Exil lebenden Exkaisers Wilhelm (Berlin, Unter den Linden) tätig.

2 Das folgende lt. Tonbandaufzeichnung eines Gesprächs mit Andor Hencke am 16. März 1974. Hencke, geb. 1895, war zuletzt bis 1943 Staatssekretär im Auswärtigen Amt, Berlin.

3 Die zitierten Dokumente: PAAA, Abt. II, Vatikan, Telegramm von Brockdorff-Rantzau vom 12. Januar 1927 (K 012006–07), Brief an Zech vom 14. Januar 1927 (K 012008), Bericht Brockdorff-Rantzau vom 23. Januar 1927 (vgl. *Iswestija* vom 22. Januar 1927), Brief an Gehrmann (K 012033–35), Brief Gasparris (L 233373, L 233371–72), Brief Steinmanns (K 012025–30).

4 Tschitscherin – laut Brockdorff-Rantzaus Bericht vom 25. November 1926 «schwer leidend (sechs Prozent Zucker)» – hielt sich fast die ganze erste Jahreshälfte 1927 in deutschen Sanatorien auf.

5 Konnivenz = juristische Bezeichnung für die Duldung strafbarer Handlungen von Untergebenen.

6 PAAA, Geheimakten 361, 9, Bd. 73, H 114430–36.

7 Wirth hatte sich als Aufsichtsratsvorsitzender und Teilhaber der ‹Mologa› für einen Stützungskredit stark gemacht, den das dahinsiechende Bauholzunternehmen im Juli 1926 von der Reichskreditgesellschaft in Höhe von 5 Millionen Mark erhielt; schon drei Monate später konnte die ‹Mologa› keine Löhne mehr auszahlen. Brockdorff-Rantzau meldete am 2. Januar 1927, daß das gesamte deutsche Kapital der Gesellschaft (Gesamtinvestitionen 34 Millionen Mark) verloren sei, wenn man zur Sanierung nicht weitere 20 bis 25 Millionen Mark für dieses «Symbol deutsch-russischer Zusammenarbeit» aufwende. Die Regierung des katholischen Zentrumskanzlers Marx erklärte sich dazu bereit, wenn die Sowjets bessere Konzessionsbedingungen gewähren würden (mehr Nutzholzgewinnung, weniger Brennholz). Da diese Garantien nicht kamen, wurde die Mologa im Frühjahr 1927 mit großen Verlusten für die Reichskasse liquidiert (PAAA, Rußland, Handakten, Band 33/66, Mologa).

8 Botschafter von Bergen schickte diesen *Osservatore Romano*-Artikel (Nr. 132) mit dem Hinweis nach Berlin, dies sei auch die Meinung des Papstes.

9 Zit. nach Kochan, a.a.O., S.115.

10 Vgl. Bericht des Botschafters vom 29. August 1927 (PAAA, Büro Reichsminister, Kurie 70, Bd.2, K 012051–55).

11 Vollständiger Text bei Struve, a.a.O., S.398 ff.

12 Siehe Anm. 10.

13 Telegramm Zechs an die Botschaft in Moskau vom 8. September 1927 (PAAA, Büro Reichsminister, Kurie 70, Bd.2, K 012056).

14 An den Leiter der Ostabteilung, Dirksen (PAAA, Geheimakten 361, 9, Bd.73, H 114409).

15 Siehe Anm.18.

16 Bericht Herbettes Nr.501 vom 19. August 1927 (Wortlaut in der 1943 von der Historischen Kommission des Auswärtigen Amtes aus erbeuteten Pariser Akten herausgegebenen Dokumentation ‹Ein französischer Diplomat über die bolschewistische Gefahr›, S.36).

17 Winter, a.a.O., S.139.

18 Laut pers. Mitteilung aus dem Archiv des Päpstlichen Staatssekretariats vom 31. Dezember 1973.

19 Laut vertraulicher Mitteilung des Staatssekretariats an Botschafter von Bergen vom 24. Mai 1927 (PAAA, Büro Reichsminister, Kurie 70, Bd.2, K 012074). Sie wurde mir inhaltlich bestätigt durch pers. Mitteilung aus dem Archiv des Päpstlichen Staatssekretariats vom 3. Dezember 1973. – Winter, a.a.O., ignoriert dieses wichtige Dokument, das ihm bei seinen Aktenstudien schon deshalb nicht entgangen sein kann, weil er andere Dokumente aus dem gleichen Band des PAAA zitiert.

20 Pers. Mitteilung Henckes vom 16. März 1974.

21 Diesen Zusammenhang von Zwangskollektivierung und Terrorsystem bezeugte später z.B. der polnische kommunistische Parteichef Władysław Gomułka (vgl. seine Rede zum XXI. Sowjetischen Parteitag in *Trybuna Ludu* Nr.323, 1961).

22 Siehe Stalin: Soltschinenija, Bd.X, S.131 ff. und S.324 (vgl. Curtiss, a.a.O., S.199).

23 Herbette, a.a.O., S.50. Vgl. Stalins Gespräche mit amerikanischen Arbeitern am 9. 9. 1927 (Werke Bd.X, S.131 ff.).

24 Pers. Mitteilung aus dem Archiv des Päpstl. Staatssekretariats vom 3. Dezember 1973.

25 Das Folgende ist zitiert aus Sloskans Tagebuchnotizen vom 18. Oktober 1927 und vom 6. April 1928 («Diario»-Manuskript in der Bibliothek des ‹Pontificio Istituto Orientale›, Rom).

26 Sloskans erwähnt, daß er eine polnische Übersetzung der ‹Meditationen› des französischen Jesuiten Pierre Chaignon (gest. 1887) aus der GPU-Bibliothek zur Lektüre erhielt.

27 Vgl. *Osservatore Romano* vom 2. und 10. Februar 1928 sowie die Berichte der Deutschen Botschaft beim Hl. Stuhl vom 2. Februar 1928 und 21. Januar 1928 (PAAA, Abt.II, Vatikan, Pol.3, Bd.2, Nr.192, und Abt.IV, Rußland, Pol.3, Bd.1, Nr.698).

28 Vgl. Bericht vom 9. Mai 1928 (PAAA, Abt.II, Vatikan, Pol.3, Bd.2, S.478).

29 Vgl. Alcide De Gasperi: Lettere sul Concordato, Brescia 1970, S.157.

30 Vgl. De Gasperi, a.a.O., S.93 (Brief vom 28. März 1929).

31 Vgl. De Gasperi, a.a.O., S.62–66 und S.93 (Briefe vom 12. Februar und 29. Februar 1929).

32 Ansprache vor Theologiestudenten am 12. März 1929 (vgl. Graham, a.a.O., S.443).

33 Siehe *Germania* vom 10. März 1929.

34 Bericht des deutschen Geschäftsträgers in Moskau, Hey, vom 30. März 1929 (PAAA, Abt.IV, Rußland, Pol.3, Bd.1, Nr.2111).

35 Schon am 15. August 1929 hatte die deutsche Vatikanbotschaft dem Auswärtigen Amt berichtet, «daß Bede nicht im vatikanischen Auftrag handelt» (PAAA, Abt.II, Vatikan, Pol.3, Bd.2, K 503440–47). – Winter, a.a.O., S.136, der eine «Mission Msgr. Bedes aus Katowice» ohne nähere Angaben erwähnt, ignoriert die aktenkundigen Umstände.

36 «Höchst bedenklich und unerwünscht», notierte das Auswärtige Amt (signiert D. = wahrscheinlich Dirksen) am 13. Juli 1927 auf dem Zeitungsausschnitt des Kaas-Artikels aus der *Reichspost* vom 29. Juni 1927.

37 *Weltbühne*, Berlin, 12. Februar 1929.

38 *Osservatore Romano* vom 4. Oktober 1929.

39 In der Apostolischen Konstitution ‹Quam curam› (AAS, 1. Oktober 1929).

40 Pfarrer A. Hessenbach (mit Imprimatur des Augsburger Bischöflichen Amtes vom 6. März 1929).

41 Vgl. *Germania* vom 11. Dezember 1929.

42 Siehe Bericht Bergens vom 21. Februar 1928 (PAAA, Abt. II, Vatikan–Rußland, Bd. 2, Nr. 38).

43 In der bulgarischen Hauptstadt begegnete d'Herbigny dem Apostolischen Delegaten Roncalli, dem späteren Papst Johannes XXIII.

44 Zitiert in einem Vortrag, den d'Herbigny am 11. Dezember 1927 in Anwesenheit der Botschafter Polens und Frankreichs in Rom hielt (Text in *Etudes* vom 20. Januar 1928).

45 Vgl. *Pages d'Archives* des Assumptionistenordens, Nouvelle Série, No. 3, Dezember 1955, S. 47.

46 Neveus Nachlaß, vor allem sein Briefwechsel mit d'Herbigny, wurde von Antoine Wenger A. A. gesichtet und ausgewertet. (Vgl. Hinweis im Vorwort dieses Buches.)

47 Vgl. die Aufzeichnungen von Sloskans («Diario»-Manuskript in der Bibliothek des ‹Pontificio Istituto Orientale›, Rom).

48 Matulionis (geb. 1873) wurde 1933 im Austausch freigelassen, war später Bischof von Kaisiadorys (Litauen); 1946 zu zehn Jahren Gefängnis verurteilt, 1956 wieder amtierend, aber behindert. Er starb, 90jährig, 1962 und wurde feierlich in der Kathedrale von Kaisiadorys (Sowjetlitauen) beigesetzt.

49 Vollständiger Text des Dekrets siehe ‹Sammlung der Gesetze der Arbeiter- und Bauernregierung›, Nr. 35 (vom 18. Mai 1929); zit. bei Struve, a. a. O., S. 462.

50 Nr. 11 vom 21. Februar 1930. Siehe auch den ausführlichen Bericht des deutschen Botschafters in Moskau, Dirksen, über die religiöse Lage vom 27. Februar 1930 (PAAA, Abt. IV, Rußland, 1457).

51 Am 22. Januar 1930 an den Generalsekretär im französischen Außenministerium, Berthelet (siehe Herbette, a. a. O., S. 149/150).

52 Im Gespräch mit Ludwig von Pastor am 9. März 1928 (vgl. Pastor: Tagebücher, S. 89).

53 Text siehe *Osservatore Romano* vom 9. Februar 1930.

54 Aktennotiz von Legationsrat Schubert vom 15. Februar 1930 (PAAA, Abt. II, Vatikan, Pol. 3, Bd. 2, K 503461).

55 Bericht Bergens vom 1. März 1930 (PAAA, Abt. II, Vatikan, Pol. 3, Bd. 2, Nr. 59).

56 D'Herbigny in einem Vortrag am 27. Februar 1930 (vgl.: La Guerre Antireligieuse en Russie Soviétique, Paris 1930).

57 Bericht Botschafters Bergen vom 9. April 1931 (PAAA, Abt. IV, Rußland, Pol. 3, Bd. 1, Nr. 76, Ru. 1989). Den hier zitierten wichtigen Satz Bergens unterschlägt Winter, a. a. O., S. 138, der dem Vatikan die absurde Absicht zuschreiben will, «den Krieg zu beginnen». Bergens Bericht mit der zitierten Schlußfolgerung war veranlaßt worden durch einen Bericht der Deutschen Botschaft in Moskau, in dem eine Äußerung Litwinows wiedergegeben wurde: Treibende Kräfte zu einem Krieg gegen die Sowjetunion seien Frankreich und der Vatikan.

58 Vgl. *Prawda* vom 16. Februar 1930. Sergius ließ zugleich nach Rom mitteilen, daß er «einerseits unter Druck der GPU, andererseits, um das Leben vieler Gefangener zu retten», so gesprochen habe (siehe d'Herbigny in *Revue des Deux Mondes* vom 15. Juli 1930, S. 210).

59 Siehe *Prawda* vom 15. Juli 1930 (deutsche Fassung des Pamphlets unter dem Titel ‹Warum Päpstlicher Kreuzzug?› im Carl-Hoym-Verlag, Hamburg-Berlin 1930).

60 *Besboschnik* Nr. 12 vom 28. Februar 1930.

61 Aus Herbettes Bericht vom 26. Februar 1930 (siehe Herbette, a. a. O., S. 164).

62 Das durchschaute als einer der wenigen zeitgenössischen Beobachter der langjährige Moskaukorrespondent des *Berliner Tageblatts*, Paul Scheffer (vgl. Scheffer, a. a. O., S. 419–428).

63 *Prawda* vom 15. März 1930.

64 Herbette, a. a. O., S. 168.

65 Bericht vom Botschafter Dirksen am 21. Februar 1930 (PAAA, Geheimakten 320, Pl. 16, K 105194).

66 Die Dokumentation über diese ganze Episode im BStA, Fasz. 1027, Päpst. Stuhl.

67 *Iswestija* vom 23. April 1930.

68 Dies und das Folgende ergibt sich aus einer Aufzeichnung des Auswärtigen Amtes in Berlin für Ministerialdirektor Trautmann vom 17. Juni 1930 (PAAA, Abt. II, Vatikan, Pol. 3, Bd. 3, K 503469).

69 Vgl. Tagebuchaufzeichnungen von Sloskans vom 1. und 8. November 1930 («Diario»-Manuskript in der Bibliothek des ‹Pontificio Istituto Orientale›, Rom).

70 Siehe *Osservatore Romano* vom 14. und 15. April 1930 (deutsche Fassung in der Schriftenreihe der *Augsburger Postzeitung*, Heft 8, 1930).

71 Vgl. den Bericht Botschafter Dirksens vom 10. April 1930 ((PAAA, Abt. IV, Rußland, Pol. 3, Nr. A/625).

72 Mit dem Motu proprio «Inde ab initio Pontificatu» (vgl. ‹Annuario Pontificio› 1931).

73 Bericht Bergens vom 22. April 1930 (PAAA, Abt. II, Vatikan, 356, Nr. 104).

74 «Acta Apostolicae Sedis» XXIII (1931), S. 177–228.

75 Vgl. *Oriens*, Krakau, Marzec-Kwiecień 1933, S. 57 f.

76 Zit. aus den d'Herbigny-Papieren bei Lesourd (a. a. O., S. 151).

77 Skrzyński berichtete am 11. März 1933 dem polnischen Außenminister über seine Audienz beim Papst und über dessen Aufbrausen (Pius uniósł się). – Skrzyńskis Bericht (Nr. 489138/33) im Wortlaut bei Jarosław Jurkiewicz; Watykan a stosunki polsko-niemieckie w latach 1918–1939, Wybóor materiałów, Warschau 1960, S. 52 ff.

78 Vgl. *Osservatore Romano* vom 2. Februar 1933.

79 So Jurkiewicz in einer Anmerkung (a. a. O., S. 52).

80 So Winter in der «westlichen» Fassung seines Buches: Rom und Moskau, Wien 1972, S. 339. Die gleiche Begründung ließ Winter jedoch in der Ostberliner Ausgabe seines Buches (S. 121) unter den Tisch fallen.

81 Vgl. A. Deubner: La traduction du mot χαϑολιχήν dans le texte slave du symbole de Nicée-Constantinopole, in: *Orientalia Christiana*, Rom 1929, Nr. 55. Es handelte sich um die Übernahme des Wortes «katholisch» aus dem nizäischen Glaubensbekenntnis in das der Ostkirche.

82 Vgl. Michel d'Herbigny et Alexandre Deubner: Evêques Russes en Exil. – Douze ans d'épreuves (1918–1930) in: *Orientalia Christiana*, Vol. XXI, Nr. 67, 1931.

83 Dies und das Folgende ist einer gründlich dokumentierten Untersuchung von M. Cappuyns OSB entnommen: Dom Lambert Beaudin (1873–1960), in: *Revue d'Histoire Ecclesiastique*, Louvain 1966, Bd. 61, S. 761 ff.

84 Vgl. Osteuropa-Handbuch «Polen», Köln 1959, S. 103–118. Zu den sog. Revindikationsprozessen vgl. Myslek, a. a. O., S. 114–122.

85 Henryk Ignacy Lubieński: Droga na Wschód Rzymu, Warschau 1932, im Selbstverlag des Verfassers (eines Bruders von Konstanty Lubieński, der 1957 für die katholische ‹Znak›-Gruppe im Sejm der Volksrepublik Polen Abgeordneter wurde). Das Buch wurde auf römische Intervention durch Erzbischof Kakowski (Warschau) für Katholiken verboten und findet sich heute nicht einmal in der Bibliothek des Päpstlichen Ost-Instituts in Rom.

86 Sie sammelten sich um die von Pater Jan Urban herausgegebene Zweimonatszeitschrift *Oriens* und hatten in Albertyn bei Słonim (Ostpolen) ein russisches Missionszentrum.

87 Nach eigenen Angaben Czarneckyjs an das polnische Außenministerium (vgl. Mysłek, a. a. O., S. 171 und 186).

88 Zu diesem Vorgang und seinen Hintergründen vgl. Zatko, a. a. O., S. 184 bis 188.

89 Neveu schrieb an d'Herbigny, daß die Mutter Alexander Deubners im Kreml gewesen sei und ihre Schwägerin besucht habe, die nach ihrer Scheidung Clara Zetkins Sohn geheiratet habe (Brief vom 31. Juli 1933, im Neveu-Nachlaß des römischen ‹Archivio dei Padri Assunzionisti›.

90 Für Około-Kułaks maßgebliche Beteiligung an der Inszenierung der Affäre Deubner gibt d'Herbigny zahlreiche Hinweise in seinen Briefen an Bischof Neveu in Moskau.

91 Monsignore Filippo Giobbe, der Sekretär der Kommission für Rußland, hat 1937 gegenüber dem

Jesuitenpater Josef Ledit erklärt, daß tatsächlich Dokumente aus der Kommission verschwanden (pers. Mitteilung Ledits vom 14. Juni 1974). D'Herbigny hat in nachgelassenen Aufzeichnungen den Ende 1932 als Archivar der Rußlandkommission eingestellten, damals 28jährigen Priester Eduard Prettner-Cippico (aus Triest) beschuldigt, Fotos von Dokumenten aus dem Vatikan den Sowjets zugespielt zu haben (vgl. Lesourd, S.161). Prettner-Cippico, 15 Jahre lang Archivar im vat. Staatssekretariat, wurde 1948 in einen Prozeß wegen finanzieller Unregelmäßigkeiten verwickelt, suspendiert und laisiert (Vgl. Osservatore Romano v.7. 3. 1948 u. La Croix v. 10. 3. 1948. Papst Johannes XXIII. hat Prettner teilweise rehabilitiert u. erlaubt, privat die Messe zu lesen; er lebte bis zu seinem Tod 1983 in vatikan-eigener Wohnung u. war offiziell für den «Forschungs- und Informationsdienst» einer Investmentgesellschaft (Sitz Luxemburg) tätig, deren Direktor bis 1965 Stabschef der amerikanischen Luftwaffe war(!). Aus dem Nachlaß Prettner-Cippicos (Kopien im Besitz d. Verf.) ergibt sich, daß er lange auch für östliche Geheimdienste tätig war.

92 Pers. Mitteilung von Pater Alfons Maria Mitnacht OSA (Würzburg) vom 7. März 1973. Mitnacht sprach mit Deubner 1938 in Prag mehrmals über die Vorgänge von 1932/1933.

93 Gemeint ist P. Siegbert Riedmeister (gest. 1936 in Berlin).

94 Aus dem Sitzungsprotokoll des ‹Päpstlichen Hilfswerks für die Russen in Deutschland› vom 19. Januar 1933 (Gehrmann-Nachlaß im SVD-Archiv, Rom). Es gab zu dieser Zeit viertausend orthodoxe russische Emigranten in Berlin, darunter 50 russisch-katholische Familien. Das Hilfswerk sandte auch Pakete und Bücher an Priester in der Sowjetunion, zuletzt Weihnachten 1934.

95 *Oriens* (Krakau) I.4 vom August 1933, S.127.

5. Hitlers Antikommunismus: Falsche Hoffnung mit fatalen Folgen,
1933–1939

1 Vgl. Theo Pirker: Utopie und Mythos der Weltrevolution. Zur Geschichte der Komintern 1920–1940, S.46–77 und S.166.

2 Zit. von seinem Berater P. Leiber SJ in *Stimmen der Zeit*, Nr.167, 1961, S.215.

3 Vgl. Heinrich Brüning: Memoiren 1918–1934, München 1972 (Taschenbuchausgabe), S.144 und S.378–380. Brüning sieht in den Äußerungen des Papstes und Pacellis einen Widerspruch; er verkennt, daß es beiden vor allem um den vermeintlichen «Bändigungs»-Effekt ging.

4 *Osservatore Romano* vom 13. März 1933 in einem mit F. (Monsignore Giuseppe Frediani) gezeichneten Artikel.

5 Jurkiewicz, a.a.O., S.57.

6 Vgl. Berichte Skrzyńskis vom 10. Februar und vom 27. Februar 1933 (zit. bei Jurkiewicz, a.a.O., S.44–49).

7 Vgl. Hans Roos: Polen und Europa, Studien zur polnischen Außenpolitik 1931–1939, Tübingen 1957, S.117–155.

8 Vgl. die Aktenpublikationen der Kommission für Zeitgeschichte bei der Katholischen Akademie in Bayern: Kirchliche Akten (Ludwig Volk) und - Staatliche Akten (Alfons Kupper) zu den Reichskonkordatsverhandlungen 1933, Mainz 1969. Vgl. auch Klaus Scholder: Die Kirchen u. das Dritte Reich, Bd.I (1918–1934), Frankfurt/Main 1977.

9 Vgl. Karin Schauff: Erinnerung an Ludwig Kaas, Pfullingen 1972, S.12, sowie laut pers. Mitteilung der Verfasserin (Frau des Zentrums-Reichstagsabgeordneten Johannes Schauff, der 1933 zunächst nach Rom emigrierte). Tatsächlich traten die Nazis «später» – nach 12 Jahren – ab, doch das für den Vatikan günstige Reichskonkordat ist noch in Kraft.

10 Rede Papens vor dem Katholischen Akademikerbund in Maria Laach am 22. Juli 1933 und Brief Hitlers an Kardinal Bertram vom 28. April 1933 (zit nach ‹Das christliche Deutschland 1933–1945›, Katholische Reihe, Heft 1, Freiburg 1946, S.39).

11 De Gasperi, a.a.O., S.29 und S.64.

12 Vgl. Joseph Goebbels: Vom Kaiserhof zur Reichskanzlei, München 1934, S.271.

13 Bericht Bergens vom 18. Februar 1933 (PAAA, Abt.IIa, Vatikan, Pol.19, Nr.38). Eingegangen in Berlin am 27. Februar 1933. Der Bericht ist mit einem Stempel versehen: «Das preußische Staatsministerium hat 2 Durchschläge dieses Berichtes direkt zugesandt erhalten» (vgl. auch PAAA, Geheimakten, Abt.IV, Rußland, Bd.4, Pol.15, Erlaß Nr.855 – angekohlte Akte).

14 Mitteilung des Preußischen Innenministeriums an das Auswärtige Amt laut Erlaß des AA an die deutsche Vatikanbotschaft vom 26. Mai 1933 (PAAA, Geheimakten, Abt.IV, Rußland, Bd.4, Pol.15, Nr.Ru 2348 – angekohlte Akte).

15 Brief vom 18. März 1933 (Neveu-Nachlaß, ‹Archivio dei Padri Assunzionisti›, Rom).

16 Protokollnotiz Gehrmanns von der Sitzung des Päpstlichen Hilfswerkes für die Russen in Deutschland in Berlin am 11. April 1933 (Gehrmann-Nachlaß, SVD-Archiv, Rom).

17 Dies und das Folgende ist den Berichten Skrzyńskis vom 11. Februar, 11. März und 9. April 1933 entnommen (vollständiger Text bei Jurkiewicz, a.a.O., S.46, 54 und 62).

18 Pers. Mitteilung von Pater Alfons Maria Mitnacht OSA (Würzburg) am 7. März 1973.

19 So der Papst zum polnischen Botschafter Skrzyński (zit. bei Jurkiewicz, a.a.O., S.63).

20 *Tablet* Nr.4859 vom 24.Juni 1933. – In Polen nahm nur *Oriens* (Krakau), Nr.4, 1933, von der Erklärung Deubners Kenntnis; Botschafter Bergen erwähnt den *Tablet*-Text in einem Bericht vom 19. August 1933.

21 Vgl. Brief d'Herbignys an Neveu vom 11. Juni und 5. Juli 1933 (Neveu-Nachlaß, ‹Archivio dei Padri Assunzionisti›, Rom) sowie pers. Mitteilung von P. Ledit SJ vom 19. Dezember 1972.

22 Aus PAAA, Abt.IV, Rußland, Pol.3, Bd.1.

23 Der Text der geheimen Zusatzvereinbarung, die Theologen von der Wehrpflicht befreite (außer im Falle einer allgemeinen Mobilmachung), siehe ‹Documents on German Foreign Policy›(C, I. Dok. 371, S.618–679).

24 Das Dokument wird im ‹Istituto Gramsci› in Rom aufbewahrt (vgl. *L'Unità*, Rom, vom 20. Januar 1967. – Gramsci, geb, 1891, starb 1937, drei Tage vor seiner Freilassung.

25 Bericht Bergens Nr.247 vom 12. Oktober 1933 (PAAA, Abt.II, Vatikan, Pol.3, Bd.3, K503490).

26 Bericht Bergens vom 6. Dezember 1933 (PAAA, Abt.II, Vatikan, Pol.3, Bd.3, Nr.328).

27 Erzbischof Gröber (Freiburg) in einer 1947 verfaßten Niederschrift über die Konkordatsverhandlungen (Diözesanarchiv, Freiburg, Nachlaß Gröber, Fasz.77).

28 Vgl. Foster Rhea Dulles: The Road to Teheran 1781–1943, New York 1944, S.209/210.

29 Vgl. *Pages d'Archives* des Assumptionistenordens, Nouvelle Série, No.3, Dezember 1955, S.44.

30 P. Leopold Braun (1903–1964) stammte aus New Bedford. Sein Großvater kam aus Lothringen. Braun wirkte bis Oktober 1945 in Moskau.

31 D'Herbigny an Neveu (Neveu-Nachlaß, ‹Archivio dei Padri Assunzionisti›, Rom).

32 Soweit im folgenden nicht dokumentarische Quellen genannt sind, verdanke ich Hinweise mehrfachen Gesprächen mit folgenden Geistlichen und Gelehrten, deren Namen hier in alphabetischer Reihenfolge ohne Titel genannt seien: Alessandrini, Ammann, Bernard, Bornemann, Brini, De Vries, Graham, Ledit, Lesourd, Mailleux, Martini, Mitnacht, Moreau, Olšr, Slipyj, Sloskans, Schasching, Schneider, Schultze, Wenger, Wetter.

33 Vgl. F. Charles-Roux: Huit ans au Vatican, 1932–1940, Paris 1947, S.175.

34 Bericht vom 6. Januar 1934 (PAAA, Abt.II, Vatikan, Pol.3, Bd.3, Nr.5).

35 Dies und das Folgende geht aus einem Brief d'Herbignys an Neveu vom 30. September 1933 hervor (Neveu-Nachlaß, ‹Archivio dei Padri Assunzionisti›, Rom).

36 Carlo Margotti (geb. 1891) war bis zum 8. März 1930 Sekretär der Rußlandkommission, dann Apostolischer Delegat in Athen und Konstantinopel. Nach d'Herbignys Sturz wurde Margotti Ende 1934 Bischof von Gorizia.

37 Das Original befindet sich beim d'Herbigny-Nachlaß im Besitz seiner Familie in Paris. (Vgl. Lesourd, S.174).

38 Vgl. *Le Temps* (Paris) vom 29. November 1930; *L'Avvenire d'Italia* vom 21. Dezember 1930; *Oriens* (Krakau) vom 1. Februar 1934; *Schwäbischer Merkur* vom 10. Februar 1934.

39 Bericht Bergens vom 6. Dezember 1933 (siehe Anm. 26).

40 Vgl. Sloskans: «Diario»-Manuskript in der Bibliothek des ‹Pontificio Istituto Orientale›, Rom, Eintragung vom 1. November 1930; siehe auch Brief d'Herbignys an Neveu (Neveu-Nachlaß ‹Archivio dei Padri Assunzionisti›, Rom) vom 26. April 1930: «Man hat Awglo geschrieben, er soll bleiben.» Zu Awglo vgl. Leopold Braun: Catholics behind the Iron Curtain (in: *Worldmission*, Dezember 1950, S. 93).

41 Brief vom 26. September 1933 (Neveu-Nachlaß).

42 Vgl. Briefe Beauduins vom 8. und 13. Dezember 1933 und vom 4. Januar 1934 (siehe M. Cappuyns: Dom Lambert Beauduin, in: *Revue d'Historie Ecclésiastique*, Louvain 1966, Bd. 61, S. 790/791). Der damalige polnische Botschaftsrat Witold de Bronowski (gest. Mai 1975 in Rom) hat dem Verf. am 8. 4. 1975 mitgeteilt: «Wir haben d'Herbigny beseitigt.»

43 Vgl. Brief Beauduins vom 8. Dezember 1933: D'Herbigny habe versucht, nach dem Tode Henri Bremonds (geb. 1865, gest. 17. August 1933) Mitglied der Akademie zu werden, indem er lanciert habe, dies würde dem Papst angenehm sein.

44 Vgl. Lesourd S. 174.

45 Vgl. die Memoiren des französischen Vatikanbotschafters Charles-Roux, a. a. O., S. 212 ff.

46 Vgl. Raske: Der totalitäre Gottesstaat (Dokumentation), Düsseldorf 1970, S. 56/57.

47 Vgl. Wilhelm Corten: Kölner Aktenstücke zur Lage der katholischen Kirche in Deutschland 1933–1945, Köln 1949, Dok. 130, S. 156–161.

48 Siehe *Kommunistitscheskij International* vom Oktober 1935 und *Völkischer Beobachter* vom 10. Dezember 1935: ‹Moskau als Freund der Jesuiten in Deutschland›.

49 Vollständiger Text bei Friedrich Muckermann SJ: Es spricht die spanische Seele, Colmar 1937, S. 15/16.

50 Vgl. Jurkiewicz, a. a. O., S. 81.

51 Alois Hudal (1885–1963) war seit 1923 Rektor des deutsch-österreichischen Kollegs ‹Santa Maria dell'Anima› in Rom. 1933 wurde er zum Titularbischof ernannt. Sein Buch ‹Die Grundlagen des Nationalsozialismus›, Leipzig-Wien 1937, hat er am 11. Juli 1936, eine Woche vor Beginn des Spanischen Bürgerkriegs, abgeschlossen. Zur Person Hudals vgl. auch H. Stehle in «Vierteljahrshefte f. Zeitgeschichte», München 1989, 2. Heft, S. 299–322.

52 Hudai a. a. O., S. 245.

53 Vgl. Charles-Roux, a. a. O., S. 177.

54 Text der Enzyklika «Mit brennender Sorge» (Original in deutsch) siehe ‹Das christliche Deutschland 1933–1945›, Kath. Reihe, Heft 1, Freiburg 1946, S. 1–24.

55 Text der Enzyklika «Divini Redemptoris» siehe Emile Maurice Guerry: Chiesa cattolica e comunismo ateo, Rom 1962, S. 264 ff.

56 Erst 1963 wurde Krestinski rehabilitiert (siehe *Iswestija* vom 27. September 1963: «Ein echter Staatsmann», und Maiski: Memoiren eines Sowjetbotschafters, Berlin-Ost 1967, S. 256).

57 «Unter Präsident Cardenas (1934–1940) nahmen die Spannungen zwischen Staat und Kirche ab... Zwar wurde die katholische Kirche vom politischen Schauplatz völlig verdrängt, doch ist... die Religion sehr lebendig» (Kath. Staatslexikon, Bd. V, S. 688/689).

58 «Mit brennender Sorge», a. a. O. (siehe Anm. 54), S. 49.

59 a. a. O. S. 53 ff.

60 Vgl. Guenter Lewy: Die katholische Kirche und das Dritte Reich, München 1965, S. 227–234.

61 Siehe *Der Angriff* vom 28. Oktober und 15. Dezember 1937.

62 Pers. Mitteilungen von P. Ammann SJ (Rom), der 1938 in Lemberg mit Erzbischof Scheptyckyj über Deubner sprach, von P. Mitnacht OSA (Würzburg), der als Seelsorger der unierten Gemeinde in Prag 1937/38 mit Deubner zusammentraf.

63 Siehe ‹Annuario Pontificio› von 1937.

64 Vgl. Michel d'Herbigny: Le Message du Christ et de l'Eglise aux civilisations (Verlag de Chronique Sociale de France, Paris).

65 Vgl. die Beschreibung der Lisieux-Feiern in den Memoiren von Charles-Roux, a.a.O., S.223/224.

66 Diese Darstellung stützt sich auf Lesourd (S.186–233), Wenger (S.431–466) u. Mitteilungen von P. Moreau SJ (Rom), der d'Herbigny in Mons begegnete. Zur Person Ledóchowskis vgl. F. Muckermann, Im Kampf zwischen zwei Epochen, Mainz 1973, S.628–635.

67 Vgl. den kurzen lateinischen Nekrolog von Bischof Giuseppe Mojoli in: *Acta Pontificii Instituti Orientalium Studiorum*, 1958, S.19/20. Das Requiem durfte nur «pro sacerdote defuncto», nicht «pro episcopo» zelebriert werden. Erst zum 50jährigen Jubiläum des Ost-Instituts, 1967, wurde in einer bebilderten Jubiläumsschrift der Name d'Herbignys der Vergessenheit entrissen: «Das Institut ist seinem ersten Jesuitenpräses, Msgr. d'Herbigny, zu großem Dank verpflichtet... Vor allem durch die Energie und den unverwüstlichen Optimismus des Paters (später Bischofs) d'Herbigny lebte das Institut neu auf...»

68 Pers. Mitteilung von Kardinalerzbischof Slipyj (Rom) am 6. Dezember 1971.

69 Das Motu Proprio «Quam sollicita» vom 21. Dezember 1934 wurde in der Märzausgabe 1935 der *Acta Apostolicae Sedis* veröffentlicht.

70 Vgl. Bergens Berichte Nr.108 und Nr.124 vom 12. und 26. März 1935 (PAAA, Abt.II, Vatikan, Pol.3, Bd.3).

71 So stellte das von Alberto Galter herausgegebene Rotbuch der verfolgten Kirche, Recklinghausen 1957, fest: «Mit dem Jahr 1933 begann eine neue, verhältnismäßig ruhige Periode des Waffenstillstands» (S.55).

72 ‹Actes et Documents du Saint Siège Relatifs à la Seconde Guerre Mondiale›, Bd.5, S.242. Im folgenden wird diese Publikation aus den Akten des Vatikanischen Geheimarchivs mit ‹ADSS› abgekürzt.

73 Amoudru (geb. 1878) lebte noch 25 Jahre lang psychisch krank in einem Kloster in Pensier bei Fribourg (Schweiz) u. starb am 12. Oktober 1961 in Onzain/Dep. Loire (Frankreich). Ein autobiographischer Bericht Amoudrus befindet sich im Archiv des Generalats des Dominikanerordens in Rom. (Vgl. A. Esser O.P. in «*Archivum Praedicatorum*». Vol. XL (1970), S.277f.

74 Vgl. L. Braun in: *Worldmission*, Vol. I, Nr.42, Dezember 1950, S.92.

75 Vgl. Rudinskij: Swoboda sowesti w SSSR (Die Gewissensfreiheit in der Sowjetunion), Moskau 1961, S.35. Der Autor weist auf den Unterschied hin, meint jedoch, zwischen den Begriffen «Bekenntnis» und «Kulthandlungen» bestehe «keine substantielle» Differenz.

76 Die Zahlen für 1936 laut Schweigl: Il Comunismo e la Religione, Rom 1937, für 1937 laut *Osservatore Romano* vom 11. April 1937, für 1939 laut Braun in: *Worldmission*, Vol. I, Nr.2, Dezember 1950.

77 Vgl. Walter Ciszek: Der Spion im Vatikan, München 1965, S.18/19.

78 Winter, a.a.O., S.205.

79 Ciszek, a.a.O., S.20.

80 Charles-Roux, a.a.O., S.122/123.

81 Siehe *Der Angriff* vom 28. Oktober 1937.

82 Charles-Roux, a.a.O., S.129.

83 Es waren Emilio Sereni und Ambrosio Donini (vgl. Paolo Spriano: Storia del Partito Comunista italiano, Bd.III, Turin 1970, S.240).

84 Vgl. ADSS, Bd.2, S.424 und 408.

85 Siehe Eugenio Pacelli: Discorsi e Panegirici, 1931–1938, S.738ff.

86 ADSS, Bd.2, S.435.

87 ADSS, Bd.2, S.413, und W. A. Purdy: Die Politik der katholischen Kirche, Gütersloh 1966, S.94.

88 Vgl. die Schilderung bei Louis J. Gallagher und Paul V. Donovan: The Life of Saint Andrew Bobola of the SJ, Martyr, Manchester/USA 1939, S.191–201.

89 Vgl. Mysłek, a.a.O., S.116 und 158/159, sowie G. J. Perejda: Apostle of Unity. The Life of Andrew Sheptytsky, Winnipeg (Kanada) 1960, S.33.

90 Vgl. Pastuszek: Z filozofii i psychologii komunizmu, Lublin 1938.

91 Siehe das KPP-Organ *Czerwony Sztandar*, Nr. 56, datiert vom Mai 1938, das Ende Juni 1938 erschien (vgl. *Z Pola Walki*, Nr. 3, 1968, S. 45).

92 ADSS, Bd. 1, Dok. Nr. 34. – Zum allg. Hintergrund vgl. Walther Hofer: Die Entfesselung des Zweiten Weltkriegs, Frankfurt/Main 1964.

93 Vgl. ‹Documents on British Foreign Policy›, 3. Serie, Bd. V, S. 435 ff., und ADSS, Bd. 1, Dok. Nr. 19.

94 ADSS, Bd. 1, Dok. Nr. 29.

95 ADSS, Bd. 1, Dok. Nr. 47.

96 ADSS, Bd. 1, Dok. Nr. 109 und 116.

97 ADSS, Bd. 1, Dok. Nr. 113.

98 ADSS, Bd. 1, Dok. Nr. 125, 144, 152, 153, 165, 166.

99 ADSS, Bd. 3, Dok. Nr. 18.

6. Der Kreuzzug findet nicht statt, 1939–1944

1 Brief vom 7. Oktober 1939; ADSS, Bd. 1, Dok. Nr. 21.

2 ADSS, Bd. 1, Dok. Nr. 13.

3 AAS, XXXI (1939), 413–479.

4 AAS, XXXI (1940), 435–445.

5 ADSS, Bd. 1, Dok. Nr. 257.

6 ADSS, Bd. 3, Dok. Nr. 26.

7 Den Namen des Kuriers, den die ADSS nicht nennen (vgl. Bd. 3, S. 15), erwähnt G. Perejda, a.a.O., S. 35.

8 ADSS, Bd. 3, Dok. Nr. 375, und besonders die Anmerkung Seite 565.

9 Ciszek, a.a.O., S. 26.

10 ADSS, Bd. 3, Dok. Nr. 52.

11 Vgl. ADSS, Bd. 3, Dok. Nr. 158, 159, 160, 167 und Anm. S. 135.

12 ADSS, Bd. 3, Dok. Nr. 105.

13 Vgl. *Etudes*, Paris, vom 5. Dezember 1939 und die Augenzeugenschilderung des sowjetischen Einmarsches in der Ostmissionsstation Albertin bei Ciszek, a.a.O.

14 ADSS, Bd. 3, Dok. Nr. 79.

15 ADSS, Bd. 3, Dok. Nr. 44, 47.

16 Vgl. den Nuntiaturbericht in ADSS, Bd. 3, Dok. Nr. 41. – Siehe auch die Memoiren der Wilnaer Kommunistin (und Frau des späteren polnischen Außenministers) Anna Jędrychowska: Zygzakiem i poprostu, Warschau 1965. Stefan Jędrychowski, der aus einer linkskatholischen Studentengruppe in Wilna kam, war Verbindungsmann zur Roten Armee.

17 ADSS, Bd. 1, Dok. Nr. 313.

18 ADSS, Bd. 3, Dok. Nr. 158 und 159.

19 ADSS, Bd. 3, Dok. Nr. 185.

20 ADSS, Bd. 3, Dok. Nr. 214.

21 ADSS, Bd. 3, Dok. Nr. 187.

22 ADSS, Bd. 3, Dok. Nr. 191.

23 ADSS, Bd. 3, Dok. Nr. 199.

24 ADSS, Bd. 3, Dok. Nr. 241.

25 Brief vom 20. September 1941 in ADSS, Bd. 3, Dok. Nr. 310.

26 Die Dokumentation über den Fall Profittlich siehe ADSS, Bd. 3, Dok. Nr. 217, 219, 245, 251, 487, 504. Eduard Profittlich SJ (geb. 1890 in Birresdorf bei Trier) war seit 1930 in Estland und besaß seit 1935 neben der deutschen auch die estnische Staatsbürgerschaft. Vergebens bemühte sich der Vatikan 1942/43 durch amerikanische Intervention, bei den Sowjets Nachforschungen nach Profittlich anzu-

stellen. Zwanzig Jahre später, 1963, gab es aus Estland eine Nachricht, Profittlich lebe noch in Sibirien (vgl. Bericht des 13. Kongresses ‹Kirche in Not›, Königstein 1964, S. 71).

27 ADSS, Bd. 4, Dok. Nr. 227. – W. G. Dekanosow war als sowjetischer Vizeaußenminister im Juni 1940 in Kaunas aufgetaucht und hatte den «Anschluß» Litauens vorbereitet; er war in Wirklichkeit ein hoher Funktionär der Geheimpolizei, später Innenminister der Georgischen Sowjetrepublik und wurde 1953 im Zug der Entstalinisierung zusammen mit Stalins Sicherheitschef Berija erschossen (siehe *Prawda* vom 24. Dezember 1953).

28 Vgl. ADSS, Bd. 4, S. 60 (Hinweis auf ein ‹Appunto Mons. Tardinis› von 1946). Aller Wahrscheinlichkeit nach war der Informant der Siegfried (alias: Gabriel) Ascher, der ein Verbindungsmann des deutschen – dem Admiral Canaris unterstellten – Abwehroffiziers Josef Müller (des späteren CSU-Politikers) war. Vgl. Josef Müller, «Bis zur letzten Konsequenz», München 1975, S. 153.

29 Vgl. Walter Hagen (Pseudonym von Wilhelm Hoettl): Die geheime Front, Linz 1950, S. 454.

30 ADSS, Bd. 2, Seite 221.

31 Vgl.: Das politische Tagebuch von Alfred Rosenberg, Göttingen 1956, S. 116.

32 Telegramm Bergens Nr. 9 (PAAA, Büro Staatssekr. Vat. 1941).

33 Die Behauptung des Ostberliner Historikers Winter, der Vatikan habe mit dem «Ungeheuer (Nazismus) paktiert» (a.a.O., S. 196), stützt sich auf Walter Hagens Andeutungen (a.a.O., S. 453), unterschlägt aber Hagens Feststellung, daß die Verhandlungen zwischen Ledóchowski und dem deutschen Geheimdienst scheiterten.

34 ADSS, Bd. 2, Dok. Nr. 74.

35 ADSS, Bd. 3, Dok. Nr. 257 und 262. Kardinal Antonio Samoré, der im 2. Weltkrieg als Attaché im Vatikan. Staatssekretariat tätig war, berichtete am 22. 6. 1977 in einem Vortrag in Rom, daß ihm Tardini den Entwurf einer Protest-Note gegen die deutsche Besatzungspolitik in Polen vierzehnmal zur Verbesserung zurückgab, weil die Note nicht vorsichtig genug geschrieben war. Zuletzt befahl Tardini, daß das Wort «Polen» nicht benutzt werden durfte.

36 Vollständiger Text bei Struve, a.a.O., S. 402ff.

37 Vgl. Gordon Zahn: Die deutschen Katholiken und Hitlers Krieg, Graz 1965, S. 213.

38 ADSS, Bd. 5, Seite 9 und Dok. Nr. 151.

39 Telegramm Nr. 40 (PAAA, Büro Staatssekr. Vat.).

40 ADSS, Bd. 1, Dok. Nr. 257 (Aufzeichnung Tardinis nach dem ihm gegebenen Bericht des Papstes).

41 ADSS, Bd. 5, Seite 8.

42 ADSS, Bd. 5, Seite 4.

43 Ansprache vor dem Diplomatischen Korps am 25. Februar 1946 und in einem Brief an die Völker Rußlands vom 7. Juli 1952 (vgl. Paul Duclos: Le Vatican et la seconde Guerre Mondiale, Paris 1955, S. 131).

44 Stolz berichtete Erzbischof Skvireckas aus Kaunas: «Litauen ist vom bolschewistischen Joch der Russen durch das deutsche Heer befreit worden, das bewaffnete Litauer (cum armis in manibus) nach Kräften unterstützte» (ADSS, Bd. 3, Dok. Nr. 316).

45 ADSS, Bd. 4, Dok. Nr. 432.

46 ADSS, Bd. 5, Dok. Nr. 8.

47 Bericht Menshausens Nr. A 479 vom 23. August 1941 (PAAA) und «Weizsäcker-Papiere», Berlin 1974, S. 264.

48 ADSS, Bd. 5, Dok. Nr. 182.

49 Wortlaut des Rooseveltbriefes ADSS, Bd. 5, Dok. Nr. 59.

50 ADSS, Bd. 5, Dok. Nr. 74.

51 ADSS, Bd. 5, Dok. Nr. 79.

52 ADSS, Bd. 5, Dok. Nr. 75.

53 ADSS, Bd. 5, Dok. Nr. 82. Vgl. die Taylor-Papiere bei Di Nolfo, Vaticano e Stati Uniti, Mailand 1978.

54 Die Meinungsverschiedenheiten unter den katholischen Bischöfen der USA hatten teils dramatische

Formen angenommen und wurden in der Öffentlichkeit ausgetragen: Bischof Hurley (St. Augustine/Florida), der bis 1940 im Vatikanischen Staatssekretariat beschäftigt gewesen war, setzte sich am entschiedensten für Hilfe an die Sowjetunion ein und erklärte, der Nazismus sei ein größeres Übel als der Kommunismus; am äußersten Gegenflügel stand Bischof Beckman (Dubuque/Minnesota), der in Rundfunkreden erklärte: «Es ist Zeit, mit der Unterscheidung zwischen Roter Armee und Sowjetstaat Schluß zu machen. Die Rote Armee ist der Sowjetstaat, solange sie gottlosen Tyrannen gehorcht.» Beckman war als einziger Bischof erst unter dem Druck des Päpstl. Nuntius bereit, die abgewogene gemeinsame Erklärung der Bischöfe zum Kriegseintritt der USA Ende Dezember 1941 zu unterschreiben (vgl. ADSS, Bd.5, Dok. Nr.131 und Nr.181).

55 ADSS, Bd.5, Dok. Nr.78 und 93.

56 ADSS, Bd.5, Dok. Nr.131.

57 Siehe Reinhold Schneider: Verhüllter Tag, Köln 1954, S.174.

58 Rolf Hochhuth: Der Stellvertreter. Ein Schauspiel, Hamburg 1963, S. 154–177. Hochhuth hat in einem Gespräch mit dem Verf. am 24. 9. 1987 bestätigt, daß Hudal sein Hauptgesprächspartner in Rom war.

59 Brief vom 4. März 1944 (ADSS, Bd.2, Dok. Nr.119). – Hervorhebungen d. Verf.

60 Brief an Erzbischof Kolb in Bamberg (ADSS, Bd.2, Dok. Nr.121).

61 ADSS, Bd.2, Dok. Nr.76.

62 Brief an Erzbischof Gröber in Freiburg vom 21. Juni 1940 (ADSS, Bd.2, Dok. Nr.49).

63 Brief an Kardinal Faulhaber in München vom 31. Januar 1943 (ADSS, Bd.2, Dok. Nr.96).

64 Durch einen Bericht von Pater Pirro Scavizzi (1884–1964), der als Militärgeistlicher einen Lazarettzug des Malteserordens mehrmals in die besetzten Gebiete Polens und der Sowjetunion begleitete und auf der Durchfahrt in Wien auch von Kardinal Innitzer entsprechend informiert worden war (vgl. ADSS, Bd.8, Dok. Nr.374).

65 ADSS, Bd.3, Dok. Nr.406.

66 ADSS, Bd.8, Dok. Nr.493. u. «Foreign Relations of the U. S.» 1942 III, p.775f.

67 ADSS, Bd.8, Dok. Nr.496.

68 ADSS, Bd.8, Anmerkung Seite 669, und *La Parrochia*, Mai 1964.

69 ADSS, Bd.8, Dok. Nr.507.

70 ADSS, Bd.2, Dok. Nr.105. Mons. Tardini notierte am 20. 8. 1943: «Klagen, Ratschläge und Proteste sind ganz nutzlos, wenn sie geheim bleiben» (ADSS, Bd.9, Dok. Nr.297).

71 Am 11. Juni 1940 an Kardinal Suhard (Paris). Der Brief wurde von der deutschen Sicherheitspolizei nach der Besetzung von Paris entdeckt (heute im Bundesarchiv, Koblenz, Bestd. Reichskanzlei/Frankreich, R 43 II/1440a) und von Eberhard Jäckel erstmals veröffentlicht (vgl. Geschichte in Wissenschaft und Unterricht, Stuttgart, Jg.15, Januar 1964).

72 Vgl. Paul Duclos: Le Vatican et la seconde Guerre Mondiale, Paris 1955, und A. Giovanetti: Der Vatikan und der Krieg, Köln 1961.

73 Vgl. ADSS, Bd.3, Dok. Nr.241 und Bd.4, Dok. Nr.257.

74 ADSS, Bd.4, Dok. Nr.433 und Bd.5, Dok. Nr.4.

75 Vgl. zu diesem Fragenkomplex die gut dokumentierten Aufsätze von Robert A. Graham SJ (einem der Herausgeber der vatikanischen Aktenpublikation über den Zweiten Weltkrieg) in: *Civiltà Cattolica* Nr.2937 und Nr.2939, November/Dezember 1972, sowie seine Polemik mit dem Ostberliner Historiker Winter, der seine falschen Behauptungen von 1962 auch noch 1972 aufrechterhielt (vgl. Winter, a.a.O., S.211). – Das Dementi Magliones in ADSS, Bd.5, Dok. Nr.298; die Berichte Orsenigos in ADSS, Bd.3, Dok. Nr.29.

76 Aufzeichnung Weizsäckers vom 11. November 1941 (PAAA, Mikr. Film, Serial Nr.535, S.24099).

77 Bericht Bergens vom 29. November 1941 (PAAA, Mikr. Film Serial Nr.535, S.240126).

78 Vgl. ‹Internationaler Militärgerichtshof›, Bd.XXXVIII, 1086–1094, Dok.221–L und die pers. Mitteilung von Papens an Graham in: *Civiltà Cattolica* Nr.2937, S.248, Anm.

79 Vgl. ‹Gegenwärtiger Stand der Organisation der katholischen Kirche›, Juli 1941, gedruckt in RSHA, Geh. Nr. 17 (MIT-Dokumente, Dok. Nr. PS-1815 (ungedruckt), NA-T-988, REEl A 219, 092860031. Vgl. auch den Geheimbericht «The Status of Religion in USSR» des amerikanischen Geheimdienstes OSS von 1944 (Hoover Library, Stanford University).

80 Aufzeichnung des Legationsrats Fischer vom 4. Dezember 1941 (PAAA, Mikr. Film Serial Nr. 335, S. 240100/101). – In den ADSS, Bd. 5, Dok. Nr. 273, Anm. 3, wird der erste Teil des Zitats aus diesem Dokument nicht erwähnt (!).

81 Orsenigo an Maglione am 22. Oktober 1941 (ADSS, Bd. 5, Dok. Nr. 125).

82 ADSS, Bd. 3, Dok. Nr. 355.

83 Die zitierten Berichte Scheptyckyjs siehe ADSS, Bd. 3, Dok. Nr. 297, 324 und 406; der Bericht Slipyjs Dok. Nr. 375.

84 Vgl. Ciszek, a. a. O., S. 47 ff.

85 ADSS, Bd. 5, Dok. Nr. 94.

86 Den Bericht Harrimans in ‹Foreign Relations of the U. S., Diplomatic Papers›, 1941, I, S. 1001/02 und ADSS, Bd. 5, Dok. Nr. 481. – die Erklärung Losowskis siehe *Prawda* vom 5. Oktober 1941.

87 Manuskript im Archiv des ‹Assumptionist Provincial House›, New York City (vgl. besonders S. 376–385; 67). – Siehe auch Dennis J. Dunn in: *The Catholic Historical Review*, Vol. LIX, Nr. 3, 1973; vgl. auch David J. Dallin: *The real Russia*, 1947.

88 ADSS, Bd. 5, Dok. Nr. 481.

89 ADSS, Bd. 5, Dok. Nr. 484.

90 ADSS, Bd. 5, Dok. Nr. 166 und 171.

91 So berichtete Bischof Slipyj am 12. April 1942 aus Lemberg nach Rom: «Notitiae sparsae de litteris Stalin ad Sanctissimum Patrem missis, in quibus libertatem ecclesiae in Unione Sovietica profitetur gubernium Kioviae moverunt, ut ecclesiam nostram iterum aperiat» (ADSS, Bd. 3, Dok. Nr. 375).

92 ADSS, Bd. 5, Dok. Nr. 274, 284, 287, 288.

93 Vgl. Bericht Marinas vom 5. August 1942 in ADSS, Bd. 8, Dok. Nr. 442. Stanisław Kot (1885–1975) gehörte der polnischen Bauernpartei (SL) an, war 1945–1947 Botschafter Polens beim Quirinal in Rom, emigrierte dann nach Paris.

94 ADSS, Bd. 4, Dok. Nr. 430 mit Anm.

7. Aus Furcht vor Stalins Sieg kein Dialog, 1944–1949

1 ADSS, Bd. 3, Dok. Nr. 391 und 264 (Berichte Gawlinas nach Rom).

2 Über Massendeportationen hatten die Bischöfe aus dem Baltikum und Polen dem Vatikan wiederholt berichtet. Während der Ostberliner Historiker Winter (a. a. O., S. 206) von «sagenhaften» Deportationen spricht, über die Scheptyckyj berichtet habe, gaben sogar auch kommunistische Publikationen in Polen die Tatsache dieser Zwangsverschleppungen zu (vgl. W. Sokorski: Polacy pod Lenino, Warschau 1971, S. 126).

3 ADSS, Bd. 8, Dok. Nr. 125.

4 ADSS, Bd. 3, Dok. Nr. 391. Noch dreißig Jahre später war einer dieser polnischen Geistlichen, Stanisław Bukowienski (gest. 1974), der sich im Sommer als Nachtwächter durchschlug und den Winter im Gefängnis zubrachte, inzwischen legal in Kasachstan tätig und pflegte mit sowjetischem Paß seine Ferien in Krakau zu verbringen.

5 Roncalli – der spätere Papst Johannes XXIII. – schildert in einem Bericht nach Rom vom 7. 4. 1943 (ADSS, Bd. 9, Dok. Nr. 138), daß ihn der Sowjetkonsul «liebenswürdig» (con garbo) empfing und u. a. erklärte, daß die orthodoxe Kirche dem Sowjetstaat «keine Furcht mehr einflöße, weshalb man also jetzt eine Haltung einnehmen könne, welche die Gewissensfreiheit respektiert». Ivanov versprach, die Fragen nach den Kriegsgefangenen seiner Botschaft in Ankara weiterzuleiten. Bei einer zweiten Be-

gegnung mit Roncalli am 29. März teilte er jedoch mit, daß ihm jeder weitere Kontakt bezüglich dieser Frage verboten worden sei. (Vgl. auch ADSS, Bd. 7, Dok. Nr. 282, und Bd. 8, Nr. 125, 344, 336).

6 ADSS, Bd. 7, Dok. Nr. 253.

7 Wlodzimierz Sokorski hat in seinem Buch: Polacy pod Lenino (S. 13, 17, 126 ff.) zum erstenmal Einzelheiten über die gespannten Verhältnisse innerhalb der Kóściuszko-Division und innerhalb des «Bundes Polnischer Patrioten» in Moskau als Augen- und Ohrenzeuge geschildert. (Vgl. auch Werth, a. a. O., S. 484–489. Siehe auch Johann Black: Militärseelsorge in Polen, Stuttgart 1981, S. 41).

8 Vgl. Ciszek, a. a. O., S. 105/106.

9 Dokumente zu Orlemański (1899–1960) sind in einer polnisch-sowjetischen Aktenpublikation veröffentlicht worden: Dokumenty i Materialy do Historii stosunków polsko-radzieckich, Bd. VIII, Warschau 1974. Hier der Text der Moskauer Radioansprache Orlemańskis (S. 103). (Vgl. «War Correspondence between Stalin and Roosevelt», Moskau 1960, Nr. 182, 183, 190). Siehe dazu auch Alexander Werth, a. a. O., S. 615–617, und Dennis J. Dunn in: *The Catholic Historical Review*, Vol. LIX, Nr. 3, 1973, S. 420/421; zur Orlemański-Pressekonferenz siehe *New York Times* vom 13. Mai 1944, Prawda vom 14. Mai 1944 und ADSS, Bd. 11, Dok. Nr. 289 und 298.

10 ADSS, Bd. 3, Dok. Nr. 503.

11 ADSS, Bd. 3, Dok. Nr. 567. – Vgl. auch E. Lauterbach: These are the Russians, New York 1943, S. 277.

12 Zit. bei Dallin: The real Russia, S. 234.

13 «Prawda o Religii w Rossij» (deutsch in Zürich, 1944).

14 Vgl. unveröffentlichte Braun-Memoiren, a. a. O., S. 382.

15 ADSS, Bd. 5, Dok. Nr. 477, Anm. 695.

16 Vgl. Anm. in ADSS, Bd. 7, S. 161.

17 Telegramm Nr. 347 vom 27. Dezember 1942 (PAAA, Büro Staatssekr. Vat.).

18 ADSS, Bd. 7, Dok. Nr. 113.

19 ADSS, Bd. 7, Dok. Nr. 126.

20 Vgl. die Erklärung Senators bei einer öffentlichen Diskussion in Berlin am 11. März 1963. – (Vgl. «Summa iniuria oder Durfte der Papst schweigen», Dokumentation von Fritz J. Raddatz, Hamburg 1963, S. 104.)

21 ADSS, Bd. 7, Dok. Nr. 143, 144, 148 und Anm. 2 auf S. 276.

22 ADSS, Bd. 7, Dok. Nr. 150.

23 ADSS, Bd. 7, Dok. Nr. 173, 216, 217, 315.

24 ADSS, Bd. 7, Dok. Nr. 153 und Annex.

25 ADSS, Bd. 7, Dok. Nr. 277, 278. Ernst von Weizsäcker (1882–1951). Vgl.: Die Weizsäcker-Papiere 1933–1950. Hrsg. von Leonidas Hill, Frankfurt/Main 1974, S. 339–341.

26 Telegramm Weizsäckers Nr. 271 vom 5. Juli 1943 (PAAA, Staatssekr. Italien).

27 ADSS, Bd. 7, Dok. Nr. 372 und Anm. 2. Vgl. Weizsäcker-Papiere, a. a. O., S. 364 und 369.

28 ADSS, Bd. 2, Dok. Nr. 115

29 Vgl. Radiobotschaft Pius' XII. vom 1. September 1943 und die Weihnachtsbotschaften von 1943 und 1944 (deutsch in ‹Gerechtigkeit schafft Frieden. Reden und Enzykliken Pius' XII.›, herausgegeben von W. Jussen SJ, Hamburg 1946). – Vgl. dazu auch Prof. Walter Becker (Augsburg) in: ‹Geschichte in der Gegenwart. Festschrift für K. Kluxen›, Paderborn 1972, S. 316/317.

30 Vgl. Weizsäcker-Papiere a. a. O., S. 399–405.

31 ADSS, Bd. 3, Dok. Nr. 586, und Galter, a. a. O., S. 96. – Eine sowjetische Beschreibung des Begräbnisses bei W. Belajew: Kto tieba precal, Moskau 1969.

32 Original im ‹Centralni Istoritscheskji Archiw, Lviv›. f. 201, op. 4b, Spr. 2742, ark. 6 – Vgl. auch *Widomosti* (Nachrichten) der Erzdiözese Lemberg (Lwów), Januar-Februar-März 1944, S. 16/17.

33 ADSS, Bd. 3, Dok. Nr. 605.

34 Brief an Pius XII. vom 26. Mai 1946 (ADSS, Bd. 3, Dok. Nr. 605).

35 Vgl. Galter, a. a. O., S. 96/97, und Borys Lewitzkyi: Die Sowjetukraine 1944–1963, Köln 1964, S. 38/39.

36 Vollständiger Text bei J. Schweigl: Il nuovo Statuto della Chiesa Russa, Rom 1948, S. 94 ff.

37 Vgl. G. Kostelnik: Nova doba naschoj Cerkwi, Lemberg 1926. – Kostelnik, dessen drei Söhne im Krieg gefallen waren, wurde am 21. September 1948 von ukrainischen rechtsradikalen Partisanen ermordet.

38 Zum Beispiel Johann Chrysostomus OSB: Kirchengeschichte Rußlands der neuesten Zeit, München 1968, Bd. 3, S. 198.

39 Vgl. Galter, a. a. O., S. 108–114.

40 Vgl. M. Gelzinis: Christenverfolgung in Litauen, Königstein 1955, S. 54 und S. 39.

41 Charles de Gaulle: Memoiren (Taschenbuchausgabe), Gütersloh, o. J., S. 177.

42 Vgl. einen am 16. Dezember 1944 vom Auswärtigen Amt dem Reichskirchenministerium zugesandten Bericht (Pol. XV. 860) der Vatikanbotschaft (Deutsches Zentralarchiv, Merseburg). – Siehe auch *Osservatore Romano* vom 23. Juli 1944.

43 Vgl. ein Interview mit General Korawnikow in *Zycie Literackie*, Krakau, Nr. 806, S. 8.

44 Siehe Anm. 42.

45 Siehe Anm. 42.

46 Vgl. *Tablet*, London, vom 17. Juni 1944. Am 22. August 1944 starb Kardinalstaatssekretär Luigi Maglione (geb. 1877). Pius XII. ließ den Posten unbesetzt und führte selbst die Geschäfte.

47 Vgl. *Osservatore Romano* vom 14. August 1944.

48 ADSS, Bd. 3, Dok. Nr. 591 und 598; vgl. auch Dok. Nr. 568.

49 Jasiński machte sich so unbeliebt, daß er im Dezember 1946 zurücktreten und in ein Kloster gehen mußte, wo er 1962 starb (vgl. *Polityka*, Warschau, vom 23. Januar 1971, und ADSS, Bd. 3, Dok. Nr. 475 und 585).

50 Vgl. dazu François Fetjö: Die Geschichte der Volksdemokratien, Graz 1972, Bd. I, S. 60.

51 Vortrag Casarolis in Mailand am 20. Januar 1972 (*Civiltà Cattolica*, Nr. 2920).

52 Taylor-Papers (vgl. Di Nolfo, S. 436 ff.).

53 ADSS, Bd. 7, Dok. Nr. 505.

54 Zum Folgenden siehe Z. K. Brzezinski: Der Sowjetblock, Köln 1962, und François Fetjö: Die Geschichte der Volksdemokratien, Bd. I, S. 187–191.

55 ADSS, Bd. 3, Dok. Nr. 602.

56 Vollständiger lateinischer Text der Dekrete bei Jan Zaborowski: Kościól nad Odra i Nysa, Warschau 1969, S. 55. Text der Vollmacht für Kardinal Hlond bei Franz Scholz: Zwischen Staatsraison und Evangelium, Frankfurt/Main 1988, S. 95 ff.

57 Vollständiger Text in: Połozenie Prawne Kościolów w PRL, Warschau 1961, S. 127/128.

58 Msgr. Breitinger hatte sich zum Anwalt verfolgter Polen gemacht und das Schweigen des Papstes in einem Brief nach Rom beklagt (vgl. ADSS, Bd. 3, Dok. Nr. 444). Bischof Splett hingegen war vom Vatikan gerügt worden, weil er unter dem Druck der Gestapo Beichten in polnischer Sprache untersagt hatte. «Man darf nicht den Zumutungen der weltlichen Autorität weichen, wenn es sich um unrechte Befehle handelt», schrieb man ihm (vgl. ADSS, Bd. 3, Dok. Nr. 222). Vgl. den Aufsatz von A. Martini SJ in *Civiltà Cattolica* vom 7. April 1962.

59 Vgl. Alfons Sarrach: Das polnische Experiment, Augsburg 1964, S. 65.

60 AAS, XXXVIII (1946), S. 172.

61 Diese Darstellung stützt sich auf eine pers. Mitteilung von F. Alessandrini vom 9. September 1974 sowie auf Claude Naurois: Dieu contre Dieu?, Fribourg/Paris 1956, S. 156 (‹Naurois› ist das Pseudonym von Maria Winowska, einer Vertrauensperson Kardinal Wyszyńskis). – Ksawery Pruszyński (geb. 1907) war mit der Londoner Exilregierung verbunden gewesen, er starb als Gesandter der Polnischen Volksrepublik 1950 in Holland.

62 Kardinal Mindszenty warnt. – Reden, Hirtenbriefe, Presseerklärungen, Regierungsverhandlungen 1944–1946, St. Pölten 1956, S. 64.

63 Mindszenty, a. a. O., S. 64.

64 *Tablet*, London, vom 22. September 1962.

65 Mindszenty, a. a. O., S. 53.

66 Mindszenty, a. a. O., S. 59. In seinen Memoiren ist der Satz vom «rechtlichen Abgrund» gestrichen.

67 Mindszenty, a. a. O., S. 91 und S. 95.

68 Die Fakten findet man – wenn auch ohne zeitgeschichtlichen Hintergrund – am ausführlichsten (mit Quellenangaben) bei Alberto Galter: Rotbuch der verfolgten Kirche, Recklinghausen 1957.

69 Interview für die katholische Zeitung *Uj Ember* am 30. Dezember 1945.

70 Mindszenty, a. a. O., S. 125. Vgl. dazu Mindszenty: Erinnerungen, Frankfurt/Main 1974, S. 86/87.

71 Vgl. Carlo Falconi: Das Schweigen des Papstes. Eine Dokumentation. München 1965 (hier sind die kroatischen Archive ausgewertet). – Siehe auch ADSS, Bd. 5, Dok. Nr. 224.

72 AAS, XXXVIII (1946), S. 391.

73 Vgl. *Nova Pot*, Jahrg. I, Nr. 2.

74 Zitiert von Msgr. Casaroli in seinem Vortrag in Mailand (*Civiltà Cattolica* vom 19. Februar 1972).

75 Vgl. Brief P. Mathas an den Generaloberen des Assumptionistenordens vom Januar 1948 und vom 4. März 1948 (‹Archivio dei Padri Assunzionisti›, Rom, 2 DZ, Nr. 181 und Nr. 183).

76 Vgl. die Memoiren Josef Müllers «Bis zur letzten Konsequenz», München 1975, S. 330–333.

77 Inform. aus d. Vatikan. Vgl. auch Martin Höllen, «Heinrich Wienken, der unpolitische Kirchenpolitiker». Mainz 1981: «Die letzten Verhandlungen, die Wienken mit der Gestapo führte, gingen fast nahtlos über in die ersten Gespräche, zu denen er mit den Sowjets zusammentraf.»

8. Auf «Kaltem-Krieg»-Kurs. Wieder Geheimbischöfe, 1949–1955

1 Außer eigenen Nachforschungen in Rumänien und im Vatikan liegt der folgenden Darstellung – soweit nicht Quellen zitiert sind – auch ein Privatdruck zugrunde: Hieronymus Menges: Joseph Schubert, 1890–1968, Biographie eines rumänischen Bischofs, München 1971.

2 O'Hara (1895–1963) war zuletzt Apostolischer Delegat in London.

3 Zum allgemeinen Hintergrund vgl. Stephen Fischer-Galati: The New Rumania, Cambridge/Mass. 1967 und Paul Lendvai: Der Rote Balkan, Frankfurt/Main 1968.

4 Namen unierter Geheimbischöfe in Rumänien: Joan Ploscaru, Joan Chertes, Alexandru Todea, Jon Dragomir, Juliu Hirtea, Liviu Chinezu; der letztgenannte starb im Gefängnis.

5 Zum Thema Geheimbischöfe vgl. Franz Hummer: Bischöfe für den Untergrund, Wien 1981, und Franz Gansrigler: Jeder war ein Papst, Salzburg 1991.

6 AAS, XXXIX, 1947, S. 493.

7 AAS, XLI, 1949 S. 9.

8 Exhortatio Apostolica vom 11. Februar 1949 (AAS, XLI, 1949, S. 58).

9 Enzyklika «Orientales Omnes» (AAS, XXIII, 1946, S. 33).

10 Apostolisches Schreiben vom 27. März 1952 (AAS, XLIV, 1952, S. 249).

11 AAS, XL, 1948, S. 254.

12 AAS, XLI, 1949, S. 29.

13 Vgl. die Schilderung Mindszentys in seinen Erinnerungen, S. 238 ff.

14 AAS, XLI, 1949, S. 41.

15 Siehe Anm. 14.

16 AAS, XLI, 1949, S. 74.

17 Vgl. Casarolis Vortrag in Mailand vom 20. Januar 1972, in: *Civiltà Cattolica*, Nr. 2920, S. 372.

18 Vgl. *Rude Pravo* vom 17. Juli 1949.

19 Tiso (geb. 1887) wurde 1947 hingerichtet. Vgl. H. Stehle in «Die Zeit», Nr. 39/1991.

20 ADSS, Bd. 8, Dok. Nr. 426.

21 Der vollständige Originaltext des Hirtenbriefs in *Katolicke Noviny* vom 26. April 1942; eine italienische Übersetzung im Bericht des Päpstlichen Nuntius Burzio (ADSS, Bd. 8, Dok. Nr. 360), vgl. auch

die in Anm. 24 zitierte Publikation S. 69/70 – zum allgemeinen Hintergrund siehe auch Wolfgang Venohr: Aufstand für die Tschechoslowakei, Hamburg 1969, S. 150.

22 ADSS, Bd. 8, Dok. Nr. 334 (vgl. Galter, a. a. O., S. 168, S. 206 u. 209).

23 AAS, XLIII, 1951, S. 768.

24 Vgl. auch A. Michel: Religiöse Probleme in einem Lande unter kommunistischer Herrschaft, Königstein 1955, wo eine beachtenswerte kirchliche Selbstkritik ausgesprochen wird (S. 51/52).

25 Vgl. Położenie Prawne…, a. a. O., S. 128 (vollständiger polnischer Text).

26 Brief vom 1. September 1949 (AAS, XLI, 1949, S. 450). – Vgl. Psalm 1,8 und Sprüche 10,3.

27 Vgl. Der Papst an die Deutschen, hrsg. von Bruno Wüstenberg und Joseph Zabkar, Frankfurt/Main 1956, S. 138/139. – Den skeptisch-vorsichtigen Nachsatz hatte Pius XII. selbst in den Textentwurf, den ihm sein deutscher Berater Robert Leiber SJ schrieb, eingefügt.

28 AAS, XLIII, 1951, S. 775.

29 Vgl. Hansjakob Stehle: Nachbar Polen. Erweiterte Neuausgabe, Frankfurt/Main (S. Fischer) 1968.

30 Vgl. Mindszentys: «Erinnerungen», S. 190–262.

31 Vgl. ‹Documentation catholique›, 1951, Sp. 94.

32 Siehe Anm. 31.

33 Vgl. Procès de Jószef Grösz et ses Complices, Staatsverlag, Budapest 1951, S. 49. In diesem ins Französische übersetzten Prozeßprotokoll, das in numerierten Exemplaren verbreitet wurde, ist auch eine französische Übersetzung des Dell'Acqua-Briefes gedruckt.

9. Mühsame Wende zur Koexistenz, 1955–1964

1 Vgl. *Trierer Theologische Zeitschrift*, Jahrg. 63, Heft 3, S. 180.

2 Vgl. Reding: Thomas von Aquin und Karl Marx, Vorträge im Rahmen der Grazer Theologischen Fakultät, 1. Heft, 1953.

3 Vgl. G. A. Wetter: Der dialektische Materialismus, Freiburg 1952 (Neufassung eines 1948 in Turin erschienenen Werkes von Wetter), und Klemens Brockmöller: Christentum am Morgen des Atomzeitalters, Frankfurt/Main 1953.

4 *Osservatore Romano* vom 13. und 24. November 1954.

5 *Osservatore Romano* vom 3. Januar 1955.

6 Brief zur Tausendjahrfeier der Schlacht auf dem Lechfeld an den Bischof von Augsburg (*Herder-Korrespondenz*, 9. Jahrg., S. 525f.).

7 Vgl. dazu Äußerungen Leibers, die Tadeusz Breza: Das eherne Tor, München 1962, S. 87/88, zitiert. Robert Leiber (1887–1967) hat kurz vor seinem Tode einem Mitbewohner im römischen «Germanicum» anvertraut, daß er sich niemals so genau «erkannt» gesehen habe wie in Brezas Buch (pers. Mitteilung von Dr. Heinz Joachim Fischer).

8 Vgl. Konrad Adenauer: Erinnerungen 1953–1955 (Taschenbuchausg.), S. 519.

9 Es handelte sich um die Bischöfe Julian Steponavicius (geb. 1911) in Panevezys und Petras Mazelis (1894–1966) in Telsiai. Beide wurden von dem damals 80jährigen Kasimir Paltarokas, dem einzigen freien katholischen Bischof in der Sowjetunion, geweiht.

10 Steponavicius war seit Anfang der sechziger Jahre von den Behörden nicht mehr anerkannt.

11 Es nahmen teil der ehemalige Theologe K. W. Ostrowitjanow (Vizepräsident der Akademie) und die Professoren A. S. Fedossejew, A. P. Gagarin, Omeljanowski und Schaperschnikow.

12 Vgl. Reding: Der Politische Atheismus, Graz 1957.

13 Pers. schriftliche Mitteilung Redings vom 9. Februar 1967. – Vgl. auch *Prawda* vom 29. Dezember 1955 über den Empfang Redings durch Mikojan. – Reding wurde Ende 1956 auf den Lehrstuhl für katholische Theologie an der Freien Universität in Berlin (West) berufen (vgl. Redings Antrittsvorlesung: Der Sinn des Marxschen Atheismus, München 1957).

14 Zu meiner damaligen Kontroverse mit Prof. Alessandrini, die zwischen der *Frankfurter Allgemeinen Zeitung* (deren Redakteur ich war) und dem *Osservatore Romano* ausgetragen wurde: *FAZ* vom 12. November 1955, *OR* vom 14. Dezember 1955, *FAZ* vom 21. Dezember 1955 und 13. März 1956, *OR* vom 23. März 1956 und 8. April 1956, *FAZ* vom 12. April 1956, *OR* vom 27. Mai 1956 und 29. Juni 1956. Meine Informationen stammten damals z.T. auch von Josef Schmitz Van Vorst, der 1949–1978 römischer Korrespondent der *FAZ* war und mit den Jesuiten Leiber und Gundlach in enger Verbindung stand.

15 ASS, XLVIII, 1956, S.549.

16 Zum Hintergrund Piaseckis Antoni Dudek: B. Piasecki: Proba biografii politycznej, London 1990.

17 Rede vom 2. September 1956 (AAS, XLVIII, 1956, S.622). Vgl. auch *Osservatore Romano* vom 9. September 1956.

18 Vgl. *Osservatore Romano* vom 27. April 1956 und *Neue Zeit*, Ostberlin, vom 25. April 1956.

19 Text des Gundlach-Referats siehe Protokoll des Kongresses ‹Kirche in Not›, Königstein/Taunus 1957, S.11ff. Vgl. auch den Gundlach-Brief im Anhang dieses Buches.

20 a.a.O., Anm.19, S.153.

21 Rundschreiben vom 1. November 1956 (AAS, XLVIII, 1956, S.745).

22 Vgl. George Mikes: Revolution in Ungarn, Stuttgart 1957, S.132, und Die ungarische Revolution – Rundfunkdokumente, Regensburg 1957, S.98.

23 Vgl. Kardinal Wyszyński: Für Freiheit und Menschenwürde (Ansprachen), Limburg 1966, S.44ff.

24 Vgl. Löwensteins Bericht in *Rheinischer Merkur* vom 30. November 1956.

25 Vgl. den vollständigen Text der Rede Mindszentys in dessen ‹Erinnerungen›, S.359ff., und bei Kalman Konkoly und Aurel Abranyi: Ein Land in Flammen, München 1956, S.146ff.

26 Mindszenty, a.a.O., S.358. – Die eingeklammerten Teile der Zitate sind in den Mindszenty-Memoiren ausgelassen, dagegen in dem Tonbandstenogramm der Münchener Publikation von Konkoly enthalten.

27 AAS, XLVIII, 1956, S.748.

28 AAS, XLVIII, 1956, S.787.

29 AAS, XLIX, 1957, S.5.

30 Text siehe *Trybuna Ludu* vom 8. Dezember 1956.

31 Vgl. Text des Dekrets vom 9. Februar in *Dziennik Ustaw*, Nr.10 (1953), poz.32, und des Dekrets vom 31. Dezember 1956 in *Dziennik Ustaw*, Nr.1 (1956), poz.6.

32 *Osservatore Romano* vom 20. Dezember 1953.

33 *Osservatore Romano* vom 9. September 1956.

34 Diese Schilderung stützt sich auf vertrauliche Aufzeichnungen eines 1968 verstorbenen Freundes von Wyszyński, des Prälaten Władysław Kulcycki. Vgl. auch A. Micewski: Kardinal Wyszyński, Paris 1982, S.170/171.

35 AAS, XLIX, 1957, S.321.

36 Vgl. Louis Wei Tsing-sing: Le Saint-Siège et la Chine, Paris 1968, S.259ff.

37 Vgl. Enzyklika «Apostolorum Principis», datiert vom 29. Juni 1958. – Das Exkommunikationsdekret, das nun wirksam wurde, hatte das Hl. Offizium schon am 9. April 1951 erlassen (vgl. AAS, XLIII, 1951, S.217–218).

38 Erst drei Wochen später, am 17. Dezember 1961, veröffentlichte der *Osservatore Romano* die beiden Botschaften.

39 Vgl. AAS, XLIV, 1952, S.505, und das Schreiben Pius' XII. an die Portugiesen vom 31. Oktober 1942 (ADSS, Bd.5, Dok. Nr.507). Der Jesuit Josef Schweigl (der 1926 im Auftrag d'Herbignys in der Sowjetunion war) veröffentlichte Ende November 1956 als «private Auslegung» (wie er schrieb) die These, daß es eine «vollkommene Parallelität zwischen den Ereignissen von Fatima und denen der politischen und religiösen Geschichte der Sowjetunion» gebe; er brachte sogar den Tod Stalins in einen Zusammenhang mit dem Weiheakt des Papstes (vgl. Schweigl: Fatima e la Conversione della Russia im Verlag des «Pontificio Collegio Russico»).

40 So einer der falsche Schlüsse Reinhard Raffalts in seinem Buch: Wohin steuert der Vatikan? – Papst
zwischen Religion und Politik, München (Piper) 1973, S.130–133.

41 Bald nach dem Eintreffen der Beobachter des Moskauer Patriarchats in Rom erlaubte die Warschauer
Regierung, daß weitere neun Bischöfe, für die Wyszyński Reiseanträge gestellt hatte, am Konzil teilnehmen konnten.

42 Vgl. Giancarlo Zizola: L'Utopia di Papa Giovanni, Assisi 1973, S.15–20. Zizola, dessen Informationen
vom ehemaligen Sekretär des Papstes, Capovilla, stammen, überschätzt allerdings die Bedeutung von
Cousins und Morlion bei der päpstlichen Kubavermittlung. Vgl. auch Norman Cousins «The Impro-
bable Triumvirat», New York 1972.

43 Zu Norman Cousins, der dies in einer am 29. April 1973 vom «Zweiten Deutschen Fernsehen» gesen-
deten Reportage von Luitpold A. Dorn berichtete.

44 Vgl. ‹Notiziario›, Nr. 2, in: Il Concilio Vaticano II, Rom 1968, Verlag der *Civiltà Cattolica*, Vol.II,
S. 47.

45 a.a.O., S.202.

46 Siehe Anm.42.

47 Auszüge aus dem Bericht bei Zizola, a.a.O., S.188ff.

48 Der Gesamtwortlaut bei Zizola, a.a.O., S.217ff.

49 Vgl. Jean Guiton: Dialog mit Paul VI., Wien 1947, S.31, und Rede Montinis vom 25. April 1951 (zit.
bei Graham: Diplomazia Pontificia, Rom 1960, S.50ff.

50 Vgl. Il Concilio Vaticano II, Vol.III, S.13.

51 Vgl. *Kommunist* (Moskau), Nr.1/1964, und *Partijna Schisn*, Nr.2/1964.

52 Text der Eingabe vom 29. September 1965 in: Il Concilio Vaticano II, Vol.V, S.119.

53 Vgl. Il Concilio Vaticano II, Vol.V, S.402/403. – Siehe auch G. Scantamburlo: Perché il Concilio non
ha condannato il Communismo, Rom 1967.

54 Ansprache vom 12. September 1965 (vgl. Il Concilio Vaticano II, Vol.IV, S.520, und Vol.V, S.116).

55 Vortrag in Mailand am 19. Februar 1972 (vgl. *Civiltà Cattolica*, Nr.2920/1972). Casaroli, geb. 1914 in
Piacenza, seit 1937 im Staatssekretariat, 1979–1990 Kardinal-Staatssekretär.

10. Verhandeln statt Verdammen: Rückkehr zur ostpolitischen Tradition, 1964–1978

1 So M. Wesselenyi in *Studien*, Bd.III, Budapest 1968, S.126. Siehe auch die Erklärung Casarolis in
Osservatore Romano vom 19. September 1964.

2 Vgl. Mindszenty, ‹Erinnerungen›, S.396ff.

3 Vgl. Mindszenty, a.a.O., S.402 (im *FAZ*-Vorabdruck der Memoiren am 18. September 1974 waren zu
diesem Thema Dokumente enthalten, die in der Buchausgabe fehlen).

4 Vgl. Mindszenty, a.a.O., S.411.

5 *Osservatore Romano* vom 6. Februar 1974.

6 *Osservatore Romano* vom 11. Februar 1970.

7 *Osservatore Romano* vom 13. November 1970.

8 Laut pers. Mitteilung Kardinal Königs (Wien) sagte Athenagoras zu dem Wiener Oberhirten über die
Begegnung: «Es trennt uns fast nichts mehr.»

9 Vgl. Comunisti e Cattolici, Stato e Chiesa, 1920–1971, Rom 1971, S.82.

10 In einem Interview für *Die Furche* (Wien), Nr.6/1967.

11 Vgl. ‹Church-State Coexistence in Yugoslavia improving› (RFE-Research-Paper vom 27. Februar
1967) und ‹Growing tension in relation between Churches and State in Yugoslavia› (RFE-Research-
Paper vom 9. November 1972).

12 Vgl. Interview Šepers für *Glas Koncila* (Zagreb) vom 19. Februar 1967.

13 *Osservatore Romano* vom 11. Januar 1968 – vgl. auch den Telegrammwechsel zwischen Tito und Paul VI. (*Osservatore Romano* vom 12. Februar 1967).

14 «Pronuntius» wird der päpstliche Vertreter dort genannt, wo er die von der Wiener Konvention vorgesehene Funktion eines Doyens des Diplomatischen Korps nicht ausübt (besonders in nichtchristlichen Ländern).

15 *Osservatore Romano* vom 15. August 1970.

16 *Osservatore Romano* vom 6. Dezember 1953; vgl. auch *OR* vom 31. Dezember 1953.

17 Vgl. The legal Status of Religious Communities in Yugoslavia, Belgrad 1967, S. 19 ff.

18 Vgl. Interview Berans für die Prager Zeitschrift *Student*, Nr. 19, vom 7. Mai 1968. – Am 30. August 1965 hatte Beran in einer Rede in Assisi richtiger mitgeteilt, daß man ihm in Prag bereits gesagt habe, er dürfe nicht zurückkehren (vgl. *Frankfurter Allgemeine* vom 31. August 1963).

19 Vgl. Interview Hrůzas für *Agence France Press* vom 25. Februar 1965.

20 Vgl. *Kathpress* (Wien) vom 26. September 1969.

21 Der Artikel Hrůzas erschien in *Znanie, Serija estestvoznanie i religija* (Moskau) Nr. 5/1970.

22 Vgl. Angela Nackens Bericht aus Prag in *FAZ* vom 21. Januar 1973.

23 Vgl. *Katolické Noviny* (Prag) vom 18. und 25. März 1973 und Vranas Erklärung gegenüber dem Korrespondenten der spanischen Zeitung *La Vanguardia*, Estariol (*Kathpress*, Wien, vom 27. März 1973). – Siehe auch *Osservatore Romano* (deutsche Ausgabe) vom 30. März 1973.

24 Pers. Information P. Bukovskys (Vatikan). Zum Thema Geheimbischöfe vgl. auch F. Gansrigler, Jeder war ein Papst, Salzburg, 1991.

25 Vgl. *Osservatore Romano* vom 14. November 1965. – Der Text der Wyszyńskirede wurde vom Kardinal selbst auf Briefbogen des Konzil-Presseamtes verteilt.

26 Vgl. H. Stehle, Der mühsame Dialog über die Grenze (in: Ungewöhnliche Normalisierung, Hrg. Werner Plum, Bonn 1984); H. Stehle: Der Briefwechsel der Kardinäle Wyszyński und Döpfner im deutsch-polnischen Dialog von 1970/71, in «Vierteljahreshefte f. Zeitgeschichte» 31/1983 S. 551; Edith Heller: «Macht Kirche Politik», Köln 1992; Piotr Madajczyk, Annäherung durch Vergebung, in «Vierteljahreshefte f. Zeitgesch.» 2/1992, S. 223 f.

27 Zum deutsch-polnischen Bischofsbriefwechsel vgl. die gegensätzlichen Darstellungen: Otto B. Rögele: Versöhnung oder Haß? Osnabrück 1966; Orędzie Biskupów Polskich do Biskupów Niemieckich, Warschau 1966. Vgl. H. Stehle in «Die Zeit», Nr. 46/1990.

28 Vgl. H. Stehle: Nachbarn im Osten, Frankfurt/Main 1971, S. 219 ff., S. 241 ff. und S. 275 ff.

29 Vgl. *Europa-Archiv*, Nr. 17/1967 (H. Stehle: ‹Neue Aspekte und Methoden Vatikanischer Ostpolitik›).

30 Vgl. *Slowo Powszechne* (Warschau) vom 4. Oktober 1971. Ignacy Krasicki, der in einem Aufsatz in der Zeitschrift *Argumenty* (Warschau, 23. April 1972) diese Rede Skarzynskis zitierte, unterschlug den Satzteil über den «dauerhaften Charakter» der kirchlichen Tätigkeit.

31 Vgl. *Europa-Archiv* Nr. 16/1972 (H. Stehle: ‹Der Vatikan und die Oder-Neiße-Grenze›. Mit Dokumenten).

32 Die Zitate laut eigener Tonbandaufzeichnung in Rom am 11. November 1973.

33 Laut eigener Tonbandaufzeichnung in Warschau am 7. Februar 1974.

34 Übersetzer war der polnische Kurienprälat Andrzej Deskur, Präsident der vatikanischen Kommission für die Massenmedien, der 1985 vom polnischen Papst zum Kardinal erhoben wurde.

35 Text des zurückgezogenen Kommuniqués siehe *L'Avvenire* vom 7. Juli 1974; der reduzierte Text siehe *Osservatore Romano* vom 8. Juli 1974.

36 Eigene Übersetzung aus dem lateinischen Text. (Eine andere deutsche Übersetzung ist in ‹KIPA-Backgrounds› am 15. Oktober 1974 publiziert worden.)

37 Text der Lamberz-Mitteilung, siehe dokumentarischer Anhang S. 396. Der Hirtenbrief der DDR-Bischöfe u. andere öffentliche Äußerungen in «Katholische Kirche – Sozialistischer Staat. Dokumente 1945–1990», Hrsg. Gerhard Lange u. Ursula Pruß, Leipzig 1992.

38 Vgl. *Osservatore Romano* v. 27. Oktober 1976.

39 Vgl. *L'Avvenire* vom 4. Juli 1971 und Giovanni Caprile: Il Sinodo dei Vescovi (1971, Seite 826ff.).

40 Vortrag Casarolis über «Das Heilige Jahr und der Weltfrieden» am 31. Oktober 1974 vor der ‹Banca di Roma› (vgl. *L'Avvenire* vom 1. November 1974).

41 Casaroli in einem Interview mit Otto Schulmeister (*Die Presse*, Wien, vom 21. Dezember 1974). – Zur erregten Diskussion, die sich besonders im deutschen Sprachraum über die vatikanische Ostpolitik entwickelte, vgl. Kardinal Franz König: ‹Das große Gespräch› (*Europäische Rundschau*, Wien, 2/74); Heinrich B. Streithofen O. P. in: Diskussion um den Frieden, Stuttgart 1974; H. Prauß: ‹Einige grundsätzliche Aspekte vatikanischer Ostpolitik› (*Informationsdienst des katholischen Arbeitskreises für Zeitgeschichte*, Bonn, Nr. 52/1972); Oskar Simmel SJ: ‹Vatikanische Ostpolitik›, in: *Communio – Internationale Katholische Zeitschrift*, Nr. 6/1974). Bezeichnend für das Klima der Diskussion die Polemik von J. G. Reißmüller in der *Frankfurter Allgemeinen* gegen Prof. H. Vorgrimmler (*FAZ* vom 19. November 1974) und dessen Antwort (*FAZ* vom 4. Dezember 1974). Ebenso die Polemik von Rudolf Krämer-Badoni in: *Die Welt* vom 27. Dezember 1974 und die Entgegnung des früheren Weihbischofs von Meißen (DDR), Rintelen, in: *Die Welt* vom 10. Januar 1975.

42 Pers. Information aus dem Vat. Staatssekretariat (vgl. «Die Zeit», Nr. 13/1974).

11. Der Papst aus Polen: Kontinuität, Konflikt und Wende, 1978–1991

1 Vollständiger Text in *Osservatore Romano*, 18. 10. 1977.

2 Zum erstenmal hatten alle osteuropäischen Staaten (mit Ausnahme Rumäniens und Albaniens) Regierungsdelegationen oder ihre Italien-Botschafter zu dieser Zeremonie entsandt.

3 Nach Tonbandaufzeichnung d. Verf.

4 Vollständige polnische Texte in: *Osservatore Romano* und *Trybuna Ludu*, 4. u. 11. 6. 1979. Deutscher Text der Rede vom 2. Juni in: *Zycie Warszawy* (Ausgabe in deutscher Sprache), Nr. 45 (745), 6. – 8. 6. 1979.

5 Text der Slipyj-Erklärung in einer «von der Kanzlei des Patriarchen» (sic) autorisierten polnischen Übersetzung in: Kultura (Paris), Nr. 12/1978.

6 Dieser Brief zur Vorbereitung der Tausendjahrfeier der Christianisierung der Ukraine (1988) wurde erst nach der Polenreise des Papstes, am 17. Juni 1979, im *Osservatore Romano* veröffentlicht.

7 Bezeichnend dafür die Erwähnung der europäischen «Vaterländer» (ojczyzn) in der Krakauer Ansprache an die ausländischen Gäste (*Osservatore Romano*, 11./12. 6. 79).

8 Vollständiger polnischer Text mit allen improvisierten Einschüben in: *Tygodnik Powszechny*, Krakau, 17. 6. 1979.

9 Polnischer Text in: *Osservatore Romano*, 7. 6. 1979; nichtamtliche Übersetzung in der deutschsprachigen Wochenausgabe des *Osservatore Romano*, 15. 6. 79.

10 *L'Avvenire* (Mailand), 16. 10. 1980.

11 *Osservatore Romano* vom 16. 1. 1981.

12 Vgl. Rzeczpospolita, 25. 7. 1983. Alle folgenden Zitate aus den Reden der Papstreise nach den von der Liberia Editrice Vaticana 1983 herausgegebenen polnischen Texten (Pokoj tobie Polsko! Ojczyzno moja! Jan Pawel II znow na Polskiej Ziemi). Siehe auch *Zeszyty ODISS*, Warschau, Nr. 118/119, 1983, wo auch die Redetexte der Staatsvertreter gedruckt sind.

13 «Leider wurden einige Abschnitte aus Reden des Heiligen Vaters, insbesondere in Breslau und auf dem Annaberg, in einer Weise verstanden, die keineswegs seinen Absichten entsprach», so schrieb am 27. 8. 1983 Kardinalstaatssekretär Casaroli an den Vorsitzenden der Deutschen Bischofskonferenz, Kardinal Höffner, in einer – von diesem erbetenen – «Klarstellung», nachdem aus den Vertriebenenorganisationen dem Papst «polnischer Nationalismus» unterstellt worden war. (Der Text des Casaroli-Briefes wurde nur in der deutschsprachigen Ausgabe des *Osservatore Romano*, Nr. 37/1983, veröffentlicht.)

14 Vgl. Virgilio Levi in der polnischen Emigrationszeitschrift *Kultura* (Paris), Nr. 12/1983.

15 Vgl. *Osservatore Romano*, 30. 10. 1983.

16 Text in *Tygodnik Powszechny*, 24. 12. 1983.

17 Texte *Osservatore Romano*, (poln. Ausgabe) Nr. 25 a, b, 1987.

18 Vgl. die Neujahrsbotschaft des Papstes vom 1. Januar 1980.

19 Vollständige Texte der Reden Michail Gorbatschows und des Papstes, in: *Osservatore Romano*, 2./3. 12. 1989.

20 Vgl. Sarja Wostoka, 25. 2. 1987.

21 Vgl. Kathpress, Wien, 1. 9. 1987.

22 Vgl. Chartschwews Beitrag in Iswestja, 26. 1. 1988, zum 70. Jahrestag des Leninschen Religionsdekrets und 30 Giorni, Rom, Nr. 2/1989.

23 Vgl. das Apostolische Schreiben «Magnum Baptismi Donum».

24 Vgl. Lubachivsky, Was it realy Russia that was christianised in 988?, London/Rom 1986.

25 Vgl. das Apostolische Schreiben «Euntes in Mundum» vom 25. Januar 1988.

26 Vgl. Kardinal Josef Ratzingers «Instruktion über einige Aspekte der Theologie der Befreiung» vom 6. 8. 1984, Nr. 10, sowie die Enzyklika «Dominum Vivificantem».

27 Vgl. Enzyklika «Solicituto Rei Socialis», Nr. 20, 22 und 39.

28 Lateinischer Text der Ansprache in: *Osservatore Romano*, 18. 12. 1988.

29 Vgl. den Text der Gorbatschow-Rede in *Nowosti*, Nr. 41, 6. 5. 1988.

30 Französischer Text der Casaroli-Rede in: *Osservatore Romano*, 11. 6. 1988.

31 Vgl. Berichte der TASS und des *Osservatore Romano* vom 15. 6. 1989.

32 *Osservatore Romano*, 21. 1. 1989.

33 Vgl. Prawda, 8. 5. 1989; Texte von Gesetzesentwürfen in Russkaja Mysl, 22. 7. 1988, und Sowjetskoje gosudarstwo i prawo, Nr. 2/1989.

34 Vgl. «Annuario Pontificio», Città del Vaticano, 1992 (in dieser Ausgabe des päpst. Jahrbuchs sind alle personellen Veränderungen in Osteuropa verzeichnet).

35 Kuberski war 1980–1982 Leiter des staatl. Kirchenamtes gewesen, seit 1982 Leiter der seit 1974 bestehenden «Regierungsdelegation für permanente Arbeitskontakte mit dem Heiligen Stuhl» – Ersatz u. Vorstufe einer Botschaft.

36 Vgl. *Kathpress*, Wien, Nr. 204/1989.

37 Vgl. *Rude Pravo* v. 15. 6. 1989.

12. *«Ostpolitik» am Ziel – und Anfang. Fazit und Ausblick, 1990–1992*

1 Vgl. *Osservatore Romano* vom 13./14. 1. 1990 (Ansprachen an das diplomatische Korps u. bei der Überreichung gesammelter Aufsätze u. Reden Casarolis: «Glaube und Verantwortung», Berlin 1990).

Bildnachweis

Bildarchiv Dr. Stehle: 18, 48, 52, 87 unten, 164, 250, 295, 310, 325 unten, 350 oben links und rechts; *Archiv für Kunst und Geschichte*: 87 oben; *Süddeutscher Verlag*: 325 oben links, 369 unten; *Jürgens Photo*: 325 oben rechts, 363, 369 oben, 375 oben; *Keystone Pressedienst*: 350 unten, 375 unten.

Quellen- und Literaturhinweise

I. Benutzte Archive und Dokumentationen:
«Archiv des Generalats der «Societas Verbi Divini», Rom (Gehrmann-Nachlaß), «Archivio dei Padri Assunzionisti», Rom (Neveu-Nachlaß), «Archivio della Congregazione degli Affari Ecclesiastici Straordinari», Vatikan; «Bayerisches Geheimes Hauptstaatsarchiv», München; «Hof- und Staatsarchiv», Wien; «Politisches Archiv des Auswärtigen Amtes», Bonn (Aktengruppe Pol. 3, 16, 19 u. 26; Rußland, Vatikan, Päpst. Stuhl, Büro Reichsminister, Geheimakten); «Archiv Veschnej Politiki» (AVP) bei der «Verwaltung für historische Dokumente d. Russischen Außenministeriums, Moskau (Fonds Q 165, 04, 98); «Deutsches Zentralarchiv», Potsdam (Akten des Reichs-Kirchenministeriums); «Acta Apostolicae Sedis», Rom; «Annuario Pontificio», 1921–1992; «Il Concilio Vaticano II» (ed. G. Caprile) Band 1–5, Rom, 1966–1969; «La Saint Siège et la Guerre en Europe. Actes et Documents du Saint Siège Relatifs à la Seconde Guerre Mondiale», Città del Vaticano, Band 1–11, 1965–1981 (ADSS). Emilio di Nolfo, «Vaticano e Stati Uniti», 1939–1952 (Myron Taylor Papers), Milano 1978.

II. Allgemeine Literatur:
Barberini, Giovanni, «Stati Socialisti e Confessioni Religiose» (Mailand 1973); *Beeson*, Trevor, «Mit Klugheit u. Mut. Zur religiösen Situation in Osteuropa», Wien 1979; *Breza*, Tadeusz, «Das Eherne Tor. Römische Aufzeichnungen», München 1962; *Casaroli*, Agostino, «Der Heilige Stuhl und die Völkergemeinschaft. Reden und Aufsätze», Berlin 1981; *Casula*, Carlo Felice, Domeníco Tardini (1881–1961) Rom 1988; *Chrysostomus*, Johannes, «Kirchengeschichte Rußlands der neuesten Zeit»; (3 Bde, Salzburg 1968); *Codevilla*, Giovanni, «Stato e Chiesa nell' Unione Sovietica», Milano 1972; *Curtiss*, John Shelton, «Die Kirche in der Sowjetunion», München 1972; *Del Rio Domenico*, «San Pietro e il Cremlino. Memoria della Ostpolitik Vaticana, Casale Monferrato 1991; *Duclos*, Paul, «Le Vatican et la Seconde Guerre Mondiale», Paris 1955; *Dunn*, Dennis J., «Detente and Papal Communist Relation 1962–1978, Boulder 1979; *Floridi*, Ulisse, «Mosca e il Vaticano», Mailand 1976; *Galter*, Alberto, «Rotbuch der verfolgten Kirche», Recklinghausen 1957; *Giovanetti*, Alberto, «Pio XII. parla alla Chiesa del Silenzio», Milano 1959 u. «Der Vatikan und der Krieg», Köln 1961; *Graham*, Robert, «Diplomazia Pontificia», Rom 1960; *Hebling*, Hanno, «Politik der Päpste. Der Vatikan im Weltgeschehen 1958–1978», Berlin 1981; *Jurkiewicz*, Jaroslaw, «Watykan a stosunki polsko-niemieckie w latach 1918 bis 1939, Wybór materiałów», Warschau 1960; *Kolarz*, Walter, «Die Religionen in der Sowjetunion», Freiburg 1963; *Mourin*, Maxime, «Le Vatican et l'URSS», Paris 1965; *Purdy*, W. A., «Die Politik der Katholischen Kirche», Gütersloh 1967; *Rhodes*, Antony, «Der Papst und die Diktatoren», Köln 1980; *Santini*, Alceste, «Pietro a Mosca», Milano 1991; *Simon*, Gerhard, «Die Kirchen in Rußland», München 1976; *Schachnowitsch*, M. I., «Lenin und die Fragen des Atheismus», Ostberlin 1966; *Struve*, Nikita, «Die Christen in der UdSSR», Mainz 1965; *Tretjakewitsch*, Leon, «Bishop d'Herbigny and Russia», Würzburg 1990; *Winter*, Eduard, «Rußland und das Papsttum», 3 Bd., Ostberlin 1960–72 u. «Rom und Moskau», Wien 1972; Antoine Wenger, «Rome et Moscou 1900–1950», Paris 1987.

Personenregister